北京三山五园研究院学术研讨会论文集

三山五园区域文化认知与传播研究

张连城　陈名杰　主　编

张　雨　叶亮清　副主编

九 州 出 版 社　JIUZHOUPRESS　全国百佳图书出版单位

图书在版编目（CIP）数据

三山五园区域文化认知与传播研究 / 张连城，陈名
杰主编. -- 北京：九州出版社，2019.6
  ISBN 978-7-5108-8112-1

  Ⅰ．①三… Ⅱ．①张… ②陈… Ⅲ．①宫苑－研究－
北京②古典园林－研究－北京 Ⅳ．①K928.73

  中国版本图书馆CIP数据核字(2019)第112155号

三山五园区域文化认知与传播研究

作　　者	张连城　陈名杰　主编
出版发行	九州出版社
地　　址	北京市西城区阜外大街甲 35 号 (100037)
发行电话	(010)68992190/3/5/6
网　　址	www.jiuzhoupress.com
电子信箱	jiuzhou@jiuzhoupress.com
印　　刷	三河市九洲财鑫印刷有限公司
开　　本	787 毫米 ×1092 毫米　16 开
印　　张	35.25
字　　数	610 千字
版　　次	2019 年 9 月第 1 版
印　　次	2019 年 9 月第 1 次印刷
书　　号	ISBN 978-7-5108-8112-1
定　　价	88.00 元

出版说明

　　《三山五园区域文化认知与传播研究》一书，是在 2017 年 12 月 17 日，由北京联合大学、中共海淀区委宣传部联合主办的"三山五园区域文化认知与传播"学术研讨会论文集的基础上编辑而成。论文选编由北京联合大学三山五园研究院具体负责，并经研究院学术委员会审定，列入"北京三山五园研究院学术研讨会论文集"的出版计划。

　　九州出版社向来以弘扬中华传统文化为宗旨。以"三山五园"为代表的北京西郊一带皇家行宫苑囿，是中国古代园林建筑艺术和文化遗产的集大成者。为此，我们整理出版了这套"北京三山五园研究院学术研讨会论文集"系列丛书，以飨读者。对广大爱好历史、对北京历史文化遗产感兴趣的读者来说，本书确然是必读之选。

九州出版社

2019 年 1 月

三少至園

目录 ^{MULU}

·三山五园区域文化认知与传播研究·

十九世纪后半期英国驻京外交官与"三山五园"影像…………………程　龙　2

康、雍两朝兴建"三山五园"的政治表达…………………………张公政　20

三山五园区域文化认知……………………………………………范志鹏　30

生态、文化双重意义下三山五园区域水资源的价值评估与保护………樊志斌　37

"三班九老会"与香山皇家文化的认知与传播…………………………赵雅丽　51

佛教文化在"三山五园"中的表现…………………………………邢　鹏　62

文化视野下的三山五园人文景观…………………………………王鸿雁　89

"相地合宜，构园得体"

——三山五园文化空间景观建设中的传统文化再现…………………朱建邦　98

北京"新总规"中"三山五园"地区的保护规划研究…朱　强　王一岚　马小淞　106

三山五园景观营造初探……………………………………………李　元　123

从皇家走入民间：三山五园区域文化的民众认知…………………吕红梅　131

浅论康熙"孝治天下"思想在三山五园活动中的体现………………尹　凌　137

"一带一路"视野下"三山五园"文化旅游的战略分析
——以入境游为例 ···································· 郭　靖 145

北京三山五园文化遗产旅游价值研究 ············· 裴正兵　田彩云 157

·三山五园历史与文化专题研究·

再论紫微禁地——圆明园 ···························· 何　瑜 166

从清帝御制诗文看圆明园"坦坦荡荡" ················ 尤　李 184

纸张运作的管理制度——以造办处和圆明园里的裱画匠为例 ······· 唐　超 196

碑石传翰墨——浅谈圆明园中的清代御制石刻 ············ 陈　辉 205

略论圆明园竹景观及文化 ···················· 余　莉　任爽英 221

朴斫书堂碧沼滨，澄波素影面前陈——如园芝兰室初探···· 陈　鹏　张凤梧 245

圆明园可见遗址保存现状调查分析报告——第一阶段 ········· 许沙沙 255

圆明园旧藏书画考略 ···················· 杨　杨　胡琳方慧 299

圆明园含经堂遗址出土地天母铜像考 ·············· 魏嘉臻　白　艺 316

当时只道是寻常——圆明园事业十年回顾与观察 ············ 张　超 322

观今忆故景，融身入其境——谐趣园、霁清轩景观变化微探与思考 ··· 杨童舒 338

浅析颐和园对园林设计的影响 ···················· 吴　语　黄　凯 355

抗战后颐和园接收过程述论 ······················ 滕朝阳 362

香山静宜园佛教文化元素研究 ···················· 张功力 373

樱桃沟引水石渠考略 ···························· 杨玲莉 382

浅论北京香山地区近现代名人墓群及其保护 ··············· 张　硕 392

邂逅畅春园：《燕行录》对清代三山五园的首次书写 ·········· 张梨霞 400

三山五园的考古发现与相关问题的思考 ················· 孙　勐 411

清代三山五园地区水稻种植情况史料分析 ················ 李　楠 419

戾陵堰考···武家璧 430

《水经注》所记戾陵堰位置补论·····························黎高波 443

老山瞭望台北汉墓年代初探·······························田依平 453

北京老山汉代遗址调查报告·····················石 旭 何慧芳 461

元大护国仁王寺与明真觉寺·······························滕艳玲 474

陈寅恪与吴家花园：海棠诗里的故园与旧人·················张 雨 482

试论京西古建筑遗址的复建和保护·························赵芬明 495

论北京西山红色文化的政治价值·························李彦冰 502

西山永定河文化带上一颗璀璨的明珠——历史文献中的"石景山"···吕玮莎 509

西山永定河文化带石景山段的细分与开发利用·············任合和 529

大觉寺契约文书的发现保护与研究·······················张蕴芬 535

前门地区会馆现状分析及保护措施

——以湖北黄冈会馆为例·················王旺先 齐冬月 李雅婧 544

编后记··554

三少爷

·三山五园区域文化认知与传播研究·

十九世纪后半期英国驻京外交官与"三山五园"影像

程　龙

　　早在第二次鸦片战争之前，西方列强就提出了在北京设立公使馆的要求，随着清廷战败和《北京条约》的签订，这项要求以法律条文的形式固定下来。在大批战斗人员撤出北京之后，英、法两国留下了部分外交官员着手建立公使馆，而因为最惠国待遇条款而同样获得此项权利的其他列强，也相继派遣外交官入京。

　　清政府在前门东北方向的东交民巷附近划定了一块区域供西方各国修建馆舍，北京正式向西方人敞开了大门。从 1861 到 1900 年的 40 年间，东交民巷逐渐发展成规模较大的西方社区，德国、日本等国家在本国革命运动结束后逐渐强大起来，也相继加入东交民巷的西方外交使团中。到 19 世纪 90 年代，英国、法国、美国、奥匈帝国、德国、意大利、荷兰、俄罗斯、西班牙和日本等都在北京设立了各自的公使馆。

　　这些西方列强的驻京外交官往往携带照相机来到北京，其目的主要是为了记录外交工作，其中也有相当一部分人员是摄影爱好者，完全出于个人兴趣拍摄照片。他们拍摄的照片或刊登在本国的报纸杂志上用以介绍中国情况，或送给亲朋好友留念，或在自己及同事好友出版的书籍回忆录中用作插图。

　　在这些照片中，"三山五园"是重要的摄影对象。驻京外交官为"三山五园"留下重要的影像资料。本文将重点讨论 19 世纪后半期英国驻京外交官们所拍摄的"三山五园"老照片。

一、19 世纪后半叶西方人在北京的生活

在讨论西方人所绘制的三山五园影像之前，我们有必要先回顾一下 19 世纪后半叶西方人在北京的生活，他们为什么对三山五园那么感兴趣呢？

第二次鸦片战争后当西方列强在北京设立公使馆时，北京对于很多西方人来说还是一个比较陌生的地方。1860 年当西方人到北京的时候，他们发现北京和 17、18 世纪的传教士所描绘的几乎没有什么区别。让西方人感到震撼的当然是北京的城墙以及城市内的宫殿，包围在城墙内的皇家建筑无疑成了西方人最感兴趣的摄影对象。

当时的北京还不是旅游胜地，大多数西方人到北京来只是为了出差公干，这时的北京还非常神秘，但它的神秘面纱随着公使馆以及海关总税务司的设立，随着越来越多的西方人长期或短期在北京居住而逐渐被揭开。

1860 年的条约并没有规定北京向西方人开放贸易市场，所以比起天津或者上海来说，北京的商贸活动是大大落后的。因此西方人在北京的生活和在上海及其他条约口岸的生活迥然相异。西方人在上海这些城市仍力求保持他们原来的生活方式，他们享受着吃喝玩乐的奢侈生活，穿着漂亮华丽的衣服进行社交活动。上海不但是一个国际化贸易中心，它的文化生活也非常丰富多彩。上海有各种语言的报纸、学者研究会、剧院、俱乐部以及各种文化沙龙聚会。但相比之下，北京没有这么繁华的商贸活动，外国人在北京的生活就单调了许多，当然也相对更加健康。

长期生活在北京的西方人无外乎是西方国家的驻华外交官或供职于中国海关的职员。他们的交际圈很小，不论哪个国家的外交官彼此关系都非常密切，也互相依赖。他们中的大多数都是年轻的单身汉，很多人是使馆或者海关税务司的翻译学生，他们在北京学习汉语。西方人常常形容北京的生活极度无聊。他们在北京的房子也和其他条约口岸的西式建筑不一样。在北京最早建立起来的使馆区往往是由很多中国传统四合院组成的，而这些单身汉就被分配到四合院里一个个单独的房间去居住。他们倒是拥有很多中国用人，这些用人被称为 boy。英法两国使馆和海关内的花园很大也很漂亮，这些花园里面有各种植物、禽类等。北京的水果、蔬菜以及肉类比沿海地区要便宜，但是其他的东西都得从上海、天津运到北京。北京某种程度上与口岸条约是隔绝的，外交官把摄影当做爱好，当做娱乐，并用来打发时间。他们甚至成立了非正式的摄影协会，一起去郊游，交换底片和摄影器材。

在这样沉闷单调的生活中，可以想象，如果一个人有了摄影的爱好，他的生活

将会变得愉快很多。摄影是一项非常吸引人的活动，当然，它相应地也需要投入很大的精力才可能获得成功。

来到中国的旅行者通常都会受到欢迎，人们会很乐意指点这些游客到市内观光。如果这些游客没有被邀请在使馆居住，那么也可以考虑住在海关或是一些小酒店、庙宇当中。1866 年，英国驻华使馆的外交官德呢克（Nicholas B. Dennys）就出版了第一部关于北京的旅游手册——《华北旅行记》（*Notes for Tourists in the North of China*）。这里面就提到了一些当时外国人在北京旅游的情况。在北京长期居住、对情况略微熟悉一些的西方年轻人会陪伴来访者在北京城内或城外游玩，担当向导和翻译。此外，他们还必须要带着一个中国用人，让他负责管理衣物、床铺等日常生活用具，还要带上一个厨子，以及必需的食物，甚至包括茶。因为中国乡村的小酒店或小旅馆，不会提供除了水壶和开水之外的任何东西。如果想在城内游玩，限制颇多。一是交通的问题，二是有些地方不对外国人开放。但是北京城的城墙较高，这是一个很好的观察整个城市的地方，而且中国的很多建筑外围都有很高的围墙，里面有漂亮的花园，只有到了很高的地方才能看得到。而恰好东交民巷的外国使馆区就挨着前门东南的城墙，从这个地方是很容易爬上城墙的。所以我们看到的很多西方人拍摄的照片都是在这个城墙上完成的。在北京城外围的活动就要容易很多，事实上西方人在城外的活动更加频繁。人们热衷于一天之内往返的郊外旅行，常去的地方有北京城西北万寿山上的皇家花园和西山，也就是我们所说的三山五园这个区域。尽管在 1860 年的时候，万寿山也被英法联军劫掠了，但是保存下来的景观仍然非常宏大精美，足以吸引西方人驻足拍照。人们也可以在西山里租下一个小四合院，带着家具、食物等各种东西，还有他们的中国导游、用人在那里住上几个星期。

晚清时期，西方人编撰的北京旅游手册中，都重点把清漪园和圆明园推荐给读者。例如，一本名为《北京及其近郊导览》的小册子就这样写道：

一条由方石板铺成的道路连接着位于北京西北角的夏宫。沿着这条路从西直门向西北方向走十二里便到了海淀镇，那里有一些还算不错的小客栈。道路由此岔开，一条路向北通向夏宫（圆明园），另外一条路则向西北通向万寿山上的寺庙和其他园林。后者经过海淀的一处王府，其门前有两座工艺十分精美的铜狮子。向西北方向再走十里路就是万寿山的大门，"万寿"即"万岁长寿"之意，大门前也有一对类似的精美铜狮。园林中有一座小山，上面满是雕梁画栋的建筑，1860 年英法联军将其付之一炬。进入大门后，经过一片被焚毁的房屋遗址就可以到达小山南面美丽的昆明湖畔，这些房屋原来是皇帝巡幸游乐之所。湖北岸耸立着由方形石基构成的高大石台，经过一段漂亮的台阶就可以登上顶部。高起台地的前方和左右两侧到处是寺庙遗址，但只有山顶上的那一座才相对完好，上面覆盖着彩色的琉璃瓦屋顶。小山四面还有不少规模更小的寺庙，而山北麓尤多。尤其醒目的，是山顶西北角的一座彩色琉璃塔和石台西南方一座完全由黄铜制成的小亭子。尽管这里已经被完全破坏，但总的来说依旧风景如画，山顶的秀丽景色也足以补偿登山之苦。站在山顶远眺北京，还可以看得见城中的高大建筑；而眼前则是布满荷花的美丽湖泊；若向西望，目之所及是绵延不断的"西山"，山顶突兀而起，山谷庙宇众多；向东望去，可以看见圆明园，它呈现为一块巨大的绿色方块。山的西边有一座"佛塔桥"值得一看，桥中心是一座亭子，离桥不远有一艘完全由石头制成的大船。小山对面的湖中有座圆形小岛，岛上有庙，靠一座十分壮观的十七孔石桥与陆地相连，从岛上回望万寿山和昆明湖，风景极佳。桥附近的岸边有一座大铜牛，堪称艺术精品。万寿山现在是慈禧太后夏天时的驻地，因此不对外国人开放。

万寿山以西两英里有另外一座小山，即西山的余脉。山上也有庙宇，其中还有一座高耸的汉白玉佛塔，很远就能望见。山脚下有一处漂亮的园林，清澈的泉水从中流出，园林也因此得名"玉泉山"。泉水流入万寿山里的湖泊，并进一步为北京的运河和众多湖泊提供水源。玉泉山和万寿山之间有一座佛寺，可以为游客提供住宿。

"圆明园"，即"圆满明亮之园"，位于万寿山以东半英里处，为一不规则的方形，周长7.23公里或4.5公里，面积一平方英里左右。这是一处供帝王游乐的园林，其中有各式各样的林木、湖泊、宫殿、亭台、庙宇和街道等。但现在万寿山和圆明园都不对外国人开放。特别是1874年中国政府开始在圆明园南部修缮部分建筑，打算在此重新居住以来，该园便严格禁止游人入内。然而，如果你试试走北边的一个小门，或许可以进入园内，而南、东、西三面的大门则肯定无法入内。即使侥幸入园，也不能走得太远，否则外国游客将与该地驻军发生不愉快的接触，能够看到园林北部和东北角的建筑就应该知足了。实际上，这块区域正是园林里最有意思的部分。圆明园最早的设计图纸产生于中国古代，这里的宫殿大多建造于乾隆时期，建筑风格为半西洋式。当时在中国宫廷中地位举足轻重的耶稣会士们监督了整个修建过程，他们参考了法国凡尔赛宫中著名的洛可可建筑，还费了不少心血，把中国传统建筑风格与之结合。这些宫殿的周围环境，如迷宫、亭子、笔直的道路、人工水池、喷泉，以及各式各样的树木植被、小山和湖泊等，无不让人联想起法国的传统园林。尽管1860年园林遭到了恐怖的破坏和劫掠，但这里依然景色美丽。湖边有一座建在大理石基座上的小城堡，一条宽阔的台阶直通其上，半圆形的两翼附在建筑两侧，虽已是一片荒芜，却仍然是一幅美丽的画卷。建筑上用作装饰的彩色琉璃瓦金光闪闪、熠熠生辉。东面还有一座上朝用的大殿，其立面同样雄伟壮丽，可惜已被完全焚毁，附近还有一座彩色琉璃瓦制成的塔。

如果不能进入圆明园，游客可以登上园林北墙外的土丘眺望一下园中的主要建筑。

圆明园被数量众多的军营包围着，满族旗人住在其中负责保护这座园林，夏宫的南面和东面通往海淀的路上也有许多王府花园和高级官吏的私家花园。[1]

二、英国驻京外交官与"三山五园"影像

与法国相比，英国驻京外交官群体的数量和规模有过之而无不及，他们对"三山五园"的关注以及留下的"三山五园"文献和影像数量更多、质量更高，也最为著名。这里要介绍的几位对"三山五园"做了重要文字和影像记录的英国人是德贞和卜士礼等人。由于曾在北京一起度过了一段美好时光，他们之间保持了长久的通讯和友谊，也成了学术研究方面相互帮助的朋友。在中国艺术和摄影方面，他们都做出了各自的贡献，而他们对于北京，特别是三山五园的关注，也让颐和园十七孔桥、万寿山铜亭等成了中国皇家园林在西方视野里的标志性建筑。

1. 德贞（John Dudgeon, 1837—1901）

汉语中有很多关于光学和摄影方面的词汇，比如"折射""凸镜""凹镜""感光""三脚架""胶片""影片""照相""摄影"等等，不胜枚举，这些词汇今天已为大家熟知并经常使用，恐怕连"术语"都算不上了。不过，现代光学知识和摄影技术并非中国的发明创造，这些西洋技艺都是在晚清时期逐步传来的，要把它们介绍给中国人，自然就要把这些"术语"翻译成中文。其实，"翻译"这个词并不恰当，因为汉语中本没有与这些"术语"相对应的词汇，所谓"翻译"，只能是"创造"出前所未有的新名词。今天，我们就介绍一下为汉语"发明创造"出众多光学和摄影词汇的人——德贞。

图 1　德贞（图片来源：作者提供，下同）

德贞出生在英国，毕业于格拉斯哥大学外科医学专业。1863 年，年仅 26 岁的他带着新婚妻子来到中国，在北京一家由英国传教士创办的医院——"北京施医院"工作。这里的"施"即"施舍、施恩"之意，因为医院为中国人看病不收取任何费用。作为北京当时为数不多的西洋医生，德贞也是各国驻北京公使馆和中国海关的座上客，常常为各国外交官诊断病情。尽管医院创办初期，中国人并不相信西医，但随着与西方外交官打交道的清政府官员逐步接触和尝试西医，越来越多的人开始到"施医院"看病。据 1888 年的《北华捷报》报道，德贞一天要接待三四十个病人，宫廷里的官员和太监等更是他的常客。有一份资料显示，他还曾给同治皇帝看过天花，这份资料的可信度姑且不论，德贞在晚清的北京是十分有声望的医生，同时受到清廷上层和驻京西洋人的欢迎，这是确凿无疑的。

1870 年代，德贞受聘"京师同文馆"，讲授"解剖学""生理学"和"摄影"三门课。"同文馆"是清政府开设的一所新式学校，作为"洋务运动"的重要举措，它担负着引进西学，培养西式人才的重要任务。所谓"同文"，就是要把西方语言翻译成中文，让中国人不出国，不学外语，也能掌握西洋科技。1886 年，德贞还被曾国藩的儿子曾纪泽聘任为顾问，加入了他的幕僚团队。1901 年，64 岁的德贞逝世于北京，除去曾短暂返回英国数年，他在中国生活了 37 年，占去他生命的一半还多。

德贞的本职工作是医生，他在华期间，调查研究中国的医疗卫生状况，撰写了大量文章和专著，对"禁毒"工作也有过很大贡献。他的医学成就不是本文的主题，我们日后再谈。这里着重讲一讲他的另一项特长——摄影，以及他在中国推广光学知识和摄影实践的努力。

据德贞讲，他青年时代就对摄影产生了浓厚的兴趣，并开始拍摄照片。摄影技术被发明后，很快应用到了其他学科领域。例如，身在各地的医生就可以通过患者病灶部位的照片了解疾病的特征和疫情的症状等，这可能是德贞接触摄影的原因所在。

来到北京后，德贞将这一业余爱好也带到了中国。他在北京周边调查医疗卫生状况时，就带着照相机，拍摄了大量北京的城市风貌和风土人情。1871 年，英国著名摄影师汤姆逊访问北京时，德贞就是接待他的向导和翻译。两个人一同到北京城墙、长城、颐和园等地游览，各自携带照相机，留下了很多同一角度的不同照片。不过，汤姆逊只是来北京一游，不懂汉语的他虽然可以拍摄专业的影像，却无法把摄影知识介绍给中国人，这是不能和德贞相提并论的。

剑桥大学图书馆藏有一本德贞用中文撰写的《脱影奇观》，这本介绍光学和摄影知识的书出版于 1873 年。当时德贞已经在"京师同文馆"教书，考虑到当时普通中国人根本不可能阅读这样的书籍，也没有财力购买照相设备进行摄影活动，这本书很有可能是德贞为"同文馆"编撰的一本光学和摄影教材，其对象当然是学习此门西洋科技的学生。读读这本书就知道，德贞的汉语水平很高，不但能很自如地运用书面语言，还能创造性地"发明"一些新词汇来介绍西方的光学和摄影知识。德贞在《脱影奇观》（清同治癸酉，1873 年，京都施医院存版）的序言中说：

昔在敝国，于咸丰三四年间初试照影，以为博戏之事。缘弱冠时，尝入医学，兼明化学之理。因照像旁及光学之书。窃以敝国攻于画者，每至写影传神，虽极力描摹，而总不如脱影之逼真肖似也。抑思脱影虽佳，而照大不易。由观灯剧，一夕豁然，顿悟出灯、影、镜套大之法，试行不谬。……士大夫光顾相邀者，日不暇给，酬酢之余，知我有聚影匣者，不以技之工拙，而委我以照影之事。

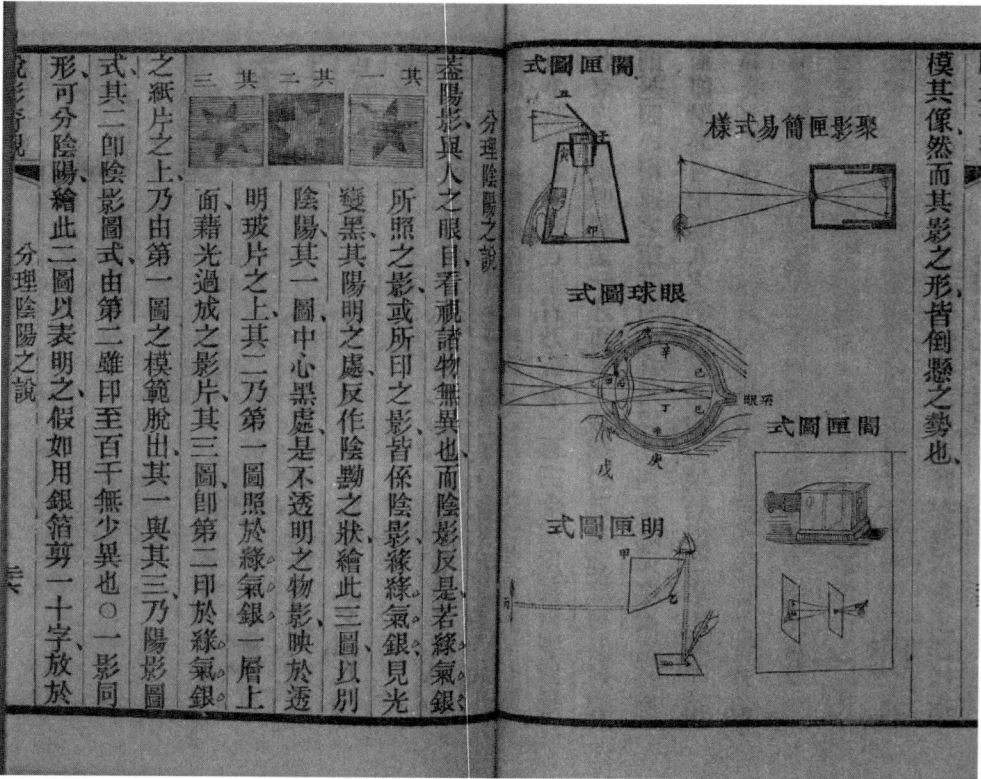

图 2　德贞所著《脱影奇观》书影

1874 年上海出版的《中国丛报》刊登了一篇关于《脱影奇观》的书评：

德贞博士关注摄影已二十余年，为中国人也能受惠于此，他将自己掌握的技艺讲述出来。我们相信，这是第一本用汉语介绍此门技艺的著作。作者在写作过程中一定克服了很多困难，我们对此深表钦佩。为了通晓这一技艺，学习者应具备化学和光学的一些前沿知识。几年以前，这些科学知识才第一次被介绍到中国。丁韪良和 Kerr 博士，傅兰雅以及 Bullequin 教授曾做了一些草创的工作，但我们相信，有学习兴趣的中国人寥寥无几。在光学方面，丁韪良对该学科的有益介绍可谓确立了学习的标准。除了他的书外，中文著述鲜有论及光学知识者，无非是一些杂志上刊登的零零散散的文章。在这种情况下，德贞博士以超常的智慧和惊人的毅力完成了这部上乘之作。书的序言介绍了摄影技术的发明、兴起和发展历史。书分为三册。第一册详细介绍摄影的原理；第二册介绍摄影的操作流程；第三册主要讲要使用的材料特性、价格和名称。现在中国人从事摄影者也为数不少，尽管总的来说，他们也谙熟此技，但毫无疑问，眼前这本具有开创性的著作仍然会让他们从中受益。很多业余摄影爱好者曾自己摸索操作技巧，现在却有了一本解决难题的指导手册。不仅如此，我们希望随着这本和类似著作的传播，其影响日益为人所知。通过提高中国人对这些神秘技艺的理解能力，让他们不会轻易受到骗子的蛊惑，轻信欧洲人可以通过一些邪恶的伎俩来控制自然景象。[2]

由此可见，西方人向中国介绍摄影技术，有着更深远的考虑，因为中国人不理解照相技术，认为西方人有一种魔法，可以控制自然景象。为此，西方人要把照相技术讲清楚，说明这不是什么鬼魅的伎俩，让中国人不要受人蛊惑，不要对西方人产生坏印象。

德贞讲到撰写《脱影奇观》的目的时说，这本书要"俾中外之人，阅是书者，了然于心目，使其法显明昭著，以公于世，非炫技也，庶可却市井之疑谈。然而乡愚之人，往往以井蛙之见，每观泰西画片活泼如生，辄妄加诋毁，谬谓非目睛之水即人心之血。呜呼，斯人之见也，犹坐井而观天，抑何可笑，而更可悲也。殊不知欧洲列邦，凡钦崇天主耶稣之国，被其神化者，无不以爱人为心，杀人为戒者也。至于一切巧构奇思、机轮妙器，生新不穷，乘气球飘然千丈而凌空，藉电线倏忽万里以报信。是皆本诸灵性，由穷理而悟出，实非攻乎异端，假邪术而得来"。

他在书中第一次使用了"照影"一词，这个词几经变化，成了我们今天所说的

图3　德贞所摄颐和园铜亭（1870 年代中期）

"照相"和"摄影"，但把"照"这个动词首先用于摄影，这是德贞的首创。他还生动地用人的眼睛和照相机的镜头作类比，深入浅出地讲解摄影的原理，也只有同时谙熟解剖学和摄影知识的德贞才可以这样信手拈来。我们现在见到的几乎所有讲摄影原理的书，大概都要用人眼来打比方，这也是德贞百十年前的经典比喻。摄影除了光学外，也要有化学知识，把各种药水用于"显影"和"定影"，德贞在书中娓娓道来，这两个词也是他的"发明创造"，前面提到的"折射""凸镜""凹镜""感光""三脚架""胶片""影片"等等都是德贞的"贡献"。

　　时任总理各国事务衙门大臣的崇厚，为《脱影奇观》写了序言，称其"开数千年不传之秘"。刑部尚书崇实也为书赋诗题跋："光学须从化学详，西人格物有奇方。但持一柄通明镜，大地山河无遁藏"。

　　如今，对于中国人来说，摄影早已不是什么秘密，数码技术的发展更是超越了德贞的知识水平。但德贞"创造"的这些新词汇却依然经久不衰，成为大家耳熟能详的常用语，成为汉语与时俱进中不可或缺的一部分，而德贞的故事本身也成为中外文化交流史上的一段佳话，不断激励着我们这样的后来者。

图 4 德贞所摄北京前门大街（1870 年代中期）

在著名摄影师汤姆逊到达中国之前，作为英国驻华使馆医官的德贞已经在北京工作了 7 年。英国使馆的前任医师雒魏林（**William Lockhart**）非常喜欢北京，对北京城也十分熟悉，他对北京的热爱大概影响了接替他工作的德贞。1866 年，雒魏林出版了《北京及其附近略记》（*Notes on Peking and Its Neighborhood*）一书，对北京的名胜古迹进行了介绍。德贞和雒魏林一样喜欢在北京到处游览，但不同的是，他在游览时还携带着照相机。1870 到 1880 年代，德贞在清政府创立的同文馆工作，担任教师。一

图 5 《中国艺术》一书中所收录的德贞拍摄的清漪园照片（1870 年代）

同在同文馆工作的丁韪良对德贞评价非常高。据德贞自述，他还曾为同治皇帝注射过天花疫苗。[3]1886 年，德贞还曾为曾国藩的儿子曾纪泽担任过秘书，他似乎从医

图6　德贞所摄颐和园玉带桥（1870 年代中期）

师职业成功地转型到政治和教育领域。1900 年义和团围攻北京使馆区时，德贞也在其中，1901 年，他在北京逝世。

　　汤姆逊之所以和德贞一起游览北京，大概除了德贞对北京很熟悉之外，另一个原因便是他也是一位摄影爱好者。据西方学者的研究，德贞早在青年时代就开始了摄影活动。1873 年，也就是他陪同汤姆逊游览清漪园两年后，他出版了《脱影奇观》这部差不多是最早的有关摄影的中文图书。该书很可能是德贞和同文馆其他外籍教员一起翻译编撰的。在英国驻华使馆另一位外交官卜士礼著名的《中国艺术》一书中，也收录有德贞拍摄的北京照片。这一切都说明，德贞是第二次鸦片战争后拍摄北京照片的英国使馆外交官群体中非常重要的成员之一。不过，与汤姆逊不同的是，德贞并不是一位商业摄影师，他拍摄的照片并不用来卖钱，很少出售给个人或者报纸杂志，而是大多送给朋友，或为朋友的书籍提供插图。从摄影设备和技术上来说，他显然不如汤姆逊更加专业，但他对中国摄影事业的发展以及西方人对北京的了解、对三山五园的认识等方面都有很大的贡献。

　　2. 卜士礼（Bushell, Stephen Wootton，1844—1908）

　　汤姆逊在北京时所接触的另外一位英国外交官是卜士礼，他们之间以摄影为纽带的友谊一直持续到 20 世纪初。卜士礼 1844 年出生于英国肯特，1868—1899 年在英国驻华使馆担任医官。他和雒魏林、德贞等不但同时在英国使馆共事，而且同为医生，他们之间的交往比其他人更加密切。作为使馆医官，他们的一项重要任务就是调查北京的医疗卫生状况，这大概是他们走出使馆大门，到北京各处游历的一个主要动因。卜士礼一同参与了雒魏林、德贞等人对北京的调查和记录，在这一过程中，他也对摄影发生了兴趣。大多数西方摄影师关注风景、建筑和人物，卜士礼则把摄影应用于艺术品的研究，这是他后来发展的又一爱好，并在该领域取得了很大的成绩，1908年他去世时，已经是西方世界中介绍中国艺术的名家，也是非常有影响力的中国艺术品收藏家。而他所收藏和研究的艺术品中，就有来自三山五园，特别是圆明园中的文物。

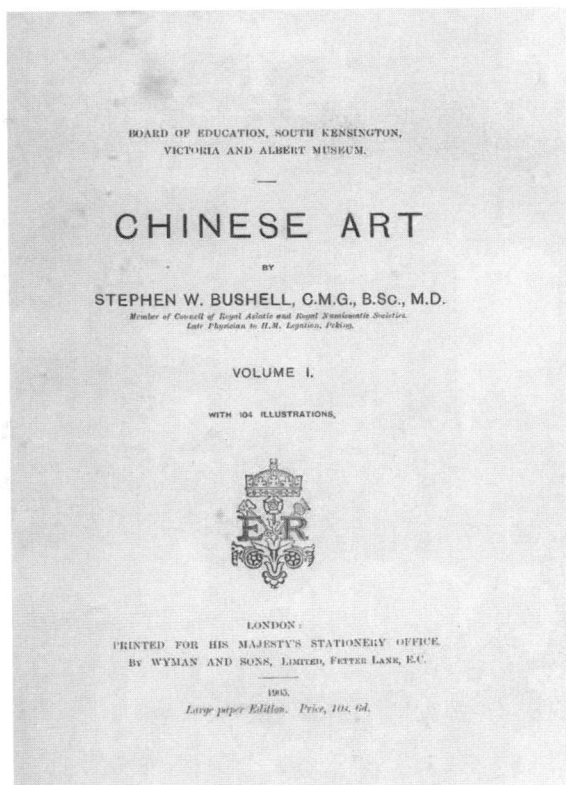

图7　卜士礼1903年版的《中国艺术》封面

　　卜士礼并非历史学家或语言学家，他对中国艺术的喜爱和研究完全来自在中国三十余年的经历。1871年，当汤姆逊在北京逗留时，他和卜士礼建立了联系。汤姆逊在《中国和中国人》一书的第四卷中提到了卜士礼的艺术专长，他明确地说明，他所拍摄的青铜器和陶器都是卜士礼为其提供的。这个时期，卜士礼与大英博物馆（British Museum）以及英国维多利亚和阿尔伯特博物馆（Victoria and Albert Museum）签署了协议，为两家博物馆收购中国文物。1874年，他还把自己的中国收藏赠送给维多利亚和阿尔伯特博物馆。当然，维多利亚和阿尔伯特博物馆也未曾亏待过他，根据博物馆的记录，仅仅在1882年和1883年，卜士礼曾先后两次将223件明清瓷器出售给博物馆，并总共获利500英镑。1904年，正是应维多利亚和阿尔伯特博物馆的邀请，卜士礼开始撰写他的著名代表作两卷本的《中国艺术》（Chinese Art）。

　　该书的研究对象以维多利亚和阿尔伯特博物馆的收藏为主，当然，它们大多是卜士礼自己收购和研究过的，他对此十分熟悉。该书分为雕塑、建筑、青铜器、木

FIG. 43.—BRONZE INCENSE BURNER. HSIANG LU.
Mohammedan Scrolls. Mark, Hsuan Tê (1426 35).
No. 198-'99.

H. 15 in., W. 12¼ in.

图8 《中国艺术》收录汤姆逊拍摄的青铜器

雕、象牙制品、漆器、玉器、绘画、石器、陶器等，其中建筑部分就使用了汤姆逊所拍摄的 8 张北京照片，而青铜器和陶器的部分也使用了汤姆逊拍摄的照片。这些青铜器和陶器正是卜士礼提供给汤姆逊的。可见卜士礼和汤姆逊相互帮助，为各自的作品提供摄影的对象或照片。

这本书出版后立刻引起了西方学术界的重视。当时的英国汉学家庄延龄曾评价说："卜士礼不是专业的汉学家，但却比专业的汉学家对中国研究的贡献都大。"法国汉学家沙畹也不断引用卜士礼的《中国艺术》。民国年间，鉴于此书的重要学术影响，蔡元培等人将其译成中文出版。

那么，卜士礼购买到的这些中国文物是哪里来的呢？据一同在英国驻京使馆工作的外交官芮尼记载，这些东西很多都来自圆明园。"有一些文物毫无疑问是来自圆明园的，因为获得他们的成本太低了。比如，昨天一件很大的白玉雕饰才卖了 25 美元，正常情况下，售价应该不低于 80 到 100 元。"[4] 卜士礼购买的艺术品成了维多利亚和阿尔伯特博物馆中国藏品的重要组成部分，也是三山五园文物海外最重要的保存地之一。

那么，卜士礼《中国艺术》书中的照片除了汤姆逊之外，还来自谁人之手？从卜士礼的交友范围、个人经历来看，德贞很有可能为他拍摄了其余照片。因此，汤姆逊、德贞、卜士礼等人形成了1860年到1900年间英国使馆中拍摄三山五园的一个小群体，他们共同合作，互相支持，将三山五园的建筑、景观以及其中的艺术品以照片的形式呈现给西方读者。

FIG. 38.—"PORCELAIN" PAGODA AT YUAN MING YUAN.
Imperial Summer Palace, near Peking.

图 9 《中国艺术》一书所收录的圆明园琉璃塔

FIG. 35.—K'UNMING HU. LAKE AT WAN SHOU SHAN.
Imperial Summer Palace, near Peking.

图 10 《中国艺术》一书所收录的清漪园十七孔桥

FIG. 36.—LO-KO CH'IAO. HUNCHBACK BRIDGE.
Imperial Summer Palace, near Peking.

图 11 《中国艺术》一书所收录的清漪园玉带桥

3. 芮尼（David F. Rennie，？—1868）

除了照片之外，传统的铜版画仍然是西方人展现三山五园影像的重要手段。这里要提到的是英国驻华使馆外交官芮尼和他的《北京和北京人》一书。

PEKING AND THE PEKINGESE

DURING THE FIRST YEAR OF THE BRITISH EMBASSY AT PEKING.

By D. F. RENNIE, M.D.,

STAFF-SURGEON,

ON SPECIAL SERVICE UNDER THE GOVERNMENT OF INDIA;

AUTHOR OF " THE BRITISH ARMS IN NORTH CHINA AND JAPAN."

THE BRIDGE AT YUEN-MING-YUEN.

IN TWO VOLUMES.—VOL. I.

LONDON:

JOHN MURRAY, ALBEMARLE STREET.

1865.

图 12　1865 年版的《北京与北京人》，封面上使用了清漪园的一座石桥

　　芮尼在鸦片战争之前就曾来华担任外交官，到 1864 年他离开中国为止，他共在华生活了 8 年。芮尼全程参与了英国驻京公使馆的筹建过程，可以说是使馆中资历最老的一批外交官。芮尼在使馆的一项重要工作就是保存使馆的档案，记录使馆所发生的各种事情以及英国外交官和清政府的交涉活动等。他保存了 1860 到 1861 年间的日记。这部日记在 1865 年以《北京和北京人》（ Peking and the Pekingese ）为题目出版成书。在这部书的封面上，芮尼使用了清漪园中的一座石桥作为背景，他在

文中也记录了游览清漪园的过程。从芮尼的日记可以看到，西方人大概在 1861 年前后就可以到清漪园内自由游览。到清漪园改建为颐和园之后，西方人再想去那里旅游就不是一件容易事了。而 1860 年之后的 10 年间，是西方人游览清漪园的一个高峰时期，他们也留下了大量文字和影像记录。

跟芮尼一同游览清漪园的是公使馆里的另一位外交官文丹（Wyndham），当芮尼 1865 年出版该书时，文丹已经调任英国驻柏林使馆工作，但他对芮尼的书非常感兴趣，并主动为书绘制了插图。由于文丹也曾在北京工作并亲历三山五园，芮尼认为他绘制的铜版画是非常准确的，并在序言中对文丹表示了感谢："我尤其要感谢女王陛下驻柏林使馆的二等秘书文丹先生，他对我的工作很感兴趣并积极推动，还慷慨地为本书绘制了许多反映真实场景的插图。"[5]

芮尼对中国抱有好感，这和当时英国社会对华的主流态度是截然相反的。由于第二次鸦片战争的缘故，英国民众普遍认为中国人不懂国际法、不遵守承诺，但芮尼却试图通过该书向英国社会传递积极信息，并以三山五园为例来介绍中国伟大的文化成就，并试图让英国人也意识到对这些文化遗产的破坏才是野蛮的行径。他在书的封面上特别使用清漪园的石桥就说明了这一点。

芮尼在书中写道：

有些人可能认为，我在文中为中国人的性格特点做了过度粉饰，我乐意承认确实抱有这样的倾向，因为我相信中国人也是人，但总体上看，我们对其缺乏了解，更多的时候，还误解他们。……根据我在华前后两次、共计八年和他们打交道的经验来判断，中国，作为一个整体而言，远不像那些有限和偏狭的观察所认为的那么邪恶。在离开中国时，我对这一判断毫不怀疑。此外，中国的底层民众比起我们英国的乡下人更温顺、更谦卑、更勤劳，总体上说，也更加聪明。很多人会对我的看法嗤之以鼻，对此，我有充分的心理准备。但我对自己的观点深信不疑，我知道，那些经验丰富，在这一问题上更有发言权的人都对此深信不疑。暴力行为的确在中国时有发生，甚至为数不少，但所有坏人横行和政治存有分歧的国家都是如此。只因为这个庞大帝国中有二三十万这样的坏人，就把四亿人都等同于实施野蛮行为的暴徒，这是毫无道理的。

芮尼的著作是鸦片战争后出版的最早的有关北京的记录，其影响也是深远的。在汤姆逊等人的照片在 1870 年代公布之前，芮尼的《北京和北京人》以及其中有关三山五园的铜版画已经在欧洲流行了五六年之久。这些铜版画比马嘎尔尼使团中亚历山大的水彩画更加流行，因为它们复制起来比水彩画更容易，书籍的发行量也很大；比起第二次鸦片战争中英法参战士兵有关三山五园的记录，芮尼的著作态度更加积极，正如他自己所说，他要树立的是中国人的正面形象，这和英法联军中的军官和外交官也有重大差别。芮尼的视角使他的著作在影响西方人的中国观方面贡献极大，当然，在这个过程中，三山五园作为一个例证为芮尼用来支持他的观点。也正是在这个过程中，三山五园给西方人的印象得到了再次加深。

在1860到1900年间，摄影技术有了很大提高，但不可否认的是，在中国拍摄照片仍然是非常困难的。但职业摄影师已经出现，并开始关注东亚和中国。他们常常在条约口岸，也就是条约规定的开放港口，建立他们的工作室以及他们从事摄影活动的一个基地，就像汤姆逊那样。与此同时，专业摄影也开始向业余摄影过渡，英国驻华使馆的众多医师都参与其中就是一个很好的例子。实际上，在19世纪的后半叶，摄影领域和其他许多领域一样，很难分清什么是业余的，什么是专业的。很多摄影师被认为是专业的，并且把追求摄影技术当做是一种职业。也有一小部分业余的摄影师，也留下了很多作品，这些照片不管是在文献方面的价值还是在摄影方面的价值都同样重要。在三山五园的个例上，这些业余摄影师恰恰是在中国工作的外交官和汉学家，他们对中国的熟悉和研究即使是专业摄影师也无法比拟和替代。汤姆逊并不是北京研究专家，没有德贞和卜士礼等人的支持，他是无法完成摄影活动和出版中国影集的。正是他们的相互配合以及不懈努力，我们才看到了三山五园在这个时期的影像。他们各自不同的兴趣也为我们留下了有关三山五园不同方面的影像资料，从建筑到风景到艺术品，人们可以全方位地感受三山五园所代表的清代皇家文化。当然，文物和艺术品的搜集活动也有它的负面影响，也需要两方面来评价。就其积极的一面说，卜士礼的研究活动推动了西方人对清代皇家艺术的认识；但另一方面，其廉价的文物收购行为，虽然不完全等同于掠夺，但客观上也破坏了文物的完整性和有关价值。

19世纪后半叶英国驻京外交官群体的三山五园影像拍摄及绘制活动保存了这个特殊时期三山五园的影像资料。例如前面谈到的，清漪园1860到1870年代尚未被改建成颐和园，西方人可以出入，这跟后来的情况是不同的，这段时期就比较特殊。他们的著述、照片和铜版画在西方世界不断强化着自第二次鸦片战争以来的"三山五园"的印象，为1900年西方人拍摄"三山五园"影像的高潮做好了铺垫和准备。

作者简介：程龙，男，1976 年生，辽宁沈阳人，加拿大亚历山大学院亚洲研究部教授，历史学博士，主要从事历史地理和海外中国学研究。

注释：

[1] *Guide of the Tourists to Peking and Its Environs*, Tientsin: The Tientsin Press, 1897, pp. 35-38.

[2] Toying KeKuan, Treatise on Photography, *Chinese Recorder and Missionary Journal*, Vol. 5, No. 4, July-August 1874, pp. 235-236.

[3] *The Times*, Oct. 7, 1898.

[4] David F. Rennie, *Peking and Pekinese*, London, 1865, Vol. 1, p. 300.

[5] David F. Rennie, *Peking and Pekinese*, London, 1865, Vol. 1, Preface.

康、雍两朝兴建"三山五园"的政治表达

张公政

坐落于京西的"三山五园",不仅为中国古典园林艺术的集大成之作,更为有清一代的历史缩影,可谓一部"三山五园",半部清朝史。近年来,"三山五园"历史文化研究逐步纳入学界视野,逐渐成为"北京学"研究中不可回避的重大历史课题。许多专家学者就"三山五园"历史文化内涵与意蕴进行了广泛而深入的探研,研究成果层出不穷。张恩荫《三山五园史略》[1]就对"三山五园"的发展历程做了比较全面而系统的介绍。北京市园林局史志办公室所编的《京华园林丛考》《京华园林丛话》《京华园林丛谈》[2]三部研究文集,提供了涉及"三山五园"的研究成果及相关资料。赵兴华所编著的《北京园林史话》[3]则就清代北京西郊皇家园林的兴建和发展进行了概述,具有一定参考价值。汪菊渊《中国古代园林史》[4]及周维权《中国古典园林史》[5]用了相当篇幅介绍"三山五园"的历史沿革与园中各景观建筑手法及内在意象等。近年来,中国人民大学清史研究所何瑜教授所率领的学术团队,积三年之功,在广泛搜集与爬梳档案、史籍、诗文集等基础上,按照"政自园出,因园记事","以帝王为经,以三山五园为纬"的原则,编著《清代三山五园史事年表》(两卷本),[6]完整呈现有清一代"三山五园"发展的历史脉络,具有非常重要的学术价值。就"三山五园"的政治历史地位来看,何瑜老师认为:"三山五园和紫禁城在政治功能上是互补的。清帝处理政务的大部分时间都是在三山五园度过的。由此看,其政治历史地位是非常重要的。""三山五园"代表了清代皇家文化的特点,"其中即有'大中国'的观念"。[7]在清初兴建"三山五园"的源头中,康、雍两朝兴建"三山五园"的政

治心理尚有待深入挖掘，康熙、雍正两位统治者在"三山五园"所进行的政治仪式体现了清初怎样的统治秩序，以及兴建"三山五园"背后反映了清朝统治者秉持什么样的统治观念治国理政等，前述问题都是无法回避的，需要继续深翻。本文拟在前辈专家学者既有研究成果基础上，从思想观念层面深究康、雍两朝兴建"三山五园"的政治心理，从"三山五园"发展脉络反观清初统治秩序的确立以及勾勒出清朝统治者所持有的统治观念。

一、康、雍两朝兴建"三山五园"的政治心理

康、雍两朝兴建"三山五园"延续了辽、金、元等少数民族王朝定都北京，修造御苑以为游猎场所的传统，体现了少数民族固有的"渔猎"的民族特性。辽朝以今日北京为南京，在唐朝原藩镇城南角修筑皇城。据《辽史·地理志》载："皇城内有景宗、圣宗御容殿二，东曰宣和，南曰大内。内门曰宣教，改元和；外三门曰南端、左掖、右掖……门有阁楼，毬场在其南，东为永平馆……其外，有居庸、松亭、榆林之关，古北之口，桑干河、高梁河、石子河、大安山、燕山——中有瑶屿。"[8] 辽朝南京宫城内有内果园，为辽朝皇帝游幸之地，城南毬场为辽朝皇帝射猎之地。城外东北瑶屿，即今日北海公园琼华岛，被辽朝皇室辟为皇家园林。金朝攻占辽朝南京后，沿用辽朝宫城。海陵王完颜亮迁都燕京，改燕京为金中都。金中都内城建于辽南京皇城旧址，《大金国志》载："内城之正东曰宣华，正西曰玉华，北曰拱辰……西出玉华门曰同乐园，若瑶池、蓬瀛、柳庄、杏村，尽在于是。"[9] 又《金史·地理志》载："鱼藻池、瑶池殿位，贞元元年建。有神龙殿，又有观会亭。又有安仁殿、隆德殿、临芳殿……有广武殿，为击毬、习射之所……琼林苑有横翠殿。宁德宫西园有瑶光台，又有琼华岛，又有瑶光楼……宛平，本晋幽都县，辽开泰元年更今名。有玉泉山行宫。"[10] 金朝扩建辽朝"瑶屿"，形成楼、台、殿、阁、池、岛俱全的皇家御苑，又名西苑。同时，在玉泉山建造行宫。金朝皇帝在西苑的活动主要为祭天、射柳、击毬、宴百官等。西苑在金朝并未被设为禁苑，金朝皇帝在西苑进行射猎，允许京城百姓自由围观。成吉思汗攻陷金中都后，在该地设燕京路。至元元年（1264），忽必烈改燕京路为中都。至元四年（1267），忽必烈在中都东北修筑宫城，开始驻跸中都，后改中都为大都。元皇宫建成前，忽必烈于琼华岛重建广寒殿，作为其召见臣工之地。元朝的皇宫由宫城、御园及太液池构成。御园位于宫城以北，在皇城北门厚载门北，建长庑与海子相通。《元史·地理志》记述："海子在皇城之北、万寿

山之阴，旧名积水潭，聚西北诸泉之水，流入都城而汇于此，汪洋如海，都人因名焉。"[11]琼华岛于至元八年（1271）改称万寿山。太液池位于宫城以西，包括现在北海及中海，其中满载芙蓉。元朝皇帝为此专造龙舟，用以在太液池内往来嬉戏。另外，元朝还在元大都近郊设四大"下马飞放泊"，其中大都正南一处"飞放泊"距离最近，后来明清两朝扩建其地，改称南苑。纵览辽、金、元三朝定都北京修造御苑的脉络，御苑功能被定位为射猎、游弋等活动之所，凸显辽、金、元三朝统治者深厚的"渔猎"民族背景与统治观念中内外有差的民族偏见。

相较于辽、金、元三朝修建御苑，清朝"三山五园"的兴建更好地融合了满族游猎的民族特性与儒家统治思想，并借助中国古典园林中的"山水"隐喻，表达清朝的统治观念。京西之地山水相依，形势自然，远离喧嚣。康熙朝在前明武清侯李伟"清华园"废址基础上，略加修葺，建成畅春园。至于在京西修造畅春园的缘由，康熙帝在《畅春园记》中祖露无疑，即追求依山傍水、道法自然的居住环境，奉养至亲、享受天伦的人生之乐以及体认君德、深思治道的政治心理：

都城西直门外十二里曰海淀，淀有南有北。自万泉庄平地涌泉，奔流瀫瀫，汇于丹棱沜。沜之大，以百顷，沃野平畴，澄波远岫，绮和绣错，盖神皋之胜区也。朕临御以来，日系万几，罔自暇逸，久积辛勤，渐已滋疾。偶缘遄时，于兹游憩，酌泉水而甘，顾而赏焉。清风徐引，烦疴乍除……惟弥望涟漪，水势加胜耳。当夫重峦极浦，朝烟夕霏，芳萼发于四序，珍禽喧于百族。禾稼丰稔，满野铺芬。寓景无方，会心斯远……每以春秋佳日，天宇澄鲜之时，或盛夏郁蒸，炎景铄金之候，几务少暇，则祗奉颐养，游息于兹。足以迓清和而涤烦暑，寄远瞩而康慈颜。扶舆后先，承欢爱日，有天伦之乐焉。其轩墀爽垲以听政事，曲房邃宇以贮简编，茅屋涂茨，略无藻饰。于焉架以桥梁，济以舟楫，间以篱落，周以缭垣，如是焉而已矣。[12]

康熙统治时期，康熙帝在京师驻跸地方除紫禁城外，还有西苑、南苑、玉泉山行宫、畅春园等。就性质而言，畅春园仍为御苑。康熙帝在《畅春园记》所述："每以春秋佳日，天宇澄鲜之时，或盛夏郁蒸，炎景铄金之候，几务少暇，则祗奉颐养，游息于兹。"[13]相较于辽、金、元三朝，清朝御苑的功能发生了新变化。梳理《康熙起居注》《清圣祖实录》中关于康熙帝的行踪，御苑不仅为游玩休息之地，更为清朝处理政务的中枢，突显了清朝统治中心移动性的特征。雍正嗣位后，扩建圆明园为御园。雍正三年（1725）八月，雍正帝首次驻跸圆明园，并降旨吏部、兵部："朕在圆明园，与在宫中无异。凡应办之事，照常办理。尔等应奏者，不可迟误。"[14]雍正帝直接将宫城与御苑合二为一，追求"宁神受福，少屏烦喧，风土清佳，园居为胜"的境界，即"避喧听政""园居理政"。雍正帝喜好"避喧听政""园居理政"，表面上圆明园"宜居、宜政、宜孝、宜农、宜亲贤"。实质上表达了雍正帝居住圆明园中，效仿皇考节俭、勤劳、亲贤礼下，践行"天人合一"的治理之道，最终达到"万方之宁谧，百族之恬熙，庶几世跻春台，人游乐国，廓鸿基于孔固，绥福履于方来……"的太平盛世。这其中暗合了清朝的统治观念及自雍正帝之后五朝皇帝驻跸圆明园处理政务的政治心理。"山水"在中国传统文化中被赋予人格化的象征。《论语·雍也》载："知者乐水，仁者乐山。知者动，仁者静。知者乐，仁者寿。""三山五园"择址于山水相依的京西地区，其用意在于以"山水"这一动一静的物象来体现清朝皇帝多重面相，其不仅为满洲民族部落的最高首领，还为汲取儒家治理之道，统御中华、万民表率的皇帝。[15]在"三山五园"修建中，"山水"观念寓于清朝皇帝对儒家对于君子"修身、齐家、治国、平天下"要求的遵循。借助"山水"的动静结合，清帝"园居理政"的政治心理亦昭然若揭，在园居中体悟君德、深思治道，表达了清朝统治者的统治观念，即"文武之道，一弛一张。退省庶政，其罔弗臧。尝闻君德，莫大于仁"。

二、康、雍时期"三山五园"的政治仪式与清朝统治秩序确立

政治仪式是一种以仪式活动进行权力生产和再生产的象征体系，承担了"社会—政治秩序的生成、再造、反复确认、强化的基本性任务。从而达到维持现存权力关系、整合社会的目的"。[16]在政治仪式中，权力的运行以象征的构建和解释为核心。康、雍二帝在"三山五园"所进行的各类政治仪式及其在园中的日常生活，继承了中国传统政治文化中"家国同构"观念，蕴含了清朝统治者以儒家政治伦理确立统治秩序，不断加强统治权威的内在脉络，体现了以重构政治秩序为中心的"国家"再造过程。"三山五园"中的政治仪式、政治活动、日常生活浓缩了清初统治者定鼎中原后，不仅需要重构统治秩序，更因清王朝少数民族的身份，需要在统治观念中塑造"中华正统"之名，用以沟通清朝统治观念与士林精神的联系。

康熙三十年（1691）上元节，康熙帝在畅春园含淳堂宴请外藩蒙古、左右两翼王、贝勒、贝子、公、台吉等及内大臣、侍卫、大学士、上三旗都统、副都统等。据《康熙起居注》载：

正月十四日庚子。午时，上御畅春园内含淳堂，以上元节宴朝正，左翼科尔沁国多罗郡王毕理克图、郡王代布，翁牛忒部落多罗都棱郡王毕理滚达赖，萬齐特多罗尼厄尔德尼、郡王达尔麻吉礼第，科尔沁国多罗贝勒巴克西顾尔，扎鲁特部落多罗贝勒毕礼克图，苏尼忒部落多罗贝勒沙礼，茂明安多罗贝勒图巴，土默然部落多罗达尔汉贝勒厄尔德木图，科尔沁国和硕额驸班第，扎鲁特部落辅国公根都西夏布，科尔沁固山额驸吴勒木济、一品台吉厄尔德尼等、二品台吉毕礼克图等、三品台吉达尔东等、四品台吉毕礼滚达赖等，……上进酒，诸乐并作，赐外藩蒙古王、贝勒、贝子、公等台吉以上酒于坐次。[17]

正月十五日辛丑。未时，上御畅春园内含淳堂，大宴朝正，外藩蒙古、左右两翼王、贝勒、贝子、公、台吉等，及内大臣、侍卫、大学士，上三旗都统、副都统等，诸乐并作。上进酒毕，赐外藩蒙古王、贝勒、贝子、公等台吉以上酒于坐次。[18]

除康熙三十五年（1696）正月，康熙帝因病刚刚痊愈，不便接见外藩蒙古及臣工外，自康熙三十年（1691）至康熙四十二年（1703），康熙帝上元节赐宴皆在畅春园含淳堂。康熙四十五年（1706）至康熙五十三年（1714）又改在畅春园万树红霞举行。康熙五十四年（1715）之后，上元赐宴移于畅春园九经三事举行。雍正一朝的上元赐宴则固定于圆明园正大光明殿进行，并逐渐形成清王朝时期的一项重要政治仪式。"上元赐宴"呈现出的是"大一统"格局下清初统治者"守在四夷"的统治观念，由此所确立的王朝统治秩序。康、雍两朝，面临的最大挑战来自汉族知识分子，其核心在于"如何突破北宋士大夫对利益权限的占有，和南宋以来由于疆域国土的丧失而建立起来的以道统建构作为合法性资源的正统观论述。如果不解决该问题，清初帝王统治的合法性就几乎只能建立在一种赤裸裸的武力征伐基础上"。[19] 所以，清朝统治者反复论述疆域的一统是树立正统地位的核心条件。[20] 如此，清朝统治者则完全将以往"华夷之辨""华夷一家"的观念转变为"大一统"的王朝正统观，这成为清朝在治理边疆观念中的核心因素。在"华夷之辨"与"大一统"并存的过程中，由"华夷之辨"引发出"以夏变夷"的思想。其中之一便是"守在四夷"的边，即以四夷为中原王朝守边。"守在四夷"与"大一统"观念的内涵是相一致的，其承认中原王朝与周边少数民族部落及藩国的差异，确认与他们之间的政治隶属关系。

如若康、雍两朝在畅春园、圆明园的"上元赐宴"呈现清王朝与周边外藩的政治隶属关系，那么康熙帝的统治观念则充分融入对皇太子的教导与抚谕之中。康熙皇帝深知皇太子对于王朝的重要性，"自古帝王，莫不以豫教储贰为国家根本……古昔贤君，训储贰不得其道，以致颠覆，往往有之，保其身者甚少"。[21]康熙二十五年（1686），皇太子胤礽出阁读书，康熙选任吏部尚书满人达哈塔、汉人汤斌，少詹事耿介辅导皇太子读书。《清史稿·理密亲王允礽传》载："二十五年，上召江宁巡抚汤斌，以礼部尚书领詹事，斌荐起原任直隶大名道耿介为少詹事，辅导太子。"[22]吏部尚书达哈塔，旗员中之贤者。康熙二十八年（1689），魏象枢保清廉官，以尚书为太子讲官。达哈塔曾辞任辅导皇太子之事。对此，康熙帝予以挽留并道出其中原委："今皇太子略通汉文，于凡学问之事，似无扞格。且讲解书义，有汤斌等在，尔惟引若等奉侍皇太子，遵满洲礼法，勿染汉习可也……朕谨识祖宗家训，文武要务并行，讲肄骑射不敢少废，故令皇太子、皇子等既课以诗书，兼令娴习为国家计骑射。"[23]从胤礽在无逸斋读书的内容来看，涵盖了阅读儒家经典中的《礼记》《中庸》《论语》《孟子》《周易》《尚书》等，以及清书、骑射等极有满族民族特色的教育内容。与此同时，康熙帝亦躬亲示范，教导皇太子"以孝治天下"。如康熙二十六年（1687）六月十一日，康熙帝率皇太子亲迎太皇太后至畅春园。

对于历代王朝来说，皇太子的教育是国家之根本，清朝亦不例外。皇太子的教育内容传承了王朝的统治观念。康熙帝在畅春园专辟无逸斋为胤礽读书之处。康熙帝为何将胤礽读书之处命名"无逸"，其用意在于对皇太子"勤加教督，训以理解，不使一日暇逸"，对皇太子"苛责之事往往不免"，可见康熙帝对胤礽要求之严。从胤礽的教育内容看，一方面康熙帝延请了汤斌这样的理学家教授胤礽儒家经典，另外一方面又令达哈塔等满族大臣传授皇太子国语、骑射等具有满族民族特色的教育内容，显现出清朝统治观念中"文武并行""满汉隔离"的思想核心。儒家经典和国语骑射相较，康熙帝更加重视满洲的民族传统，教授皇太子国语骑射的目的是使皇太子胤礽能够"遵满洲礼法，勿染汉习"。

管窥教谕皇太子内容，可知清初的统治观念在于保证满洲民族自身特有纯洁风俗基础上，汲取并利用儒家意识形态思想，尤其推崇宋以前的汉、唐正统观，以塑造清朝"正统"形象。深究其中原委，就与康熙帝所认知的以"江南"为代表的汉族风俗密切相关，其实质在于维系清王朝统治秩序的安全。康熙帝曾下谕礼部，禁黜邪术："如无为、白莲、闻香等教名色，起会结党，夜聚晓散。小者贪图财利，恣为奸淫；大者招纳亡命，希谋不轨。"其具体表现为"借口进香，张帜鸣锣，男女杂糅，喧填衢巷，公然肆行无忌"。禁绝的理由是："若不立法严禁，必为治道大蠹。虽倡奸民，罪皆自取，而愚蒙陷网罹辟，不无可悯。尔部大揭榜示，今后再有踵行邪教，仍前聚会、烧香、敛钱、号佛等事，在京着五城御史及地方官，在外着督抚、按道、有司等官设法缉拿，穷究奸状，于定例外加等治罪。"[24]清初统治者对于汉人的生活方式，一直处于紧张状态，担心满人崇尚汉人的生活方式，挫伤满族带有军事传统的民族特性。在清初统治者眼中，"满洲风俗以尊君亲上、朴诚忠敬为根本。自骑射外，一切玩物丧志之事，皆无所渐染"。对于满人浸染汉人的生活方式，康熙帝敦促皇太子在学习儒家经典的同时，亦要遵守满洲礼法，人为地将满汉隔离开来。这种"满汉隔离"的统治观念不仅体现在皇太子胤礽的教育内容上，还深入到清朝的行政制度、职业、居住地、社会生活等方面。

三、"三山五园"的政治功能转化与清代"大一统"格局形成

康熙帝选择京西玉泉山行宫、畅春园作为驻跸之地，继承了定都北京少数民族王朝修造"御苑"的传统，同时又显示出清廷处理政务的移动性特征，即清帝所在为清王朝的政务中枢。至雍正朝扩建圆明园之后，圆明园在事实上成为清廷在京城的统治中心，据何瑜老师统计："雍正平均每年驻园210天，以雍正十一年（1733）为例，全年共计355天，雍正帝有246天生活在圆明园中，占全年的70%。"[25]每年平均在园时间多超过居于紫禁城的时间，紫禁城仅保留其统治权威的象征功能，"三山五园"的政治功能由"御苑"转向"宫禁"，清帝由"宫中理政"到"园居理政"的阶段转化，突显了以圆明园为核心的"三山五园"体系在国家政治中的地位。

康、雍两朝对于"三山五园"从"御苑"到"宫城"的政治功能定位变化，暗合了清初统治观念由"满汉隔离"走向"大一统"的历史过程。京西地方，山水相依，有着得天独厚的自然环境，成为清帝"御苑"的首选。康熙、雍正二帝借助京西山水走势构造畅春园、圆明园，借喻"山水"以表达清朝的统治观念。一方面，"山水"的概念来源于儒家经典《论语》，借此宣示清朝统治者汲取、实践儒家理念，塑造清王朝的"正统合法性"。另一方面，"山水"动静结合的物象，从深层次表达了清朝统治者"文武并行"的统治观念，在表象上则呈现出儒家经典传统与满洲军事传统并行不悖的双轨统治策略。具体到康、雍两朝在畅春园、圆明园的政治仪式、日常活动等所反映的统治观念，可以看出康熙、雍正二帝在平衡儒家理念和民族特色之间的差异。如在康熙朝对待皇太子允礽出阁读书一事，康熙帝选择了汤斌、耿介这样的理学家教导皇太子儒家经典，又选择了吏部尚书达哈塔辅助允礽恪守满洲

民族传统，不忘根本。康熙帝以恪守满洲礼法为底线，在政治心理上对儒家文化尤其是汉族的生活方式处于谨慎的接受状态，划分了满、汉之间的界限。雍正嗣位后，其对康熙时期"满汉隔离"的统治观念进行了矫正。雍正帝驻跸圆明园期间，躬行"藉田礼"，重视农耕稼穑，体现儒家的"农本思想"：

> 雍正四年八月十二日辛未，内阁九卿谨奏：雍正四年八月初八日，顺天府恭进藉田所产嘉禾一茎，双穗者五本，三穗者四本，四穗者三本，五穗者五本，六穗者三本，七穗者四本，八穗者三本，九穗者三本。又内务府恭进丰泽园皇上亲植稻谷一茎，四穗者二本，三穗者二十三本，双穗者二百七十本。臣等捧观之下，不胜欢庆。窃惟耕藉之文者，著于《礼记》；休徵之应载在箕畴。自古圣王之敬天勤民，建极锡福，莫大于此。后世三推之礼，偶一举行，即称旷典。双穗之禾，希世一见，遂纪殊祥。未有多穗齐芳、频年呈瑞如今日者也。[26]
>
> 内阁九卿等谨奏：雍正六年九月初二日蒙赐亲藉田瑞谷数十本，至有一茎二十穗之多。又御苑所种之稻，多至六穗七穗，皆千古未闻，史册所罕见。臣等敬观之下，仰惟我皇上敬天勤民重农，贵辍耕之典，每岁躬亲，又颁令天下，恪谨奉行，是以至诚昭格于上帝，太和洋溢于寰区。[27]

相较于康熙统治时期，雍正帝不仅从行动层面践行儒家农本传统，更从统治观念上重塑"天下一家"之理，阐释清朝统治中国的合法性，在一定程度上消除了满汉之间的民族偏见与歧视。正如雍正帝在《大义觉迷录》中所述："我朝既仰奉天命为中外臣民之主，则所以蒙抚绥爱育者，何得以华夷而有殊视？而中外臣民既共奉我朝以为君，则所以归诚劝顺，尽臣民之道者，尤不得以华夷而有异心……普天率土之众，莫不知大一统之在我朝。"[28] 雍正帝在论证"有德者可为天下之君"的清王朝"正统性"基础上，确立了清代"天下一家""中外一家"的"大一统"新格局，传统"华夷秩序"的民族观被彻底废弃。

圆明园四十景的命名和功用，正是基于"大一统"的统治观念核心。如"正大光明""勤政亲贤"等，是供皇帝批阅奏章、同大臣商议国家大事的地方；如"碧桐书院""四宜书屋"等，是供皇子、皇孙读书的地方；如"月地云居""日天琳宇"等，是皇室进行宗教信仰活动的建筑，类似于皇家寺庙和道观；如"平湖秋月""曲院风荷"等，是仿照西湖著名景点。自雍正朝扩建圆明园伊始，以圆明园为核心的"三山五园"就已超出其"园居理政"的实际范畴，清帝兴建"三山五园"及在园中的政治仪式、日常活动等契合了清朝的统治观念，并赋予圆明园更多的政治内涵，正所谓"移天缩地在君怀"。因此，以圆明园为核心的"三山五园"不仅充满了满洲皇帝的特点，其中亦有"大中国"的观念。

作者简介：张公政，男，1986年生，回族，黑龙江哈尔滨人，历史学博士，现为厦门大学人文学院博士后、中共厦门市委党校党史党建教研部副教授。主要研究方向是中国近现代政治史、海洋史。

注释：

[1] 张恩荫：《三山五园史略》，同心出版社，2003。

[2] 北京市园林局史志办公室编：《京华园林丛考》，科学技术出版社，1996；北京市园林局史志办公室编：《京华园林丛话》，中国林业出版社，1996；北京市园林局史志办公室编：《京华园林丛谈》，中国林业出版社，1998。

[3] 赵兴华编著：《北京园林史话》，中国林业出版社，1994。

[4] 汪菊渊：《中国古代园林史》，中国建筑工业出版社，2006。

[5] 周维权：《中国古典园林史》，清华大学出版社，2008。

[6] 何瑜主编：《清代三山五园史事年表（顺治—乾隆）》，中国大百科全书出版社，2014；何瑜主编：《清代三山五园史事年表（嘉庆—宣统）》，中国大百科全书出版社，2015。

[7] 何瑜：《三山五园称谓的由来及其历史地位》，《北京联合大学学报（人文社会科学版）》，2014年第1期。

[8] ［元］脱脱等撰：《辽史》卷40《地理志四》，中华书局，1974，第494页。

[9] ［金］宇文懋昭撰，李西宁点校：《大金国志》卷33《燕京制度》，齐鲁书社，2000，第248—249页。

[10] ［元］脱脱等撰：《金史》卷24《地理志上》，中华书局，1975，第573页。

[11] ［明］宋濂等撰：《元史》卷58《地理志一》，中华书局，1976，第1347页。

[12] ［清］于敏中编纂：《日下旧闻考》卷76《清圣祖御制畅春园记》，北京古籍出版社，2000，第1268—1270页。

[13] 同上，第1269页。

[14] 《清世宗宪皇帝实录》卷35，雍正三年八月壬辰条，中华书局，1985，第536页。

[15] 杨伯峻译注：《论语·雍也篇第六》，中华书局，1980，第65页。

[16] 马敏：《政治仪式：对帝制中国政治的解读》，《社会科学论坛》，2003年第4期。

[17] 台北故宫博物院藏：《康熙朝起居注册》第2册，康熙三十年正月十四日庚子条，联经出版事业公司，2009，第597—603页。

[18] 同上，康熙三十年正月十五日辛丑条，第604—605页。

[19] 杨念群：《何处是江南：清朝正统观的确立与士林精神世界的变异》，生活·读书·新知三联出版社，2010，第261页。

[20] 同上，第263页。

[21] 中国第一历史档案馆编：《康熙朝起居注册》，中华书局，1985，第1638页。

[22] 赵尔巽等撰：《清史稿》卷220《理密亲王允礽传》，中华书局，1977，第9062页。

[23] 中国第一历史档案馆编：《康熙朝起居注册》，第1639—1640页。

[24] ［清］汤斌著，范志亭、范哲辑校：《汤斌集》第1编《汤子遗书》卷2《钦奉上谕事》，中州古籍出

版社，2003，第 382 页。

[25] 何瑜：《三山五园称谓的由来及其历史地位》。

[26] 中国第一历史档案馆编：《雍正起居注册》，雍正四年八月十二日辛未条，中华书局，1993，第 737 页。

[27] 同上，雍正六年九月初八日乙卯条，第 2233 页。

[28] [清] 雍正帝撰：《大义觉迷录》，沈云龙主编：《近代中国史料丛刊》第 36 辑，文海出版社，1974，第 3 页。

三山五园区域文化认知

范志鹏

一、三山五园历史沿革

历史上北京西北郊区泉水丰富、风景秀丽，早在金朝时西山地区便已建立了名为"八大水院"的八处离宫。明时此地营建了多处带有园林的寺庙和私家园林，最著名的是外戚李伟的清华园（清代改建为畅春园，与现存的清华园同名异地）和米万钟的勺园（在今北京大学校园内）。明朝时期由于西北存在蒙古边患，没有在北京西郊修建皇家园林。清朝入关后，由于满族游猎文化影响，皇帝不喜久居宫城，多在宫外寻找风景优美之处居住。顺治帝常居于南苑和皇城的西苑。康熙帝即位初期，于康熙十九年（1680）在玉泉山南麓改建行宫，命名为"澄心园"，并在香山寺旁建行宫。康熙二十三年（1684），在清华园废址上修建了畅春园，成为北京西郊第一处常年居住的离宫。在畅春园周围为各皇子和宠臣赐园，著名的有圆明园、自得园、水村园等。雍正三年（1725），雍正帝将圆明园升为离宫，开始大规模扩建，将其面积由 300 亩扩大至约 3000 亩，并命名了"圆明园二十八景"。[1]

乾隆皇帝即位后，开始了大规模的园林兴建。他首先在乾隆二年（1737）将圆明园二十八景扩建为四十景，随后在乾隆十年（1745）在其东边修建长春园，同年在香山修建静宜园，建成二十八景。乾隆十五年（1750），为向其母祝寿，在瓮山（改名万寿山）兴建了清漪园，至乾隆三十年（1765）建成。同一时期对太后居住的畅春园进行大修，在其西部增建西花园，为皇子读书居住之所。乾隆十五年扩建玉泉山澄心园并改名静明园，将玉泉山全部圈占，并修建了静明园十六景，乾隆二十四年（1759）建成。乾隆二十五年（1760），长春园北部西洋楼景区竣工。乾隆三十四年（1769），乾隆皇帝将圆明园东南若干皇子和公主赐园收回，并为绮春园，至此"三山五园"工程基本全部完成。

在全盛时期，自海淀镇至香山，分布着静宜园、静明园、清漪园、圆明园、长春园、绮春园、畅春园、西花园、熙春园、镜春园、淑春园、鸣鹤园、朗润园、弘雅园、澄怀园、自得园、含芳园、墨尔根园、诚亲王园、康亲王园、寿恩公主园、礼王园、泉宗庙花园、圣化寺花园等90多处皇家离宫御苑与赐园，园林连绵二十余里，蔚为壮观。

嘉庆朝以后，清朝国力逐渐衰落，无力增建新的园林。道光皇帝甚至下令撤除三山各宫殿的家具陈设，实际上相当于将其废弃，放任不顾。咸丰十年（1860）第二次鸦片战争中，英法联军将西郊各园林悉数焚毁。同治年间曾计划重建圆明园，为此拆除了周围附属园林中幸存建筑的木料，但因财力窘迫而被迫搁置。光绪十年（1884）集中力量重修清漪园（前山部分），后改名为颐和园。光绪二十六年（1900）八国联军占领北京后，虽然未对颐和园加以破坏，但掠走了园中大量文物陈设，圆明园内的残存建筑和树木也被老百姓哄抢殆尽。

清朝灭亡后，颐和园被列为皇室财产，对公众开放。1928年后由北平市政府接管，改为国家公园，但不少院落被私人占用。香山静宜园遗址在民国后被皇室赐给教育家英敛之、熊希龄等人，用于开办学校，民国时期香山多处地方被北洋政府官员圈占，兴建别墅。玉泉山的情况与之类似。圆明园遗址中残存的石雕、栏杆、太湖石、围墙、砖瓦被移走兴建花园、坟墓（张作霖、谭延闿等人墓地均使用了圆明园石料），部分华表、石狮、假山湖石被移置于燕京大学、清华大学、正阳门、新华门、中山公园等处。畅春园遗物也被搬运一空。其余园周围各附属园林及亲王赐园，大多转卖给燕京大学和清华大学，以及民国显贵富商，部分园林保存至今。

二、三山五园的文化价值

三山五园是中国传统文化价值观在建筑上的体现，但作为皇家园林不管是圆明园，还是颐和园，抑或是避暑山庄，其首先体现的是皇权的至高无上，体现着"普天之下，莫非王土"的大气，这从正大光明、勤政亲贤、九洲清晏、万方安和、海岳开襟、慈航永祐等圆明园诸多景点的名字就可以看出。其次，皇家园林还体现"移天缩地在君怀"、君临天下的气派。在颐和园中，西堤仿西湖苏堤；景明楼仿岳阳楼；偕趣园仿无锡寄畅园；望蟾阁仿武昌黄鹤楼；转轮藏仿杭州法云寺华严阁；夕佳楼仿苏州狮子林；须弥灵境仿西藏摩耶寺喇嘛庙和承德普宁寺；十七孔桥仿苏州宝带桥和北京卢沟桥；兰亭仿浙江绍兴兰亭。一亭一桥皆有出处，不难看出皇家将华夏大地名粹囊入怀中的目的。而三山五园之所以具有这样的风格布局，与其定位和社会环境密不可分。

首先，三山五园与紫禁城一样都是国家的政治和文化中心，是清中期 150 年的政治统治中心。圆明三园作为皇家御园，是雍正、乾隆、嘉庆、道光、咸丰五朝皇帝长年临朝理政的场所，这里不仅是清代皇家园林特区，同时还是清代政治、军事特区。统治者不只在此观览山水，还要处理朝政，三山五园已成为与紫禁城并重的双城，从而与紫禁城有了冬宫和夏宫之别。而为了突出三山五园的军事特区地位，园内还建有八旗营房、水陆古道、团城演武厅、碉楼等建制和建筑。其整体建筑陈设还处处体现了皇家文化及典章制度。[2]

其次，三山五园是中国农业大国和重农重稼治理思想的体现。帝王每年都要到先农坛等场所扶犁演耕，到天坛祭天祈福，祈求风调雨顺，在传统农业社会中，只有重视农业的发展，江山才能永固，人民才能安康。因此在园内布局中，也体现了帝王劝课农桑的愿景，最为典型的代表是颐和园昆明湖西北的耕织图，耕织图是以河湖、稻田、桑蚕等自然景观为主的江南风貌园景，当年这里水稻成片，泉湖纵横，农耕劳作，酷似江南。后乾隆帝又将内务府织染局和隶属于圆明园的十三家蚕户也迁于此，桑叶葳蕤，男耕女织，故为"耕织图"。耕织图"西有蚕神庙，北为织染局，其后为水村居"。织染局内前为织局，后为络丝局，北为染局，西为蚕户房。在圆明园中，"北远山村""多稼如云"，临墙而建的"若帆之阁"都是体察农情的建筑，位于后湖西北角的"杏花春馆"，初建时称菜圃，其中有土地庙、涧壑余清等建筑。

再次，重视耕读文化和诗书礼仪。"愿为君子儒，不作逍遥游"，努力修身进德，有济天下的胸怀，才能成为一代明君圣王。因此，书院、书屋、书楼则是三山五园中另一类主要建筑，使园林充满了浓厚的读书氛围。通过读书可以让皇家子孙"茹古涵今"，可以"探真""养正""得趣"；"通晓古今"，掌握古今帝王治世经验；"茹古非关希博雅，古来治乱在遗篇"。圆明园中景观"澹泊宁静"，取自诸葛亮《诫子书》"非澹泊无以明志，非宁静无以致远"一句，意在告诫君王勤于读书，在青山绿水之间不忘修身养性。畅春园有清溪书屋、讨源书屋、渊鉴斋、佩文斋、汇芳书院、碧桐书院。

而闻名于世的莫过于圆明园内的文源阁，收藏了《四库全书》七部中的一部，园内专设了皇子读书的场所"洞天深处"，其中的孔子神龛中写有一副对联"道统集成归智德，圣功养正仰微言"，告诫皇子们治理好国家，必须学好儒家的道统。

最后，为民族团结而兴建宗教建筑。宗教建筑在三山五园的各园中成为不可或缺的内容，圆明园中数量最多。这些宗教建筑星罗棋布地散落园中，佛教包括宝相寺、月地云居、正觉寺；道教有花神庙、关帝庙等；其余的还有广育宫和龙王庙。三山五园中个性最突出的是清漪园（颐和园），其建园目的之一是建大报恩延寿寺以庆贺乾隆母后的寿辰，以此作为这座皇家园林的主要功能。静宜园北侧的昭庙，则是乾隆四十七年（1782）班禅额尔德尼来京为皇帝祝寿，为纪念这一民族团结的盛事而建。三山五园中的宗教建筑类型繁多，建筑艺术处理丰富多彩。[3]

从三山五园的历史可以看出，三山五园不仅是皇家园林建筑群，其本身也是中国文化史的重要组成部分，与政治、经济、社会等方面有着密切的关系。三山五园作为园林建筑群，首先是对时代建筑、园林工艺水平的直接反映，其次，三山五园作为政治中心，处处体现了帝王政治、皇家文化和典章制度，园中的建筑多姿多彩，风格多种多样，历经三百多年风吹雨打，走过其中的人物，流传的故事数不胜数，在人物事件、风俗礼仪、藏书阅读、宗教寺庙文化研究等方面有着广阔的发展空间，纵横交错，构成复杂庞大的文化谱系。

三、对公众开放区域在三山五园区域的文化价值

（一）颐和园在三山五园的文化价值

颐和园是"三山五园"的景观核心。自明代以来的西山游记中就重点描述过西湖，万寿山昆明湖区域在圆明园、香山、玉泉山景观视野中占据重要地位。清代修整水利后西湖面积扩大，乾隆帝在此依托秀山丽水建造清漪园，将整个"三山五园"景观连成一片，并奠定了颐和园景观核心地位。在颐和园中，东可望圆明园、畅春园，西可观静明园、静宜园。玉河和二龙闸河如两条纽带将清漪园和静明、圆明两园连接起来。从"三山五园"皇家园林区整体角度看，颐和园无疑处于整个区域的核心。它近借玉泉山玉峰塔，远借连绵起伏的西山，将颐和园完美地融合在自然山水景观中，仿佛其不可分割的一部分；站在玉泉山、香山上往东侧俯瞰，颐和园烟波浩渺的湖面、秀丽旖旎的风景尽收眼底；而身处圆明园中，佛香阁端庄秀丽的身

姿隐约可见。因此，颐和园（清漪园）是"三山五园"中当之无愧的景观核心。

颐和园是"三山五园"皇家园林中的经典杰作。乾隆皇帝记述清漪园建造的缘由时说"盖湖之成以治水，山之名以临湖，既具湖山之胜概，能无楼台之点缀"。乾隆不惜食言再建园林就是看中西湖瓮山地区极佳的山水条件，他曾想在退位后居住在乐寿堂，足见其对清漪园的喜爱。这种先天的山水条件在"三山五园"中绝无仅有：静宜园是典型的山地园林，以山景取胜；同为山地园林的静明园虽然有丰沛的泉水，但是水域面积十分有限；作为皇帝莅政之所的圆明园则是典型的平地园林，缺少自然山体的支撑；后来作为太后居所的畅春园在乾隆之后日渐衰败，景观特色渐失。因此，颐和园本身的景观价值是最高的，它是中国古代造园艺术的顶峰之作，集造园艺术之大成。它具备私家园林不可能具备的大山大水，体现了"普天之下莫非王土"的造园思想。就地挖湖、因高堆山，达到了"虽由人作，宛自天开"，"取于自然高于自然"的造园境界。同时，"一池三山"是中国古代皇家园林的创作模式，颐和园依托真山真水营造三山仙境，手笔之大非其他诸园能及。

颐和园是"三山五园"的水利枢纽。在历史上，颐和园（清漪园）在"三山五园"中具有枢纽作用。颐和园枢纽作用最重要的表现就是昆明湖在"三山五园"水系中的调蓄功能。乾隆十四年（1749），乾隆皇帝按照"养源清流"的理念，梳理香山、玉泉山一带泉脉水道，最终形成了玉泉山—玉河—昆明湖—长河—护城河—通惠河—大运河这一立体水系，昆明湖发挥着水库的作用。颐和园东西两面大面积的御稻田都仰赖昆明湖水进行灌溉，而稻田则是整个"三山五园"区域重要的点景。既解决了西郊水患，又为城市供水、农田灌溉、漕运以及园林建设提供了充沛的优质水源，这使颐和园成为历史上"三山五园"的水利中心。[4]

（二）静宜园在三山五园的文化价值

静宜园在"三山五园"中具有非常独特的资源优势，有别于其他"二山四园"，而这些优势恰恰应当成为静宜园在"三山五园"中明确自身定位的基础和依据。

静宜园是"三山五园"中的生态屏障。静宜园具有远高于其他"二山四园"的生态优势。西山最高的海拔575米，绿化面积1684529平方米，137种树木，463994株，133333株黄栌，占市区总量近四分之一的古树，名副其实的"京西氧吧"，西山枢纽的地理位置，距离中心城区最近山地的良好生态辐射距离，使静宜园有效阻截来自西北方向的风沙、粉尘、雾霾，对于海淀区、中心城区的生态涵养功能显而易见，加之香山是其他"二山四园"历史水系的源头之一，静宜园显而易见不仅是北京城市的西北生态屏障，更是其他"二山四园"的生态屏障。

静宜园是"三山五园"中的山地御苑。静宜园是山地园林的代表作，金、元、清三朝都是作为皇家苑囿开发管理和使用的，是清代"三山五园"中唯一的山地御苑。因为香山静宜园的加入，超越了个体园林的局限，才最终形成"三山五园"纵深十余公里的园林奇观，使其作为一个幅员辽阔的园林体系成为世界园林史和文明史的奇迹。站在香山顶峰远眺，玉泉塔影、昆明湖光、福海境地一览无余；身处福海仙岛，香炉叠翠、西山晴雪、绚秋飘丹逐季呈现；三千大千世界，浓缩于方圆百里之内，这一切效果的终极烘托都源于香山在京西平原的最高山地的天然禀赋。这种"大规模山地"的自然禀赋，加之皇家的气派，形成静宜园远较其他"二山四园"优越的园林生态和神秘气质。

静宜园是"三山五园"中的"历史名山"。香山人文开发历史较早，自金至清，保持了近 1000 年的持续建设，积累了不同历史时期的人文底蕴，文化内容十分丰富。2012 年静宜园入列"世界名山协会"，北京香山成为世界第 28 座、中国第 5 座"世界名山"（其余 4 座是庐山、泰山、峨眉山、黄山）。静宜园具有其他皇家园林所不具有的人文连续性与时间跨度优势，又具有其他世界名山稍显逊色的皇家风范。

静宜园是"三山五园"中的"红色圣地"。新民主主义革命、社会主义革命，这两场革命的代表人物分别是孙中山、毛泽东。孙中山的革命唤起了民族的真正觉醒，毛泽东的革命缔造了一个迈入现代文明门槛的工业化世界强国，而这两个改变国家与民族命运的名字都紧紧地与北京香山联系着。双清别墅毛泽东故居、孙中山纪念堂及衣冠冢都是具有"最高"意义的中国革命纪念地，一个曾是新中国建立的指挥中枢，一个是海峡两岸交往的重要平台。

（三）圆明园在三山五园的文化价值

圆明园是"三山五园"中的清代历史政治的缩影。清朝入主中原后最大的问题不在于军事力量是否足够强大，而在于文化统御的储备是否充足。一个无可争辩的事实是中华传统的文化精神，维系着中华民族几千年的统一和发展。因此在军事占领后，要想成为中华民族的统治者，就必须全面接受中华传统文化，方能驾驭这一经过儒家思想长期洗礼浸染的庞大的大汉民族。因此，为了对中华帝国的统治与长治久安，清朝统治者迅速接受汉文化的熏陶，并且康、雍、乾三帝都自诩为中华传统文化的正宗传人。当年的康熙皇帝为四皇子赐园题写"圆明园"之名，雍正皇帝的解释是："圆而入神，君子之时中也；明而普照，达人之睿智也。"这里的中就是儒学的中庸之道。乾隆帝治"圆明园"亦处处体现儒家的仁爱和谐的思想。在圆明园的建造中，雍、乾二帝最关注的是如何在建设中贯穿中华传统文化的内涵，通过圆明园的缩影体现出了大清帝国对中华文化的继承与发扬，通过圆明园的营建，突出体现了儒家的经典和思想，使圆明园的园林艺术最终成为中华灿烂文化的结晶。所以，圆明园遗址的文化价值，不仅在于她是中华文化的缩影，更是大清帝国政治文化的缩影。对圆明园文化价值的认识，不仅有利于研究中华传统文化，更有利于研究大清帝国的政治思想。圆明园是中华文化集大成的精神家园，正确认识和在心中重建这个被外虏毁坏的家园，不仅仅是物质的需求，从中华文化的角度来看，更是对民族精神的振奋和重新塑造的精神需求。[5]

四、结束语

三山五园是一个文化底蕴深厚的区域。清代，这里集中进行了紫禁城以外的大规模古典园林建设，形成了一个在世界范围都很少有的、在皇家宫殿以外集中建设的地区，它更加壮观和宏阔，功能性也更强。《北京城市总体规划（2016—2035年）》把它作为北京历史文化名城格局中的一个完整保护对象，和北京老城相映生辉，历史意义非凡。

总之，对公众开放的三山五园区域要做好政治中心、文化中心、国际交往中心、科技创新中心的建设工作，明确"要立足北京实际，突出中国特色，按照国际一流标准，坚持以人民为中心，建设国际一流的和谐宜居之都"的北京城市发展目标。

作者简介：范志鹏，男，1981年生，北京人，北京市颐和园管理处，旅游经济师，主要从事三山五园区域经济、文化方面的研究。

注释：

[1] 岳升阳：《以西山文化带展示中国多元文化》，《北京观察》，2016年第7期。
[2] 何瑜：《三山五园称谓由来及其历史地位》，《北京联合大学学报（人文社会科学版）》，2014年第1期。
[3] 赵连稳：《三山五园：园林中的紫禁城——论清帝园居理政》，《安康学院学报》，2014年第8期。
[4] 耿刘同：《试论颐和园在中国建筑史上的地位》，《营造中国建筑史学国际研讨会论文选辑》，1998；翟小菊：《关于颐和园的价值评估与管理保护》，《中国文物学会传统建筑园林委员会学术研讨会论文集》，1998。
[5] 岳升阳：《三山五园历史文化景区的发展与文化遗产保护》，《北京联合大学学报（人文社会科学版）》，2014年第1期。

生态、文化双重意义下三山五园区域水资源的价值评估与保护

樊志斌

三山五园区域横跨海淀山前区域，东自水磨村，西至杏石口，北到清河，南迄蓝靛厂，[1] 这一片区域是永定河冲积扇的组成部分，泉流遍布。

清代，内务府等相关机构利用海淀历史多水的特点，结合中国园林造园美学山水相依、模拟自然的要求，堆山以立骨架，理水以通血脉，造就了三山五园等诸多海淀皇家园林中大面积的湖泊溪流。

如何评价三山五园内湖泊溪流的总体价值，关系着如何定位三山五园的综合价值，也关系着今天和未来三山五园的发展方向。

一、三山五园皇家园林的性质使得它们都拥有大面积的水面

（一）大面积水域是园林天然化的基本前提

中国园林最高的美学观是人居住于自然山水之间，当园林建造的自然条件不足以保证自然的山水环境时，模山范水就成为退而求其次的不二选择。

模山范水就需要足够大面积的自然空间和足够的财力，否则，断然不能模拟出神似自然山水的园林美学空间，这种严苛的要求就使得只有皇家才能聚集巨大的财

力和最好的设计者、工匠，选择较好的空间，堆山挖湖，引水入园，成就"虽由人作，宛自天开"的皇家园林——面积过小，比如数十亩以下的园林，只能造就"精神意义上"的神似。

图1　清代三山五园图上的水域与河流（图片来源：作者提供，下同）

（二）巨大的水体是三山五园的基本面貌和基本审美基础

清代是中国传统社会政治、经济、园林美学、造园技术最集大成的时代，加之，清朝皇帝出自东北，出于对北京城内炎热湿濡的不适应，最终选择城市西北近邻西山（可以西山为借景，尤其是其夏树与冬雪）、面积开阔、水源密布的海淀，作为皇家园林的主要建造区域。

海淀因水而得名，湖泊溪流就是海淀的基本面貌。清代的三山五园建设充分利用了这一天然条件，除了香山静宜园因系山地园林，少部分区域有泉水处建造少量泉池、湖泊，没有大面积水体外，其他皇家园林如畅春园、西花园、圆明园、清漪园无不以水为体，玉泉山静明园的东、南两面依泉而成湖泊、沼泽，西部乏水，则以石槽引寿安山樱桃沟泉水、香山碧云寺卓锡泉泉水和双清泉水，至玉泉山西门内，成含漪湖，分割了玉泉山西部一片平地的呆板地貌，制造出与山体、东岳庙的稳重不同的灵动空间。

巨大的水体制造了园林的结构，呈现出仁者乐山、智者乐水的情怀。如圆明园福海的面积就非常庞大，总计约为28万平方米，加上周围的小水域，共计32万平方米，其东岸有接秀山房。自岸上西望，水面辽阔，杨柳依依，西山来远，所谓"接秀"即从此来。

乾隆九年（1744）御制《圆明园四十景图咏·接秀山房》云：

平冈萦回，碧沚停蓄，虚馆闲闲，境独夷旷。隔岸数峰逞秀，朝岚霏青，返照添紫，气象万千，真目不给赏，情不周玩也。

烟霞供润泽，朝暮看遥兴。

户接西山秀，窗临北渚澄。

琴书吾所好，松竹古之朋。

仿佛云林衲，携筇共我登。

图2　圆明园福海与接秀山房遗址

清漪园（光绪年间重修更名颐和园）昆明湖面积220公顷，其地自明清以来有京师西山之誉，复可远望香山，春日赏花，冬来观雪，复有玉泉宝塔、京西稻田入画，历来是文人吟咏的不二对象。

这种意象在道光六年（1826）御制《昆明湖远望》中有着极好的描绘，云：

无际春波入望清，澄虚万象野云平。

松鸣山半风传籁，浪涌阶前水作声。

料峭余寒花未放，依稀远树雾犹横。

心希春泽沾遐迩，举趾东皋利早耕。[2]

（三）园林内外的稻田湿地是园林景观的延伸与借景

明代，湖溪附近又开发种植水稻，使得北国的海淀顿时有了"十里青山行画里，双飞白鸟似江南"[3]的景象。

至清代，先在青龙桥建设稻田厂，种植稻米，供内庭使用，而康熙、乾隆两位皇帝大力推进京西水稻种植、水利建设的活动，又大大地推动了京西稻的种植，清代鼎盛时期，自六郎庄、北坞、玉泉山、青龙桥一带先后开辟出万亩左右的稻田。

中国园林自来追求自然的审美意识和造园原则，畅春园、圆明园、清漪园、静明园园林内种植水稻，形成全然不同于建筑空间的审美效果。《红楼梦》中的稻香村就是清代海淀皇家园林造园意识的文学反映。其美学效果，林黛玉《杏帘在望》诗云：

> 杏帘招客饮，在望有山庄。
>
> 菱荇鹅儿水，桑榆燕子梁。
>
> 一畦春韭熟，十里稻花香。
>
> 盛世无饥馁，何须耕织忙。[4]

不仅如此，园林外部的京西稻还作为园林内景观的延伸与借景，与区域内的湖泊溪流、林木草场，一起构建起海淀园林美学的全貌——园林的人工模拟自然美与园林外的人工自然生态美互相对照，也互相协调。

二、三山五园内湖泊溪流的多方面价值重估

（一）皇家园林是中国传统文化最集中的空间载体

作为集中了图书馆、博物馆、陈设艺术、建筑美学、园林美学于一体的综合性空间，园林具有多方面的价值和意义，而不仅仅只是景观或者建筑方面的意义。

作为皇家园林的三山五园，承载了18世纪中国传统文化的方方面面，哲学、美学、园林、建筑、陈设、考据等等。可以说，18世纪中国文化集大成的特点和皇

家园林综合空间的性质，使得中国传统文化的所有元素都在皇家园林中有着突出的反映。

（二）湖泊溪流在皇家园林中的美学意义

作为三山五园中重要元素的水面湖溪，在园林美学中起着极其重要的作用，一方面起着连通诸多园林景观，分割空间的美学作用——溪流更多地起着连接作用，而湖面更多地起着分割作用；另一方面，湖溪中的水草、荷花、游鱼还起着调节园林动感、增加园林灵性的作用。

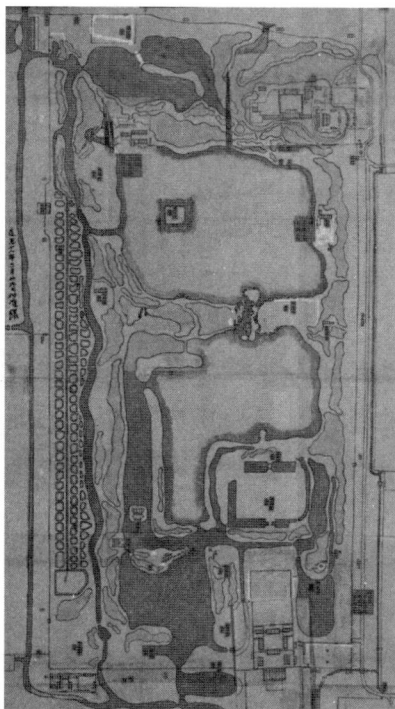

图 3　畅春园地盘图

图 4　玉泉山湖面分布图

（三）三山五园中的溪流湖泊对北京气候、生态调节和保护的作用不可忽视

除了文化层面的，园林中的溪流湖泊还起着调节环境、保护生态方面的作用，二者合二为一，不可分割。不管任何时候，我们都不应忽略两者的共同价值。

如今，北京越来越重视传统文化的传承与保护，但是，我们也应该敏锐地意识到，在北京地下水位下降、城市水面萎缩的今天，三山五园中的溪流湖泊不仅造就着本身的生态系统、调节着园林内的生存环境，庞大的面积和季节性风的推动，同样使得它们在维护北京城市环境的过程中起着巨大的作用。

（四）三山五园外来水与京西稻对北京生态的调节作用应该被重新评估

由于三山五园的水脉来自万泉庄、玉泉山地区，泉源密布，水脉充沛，园林内水源充足、水流清澈，而园林外以万亩计的稻田、水流、沼泽为海淀地区，甚至北京城市的气候调节奠定了基础。

图 5　清末玉泉山至颐和园一带的湖泊、稻田、农业生态

这一点在以往的园林借景评价中估计不足，尤其是当北京城市热岛效应日益发展的今天，位于城市西北地区的三山五园内外湖泊、溪流、稻田对气候调节的意义和价值应当给予重新评估，而不是像以前仅仅将其视作景观、农业而已，这就大大忽视了三山五园外来水和京西稻对北京城市的综合价值。

三、世界发达国家城市上游生态保护的既有经验

笔者曾因考察世界城市中公园的角色与价值，随团访问伦敦、巴黎城市公园和市郊林地、园林，并因参加德国埃森红学会议，并考察从埃森至柏林沿线农业生态，并曾协助原联合国教科文组织科技部门高技术与环境顾问、全国人大环境与资源委

员会研究室主任、水利部水资源司司长、全国节水办公室常务副主任吴季松筹办"北京生态史展——北京生态建设的科学依据",对世界发达国家城市上游生态保护的既有经验略有所知。

一般说来,世界发达国家城市园林和上游生态保护遵循以下原则:

(一)保护大面积原始自然生态

基于涵养水源、改良城市空间的目的,不论是伦敦、巴黎、柏林,还是纽约、波士顿,各大城市都非常注重上游大面积原始自然生态的保护。

发达国家城市对原始自然生态的保护是全方位的,既包括保护生态内的水源(河流、湖泊、湿地等)、植物,也包括对生态内各种动物,甚至土壤的保护。除非必要的设施,河流、道路并不进行硬化,植物品种保持本地生物,易成活,且不用占用养护资源,动植物自然地在区域内繁衍,一片自然祥和,既保持了生态,也为游览者提供了完全不同于城市的环境与审美。

以伦敦为例。伦敦城市自然保护规划极力强调自然环境对野生动植物生存和当地城市居民的价值,保护那些唯一的、不能在伦敦以外地方重建的区域,反对在具有特殊科学意义的区域、地方性自然保护区和其他生态敏感地带进行人为的开发。[5]

这样的规定要求,在城市规划时首先要考虑对要开发区域的自然保护进行评估。自然保护重要性的评估,既要考虑保护濒危物种,保持物种的丰富度,同时,也要考虑当地居民的需求。在不影响自然保护地的前提下,相邻地区才可以进行发展和开发。即便如此,也要为生物的活动留出生物通道,形成开敞空间的网络结构,保持自然演变的整体性和连续性。

图6 伦敦上游的里士满公园内的道路与河流

据统计，目前，伦敦共建立 129 处市级自然保护地、572 处区级自然保护地、353 处社区级自然保护地和 6 处乡村级自然保护地，自然保护地占整个伦敦土地总面积的 16%。废弃的墓地、垃圾堆场、铁路、水库和深坑等均作为半自然保留地保存下来，为这里的生活提供活动场所。伦敦的不少自然保护地与社区，即使在建筑密集区也尽量保留自然区域，划出自然保留地。这些措施的实施，不仅为野生动植物提供了必要的生存空间，[6] 同时，也为伦敦市民亲近自然保留了可能的区域。

位于伦敦西北郊的里士满公园，泰晤士河上游从公园穿过，数千英亩的土地上布满了森林和草场。从地图上看，这一片区域几乎完全被公园所覆盖，基本保持了百年以来公园的基本自然生态。

（二）公园范围内全方位保护自然生态

城市公园、林地也非常注重生态保护，除必要的景观绿地（大面积供游客休憩的草坪）、林木（法国式园林核心景区树木和草坪要进行特定修剪）外，草地并不进行剪切，以维持原生草种的自然状态，并为草地间小鸟、小动物的生存提供环境和食物。

以伦敦的生态保护为例。在人们固有的观念中，城市是人类大量聚集的地方，野生动植物与城市似乎不能相互容纳。但在伦敦人看来，城市应该充分考虑人与自然的关系，城市中，人类可以和野生动植物和谐共处。在圣·詹姆斯公园、在海德公园，天鹅、野鸭、松鼠、青蛙等动物自然生息，大众游览之时很少打搅到它们的生活。

（三）以保护农业文化的高度保护基本农业风貌

发达国家的城市将郊区传统农业体系视作城市历史、文化的组成部分，视作地区传统文化的延续与载体。

林地、溪流、农业、村庄按照历史的演化存在，并不进行城市化大背景下的大规模整体性开发和人工化的改造，保持其基本的农业耕作体系。

图 7　德国城郊的农村与农田

这些农田和农村中，农田、村落、林地、湿地、河流都保持了传统农业的面貌，与城市和自然山林风格迥异，成为连接和区分城市与自然林地的文化空间。

图 8　巴黎郊区的农田

（四）生态区域内的共享意识

为了让人们走进自然，生态涵养区范围也不可避免地进行基本的通行道路建设，但一般道路狭窄，尽量少地占用草木林地，道路只进行简单硬化，不破坏生态区的基本风貌，郊区生态带内甚至根本不用人工硬化。土地地形也完全保持原始面貌，不进行人为改动。

虽然生态区内机动车道路狭窄，但仍然与非机动车、行人共享，生态区内草地、林木也不拒绝游人的进入，真正实现了自然与人们的融合。[7]

图 9　公园里的自行车道

综上，可以发现，发达国家大城市上游生态区的保护和建设存在一种明确的意识，即保持区域的自然化与田园化为基本风格，而不是以人工建造的公园化和景区化为基本风格；园林区域在保持既有园林美学的前提下，尽量照顾生态保护与教育。

四、当前北京发展的形势与三山五园保护的关系：谈三山五园区域综合价值评估与生态补偿

随着国家建设进度的推进，对大城市生态保护意义的认识不断清晰，城市生态保护意识不断加强，对农业遗产的价值有了全新的认知，故而，国家提出了建设生态文明的主张，提出了山地林田湖是一个统一系统的看法。

在这样的形势下，作为北京上游生态涵养区重要组成部分的三山五园区域迎来了前所未有的机遇。

（一）京西稻作为中国重要农业文化遗产的保护与价值综合评估

生长于六郎庄、北坞、青龙桥一带的京西稻，在清代是朝廷贡米，具有独特的种植文化，不仅是三山五园综合审美的基本元素，也是三山五园系统，甚至北京生态体系不可分割的组成部分，是北京最为著名的农业品牌。

长期以来，京西稻更多地被视为农业，而不是农业文化，其文化价值和对农业乡愁的承载被忽视，城市建设不断吞噬京西稻的生存空间，导致京西稻种植条件和种植面积日益降低。

图 10　20 世纪 60 年代玉泉山南部京西稻种植

2015 年 10 月，京西稻农耕文化系统因具备农业文化遗产的基本元素和鲜明独特性，入选农业部第三批中国重要农业文化遗产，成为与平谷四座楼麻核桃生产系统唯二入选的农业项目。

（二）北京三个文化带发展的需要

2015年召开的北京市委全会上，长城文化带、运河文化带、西山文化带被写入市委十三五规划建议。到2016年初，三个文化带正式写入到北京市十三五规划纲要。

三山五园区域正位于西山文化带、大运河文化带上源交汇处，是这两个文化带中最具文化特色、文化程度最高的文化空间。作为三山五园最重要的外部借景，作为三山五园区域最基本的生态系统，京西稻与为之供应水源的河湖溪流、林木草地及相应动物、微生物一起构建起京西生态的全貌。

（三）北京生态涵养区保护的需要

三山五园地区位于北京上游的地理地位和依山傍水的地理优势——尤其是位于永定河冲积扇上、遍地溪流的特点，大面积的山林、遍地的溪流湖泊，使得这一区域成为北京城市最主要的生态涵养区。

作为这一生态涵养区最主要的水源供应地，玉泉山泉水流量大，汇成瓮山泊（即昆明湖之前的民间名称），引而南流，入城，为三海、为护城河，框定了北京城市的大格局。

2017年5月，《北京城市总体规划（2016—2030年）》（送审稿）指出，在城市空间结构打造中，坚持"一主""一副""两轴""多点"的基础上，明确增加"一核""一区"两个新概念。其中，"一区"指北京西北部生态涵养区。

图11 玉泉山下的玉河

图12 西山森林是北京生态涵养的重要基础

（四）三山五园地区的综合价值评估与生态补偿问题

1. 三山五园地区的价值需要新的全面综合评估

三山五园区域是中国皇家园林聚集区，是中国文化符号的展示区；同时，是北京城市旅游终极目的地之一，是北京城市生态保护的重要区域，也是北京农业文化乡愁的基本承载地。

因此，在衡量三山五园区域的价值时，应当从中国的高度、北京的高度进行考察，全面综合评估其文化价值、经济价值、生态价值，将这些综合价值一定程度上进行"货币化"衡量，全面客观给予其在北京不可替代的巨大综合价值。

2. 关于三山五园地区蕴含的经济价值

除了生态方面的价值、文化承载的价值外，三山五园地区蕴含的经济价值不可小觑。以往对三山五园地区的经济价值核算，主要集中在门票和园林内餐饮、文化商品的售卖上。实际上，在发达国家，计算园林、博物馆的经济价值，除了本身的门票收入、特色商品收入、餐饮住宿等服务性收入外，因参观而在这一区域产生的各种消费，如住宿、餐饮、交通、其他消费等，也都计入园林、博物馆的综合效益。这样的计算，将大大提高三山五园在北京的经济地位和在城市发展中的角色定位。

此外，在当今城市发展中，京西稻生态系统还可以提供中小学教育、大众休闲、文创等诸多方面的空间利用与出租，产生为数不菲的经济价值。

3. 应该在北京市的高度上确定对三山五园区域的经济补偿

在当前越发重视生态与文化传承的今天，在衡量三山五园区域的综合价值时，既不能单纯从粮食出产计算，也不能单纯从文化价值计算，应该将这一区域的经济价值、文化价值、生态价值与其他价值进行综合考量，确立生态补偿原则与标准，是摆在学界和政府面前一项极其重要和迫切的课题。

尤其是对京西稻产区的生态、文化进行经济补偿，使得这一区域对三山五园的审美价值、对北京的农业文化承载、对北京重要的生态调节价值得以凸显和维持。

（五）南水北调为三山五园区域生态的恢复创造基本条件

一个区域生态的保持和发展，首先依赖于水的供应，形成山地林田湖全面发展的生态系统。

2014年12月27日，南水北调中线（湖北丹江口至北京）一期工程总干渠重点北京团城湖开闸放水，每年为北京提供10.5亿立方江水。

团城湖调节池占地67公顷，其中水面面积达33公顷，总蓄水量达127万立方米，连接起长江水和密云水库两大水源，承担着南水北调来水分水、调蓄和河湖水系补水等重要功能，是京城最重要的供水枢纽之一。[8]

南水北调入京，为三山五园地区，甚至为京西这一传统生态涵养地的维护创造了必不可少的条件。

众所周知，因为各种原因，北京的上源水源永定河北京段早已断流，加之上游首钢地区的大量用水和北京城市人口的急速增长，北京地下水位急速下降，尤其是三山五园区域。不仅使得北京生态体系急速恶化，加之北京处于地震带上，地下水位的下降甚至影响到北京的生存问题。

在这种条件下，以部分南水北调之水补入三山五园及周边区域，如各湖泊、河流、湿地等，不仅是维持三山五园生存的前提，也是维持京西稻农业体系的基本条件，更是北京生存、北京生态向好的需要。

图 13　颐和园西侧的团城湖水面

图 14　民国时期玉泉山南部的林地与稻田

五、结语：田园化、自然化是三山五园外围生态保护的基本风格

总之，三山五园区域是北京最重要的文化区，最重要的农业文化保护区，也是北京生态维持的最基本区域，诸多方面的价值不可偏废，诸多方面的价值需要进行新的综合考量，不能以经济效益作为最基本的考核手段。

在这样的定位下，市、国家层面需要给予这一区域生态补偿和水源保证。只有如此，才能适应当前形势，发挥这一区域的最大作用。

另外，三山五园外生态的田园化，而不是公园化，是这一区域恢复、建设的基本方向；在保持基本农业、生态本土化前提下，如何实现大众共享，实现基本服务功能和综合效益最大化，这既需要向发达国家先进城市学习，也需要追溯三山五园区域的历史原貌，而后者无疑是更重要的工作。

作者简介：樊志斌，男，1979年生，山东齐河人，曹雪芹纪念馆副研究员，主要从事红学、园林、史地、博物馆研究。

注释：

[1] 亦可参照刘剑、胡立辉、李树华：《北京西郊清代皇家园林历史文化保护区保护和控制范围界定探析》，《中国园林》，2009年09期。

[2] 《清代皇帝咏万寿山清漪园风景诗》，中国旅游出版社，2010。

[3] 文徵明：《西湖》，刘侗、于奕正：《帝京景物略》下。

[4] 《红楼梦》第十八回《庆元宵贾元春归省　助情人林黛玉传诗》，齐鲁书社，1994。

[5] 伦敦具有完善的自然保护政策，议会规定，土地开发不能影响自然保护，在任何土地开发获准前，需要考虑大于0.2公顷废物弃地、受损地和空地的自然保护和娱乐价值。

[6] 诸多自然保护区的建立，为伦敦野生动植物的栖息提供了重要场所，栖息地的管理不仅在于自然保护，尤其关心该地区的半自然植被。因此，伦敦野生动植物数量可观，有100多种定期在大伦敦地区繁殖的鸟类，其中市区有30种，而环城绿带则超过80种。此外，还有狐狸、獾、鹿等哺乳动物。值得指出的是，西方国家常常以野生动物，尤其是鸟类的出没情况作为衡量城市绿地建设和城市生态环境质量优劣的重要标志，因此，伦敦的公园管理目标包括公园内的鸟类和数量。

[7] 郑西平主编：《世界城市·公园——世界城市公园考察报告》，五洲传播出版社，2011。

[8] http://www.360doc.com/content/14/1229/01/2253722_436507184.shtml。

"三班九老会"与香山皇家文化的认知与传播

赵雅丽

乾隆帝在位时期，为了庆贺母寿，两次在香山举办"三班九老"宴游盛举。这两次盛举的地点都选择在香山静宜园内，继承并延续了中唐以来香山"九老会"园林雅集、绘图以纪觞咏盛况，以及中国古代帝王"以孝治天下"的诸多文化传统，对香山皇家文化的认知与传播至关重要。本文试从以上几个方面来略述三班九老会对香山皇家文化认知与传播的重要作用。

一、乾隆朝香山"三班九老会"概述

"三班九老会"，是乾隆帝为恭迎其生母崇庆皇太后七旬、八旬寿诞而举办的盛会。分别是：乾隆二十六年（1761）秋，崇庆皇太后七旬寿诞，在香山静宜园举办了第一次"三班九老"宴游活动；乾隆三十六年（1771），崇庆皇太后八旬万寿，在静宜园举办了第二次"三班九老"宴游活动。[1]

在乾隆二十六年御制《九老会诗》序中，乾隆帝给出了参与盛会的三班九老的标准：年龄须在耄耋者即 70 岁以上；分为三班：诸王及在朝文职九人为一班、在朝武职九人为一班、已休致仕者九人别为一班，计二十七人，统名一会，合称"三班九老会"。[2]

依此，第一次"三班九老会"选了 9 位在朝亲王及文职大臣，分别是：77 岁的履亲王 [3]、71 岁的显亲王、82 岁的大学士来保 [4]、81 岁的大学士史贻直 [5]、76 岁的吏部尚书傅森、71岁的工部尚书归宣光[6]、71岁的吏部侍郎勒尔森、75岁的礼部侍郎何国宗、73岁的左副督统御史张开泰,九老共677岁;又选了9位在朝武臣,分别是:77岁的内大臣博尔本察、72岁的将军清保、76岁的护军统领保平、77岁的散佚大臣葛尔锡、73岁的散佚大臣巴海、84岁的古北口提督吴进义、81岁的副督统职衔班第、92岁的副督统职衔黑色、90岁的副督统职衔集成,九老共722岁;9位致仕文职大臣分别是:89岁的礼部侍郎加尚书衔沈德潜、78岁的左督御史吴拜、84岁的左督御史木和林、74岁的吏部侍郎德龄、76岁的刑部侍郎钱陈群、82岁的工部侍郎范灿、76岁的内阁学士邹一桂、75岁的副督统李世倬、70岁的三品职衔多仓,九老共704岁。三班九老27人年龄总和为2103岁。

第二次"三班九老会"选择了文职九老,分别是:显亲王衍潢[7]、恒亲王弘晊[8]、大学士刘统勋[9]、协办大学士刑部尚书官保、吏部尚书讬庸、刑部尚书杨廷璋[10]、理藩院尚书素尔讷、刑部侍郎吴绍诗[11]、工部侍郎三和,九老年龄合计688岁;武职九老分别是:都统四格、都统曹瑞、散秩大臣国多欢、散秩大臣衔甘都、副都统伊松阿、萨哈岱、李生辉、福僧阿、色端察,九老年龄合计685岁;致仕九老分别是:刑部尚书衔钱陈群、内大臣福禄、礼部尚书陈德华、兵部侍郎彭启丰、礼部侍郎衔邹一桂[12]、左副都御史吕炽、内阁学士陆宗楷、詹事府詹事陈浩、国子监司业衔王世芳,九老年龄合计729岁。三班九老27人合计2102岁。两次盛典,三班九老的年龄都在两千岁以上,恰合乾隆帝所说"廿七人余二千岁,启祥七帙庆添筹"之意。

两次"三班九老会",祝贺皇太后万寿盛典,地点选在香山静宜园,发起人是皇帝,"皇家"的地位远远超越任何一个地方之"九老会";而获赐参与盛典的"三班九老",有的甚至两次宴游香山,这是一种格外恩宠,一个至高殊荣,他们欣赏二十八景,领略皇家园林的壮丽气派,增进了香山皇家气象在他们心目中的认知。

每次静宜园"三班九老会"后,乾隆帝都要御赐"九老"每人两片精美的红叶。这份特殊的礼物,是由乾隆帝亲自精选,经风干、压平、蜡封后,置于印有"御赐"和"福寿康宁"等字样的精美锦盒中。"三班九老"收到御赐的红叶,无不受宠若惊,而这"御赐"佳话,不仅载入史册,而且也随着三班九老的休致归里而流播到地方。

参加宴游香山的"三班九老"中,有人甚至给自己起了个"香山老人"的雅号,此人便是状元彭启丰。据《清史稿》卷304载,彭启丰(1701—1784),字翰文,号芝庭,出身江南长洲(今苏州)的科举世家。祖父彭定求(1645—1719),字勤止,康熙十五年(1676)会试第一,二十五年(1686)殿试第一,连中会元和状元,非常了得,历官翰林院修撰、侍讲,因父丧假归,之后不再复出为官。彭启丰,雍正五年（1727）会试第一，殿试时为一甲三名，雍正帝亲拔为状元，祖孙连中会元和状元，一时传为佳话。彭启丰历官翰林院修撰，不久，奉诏入值南书房，承旨起草诏令，应制撰写文字。雍正七年开始，历任河南、云南、江西、顺天乡试考官，迁右中允，成为东宫右春坊属官。乾隆年间，历官侍讲、左佥都御史、浙江学政、刑部侍郎、吏部侍郎、兵部尚书。为官四十年，以谨慎著称。乾隆二十年（1755），请求辞官归里，奉养老母。他在家中辟园亭，植花竹，拥书万卷，乾隆帝御赐匾额"慈竹春晖"。三十三年，命原品休致。三十六年，被钦定为三班九老的致仕九老之一，赴京祝贺孝圣皇后八旬寿辰，得乾隆帝赐诗嘉奖。晚年主讲紫阳书院。三十七年，《四库全书》开馆，江苏省在紫阳书院设书局，分派官员登记造册，由彭启丰总理其事。四十一年，乾隆帝东巡，彭启丰赶到山东迎驾，御赐尚书衔。四十九年，卒于家，享年84岁。彭启丰晚年给自己起了"香山老人"雅号，这个雅号，透露出他内心的自豪感，也将他参加皇太后祝寿、宴游香山的传奇经历流传于当地民间，成为世人认知香山皇家文化的一个印象符号。

二、"三班九老宴游香山"继承了白居易"香山九老会"的传统

即如乾隆御制《九老会诗》序中所说，九老会"昉于唐而继于宋"。唐代的"香山九老"，亦称"洛中九老"或"会昌九老"，指唐武宗会昌五年（845）夏（是年春，白居易曾发起七老会），以诗人白居易（白乐天）为首的九位老人在洛阳龙门之东的香山寺聚会，欢醉赋诗的故事。参加聚会的9位耆老中，白居易74岁、前怀州司马胡杲89岁、卫尉卿吉皎（旼）88岁、前磁州刺史刘真87岁、前龙武军长史郑据85岁、前侍御史内供奉官卢真82岁、前永州刺史张浑77岁、禅僧如满95岁、李元爽136岁。九老分别赋诗纪胜，并请来画工画像，每位老人画像上都题上他们各自的诗文。

白居易的"香山九老会"是古代文人雅士隐逸思想的深刻体现，这一传统为后来历代所延续，"九老会"的文学结社活动持续而频繁，如宋太宗至道年间，名相李昉罢相后曾组"九老会"；宋神宗元丰三年九月，太尉兼西京留守文彦博发起"洛阳五老会"；元丰五年，文彦博、富弼、司马光等洛中退休官员年高德劭者13人又举办"洛阳耆英会"；明成化年间，常熟虞山九老社、松江莺湖九老会、湖州乌墩九老会等繁兴。清初虽然屡申严禁讲学立盟结社之令，但江南"士之憔悴失职，高蹈而能文者，相率结为诗社，以抒写其旧国旧君之感，大江以南，无地无之"。[13] 到了康乾年间，清王朝统治日益巩固，文化上也兼施怀柔之策，各地民间九老会结社风气

兴盛起来。例如，康熙三十四年，顾汧自礼部侍郎致仕，回归故里苏州（古长洲），在老宅附近钮家巷内购得顾月樵"自耕园"旧圃，扩建成一座新园，命名"凤池园"，并举办"九老会"雅集；[14] 乾隆十二年，沈德潜从京城回苏州，举办了"二弃草堂九老会"；[15] 十四年，常州南华庄氏有"漆园九老会"；[16] 十六年，无锡有"秦园九老会"。[17]

这种"九老会"的结社形式与传统，也被皇家所取用与延续，最著名的就是乾隆二十六年、三十六年为恭贺崇庆皇太后七旬、八旬寿诞而举办的两次皇家"九老会"活动。如果说，唐代白居易的香山九老会以及明清时期的地方诗文结社活动，显示的是一种丰富的文化底蕴和特有的人文气象，让人能够感知那个时代曾经有过的文人风雅，那么，由乾隆皇帝亲自"主办"的"三班九老会"宴游香山活动，就更能让人感知到香山所代表的皇家文化，更能感受到君臣的风雅与恩遇，很容易获得士人对香山皇家文化的认同。

三、"三班九老宴游香山"之举，延续了古代诗文雅集的传统

从乾隆帝两次御题《九老会诗》中可以看出，寿诞庆典除了皇家礼仪和威仪外，更多的是类似园林雅集的热闹场面，从两次御制诗即可看出。诗一曰："九老作朋总廿七，魋颠华发映髭须。庙堂未免拘仪度，泉石特教咨燕娱。丹陛暂辞心肯忘，玉关归后气犹粗。听松只合鸾杯举，陟巇宁须鸠杖扶。一例香山南让北，千秋群彦画成图。如今拟问白居易，似尔当年少欠无。"诗二曰："九老三班前例曾，十年一举介厘增。八旬庆溯七旬典，辛卯祥开辛丑征。盱食宵衣犹此佐，启疆拓宇底须能。优游林下同来贺，万寿称觞合作朋。"每次三班九老会后，乾隆帝都为"三班九老"各班写下赞扬和肯定的诗句，并要求诸臣自纪其事，"有不能诗者，命内廷翰林代成"。乾隆帝特赋诗一首："升平人瑞有天潢，会领文臣例柏梁。总沐列朝厚培养，共看难老效劼勤。元丰二相今犹在，履道诸贤讵可方。慈庆熙鸿欣锡类，群仙引进万年觞。"

三班九老中，与乾隆帝诗文唱和最多，文字之交最深者是沈德潜、钱陈群。他们都参加了乾隆帝举办的香山九老会，与沈德潜相比，钱陈群一生所得圣眷与恩荣更多。据《清史稿》卷 305 载，钱陈群，字主敬，号香树，浙江嘉兴人。其父钱纶光，早逝，由母亲陈书（号南楼老人，嘉兴名画家）靠纺织和卖画养家，督促钱陈群兄弟苦读。康熙四十四年，康熙帝南巡，钱陈群到吴江迎驾并献诗。圣祖命其待御驾回銮后召试，钱陈群因母病未能前往。康熙六十年，钱陈群考中二甲十五名进

士，改庶吉士，散馆授编修。雍正七年，奉命随史贻直、杭奕禄赴陕西任宣谕化导，钱陈群周历诸府县，招集诸生讲经，"反覆深切，有闻而流涕者"，雍正帝给出了"安分读书人"的评价。终雍正一朝，钱陈群五次升迁至右通政，督顺天府学政。就仕途而言，未获大用，但其门下却教出不少知名弟子，如阿桂、纪昀、刘墉、钱大昕等。

乾隆元年，钱陈群以母丧去官，守孝期满，乾隆帝命他仍督顺天学政，其后历任太仆寺卿、詹事、内阁学士等职，乾隆七年，擢刑部侍郎。十六年，乾隆首次南巡，身为南书房近臣、刑部侍郎的钱陈群扈从出巡，在游南湖时，乾隆翻阅了钱的《香树斋诗集》。二十二年，乾隆帝第二次南巡，钱陈群进献陈书的画册，并请人将当年母亲寒夜纺织、含辛茹苦抚育子女的恩德绘成《夜纺授经图》，内附其中。乾隆看后甚为感动，在画册卷首题"清芬世守"四字，称赞陈书及钱家门风，并题写了两首七绝，钱家即以"清芬"为堂名。十七年因病致仕回籍，乾隆帝命其子编修钱汝诚侍行，又担心他心情不畅，赐诗"以宽其意"。钱陈群将途中所作诗寄给乾隆帝，乾隆为之答和。二十二年南巡时，钱陈群随同南下，后受恩在籍食俸。二十五年，乾隆帝亲作《桥梓图》寄赐钱陈群。次年（1761），谕令他和沈德潜重返京师祝贺皇太后七十大寿，成为"香山九老会"一员，并加尚书衔。二十七年，乾隆帝第三次南巡，钱陈群和沈德潜到常州迎驾，陪着乾隆游览了无锡、苏州、嘉兴、杭州等地，乾隆特赐诗，《新世说》卷6《巧艺》记载了御制诗句云："二老江浙之大老，新从九老会中回。身体康强自逢吉，芝兰气味还相陪。迎堤恭遇以为喜，出诗命和群应推。更与殷勤订佳约，期颐定复登金台。"得此江浙"大老"美誉，是何等令人称羡！

三十年，乾隆帝第四次南巡，80岁的钱陈群与沈德潜前往迎驾，御赐诗曰："二仙仍此候河滨，三载相睽意更亲。郭泰李膺一烟舫，沈期钱起两诗人。"加太子太傅，赐其子钱汝器举人，钱汝诚随扈驻跸。君臣在烟雨楼上诗歌唱和。乾隆在《即景杂咏》四首之二写道："即景无过遣兴题，过誉老笔注金篦。"三十五年，乾隆帝花甲大寿，钱陈群献竹根如意，乾隆帝批示："未颁僧绍之赐，恰致公远之贡，文而有理，把玩良怡！今赐卿木兰所获鹿，服食延年，以俟清晤。"[18]僧绍，南朝隐士，齐高宗曾赐其竹根如意。乾隆的意思是说，应该我给你如意啊，怎么反倒让你破费！罢罢罢，回赠一头鹿，愿你长命百岁，咱们后会有期。[19]君臣间如此风趣亲昵，如此风趣，朝野罕见，天下称羡。

三十六年，乾隆帝东巡，86岁高龄的钱陈群到平原县迎驾，进《登岱祝釐颂》。是年冬，再次赴京为皇太后八十万寿祝嘏，乾隆特赏其紫禁城骑马，又赏赐上等人参，令其子汝诚扶掖出入内廷，并再得参与"香山九老会"殊荣。钱陈群进呈《恭和御制香山九老诗》，中有"鹿驯岩畔当童扶"句，意境超逸，深得乾隆嘉许，亲作《扶鹿图》赐之。钱陈群南归时，又赋诗饯行。次年，抵家，上谢恩疏，乾隆帝当时正驻跸香山，赐答诗，有"香山适接还乡信，即景犹思扶鹿人"之句。钱陈群平日闲居故里，每年乾隆帝都要录寄诗百余篇给他，他必定赓和，虽然高龄，也必亲书成册进献给乾隆帝，其书法屡蒙奖许。

钱陈群官历康熙、雍正、乾隆三朝，与乾隆关系尤为密切，乾隆称其为"故人"。钱陈群每有诗文进呈，乾隆必亲笔题诗回赠。晚年致仕后，仍与乾隆酬唱不断，而乾隆赐以"食全俸"，时常写信慰问，并寄上自己的诗作，要钱陈群赓和。乾隆六下江南，钱陈群四次迎驾，乾隆多次在烟雨楼诗中提到钱陈群。人虽退休在籍，而仍屡次升迁，加尚书衔、太子太保。乾隆三十九年，钱陈群卒，享年89岁，赐谥"文端"，加太傅，入祀贤良祠。乾隆帝在上谕中说："儒臣老辈中能以诗文结恩遇、备商榷者，沈德潜卒后惟陈群。"四十四年，乾隆帝仍然感伤不已，特作《怀旧诗》曰："迎銮三于浙，祝釐两入京。唱和称最多，颂中规亦行。林下唯恂谨，文外无他营。优游登大台，生贤殁亦荣。"

乾隆与钱陈群之间的君臣之谊以及以诗文结恩遇，这种君臣恩遇的佳话，被后世所乐道，赵慎畛《榆巢杂识》卷下"词臣荣遇"条就记载："乾隆时，儒臣以耆年宿学，退居林下，渥承恩眷者，惟沈确士、钱香树为最。凡御制诗章，时附驿寄，命之赓和。壬午南巡，两人同舟迎驾，曾赐以诗，有'二老江浙之大老'句。后沈文恪以梓国朝诗失检，又制徐逆述夔传，被谴。惟钱文端始终受恩无间。上最喜其'鹿驯岩畔当童扶'句。后驻跸香山，适钱奏抵家折至，上即于折内批答，以'香山适接还乡信，即景尤思扶鹿人'二语，随续成全什以赐。词臣荣遇，古未之见。"钱氏以卓越的为人与才学修养，得到的圣眷与恩荣伴其一生。他两次赴京参加香山九老会为皇太后祝寿的恩遇，成为当地的佳话，对香山皇家文化传播起到重要作用。

"三班九老宴游香山"之举，延续了绘图以纪觞咏盛况的传统。白居易为香山九老会，曾绘图纪盛，成《九老图》，此后各地形形色色的九老会都有绘图纪盛，扬翊风雅。乾隆帝两次御赐香山九老宴会，也延续了这个传统。第一次由其堂弟（康熙帝二十四子胤祕之子），固山贝子，以诗、书、画三绝著称的弘旿作《香山九老图》，第二次由宫廷画家艾启蒙（波西米亚人）绘图以志纪念。这些绘图，将香山的房舍、藤萝、文玩、宫殿、官员、柏、奇石、竹、松、桥、扇、鹤、篱笆、围墙、鹿、梧桐、家具（屏风）、饮食器、庭院、文房用、栏杆、僧（和尚、尼姑）、侍从（侍女、童仆）、石磴、栈道、溪涧、湍泉等一一保存下来，从中可见皇家园林的气象以及君臣雅集的温馨之趣，成为香山皇家文学的永久见证，足使后人"披览图画，犹津津道其年命之多与邱园之乐"。[20]

四、"三班九老宴游香山"恩典慈仁之举，延续了中国古代帝王"以孝治天下"、尊敬老者的传统

两次香山九老会，都是为了皇太后祝寿。乾隆二十六年御制《九老会诗》序中说："……恭值圣母七旬寿辰，命举九老之会，用晋万寿之觞……各得九人统名一会。合二十七人之岁，得若干，所谓三寿作朋，如岗如陵。诗不云乎？孝思不匮，万寿无疆。万寿维祺，志所宜然。事或难必合廿七人若干岁，以为圣母寿夭，其申命锡予乎……将届圣母八旬、九旬期颐以致若干寿，则我朝臣之登眉梨耆鲐者，必亦蒙麻近光，与年并增。朕当十年一举盛会，其欢喜庆幸曷其有极哉。"

可见，乾隆帝此举，有着"以孝治天下"、引领天下之人敬老尊老的深意。乾隆三十六年，第二次"三班九老会"宴游盛典之前的两年，乾隆帝已就有关活动开始了周密安排和积极的筹备。查阅中国第一历史档案馆所藏的寿档 28 卷，一则可见其规模之大，二则也可见此举与尊老深意有关。

从遴选的参与者上看，多是诗才超迈的名宿名臣，健康长寿、德高望重者。特别是致仕九老，都是功成不居，辞荣耽寂，文酒燕游，颐养老寿者，对地方风尚有着重要引领作用。他们在皇家园林内为太后祝寿，同时抒发老至之情、林泉之乐、雅集之欢，其间情形有如王应桂《甲子花朝吾园中集百岁翁三人作九老会主人赋诗纪事用作》中描绘的"连翩九老相将来"，"筵间肆设枣与桃，满座人如香山叟。充耳头摇摇，眉长须白风乱飘。擎杯不放饮若吼，磬欬一声裂凤箫。凌老鹤辉颇清妙，婆娑之状鹤难有"。充满了温情，充满了祥和气息。这些耆老归里后，其本身就是乾隆帝"贵待老者"的最好例证。

举例而言，参加宴游香山的三班九老之中，有个寿星之王，名叫王世芳。[21] 据清光绪廿二年版《遂昌县志》卷6《职官》、《临海县志》、《清稗类钞·异禀类·王世芳寿百十七岁》记载，王世芳，字徽德，一字芝圃，浙江省台州府临海县桐峤岭根人，生于顺治十六年（1659）。康熙十五年，曾养性犯台州，王世芳随父请兵，夜袭贼营，"杀贼无算，口不言功"。归而读书，家贫，卖药自给。49岁入学，80岁成贡

生，乾隆二十年（1755）96岁鲐背之年，以岁贡出身授任遂昌县训导（从八品），成为朝廷命官。二十四年（1759）100岁时，朝廷赐建"升平人瑞"木牌坊于村口。二十六年（1761）103岁时，被选荐进京，为皇太后七秩大寿祝寿，深得太后赏赐。次年，乾隆帝第三次南巡，王世芳到杭州迎驾，再受封赏。三十年（1765）107岁时，乾隆帝第四次南巡，特诏其到杭州迎驾，乾隆见到王世芳"跻上寿而神明不衰"，龙颜大悦，特准奏对免跪，并御书"黉席期颐"匾额赐之。当年初夏，给临海尤溪昌国寺所作《昌国寺碑记》中，王世芳将此殊荣署在其中："钦赐京奉直大夫□□□班次、九卿悉免拜跪、叠赉宝珠龙缎、御书'黉席期颐'匾额、掌教遂昌、一百七岁里人王世芳。"是年重阳，他还为遂昌县尖山镇奕山村《奕山朱氏族谱》作序，并作《介宾新斋公像赞》，同时参修《遂昌县志》，名声远播。

乾隆三十五年（1770）七月，已致仕3年，寿达112岁耋寿之龄时，奉诏进京参加乾隆六十大寿庆典。此时，王世芳仍然康健，甚至"便利如少年"，成为京师一种"奇观"，被许多文人记录在笔记中，如钱泳《熙朝新语》、吴翌凤《逊志堂杂钞》、梁章钜《楹联续话》、陈康祺《郎潜纪闻三笔》、徐昆《柳崖外编》、杨钟义《雪桥诗话》、梁绍壬《两般秋雨庵随笔》等，徐昆《柳崖外编》的描绘使人如同"在场"亲见一样：王世芳"不扶杖藜，颜面止如六十许人。耳微重而能听，不借镜而能作楷，徒步十数里，一蹴而至。每食肉二斤许，饼饦之属，亦视中人有加。予见之于椿树胡同，周旋揖让，有非七八十老人所逮者"。许多人觉得用"地行仙"的尊号才能够形容。

据状元吴鸿写的《钦赐正六品承德郎遂昌司训王南亭先生征诗事实》，乾隆帝见到王世芳后"慈颜大悦，赐宴于太和殿，绘像于养性殿。复亲赐碧玉朝珠百颗、白碧如意二枚。"又特作《御制赐百有十二岁老人王世芳诗》，并在前头写了一长段诗序曰："……计其齿复益五龄而康强如昔，乃诏锡国子监司业衔，且予在籍食俸，示优老也。国家熙洽有余年，太和之气蔚为，耆儒用征寿世，固史册所罕见。彼称明岁复来京师，恭祝慈宁八秩万寿，人瑞延洪，式光庆典，又岂'香山九老'所得差肩者哉。因赐是诗以宠异之。"乾隆盛赞王世芳的长寿与康强，认为他的人瑞之光要在"香山九老"之上。

第二年，王世芳受邀参加崇庆皇太后八十大寿庆典，获赐"三班九老"宴游香山，"精神矍铄，视履康强"，"庞眉鹤发，蹈舞班联"的王世芳又多了一个响亮的尊号叫"南极老人"。王世芳精心准备了十首诗恭呈太后，中有"玉阶瞻就随天仗，自笑蹒跚草莽臣"的惊喜，更有"万年枝上翔飞鹊，喜报重来旧野人"的炫耀。皇太后给予了亲切的问候和嘱托："寒天，及早回南。"如此恩宠与体恤，令王世芳感激涕零。

当王世芳返乡时，途经苏杭，世人惊讶，争相瞻容，王世芳提笔书写斗大"寿"字相赠。回到遂昌，"捧恩归来诧乡民"，王世芳更是受宠若惊、激动万分，在给遂昌县妙高镇重修月山王氏宗谱的序中，署了长达 84 个字奇长而壮观的荣誉名号："钦赐承德郎储赠奉直大夫，管遂昌县训导兼教谕事，七勤天颜五聆圣训，诰封祖父母、父母两世，温问孙、曾、玄、来六代，特旨入选恭献诗册，叠赏上用袍缎荷包，朝会耆英左席，霞城芝圃老臣王世芳徽德氏顿首拜撰。"这个名号囊括了他所受到的恩宠。

嘉庆三年（1798），七世同堂的王世芳寿终正寝。他身历顺治、康熙、雍正、乾隆、嘉庆五朝，103 岁、107 岁、112 岁时，三次受到乾隆帝接见并赐匾及题书，并进京参加香山三班九老会，被称为"盛世大瑞"，其"享希有之寿而迓不世之恩"，可谓"繁福曼龄，古今希有"——王世芳，成为烘托一个时代强盛与繁华的佳话。

五、结语

乾隆帝在位，共举办了两次九老会宴游香山的盛举。乾隆四十年，在《题檀镂香山九老屏风，九老以玉为之》诗中，乾隆帝以"盛典香山亦再举，其三其四祝无央"诗句表达了他对两届盛会的感念，并希望十年一次地办下去的心情。孰料，乾隆四十二年，崇庆皇太后辞世，"三班九老会"盛典再未举办。

尽管如此，两次三班九老会宴游香山之举，已成为香山皇家文化获得时人、后人广泛认知的重要渠道，并成为一种历史记忆和文化符号，跨越时空，传播至今。

作者简介：赵雅丽，女，1964 年生，吉林四平人，历史学博士。现任职于北京社会科学院历史所，主要研究方向为北京史、清史及思想文化史。

注释：

[1] 朱如意：《香山举办的两次"三班九老会"》，《北京地方志》，2010 年第 2 期。

[2] [清] 胡敬：《国朝院画录》卷下，于安澜编：《画史丛书》第 5 册，上海人民美术出版社，1963，第 39 页。

[3] 履亲王允祹，康熙帝第十二子，康熙二十四年十二月廿四日生，雍正十三年十一月晋封和硕履亲王，乾隆廿八年七月廿四日卒，享年 79 岁，谥号"懿"。

[4]　来保（1681—1764），喜塔腊氏，字学圃，满洲正白旗人，乾隆十年，调礼部尚书，加太子太保，授领侍卫内大臣，寻授吏部尚书，协办大学士，后历官武英殿大学士、军机大臣。十四年，金川凯旋，进太子太傅，兼管兵部、刑部事。十五年三月，来保年七十，乾隆御制诗赐之。二十五年，来保年八十，又赐御制诗。二十九年卒，享年84岁，赠太保，入祀京师贤良祠，谥号"文端"。

[5]　史贻直（1682—1763），字儆弦，号铁崖，江苏溧阳县人，康熙三十八年顺天乡试中举人，次年19岁又中进士，授检讨，后历充云南主考、广东督学、赞善、侍讲、庶子，五迁至侍读学士。雍正元年任内阁学士，命在南书房行走，次年升吏部侍郎，后署理闽浙总督，升左都御史，协理西安巡抚，又升户、兵部尚书。八年，调署两江总督。十三年七月，召还。八月，世宗崩，高宗即位，寻命署湖广总督，召还，历工、刑、兵、吏诸部尚书。七年，命署直隶总督，复召还，授协办大学士。九年，授文渊阁大学士兼吏部尚书。十一年，加太子太保。二十年，为次子史奕昂任甘肃布政司而写信请托巡抚鄂昌，被鄂昌事发而致仕回籍。二十二年，乾隆南巡，史贻直迎驾沂州，命其在家食俸。寻召还，仍授大学士，领工部，加太子太傅。二十五年，乾隆以史贻直中进士60年而赐诗奖为"人瑞"，命以肩舆入值。二十七年请求致仕，乾隆命每年加俸五百金。二十八年卒，享年82岁，赠太保，入祀贤良祠，谥号"文靖"。

[6]　归宣光（1691—1762），字念祖，江苏常熟人。祖父归允肃，康熙十八年状元。归宣光于康熙五十九年中举人，授内阁中书，迁侍读，擢御史。雍正十一年转兵部事中，奉命巡察湖广，擢鸿胪寺卿、右通政。乾隆二年进通政使。乾隆五年起历任户部右侍郎、吏部左侍郎、兵部右侍郎、内阁学士兼吏部侍郎、礼部尚书、工部尚书。归宣光生性谨慎恭敬，遇事和平练达，从不矜己傲物，也从不欺诈虚伪，历官中外，多所建白。他未曾任过翰林官，但却三次充任殿试读卷官，足见乾隆帝对其信任。二十七年，卒于工部尚书位，享年72岁，赐祭葬，谥号"昭简"。

[7]　显亲王衍璜（1691—1771），肃亲王豪格曾孙，显亲王丹臻第六子。康熙三十年生，康熙四十一年八月袭和硕显亲王。乾隆三十六年，第二次参加九老会，十二月十九日卒，享年81岁，谥号"谨"。

[8]　恒亲王弘晊（1700—1775），恒温亲王允祺第二子，康熙三十九年生，雍正十年九月袭恒亲王爵，乾隆四十年去世，享年76岁。弘晊参加香山九老会时应是72岁。

[9]　刘统勋（1700—1773），字延清，号尔钝，山东诸城（今山东高密）人，雍正二年进士，历任刑部尚书、工部尚书、吏部尚书、内阁大学士、翰林院掌院学士及军机大臣等要职，为政四十余年，清廉正直，敢于直谏，政绩显著。乾隆三十四年，刘统勋七十大寿，乾隆帝亲笔御赐"赞元介祉"匾额。据此，刘统勋参加香山九老会时应在72岁。乾隆三十八年猝逝于上朝途中，乾隆帝慨叹失去股肱之臣，亲往吊唁，亲作挽联和怀旧诗，列为五阁臣之一，追授太傅，赐谥号"文正"。

[10]　杨廷璋（1688—1772），字奉峨，汉军镶黄旗人，世袭佐领。雍正七年，以笔帖式的身份升为工部主事，历任工部郎中、广西桂林知府。乾隆二年擢左江道，后历任湖南布政使、浙江巡抚、闽浙总督、体仁阁大学士、正红旗汉军都统、工部尚书、署两广总督、刑部尚书、直隶总督，加太子少保。乾隆三十六年复召授刑部尚书，命参加香山九老会。十二月卒，享年84，赠太子太保，赐祭葬，谥号"勤悫"。杨廷璋参加九老会时应是84岁。

[11]　吴绍诗（1699—1776），字二南，山东海丰人，诸生。雍正十二年授七品京官。乾隆初，累迁至郎中、甘肃巩昌知府、陕西督粮道、贵州督粮道、云南按察使、甘肃按察使、布政使、刑部侍郎、江西巡抚。三十四年，召为刑部尚书，未上，调礼部尚书，因故夺职。三十五年起刑部郎中，三十六年擢侍郎。皇太后八十万寿，列香山九老，赐以宴赍。三十七年调吏部侍郎。三十九年致仕。四十一年乾隆东巡时迎驾，加尚书衔。是年卒，享年78岁，谥号"恭定"。吴绍诗参加香山九老会时应为73岁。

[12]　邹一桂（1686—1772），字原褒，号小山，江苏无锡人，擅长山水和花卉画。雍正五年，42岁方中进士，授翰林院编修，从此仕途亨通，历官云南道监察御史、贵州学政、礼部给事中、太常寺少卿、大理寺卿、礼部侍郎，官至内阁学士。乾隆二十三年，致仕还乡。乾隆帝南巡时赐"画禅颐寿"匾

60

额。三十六年，赴京祝皇太后寿辰，加赠尚书衔。次年，卒于东昌归途，享年 86 岁。

[13] [清] 杨凤苞：《秋室集》卷一《书南山草堂遗集》，《续修四库全书》第 1476 册，上海古籍出版社，2002，第 10 页。

[14] [清] 顾汧：《凤池园诗集》卷首《凤池园诗集自序》，上海古籍出版社，1980。

[15] [清] 沈德潜：《归愚文续》卷九《二弃草堂燕集序》，教忠堂本，乾隆二十九年刻本。九老皆为请业于二弃草堂的同门，包括叶长扬（81 岁）、顾嘉誉（79 岁）、张钺年（76 岁）、沈德潜（75 岁）、谢淞洲（71 岁）、沈岩、李果（隐士，并 69 岁）、薛雪（隐士，67 岁）、周之奇（65 岁），另有孙启祥（71 岁），10 人共 723 岁，堪称盛事。

[16] 洪亮吉：《卷施阁文乙集》卷五《南华九老会倡和诗序》。南华九老名字为：礼部郎中庄清度（90 岁）、福建按察使庄令翼（84 岁）、临洮府知府庄祖诒（82 岁）、黄梅县知县赠文选司主事庄枟（69 岁）、密县知县封福建台湾兵备庄道歆（66 岁）、开州知州庄学愈（63 岁）、湖南石门县知县封甘肃宁州知州庄柏承（63 岁）、射洪县知县赠顺天府南路同知庄大椿（62 岁）、温处兵备道封礼部右侍郎庄柱（60 岁岁）。南华九老会后，另有同族年及六十以上耆德能诗者 21 人依韵唱和，成为江南诗坛盛事。

[17] [清] 沈德潜：《归愚文续》卷四《九老会诗（并序）》，教忠堂本，乾隆二十九年刻本。秦氏乃江南最著名的科举家族、文化世家之一，影响甚巨。乾隆十六年，乾隆帝南巡，驻跸无锡秦园（寄畅园），乾隆帝至时，秦孝然率族人六十以上者 9 人于园门迎驾，乾隆帝将其视为九老会，制诗褒奖，有“近族九人年六百，耆英高会胜香山”之句，孝然、实然、敬然、荣然、寿然、瑞熙、芝田、东田、莘田九老奉命和诗，成“寄畅园九老会”。

[18] [清] 昭梿：《啸亭杂录》卷一，“答钱香树奏折”条，中华书局，1980，第 25 页。

[19] 据清人昭梿《啸亭杂录》卷一“哨鹿”条（中华书局，1980，第 25 页）记载，乾隆帝木兰秋狝时，曾在黎明时“亲御名骏，命侍卫等导引入深山叠嶂中，寻觅鹿群。命一侍御举假鹿头作呦呦声，引牝鹿至，急发箭殪毙，取其血饮之。不惟延年益壮，亦以为习劳也。”

[20] [清] 沈德潜：《归愚文续·二弃草堂燕集序》，教忠堂本，乾隆二十九年刻本。

[21] 据林大岳：《盛世大瑞王世芳》，《今日临海》，2016 年 9 月 30 日。

佛教文化在"三山五园"中的表现

邢　鹏

北京西郊（图1）"三山五园"[1]的营建始于清代。其营建思想中有多种文化因素，是多种文化理念相结合的具体体现。具体可以分为非宗教文化和宗教文化两大类。

图1　清彩印西山名胜全图（首都博物馆藏）

在非宗教文化中，既有历史故事，又有传统文化理念，还有自上古以来的神话传说等等，内容十分丰富。以颐和园三例说明：一是"昆明湖"一词是有历史故事的：今所称万寿山在明代时称"瓮山"，因此其南的湖被称为"瓮山泊"。清朝乾隆皇帝决定在瓮山一带兴建清漪园而将湖开拓而成为现在的规模，并取汉武帝在长安开凿

"昆明池"操演水战的故事将其更名为"昆明湖"。二是颐和园谐趣园中的"知鱼桥"（图2），桥名取自《庄子·秋水》中"庄子与惠子游于濠梁"那段著名的辩论。无论是谐趣园"知鱼桥"，还是北京内城北海公园内东部的"濠濮间"（图3），还是西郊香山"香山寺"前的"知乐濠"（图4[2]）都有以此为题材的景观。由此可见，清代统治者在营建这些园林景观时对这一题材的喜好程度。三是昆明湖东岸的铜牛（图5），它既是"以牛镇水"传统文化理念[3]的反映（图6），又是反映牛郎织女传说景观的一部分（据有关史料记载昆明湖西侧有"织耕图"建筑景观，以此象征"织女"）。由此三例对三山五园所蕴含的文化内涵可窥一斑。

图2 颐和园谐趣园"知鱼桥"景观（图片来源：作者拍摄）

图3 北海公园"濠濮间"景观（图片来源：同上）

图4 北京香山公园香山寺"知乐濠"景观

图5 颐和园东岸铜牛像（图片来源：作者拍摄）

图 6.1　山西永济蒲津渡遗址固定浮桥的唐代铁牛形地锚 [4]

图 6.2　1950 年出土于宁夏青铜峡大坝二闸唐徕渠的唐代铁牛像（复制品，图片来源：顾华伟拍摄）

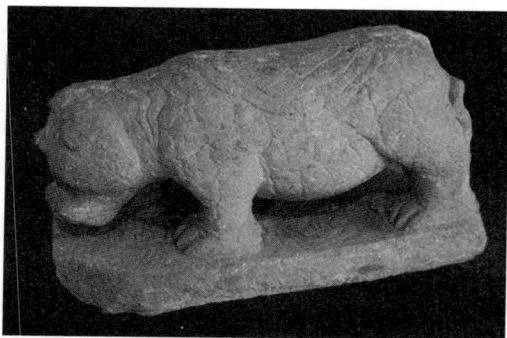

图 6.3　北京永定河出土的唐代镇水石犀牛像（北京石刻艺术博物馆藏）[5]

　　以佛教文化为代表的宗教文化对三山五园的影响则更大。清朝在三山五园中修建了诸多的汉传与藏传佛教寺院。它们既可方便皇室礼佛，又可作为接待少数民族宗教领袖的场所，因而极富实用性。同时，它们建筑宏伟、色彩鲜明，不仅是所在园林内的重要景观，甚至还可以作为其他园林的"借景"景观，如玉泉山的玉峰塔。可以说这些佛教建筑在中国古代皇家园林中是兼具实用性与艺术性的。此外，在皇家园林中还有如颐和园四大部洲等与佛教有关的大型建筑群，虽然这些建筑中也设置佛像，但其建筑形式与典型的汉传佛寺、藏传佛寺（又可分为汉式、藏式两种建筑风格，图 7[6]、图 8[7]）都不相同。

图 7　北京雍和宫

图 8　河北承德须弥福寿之庙

一、佛教的宇宙观

西汉刘安《淮南子·齐俗训》："往古来今谓之宙，四方上下谓之宇。"可见，中国古人对"宇宙"的概念强调的是时空观念，即时空中必有物质。而西方则认为宇宙是所有星系的总和，其强调的重点是物质，即物质存在于时空之中。

（一）佛教宇宙观的最重要概念

1. 关于"宙"
佛教关于时间的观念主要是"竖三世"，即过去、现在、未来。

2. 关于"宇"
在佛教关于空间的教义中有以下几个概念需要理解，唯此才能理解中国佛寺布局乃至"三山五园"的营建理念，它们是：三界、二十八天、三千大千世界、须弥山（含"铁围山""善法堂"）、四大部洲（含"中洲""空一显色"）、"香山"等。

佛教所谓"三界"指的是"众生生存的三类形态和其生存的三种世界（图 9[8]）。①欲界，为具有食、色、睡等欲或需求的众生所居，包括六道中的人、畜生、鬼、地狱、阿修罗和天道中的六欲天。②色界，为离食、色二欲而尚离不开物质身体的众生所居，包括色界十八层天。③无色界，为离食色等欲，亦无固定物质形体的众生所居，有无色界四天。禅定的境界亦相应分为三界。佛法认为三界及禅定中的三界皆属有生死、生灭的'世间'，以超出三界为理想"。[9]

二十八天，"佛教说天分欲、色、无色三界，共二十八级，称二十八天，即欲界六天、色界十八天、无色界四天。欲界六天，亦称'六欲天'：①四天王

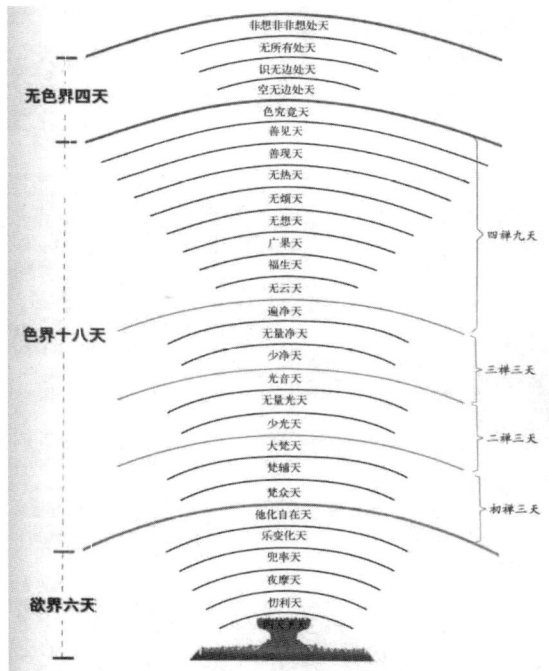

图 9　佛教宇宙观的"三界"示意图

天，在须弥山腰，为四大天王及其所统眷属居处。……②忉利天（图10），在须弥山顶，中央有一天国，四方各有八天，共三十三天国，故名'三十三天'。帝释天居中央善见宫统管三十三天。③夜摩天……④兜率天，……有内外二院，外院为一般欲天，内院为弥勒菩萨净土。⑤化乐天……⑥他化自在天……。色界十八天，分初、二、三、四禅四大层次，统称'四禅天'。……色界最顶层是色究竟天，为报身佛及一大千世界主大自在天王居处。……无色界天亦称'四空天''四无色天''四空处'……"[10] 欲界六天中以四天王天和忉利天为"地居天"，依山而住；第三重天"夜摩天"之上为"空居天"，依云而住。

三千大千世界，"略称'大千世界'，佛教说一日月照四天下（四洲），覆六欲天、初禅天，为一'小世间'；一千个小世界覆一'二禅天'，为一'小千世界'；一千个小千世界覆一'三禅天'，为一'中千世界'；一千个中千世界覆一'四禅天'，为一'大千世界'。一大千世界有小、中、大三种'千世界'，故称三千大千世界。称此为一佛教化的范围，故称'一佛土''一佛刹'"。[11]

须弥山（图11），"梵文 Sumeru，音译须弥楼、苏迷卢、修迷卢等，意译妙高、妙光等。印度神话中的山名。佛教采用之，谓此山高八万四千由旬，山顶为忉利天，山腰为四天王天，日月绕此山半腰。周围有七香海、七金山，金山外有咸海，咸海中有四大部洲、八中洲及众多小洲。咸海外有铁围山围绕"。[12] 另有关于"须弥山"的解释为："须弥山意译作'妙高山'，此山是由金、银、琉璃、水晶四宝所成，所以

图 10　忉利天（三十三天）平面示意图

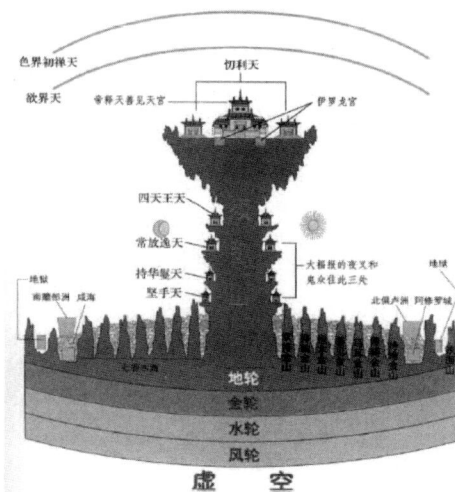

图 11　表现佛教宇宙观的须弥山示意图 [13]

称'妙',诸山不能与之相比,所以称'高'。又高有八万四千由旬,阔八万四千由旬,为诸山之王,故得名'妙高'。此山为一小世界的中心,周围有八山、八海环绕,其外围的八个山就是持双、持轴、檐木、善见、马耳、象鼻、持边、铁围,而形成一世界须弥世界。"[14] 铁围山,"亦称铁轮围山。佛典所说围绕一小世界的山,周币如轮,由铁而成,围绕咸海"。[15] 善法堂,"佛经所说忉利天帝释之讲堂,在须弥山顶喜见城外之西南角。忉利诸天常集堂中,论人、天之事。佛曾在此为亡母说法"。[16]

四大部洲(图12),"略称'四洲',亦称'四天下'。佛教所说须弥山外咸海中四方的四大洲,各有人所居:①东胜神洲……地形如半月,三面各长二千由旬,一面长三百五十由旬。……②南瞻部洲,亦译'南瞻浮提''阎浮提',……即此人类所居世界。谓其北广南狭,三边量等,各长二千由旬,南广三由旬半。……③西牛货洲……其形圆如满月,……④北俱芦洲,……意译胜处,于四洲中国土最胜而得名。方向,四边各二千由旬……"[17] 八中洲,"佛教说四大洲的每洲各有二中洲,皆有人居住"。[18] 空一显色,"谓须弥山外四大部洲的空中各有其色,北洲金色,东洲银色,南洲碧色,西洲赤色,为空中须弥山所显之色"。[19]

香山,"梵文 Gandhamadana,意译,亦译'香醉山',佛典称为阎浮提最高处,在大雪山北,二山之间有阿耨婆达多池,为四大河之源。《南山戒疏》等说即中国所谓昆仑山"。[20]

图12　须弥山与四大部洲、八中洲之关系平面示意图

（二）佛教宇宙观的物质表现形式

虽然佛教宇宙观的内容早已见于佛经之中，但目前所见以其为表现主题的"宇宙模型"均为明代中后期以来的遗存。以可移动文物为例，其中汉传佛教采用绘图（图13）、制造须弥山模型[21]（图14）等方式，藏传佛教常用立体或平面的"坛城"（梵文音译"曼陀罗"，藏语称"吉廓"，图15、图16）来表现。它们虽然表现形式不同但内涵却是一致的，都是为了能够形象而具体地为信众介绍和解释前述诸概念而造。

图13 《三界安立图》（首都博物馆藏）

图14.1 现存于北京雍和宫的明代冯保款铜须弥山模型

图14.2 铜须弥山模型特写

图 15.1　银鎏金曼陀罗（南京博物院藏）

图 15.2　清"柏林寺"款铜镀金坛城（首都博物馆藏）

图 16　曼陀罗图像

二、佛教宇宙观在寺院建筑上的表现

无论是汉传佛教寺院还是藏传佛教寺院，都有以表现佛教宇宙观为建筑形式的。不过汉传佛教寺院表现得比较抽象，需要分析才能予以认识；而藏传佛教寺院表现得比较具象和直观，比较容易理解。

空间的概念较时间的概念更容易表现为具象物质形式，因此有关空间的概念是佛教建筑中最重要的象征因素。

（一）藏传佛教寺院的格局

根据藏传佛教寺院考古研究工作，可以显而易见地认识到以桑耶寺为代表的藏传佛教寺院的格局是从形式上模仿坛城而建的（图17），其象征意义强烈且明显。[22] 这有益于理解以北京香山昭庙（宗镜大昭之庙，图18）和河北承德须弥福寿之庙（见图8）为代表的清代汉地藏传佛教寺院的格局。

清乾隆四十三年（1778）六世班禅得

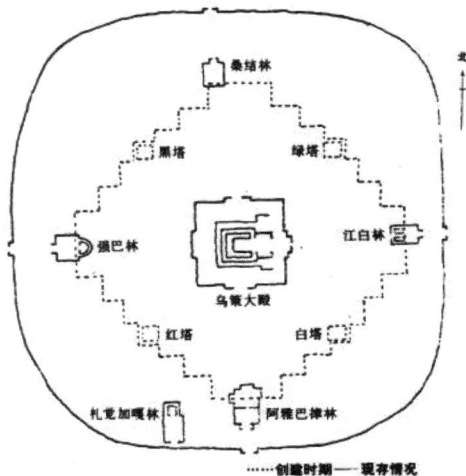

图17　桑耶寺总平面图（引自《藏传佛教寺院考古》）

图18　北京香山昭庙（图片来源：作者拍摄。绘画翻拍自昭庙宣传展板）

知乾隆帝七十大寿庆典将举行，主动请求进京参加庆典，并托章嘉·若必多吉（三世章嘉活佛）向乾隆帝奏报："班禅额尔德尼欲来京朝觐大皇帝。"乾隆帝很高兴，随即下令："过两年，朕七十万寿，请他到热河相见。"考虑到热河（今承德）、北京比西藏炎热，为六世班禅避暑计，乾隆帝下旨在热河建须弥福寿之庙；在北京香山静宜园（今香山公园）建宗镜大昭之庙，作为班禅夏季驻锡地，将北京西黄寺作为班禅冬季驻锡地。而宗镜大昭之庙与须弥福寿之庙有所不同，须弥福寿之庙的白台在后、红台在前，布局和西藏日喀则扎什伦布寺类似。宗镜大昭之庙的布局则是白台在前、红台在后，参考时轮金刚坛城，殿名也大体相同，例如红台的"大圆镜智、成所作智、妙观察智、平等性智"四智殿，白台"清净法智"则出自时轮金刚坛城第二层语觉悟坛城的"清净"性质。"宗镜大昭之庙"与西藏大昭寺含义类似，大昭寺当年在兴建中便参考了坛城的形式（图 19）。

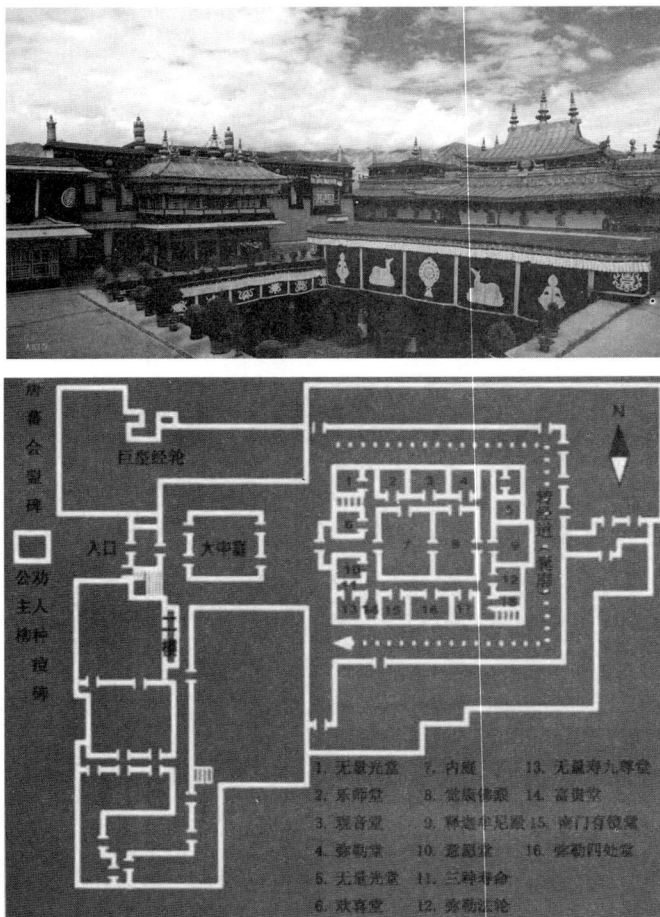

图 19　西藏拉萨大昭寺（实景与平面图，均采自网络）

（二）汉传佛教寺院的格局

由于目前在"三山五园"中所见汉传佛教寺院多为明清时期遗存，故本文暂以明清时期的寺院格局为例进行讨论。

根据现存的明代寺院实例所见，明代佛寺的格局存在着多种情况。[23]以建筑群中轴线上是否具有"天王殿"为标准可分为两种模式。无天王殿者，在殿堂布局的形式上并不一致，如山西繁峙县公主寺、河北石家庄毗卢寺等。有天王殿者，在中轴线上的建筑从前至后多为"山门—天王殿—释迦佛殿（以大雄宝殿之名常见，亦有其他名称）"（图20），形式较为统一。清代寺院亦多采用有天王殿的模式。由此可知：有天王殿的模式曾仅是明代寺院多种殿堂布局的形式之一。只不过因为历史上的某些特别原因，此模式成了汉地佛寺布局的主要模式，而其他模式都逐渐减少，甚至消失了。由于现存的明清时期与皇家有关的佛寺多采用这种模式，故推测此种模式或许是受到了皇家推广，如万历五年营建的北京万寿寺[24]就采用的是这种有天王殿的格局模式（图21[25]）。

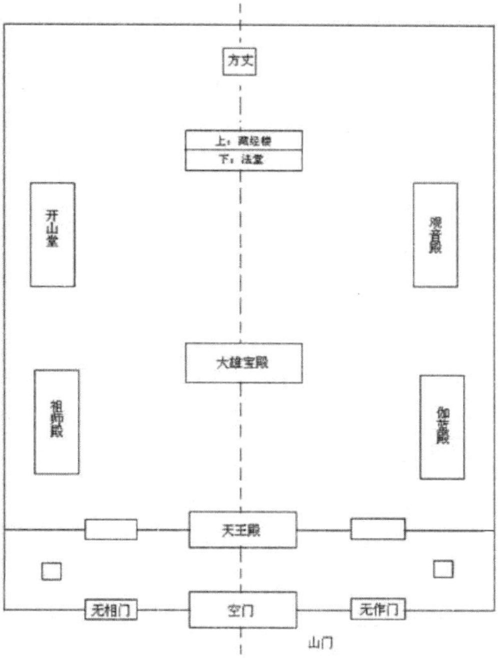

图20　明清时期一般化汉传佛教寺院平面示意图（图片来源：作者绘制）

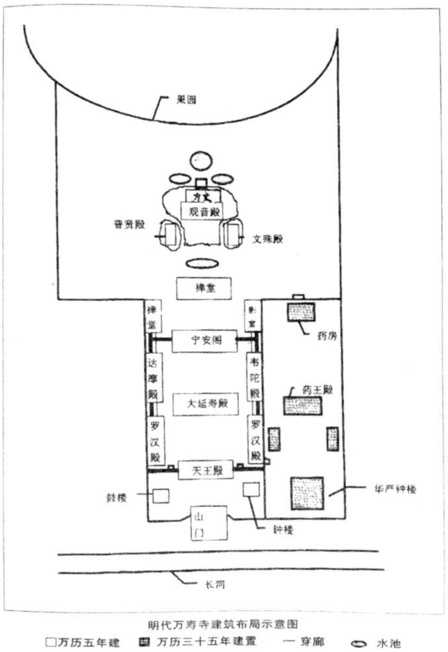

图21　明代北京万寿寺建筑布局示意图

这种佛寺的建筑格局是从汉地传统礼制性建筑（图22）演化而来的。汉传佛教对这种建筑形式及相关的建筑功能进行了重新解释，通过赋予其新的含义使其成为佛教宇宙观的表现形式。

1. 三门

佛寺以"外三座门"象征须弥山山脚，将"外三座门"称为"三解脱门"（简称"三门"）并将其解释为"空门""无相门"和"无作门"。寓意着其内是前往佛陀说法场景的道路，踏入"空门"即能获得佛教教理最核心的感悟——"空"，并由此而得到解脱即身成佛。

2. 天王殿

佛寺以从"外三座门"走向佛殿且处于建筑群中轴线上的道路象征攀爬须弥山的道路，以"内三座门"象征处于须弥山腰的"四天王天"。须弥山是圆锥体的，四天王分别据守一方，普通人无论从东西南北哪个方向爬山都是要经过山腰的四天王天。但由于汉地礼制性建筑群只有南侧有出入口，其他三侧皆无，故而本应位于寺院佛殿四周的四天王像只能被集中在一起，安置在天王殿中了（图23、图24）。

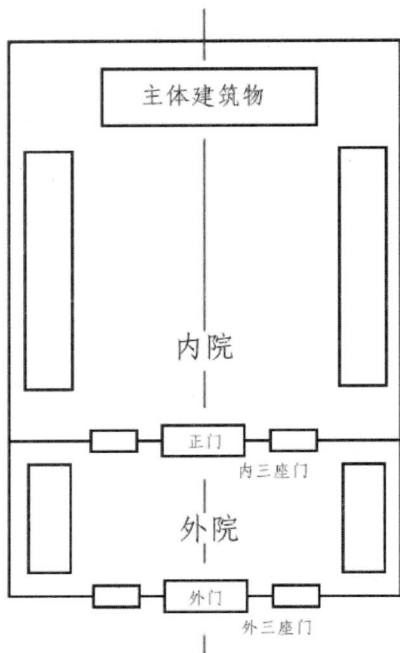

图22　中国传统礼制性建筑的院落样式示意图（图片来源：作者绘制）

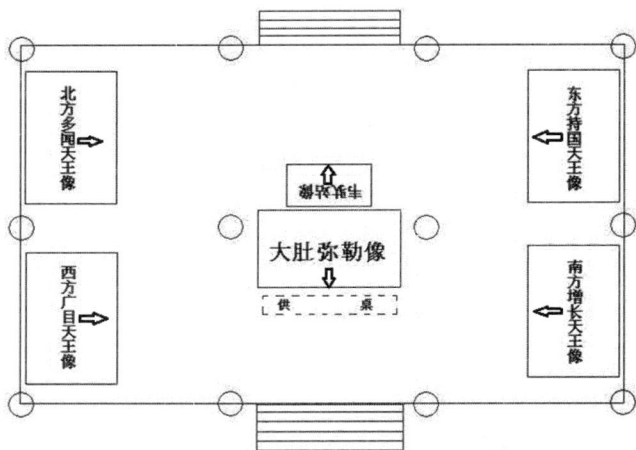

图23　明清汉传佛教寺院中天王殿内神像布局示意图（图片来源：同上）（箭头表示造像的正面朝向）

图 24　北京香山碧云寺五百罗汉堂之清代四天王像（图片来源：作者拍摄），左为西壁，右为东壁，四天王像从左到右依次为西方广目天王像（持蛇、宝珠）、北方多闻天王像（持宝幢）、南方增长天王像（持宝剑）、东方持国天王像（持琵琶）

　　由于天王殿内的造像可分为三组：四天王像、大肚弥勒像和韦陀站像，故而分清三组造像进入天王殿的先后顺序和相应的历史时间，能有助于理解这一问题。

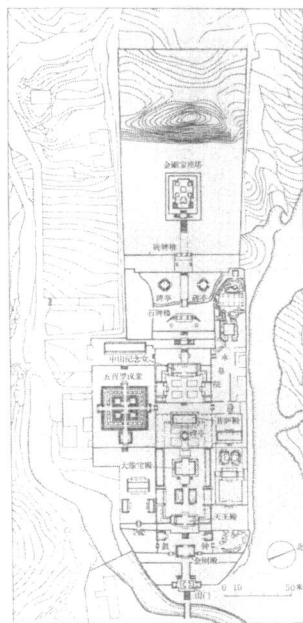

　　首先，佛寺内各殿堂通常以其中供奉的主要神像之名而得名。受此影响，不了解建筑文化的佛教信众出于对四天王像的尊敬，将"内三座门"之主体建筑物俗称为"天王殿"并在其正面檐下悬挂"天王殿"匾额。日久天长，这种称"门"为"殿"的现象反而使人们忽视了其作为"门"的文化内涵。这说明四尊天王像是首批进入天王殿内的神像。

　　其次，大肚弥勒像佛像进入天王殿的时间晚于四尊天王像，但早于韦陀站像。位于北京西郊香山的碧云寺（图25[26]）天王殿内没有供奉韦陀像。"碧云寺创建于元代，距今约六百余年。相传此地原为金章宗玩景楼旧址，本名碧云庵。明代武宗正德十一年

图 25　碧云寺平面图

（1516），以佞幸得宠的御马监太监于经相中这块风水宝地，利用税收和从皇帝处所得的钱财扩建了碧云寺，并立冢域于寺后。……后来于经下狱瘐死，葬身碧云寺的打算也落空了。明熹宗天启三年

图26　北京碧云寺天王殿内景的历史照片（采自碧云寺内寺史展览）

（1623），魏忠贤也看中了这块宝地，再度扩建碧云寺，又在于经墓圹的基础上加工扩建，作为自己死后的墓地。但五年后魏忠贤也获罪，墓穴遂废，他想埋葬在碧云寺的打算也变成了泡影。经过这两次扩建，富有明代建筑特点的碧云寺业已成形了。到了清代绮丽壮观的碧云寺吸引了清帝王和后妃们。乾隆十二年（1748）对碧云寺

图27.1　20世纪40年代北京碧云寺天王殿内大肚弥勒佛像（图片来源：《40年代的北京》）

图27.2　20世纪30—40年代北京碧云寺天王殿内大肚弥勒佛像特写（图片来源：赫达·莫里逊拍摄）

图 28.1　北京碧云寺天王殿内景现状
（图片来源：作者拍摄）

图 28.2　北京碧云寺天王殿内大肚弥勒佛像
背后情况（图片来源：同上）

进行了大规模的修建，在保存原有寺院的基础上，又在寺后墓圹所在地点新建了金刚宝座塔（现塔座下是孙中山先生的衣冠冢）。在寺右增建了罗汉堂，寺左新建了行宫院。由于对原有的建筑无较大的变动，因此该寺的殿堂和佛像基本上是明代遗物。"[27] 依据其天王殿（现称弥勒殿）所处的位置 [28]、殿内空间大小与神像的类别（图 26）、神像的体量（图 27.1[29]、图 27.2[30]）、神像之间位置关系（图 28）以及神像的创作时代等因素来判断，[31] 该殿内并无供奉韦陀像的空间。这说明即使到了魏忠贤所处的明天启（1621—1627）年间时，在重修寺院的计划中都仍没有在天王殿内大肚弥勒佛像之后供奉韦陀像的设计。

3. 佛殿

佛寺中轴线上各殿堂以其中主供的神祇命名，分别象征其所处的时空，如释迦殿、弥陀殿（有些寺院称"西方三圣殿"）、药师殿等。

释迦佛殿象征须弥山顶的忉利天。在常见的佛经中，通常在经文起始部分的"证信序"和位于结尾部分的"累嘱品"中都会介绍"法会"的参与者，包括诸佛、诸大菩萨，众比丘以及天龙八部等。释迦佛殿是汉传佛寺中的核心建筑物，常被称为大雄宝殿，在个别寺院中亦有别名。根据石景山模式口法海寺等已知材料，明代佛寺中的佛殿内主供释迦牟尼佛像及其弟子，协侍菩萨等眷属像，并常在两侧或采用在壁下塑造、或采用在壁面绘制的方式表现以帝释天、大梵天为首的诸天神像，由此形成完整的佛陀说法道场情景。而佛殿中通过群塑与壁画的共同组合恰可与佛经记载相互对应。结合佛陀曾于忉利天为亡母说法，且忉利天处于须弥山顶，既是诸天的居所也是世上最高的依地而居之空间等内容，可将释迦佛殿看做是须弥山顶的忉利天。总体看来，释迦佛殿象征的是以释迦佛为教主的娑婆世界。

弥陀殿（或称"西方三圣殿"）、药师殿则分别表示与娑婆世界平行并存的横三世（表空间方位）中西方以阿弥陀佛为教主的极乐世界和东方以药师佛为教主的净琉璃世界。

毗卢殿的象征仍不确定。如前所述，色界最顶层是色究竟天，为报身佛居处。报身佛即卢舍那佛，是表示证得了绝对真理。卢舍那佛其实就是法身"毗卢遮那"（汉译：大日如来）的简称，释迦牟尼佛在立名时，把他的报身和法身立在同一个名中，表示法、报不二。在现存的明清寺院中，毗卢殿在寺院建筑群中轴线上的位置有两种，即在释迦佛殿之前或之后。以北京房山云居寺（西域寺）、石家庄毗卢寺等为代表的寺院，其毗卢殿位于释迦佛殿之前。以山西洪洞县（原赵城县）广胜上寺（图29[32]）、北京法源寺（图30）等为代表的明代中后期以来的汉传佛寺中，毗卢殿（又名"天中天殿"）在释迦佛殿之后。故佛寺是否以毗卢殿象征"色究竟天"尚待深入研究。

4. 佛塔

香山碧云寺金刚宝座塔是北京西郊较为著名的大型佛塔。根据对塔身外壁石雕神像的识别，及对这些神像组合关系的认识，[34] 笔者认

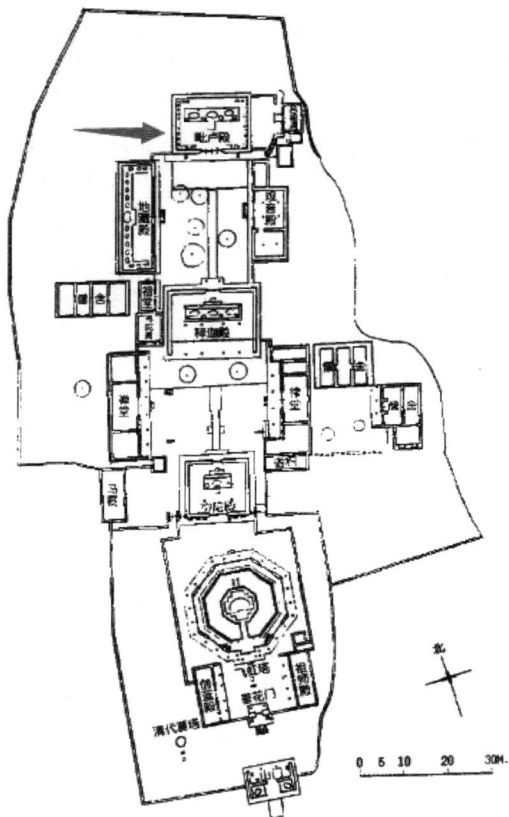

图 29 山西洪洞县广胜上寺平面图

图 30 北京法源寺殿宇示意图（底图来源：网络[33]，作者标记说明文字）

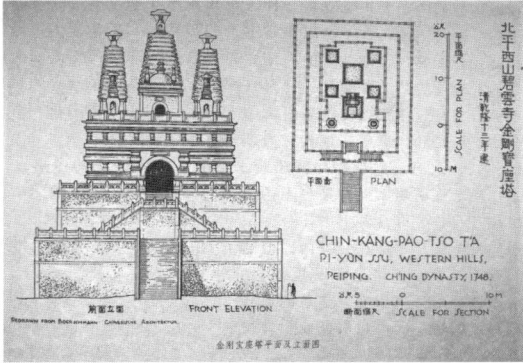

图 31.1 金刚宝座塔平面及立面图

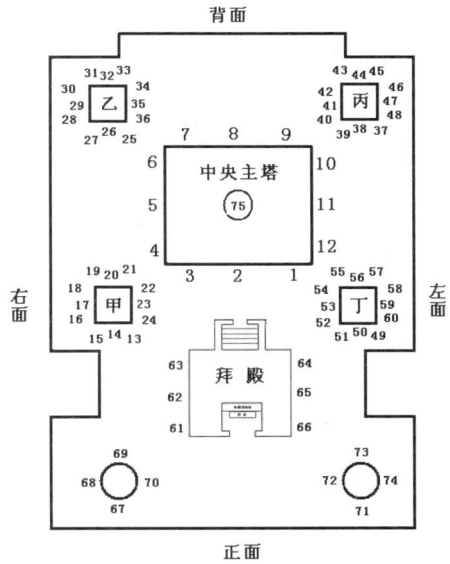

图 31.2 碧云寺塔平面示意图（图片来源：
作者绘制，阿拉伯数字表示造像位置）

为这座金刚宝座塔（图 31[35]）塔身之下的砌有虎皮石墙表面的高台即象征须弥山。而雕有四天王像的塔身基座象征四天王天，塔身基座顶部的平台即象征忉利天。由五座小塔所组成的金刚宝座塔象征五方佛；五座小塔四周共有五方佛像、八大菩萨像和十六罗汉像，其分布顺序与常见于佛殿中的顺序一致。其整体表现的即是塔前石牌楼上所刻乾隆帝御书"西方极乐世界阿弥陀佛安养道场"（图 32）。

图 32 碧云寺金刚宝座塔前石牌楼上"西方极乐世界阿弥陀佛安养道场"刻铭（图片来源：作者拍摄）

5. 其他

清代时藏传佛教在北京地区十分盛行，这也影响到寺院建筑上。根据香山公园内设置的香山寺复原图，可以看到香山寺的"坛城"（图33之⑫）也是一组名副其实的、旨在营建"须弥山"意境的藏传佛教"曼陀罗"式佛寺建筑群。

总体看来，无论是汉传佛寺还是藏传佛教的汉式佛寺与藏式佛寺，它们都是佛教宇宙观的表现，但仍都较为抽象。对其理解都需要有一定的知识基础，而普通民众无法很快地理解并在理解之后于脑海中构建起自己的想象。

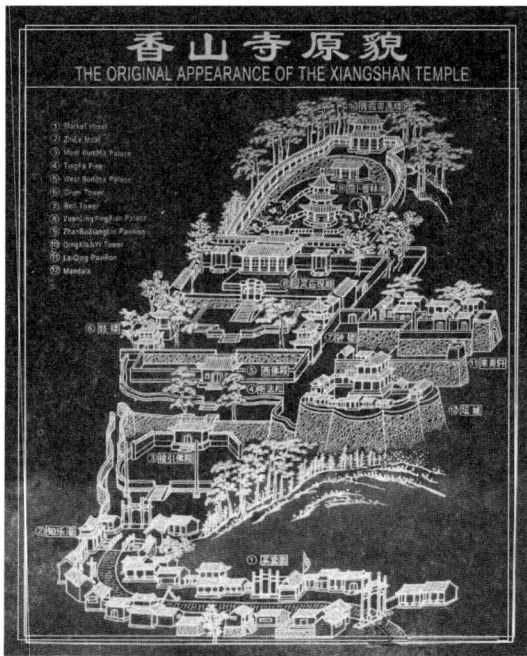

图33 "香山寺"原貌示意图（图片来源：网络）

三、佛教宇宙观在皇家园林中的表现

以颐和园后山四大部洲建筑群和承德普宁寺为代表的、旨在表现佛教宇宙观的建筑群，其建筑物的形式就是按佛经记载的样式、方位等内容建造的，能够使人一

图34 颐和园万寿山北坡建筑现状（图片来源：叶用才拍摄）

目了然地理解其建筑含义。

从北宫门进入颐和园即至万寿山北坡（俗称"后山"，图34[36]）。首先来到的就是"须弥灵境"。须弥灵境的殿宇已毁，现仅存平台，殿宇遗址前左右两侧经幢高耸。在平台上可以仰望到一组宏大的藏传佛教建筑——四大部洲建筑群。这组建筑群建于清乾隆年间，1860年遭英法联军焚毁，现在的格局为1980年按原样（图35[37]）复建。建筑群的平面呈亚字形（图36[38]），建筑群的中心为象征须弥山的佛殿——香岩宗印之阁，[39] 在整个建筑群中该建筑象征五方佛中位于中央的大日如来；亞字形建筑

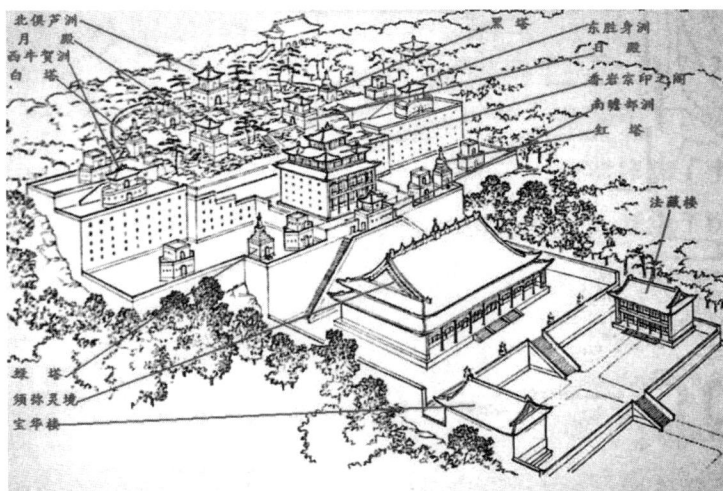

图35 颐和园万寿山北坡建筑布局复原示意图

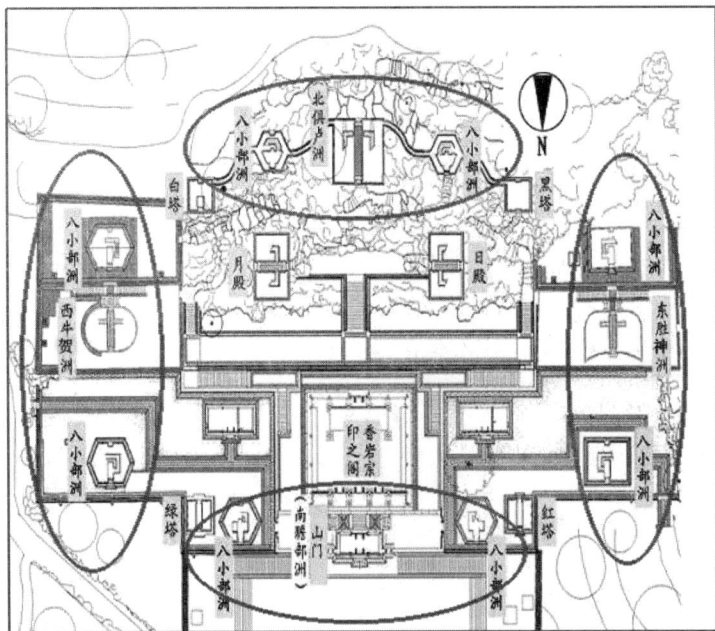

图36 颐和园万寿山北坡建筑布局平面示意图

平面的四个内角分别建有红、绿、黑、白四座梵塔，应是分别象征五方佛中的东方阿閦佛、西方阿弥陀佛、南宝生佛和北方不可成就佛；香岩宗印之阁的南部是日台、月台，象征日月；亞字形平面的四凸边分别建有一组建筑象征四大部洲，其建筑平面分别为正方形（北俱芦洲，实际方向为南方）、三角形（南瞻部洲，实际方向为北方，清光绪年间改建为山门）、圆形（西牛货洲，实际方向为东方）和半圆形（东胜神洲，实际方向为西方）。值得注意的是这组建筑群的实际方向是坐南面北，以实际的北方为正方向。

同一建筑模式也出现在由清皇室修建的承德"外八庙"之普宁寺（图37、图38[40]）中。普宁寺建筑群保存较为完整，可以看到"大乘之阁""南瞻部洲殿"和"大雄宝殿"。借此可以想见颐和园"香岩宗印之阁""南瞻部洲殿"与"须弥灵境殿"的原貌。

图37 承德普宁寺建筑模型（图片来源：作者拍摄）

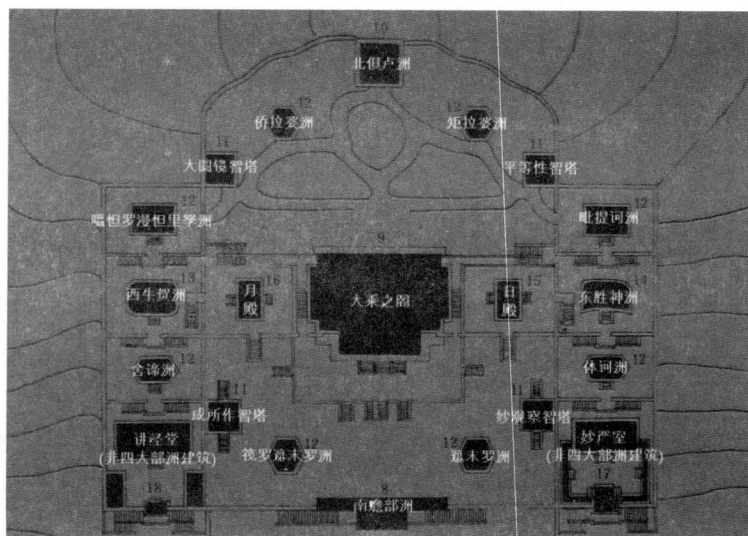

图38 承德普宁寺四大部洲建筑群平面图

通过上述分析可知四大部洲建筑群是佛教
为吸纳更多信众而日趋通俗化、世俗化发展结
果的具体表现。其直接源自明代中后期以来的
佛教发展的需要，形式上是对冯保款铜须弥山
模型的发展。而间接上是源自从元代以来因汉
传佛教与藏传佛教长期共处而产生的相互吸收
与借鉴、融合及模仿。

四大部洲建筑群的具体内容在 2016 年
"三山五园历史文化遗产：价值与功能"学术
研讨会论文集中，郝强《三山五园地区中佛教
文化元素的地位和影响》、于洪《清漪园佛教
文化元素研究》、范志鹏《颐和园后山的四大
部洲》和王娴《颐和园后大庙历史文化内涵及
保护初探》等文章都有不同程度的叙述，故不

图 39　北京颐和园"智慧海"内的韦
陀像（图片来源：作者拍摄）

再赘述。需要指出的是范志鹏虽然指出了《西
游记》中美猴王先后两次"西游"，但所谓"前者（指第一次为学艺西游）将东胜神
洲、南瞻部洲和西牛货州拉成由东向西排列，是受历代高僧海陆（路）西行取经，
特别是明代郑和七下西洋的海域观念的影响"论述证据不足。美猴王的学艺之路是
从东胜神洲经南瞻部洲而到西牛货州的，但在学成之后仍旧返回了东胜神洲的花果
山水帘洞，这一去一回即有了"巡"的含义，而这一含义在佛教是有原型和象征的。
佛教认为四大部洲中只有东、南、西三洲有佛法和出家人，而北俱卢洲没有，所以
护法神韦陀（图 39）只在三洲护法 。白化文先生亦说："韦陀（原文为"驮"）天原

图 40　南京灵谷寺天王殿后立面照片（图片来源：同上）

为南天王部下八将之一，在四
天三十二将中以勇武著称。唐
道宣在《感通录》里谈到他常
于东、西、南三洲巡游，守护
佛法，故称'三洲感应'。"[41]
因此有些寺院在天王殿北立面
的檐下悬挂"三洲感应"匾额
（图 40）。可见佛教护法神韦陀
的事迹与职责才是美猴王孙悟

空第一次西游学艺故事的来源基础，而美猴王只是韦陀的映射。

四、佛教文化与其他文化在相互融合方面的表现

不同文化间的融合分为几个层次，首先是形式上相互吸收与借鉴，其次是思想内涵上相互融合，然后是外在表现上的相互模仿，直至融为一体。

以汉传佛寺的功德池为例，其源自汉地风水学中的建筑选址原则，之后汉地大乘佛教根据"不杀生"的教义赋予了其"放生"的功能，因认为"放生"行为可以为放生者积累功德，故放生池又被称为功德池。北京香山之"香山寺"的功德池被乾隆帝命名为"知乐濠"（见图33之②）。这一事件看似是帝王的个人喜好，实则是在清代民族与文化相互融合的时代大背景下发生的"无意识"行为。这说明在清朝乾隆年间已经出现了传统的非佛教文化与佛教文化相互融合的趋势。这种趋势首先出现在北京的三山五园之中。

五、余论

前文所述及的内容大多集中在三山五园中的万寿山与颐和园（原清漪园）和香山与静宜园，对其他行宫苑囿很少涉及。以下略论一二：

1. 玉泉山

"三山五园"中的玉泉山与静明园至今尚未对公众开放，因此对其研究尚有诸多困难与不足。据资料记载，妙高寺位于玉泉山北峰峰顶。该寺始建于乾隆三十五年（1770），寺前有额题"灵鹫支峰法界"的石坊。山门额为乾隆帝御书"敕建妙高寺"。寺中正殿额为"江天如是"，面阔三间，内供三世佛。殿后有砖石结构的金刚宝座式佛塔一座，因寺名而称为妙高塔，塔高22.8米，

图41 玉泉山妙高寺复建全貌

图 42 "南无西方极乐世界安养道场"摩崖造像（图片来源：赫达·莫里逊拍摄）（汉文铭文位于造像上方，右书）

图 43 摩崖造像群与妙高塔位置关系（图片来源：同上）

中间一白色主塔，其形如锥，四角各一小塔，形式别致。塔后有北配殿、东配殿。寺后有一重檐四角亭，名扶云亭。原寺毁于20世纪初的战火。2005年根据建筑物基础遗址和历史资料的考证，对妙高寺进行了复建（图41）。[42]根据前述对"须弥山"意译为"妙高"的解释，笔者认为这座妙高寺也是须弥山的象征。

据记载，"在塔的附近山间，尚有楞伽洞、含经堂、南无西方极乐世界安养道场等处，均有许多佛教雕刻，雕工精细，为清代盛期艺术品"。[43]从德国女摄影师赫达·莫里逊于20世纪30—40年代拍摄的照片[44]可见，所谓"南无西方极乐世界安养道场"（图42）等佛教雕刻，其位置实际就在寺和塔下方的山体上（图43），多为藏传佛教艺术形象的摩崖造像。而其刻铭与前述香山碧云寺金刚宝座塔前石牌楼上的刻铭内容基本一致。因此，笔者认为在营建皇家园林时，玉泉山北峰可能是按佛教世界中的景象来规划设计的。[45]

2. 香山

北京西郊的"香山"得名是因其最高峰顶有巨大的形似香炉的乳峰石，晨昏之际云雾缭绕，远远望去犹如炉中香烟袅袅上升，故名香炉峰（俗称为"鬼见愁"，图44），简称香山。因与佛教所称"阎浮提最高处"的香山同名，而被赋予了更丰富的内涵。亦是佛教文化与其他文化相互融合的表现。

图44　北京香山公园香炉峰（图片来源：网络）

窥一斑而知全豹，依据已知资料并结合时代背景，本文认为三山范围内的、借助地形依山而建的建筑群，其整体的布局或许都与表现佛教宇宙观有关。

综上，佛教文化在"三山五园"中对内主要表现为建造以展现佛教宇宙观为象征的建筑群，对外主要表现为与其他文化和平共处并相互融合。

作者简介：邢鹏，男，1979 年生于北京，首都博物馆藏品部文博馆员。主要从事佛教造像及佛教文化研究，以及北京中轴线、北京史、北京民俗等方面研究。

注释：

[1]　目前公认的说法为万寿山、玉泉山、香山，三座山上分别建有清漪园（颐和园）、静明园、静宜园，此外还有附近的畅春园和圆明园，统称五园。

[2]　图片引自《京华忆影（廿四）——老庄秋水知乐濠》[2014–01–01，05:09:39]，http://blog.sina.com.cn/s/blog_5d7457e10102f0vx.html。

[3]　一说"牛象坤，坤为土，土胜水"，出处不详。

[4]　图片采自《蒲津渡遗址》[2016–09–02，08:59]，http://www.shanxi.gov.cn/zjsj/cysx/zyjd/201609/t20160902_247038.shtml。

[5]　《北京文物精粹大系》编委会、北京市文物事业管理局编：《北京文物精粹大系·石雕卷》，北京出版社，2000，第 97 页。图版 56 及其说明："唐，长 50 厘米，高 20 厘米，北京石刻艺术博物馆藏。出土永定河河床中，应为镇水之物。"

[6]　图片采自"雍和宫简介"[2017–01–05，15:28:09]，http://www.yonghegong.cn/2017-01-05/content_40045177.htm。

[7]　照片采自 http://www.zgcdly.com/smartcore/p/main/scenicarea/view/ff8080813739861d013739b25d5a012d/40286a813670ea45013670ee7d57000e/index.htm，平面图采自 http://bj.bendibao.com/tour/201472/155840_2.shtm。

[8]　图片采自史蕴编著：《图解法华经——听佛说最圆满的佛法》，山东美术出版社，2008，第 87 页。

[9]　陈兵编著：《新编佛教辞典》，"三界"条，中国世界语出版社，1994，第 76 页。

[10]　陈兵编著：《新编佛教辞典》，"二十八天"条，第 80 页。

[11]　陈兵编著：《新编佛教辞典》，"三千大千世界"条，第 88 页。

[12]　陈兵编著：《新编佛教辞典》，"须弥山"条，第 88—89 页。

[13]　图片采自史蕴编著：《图解法华经——听佛说最圆满的佛法》，第 87 页。

[14]　尚荣译注：《坛经》，赖永海主编：《佛教十三经丛书》，中华书局，2010，第 41 页。

[15]　陈兵编著：《新编佛教辞典》，"铁围山"条，第 89 页。

[16]　陈兵编著：《新编佛教辞典》，"善法堂"条，第 89 页。

[17]　陈兵编著：《新编佛教辞典》，"四大部洲"条，第 89 页。

[18]　陈兵编著：《新编佛教辞典》，"八中洲"条，第 89 页。

[19]　陈兵编著：《新编佛教辞典》，"空一显色"条，第 89 页。

[20]　陈兵编著：《新编佛教辞典》，"香山"条，第 89 页。

[21]　李杨：《雍和宫明代铜铸须弥山之初探》，《北京文博文丛》，2016 年第 2 期。

[22]　姜东成：《元大都敕建佛寺分布特点及建筑模式初探》，http://www.foyuan.net/article-137072-1.html。

[23]　明代南方寺庙的格局情况以南京诸寺为代表，可参考徐玫：《〈金陵梵刹志〉与明代南京寺院》，东南大学硕士学位论文，2006。

[24]　胡桂梅：《万寿寺明朝史事考略》，《北京文博》，2005 年 2 期，第 80 页。笔者按，大多数的佛寺在历史上都不断地被重修，但因缺乏明确的记载而使后人无从了解历次修葺的具体内容。万寿寺虽由

"藏经香火院"改扩建而成，但据建成后张居正题写的碑记可知扩建完成时已具有了天王殿，故以此作为天王殿建筑出现时间的下限。

[25] 孔祥利：《万寿寺选址成因考》，《北京文博》，1999年1期，第73页。

[26] 萧默：《营造之道：古代建筑》，生活·读书·新知三联书店，2008，第73页。

[27] 田奇编著：《北京的佛教寺庙》，书目文献出版社，1993，第93—94页。

[28] 碧云寺沿地势修建在山坡上，天王殿及两侧角门所处的空间位置受到地势限制。与建设在平原或虽在山坡上但位置开阔处的其他寺院相比，该寺院的布局及殿堂规模、造像体量大小等因素都不宜轻易变化。因而也就不宜因历史上的数次重修而任意增设神像，应能较好地保存始建时的设计信息。故而采用此例。

[29] 采自《40年代的北京》，http://ilish.blog.163.com/blog/static/11575604920093158575 1168/。

[30] 采自《赫达·莫里逊镜头下的中国（60）》，http://blog.sina.com.cn/s/blog_5a06287d0100be17.html。

[31] 铜大肚弥勒佛像为明代作品。根据历史照片判断，原天王殿中的四天王像及山门殿的哼哈二将像都是明代彩绘泥塑作品。后这些泥塑的原物被毁，四天王像没有恢复，哼哈二将像现为新近塑造。

[32] 图片采自柴泽俊、任毅敏：《洪洞广胜寺》，"图14：广胜上寺总平面图"，文物出版社，2006。

[33] 图片采自《末世王朝的都城——宗教、民俗与文化交流》[2005-9-1，12:00:00]，http://www.bjww.gov.cn/2005/8-4/111518.html。

[34] 邢鹏：《碧云寺塔外壁的石雕内容辨析——与李俊商榷》，《北京文博文丛》，2013年第1辑。

[35] 图片采自林徽因：《林徽因讲建筑》，陕西师范大学出版社，2004，第131页。

[36] 图片采自《叶用才——"天眼"瞰北京》[2013-03-04，13:43:24]，http://www.mafengwo.cn/g/i/1146370.html。

[37] 图片采自《颐和园四大部洲与西藏桑耶寺》[2013-11-17，10:56:17]，http://blog.sina.com.cn/s/blog_485b09aa0102ewm1.html。

[38] 图片采自《四大部洲及须弥灵境建筑群概况》[2012-05-11，12:47:23]，http://blog.sina.com.cn/s/blog_8f6090390100ztwy.html。

[39] 该建筑原物早已被毁，据研究，此阁原为仿照西藏桑鸢寺形式修建，被毁后于清光绪年间重修时改建成单层的佛殿。

[40] 图片采自《承德普宁寺四大部洲建筑一览》[2013-06-08]，http://guidebook.youtx.com/Info/295442/。

[41] 白化文：《中国佛教四大天王》，文史知识编辑部编：《佛教与中国文化》，中华书局，1998，第216页。

[42] 资料内容及照片采自《古建设计：玉泉山静明园古建筑修缮、复原工程》[2009-12-10，12:08:24]，http://blog.sina.com.cn/s/blog_5045c5f10100g5bf.html。

[43] 罗哲文：《中国古塔》，中国青年出版社，1985，第88—89页。

[44] 见《爱历史——老照片的故事》（http://blog.sina.com.cn/zyajack），《赫达·莫里逊镜头下的中国（67）》，[2008-11-29，09:01:58]，http://blog.sina.com.cn/s/blog_5a06287d0100bg9h.html~type=v5_one&label=rela_nextarticle。

[45] 邢鹏：《北京地区佛教造像五题》，《首都博物馆丛刊》总第24辑，2010。

文化视野下的三山五园人文景观

王鸿雁

三山五园人文景观，是北京西山文化带内以三山五园为核心的古典园林集群的统称。它包括世界文化遗产颐和园、世界名山香山、被誉为"万园之园"的圆明园等著名古典园林，是中国传统文化的瑰宝，是中国古典造园艺术的集大成者。联合国教科文组织对颐和园的评价，"北京的颐和园是对中国风景园林造园艺术的一种杰出的展现，将人造景观与大自然和谐地融为一体"；"颐和园是中国的造园思想和实践的集中体现，而这种思想和实践对整个东方园林艺术文化形式的发展起了关键性的作用"；"以颐和园为代表的中国皇家园林是世界几大文明之一的有力象征"，[1] 从整体上和侧面上反映出了三山五园人文景观的历史地位和价值。

一、三山五园的营建与概念形成

"三山五园"，广义上是指北京西郊一带皇家行宫园囿的总称，狭义上专指北京西郊的五座皇家园林。清代自康熙中叶以后，政治稳定、经济发达，有了进行大规模营建的足够精力和财力，开始在北京西北郊经营离宫别墅。康熙十六年（1677），在原香山寺旧址建香山行宫。十九年（1680）在玉泉山建澄心园行宫，后改名静明园，静明园建成之后不久，又在明清华园旧址上建起了北京西北郊的第一座大型皇家园林——畅春园。

畅春园于康熙二十九年前后建成，之后，在其附近明代私园的旧址上，陆续兴建了许多皇室和官僚的赐园。其中较大的有宏雅园、熙春园、淑春园、自得园、承泽园、澄怀园、圆明园等。畅春园咸丰十年被毁后，有两座山门得以幸存。一是恩佑寺山门，建于雍正元年（1723）。恩佑寺原为康熙年间畅春园东垣内的一处名胜——清溪书屋，雍正时改成佛寺。山门为歇山式砖石结构，黄色琉璃瓦顶，石拱券门，门额嵌"敬建恩佑寺"石匾。恩慕寺与恩佑寺相邻，建于乾隆四十二年（1777），亦仅存山门，山门的形制与恩慕寺山门完全相同，惟门额处镶嵌"敬建恩慕寺"，乃乾隆皇帝御笔。寺内石经幢刻有"御制恩慕寺瞻礼诗"，其内容为"尊养畅春历廿冬，欲求温情更何从？天惟高矣地惟厚，慕述祖兮恩述宗"。

营建畅春园的同时，康熙还辟建了两座行宫，一座是"香山行宫"，一座是玉泉山行宫。香山行宫规制较为简朴。康熙十九年（1680）将玉泉山辟为行宫，名"澄心园"，三十一年（1692）改称"静明园"。

康熙四十八年（1709），康熙帝将位于畅春园迤北后华家屯的一座园林赐给皇四子胤禛（即后来的雍正帝），并亲笔题写"圆明园"匾额。雍正即位后，于雍正三年，开始扩建圆明园，将其扩建成一个广逾200余顷、多达二十八景的大型皇家园林，并将其定位为功能等同于紫禁城的治事之所，"以恒莅政。凡莅官治事，一同内朝"。为了拱卫圆明园，雍正帝专门设置了八旗护军营和内务府包衣三旗护军营，统称圆明园护军营，围绕禁苑辟建营房八所。其外围还有汉军巡捕五营，由九门提督统领。

乾隆帝即位后，社会经济繁荣，国库充盈，政治、经济、文化等各方面的发展皆达到鼎盛。乾隆帝本人有着极高的园林艺术修养，他敏学多思，精力充沛，喜好游乐，肆情山水，自称"山水之乐，不能忘于怀"。故其在位期间，不遗余力地进行园林建设，使北京西北郊出现了一个空前规模的园林集群。

乾隆初年即开始扩建玉泉山静明园与香山行宫。乾隆十年扩建香山行宫，"佛殿琳宫，参错相望……供揽结之奇者，为亭、为轩、为庐、为广、为舫室、为蜗寮……"[2]竣工后改名"静宜园"，十二年（1747）完成静宜园二十八景；乾隆十五年（1750）扩建静明园，把玉泉山整个山麓和湖河地段全部圈入宫垣之内，十八年（1753）完成静明园十六景，二十四年（1759）全部建成。

乾隆帝对圆明园的经营更是不遗余力：乾隆九年（1744）将圆明园十二景扩建成四十景，乾隆撰额题诗。不仅如此，还新修了长春园，增修了绮春园。圆明园三园（圆明、长春、绮春）"名虽三而实则一"，其中又以圆明园规模宏大而居首位，故统称为圆明园。其实，在圆明园的发展史上，还曾有过"五园"之盛。乾隆三十二年（1767），将皇亲赐园熙春园（今清华大学校园西部，康熙年间所建）并入圆明园。乾隆四十五年（1780），将皇亲赐园淑春园改名为春熙院（今北京大学校园北部），归入圆明园。这便是圆明"五园"之称的由来。但嘉庆七年（1802）又将春熙院赐给庄敬固伦公主，道光二年（1822）将熙春园赐给惇亲王绵恺，圆明"五园"又易为"圆明三园"。

扩建圆明园工竣后，乾隆帝非常满意，特发上谕，表示不再营建新的园林，并希望后世子孙好好守护圆明园，不要再重费民力物力另创园囿。不过，由于圆明、畅春二园为平地园，静明、静宜二园为山地园，且四园只是在上代的基础上扩建而成，皆无法完全按乾隆帝的设计意图建造，而在圆明、畅春二园之西，静明、静宜二园之东，具备山水园条件之瓮山和西湖对意犹未尽的乾隆帝又有着不可抵挡的吸引力，因此，乾隆帝违背了自己不再建园的诺言，于十五年以建佛寺祝母寿为名，在明圆静寺旧址改建大型佛寺"大报恩延寿寺"，并改瓮山名为万寿山，西湖名为昆明湖，开始了在瓮山和西湖一带兴建清漪园的行动。

清漪园建成时，西郊大大小小的官私园林、庙宇已经发展到几十处，穿插连缀，星罗棋布，散布在东起乐善园西至香山方圆几十里的地域上，京城西北郊逐渐形成了一个大规模的园林群落。

这个园林群落，一般称为三山五园，关于"三山五园"的称谓，其中三山的所指没有争议，即万寿山清漪园、玉泉山静明园、香山静宜园，五园的说法有几种，一种是五园包括三山，外加畅春园和圆明园，统称三山五园，这是比较主流的一种说法。另外两种说法是五园不包括三山，一种认为万寿山清漪园、玉泉山静明园、香山静宜园与圆明园、长春园、绮春园、畅春园、西花园合称三山五园；另一种认为万寿山清漪园、玉泉山静明园、香山静宜园与圆明园、长春园、绮春园、春和苑、熙春园合称三山五园。其实，在清代官方的志书、实录、会典、档案中，并未发现有"三山五园"的专称。"三山"一词，在乾隆中叶就见诸官方记载，《清会典》内务府条目下，就列有"管理三山事务"的职掌。[3] 清代专设三山大臣管理三山事务，在《内务府苑囿》中专列三山职掌条目。至于"五园"之称，在清代档案和志书中并不独立成词，只是在乾隆五十一年（1786）之后，在内务府的圆明园岁修工程奏销折中，多次见到"圆明园、长春园、熙春园、春熙院等五园"这种提法。"三山五园"称谓的形成，应该是民间而非官方对清鼎盛时期北京西郊皇家园林的美誉。至道光后畅春园日渐荒废，"三山五园"逐渐演变为对北京西郊皇家园林的泛称。

第二次鸦片战争中，英法联军焚烧了经营百余年的西郊林苑。同治末年，慈禧太后曾计划修复圆明园未成。光绪十二年（1886），慈禧太后利用光绪亲政的时机，以规复昆明湖水操旧制、修建水操学堂为由，悄悄开始了颐和园的重修工程。光绪十四年（1888）发布上谕，诏示天下，宣称将清漪园改名颐和园，"量加修葺，以备慈舆临幸"。

伴随着三山五园的兴建，王公大臣的赐园和私园也日益增多。其中，比较有名的就有十余座。比如，在勺园旧址上修建的弘雅园是康熙时的翰林院公所，嘉庆初更名集贤院，成为赴圆明园办理公差的官员的寓所。乾隆时马嘎尔尼使团和嘉庆时的阿美士德使团都曾被安置在此。民国十七年被燕京大学买下。另外傅恒所居淑春园北部的鸣鹤园与镜春园，后也被燕京大学买入。熙春园本是皇子赐园，咸丰即位后将其东半部涵德园赐名清华园，宣统末年，在清华园旧址建立清华学堂。果亲王赐园自得园，后被改建为养花园、升平署、步军统领衙门（管辖颐和园46处堆拨）和堂档房，现归中央党校。道光皇六女赐园承泽园，俗称六公主园，后被赐予庆亲王奕劻，民国时被卖给同仁堂乐家，新中国成立后转售燕京大学。而当时的澄怀园俗称翰林花园，其间居住过张廷玉、朱轼、赵翼、励宗万等一代名臣。这些，广义上都属于三山五园园林群落的组成部分，与三山五园的发展紧密相连。

二、中国古典造园艺术的集大成者

中国古典园林作为中国文化的重要组成部分，其诞生和发展反映着人们对理想生活空间和精神世界的向往。中国传统造园艺术崇尚道法自然，力求达到人工匠意与自然山、水的完美融合，其追求的最高境界即"虽有人作，宛自天开"。

远古时期生产力水平低下，人类对自然心存恐惧，是一种原始的自然崇拜。先秦时随着生产力水平的提高，人类开始以审美的心境关注自然。在引领时代潮流的先秦诸子中，道家提倡"道法自然"，崇尚自然山水，强调返璞归真，对中国山水园林的意境影响极为深远。儒家倡导仁德，其"知者乐水，仁者乐山"的君子比德山水观，以山水这种自然现象比拟"仁""智"这类社会品格，赋予山水以善恶的道德属性，将山水审美上升到了哲学的高度。

最早见于文字记载的园林雏形是"囿"，囿里的主要建筑物是"台"。《诗经·大雅·灵台》就记述了周文王经营灵囿的事迹，"经始灵台，经之营之，庶民攻之，不日克之。经始勿亟，庶民子来。王在灵囿，麀鹿攸伏，麀鹿濯濯，白鸟翯翯。"[4] 最初，台的功能是用于祭天通神，所以说古典园林产生之初就是植根于天人合一、君子比德和神仙思想等传统思想文化中。

秦汉以后，受大一统文化形态的影响，园林的建设也呈现出一种浩大的风格，其最典型的特点就是在真山真水间营造"山水宫苑"，将宫殿楼榭与自然山水相结合，其范围大到方圆数百里，其功能集居住、生产、狩猎、通神于一体，秦代阿房宫、汉代上林苑就是其典型代表。这时的皇家园林，与封建城池的界限划分相对模糊，无论是在造园艺术还是在园林功能上，都还算不上后世纯粹意义上的皇家园林。不过值得注意的是，此时园林建设中已经有了"宫""苑"分区的营建模式，对后世的宫廷造园影响极为深远。

　　魏晋南北朝时期的动乱分裂，一方面，带来了自春秋战国后的又一次文化繁荣和思想解放，以老庄"道法自然"为主，杂糅儒、释、道的玄学成为社会思潮的主流。另一方面，社会的动荡和政局的残酷，也促成了避世思想的产生，寄情山水，避世隐逸成为社会风尚。这些共同促成了私家园林和寺观园林的兴起，中国古典园林开始形成皇家、私家、寺观三大类型并行发展的局面。

　　由于政治的分裂和经济的凋敝，魏晋南北朝时期再没有出现秦汉时期那样大规模的皇家园林，造园风格从规模宏大向建筑精细发展，其生产经营和狩猎通神功能减弱，游赏栖居功能上升到主导地位，掇山理水的技艺有所提高，建筑形式和工艺更加丰富。此期造景的主流仍是追求皇家气派，但也有了"濠濮间"的想法和尝试。同时期的私家园林，则更加追求隐逸风格，追求山林泉石之怡性畅情的倾向，成为后世文人园林的先声。随着佛道的盛行和佛寺道观大量出现，寺观园林作为一个新的类型出现并迅速发展，开拓了造园活动的新领域并向世俗化的方向发展。

　　隋唐时期，皇家园林不仅规模宏大，而且整体的规划设计和艺术处理都有了很大的提升。功能上游赏活动成为主导功能，园林的内容、功能、审美上都给人一种气势非凡的全新感受，唐代的大明宫就是其杰出代表。而此时的私家园林更加文人化，追求诗情画意，其中最著名的就是王维的辋川别业。

　　宋代是中国古典造园艺术发展承前启后的阶段。经济的高度发展，带动了科学技术的长足进步。建筑营造、勾山叠石、园艺栽培等技艺被大量用于园林的营建。另外，此期山水画的美学观念广泛为时人所接受和利用，园林入画被作为造园艺术的最高指导，南宋以后更是将禅宗的含蓄审美融入园林的创作中，将园林空间的"画境"升华到"意境"。所以，两宋时期，无论是皇家园林、私家园林还是寺观园林，都有着非常典型的文人园林的风格，比如北宋的艮岳，就是极具诗情画意审美意趣的皇家园林。辽金元秉承了宋代风格，又加进了自身的异域元素，造园风格更加丰富多彩。三山五园之一的玉泉山行宫，就是始建于辽金的皇家园林。

明清以来，尤其是清朝，无论园林建设的规模还是造园的艺术水平，都有了飞跃式的发展，皇家园林、私家园林、寺观园林三大体系逐渐成熟，并出现了有关园林和园艺的理论著作，标志着此期造园艺术达到了一个新的高峰。清代的三山五园园林群落，以此为基础逐渐形成，在造园的整体规划和布局、山形水系的掇理、建筑空间的运用、花木园艺的设计、园林意境的追求等方面，都日趋成熟和完善，堪称是中国古典造园艺术的集大成者。

三、三山五园与农耕文明的交集

三山五园所在的位置，地处京西永定河冲积扇上，永定河水裹挟着黄土高原的泥沙堆积成的冲积扇土质松软，营养丰富，为种植水稻提供了天然的条件。京西一带由于水田规模渐大，甚至形成了宛若江南的农耕景象。

清朝历代统治者都很重视京西水稻的种植，康熙五十三年（1714），在青龙桥设立稻田厂，专门管理皇家稻田。六郎庄、圣化寺、泉宗庙、玉泉山和长河两岸都有官种的稻田。乾隆即位后，进一步大力开发京西水田。由于园林和农田等用水量的增加，乾隆十四年冬，派发大量夫役整理西山水系泉眼，并拓展西湖为昆明湖，解决水源稳定的问题，清漪园就是在此基础上才建造起来的。清漪园建成后，乾隆帝看到清漪园东堤外与畅春园之间仍有成片的空地，于是也开辟为水田，后来他在《西堤》诗中写道："堤与墙间昔弃地，引流种稻看连畦。"[5]

慈禧当政时，曾下令将颐和园外半里，自北坞、蓝靛厂、巴沟一带农田划入御稻田。这些"水田棋布""宛然江南"的景象，成为"三山五园"最具特色的环境依托，形成了"十里青山行画里，双飞白鸟似江南"的优美景观。

不仅如此，三山五园本身通常也传达出一种重视农桑的价值观念。农业是中国传统社会最主要的生产部门，关注农桑一直是封建帝王根深蒂固的观念，尤其是以勤政著称的清代帝王，几乎在所有的皇家园林里，都设置了具有耕织内容的景观，比如，康熙在畅春园的西墙内辟有上百亩稻田和菜地，作为皇帝培育御稻的"试验田"。圆明园的映水兰香、水木明瑟等景区也辟有稻田。另外，圆明园内的北远山村、多稼如云、观稼轩，清漪园内的耕织图、水村居、畅观堂等处，都是以观赏稻田农业景观为立意和题名的景点。尤其是清漪园内耕织图的修建，充分利用了昆明湖与玉泉山之间稻田水网密布的自然环境条件，加上宫廷织染机构——内务府织染局的迁入，"织云耕雨学东吴"，将耕夫织妇劳作的场景在皇家园林中进行了真实的呈现。

这些都反映着执政者重视农业生产的态度和理念，正如乾隆御制诗云："园居岂为事游观？早晚农功倚槛看。数顷黄云黍雨润，千畦绿水稻风寒。心田喜色良胜玉，鼻观真香不数兰。日在豳风图画里，敢忘周颂命田官？""畅观岂为观佳景，都在水田陆亩间。一雨油然生意勃，心诚慰更放应闲。"[6] 由此可见，园林内、外的京西稻田其实是"三山五园"园林景观文化内涵和外延不可缺少的有机构成。

此外，与三山五园密切相关的另一农耕元素是西郊京仓的设立。清代京师有十三座粮仓，其中，本裕仓和丰益仓是位于西山区域的重要粮仓。本裕仓在今清河镇东南一里的关西庄，丰益仓又名安河仓，位于安河之畔，其仓中储米，主要是为了供应护卫西郊皇家园林的八旗驻军食粮俸饷。自清朝中后期，圆明园、西四旗、健锐营的驻防官兵每年所需的俸米六万六千三百余石，全部在丰益仓周转支放，全盛时期，每天昼夜不断地经水路和陆路进出粮米，车马漕船络绎不绝。圆明园和万寿山工程建设时期，工匠、夫役的粮食供应也取自丰益仓，如乾隆二十六年（1761）三月二十五日"于安河桥丰益仓余米四万石内，赏给圆明园、万寿山工程处夫役人等一万石，照依市价，就近籴仓在案。续经军机处大臣因四乡米价不能平减，奏请将丰益仓米内再拨给一万石，令圆明园、万寿山工程处照依市价就进籴米"。[7]

四、西山文化带视野下的三山五园

西山文化带是指北京范围内西部太行山北段带状文化区。大西山范围四至，北起昌平区南口关沟、南抵房山区拒马河谷地、西至北京市界、东临北京小平原，总面积约 3000 平方公里，横跨海淀、门头沟、房山、丰台、石景山、昌平六个行政区。小西山是西山向北京平原延伸的部分，主要包括以三山五园、八大处为核心的文化遗产聚集区。

西山文化带是孕育三山五园的温床。西山的文化积累是一个长期的过程，从史前文明的周口店北京人，就开始了最初的人类活动。辽金时期是西山文化带极为重要的发展阶段。北京在辽代是五京之一的南京，当时的西山地区出现了上方院、清水院、香水院、功德寺、灵光寺等重要的文化景观。金朝时北京一度成为首都，号为金中都，在香山、玉泉山等多处都建有皇帝的行宫御苑，并出现了著名的"西山八院"。金朝时命名的燕京八景，两处就在西山——西山积雪与玉泉垂虹。而金代开凿的金口河与玉泉引水工程，为元、明、清三代的水利工程都提供了借鉴。元代郭守敬修建通惠河，其水源就是汇集西山诸泉。元代修建的大承天护圣寺等多座皇家寺庙和行宫，更是使北京的西郊名声大噪。明清时，开始大规模地在西山区域修建园林、别墅、寺庙和陵寝，西山文化带基本形成，其最杰出的代表就是形成于清朝的三山五园皇家园林集群。可以说，正是在西山文化带的大环境下，才孕育出三山五园这样优秀的文化艺术杰作，而三山五园的诞生，又为西山文化带画上了浓墨重彩的一笔。

西山文化带是三山五园在新时期的环境依托。如果说农耕环境是封建时代三山五园的重要依托，那么，在现代化的今天，西山积淀深厚的文化氛围，无疑是三山五园良性发展的重要保障。新时期，拨开工业和信息文明带来的喧嚣，西山区域的文化积淀和科技发达相辅相成，为三山五园传统风貌的保持和数字化信息管理，提供了必不可少的条件。目前，西山文化带拥有 3 处世界文化遗产，17 处国家级重点文物保护单位，60 处北京市级文物保护单位，11 处国家级非物质文化遗产，39 处市级非物质文化遗产，183 处区县级文保单位，18 处地下文物埋藏区，18 处优秀近现代建筑，26 处工业文化遗产，5 处市级历史文化街区，4 个国家级历史文化名村，1 处国家级风景名胜区，4 处市级风景名胜区，9 处区县级风景名胜区，此外，还有房山世界地质公园、国家级传统村落、国家级和市级森林公园等。这些高密度的区域文化资源，是三山五园保护和管理的大环境、大便利和有利条件。而清华大学、北京大学两座最著名的学府以及中关村科技园区带来的科教优势，不但为三山五园带来文化研究的软实力，更为其传承和保护提供了极便利的技术条件。

三山五园是西山文化带的核心人文景观资源。三山五园中有世界文化遗产颐和园，有举世闻名的圆明园遗址公园，其所蕴藏的优质旅游资源，不仅会给西山文化带带来巨大的经济效益，更有助于提高西山文化带的景观品质和国际知名度。西山文化带的发展，离不开整合区域资源与凸显核心优势两大方面。在合理架构区域景观体系的基础上，深入研究、挖掘区域文化内涵，评估区域文化价值，确定区域文化定位和战略方向，充分利用三山五园等核心文化资源的优势和品牌效应，带动区域旅游和文化产业的发展，提升区域经济文化发展的整体实力，是西山文化带良性发展的有效途径，也是三山五园文化价值得以充分发掘和体现的重要保障。

作者简介：王鸿雁，女，1970 年生，山东梁山人，首都博物馆副研究馆员，博士，主要研究领域是北京历史文化研究。

注释 :

[1]　颐和园管理处编:《颐和园志》,中国林业出版社,2006,第 6 页。

[2]　香山公园管理处编:《乾隆皇帝咏香山静宜园御制诗》,中国工人出版社,2008,第 512 页。

[3]　《清会典》(光绪朝)卷 97,中华书局,1991,第 883—884 页。

[4]　十三经注疏整理委员会整理:《毛诗正义》(十三经注疏),北京大学出版社,2000,第 1224—1225 页。

[5]　颐和园管理处编:《颐和园志》,第 294 页。

[6]　同上,第 289—293 页。

[7]　《清会典事例》(光绪朝)卷 186,中华书局,1991,第 114 页。

"相地合宜，构园得体"

——三山五园文化空间景观建设中的传统文化再现

朱建邦

根据三山五园区域中传统文化遗产分布的特点，其文化空间可分为中心区、接邻区和辐射区三个层次。所谓中心区是指颐和园、圆明园、静明园、静宜园等皇家园林文化艺术特征集中体现的区域；接邻区主要指接邻三山五园周边的区域，包括旗营村落、新建郊野公园、跨行政区划（如门头沟、石景山等）的物质文化遗产等；辐射区是一种现代空间概念上的区域，既有地理范围上的拓展，又有文化意识上的影响，主要体现在整体文化生态的保护对现代城市景观空间的构筑、城市人文风貌的滋养方面。根据三个文化空间的不同，在城市景观建设中，有指导地再现传统文化中符合各个文化空间特质和历史传承的部分，通过统筹系统的规划和设计，互相映衬、互相呼应、互相支撑，避免城市文化景观感受方面的混乱和无序感，将不仅在文化空间上，同时也在情感空间上，体现出文化与城市景观的层次性和结构性，营造文化感受舒适、景观清幽宜人的具有高品位文化氛围的现代城市文化空间。

一、辐射区传统区域文化的再现

我国快速造城运动中，各地景观建设大同小异，一些城市的景观建设各种风格的大杂烩显得混乱、浅薄，内容重复、割裂传统、盲目求新、形式雷同的现象比较普遍，城市文化空间景观失去了原本该有的地域文化特色。

兴起于 19 世纪并在 20 世纪全球众多城市中心区的规划与再开发中达到巅峰的城市美化运动，造就了众所周知的世界著名城市及其文化空间景观。影响最为深远的典型是巴黎的重建。19 世纪时，由拿破仑发起并资助、奥斯曼督办的巴黎城市改建工程，大规模清理巴黎内城区中心地带的贫民窟，在城市美化哲学指引下进行了革命性的大规模巴黎重建工程，精心规划、建设的林荫大道、市场、公园、文化中心和桥梁构成了现代巴黎的城市文化空间，给整个城市空间增添了大规模的街头景观。作为这座城市的要素，与浪漫、充满创造力、生机勃勃且十分前卫的街头文化一起，成了巴黎的重要标志。

1980 年代起，世界上的许多城市都尝试城市形象的再塑造和城市复兴工程，目的是在宜居性、生活方式和观光景点等方面与其他城市展开竞争。重点是发挥富有创造性的艺术与文化产业的潜力，表达本土的身份认同、历史和特异之处，以此增添城市的活力和文化吸引力。

由城市传统文化的历史空间、现实文化的多元化实时空间和未来文化的伸展空间构成的城市文化空间中，三山五园区域皇家园林的辐射效应形成了一个传统文化与现代科技的汇聚所形成的独特文化空间。这一文化空间具有明显的区域文化特点。区域文化是传统文化的区域化表现形式，是区域性人们思维模式和生活习惯的反映，融合了民俗、民族特色等具有浓郁地方生活气息的文化形式，具有较强烈的历史及文化色彩。区域文化的人文精神的个性是地域文化认同的基础，缺乏地域文化差异必然地导致文化的个性和品位变差。

集体身份认同是对当代城市生活的一种特定反应并改变着城市生活的本质。在文化空间的区域化与异域化、本土化与国际化的矛盾关系中，城市景观建设再现传统区域文化的地方风格、区域特色、审美价值和传统观念，把地域文化中的传统建筑的布局、风格及构造等特征同现代的技术材料、设计理念融合起来，将本土文化中的文化精髓和特征再现在设计规划和建设中，体现当地的文化修养、价值理念、生活方式以及艺术和经济水平，可以实现传统文化和时代气息的完美融合。

地域文化包含的文化积淀、风土人情及生活习俗等，能丰富城市景观建设的创作素材。各个地域的人文环境都有着足够多而又不简单的人性化思想，见证了历史的发展，融合了区域传统思想文化底蕴，不断地为文化空间的景观设计和建设带来新的创新灵感。地域性是景观设计的基本属性，以文化空间景观影响社区群体的意识观念、价值取向和行为模式。文化空间景观建设是区域文化价值的载体，建设和当地的传统区域文化特质相符合的文化空间景观，主要的表现力就是地域文化的再次体现。

在三山五园文化空间景观设计建设中，所选取的地域文化的成分，都需要运用独具地域特色的创作手法和实际作品加以表达，通过景观的设计表现地域文化中人们生活和文化底蕴的精华。要求设计者对当地文化、风土人情有着很好的认识，从区域文化中找寻景观设计的源泉，通过自己的理解，对当地特色文化用具体的景观加以表达，做到与周围环境相协调，相衬托。通过地域文化的融入和文化空间要素的艺术形式和精神的物化表现，将当地人们的价值观念、审美意识、思维方式等准确表达出来。

文化空间景观的设计者和建设者搜集、整理具有特色的文化资源，全面了解当地历史，再现传统区域文化的风貌和气度，将历史人物或历史典故直观地呈现出来；抽取优秀的文化元素来展现出民俗风格及地方传统；使城市景观充当体现与传承地域文化的载体，使历史文化重现，能使人们真切地感受到传统区域文化的内涵、特点及精神，达到文化传承的效果。

在建筑学和城市规划领域，后现代主义促使人们尝试着建造与本土社群及其历史相"关联"的人工环境。不同城市的地域文化不同，对丰富多彩的区域文化的再现，不仅能丰富城市文化空间景观建设的内容，淋漓尽致地表现其地域特色，还可以弘扬其独特的地域文化，在继承传统的同时再现历史，促进地域文化与文化空间景观建设的全面发展，形成向好向善的区域文化生态体系。

深入了解当地的地域文化特点，抓住其核心内涵，将最能体现出文化差别以及代表性强的内容融入景观建设中，使文化空间景观建设具有更丰富的文化内涵，更好地展示出其独特的文化氛围，可以给三山五园文化空间景观建设带来更大的发展空间，使景观建设的结构逐步优化，能够实现自然景观与人文景观的相互协调。

一座城市走过的历史就成为这座城市独有的财富。文脉的传承既是保住一座城市特色的根本，也是形成城市之美的根本。与传统文化和区域文化的历史文脉相衔接，拒绝淹没于西化和雷同化的范式，我们的城市不失去自己的魅力，才可能逐步成为世界城市。

二、接邻区传统园林文化的再现

城市文化空间景观建设的美学实践改变着人们关于城市的情感体验，这些景观建设作为不断发展变化的城市风貌，作为后现代城市的奇观，在当代流行文本、电影、广告、电视剧、摄影等作品中再现，成为未来城市建设蓝本的潮流。

园林在后现代城市经验中具有重要意义，在均衡城市环境的结构、建构人们对现代城市的体验、协调社会和文化的不均衡方面发挥重要作用，可以协调世俗与法理的关系，成为创新型生产方式的文化表达，从城市生活的经验层面提供容忍差异的文化空间，有利于实现城市文化的多样性。

中国古典园林艺术是人类文明的重要遗产，举世公认为世界园林之母，世界艺术奇观。中国的造园艺术，一般以自然山水作为基本构图，建筑只为装点而设置，起点缀作用，与欧洲古典园林以建筑为中心，自然环境为建筑服务的倾向形成对比。以追求自然与人的和谐，精神自由的最高境界为最终目的，从而达到"虽由人作，宛自天开"的审美旨趣。以自然界的山水为蓝本，由曲折之水、错落之山、迂回之径、参差之石、幽奇之洞借景生情，托物言志。将端庄、含蓄、幽静、雅致等中华民族的性格和文化内蕴，统统表现于浓缩的山水景物之中，是民族文化风骨和精神品格的生动写照，是需要继承与发展的文化之魂。

我国园林文化肇始于夏、商、周三代。周有灵囿，秦有阿房宫，汉有上林苑，宋有艮岳、金明池，金有西苑、同乐园、太液池等，元有东苑、西苑、北果园等，清则有畅春园、圆明园等。

其实汉时的造园已经有很高水平，而且规模很大。明、清是中国园林创作的高峰期。对园林的规划、设计、营造等有一套完整的规范，其技艺世代相传，黄河长江流域园林文化相互影响、彼此渗透，形成了独立、成熟、完整、传统的文人园林文化体系。明末造园家计成写出了我国第一本园林艺术创作理论的专著《园冶》，其精髓即天人和谐，"师法自然"，明、清时期正是因为园林有这一特点和创造手法的丰富而成为中国古典园林集大成时期，达到了它历史的峰巅，儒雅的园林文化精神特征体现了我国社会上层建筑的理念追求和社会性法则，以独树一帜的人文表现受到了世界园林建造的认同与尊崇。

园林——作为城市理论和文化体验的美学实践，是想象中的理想家园和未来。在更大的语境中理解园林的文化核心，关注的是提升城市的情操和人文情怀，关注的是那些由城市化而湮灭、毁弃的东西，以养育更雍容的胸怀和更高雅的格局。

清代文人园林成为园林发展的主导，追求诗的涵义和画的构图便成为中国园林最鲜明的艺术特征。在传统理学为主要意识形态的历史时期，我国园林建造的理念自然而然地被儒家思想所主导，其中"风水"理念作用甚为突出，沿着传统园林文化的既定轨道，文人园林成为崇尚风水、彰显人文、师法自然、诗情画意、陶冶情操的精神家园，是人们"替精神创造一种环境"的"第二自然"，灵魂归属的精神空间。历史上三山五园邻近还有许多赐园、私家宅园，西起香山、东到海淀、南邻长河的辽阔范围内，形成了一个历史上罕见的皇家园林特区，也养育了该区域特殊的历史"文脉"。在建筑领域，"文脉"是不同历史时期印刻在城市文化空间上的时间痕迹，犹如时间会在脸上留下痕迹一样，是一座城市、一个地区历史发展的印迹，以及在发展中所形成的各种记忆。

但是，在文化保护与社区经济发展利益博弈中，经济发展需求往往大于文化保护需求，以文化保护为名追求经济利益，建造的大量经营性商业设施，产生大量区别于普通生活垃圾的、远超城市公共服务设施处理能力的难以处理的"非降解类""营业性垃圾"和"文化垃圾"，增加城市公共设施和环境负担，破坏了城市文化空间和区域"文脉"应有的物理环境和人文语境。因而，疏解、限制三山五园文化空间内及周边居住类、商业类、办公类设施，限制大人流的生成机制，营造创新园林文化的场所精神，发展社会生活的新形式。

园林就是园林，景区就是景区，公园就应该是公园，具有悠久历史传承的"怡情养性之所"不能够都变成了商业区、产业园，喧嚣吵闹，拥挤混乱，四处弥漫着铜臭味，在管理体制上、运营方式上、文化氛围上不能够比资本主义国家的商业化还厉害，而应是清幽的、安宁的、旷远的、练达的、具有高尚情操和理性追求的文化空间，以传承和再现传统文化为主的，延续和发展城市文化精神的文化社区。

海淀中关村科技园区以及后来的西区建设，如果充分认识和有效利用独特而宝贵的皇家园林文化资源，科学合理地组织城市文化景观的总体规划建设，不仅有利于历史文化遗产的保护和城市文脉的延续，还将为城市景观建设注入深厚的历史文化内涵，从而塑造出独特的城区个性。

提炼内蕴于中国古典园林中的文化价值和精神，以个性化的方式应用三山五园文化空间的景观建设，提供社区相关群体容纳新旧文化和不同区域社会性习惯意识协商的场所，在这里可以实现园林文化满足生理享受、精神追求的选择和认同，空间可以转化为有意义的记忆和场所，成为构建更多更美好回忆的场所，依附于某一独特的"街角咖啡店"、某一社区的城市景观中的片段，是记忆的触媒与载体，一旦消失，城市记忆即随之消失和模糊，成为虚假的不确定或苍白的文本，或者只有在电影电视、艺术、摄影作品中才能找到的题材和内容，而不是鲜活的灵魂记忆和情感体验。

通过景观对于传统文化的核心元素的再现和体验价值的认同，满足人们对未来理想文化空间的想象，同时将城市的较好的就业，较高的收入和社会地位提升的机会与乡村的灿烂阳光、清新空气和"自然"环境结合起来，通过景观的崭新意象展现出来的力量，积聚起令人肃然起敬、心悦诚服的强大文化力量，那些曾经具有的书韵词境，诗情画意，和比较细腻的艺术格调，不至于令人扼腕地淹没在现代世俗的商业景观之中，将三山五园文化空间景观建设上升为具有示范效应的城市型文化生态国家公园建设。

三、中心区传统皇家文化的再现

我国皇家园林创建以清代康熙、乾隆时期最为活跃。当时社会稳定、经济繁荣，给建造大规模写意自然园林提供了有利条件。皇家园林是北京市乃至全中国传统文化中最有特色的部分。皇家园林文化在现代社会的传承发展是传统文化语境下值得深入研究和思考的问题。历朝皇室都重视推崇园林文化，国家设置行政机构和官员负责运筹、监督、营造、维护皇家园林的全部过程，运用行政手段召集全国园林行业的技术、艺术精英不断地对其加以充实和完善。皇室掌握操纵着园林文化行为模式的物质、精神、自然资源，能够提供最充足的物质资料支撑，使园林文化得到了尽善尽美的发育，成就了世界园林文化辉煌之巅。

皇家园林文化遗产所体现的对于自然的尊重以及保护环境的意识也能满足现代社会对于"和谐"的普遍诉求，其价值和意义获得了新时期的重新定义。历代的皇家建筑是中国古典建筑的最高级别。而皇家园林建设更是规模宏大，建筑体态端庄，色彩华丽，风格上趋于雍容华贵，着重体现帝王威严与富贵的特色，在展示我国古代造园技术的同时，也凝聚着中国传统建筑的美学精神，营造出大手笔的"第二空间"，不仅为中国古代园林建设奠定了基础，即使在今天，有许多做法对于提升城市的文化品位仍然具有多方面的借鉴意义。维护和再现这一特色，才能体现对历史文化的尊重和科学理性的态度。

皇家园林文化表现出的皇室主导的制度文化、风俗习惯，以及围绕着皇家园林所形成的生产生活方式、神话传说、思维模式、价值观念、宗教信仰也会渗透于士大夫、商贾等阶层。尤其北京地区的皇家园林，气势雄伟，同时建筑形制规格都比较高，显示国力的强盛和至尊无上的权力，其花木造景及观赏，熔铸文化内涵，包括神话传说模仿、文学艺术表现、儒家理念传播，隐喻宇宙天象、祈求幸福吉祥等手法，既体现皇家尊贵地位，又独具京城文化内涵。

以怎样的认识来指导皇家园林文化遗产在现代社会发展过程中的保护、传承与发展？三山五园皇家园林文化空间形塑的过程中，如何对皇家园林文化遗产进行价值评判以及赋予何种意义？

对于这些问题的解答，需要全面深刻认知和理解北京皇家园林在景观、山石、花木、水面、亭台布局等方面传递出来的文化信息。毫无疑问，皇家园林文化遗产同任何一类文化遗产一样具有历史、艺术、科学三大价值，对于这些价值的认知和评判决定着在社会发展进程中人们如何对待皇家园林文化遗产。由于皇家在社会结构中的特殊的地位，充足的财力，使得其在环境创造上显示出来的胆识自然也不同凡响。皇家园林之所以不同于民间园林，其中一个重要的做法是布局上的讲究，从园林的选址，到建筑的风格，从主景观的设定，到辅助设施的安排，山的绿化，水的流向，路的铺垫往往都有一个整体上的考虑。皇家园林文化不太看重那种"一枝红杏出墙来"式的轻描淡写，而是喜欢表现笼天地于一园的大气概，不太看重那种"小桥、流水、人家"式的婀娜，而是比较喜欢那种庭院深深的神秘感。讲究大气，追求华美，营造意境是始终遵循的原则，从而保证了皇家园林在"文脉"上的代代相承。这种无形遗产对于文化的感官体验十分深刻而久远，但也最容易被误解和被损害。皇家园林文化遗产中，最"无形"的遗产应当说就是园林与文化主体的意识之间的相互影响，这种对人们心性的影响是深刻的，也是现代城市发展中必须要合理吸纳的。

在现代社会高速发展的背景下，对于文化遗产的保护与发展要充分尊重包括本地的普通百姓这部分群体的利益诉求，协调政府、开发商等多层面需求，让文化遗产权回归文化主体。系统地推进皇家园林文化遗产研究、利用、修缮等工作，推动皇家园林文化遗产工作的可持续发展，在三山五园文化空间景观建设中处理好传统文化的传承与保持，古典园林文化的理解与保持，清幽静雅文化氛围的建设与保持等若干方面的关系。

三山五园文化空间的景观设计和建设，应以表现首都独一无二的经济基础及上层建筑的内容和层次为主旨。处理好现代社会空间中的皇家园林文化空间与文化遗产保护之间的关系，避免商业社会的审美标准产生的景观设计趋同现象，在趋同中求创新，不断挖掘、保护、延续和创造地域特色，注重皇家园林文化的民间阐释和在社会层面的文化表达，运用园林语言和景观语言表达首都所包含的社区精神与政治地位，突出"多元一统"的文化特点，以三山五园文化空间景观建设中的传统文化再现促进文化遗产保护。不断创新性地满足人民日益增长的美好生活需要，建设具有皇家文化特色的城市型国家公园，形塑独具中国传统文化特色因子的"城市山林"。

作者简介：朱建邦，男，1964 年生，湖南人，北京联合大学应用文理学院副教授，主要研究领域：公共管理、文化管理。

北京"新总规"中"三山五园"地区的保护规划研究

朱　强　王一岚　马小淞

2017 年 9 月 27 日，中共中央、国务院批复《北京城市总体规划（2016—2035）》。[1] 规划为首都明确了新定位和新发展目标，对未来 20 年中北京城市建设与管理的方方面面进行了详细布局。在《加强历史文化名城保护》一章中，规划充分响应习近平两次考察北京时提出的历史文化保护的思想，[2] 构建了全覆盖、更完善的历史文化名城保护体系，首次将"三山五园地区"的整体保护提升到了与老城保护并重的地位，迈出了历史性的一步，这对于"三山五园"的研究者与管理者们来说既是一个振奋人心的转变，又对未来的工作提出了新的挑战。

"北京历史文化是中华文明源远流长的伟大见证，要更加精心保护好"，这是习近平在 2017 年初考察北京时下达的重要指示。保护历史文化并且在城市建设中强化"古都风韵"这一城市特色，充分地彰显了新时代中国人民对于五千年中华悠久历史文化饱含自信的新姿态；十九大报告提出的"没有高度的文化自信，没有文化的繁荣兴盛，就没有中华民族伟大复兴"重要论断更是表明了"文化自信"是中国特色社会主义文化建构中的重要组成部分，[3] 同时他再次强调了"加强文物保护利用和文化遗产保护传承"的要求。因此，充分解读《北京城市总体规划（2016—2035）》（以下简称"新总规"）《加强历史文化名城保护》一章中关于"三山五园"地区的保护思想和方法，对于未来一段时间中"三山五园"历史文化的研究和保护来说，具有现实意义。

一、"新总规"对"三山五园"保护提出的新思想

经过完善之后的首都历史文化名城体系共包含了四个层次、两大重点区域、三条文化带和九个方面，其中两大重点区域就是指北京老城与三山五园地区，这意味着"三山五园"的保护地位已经提升为与北京老城并重——这在以往的规划中前所未有，并且在图版中明确表达了"三山五园"在市域历史文化名城保护中的空间结构和具体的保护边界。规划第四章《加强历史文化名城保护》共分为五节，其中"加强老城整体保护"和"加强三山五园地区保护"分别占据了两节的内容，第三节采用了一整节的篇幅专门用于阐述"三山五园"的保护规划，可见本次规划对其重视程度。而开篇的两段文字更是提纲挈领，带来了全新的思路，本文将分别从"三山五园"的定义、定性和目标三个方面对其进行解读。

第一是定义。"新总规"认为："三山五园是位于北京西北郊、以清代皇家园林为代表的各历史时期文化遗产的总称。"该定义有两个要点十分值得注意，首先它明确了清代皇家园林在"三山五园"中的地位，即代表性地位，但并不意味着"三山五园"只等同于清代皇家园林；其次，"各历史时期文化遗产"极大地拓展了"三山五园"文化遗产的范围，既应该包含自辽金时期至明清时期的古代遗产，又应该包括中华民国时期的近代遗产，同时也应该包括新中国成立以来的现代遗产。总之，"三山五园"的定义已经远远地超过了传统意义上"三山"和"五园"的狭义范围，而应该是包含完整的历史发展时期和丰富的文化遗产类型。

第二是定性。"新总规"还提出："三山五园地区是传统历史文化与新兴文化交融的复合型地区……具有优秀的历史文化资源、优质的人文底蕴和优美的生态环境。"这句话是对"三山五园"定义的延伸：从"三山五园"到"三山五园地区"，从"各历史时期文化遗产"到"复合型地区"，可以清晰地看出"新总规"看待"三山五园"的全面性和发展性视角，更是明确地释放出了一个信号：那就是对于当代的发展建设来说，应该树立起"地区"的概念，而这个兼具文化资源、人文底蕴和生态环境于一体的地区，在整个北京都是独一无二的，因此对"三山五园"的独特性也应该有充分的认识。

第三是目标。"新总规"最后展望了三山五园地区"应建设成为国家历史文化传承的典范地区，并使其成为国际交往活动的重要载体"的宏伟目标，它明确回答了"三山五园"究竟该如何发展这一备受关注的核心问题，为"三山五园"制定了国家

级、典范性的高定位，并且赋予它国际交往活动的特殊使命，使它同时符合了首都四大战略定位中的两个，即"文化中心"和"国际交往中心"。由此可见，"三山五园"地区在1860年惨遭英法联军摧毁，又沉默和消逝了157年之后，即将以满怀文化自信的姿态向全世界人民展现出它独有的文化魅力。但同时我们也应该理性而清醒地认识到，"三山五园"地区的保护现状距离"新总规"提出的目标还有相当大的差距，因此这项建设任务充满了挑战，给文化遗产保护者和城市建设者提出了更高的要求。

一套具有远见又切实可行的整体规划是开展一切具体工作的先决条件，而对于"三山五园"这样的历史文化片区来说，制定一个明确的保护边界又是规划的先决条件，这个边界既应该是尊重历史的，又应该是针对现在的，更应该是面向未来的，它对于接下来20年时间的保护工作来说至关重要。因此，本文对"新总规"图版中的"三山五园"地区的空间格局进行了详细的分析。

二、"新总规"对"三山五园"保护提出的空间格局

（一）新边界

从"新总规"中《加强三山五园地区保护》一节的规划文本中，并未找到对"三山五园"历史格局以及保护边界划定的相关解释，但从图版的《中心城区功能分区示意图》等图纸中，可以清晰地解读出"三山五园"地区的最新保护边界。

总体来看，这一边界呈东西向狭长分布，东部和南部的边界较为规则，西部和北部的边界较为自然。除了包含"三山五园"狭义上全部的五座皇家园林——静宜园、静明园、颐和园、圆明园和畅春园之外，它还涵盖了小西山山体的南面及东面的部分范围、小西山与玉泉山之间部分广袤的平原地带以及东部中关村和清华科技园附近的现代化城市地区，总占地面积约66.2平方公里，略大于北京老城的62.5平方公里。详细来看，这一边界的四至范围是：

东侧：地铁13号线；

北侧：北五环—京密引水渠—小西山山脚线—景泰陵—小西山山脊线；

西侧：小西山上的海淀区行政边界；

南侧：西五环—闵庄路—北坞村路—北四环。

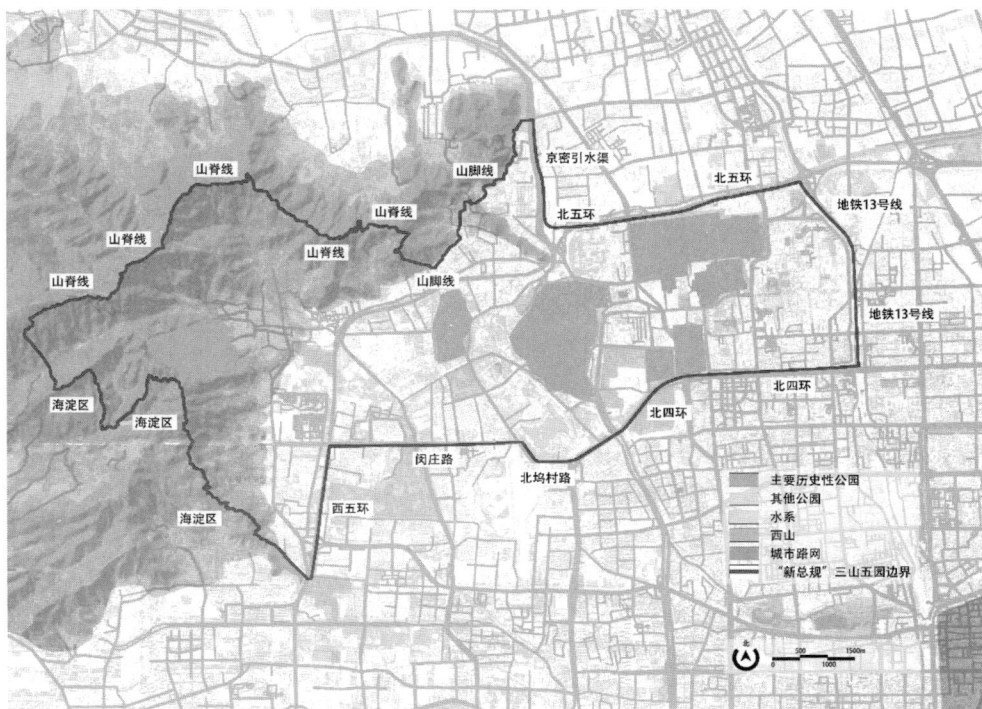

图 1 "三山五园"地区保护边界（图片来源：作者自绘）

从图 1 不难分析出，"新总规"中的"三山五园"地区的保护边界具有以下三点特色：

第一，该保护区全部属于北京市海淀区的行政管理范围；

第二，该保护区的边界划定主要由城市道路、水系、山脊（脚）线和行政边界所决定；

第三，该保护区内部包含了大量的现代化城市建成区和密集的城市路网。

（二）新结构和新分区

根据相关资料的搜集与分析，可以发现"新总规"中的"三山五园"保护边界基本等同于 2014 年北京清华同衡规划设计研究院所编纂的《北京"三山五园"历史文化景区旅游专项规划》（后文简称为"旅游规划"），同时从公布的为数不多的图纸中可看出，该规划中的空间结构和分区图与"新总规"中的文字描述基本相符。因此本文初步认为"新总规"中的三山五园地区保护规划基本沿袭了"旅游规划"的内容，并在其基础之上进行了若干微调。[4]

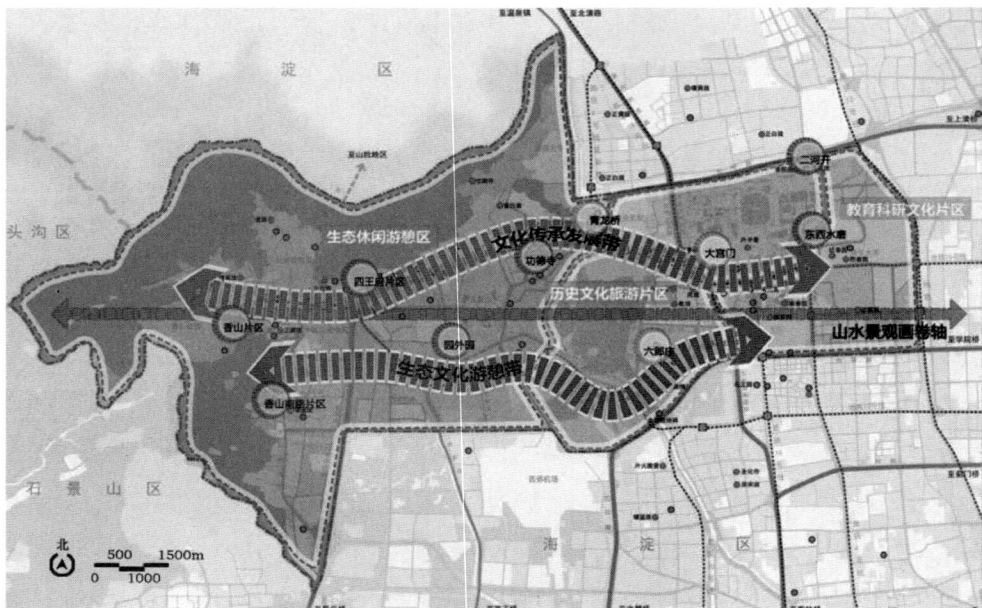

图 2 "旅游规划"中的"'三山五园'历史文化景区"结构与分区（图片来源：http://www.thupdi.com/project/view?id=2011）

　　新结构是指北部的文化传承发展带和南部的生态文化游憩带，可见南北两部分地区各有侧重，将整个"三山五园"地区归纳为东西向延展的两个带状区域。

　　新分区是指以旅游资源为区分标准，又将"三山五园"地区划分为东西向的大小三个面状区域，即西部的生态休闲游憩区、中部的历史文化旅游区和东部的教育科研文化区。这些分区之间，以颐和园及南水北调调蓄区为分界线，区分了西区和中区，以圆明园遗址公园边界及万泉河快速路区分了中区和东区。经过简单分析可以看出，狭义上的"三山"和"五园"被分散在了三个区域之中，其中核心展示历史文化的历史文化旅游区中仅仅包含了万寿山颐和园和圆明园这"一山"和"两园"，其余的玉泉山、香山"两山"和畅春园、静明园、静宜园"三园"则被划分到另外两个分区之中。

三、"新总规"中"三山五园"地区的空间规划研究

　　"三山五园"是北京重要的历史文化片区，承载了自辽金以来的深厚文化积淀。在大力发展旅游的同时，保护好文物古迹这张"金名片"应该是首要的任务。因此，

为了能够更好、更全面地理解"新总规"对"三山五园"新提出的若干规划思路，本文在对其进行了初步解读和分析之后，认为相对于"加强老城整体保护"来说，"三山五园"的保护规划更加关注于未来应该如何发展，因此本节将通过全面地回顾"三山五园"地区的历史并将其与"新总规"相对比，试图得出深层次的分析与结论。

（一）"三山五园"地区的历史发展

上文已经提到，"三山五园"泛指香山静宜园、玉泉山静明园、万寿山颐和园（旧称"清漪园"）这三山三园和圆明园、畅春园这两园所在的地区。虽然"三山五园"以清代皇家园林而闻名，但事实上在历史中，这一地区早在金代就出现了园林和寺庙建设，距今已有至少831年的发展史，[5] 这一过程可以从空间和时间两个维度进行解读：

从空间发展上看，"三山五园"正是依托于海淀"山林与湿地生态系统完美结合"[6] 的独特生态条件，吸引了历朝历代的人们在此从事宗教、水利、农业、聚落和风景上的建设，从而留下了数量庞大而且分布广泛的文化印记。从零星分布的山地寺庙到人工改造的河湖水系，从围湖造田和农业聚落的增多，到京郊私家园林的兴起，再到承载帝国皇室各项功能的"京西首都特区"以及"三山五园"皇家园林格局的奠定，"三山五园"的空间格局是变化的、扩张的，是农耕时代的中国古人经过几个世纪的时间不断适应和改造自然的结果，呈现出一个恢弘壮丽的图景，即以这五座清代皇家园林为核心、以海淀地区的自然和人工山水为骨架，在其内部密集分布着赐园、军营、寺庙、陵寝、村庄、农田等诸多构成要素。

从时间发展来看，"三山五园"兴起于金中叶，初成于元明时期，鼎盛于清中叶，衰落并局部新生于晚清时期，全面损毁于民国时期，今天呈现出来的历史景观主要建成于清代和民国年间，可以说这一地区同时跨越了多个由少数民族创立的王朝、中国古代文明最后的巅峰时代以及第一个民主共和国时期。正是在这一个漫长而复杂的历史过程中，"三山五园"地区积淀了深厚的文化底蕴，集园林文化、宫廷文化、山水文化、农耕文化、游牧文化等多种文化类型于一体；尤其是以圆明园为代表的众多皇家园林和皇家赐园，荟萃了几千年来留传下来的物质和精神文化，堪称一个巨大的文化宝库；虽然它们并没有完全保留下来，或者部分园林遗址被纳入顶尖高校之中，但仍然可以通过遗址、文献、文物等多种途径进行更加深入的挖掘，可谓发展潜力极大。

图 3　清光绪《五园三山及外三营地图》中的各类型古迹及现状（图片来源：中国国家图书馆及作者拍摄）

（二）"三山五园"地区的历史空间布局

1."三山五园"地区历史空间的时间点确定

由上文可见，"三山五园"在历史上一直处在动态变化之中，因此在探讨空间布局之前，首先应该明确时间点。众所周知，在1860年的第二次鸦片战争中，英法联军攻进北京，咸丰皇帝匆忙逃往热河避难，一系列的外交事件最终导致"三山五园"中的苑囿宫殿群遭到了洗劫，并且在英国军队的野蛮焚烧下沦为瓦砾废墟，酿成历史悲剧。这次事件无论对于清政府还是"三山五园"的建筑园林来说都堪称一次毁灭性打击，其损毁的规模和影响力在这一地区都是史无前例的。

在1860年至清朝灭亡的半个世纪中，由于清朝国力日渐衰弱，仅仅先后局部修复了"三山五园"中的圆明园、清漪园和静明园三园，并且短暂地恢复为清帝国的政治中心，但晚清的"三山五园"地区无论从规模还是艺术水平上都无法与火烧之前同日而语；清亡之后，尽管"三山五园"地区的颐和园、静明园及部分河道得以

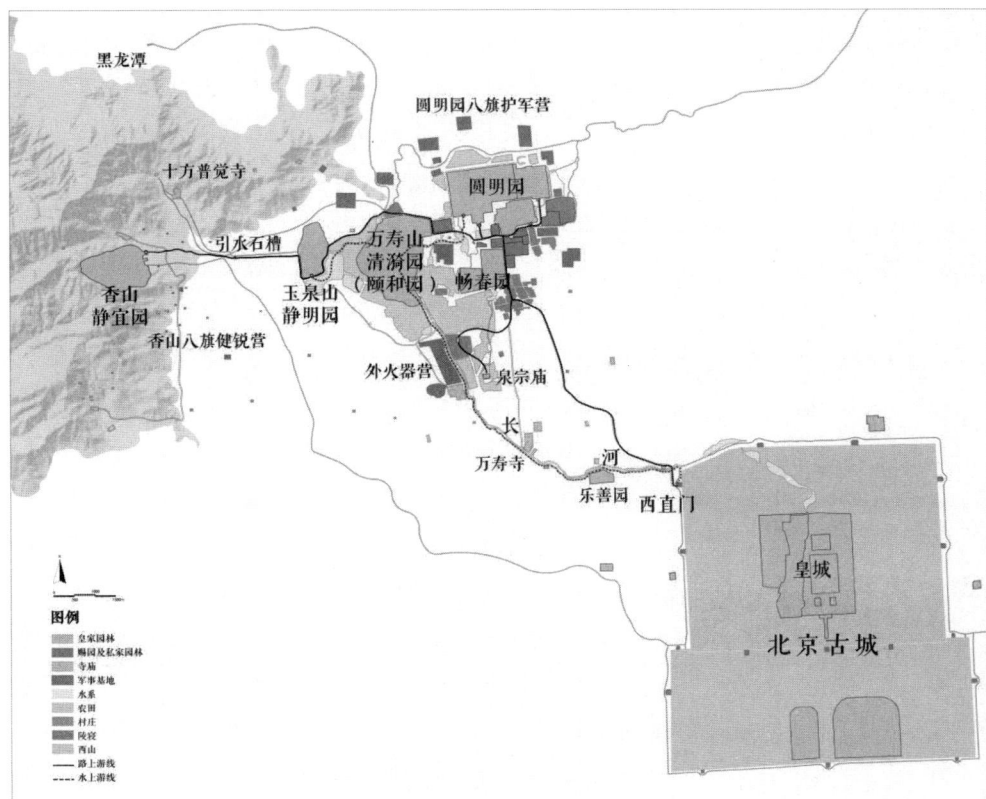

图4 1860年"三山五园"地区与北京城示意图（图片来源：作者自绘）

维护，但难以阻挡全面损毁的大趋势。因此毫无争议的是1860年的侵略战争可作为一个至关重要的转折点。

也正因为如此，著名地理学家侯仁之先生根据史料研究，绘制出了一幅《清西郊园林图——清咸丰十年（公元1860年）》并收入《北京历史地图集》中，这幅地图在如今看来仍然是最具有学术权威的版本；笔者也正是在此图的基础之上，根据若干文献资料改绘、校正并细化出了本文的《"三山五园"地区历史地图（1860年）》，并将此地区作为本文的研究基础。关于此图纸上古迹布局的考证过程，笔者未来将单独撰写文章进行详细阐述。

表1　清咸丰十年的"三山五园"地区各类古迹列表

构景要素		实例列举	古代文献记述	文献来源
水体	河流	长河、玉河、万泉河	夹岸轻笼绿柳荫，进舟川路雾烟沉。	乾隆十五年《自高粱桥泛舟过万寿寺至昆明湖之作》
	湖泊	高水湖	会心表里神明境，动影虚无窈间。	乾隆二十四年《影湖楼》
	泉眼	万泉庄及玉泉山诸泉	沙泉大小汇成池，潴蓄宜通实赖之。	乾隆三十一年《由万泉堤上至圣化寺即景杂咏》
	水利设施	广源闸、青龙闸、输水槽	地势高则置槽于平地，覆以石瓦；地势下则于垣上置槽。	《日下旧闻考》卷一百一郊坰西十一
山体		红石山、小西山	夫西山岩壑幽邃，峰岫环映，林泉烟霭，随处具有佳致。	乾隆《御制香界寺碑文》
寺庙		十方普觉寺、功德寺、黑龙潭、民间寺庙、明景帝陵	灵湫神所宅，澄波神且滢。	乾隆八年《御制祷黑龙潭而雨因纪所见》
园林	皇家园林	圆明园、清漪园、静宜园、静明园、畅春园	畅春以奉东朝，圆明以恒莅政，清漪静明，一水可通。	乾隆《御制万寿山清漪园记》
	皇家赐园	淑春园、蔚秀园、近春园	淑春园内现有房间并内外檐装修庙宇亭座灰房等数目。	光绪《淑春园房间数目清册》
	私家园林	水村别墅	续建斗阁三楹，晨夕祝圣，命余典其事。	陈梦雷《水村十二景》诗
军营	圆明园八旗护军营	廨舍、营房、阅武楼	正黄旗营房在萧家河北，护军参领等廨舍共六十五楹，护军校、护军等官房共一千四百八十五楹。	《日下旧闻考》卷七十二官署
	各园堆拨	营房	清漪园设堆铺六，日以副护军参领或署护军参领一人，护军校、护军六十人守卫。	《日下旧闻考》卷七十二官署
	外火器营	廨舍、教场、演武厅	乾隆三十五年奉旨创建，拨八旗满洲火器营官员兵丁驻此。	《日下旧闻考》卷七十三官署

构景要素		实例列举	古代文献记述	文献来源
军营	健锐营	营房、碉楼、演武厅	水师习战于昆明湖，而辖于香山健锐营。	《日下旧闻考》卷七十三官署
			健锐练精旅，香山聚队居。	乾隆三十二年《御制阅武诗》
农田	农田	长河沿岸、熙春园外	十里稻畦秋早熟，分明画里小江南。	乾隆七年《御制青龙桥晓行诗》
	村落	青龙桥、六郎庄、万泉庄	泉宗祠建万泉庄，稻町新开百顷强。	乾隆三十二年《诣畅春园问皇太后安遂命驾由万泉庄进宫之作》

2."三山五园"地区的历史空间布局

从地图首先可以判断出，除了园林、寺庙、军营等单体建筑要素拥有围墙作为边界之外，整个"三山五园"地区在古代并不具有明确的边界，因此"三山五园"与北京老城最大的不同之处就在于它并没有被限定在人为设定的城墙范围内，而是散布于广袤的自然和人工的山水之间；因此，如果将北京老城比作"城市山林"，那么"三山五园"就好比是"山林城市"，两者虽然具有很大的相似之处，却有着本质性差异。

其次，从构成要素及其整体布局来看，历史上的"三山五园"共包含了"一心""一轴""两区"和"四带"的空间结构，占地规模十分庞大，功能布局十分完备，艺术水平十分高超，文化内涵十分丰厚，在中国古代历朝的皇家"特区"中堪称登峰造极之作。

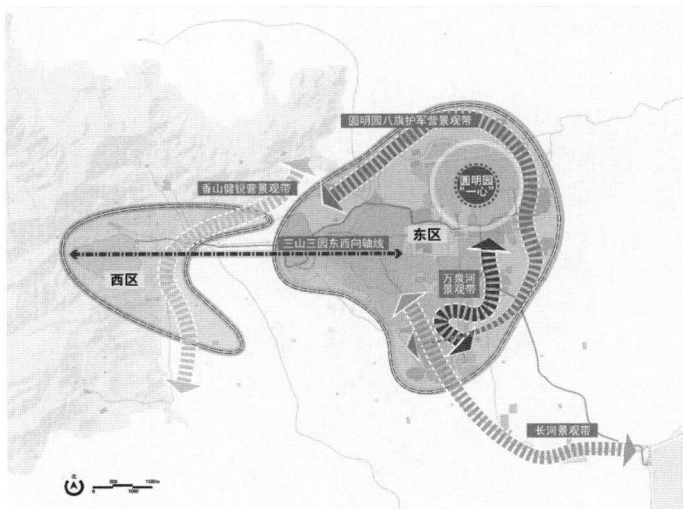

图5　清咸丰十年的"三山五园"地区空间结构图（图片来源：作者自绘）

"一心"是指以圆明园为核心的清帝国政治、文化、外交、居住中心。

"一轴"是指贯穿清漪园、静明园和静宜园这三山三园的东西向轴线,东起清漪园东宫门,西至静宜园山脊线,全长约为8.7公里。这条轴线不仅是一条绝佳的视线通廊,而且影响了三园各自的整体布局。

"两区"是指西侧以香山静宜园为核心的军事及宗教核心区,可简称为"西区",东侧以圆明园为核心的苑囿、水利、农业、军事核心区,可简称为"东区"。这两个区集中了"三山五园"地区绝大多数的建设内容,并且呈现出"簇拥式"分布的特色,即主要围绕圆明园南部和畅春园东部的地区,形成了12座赐予宠臣或贵族的平地人工山水园,[7]这些密布的皇家及私家苑囿连结连片,并且在一套完备而精密的人工水利工程的支持下,大面积的河湖水系、京西稻田、苑囿村镇和军事基地被有机地组合在一起。除此之外,这里还分布了完备的陆上及水上线路以供皇室出行,将它们更加紧密地联系在圆明园这座皇家御园的核心地带周围。

"四带"是指从西直门外高梁桥至清漪园的"长河景观带"、从泉宗庙至畅春园外的"万泉河景观带"、环绕"东区"而分布的"圆明园八旗护军营景观带"和在香山静宜园左右两翼分布的"香山健锐营景观带"(或称作"小西山军事寺庙景观带")。其中"长河景观带"和"万泉河景观带"沿河流分布,串联了众多寺庙和农田,具有十分优美的风光和极强的地域性特色;而"圆明园八旗护军营景观带"和"香山健锐营景观带"分别在平原和小西山的山麓呈线性分布,具有较强的秩序美、极强的满族文化特色和西南羌藏地区建筑风格。[8]

(三)"新总规"中"三山五园"空间发展格局与历史的对比与质疑

首先在边界上,将北京"新总规"的"三山五园"保护边界与1860年的总体分布相比,可以发现有很大一部分的古迹、山体和河流并没有被包含在保护范围之中。其中,北部地区:北五环以北的四座八旗军营(4.28平方公里)、小西山东北部的山体及山上古迹遗址(1.97平方公里)、小西山山后的黑龙潭龙王庙(0.45平方公里)没有包含在内,占地面积约为6.7平方公里;南部地区:北四环以南大范围的建筑遗址、稻田旧址、河流、御道等没有包含在内,占地面积约为12.7平方公里,南北两部分合计占地面积约为19.4平方公里,约合北京老城总面积的31%,"三山五园"地区的29.3%。

其次在结构与分区上,"新总规"中的南北文化带和三个特色分区更像是一个针对现状、与现状妥协所做出的旅游规划,缺乏对于历史上的时间和空间发展格局的

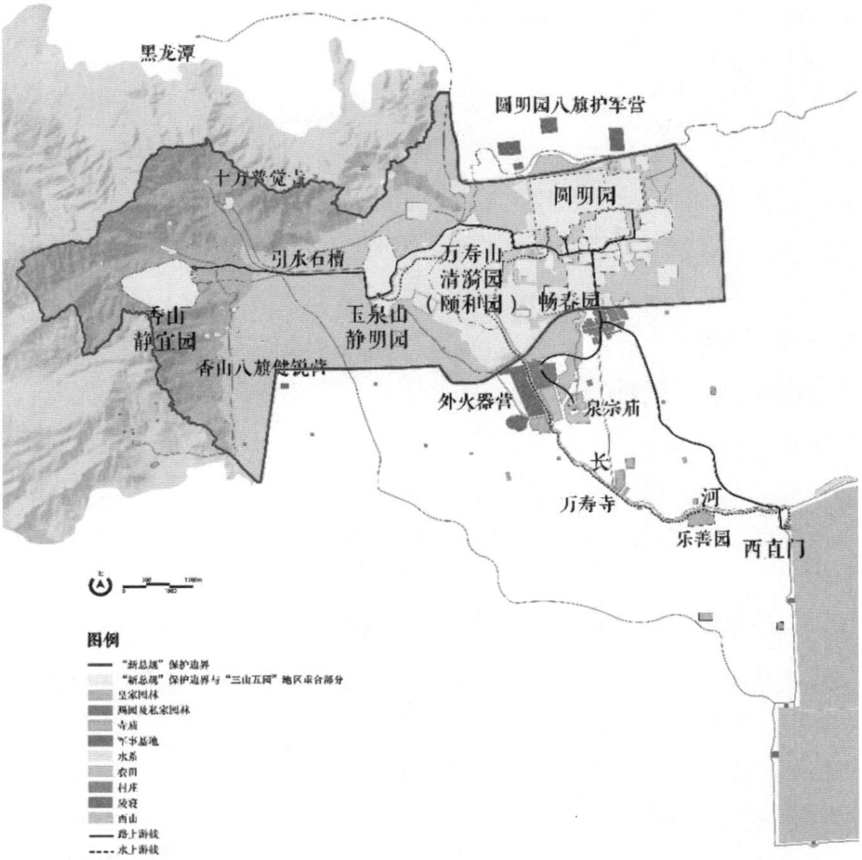

图 6 "新总规"保护边界与"三山五园"地区叠加示意图（图片来源：作者自绘）

深刻理解和挖掘，具体体现在以下三点：

第一，忽略了万泉河及长河两大重要水系。这两条水系曾在"三山五园"及北京的历史中发挥了重要的作用：万泉河是发源自海淀地区的河流之一，因其源头拥有若干泉眼而得名，万泉河自南向北流，灌溉了两岸大片的稻田的同时，也是园林用水的重要来源之一，更为特殊的是，万泉河附近还曾拥有泉宗庙和圣化寺两座历史悠久的寺庙园林。在城市化的进程中，万泉河遭遇了水源干涸、裁弯取直和箱体化改造，成为高密度城市中的一条毫不起眼的河流，其现状令人担忧。长河自元代便是西郊向京城输水的河道，也是明清著名的风景游赏地和清代皇室往来京城与"三山五园"地区的水上线路，长河两岸风景优美，串联了若干行宫及寺庙，如今基本得以保留。由此可见，这两条水系所附带的文化价值超出了河流本身，应该是"三山五园"历史体系中的重要组成部分，如果将其忽略，将使"三山五园"地区的完整性和整体价值遭受极大的损失。

第二，忽略了北京老城与"三山五园"之间的密切关联。自清康熙时起，便形成了"三山五园"与北京老城"双核"的历史格局，[9] 清帝国首都的政治中心随着皇室居住地而在这两地之间频繁转换，更重要的是两个地区还具有空间、地理和文化上密切的关联。在空间上，两者通过陆上和水上的线路密切联系，从西直门出发经过一系列的景观序列进入到"三山五园"地区；在地理上，"三山五园"是北京老城的水系上游，通过长河等河道源源不断的运输，为老城内人居和景观提供水源，使老城内的景观拥有了重要借景对象；在文化上，"三山五园"拥有京城居民郊游和造园的悠久传统，到了清代更是发展到了极致，众多达官贵人在两地同时拥有园林，形成了文脉上千丝万缕的联系。因此，老城与"三山五园"之间的密切关联不容忽视，尽管城市已经大范围地蔓延至海淀地区，但并不能成为不考虑这一关联的充分理由。

第三，忽略了"三山五园"内部古迹之间的密切关联。"三山五园"在鼎盛时期的历史体系是经过清代皇室有机地组合在一起的，不光与外部的北京老城和自然山水相关联，同时具有复杂的内部联系。首先在空间上，以皇家御园为中心、众多皇家赐园拱卫在周围的历史格局是在清康熙时期奠定的，但在雍正朝之后，中心转移至圆明园，在光绪朝之后，中心再次转移至颐和园；无论这一中心如何转变，这些园林之间的空间布局存在的规律并没有变；另外，皇家陆上及水上的路网也鲜明地反映出了这些古迹之间的关联，无论是从京城至圆明园还是圆明园至各古迹之间，都因为祭祀、考察、游赏等各种目的而被串连在一起，但是"新总规"的规划结构和分区中，很难反映出对上述这些内在规律的深入挖掘。

四、对"新总规"中"三山五园"地区保护的思考与建议

将"新总规"中的空间发展格局与1860年的历史格局相比，本文认为"新总规"从区域的视角对"三山五园"历史文化片区的核心组成部分和基本空间结构都进行了有效保护，但同时又忽略了一些较为深层次的历史格局及关联，使"三山五园"的完整性和整体价值受到了一定程度上的损失。但从历史发展的视角来看，上文的对比分析实际上跨越了157年的历史和从晚清至民国再到新中国的时代巨变，如果不仔细结合这段漫长的时间中"三山五园"的变化历程、贸然地将157年进行前后

的对比，则必然是割裂了时间的，片面、狭隘的分析。

（一）157 年的历史进程对"新总规"保护规划的影响

上文已经论述过，"三山五园"这一伟大的风景园林作品是经过几个世纪的不断建设和发展而形成的，就像中国工程院院士、著名风景园林专家孟兆祯教授所形容的"世世代代像跑接力棒一样，一代接一代，不断去发展"。[10]遗憾的是，因为朝代更替与战乱频发，"三山五园"在 19 世纪末和 20 世纪上半叶的发展一度停滞甚至是后退，经历了一个黑暗的时代，即上文所述"全面损毁的时代"。但幸运的是，新中国成立以来，党和国家非常重视文物古迹的保护工作，颐和园、圆明园等历史名园相继得到了有效的保护；但站在历史发展的角度来看，1860 年庞大的皇家园林体系早已不复存在，残破的"三山五园"地区在新中国成立之初事实上仅仅剩余了为数不多的文物古迹，大片的土地已经变为荒野、农田或村落。在那个年代，大力恢复"三山五园"的历史文化遗产是完全不现实的选择。然而更加不幸的是，海淀一带京西稻的种植为地下水的亏空埋下了祸根，也为它这个重要农业记忆遗产的消失自掘了坟墓。

20 世纪末和 21 世纪初，改革开放带来了一轮大规模的城市建设浪潮，中关村依托于顶尖高校的教育资源，为海淀续写了历史性的篇章，使科技与教育成了新的代名词。但不容置疑的是，城市发展率先带来的就是建设用地的扩张，因此就在"三山五园"地区庞大的历史体系和内部众多的历史遗迹还没有得到充分研究之前，它们的用地就已经被崭新的现代化城市所覆盖了，造型各异的科技园区和现代化的高层小区迅速拔地而起，留下来的只有为数不多的河流和地名，这被专家称作继北京老城遭到破坏之后的"再失一城"，[11]人们记忆中宛若江南一般的"三山五园"美景正在随着老人们的离去而永远告别这片拥有近 900 年历史的文化圣地。所幸的是海淀区的绿地建设水平和世界遗产颐和园的高标准保护要求使一部分遗迹的所在地得到了绿地的庇护，如西花园遗址与海淀公园、万寿山与玉泉山之间的京西稻田遗址与园外园和北坞公园等。

可见从 1860 年到 2017 年，一个半世纪的历史进程使"三山五园"地区从生产力低下、文化衰败的农耕时代直接跨越到了生产力强大和文化繁荣的信息时代，而这种转变是在改革开放之后短短的几十年之内发生的——这种现象在社会主义中国并非罕见，毫无疑问全部得益于中国共产党的强大领导能力。而如今，在强调"文化自信"和"加强文物保护利用和文化遗产保护传承"的时代背景之下，走进新时代的世界第二大经济体中国将全面地挖掘和弘扬属于自己的中华传统文化，为实现"两个一百年"的奋斗目标而走向新的征程。这样来看，"三山五园"作为未来"国家历史文化传承的典范地区"和"国际交往活动的重要载体"，能够在新一版的北京市级的总体规划中得到这样的高度重视和详细布局，已经是非常不容易了。

（二）"新总规"中"三山五园"地区保护规划的完善

《北京城市总体规划（2016—2035）》为"三山五园"地区明确了发展目标和方向，党的十九大带来了新理念，让众多"三山五园"的研究者和保护者们开启了新征程，从而续写新的篇章。本文认为，应该加快推进"三山五园"地区历史文化保护专项规划的研究，并且在经过专家和相关政府部门的充分论证、广泛地征求民意之后，尽快将专项规划落地实施。在专项规划的制定过程中，本文认为，针对第三节提出的三点质疑，有以下四个方面的问题值得深入研究并且在专项规划中做出充分的回应，这有利于更加全面地落实习近平总书记的历史文化保护思想和"新总规"提出的新要求。

第一，已经消失的古迹究竟是否有必要纳入保护区的边界？舍弃它们的理由又是怎样？

第二，保护区的范围是否应该打破海淀区的行政边界，与北京老城形成密切的关联和互动关系？

第三，保护边界中的城市建成区究竟该如何体现对于"三山五园"历史文化的保护与传承？

第四，未来"三山五园"历史文化保护区中的城市建设将遵守怎样的发展原则？

五、总结

本文基于对"三山五园"地区的空间和历史发展进程的全面而系统化的认知，对2017年9月正式公布的《北京城市总体规划（2016—2035）》中关于"加强三山五园地区保护"所提出的新思想和新的空间发展格局进行了研究，通过对保护边界与发展结构的分析，本文认为"新总规"中"三山五园"地区的保护规划基本沿袭了2014年《北京"三山五园"历史文化景区旅游专项规划》的内容，并在其基础之上进行了若干微调。然而该规划分区中的历史文化旅游区仅仅包含了万寿山颐和园和圆明园这"一山"和"两园"等现象引起了笔者对于该规划的深入分析。

在论证确定 1860 年作为"三山五园"地区历史发展格局的最为重要的时间点之后，本文将长期以来考证出的《"三山五园"地区历史地图（1860 年）》作为研究基础，创新性地分析了 1860 年"三山五园"地区的历史空间结构，即"一心""一轴""两区"和"四带"，并对这一结构进行了解读。随后将第一部分"新总规"的分析结果与之进行对比，发现了其存在着"针对现状、妥协现状所做出的旅游规划"和"缺乏对于历史上时间和空间发展格局深刻理解和挖掘"的倾向，并提出三点具体的质疑。

然而本文通过梳理从 1860 至 2017 年的历史发展过程后认为，不仔细结合这段漫长的时间中"三山五园"的变化历程，贸然地将 157 年进行前后的对比，则必然是割裂了时间的片面而狭隘的分析。因此，本文最后认为这一版城市总体规划将"三山五园"地区的保护提升到了前所未有的历史高度并为其明确了发展目标和方向，是新时代社会主义中国在历史文化保护思想上取得的重大进步。但同时也提出，在接下来的专项保护规划制定过程中，应该对四个方面的问题进行深入研究，为更加全面地守护和传承"三山五园"地区的物质和精神财富提供强大的理论依据和力量。

作者简介：朱强，男，1992 年生，北京人，北京林业大学园林学院风景园林学在读博士研究生，研究方向为风景园林历史与理论。王一岚，女，1994 年生，辽宁人，北京林业大学园林学院在读硕士研究生，研究方向为风景园林历史与理论。马小淞，女，1992 年生，北京人，北京林业大学园林学院在读博士研究生，研究方向为风景园林历史与理论。

注释：

[1] 参考新华网 2017 年 9 月 27 日的新闻报道（http://news.xinhuanet.com/politics/2017-09/27/c_1121734317.htm）。

[2] 参考新华网 2014 年 2 月 26 日和 2017 年 2 月 24 日的新闻报道（http://news.xinhuanet.com/politics/2014-02/26/c_119519301.htm；http://news.xinhuanet.com/politics/2017-02/24/c_129495572.htm）。

[3] 参考 2017 年 10 月 18 日习近平在中国共产党第十九次全国代表大会上代表第十八届中央委员会向大会作的报告和中国共产党新闻网的评论员文章（http://theory.people.com.cn/n1/2016/0707/c49150-28532466.html）。

[4] 微调的内容包括保护边界和空间结构等内容，本文在未获取到该"旅游规划"的文本内容的基础之上，将其公开的图纸与"新总规"的文字部分相匹配，得出初步结论。

[5] 自金大定二十六年（1186）香山大永安寺始建起，迄今（2017 年）共 831 年历史。

[6] 高大伟、孙震：《颐和园生态美营建解析》，中国建筑工业出版社，2011。

[7] 平地人工山水园包括自得园、澄怀园、近春园、清华园、承泽园、蔚秀园、鸣鹤园、朗润园、镜春

园、淑春园、宏雅园、礼王园这 12 座园林。

[8] 满族文化特色主要指八旗军营的营地、教场、阅兵场等内容的布置形式；羌藏地区建筑风格主要指香山左右两翼分布的大量碉楼建筑，是乾隆年间为平定西南边疆少数民族的战役而建。

[9] 康熙建成畅春园后，便将皇子及大臣赐居在畅春园周边的小型园林之内，这些赐园中除圆明园成为皇家园林之外，其余园林都经历了漫长而复杂的园主更替与改建的过程。

[10] 孟兆祯等：《中国园林的继承和发展——孟兆祯院士专访》，中国园林博物馆主编：《中国园林博物馆学刊》第 2 期，中国建筑工业出版社，2017。

[11] 阙镇清：《再失一城——北京西北郊皇家园林集群：三山五园在城市化过程中的没落》，《装饰》，2007年第 11 期。

三山五园景观营造初探

李　元

北京市在 2009 年 12 月提出了"世界城市"的目标，瞄准建设国际城市的高端形态，加快实施人文北京、科技北京、绿色北京发展战略，以更高的标准推动首都经济社会又好又快地发展。2012 年 7 月，北京市又提出"推进海淀三山五园历史文化景区建设"的重大决定。[1] 在 2017 年《北京城市总体规划（2016—2030）草案》中提出要构建北京历史文化名城保护体系，即"四个层次、两大重点区域、三条文化带、九个方面"。四个层次包括：北京旧城、中心城区、市域和区域四个空间层次范围的文化遗产系统性保护；两大重点区域：北京旧城、三山五园；三条文化带：长城文化带、运河文化带、西山文化带；九个方面：世界遗产及文物、历史建筑及工业遗产、历史文化街区及特色地区、名镇名村及传统村落、风景名胜区、历史河湖水系、地理形态及山水环境、古树名木、非物质文化遗产。[2] 由此可见在北京未来的发展规划中，三山五园的历史文化价值以及其独特的地位。因此挖掘三山五园在景观营造上的手法对于发扬中国古典园林、延续历史文脉、弘扬我国古代优秀造园手法具有重要的意义。

一、三山五园的定义与盛期范围

关于三山五园的记载最早出现在鲍源深《补竹轩文集》中，他提到："夷人焚五园三山，圆明园内外胜景，悉成灰烬矣。"[3] 对于三山五园的称谓，学者们有着不同的说法。大多数学者认为的"三山五园"是指香山静宜园、玉泉山静明园、万寿山清漪园，以及圆明园和畅春园，是我们今天对北京西郊在清代历史上建成的五座大型皇家园林的指称。纵观历史，从辽金开始就在西山附近建造各种规模的行宫。但是直到清朝，才正式开始了对三山五园的修建，经过康熙、雍正和乾隆三朝人力、物力的投入，三山五园的格局慢慢形成。

为保证景观构成要素分析的完整性，需要以三山五园鼎盛时的园林规模及范围作为参考，以此来确定研究的"三山五园"的范围。

畅春园的前身是清华园，园主人地位尊贵，物力财力丰厚，使得清华园建得富丽堂皇。后来由于明清易朝，战乱频繁，清华园也在乱中落寞。康熙即位后，两次南巡，始终难以忘记南方秀丽的景色，便想将江南秀丽的风光复制到北京。康熙二十三年（1684），"始设掌管皇家苑囿之内务府奉陈苑"。据《宛平县志》记载："明武清侯李国戚园，今上辟而新为之御苑。"[4]最晚于康熙二十六年（1687）完工，成为北京西郊第一处常年居住的离宫。参照周维权所绘《畅春园平面示意图》，可以看出畅春园是平地造，南北约 1000 米，东西约 600 米，占地约 60 公顷。

静宜园位于香山的东坡，弘历记曰："乾隆乙丑秋七月……为亭，为轩，为庐，为广，为舫室……越明年丙寅春二月而园成，非创也，盖因也。"[5]可知静宜园众多的建筑于 1746 年完工，并正式定名。建成后面积达 140 公顷，周围的宫墙顺山势蜿蜒，全长约 5 公里，表现出清代皇家园林驾驭大面积园林规划的高超水平。

清漪园是颐和园的前身，在建园前，只是一片湖沼湿地。始建于乾隆十五年（1750），至乾隆二十九年（1764）建成，是一座大型山水园。其兴建的原因与乾隆以孝治国有关，是为了皇太后六十大寿而兴建。圆明园的雏形是 1709 年康熙皇帝赏赐给四皇子的畅春园附院，并亲题园名"圆明园"。此后又在它的东侧与东南侧兴建了附院"长春园"与"绮春园"。乾、嘉两朝是圆明三园的全盛时期。它的面积在三山五园中居首位，总面积达 350 余公顷。

乾隆二十四年（1759），静明园全部建成，乾隆五十七年（1792）全园进行一次大修，这就是玉泉山风景区的全盛时期。其南北长 1350 米，东西宽 590 米，面积约 65 公顷。[6]

雍正和乾隆以畅春园为参照营建了圆明园和清漪园，至乾隆十五年逐渐形成了香山静宜园、玉泉山静明园、万寿山清漪园和圆明园，以及畅春园在内的宏大的、空前绝后的"三山五园"皇家体系。[7]

二、三山五园景观分析

（一）三山五园选址分析

中国风水学成熟于秦汉时期，并对以后园林选址产生了深远的影响。中国古代帝王十分相信风水学，他们自认为"受命于天"，所以只有上好的风水宝地才能够有利于自己的统治，才能够达到福至祸避的目的。计成在《园冶》中提到"故凡造作，必先相地立基"，其后又强调"相地合宜，构园得体"。相地是中国园林营造的第一步，也是最重要的一步，相地应重点着眼于造景的有利条件，例如是否有山可依，是否有水可用等等。在三山五园造园前，皇帝都会派风水官员对选址进行考察，并绘制相关的图样来进行设计，可见统治者对于三山五园的重视程度。北京西北郊是一块风水宝地，西山作为"神京右臂"揽西北郊于怀中，这里山清水秀、物产丰富，成为历代统治者兴建行宫的首选之地。

畅春园的选址是康熙皇帝钦定的，1684年，康熙看到清华园遗址一带地势平阔，景色优美，便聘请江南叠山大家张然主持工程，开始兴建畅春园。海淀在北京西北方，西北为乾为天为圆为君，为刚健勇武。上风上水上海淀，是说海淀为北京的风水宝地，这里处于西山山脉与平原接壤处，山环水绕，地下水源充足，泉水遍布，在西山的映衬下，青山碧水，一派江南水乡的景色。[8]清代学者吴长元在《宸垣识略》中对畅春园周围的生态环境的描述是："流泉满道，或注荒地，或伏草径，或散漫尘沙间。春夏之交，晴云碧树，花香鸟声，秋则乱叶飘丹，冬则积雪凝素。"可见畅春园周围生态环境的怡人优美。这必然成为吸引统治者的首选之地。

圆明园的雏形是康熙帝在畅春园北边修建的水景小园林，后赐给了四皇子，并题名"圆明园"。雍正帝即位后开始将原赐园进行扩建，并命名了"圆明园二十八景"。

静明园坐落的玉泉山，山形秀丽、树木葱郁，泉水丰沛，拥有得天独厚的自然条件。历代许多的寺庙都修建在玉泉山，使其蒙上了一层神秘的宗教色彩。康熙十九年（1680），对其进行扩建，命名为"澄心园"，康熙三十一年（1692）又将其改名为静明园。

静宜园的地址是乾隆皇帝选择的，在香山修建静宜园是多方面考虑决定的，其中最重要的一点就是香山独特优美的地貌形胜和自然景观：山体沟壑纵横，占尽高低、曲深、峻悬、平坦各种地形，同时依托西山层峦叠翠，与玉泉山及玉峰塔形成两个层次的景深，也可以借助地形俯瞰其他园景风光，综合以上种种使其成为造园的理想场地。

清漪园在建园前是一片湖沼湿地，被称做"瓮山湖"，湖中长满荷花。在兴建清漪园之前，西北郊已经建立了四座皇家园林，此时的瓮山湖还未被开发，成为连接四座园林的关键点。乾隆十四年（1749），动用大量人力疏浚西湖，扩大湖面，经过整治，使得瓮山西湖形成了山嵌水抱的形式，为造园奠定了较好的山水基础。乾隆十六年（1751）适逢皇太后六十大寿，皇帝以此为契机，于前一年开始修建该园。

（二）三山五园地形应用及处理分析

畅春园的叠山艺术堪称一绝。园内有五十多座土山，岗峰连接，河湖之间低冈盘桓，婉转起伏，曲径通幽。另外，还使用江南的名贵山石叠砌了十几座假山，如云涯馆往北为一系列的叠石假山，出自叠山大师张然。

圆明三园虽都是水景园，但是三个园子的骨架却都是人工布置的山水组成。人工堆叠的岗阜岛达到三百余处，散布于院内，占到全园面积的三分之一。它们与水系结合把全园划分为山重水复的空间，这种小中见大的手法将江南风光很好地移缩到了北方的皇家园林之中。

皇家园林的建设不计用料与工本，从全国各地运来大量名贵石料，有的石材会被安置在高起的石台上，成为庭院中或游览路线上的焦点。[9]园中既有大体量的巨石构成山峰、山涧、山脊、山洞，让游人攀登穿行，又有小型假山安排于建筑近旁或庭院之中，形成园林小品。

静明园位于玉泉山上，玉泉山呈南北走向，山形秀丽，景色怡人，多奇石、泉水、山洞，许多寺庙结合山洞修建，使这座山有了宗教的味道。其建筑、景观的布置大都因山就势，充分应用现有地形特点来营造景观空间。

《论语·雍也》："子曰：知（智）者乐水，仁者乐山。知（智）者动，仁者静。知（智）者乐，仁者寿。""仁者乐如山之安固，自然不动，而万物生焉。"香山静宜园较好地继承和表现了"智仁山水"这一重要的自然美学思想，在山水格局上采用以山为主，以水为辅，讲求智水与仁山结合，以仁为主，以智为辅，因借自然山林之趣味创造出"万物景观皆自得，四时佳兴与人同"的静笃、虚极之意境。[10]同时山地多变的地形也营造出了丰富的山地景观和不同的空间形态，成为山景设计的重点。主峰香炉峰屏列于西北，阻挡冬季西北方向凛冽的寒风，整体山势向东方开敞，能够接受充足的阳光。

清漪园的景观布置也是因山就势,如在山前开阔区布置主体建筑来观赏景色,在地形陡峭的后山区,布置佛教寺庙及买卖街等。从整体上看,其山水布局与中国古代传说"海上三仙山"类似,在昆明湖及旁边的湖体区设三个小岛,用来比喻海上三仙山:蓬莱、瀛洲和方丈。

(三)三山五园建筑分析

畅春园的建筑大都分布在园区的东南部,也是宫廷区所在,宫廷区的建筑呈轴线分布,中轴对称。园区其余地区建筑比较舒朗,建筑形式比较简约朴素,甚至连宫廷区的建筑也为灰瓦屋面。通过建筑,可以看出当时康熙帝所提倡的勤俭精神。

圆明园为了适应帝王的需要,建筑数量众多,类型复杂多样,当时的建筑形式几乎应有尽有。而且建筑在景观营造中居于主体的地位,十分重视建筑的形式美。乾隆在《塔山西面记》文中,阐述了这个设计原则:"室之高下,犹山之有曲折,如水之有波澜。故水无波澜不致清,山无曲折不致灵,室无高下不致情。然室不能自有高下,故因山构室者,其趣恒佳。"[11]他认为,美景与建筑之间是相互依存,缺一不可的关系。

静明园的建筑布局按照山体走势布置,南山景区坡朝南,宫廷区的建筑位于这一带,主体建筑是廓然大公建筑群。同时这一区有玉泉湖,湖中有三岛,曰"一池三山",中央大岛上有正厅乐成阁。东山区景观布置在影镜湖附近,建筑的布置也沿水体分布,主要楼阁曲廊建筑在北岸,东岸分布水榭船坞等。西山区由于地形平坦开阔,出现园区最大的一组建筑群,包括:清凉禅窟、东岳庙、圣缘寺等。

静宜园内的行宫园林主要布置在香山的东南侧,这里属于香山缓坡地带,最适合人类开展各种活动。香山静宜园的建筑与景观之间互相呼应,互相成为对景,营造出了较好的景观环境,使园林成为真正"可游可居"的精神居住场所。静宜园内的建筑主要有三种类型:寺观等名胜古迹,皇帝的行宫宫殿以及园中之园。比如寺庙建筑:香山寺、洪光寺;宫殿建筑:勤政殿、虚朗斋;园中园:见心斋等。"薙榛莽,剔瓦砾,即旧行宫之基,葺垣筑室。佛殿琳宫,参错相望。而峰头岭腹,凡可以占山川之秀、供揽结之奇者,为亭、为轩、为庐、为广、为舫室、为蜗寮,自四柱以至数楹,添置若干区。"[12]这成为静宜园写照。

清漪园主要建筑群分为朝寝区和以佛香阁为首的万寿山南北中轴建筑群两部分,建筑功能上前者为朝寝,后者为祝寿祈福。[13]两部分建筑群均有明显的中轴线,但前后山建筑群的轴线稍有错位。颐和园的中心建筑是万寿山上 41 米的佛香阁,其他的建筑均根据地形风貌建立了不同的建筑形式，如殿堂、楼阁、廊亭。

（四）三山五园植物分析

畅春园内的景观大都以植物成景，许多景点也是用植物命名，如：韵松轩、芝兰堤、桃花堤等。由于是在原清华园基础上改建，保留了基地内原有的古树名木，又种植了各色鲜花树木如丁香、绛桃、黄刺梅、玉兰、腊梅、牡丹、山枫、娑罗树等，四季均有景可赏。

圆明园是人工营造的大型山水园，植物在景观营造上占据了重要的地位。造园时国富民强，拥有丰富植物材料；加上统治者的关注，圆明园造园时能够充分利用植物本身的特点，结合山水、建筑、园路等其他园林要素，营造出具有丰富季相变化、步移景异的景观效果。据《圆明园内工则例》记载，圆明园中的植物种类包括：常绿乔木、落叶乔木、木本花卉、果树、花灌木、藤本以及草本花卉等，其中果树和花木的种类尤为丰富，同时也有许多变种和栽培品种，可作为研究圆明园盛期植物材料的第一手资料。[14] 乔木有刺柏、圆柏、怪柳、丝棉木、龙爪槐、紫杉、核桃、西府海棠、山桃、文冠果等。灌木有珍珠花、锦带花、紫藤、爬山虎、山葡萄、金银花、芭蕉、芍药等。

香山静明园以水景闻名于世，植物的配置大都依照景点特色、山形水势进行配置，出现了许多植物的主题园，如东山区植物配置以竹为主，乾隆《风篁清听》中有描述："竹近水则韵益清，凉飔暂至，萧然有渭滨淇澳之想。"另外，石牌坊的命名也有体现，如：烟柳春佳、兰渚频香。

静宜园内的植物以高大的乔木为主，不同的园林主题辅以竹、梅、桂等不同类型的植物。静宜园拥有丰富的植物资源，也有不少名贵品种，比如皇帝喜欢的金莲花，其他的植物种类还有银杏、樱桃、荷花、桃花、牡丹、芍药、晚香玉、菊花、红蓼、茉莉、藤等。

清漪园所在区域原为沼泽地，种植了大量荷花，乾隆皇帝在扩园时，根据不同的上水环境，重新规划了植物，包括木本和草本花卉、观叶或观果植物、园林植物，以及适用于园林、绿地和风景名胜区的柏树、松树、山枫、槐、栾、桃、杏等。据清乾隆御制诗所示，整个园林中，种植荷花于湖，水网西北岸栽桑，水中种植芦苇，水鸟成群出现在天空，呈现出活泼野趣和自然的气息。[15]

（五）三山五园水应用及处理分析

畅春园的前身清华园在建造时就充分运用了当时的泉水，据《春明梦余录》《明水轩日记》记载，当时清华园水域十分的辽阔，占据了园面积的一半，引西山泉水汇成园中的湖泊。园内景观设计运用了"因水成景"的手法，建筑、植物的布置也都结合水体，相得益彰。康熙帝在《畅春园记》中对畅春园周围的山水景也赞不绝口，曰："自万泉庄平地涌泉，奔流虢虢，汇于丹棱沜。沜之大，以百顷，沃野平畴，澄波远岫，绮合绣错，盖神皋之胜区也。"

圆明三园的用地，原是一处多泉水的低地。在建设过程中，引入玉泉山水系和万泉河水系，地形地貌也被重新塑造成各种岛、岗、阜、堤，并结合大大小小的串联起来的水系，形成山环水绕的山水格局。大面积的水域以福海为代表，成为帝王进行各种水上活动的场所；还有模拟江南理水手法而布置的蜿蜒曲折的河道、溪流；还有尺度宜人的水面，与植物景观地形结合，形成优美的景观。水体的应用在三园中发挥得淋漓尽致，三园有三分之一的面积为水体，可以说圆明三园集我国古代平地造园叠山理水之大成。

静明园所在的玉泉山不仅风景优美，而且泉水丰沛，《日下旧闻考》里"沙痕石隙随地皆泉"是对这里丰沛水源的描述。而且静明园的水质也是上品，甚至乾隆都夸赞其为"天下第一泉"。泉水乃玉泉山最为重要的构景要素，园中主要的湖体有五个：含漪湖、玉泉湖、裂帛胡、镜影湖、宝珠湖，五个湖体之间形成相互贯通的水系，围绕五个水域模拟江南婉约的情调形成了许多各具特色的小园。

香山自古泉源众多，且出水量十分旺盛，为京城西郊提供了丰沛的水源。乾隆年间建石渠引西山之水入玉泉，修堰于玉渊潭。静宜园山泉不仅为香山提供用水，而且成为静明园、清漪园的重要水源，其输水渠道成为独具特色的景物，形成了"香山以山胜，碧云以泉胜"的评价。静宜园是一座具有山林特色的皇家园林，运用丰富的理水手法，塑造出湖、池、溪、瀑、泉等多种形式的水体，同时利用水体制作胜景，比如二十八景中以水为主题的共有三处，分别是璎珞岩、知乐濠及玉乳泉。

清漪园的水体主要集中于昆明湖，原名西湖，是西北郊最大的天然湖。乾隆十四年（1749）进行了大规模的水系改造：前山挖湖堆山形成千湖块状水体，适合打造开阔、雄伟的景观效果。而后山"长河如带"的河溪状水系，适合营造幽深、寂静的景观。形成了"山水环抱""山因水活"的格局。[16]

三、研究三山五园对当代景观的意义

三山五园的兴建历程从侧面反映了一个国家一个王朝的兴衰，本文梳理了三山五园在选址、叠山、理水、植物、建筑等方面营造的手法以及与之相关的历史事件，可以看到历朝历代统治者及造园家的智慧。通过研习古典优秀园林在园林设计上的优秀思想及技法，挖掘其深厚的文化内涵，可以看到以三山五园为代表的皇家园林的历史价值、文化价值，这些优秀的中国传统文化与技法都值得我们后辈进一步研究与发扬。"虽由人作，宛自天开"既是对三山五园的总结，亦是对后辈们的鼓励，如何将这种境界与时代的发展相结合是对现代景观设计的新的考验。

作者简介：李元，女，1993 年生，山东烟台人，天津大学建筑学院风景园林专业在读硕士研究生，主要研究方向为古典园林与历史文化遗产保护。

注释：

[1] 何瑜：《清代三山五园史事编年》，中国大百科全书出版社，2014，第 1 页。

[2] 李建平：《"三个文化带"与北京文化中心建设的思考》，《北京联合大学学报（人文社会科学版）》，2017 年 第 4 期。

[3] 鲍源深：《补竹轩文集》（选录），中国史学会主编：《中国近代史资料丛刊·第二次鸦片战争》（二），上海人民出版社，1978，第 114 页

[4] 何瑜：《清代三山五园史事编年》，第 16 页。

[5] 《清高宗御制文集·初集》卷 4《御制静宜园记》。

[6] 周维权：《中国古典园林史》，清华大学出版社，2008，第 502 页。

[7] 赵连稳、李佳桧：《京西第一名园：畅春园筑园理念》，《北京科技大学学报（社会科学版）》，2014 年 第 3 期。

[8] 同上。

[9] 赵君：《圆明园盛期植物景观研究》，北京林业大学硕士学位论文，2009，第 25 页。

[10] 袁长平：《山水清音——品读乾隆时期香山静宜园理水之美》，《中国园林》，2012 年 第 8 期。

[11] 于敏中等：《日下旧闻考》卷 26，北京古籍出版社，1981，第 366 页。

[12] 《静宜园记》，香山公园管理处编：《清乾隆皇帝咏香山静宜园御制诗》，中国工人出版社，2008，第 512 页。

[13] 张冬冬：《颐和园园林建筑布局理法浅析》，《中国风景园林学会 2013 年会论文集》下册，中国建筑工业出版社，2013，第 820—824 页。

[14] 赵君：《圆明园盛期植物景观研究》，第 38—40 页。

[15] 吴书惠、林明明：《浅析颐和园植物配置与园林建筑的关系》，《农技服务》，2016 年第 7 期。

[16] 严俊：《颐和园万寿山部分园林建筑因山构室手法初探》，北京林业大学硕士学位论文，2015。

从皇家走入民间：

三山五园区域文化的民众认知

吕红梅

历史悠久的中华民族自新石器时代开始，就形成了多种多样的区域文化。每一个区域文化都有其鲜明的特色，在经济日益发展、注重文化遗产保护和利用的今天，区域文化必定会散发其历史的魅力，同时，我们也应该根据其特色，进行合理的开发和利用，使之为我们建设社会主义现代化的文化强国服务。北京作为祖国的首都，担负着建设文化核心区的重任，研究北京区域文化，发掘其鲜明特色并在新时代发挥引领作用，是近年来全国文化发展的要求。《北京市"十三五"时期加强全国文化中心建设规划》中提到，首都全国文化中心建设要使首都具备"凝聚荟萃、辐射带动、创新引领、展示交流和服务保障功能"。北京市提出的"三个文化带""一城三带"既是北京区域文化的内容和特色定位，也为落实"十三五"规划的目标提供了可行性。2017年，《北京城市总体规划（2016年—2030年）》（送审稿）在城市空间结构打造"一主""一副""两轴""多点"的基础上，明确增加"一核""一区"两个新概念。其中，西山文化带中的"三山五园"区域文化就非常典型地代表了"一区"，即北京西北部生态涵养区。

围绕北京区域文化的特色和定位，各级研究机构纷纷进行了学术研究和现场调研，提出很多有创见的结论，本文想围绕西山文化带中的"三山五园"皇家园林区域文化的民众认知，提出几点意见，以就教于方家。

一、北京"三山五园"区域文化的界定

区域文化指的是随着历史的发展，因为地理环境和自然条件的不同，逐渐形成的不同于其他地域的人文文化和特色。中华文明的地域特色文化从新石器时代就开始逐渐显现，学界认为，根据考古发现整理，从新石器时代开始，中国就大致形成了黄河流域文化区、长江流域文化区、珠江流域文化区和北方（以燕山南北、长城地带为重心）文化区四个大文化区。从这个区域文化的大分区来看，北京文化属于北方文化区。从公元十世纪中期成为辽代的陪都开始，到明清时代作为都城重点营建，北京保留了数量众多且珍贵的历史文化遗产，是今日我们发展北京特色文化的重要基础。

（一）三山五园皇家文化在北京区域文化中的地位

北京地区文化作为一类区域文化，特色鲜明。三千多年的建城史和一千多年的建都史，为北京留下了众多的遗迹。在政府的引导和学术界的梳理之下，《北京市"十三五"时期加强全国文化中心建设规划》中强调，要注重长城文化带、运河文化带和西山文化带的保护和利用，显示了政府对文化遗产保护和利用的重视，同时强调了北京区域文化的三个特色：长城、运河、西山。其中，西山（永定河）文化带中涵盖的"西山"又有"大西山"与"小西山"之分。按照学界大多数的界定，大西山的历史地理范围基本界定为：属太行山山脉，古称"太行之首"，北至昌平关沟，南抵拒马河谷，东临北京小平原，西与河北交界，总面积约占北京市域的近六分之一，按照这个范围划分，那么传统意义上的"西山"即京西地区延展涵盖到了海淀区、石景山区、门头沟区、房山区和昌平区五个区。

关于"小西山"的范围，学界也有一些不太一致的说法。著名的红学家周汝昌先生认为："一般所说的西山，则多指范围最小的一部分，即永定河以东的这一带山峦。其中真正的西山有三山：翠微山、平坡山、卢师山，就是普通所谓西山八大处的名胜攒聚之处。"[1] 显然周先生所说的范围最小的"西山"不能与我们今日提的"小西山"画等号。

且不论"大小西山"的范围如何界定，我们在此处要突出强调的是西山文化带内的"三山五园"皇家园林文化区。"三山五园"，三山即香山、玉泉山、万寿山，我们今日所谓"小西山"就是指京西石景山八大处至香山及部分山前地带。周汝昌

《曹雪芹传》中引用清诗人龚自珍《说京师翠微山》说道："翠微山者……出阜成门三十五里，不敢远京师也。……与香山静宜园相络相互，不触不背，不以不列于三山为怼也。与西山亦离亦合，不欲为主峰，又耻附西山也。"从这里可以看出，清人对"西山""三山"是有区分的。今日我们将香山划入"小西山"的范围，与清人的认知也有些出入。"五园"是指静宜园、静明园、圆明园、颐和园、畅春园。"三山五园"虽有特指，也有泛指，泛指就是北京西郊皇家园林。三山五园的特色就是"皇家"，同时包含了建筑、美学、艺术、民族、宗教等各方面的内容，既是人文景观又包含自然美景。

（二）三山五园区域文化并未被整体认知

近些年，国内外游客慕皇家园林之名而来，但对他们而言，"三山五园"不是一个整体的概念，而是分散的景点。比如，人们多数是奔着颐和园、圆明园的"皇家"景色而去，如果去香山，都是十一过后看"红叶"，并不熟谙其文化的内涵，或者说所谓的"皇家"在人文、自然景观当中的表现是什么也一无所知。这些都是单纯的"游"，与文化的关系不大，所以，建设文化中心需要的就是激发民众对景点（遗产）背后文化的认知，而非简单的看景。从这个含义出发，我们对"三山五园"区域文化的普及就应该走出学术的藩篱，将学术研究的成果普及给民众，让"三山五园"作为一个整体呈现在民众的印象中，并从文化的角度深入展示其内涵。对历史文化遗产类景点的文化内涵深入了解之后，人们的旅游和参观必然会进入新的高度和境界，就不会再发生"强行购物"等旅游业常出现的矛盾和冲突现象了。

二、民众认知区域文化的必要性

虽然学者对三山五园历史文化遗产的内容进行了诸多的研究，但仅限于研究层面，并不能真正发挥文化遗产的作用。我们研究、开发、保护、利用文化遗产的最终目的不是将之封闭地保护在象牙塔里，而是怎样让不专门进行研究的普通民众了解这些研究成果，并在了解的基础上将文化与遗产结合在一起，将单个的景点融入一个区域文化圈中去做整体的认知和理解。"三山五园"皇家文化带是西山文化带内的一个小文化带，又包括了三座山和五个园，因此，作为一个整体进行认知，并进行整体的开发和利用，统筹兼顾所有遗产是最好的策略。如三山五园中的颐和园是世界文化遗产，在国内外目光的关注下，已经得到了很大力度的修缮和开发，其历史价值和文化旅游价值已是世界闻名，这颗闪耀的"大星星"独闪光芒，掩盖了周边很多其他的文化遗产。香山以红叶知名，而红叶是一种自然植物景观，不能涵盖香山悠久的历史和人文内涵，我们应该向民众宣传香山的历史文化内涵，如自唐代以来就有香山寺，自清代以来乾隆精心建设静宜园并留下了众多的摩崖石刻和遗迹，还有昭庙等宗教文化遗产。如果香山的历史文化内涵深入人心，就不会出现在红叶季节人满为患，而无红叶时游客稀少的情况，可以调节公园作为景点的游客量。

三、多渠道入手，普及三山五园皇家文化的民众认知

目前，以"三山五园"为主题的国内研究性论文频出，国外研究概况也有学者进行了整理。北京市海淀区宣传部等政府部门联合高校组织了"三山五园"专题学术研讨会，对"三山五园"在清朝的营建、在民国时期的发展和在现代社会的保护等方面进行了很多研究。不仅仅局限于学术探讨，还将与"三山五园"相关的名人轶事进行了微信推送，让大众接触到历史上的真实情景。这些工作使得处在三山五园文化区内的百姓有一定的了解，但所知还是非常有限。笔者认为应该从社区入手，将三山五园范围内的社区联合起来进行遗产的整体认知和宣传。

（一）社区协同宣传三山五园

社区是街道管辖的民众基层自治组织，最贴近百姓的生活，是连接百姓与文化管理部门的基本纽带，社区的工作细致琐碎，能深入社区当中的每家每户，具体到每个居民。目前，三山五园所在区域内的社区并没有针对"三山五园"的共同点而有所交流，在具体的辖区内，"三山五园"的研究成果也是仅仅陈设在社区图书馆内，少人问津，更不用提普及了。例如，香山地区已经举行了八届香山文化论坛，针对香山地区的历史、文化、民族、宗教、艺术、村落、名人遗迹等问题进行了深入的探讨和研究，这些出版物应该走入百姓的生活，可以当做丰富他们业余文化生活的重要内容，定期组织学习和讨论，让社区的百姓沿着三山五园的区域实地走一遍，让百姓真切地感受到"三山五园"就在他们身边，这是一个整体而非孤立的个体。

（二）充分利用各种宣传手段，将"三山五园"的内涵多角度地展现给世人

建设"三山五园"区域文化带的目的之一就是让人们更深入地了解其悠久历史和浓厚的文化底蕴。"三山五园"作为文化遗产，生活在区域内的人们却只了解几个

著名的"大遗产",这不符合推动区域建设和普及的初衷。应该通过多种宣传途径和手段,让居住在区域文化带内的百姓进而让居住在北京的百姓,乃至来京旅游的人群都知道三山五园区域文化遗产的分布及现状,并设计整体的旅游路线,而不是拘泥于"慕名而来",看点不看面。在这方面,各相关部门已经做了一些工作,后续工作需要的就是强化和深入已经使用的手段,并继续开创新的途径和模式。

目前,香山南路等地已经设立了"三山五园文化旅游区"的牌子,但还没有进一步文字介绍等内容。建议在这些牌子旁边设立文字区域,说明此牌附近可以步行到达的遗迹有哪些,可以坐公交到达的有哪些,同时让公交站点充分发挥它的作用,在站点设立明显的文化遗产旅游方向、建议旅游时间、旅游特色等文字介绍,可以给等车或旅行的人充分的引导。

还有利用微信公众号推送,因为手机是人们在现阶段利用率最高的电子产品之一,老少咸有。现在海淀区宣传部推出了"三山五园"微信公众号,推送一些"三山五园"的科普性文章,力求准确而文字优美,同时配图,增强趣味性和可读性。但这个公众号仅在一些文章作者及工作人员当中流传,传播范围还是小,应该让辖区内的百姓也知道这个公众号的存在,并能够从公众号中得到三山五园的相关知识。在三山五园景点沿线,有的地方已经设立了路边标识牌,可以将公众号的二维码也一并展陈在标识牌上,让想了解这些知识的人有了解的途径。

还可以覆盖公共交通工具和网络,在三山五园区域内的公交车上进行图片宣传、视频展示和微信二维码设置,使坐车的民众有多个渠道了解三山五园的历史和文化,不经意间的接触可能会引发极大的兴趣。在自行车交通上,与各类共享单车联合推广三山五园文化。在三山五园区域内设立多个存放点,或者在各共享单车的应用上推送,自行车附近都有哪些景点,骑行需要多久等具体信息,形成自行车一日游覆盖网。

(三)重视搜集和保护、开发和利用三山五园区域文化带内非物质文化遗产的内容

三山五园是物质文化遗产,而如果我们把它们纳进一个区域进行研究,还需要我们去关注其中的非物质文化遗产内容。非物质文化遗产是人类在长期的生产生活实践中形成的,更能反映一个地区人们的历史发展状况和特点。三山五园区域文化带内非物质文化遗产目前的梳理状况还不是很理想,一些纳入国家级、市级的非物质文化遗产项目并没有被广大群众普遍认知,很多传说和故事还没有经过系统的整理,即使有整理,宣传的力度也非常欠缺。例如,香山故事的整理和流传就非常有限。很多人都知道曹雪芹,也知道香山脚下植物园内的曹雪芹纪念馆和黄叶村,但对于"曹雪芹西山传说"的非物质文化遗产却知之甚少。而曹雪芹在香山及正白旗活动的地区正好在三山五园区域内，可以算作其非遗的内容。早在 2009 年中华书局就出版过《曹雪芹西山传说》，2015 年还有樊志斌先生（北京曹雪芹纪念馆副研究员）出版了《非物质文化遗产丛书：曹雪芹传说》，该著作详细介绍了曹雪芹西山传说。曾有专家提议在西郊建立曹雪芹博物馆，将这里建成全国研究和展示曹雪芹的主要基地，如果此事在将来成为现实，那么就更应该重视曹雪芹西山传说这项非物质文化遗产的宣传、开发和利用工作了。在注重传统文化的今天，《红楼梦》已经成为高中生的必读书目。物质文化遗产曹雪芹纪念馆和非物质文化遗产曹雪芹西山传说将成为我们在新时代读《红楼梦》的有利辅助工具。[2]

颐和园建筑技艺的"样式雷"是国家级非物质文化遗产，百姓们来颐和园旅游参观，只知美景与建筑，不知建筑背后的技艺和故事，也是欠缺文化内涵的一种表现。这些非遗的知识就得由政府牵头和主导，从颐和园管理处入手进行有意识的宣传和引导，才能在游客当中进行普及，国内外的游客离开这里的时候，印象中不应该只有美景，还应该有文化。

有专家撰文说过，目前西山文化带内的历史文化遗产数量众多，但分属于多个部门管辖，曾有人形容多部门管理如同"九龙治水"。[3] "三山五园"区域文化作为一个整体，也面临这样的情况，一些划入部队等专门部门辖区的区域如何处理，是将"三山五园"区域文化作为整体推出必须解决的问题。

习近平总书记说，丰富的历史文化遗产是一张金名片。三山五园区域文化带的开发和利用不仅能提升北京作为历史文化名城的保护水平，推动北京文化中心建设，而且还可以为长城文化带和运河文化带的开发和利用提供范本，"三带"共同发展、共同服务于中国特色社会主义文化建设，有助于加强中华优秀文化的保护、传承与发展，进而为北京成为全国文化中心服务。

作者简介：吕红梅，女，1979 年生，山东寿光人，历史学博士，现为北京联合大学应用文理学院历史文博系副教授，主要研究方向为中国古代史、北京地域文化。

注释：

[1] 周汝昌：《曹雪芹传》，东方出版社，2010，第 160 页。

[2] 林宏彬、吕红梅：《文化中心建设视野下的北京西山文化带开发和利用》，《北京联合大学学报（人文社会科学版）》，2017 年第 3 期。

[3] 陈名杰：《西山文化带传承和创新对策建议》，《前线》，2016 年第 11 期。

浅论康熙"孝治天下"思想在三山五园活动中的体现

尹　凌

　　"孝"是中国文化的核心观念和显著特色，是中国传统社会礼制的重要内容，也是传统政治制度的基本内容之一。提倡孝道几乎是历朝历代的国策之一。清政府统一中国 268 年，虽然是靠武力征服而建立，但满族统治者十分清楚"自古平治天下，莫大乎孝"，充分认识到利用儒家礼教维系统治的重要性，成为历代尊老敬老传统的集大成者。康熙皇帝在其执政期间，更是"首崇孝治"，提倡孝道并亲历躬行，将孝治天下的理念及实践推向极致。[4]

一、清朝孝治天下的政治理念与政治实践

　　孝道是儒家伦理的重要内容，也是中国文化的一大特色，对中国人的思想和行为都有深远的影响。满族在明末崛起之初，就将儒家孝道拿来使用。

　　入关之前，努尔哈赤凭借其极佳的汉语，通过汉人儒士的介绍和影响了解到孝道，虽然这个时候他对孝的认知与儒家概念的纯孝观念相差甚远，但是他将其视为便利的统治手段，并与"忠"开始结合。皇太极统治时期，更是心悦诚服地认同儒家的孝道概念，其孝道也渐有趋向儒家纯孝的倾向，并出于巩固国家政权的目的将孝道视为施政工具。[5]

　　入关之后，顺治皇帝已经趋向儒家正统之纯孝。顺治很重视对孝的宣扬，在位期间明确宣告"孝治天下"，开始将孝治天下作为政治理想以及执政目标。顺治帝御

定并部分注解《孝经》,作《御定孝经注》,宣扬忠孝一体的概念,并身体力行。顺治帝非常爱敬其母孝庄太后,执政期间曾四度为太后加徽号,用尽孝思。[1] 顺治十三年二月为皇太后做寿,借祝寿之际,作三十首《万寿诗》,意通过此举,行孝治天下的策略,恢复封建社会的五伦关系,达到迅速稳定政权的目的。

康熙皇帝在其执政的 61 年中,多次明确强调帝王治理天下,应该"首崇孝治",更是躬身垂范,将孝治天下的理念推崇到了极高的地位。

受到父祖提倡孝道并亲历躬行的影响,继位后的雍正皇帝也是极为重视孝道,强调"君国之道,必崇孝理,化民之本,务重尊亲"。[2] 乾隆皇帝继位后同样指出"致治之本,孝道为先。尊养之隆,鸿称首重"。[3] 乾隆还在养心殿暖阁悬有康熙皇帝的圣训"有孝为百行之首,不孝之人断不可用",每日敬仰,并认为此训"实为万世准则"。[4]

可见,清朝诸帝,秉持、遵循、实践以孝治天下的理念,并以之作为政策制定的准则。乾隆之后清代孝道政策或许有所调整变化,但是其孝治天下的精神,仍然持续延伸。

二、康熙帝在三山五园的活动与孝治天下

康熙帝玄烨被认为是清朝最有作为的皇帝,他完成了国家统一,又开创了所谓的"康乾盛世",取得了巨大的历史业绩,充分展示了治国的雄才大略。康熙帝登基后开始研读汉文经典,将儒家思想发挥在对国家的治理之中,崇儒重道成为康熙朝的基本国策,也是皇帝立身行道的基本准则。受到儒家经典的熏陶,康熙皇帝如同其父顺治皇帝一般,对于孝道也十分重视,更是将此前诸帝孝治天下的理念推崇到了极高的地位。除了编纂《孝经》、为续编《孝经衍义》亲自作序,说明孝道的重要性和影响力之外,在其执政的 61 年中,多次明确强调帝王治理天下,应该"首崇孝治",不仅在全国范围内大力提倡孝亲,而且亲历躬行,垂范天下。

康熙皇帝即位后,对紫禁城内封闭枯燥和盛夏溽暑的宫廷生活很不适应,再加上满族游猎文化习俗的影响,便开始在京城郊外修建行宫。康熙十六年(1677),为了减少康熙帝游览香山时仆役侍服之臣的劳顿,开始修建香山行宫以及静宜园;康熙十九年开始修建玉泉山行宫,后来玉泉山静明园成为康熙经常游览赏景和驻跸理事的山水离宫;康熙二十三年在海淀原明代武清侯清华园废园的基础上开始修建畅春园,自修建完毕,康熙每年都有大量的时间在畅春园度过;后来,康熙四十六年

修建圆明园，圆明园虽是皇四子胤禛的赐园，但康熙帝也曾几次临幸。[5] 上面提到的这些皇家园林构成了三山五园的主体。三山五园作为集理政、居住、休闲、游览等多种功能于一身的京西皇家园林，是康熙皇帝避喧理政之所，同时宜居宜孝，也是其推行孝治天下的政治理念和政治实践的场所。[6]

（一）修园建宫，宜居宜孝

畅春园是清朝帝王在北京西郊兴建的第一座皇家苑囿，康熙二十三年开始兴建，历时三年，康熙二十六年建造完成。康熙皇帝建造畅春园，一是为了"避喧听政"，另外，正如康熙在《御制畅春园记》中所写，还有宜居宜孝的考虑，"可祗奉颐养，游息于兹。足以迓清和而涤烦暑，寄远瞩而康慈颜，扶舆后先。承欢爱日，又天伦之乐也"。[7] 因此，玄烨在畅春园除了避喧理政之外，还有很重要的一个活动就是奉行孝道，使皇太后安享晚年的颐乐生活。据张宝章先生考察，畅春园"九经三事殿后为春晖堂，其后为寝殿，号寿萱春永"，时奉"孝庄文皇后、孝惠章皇后憩焉"，[8] 为皇太后所居住。春晖，借指母爱、母亲的恩德。萱，指萱堂，母亲的借称，殿名含有母亲长寿的含义。康熙把孝庄皇太后和孝惠皇太后请进畅春园，经常问安，不时宴请，还经常请她们乘船赏景，登楼观花，极尽孝道。

康熙帝除了在畅春园建造了专供皇太后常年居住的宫殿，为了便于奉养皇太后，还另外在一些御园建了临时寝宫。

在畅春园这座清代第一座大型御园修建之前，康熙帝经常驻跸玉泉山静明园。他从康熙十九年开始修建玉泉山行宫，当年十二月二十二日即"驻跸玉泉山"。二十一年行宫建成后命名"澄心园"，三十一年更名为"静明园"。自始建玉泉山行宫起至畅春园建成，康熙共21次到玉泉山游览赏景和驻跸理事。气候适宜的山水离宫也成为康熙帝奉行孝道的良好选择，他首先在玉泉山建造了太后宫。根据《康熙起居注》提供的资料推断，澄心园内有一座太后宫，就是康熙帝奉养皇太后的场所。康熙二十六年六月，"十二日戊午。早，上迎（孝惠）皇太后，送皇太后至玉泉山宫内"。[9]

按照李大平的观点，圆明园是康熙在康熙二十七年（1688）为嫡母孝惠皇太后在畅春园北面营建的一座大型的离宫御苑。它起初对内臣称为"淡泊为德行宫"，后改为或扩建为"镜峰"。它就是康熙四十六年三月二十日胤祉奏折中康熙所说畅春园"北新（建）花园"。至康熙五十六年孝惠皇太后去世后，康熙才转赐给雍亲王居住。[10] 如果是这样的话，圆明园自康熙二十七年开始，就作为康熙帝奉养皇太后、恪尽孝道的重要场所而存在。圆明园后来作为赐园赐给皇四子胤禛之后,康熙帝仍几次临幸。

据载,康熙十六年开始修建香山行宫,香山行宫在静宜园内,修建的原因也是康熙帝在游览香山名胜古刹时,恐仆役侍服之臣或有所劳也。康熙帝留下了游赏香山的一些记载,但从未见到有夜宿香山行宫的记载,因此也没有更多体现其孝治天下思想的具体活动。[11]

(二)寝门视膳,事必躬亲

除了编纂《孝经》、为续编《孝经衍义》亲自作序,说明孝道的重要性和影响力,康熙更是身体力行,展示和宣扬以孝治天下的立国之道。他认为帝王应尽孝为天下先,才能为万民之表率楷模,而尽孝首先在于"其事始于寝门视膳之节,而推之于配帝飨亲",应着重于"曲敬奉亲"之事。康熙皇帝的孝道观,突出表现于其侍奉皇太后的事必躬亲上。

康熙皇帝对于"寝门视膳之节"的重视,以及对祖母孝庄太后的热爱,被传为孝行典范的佳话。孝庄太后与康熙皇帝的祖孙关系极为亲密与独特。祖母孝庄太后可以说是对康熙帝一生影响最大的人。康熙8岁时,父亲顺治皇帝病逝;10岁时,生母病逝。他得以继承大统,主要得益于祖母之力。孝庄太后关怀、爱护、培养幼年的康熙帝,以自己多年的政治经验和超人的智慧全力辅佐,使康熙帝成为千古圣君。康熙帝因此对她的鞠养教诲深怀感激,对孝庄太后极为尊重孝敬。康熙对祖母的孝敬,主要体现在"期尽孝养,朝夕侍奉"的行动中。虽然康熙日理万机,但"晨昏静睹慈颜像",每日给祖母请安,始终是他必做之事,有时一天三次给祖母请安。起居注中几乎每日晨昏定省的请安记录,更是完整呈现出康熙皇帝"寝门视膳之节"。

《康熙起居注》中也有这样一段评述:"我皇上至德纯孝,奉事太皇太后三十余年,极四海九州之养,尽一日三朝之礼,无一时不尽敬,无一事不竭诚。昼则视膳于寝门,出则亲扶于雕辇。万机稍暇,则修温凊之仪;千里时巡,恒驰络绎之使。此皇上事太皇太后于平日,诚自古帝王之未有也。"这些颂扬之语基本上是康熙帝孝道的真实写照。孝庄皇后也认为康熙皇帝"惟是皇帝大孝性成,超越千古",可以说是为后人树立了孝道的楷模,"惟愿天下后世,人人法皇帝如此大孝可也"。康熙对祖母的孝行更是给法国传教士白晋留下了极为深刻的印象。白晋在写给路易十四的信中说:像(康熙)皇帝那样最出色、最典型的孝道,甚至在中国历史上也是空前的。[12]

康熙帝关于如何尽孝,对儿孙们曾有过这样的教诲:"凡人尽孝道,欲得父母之欢心，不在衣食奉养也，惟持善心，行合道路，以慰父母，而得其欢心，斯可谓真孝者矣。""人孰无祖父母、父母，为子孙者，皆当尽孝，人若不尽孝道，则与狗彘何异！"[13] 康熙对孝庄皇太后的孝行，一方面确实是出自他与孝庄太后深厚朴素的祖孙真情，但另一方面无疑也是出于统治的需要。根据清圣祖实录档案的记载，康熙命礼部议定："皇上在太皇太后、皇太后前行礼时，和硕亲王以下，入八分公以上，内大臣、侍卫、大学士等，照常随行礼，八旗一品大臣并部院衙门满汉尚书，俱令在午门外众班内行礼。"由此不难看出，康熙帝是以自己对长辈的孝行给儿孙、臣民做出榜样，希望他们能像自己对待长辈那样对待自己，忠于朝廷，这种表率臣民的做法正是其孝治天下思想的重要体现。

（三）祝寿咏诗，尽显孝心

孝惠章皇后在玄烨生母病逝后，对他关心和爱护，尽到母亲的责任，因此玄烨对皇太后也是十分尊重。康熙二十六年，孝庄太后以74岁驾崩，对于孝庄太后的共同的孝思，进一步加深了康熙皇帝与皇太后孝惠之间的感情。康熙除了平常时节经常向皇太后问安，每逢太后寿辰，总是举行各种祝寿活动，亲献各种珍贵寿礼。皇太后"喜居郊区"，很少到封闭枯燥的紫禁城去居住。康熙帝经常奉母乘舟赏花，登楼放眼观景，还经常献诗。

康熙四十九年，孝惠太后七十万寿，康熙除了献亲制《万寿无疆赋》，上金银珠宝、名画等珍贵寿礼，还献上精心做成的"万国玉粒饭"和名贵菜肴及果品。

是年三月初十，康熙帝请皇太后在畅春园雅玩斋进膳，并赏梅花。母子情深，回忆起之前为皇太后祝寿的情景，康熙帝吟诗《三月初十日恭请皇太后雅玩斋进膳看梅花》助兴："当年梅雪伴，今岁暮春迟。银杏舒新叶，木兰盖绿枝。花当亭畔发，香逐雨中移。别殿陈鲜蜜，尚方献瑞芝。老来舞膝下，珠草到仙墀。敬上乔松祝，欣瞻王母仪。捧觞称寿句，进酒问安词。地润铺红萼，波澄敛玉池。高峰多爽气，绮树得丰姿。漏转催辰半，表行近画奇。承欢同家日，孝思莫违时。会庆思经义，千秋古训垂。"[14]

康熙在雅玩斋侍奉皇太后观梅咏诗助兴，既是为了尽孝，更是从其家庭关系的实践上，重视用儒家孝道表率天下，为皇子和臣子们树立笃行孝义的榜样。

（四）设千叟宴，垂范天下

康熙皇帝一方面大力倡导尊老敬贤传统美德，另一方面又身体力行，在他的不断努力下，全社会形成尊老孝亲的良好风尚。康熙在位时期最为著名的敬老盛事，或者说是清代最具特色的孝治天下的重要活动，应该算得上是康熙两次举办的千叟宴了。[15]

康熙年间，三藩平定，国泰民安，百姓富足，大清帝国呈现出一片繁荣的景象。康熙五十二年正值其六十万寿大庆。由于康熙是一位具有雄才大略的少年天子，颇得人民爱戴。为了感谢皇帝的恩泽，各省的文武官员、商人甚至很多老人，不顾远途跋涉的艰辛从几十里、几百里甚至几千里的外地，于二月下旬分批赶赴京城为皇帝祝寿。从全国各地来京城为皇帝祝寿的 65 岁以上的老人，多达数千人。为答谢士庶，而且康熙比较满意自己的统治业绩，也很自豪自己是秦汉以来在位时间很长的一位皇帝，于是决定在六旬万寿庆典后举行大型宴会招待前来祝寿的各位耆老。三月二十五日，圣祖万寿庆典后的第七天，康熙皇帝在西郊畅春园正门前宴直隶各省现任、致仕、给还原品文武汉大臣、官员、士庶等年龄过六十五者逾 1800 人，其中八十以上者 500 多人。三月二十七日，康熙于畅春园正门前宴满洲、蒙古、汉军现任、致仕、给还原品文武大臣、官员、护军、兵丁、闲散人等年逾六十五者 1000 多人。三月二十八日又在畅春园皇太后宫门前宴赏八旗年老妇人。宴会期间，康熙为了表示尊长敬老，令皇子、皇孙、宗亲中 15 岁至 20 岁、人品聪慧者六七十人，在老人宴上敬酒。对于年过八十的老人，康熙则命人搀扶到自己的面前亲视饮酒，并分别赐给白金等物。为了体现尊老尊贤为其孝治天下之首务，还规定耆老接受敬酒和赏赐时，不要起立，坐而受之即可。宴会结束离开前，又各赏白银，并谕告各位老人："帝王之治天下，发政施仁，未尝不以养老尊贤为首务。近来，士大夫只论做官之贤否，移风易俗之效验，所以不暇讲究孝悌之本心。朕因今日之会，特宣此意，若孝悌之念少轻而求移风易俗，其所厚者薄而薄者厚矣！尔等皆是老者，比回乡井之间，各晓谕乡里，须先孝悌。倘天下皆知孝悌为重，此诚移风易俗之本，礼乐辞让之根，非浅鲜也。"[16] 要求各位耆老回归故里后，要在各自的家乡讲解养老尊贤、尽孝知悌的传统，扬善去恶。康熙在六旬万寿庆典后先后举行的这两场大规模的宴请耆老的活动，参加者已逾几千人，尽显盛世气象。但是，康熙五十二年这次宴会，虽已有千叟宴之实，却尚无千叟宴之名。

在这次畅春园千叟宴十年之后，康熙六十一年（1722），他已届 69 岁高龄，在位时间居中国历代帝王之首，而且在"滋生人丁，永不加赋"政策的刺激下，全国人口快速增长，国家日益富庶，中国社会也出现少有的太平盛世局面。时值康熙七十万寿贺典，为了博得民心，朝廷决定再次举行尊老宴会。宴会仍然分旗、汉两批，分别在三月二十三日和二十四日于畅春园举行。宴席上，康熙帝和老人们尽情畅饮，凡是 80 岁以上的老人均由皇帝亲视饮酒，并命诸王、贝子、贝勒、公及散宗室侍立观礼，给老人们斟酒。又召集八旗年老妇人齐集畅春园太后宫宴饮，并御赐彩缎和银两。而且，康熙帝命与宴满汉大臣、官员即兴赋"千叟宴诗"。康熙帝也亲自作七言律诗，表达了尊老尚齿的心愿以及继续勤政的决心："百里山川积素妍，古稀白发会琼筵。还须尚齿勿尊爵，且向长眉拜瑞年。莫逊君臣同健壮，愿将亿兆共昌延。万机惟我无休息，日暮七旬未歇肩。"[17] 后来朝廷将这些诗文专门整理出四卷《御定千叟宴诗》，收诗千余首，包括大臣恭和诗 13 首及与宴臣民赋诗 1030 首。

康熙特别举办千叟宴的主要目的是希望借由这种形式的宴会将中央政府孝悌治国的理念，经由这些参宴耆老的影响力传到地方，并实行教化。尊老不仅仅是简单的赏赐和筵席，更重要的还在于扩大社会影响。通过身受皇恩礼遇的臣民之口，又可向全社会宣传清廷统治者的统治意图，引导全体社会成员树立良好的行为模式和榜样。康熙皇帝出于维护统治的需要，将敬老与孝悌巧妙地结合，并将其贯彻到具体的尊老活动中，便于国家统治深入地方人心。这才是康熙皇帝大设千叟宴，将敬老作为孝悌表率的真正用意。

三、结论

综上所述，康熙皇帝通过修园建宫、寝门视膳、祝寿咏诗以及大设千叟宴等一系列在三山五园的活动，将清朝官员及百姓全部纳于孝治政策下，并通过宣扬提倡，亲历躬行，垂范天下，弘扬儒家传统道德，自上而下地在全社会形成"尊老敬贤"的社会风尚，并强化了以儒家文化为核心的社会道德观念，引导全体社会成员树立了良好的行为模式，有效达到了巩固统治、维护社会安定的目的，将孝治天下的政治理念和政治实践推向极致。

作者简介：尹凌，女，1971 年生，山东人，文学博士，北京联合大学应用文理学院历史文博系讲师，主要研究方向为世界古代史、文化遗产学。

注释：

* [基金项目] 本文是北京市教委科研项目"北京市三山五园历史文化元素谱系构建"（项目编号：SQSM201411417006）的阶段性研究成果。

[1] 中国第一历史档案馆编：《清代档案史料丛编》第 9 辑，中华书局，1983，第 5 页。

[2] 黄丽君：《孝治天下：入关前后满族孝道观念之转化及其影响》，中正大学历史系硕士学位论文，2006，第 52—55 页。

[3] 《大清世祖章皇帝实录》卷 52。

[4] 《大清世宗宪皇帝实录》卷 1，康熙六十一年十一月辛丑。

[5] 《大清高宗纯皇帝实录》卷 2，雍正十三年九月上辛丑。

[6] 《乾隆朝上谕档》第 10 册，档案出版社，1991，第 323 页。

[7] 有学者提出，圆明园是康熙帝于康熙二十七年（1688）为嫡母孝惠皇太后在畅春园北面营建的一座大型的离宫御苑，至康熙五十六年孝惠皇太后去世后，康熙才转赐给雍亲王居住。见李大平、朱诚如：《圆明园始建年代新考》，圆明园遗址公园网站，网址：http://www.yuanmingyuanpark.cn/ymyyj/yj016/201012/t20101226_229477.html，发布时间：2010 年 12 月 23 日。

[8] 严格来讲，香山静宜园、玉泉山静明园分别于康熙十六年和康熙十九年开始修建，畅春园于康熙二十三年始修，圆明园作为皇四子胤禛的赐园始建于康熙四十六年，以上四园两山，都曾经或长或短作为康熙避喧理政、宜居宜孝的主要场所；而万寿山和颐和园却是乾隆十四年才开始修建，非属"康熙皇帝居住生活和上朝听政的主要场所"之列。但因为三山五园或五园三山这一名词至晚在光绪年间已经被用来指称以玉泉山和静明园、香山和静宜园、畅春园、圆明园、万寿山和颐和园为代表的清代京西皇家园林，不宜分割，故此文中仍然采用三山五园这一集合名词，特作说明。

[9] [清] 于敏中等编纂：《钦定日下旧闻考》卷 76，北京古籍出版社，1981，第 1269 页。

[10] 《清朝通志》卷 33《都邑略》。

[11] 《康熙起居注》第 2 册，中华书局，1984，第 1647 页。

[12] 李大平、朱诚如：《圆明园始建年代新考》。

[13] 张宝章：《三山五园新探》，中国人民大学出版社，2014，第 400 页。

[14] [法] 白晋：《康熙帝传》，珠海出版社，1995，第 240 页。

[15] 《圣祖仁皇帝庭训格言》，吉林出版集团有限责任公司，2005，第 8 页。

[16] 《圣祖仁皇帝御制文集·四集》卷 32，四库全书本。

[17] 千叟宴作为宴饮的尊老形式是清代独具特色的重要内容之一。顾名思义，"千叟宴"是千名老叟共同与宴，但并非一定要在千人以上才称为"千叟宴"。千叟宴，亦称"千秋宴"。"千秋宴为康熙五十二年创典，设畅春园。"（《清史稿》卷 88《礼志七》，中华书局，1976，第 2628 页。）千叟宴的举办既无定期，亦无定制，清代仅在康乾盛世时举行过 4 次。千叟宴的形成与庆祝皇帝寿辰之举有关。

[18] 《清圣祖圣训》卷 8《圣治》，康熙五十二年三月壬寅。

[19] 《御定千叟宴诗》卷 1，影印文渊阁四库全书本。

"一带一路"视野下"三山五园"文化旅游的战略分析

——以入境游为例

郭 靖

引言

    2013 年 9 月和 10 月，国家主席习近平在出访中亚和东南亚国家期间，先后提出共建"丝绸之路经济带"和"21 世纪海上丝绸之路"（即"一带一路"）的倡议，受到国际社会的高度关注。倡议指出"一带一路"建设的社会根基是民心相通。要加强旅游合作，扩大旅游规模，互办旅游推广周、宣传月等活动，联合打造具有丝绸之路特色的国际精品旅游线路和旅游产品，特别是文化旅游[18]产品。联合国教科文组织（UNESCO）和世界旅游组织（UNWTO）则强调，旅游业在传承和弘扬丝路文化的过程中发挥着举足轻重的作用，是促进交流、建立信任、友好合作的重要载体。[19]国家间旅游人数的互动规模及增减变化在反映国家间相互吸引力关系的同时，也间接反映了两国国民之间的好感度、观念的融合度、文化的认同度以及人员交往的密集度，也是衡量民心相通程度的重要指标。[20]习近平主席在"一带一路"国际合作高峰论坛开幕式上的演讲中指出要将"一带一路"建成文明之路。"一带一路"建设要以文明交流超越文明隔阂、文明互鉴超越文明冲突、文明共存超越文明优越，推动各国相互理解、相互尊重、相互信任。要用好历史文化遗产，联合打造具有丝绸之路特色的旅游产品和遗产保护。[1]

2017 年出台的《北京市城市总体规划（2016—2035 年）》（以下简称《规划》）提出要不断提升北京旅游的独特吸引力和国际影响力，提供优质旅游服务，建设国际一流的旅游城市，并对"三山五园"进行了具体规划。《规划》指出"三山五园"地区是传统历史文化与新兴文化交融的复合型地区，拥有以世界遗产颐和园为代表的古典皇家园林群，集聚一流的高等学校智力资源，具有优秀历史文化资源、优质人文底蕴和优美生态环境。应建设成为国家历史文化传承的典范地区，并使其成为国际交往活动的重要载体。[2] 近些年来我国入境旅游产品一直在不断丰富与完善，但是，面对入境游客需求的日益个性化与多元化发展趋势，产品结构单一、同质化严重、内容缺乏创意和文化内涵等问题凸显，总体上产品质量相对较低，精细化和高品质的旅游产品匮乏，对入境游客缺乏足够的吸引力。而"一带一路"倡议和《规划》的出台与推进恰逢其时，不仅为我国入境旅游的发展指明了方向，也为入境旅游产品开发提供了新的视角和重要契机。[3]

一、"三山五园"发展入境文化旅游的内部因素（SW）分析

（一）"三山五园"发展入境文化旅游的优势分析

1. 区位优势

"三山五园"历史文化景区的规划范围东起京密引水渠、地铁 13 号线，南到北四环、闵庄路，西北到海淀区区界和西山山脊线，景区范围约 68.5 平方公里。包含了香山、玉泉山、万寿山，静宜园（现香山公园内）、静明园（现玉泉山内）、颐和园、圆明园、畅春园（现北京大学和海淀公园），以及熙春园、自得园、青龙桥古镇、香山健锐营、清华大学、北京大学、中央党校、国防大学等重要的历史文化资源和极具代表性的现代先进文化资源，[4] 是海淀区甚至整个京西地区的主导文化要素和标志性文化符号，也是北京难得的大公园、大遗址、大型户外空间，具有很高、很多方面的价值和现代意义。"三山五园"地区还是首都西北部重要的城市功能区、教学科研文化聚集区、高尚品质生活区、上风上水生态文明区、文化科技融合区等。与"三山五园"的现代地位相适应，其在当前北京城市发展中的总体功能定位就是北京历史文化名城"双核"之一。[5] "三山五园"地理位置重要，交通十分便利，现有的地铁和公交线路基本贯穿了海淀区。建成开放的"三山五园"绿道全长 38.86 公里，

覆盖了26平方公里，[6]沿线串联起区域的各个景点，让游客能够更加方便、舒适地体验健康慢行。

2. 资源优势

"三山五园"是清代皇家宫苑园林文化的集大成者，是组成北京古都文化不可缺少的一部分，作为世界文化遗产，是世界文明古国的符号，也是中华民族的文化财富。[7]"三山五园"地区现存的文物古迹众多且品类丰富。该地区现有世界文化遗产1处、全国重点文物保护单位9处、市级文物保护单位9处、区级文物保护单位10处。主要有以下特点：（1）园林遗址多，颐和园整体保存完好，圆明园及周边部分遗址尚存。（2）文物典藏多，总数近6万件，仅颐和园内文物典藏就达4万余件，卧佛寺铜制卧佛、碧云寺五百罗汉和蓝靛厂清真寺手抄本《古兰经》等许多文物可称为国宝，举世罕见。（3）寺庙遗址多，如香山昭庙，碧云寺，植物园卧佛寺，圆明园正觉寺，畅春园恩佑寺、恩慕寺是典型代表。（4）近百座名人墓葬，如元代耶律楚材墓、明代宗朱祁钰的景泰陵，以及梁启超、佟麟阁、梅兰芳、吴佩孚等近现代名人墓葬均分布在这一区域。[8]这里还留下了孙中山、李大钊、毛泽东从事革命活动的历史印记。

3. 产业优势

"三山五园"区域共有绿地3822公顷，绿地率56%。"三山五园"地区内有3个自然山林公园，4个历史名园，4个郊野公园，7个城市及专业公园，约8个公共艺术、运动、休闲场所等。各种节庆活动如皇家园林旅游节，皇家庙会，圆明园"荷花节""菊花节""音乐节"，"样式雷"展示，香山"红叶节"，"曹雪芹文化艺术节""中关村科教旅游节""大西山金秋旅游节"，搭建了很好的平台。海淀区拥有3A级以上旅游景点16个，其中包括世界物质文化遗产5A级旅游景点颐和园，星级饭店72家，其中五星级饭店9家。[9]文化旅游和节庆活动通过立体化营销推广，微博、微信、各种APP和微电影等新媒体营销手段应用，不断掀起"三山五园"文化热潮，社会影响力逐步扩大，市场占有率和品牌知名度、美誉度稳步提升。海淀区经济发展水平和旅游收入同步提高。截至2015年末，全区旅游接待总人数6634万人次，比上年增长0.8%。其中住宿接待人数达1108.4万人次，比上年增长9.3%。旅游收入522.5亿元，比上年增长5.7%。"十二五"期末全区旅游营业收入为"十一五"期末的2.8倍，年均增速为19.7%。[10]

（二）"三山五园"发展入境文化旅游的劣势分析

1."三山五园"区域、园林和水系支离破碎

在《规划》中，"三山五园"区域被划定为九片楔形绿色限制区之一，"九片楔形绿色限建区位于新城之间，沟通中心城与外围绿色空间的联系"，但是目前城市化所导致的高度景观破碎化正在侵蚀着这一地块。人工河渠如京密引水渠等也在一定程度上造成了两岸生境的隔绝。[11] 由于北京中心城区极度扩张式的发展，"三山五园"的生存受到了严重的威胁。颐和园周边稻田水乡的风光，如今已经荡然无存。园外观赏区域大多缺少驻足观赏的设施，游人无法驻足观赏，在园外无安全感可言。各大河流与湖泊大部分处于季节性有水状态，并且沿途有大量的污水排入。根据景观生态学的理论，河流在生态系统中充当着重要的廊道作用，水系的瓦解无疑会对"三山五园"区域的生态系统造成严重的破坏。

2.旅游景点不平衡发展和游人数量超负荷

"三山五园"地区的出入境旅游市场结构不合理，主要体现在旅游资源集中于香山与颐和园这两处景点中。香山周边集中了香山公园、北京植物园两个大型开放空间，其中又有碧云寺、卧佛寺等著名旅游景点，对游客具有强烈的吸引力。该区域内主要为自然景观观光，季节性强。香山"红叶节"、植物园"桃花节"是这个区域内最具特色的旅游品，每年春、秋两季都会吸引众多市民，出现客流高峰。颐和园周边这个区域内集中了颐和园、圆明园、海淀公园三个重要的城市公园，同时又有北京大学、清华大学，因此也是最具有吸引力的地区之一。但是由于玉泉山的特殊性质，两个区域内大面积的范围没有任何游憩设施提供，而上述两个区域内常常人满为患，因此在每年的旅游高峰期，三山五园地区总会出现交通拥堵、景点超负荷运转的状况，极大地影响了自然资源和生态环境，也不利于文化遗产的保护，而同时另一些公园如圆明园、海淀公园游客接待量明显偏低。

3."三山五园"入境旅游缺乏国际竞争力

"三山五园"作为入境旅游目的地来说，在海外的品牌推广是至关重要的。"文化软实力"的竞争是当今市场竞争的主导形式之一，与全国入境旅游市场一样，入境旅游增幅下降与出境旅游高速发展形成了巨大反差，"三山五园"入境旅游产品结构单一、不成体系，产品组合缺乏广度、深度、长度，旅游商品缺乏吸引力尤其是缺乏文化吸引力。"三山五园"文化旅游形象的不够鲜明，在海外市场上的宣传营销和广告，目前还看不到鲜明、统一的文化旅游形象。入境旅游市场中少有知名大企

业进入，在线 OTA 对入境游也不热衷，基本主打出境游和国内游。2016 年 11 月，携程网开始布局入境游，市场份额尚小。国外旅行社巨头，介入中国入境旅游市场不多，且大都为参股或合作形式。2016 年全球最大旅游网站 TripAdvisor 公布"全球最佳目的地"榜单，前 25 名中国无一上榜。[12]

4. 入境游产品供给结构与需求严重脱节

2015 年《中国入境在线旅游报告》显示入境旅游呈现多样化发展趋势。短线旅游产品升温，长线定制产品也正逐步成为新热点，如文化探寻、中医养生、美食烹饪、会展节庆及修学研修等。入境客流呈现散客化、季节性和经济性的特点。入境旅游品质低下，资源开发层次低，主题形象不鲜明，单一同质化严重。目的地服务方面，从公共服务基础设施，到交通、住宿、游览、购物、餐饮、娱乐等消费阶段，国际化标准低，体验品质差。外国人不热衷中国旅游，更多是因为"空气质量太差、食品安全堪忧、治安状况不佳"等负面体验。我国涉外旅游服务和管理人才储备不足，更未形成专业分工体系。从产品规划设计、经营管理、市场营销、导游及目的地服务等，高素质复合型专业人才缺乏，景区旅游及吸引物、住宿餐饮相关接待、线上线下旅行社服务、娱乐演艺和购物、旅游交通体系等行业，在现有结构内容、档次、时间和空间分布等方面，与旅游需求不匹配。此外，在入境签证、旅游目的地开放和购物离境退税等政策方面，亦有明显的不足。从目前旅游市场的情况来看，对于出入境旅游市场的宏观管理政策仍有滞后。[13]

二、"三山五园"发展入境文化旅游的外部环境（OT）分析

（一）"三山五园"发展入境文化旅游的机遇分析

1. "一带一路"倡议带来的新机遇

"一带一路"共涉及 65 个国家，44 亿人口，横贯亚欧非三个大陆，区域经济总量 21 万亿美元，旅游总量占全球的 70%。根据携程网对外发布的《携程 2016 "一带一路"年度报告（入境篇）》称，2016 年携程网累计接待入境游客中来自"一带一路"覆盖境外国家的入境游客突破 300 万人次，较 2015 年增长超过 50%。报告指出，入境游客中越南游客数量最多，占比约为 10%，其次分别是俄罗斯、马来西亚、菲律宾、新加坡、泰国、缅甸、蒙古、印度尼西亚和印度。[14] 中东欧国家作为丝绸之路经济带的腹地，同时也是"一带一路"倡议实施的重点区域之一；俄罗斯曾是我国

第三大客源国，两国各领域交流频繁，旅游合作机制不断完善，将会呈现新一轮增长。"海湾六国"居民收入高，出游比例高，随着"一带一路"建设的推进，中国与海湾国家除其他方面的合作外还将带动旅游方面的合作，[15]中国社科院旅游研究中心日前发布的《2017旅游绿皮书》指出，随着中国经济社会的全面发展，多项宏观便利化政策逐步落地实施，"美丽中国"概念得到务实推广，旅游目的地全球推广和营销创新持续优化，特色旅游形象和主打旅游产品层出不穷，所有利好因素，将为入境旅游持续增长提供基础保障和全新动能。[16]

2.《北京城市总体规划（2016—2035年）》的出台

《规划》指出：北京城市战略定位是全国政治中心、文化中心、国际交往中心、科技创新中心。国际科技文化交流区、国际旅游区的建设正是海淀区尤其是"三山五园"地区的优势所在。《规划》中专门设置了第三节加强"三山五园"地区保护部分，重点强调了"三山五园"地区是传统历史文化与新兴文化交融的复合型地区，应建设成为国家历史文化传承的典范地区，并使其成为国际交往活动的重要载体。以各类文化资源为载体，搭建多种类型、不同层级的文化展示平台。打造一批展现中国文化自信和首都文化魅力的文化品牌。深入开展国际文化交流合作，发挥首都示范带头作用，讲好中国故事，传播好中华文化，不断扩大文化竞争力、传播力和影响力。

3."三山五园"地区移动互联网产业迅速发展

在移动互联网时代，随着移动化、社交化和大数据信息形式的不断发展，利用各种移动客户端设备访问信息资源中心已经成为不可阻挡的趋势。移动客户端软件的开发也随之成为重要的信息资源开发方式。而"三山五园"所在的中关村地区正集聚了大量的科研院所、知名高校和重量级的高科技企业，可以采用将"三山五园"的特色文化资源分门别类地通过移动客户端进行展示，以文字、图片、视频等形式对移动设备用户进行传播，和开发客户端将"三山五园"的优秀文化资源进行传播推广的方式，满足国际用户的需求，为游客提供更多生动的文化体验，丰富用户的生活体验，使用户足不出户就可以体验到"三山五园"的艺术之美和文化底蕴，[17]并促使用户成为现实的游客。

（二）"三山五园"入境文化旅游所面临的外部威胁

1.入境游客增速相对不高并且面临其他国家的激烈竞争

全球化智库（CCG）与携程网发布的《从出入境旅游看中国全球化发展》的报

告指出，我国入境游客的增速低于发达经济体和新兴经济体入境游客的增速，同时低于亚太地区发展的整体水平。根据 UNWTO 国际游客计算规则，2005 年我国国际游客到达数量占亚太地区的 30%，而到 2015 年，这一比例被挤压到 20%。中国入境旅游发展正在面临增速相对不高和增量被区域内其他国家夺走的尴尬境地。

2. 入境外国游客"量少质低"

CCG 报告指出，我国出入境数据在统计方面具有一定的特殊性，即包括港澳台地区。国家旅游局的统计数据显示，如果扣除港澳台地区人次，入境外国游客占我国入境游客的比重由 2006 年的 17.8% 上升到 2015 年的 19.42%，但仍然不足五分之一，从国际对比来看，我国入境外国游客数量远低于欧美发达国家。从来源地的分布来看，外国入境游客仍主要来自周边邻国。同时国际游客赤字的背后体现的是旅游外汇收入的差距。据 2017 年 2 月发布的《2016 年国民经济和社会发展统计公报》披露，2016 年我国入境游客外汇收入为 1200 亿美元，同比增长 5.6%；UNWTO 报告显示，2016 年我国旅行服务支出为 2611 亿美元，约是我国旅游外汇收入的 2.2 倍。[18]

3. 入境旅游环境恶化的威胁

从入境旅游的环境来看，入境旅游发展依赖于经济条件、生态环境、基础设施、营商环境等宏观环境的完善，与国外发展入境旅游成熟的国家相比，我国旅游业总体竞争力不强；旅游治理能力和治理体系的现代化程度不高，旅游在适应和参与宏观调控方面的潜力仍未完全释放；旅游市场监管体系尚不健全，部分地方旅游市场秩序欠佳，强迫购物、欺诈消费依然存在。自从雾霾严重并受到国内外媒体的强烈关注起，北京的入境游客数量已出现下降。国外游客确实对雾霾的危害有很大的担忧，雾霾使旅游的体验效果大打折扣，进而降低旅游满意度，不利于目的地忠诚度的建立，还会导致潜在旅游市场的萎缩和旅游收入的流失。

三、"三山五园"发展文化旅游的路径选择

（一）落实《规划》中对"三山五园"地区的整体布局

1. 构建历史文脉与生态环境交融的整体空间结构

北部文化传承发展带串联颐和园、圆明园等重要景区及大宫门、青龙桥等城市节点，重点加强历史文化资源挖掘、修复与利用；南部生态文化游憩带连接香山、

西山等城市绿色空间，重点加强生态修复和环境整治，提升绿化质量，完善生态功能。西部生态休闲游憩区以香山公园、北京植物园、西山国家森林公园为基础，整合绿地资源，提升景观质量，完善游憩功能；中部历史文化旅游区以颐和园、圆明园为载体，以文化为主导功能，优化完善公共服务设施，成为展示和交流中国历史文化的示范区；东部教育科研文化区以北京大学、清华大学等高等学校为载体，以教育和文化为主导功能，优化完善配套设施。沿北部文化传承发展带重点塑造若干关键文化节点，以文化遗产保护与展示为主题。沿南部生态文化游憩带布置若干景观游憩节点，改善和提升环境品质。

2. 保护与传承历史文化

加强文物保护力度，开展圆明园考古、香山昭庙和大慧寺保护修缮工作。对尚未核定为文物保护单位的不可移动文物实施保护，进一步挖掘应纳入保护对象的文化遗产，实现区域保护全覆盖。建立完善的文物数据库管理平台，从文物普查、综合评价、抢救性保护、近期展示、精细测绘、科技保护等方面开展保护管理工作。全面梳理和综合评估现存遗址情况，开展科学监测，及时预警，协调游客管理与遗址保护的关系。深入挖掘三山五园地区文化资源，实施圆明园大宫门历史风貌保护和功德寺景观提升等工程，保护和展现御园宫门、古镇、村落、御道等重要历史节点。通过数字技术等手段虚拟重现近期难以原址恢复的重要文化遗产，丰富展现方式，增进文化体验。依托圆明园升平署区域开展皇家御膳、宫廷音乐等文化传承工作，深入挖掘和保护区域内古镇文化和民俗文化等优秀历史文化资源。

3. 恢复山水田园的自然历史风貌

提升西山植被质量，以乡土树种为特色，配植西山特色灌木和彩叶树种，展现四季分明的生态山林景观。梳理地区历史发展脉络，部分恢复水稻田园风光。逐步恢复历史水系，展现历史盛期水系格局和景观特色。增加绿地，提升绿化品质，加强生态廊道连通，整合香山公园、北京植物园、西山国家森林公园及其他城市公园。保障基础设施安全，结合南水北调调蓄池营造优美生态环境。在三山五园地区形成公园成群、绿树成荫、历史环境与绿水青山交融的景观风貌。保护三山五园地区山水格局与传统风貌，严格控制建设规模和建筑高度。做好人口和功能疏解，加大环境综合整治力度。完善地区交通体系，打通南北向交通，优化交通组织。加大旅游管理和综合执法力度，实现三山五园地区环境景观和城市功能全面提升。

（二）开发"三山五园"特色的文化旅游产品

1. 以"全域旅游"的理念作为引领

全域旅游[19]是旅游产业的全景化、全覆盖，是资源优化、空间有序、产品丰富、产业发达的科学的系统旅游。要求全社会参与，全民参与旅游业，是从景点景区接待国际游客和狭窄的国际合作，向全域接待国际游客、全方位多层次国际交流合作转变。它代表着现代旅游发展的新方向。"三山五园"不仅具有悠久的历史，也具有丰富的历史文化遗存和厚重的文化底蕴。"三山五园"地区本身也聚居相当多的少数民族，汇集着多种宗教文化，除了佛教寺庙基本在景区，教堂和清真寺多坐落在街区之中，独特的建筑、遗址遗迹等实体性的文化载体和民俗风情、节庆庆典等非物质文化遗产，其中相当一部分与"一带一路"沿线国家有着一定的渊源。这是发展"一带一路"文化旅游的天然依托和重要资源基础。"三山五园"应突破"旅游就是游览景区"的传统旅游思维模式，通过发展全域旅游，推动中国文化走向世界。

2. 打造具有多元文化特色的入境游产品

"一带一路"倡议下"三山五园"入境旅游越来越呈现出多样化的需求，传统旅游产品已经难以满足。要充分利用"三山五园"自然人文资源优势，依托入境旅游大数据，发掘创新，打造多元化个性化的产品体系。开发专项、定制、主题、目的地服务及自驾、低空旅游等新兴热点产品。开发具有当地文化特色的会展节庆、文化演出、修学研学、徒步健走、探险、文化探寻、中医养生和美食烹饪之类。将注重旅游者体验的理念贯穿到"三山五园"的旅游发展之中。通过设计舞台体验、活动体验、环境体验和服务体验的载体系统，开发一些展示性和参与性相结合的旅游项目和文化活动，将"三山五园"的历史文化内涵变为可以理解、感受和参与的体验性旅游产品，给旅游者提供综合体验。

3. 开发与北京城市定位相匹配的入境文化旅游产品

根据《规划》要求，海淀区要建设成为具有全球影响力的全国科技创新中心核心区，历史文化传承发展典范区，生态宜居和谐文明示范区，高水平新型城镇化发展路径的实践区。应充分发挥智力密集优势，加强高等学校、科研院所、产业功能区的资源整合，不断优化科技创新服务环境，提升科技创新和文化创意产业发展水平，"三山五园"也要成为现代文化游等特色旅游板块。发展区域智慧旅游、文化创意园旅游、剧场和实景演艺和医疗养生旅游等。深入挖掘中华文化精髓，打造传承历史文脉、体现时代特征的重点景观区域，集中展示国家形象、民族气魄及地域文化多样性。

（三）构建有利于"三山五园"入境文化旅游的服务环境和自然环境

1. 构建"三山五园"入境文化旅游推广体系和通关服务体系

整合联动推动"三山五园"的文化传播和旅游营销。拓展推介新渠道，可与驻外使领馆、文化中心和孔子学院合作，借助海外华人社群，介绍宣传，除报刊、户外广告和电视等传统媒介，开拓互联网等新媒体渠道。搞好智慧营销，旅游加 IP 元素，赋予景区新亮点，丰富景区内涵，打造特色品牌形象，引领新时尚，打破景区传统宣传方式。在一种立体式虚拟环境中，增强用户浸入式体验，提升产品预订转化率。[20] 优化入境旅游政策，提振入境旅游，国家应持续推进签证、购物退税及航权等旅游便利化政策。优化入境游签证和和通关政策，提高签证和通关智能化程度，弥补人工服务不足，增强中国入境旅游产品价格竞争力。

2. 培育一批入境旅游运营商，提升入境旅游服务品质

按照"一带一路"倡议下发展"三山五园"入境文化旅游的要求，深化旅游管理体制和企业运营机制改革。鼓励国内外投资商进入、投资兴办或重组入境游旅行社，提高市场化程度。推进景区所有权、经营权和管理权的三权分离改革，实行企业化、市场化和规模化运作。商业环境方面，除税费优惠和服务效率外，可给予旅游服务商一定营销费用补贴。降低入境游市场准入门槛，鼓励更多社会资源参与，满足个性多元化需求。要推进旅游产品供给侧改革，淡化门票经济，深化目的地服务；提升餐饮服务品质，鼓励开发自驾车营地；支持帐篷酒店和民宿等新型住宿业态发展；推进"厕所革命"，提高互联网和无线网络的覆盖水平；坚持环境保护优先，促使旅游购物和娱乐健康发展。同时要重视与大专院校合作，加强对旅游人才的培养，提高服务品质。

3. 加强环境治理，打造环境友好型的旅游空间

加强生态保护与生态修复，加大生态环境建设投入，鼓励废弃工矿用地生态修复、低效林改造等，提高生态环境规模和质量。构建多类型、多层次、多功能、成网络的高质量绿色空间体系。着力建设以绿为体、林水相依的绿色景观系统，增强游憩及生态服务功能，重塑城市和自然的关系，让游客更加方便亲近自然。构建网络化的市域绿色空间结构。坚持源头减排、过程管控与末端治理相结合，以环境倒逼机制推动产业转型升级。综合运用法律、经济、科技、行政等手段，强化区域联防联控联治，推动污染物大幅减排，全面改善环境质量。努力营造天蓝、山青、水

绿的生态环境。到 2035 年大气环境质量得到根本改善，到 2050 年达到国际先进水平。

结语

"一带一路"倡议和《规划》为发展"三山五园"入境文化旅游提供了前所未有的机遇。"三山五园"是中国皇家园林中的瑰宝，具有深厚的历史文化价值，同时又与科教高地中关村交相辉映，正是在此基础上本文通过对"三山五园"发展入境文化旅游进行了 SWOT 分析，并指出了战略路径。"一带一路"倡议视角下的"三山五园"入境文化旅游是一个庞大的系统工程，本文涉及的只是"冰山一角"，更多问题还有待于深入研究，这也是本人继续研究的方向。

作者简介：郭靖，女，北京人，管理学硕士，北京外国语大学马克思主义学院副教授，硕士生导师，北京外国语大学文化产业研究中心副主任，研究方向为文化产业、企业经营管理。

注释：

* [基金项目] 本文系北京高校中国特色社会主义理论研究协同创新中心（北京外国语大学）项目阶段性成果。

[1] 文化旅游是指从旅游者的角度出发，泛指以鉴赏异国异地传统文化、追寻文化名人遗踪或参加当地举办的各种文化活动为目的而进行的旅游活动。而从产业的角度考虑则主要是指为了满足旅游者的文化需求而提供的具有针对性的、侧重于文化要素的旅游产品及服务。

[2] 张睿、金磊、丁培毅：《"一带一路"背景下的丝路文化软实力建设——国际旅游发展新动力》，《旅游学刊》，2017 年第 6 期。

[3] 翟崑、王丽娜：《一带一路背景下的中国—东盟民心相通现状实证研究》，《云南师范大学学报（哲学社会科学版）》，2016 年第 6 期。

[4] 新华社：《习近平在"一带一路"国际合作高峰论坛开幕式上的演讲》（全文），2017–05–14，13:46，http://www.mod.gov.cn/shouye/2017-05/14/content_4780544.htm。

[5] 北京市规划和国土资源管理委员会：《北京城市总体规划（2016—2035 年）》，2017–09–29，19:21，http://zhengwu.beijing.gov.cn/gh/dt/t1494703.htm。

[6] 姚延波、侯平平：《"一带一路"倡议下我国入境旅游产品开发新思路》，《旅游学刊》，2017 年第 6 期。

[7] 张越：《"三山五园"规划图景》，《中关村》，2012 年第 11 期。

[8] 张宝秀：《三山五园的地位与定位》，《北京联合大学学报（人文社会科学版）》，2015 年第 1 期。

[9] 楼佳飞、杜姗姗等：《"三山五园"绿道的产业化利用研究》，张连城，陈名杰主编：《三山五园历史文化遗产价值与功能研究》，九州出版社，2017 年，第 247 页。

[10] 程桔华：《如何提升"三山五园"的现代旅游价值？》，《中关村》，2012 年第 11 期。

[11] 隋振江：《海淀区"三山五园"历史文化景区建设研究》，北京联合大学北京学研究基地编：《中国城乡一体化发展报告·北京卷（2012—2013)》，社会科学文献出版社，2013，第 93 页。

[12] 数字来源于北京市海淀区统计局等编印：《2016 北京海淀统计年鉴》，第 178—181 页。

[13] 同上，第 7 页。

[14] 王鹏、罗攸：《城市化背景下北京"三山五园"地区文化遗产保护研究》，《建筑与文化》，2015 年第 9 期。

[15] 杨萍：《中国大陆入境旅游市场的短板因素及优化途径》，《对外经贸实务》，2017 年第 8 期。

[16] 同上。

[17] 丁宁：《"一带一路"沿线国家成我国出入境旅游增长主力》，《中国旅游报》，2017 年 5 月 17 日，第 1 版。

[18] 王方娜：《"一带一路"战略下中国入境游市场发展潜力分析》，《现代商业》，2017 年第 21 期。

[19] 赵珊：《中国入境游的春天来了》，《人民日报海外版》，2017 年 3 月 27 日，第 12 版。

[20] 叶莎莎：《三山五园文化资源的移动信息组织和利用研究》，《决策与信息（中旬刊）》，2016 年第 9 期。

[21] 何芬兰：《中国出入境游巨幅逆差解因》，《国际商报》，2017 年 7 月 17 日，第 A07 版。

[22] 全域旅游是指在一定区域内，以旅游业为优势产业，通过对区域内经济社会资源尤其是旅游资源、相关产业、生态环境、公共服务、体制机制、政策法规、文明素质等进行全方位、系统化的优化提升。

[23] 杨萍：《中国大陆入境旅游市场的短板因素及优化途径》。

北京三山五园文化遗产旅游价值研究

裴正兵　田彩云

文化遗产旅游已经发展成为当前一种重要的旅游活动方式。在许多发达国家，文化遗产旅游已经成为旅游业的重要组成部分。北京三山五园地区既有丰富的文化遗产资源，又是北京市重要的旅游产业发展区。三山五园有多种说法，目前比较公认的说法为"三山"指香山、万寿山和玉泉山，三座山建有"五园"，分别是静宜园、清漪园（颐和园）、静明园，此外还有附近的畅春园和圆明园。[1]

目前，该区域内依然有诸多旅游资源未进行充分开发与利用，该地区文化旅游产业总体上仍然处于开发期。在文化遗产保护和开发中，需要充分考虑文化遗产旅游者的利益需求，科学提升文化遗产旅游价值，实现文化遗产保护与旅游开发科学的平衡与发展。

一、目前研究现状

文化遗产包括物质文化遗产和非物质文化遗产。目前，文化遗产旅游价值研究主要是将文化遗产作为主体，把旅游价值视为遗产价值的一个组成部分，并对遗产整体进行旅游资源价值评估。马勇、李莉从文化遗产的旅游资源价值评估意义入手，构建了评估指标体系，并利用层次分析法，对其进行了系统、整体的量化评估。[2]邹一静、阮佳飞和刘欢以云南省纳西族传统文化生态保护区署明村为案例点，采取定量分析方法，对该少数民族村寨非物质文化遗产所具备的旅游价值进行了评估。[3]

柯彬彬、张锚在分析影响遗产廊道旅游价值的因素的基础上，构建了由 32 个评价指标组成的遗产廊道旅游价值评价模型，并以泉州海上丝绸之路文化遗产为例进行了实证研究。[4]

从以上研究可以看出，现有文化遗产旅游价值研究的主要视角是将文化遗产视为一种旅游资源，进而对其价值评估。由此评估出的价值实际上是资源整体价值，并不是文化遗产作为旅游产品服务于旅游者旅游需求的旅游价值。因此，有必要从旅游者角度出发，对文化遗产旅游价值进行更为科学的分析与重构。

旅游价值概念首先是建立在"价值"这一概念基础之上。价值本身就是一个多视角概念，从不同视角出发，价值会有不同的定义和理解。从市场需要视角看，价值是客体对主体需要的一种满足。从西方经济学效用价值论视角看，价值是客体对主体的有用性，是客体对主体的效用。而从马克思劳动价值论角度看，价值是凝结在商品中一般的无差别的人类劳动。

尽管从不同的视角出发，对价值定义的表述形式各不相同，但是从中可以发现，价值内在的规定性是"客体对主体的有用性"，而客体对主体是否有用，以及有用程度如何，则取决于主体对客体作用的动力与原因。因此，对文化遗产旅游价值的认识与理解需要从旅游者的旅游动力与原因出发。进而，对旅游动力与原因的认识与理解就涉及对旅游本质的认识与理解。

二、文化遗产旅游推动力与原因

人类旅游本质实际上来源于一种矛盾。人类作为地球上的高智慧生物，具有与生俱来的多样的、无限性的需要与欲望。人类需要的无限性表现为人类需要的永无止境性和永恒发展性。人类需要的多样性表现为既有生存方面的需要，又有精神方面的需要。

人类的生存需要主要是物质方面的需要。对于长期居住于特定惯常环境的人类而言，该惯常环境中的资源通常应该能够满足其生存方面的基本的物质需要。如果该惯常环境不能满足其生存的基本物质需要，人类将永久或长期离开该惯常环境而另寻他处，就如发生在人类历史上或日常生活中的迁徙、逃荒、逃难、移居或移民现象。人类需要除了物质需要外，还有大量的精神需要。而且，社会生产力越发达，社会物质财富越丰富，信息技术越进步，人们精神方面的需要就越强烈。

于是，在人类的内心形成了一个精神需要无限性和与之对应的惯常环境中资源有限性之间的矛盾。[5] 这一矛盾成为旅游者旅游活动的第一推动力。同时，这种矛盾在人类内心中造成一种不满（或称内心失衡）。正是这种内心不满，构成了人类从事旅游活动的原因。当具备一定的外部条件或因素（如时间、经济、信息、交通工具等）时，人类便暂时离开惯常环境，到非惯常环境进行旅游活动。

具体到文化遗产旅游来说，正是在人们生活的惯常环境中现实资源相对有限，难以满足某些独特的精神需要，而这些独特的精神需要只有非惯常环境中的文化遗产才能满足，于是人们开始了文化遗产旅游，文化遗产也就具有了旅游价值。因此，要认识和理解文化遗产旅游价值，就应从矛盾旅游观出发，科学构建起基于矛盾旅游观的文化遗产旅游价值维度体系。

三、文化遗产旅游价值维度体系

文化遗产旅游价值应是其满足旅游者旅游需要的价值。旅游者精神需要无限性与惯常环境资源有限性这一基本矛盾既是文化遗产旅游的第一推动力，又是决定文化遗产旅游价值的核心因素。因此，需要通过对文化遗产旅游者这一基本矛盾的分析，构建文化遗产旅游价值的分析结构。

在此，以三山五园文化遗产为例，通过对旅游者文化遗产旅游基本矛盾分析，构建文化遗产的旅游价值维度体系。三山五园地区旅游者旅游活动的基本矛盾决定的旅游价值主要有以下"四维度体系"。

1. 基于旅游者对惯常生活环境烦闷压抑不满的愉悦休闲价值

经过工业革命、商业革命、技术革命和信息革命等多重革命洗礼过的现代社会，大多数人都被特定惯常生活环境中的重重生活或工作压力所束缚，过着日复一日、年复一年循规蹈矩的现代化生活，同时又被巨量信息包围和困扰。正如哲学家海德格尔所认为，人类"因为在世本质上就是烦"，"烦"是人生在世的基本性态。[6] 但是，人类在精神上追求自由、愉悦的本性并不随生活现代化而改变。相反，现代生活压力越大，人们内心的烦闷感越强，人类逃离日常烦恼、压抑的动力就越大。

当惯常生活环境中的资源日益有限，难以使人们获得精神上的轻松、愉悦，而非惯常环境的资源正好能满足人们的这些要求，同时时间、经济等条件又允许时，人们就会暂时离开惯常生活环境，对非惯常环境从事旅游活动。

所谓"智者乐水，仁者乐山"，三山五园地区独特的山形水系、优美的自然和生态环境，正好能满足旅游者摆脱烦恼、压抑的精神状态，追求轻松、愉悦休闲的旅游需要。三山五园地区金代就有建造私家园林的记载。明清以后一直是北京市重要水源地之一。三山五园地区的西部和北部都是太行山余脉。香山是中国著名的观赏红叶胜地，是北京著名的森林公园。玉泉山位于颐和园之西，是西山东麓的支脉，岩石纹理像苍劲的龙鳞凸起，石头缝隙内常有潺潺的清泉流出，因其泉水像玉石般洁白清透而被称为玉泉。万寿山位于颐和园的中部，万寿山前山汇聚了众多观赏建筑。[7]

三山五园地区的水源来自两个水系：玉泉山水系和万泉河水系。西山一带多石灰岩，溶洞较多，透水性强，容易形成诸多山泉，如香山诸泉、玉泉山诸泉、金山泉水等；三山五园地区的平原地带曾是大约5000—7000年以前的永定河古道流经地，构成地下水溢出带，地下水丰沛；三山五园地区地势低洼，畅春园一带曾经是巴沟低地所在，在清代这里平地泉涌。[8] 在其鼎盛时期，其中的绝大多数园林都是通过水系联系在一起的。明代著名书画家文徵明用"十里青山行画里，双飞白鸟似江南"的诗句来吟诵西郊山水，曹雪芹的祖父曹寅忘情地写下"雁被西风驱遣，人被西山留恋"的佳句。[9]

三山五园地区山青水绿，平地涌泉，优美独特的山水自然风光，正好能够平复人们内心的烦闷与压抑，缓解人们精神上的压力，获得内心和精神上宁静。过去的三山五园范围包括了万泉河、长河和清河上游的萧家河，然而，由于历史变迁，现在这三条最重要的河流丢了两条半，只留了半条万泉河。[10] 从满足旅游者这些旅游需要，提升文化遗产旅游价值角度出发，如今的三山五园地区的山形水系、自然风光还有很大的可提升和打造空间。

2. 基于旅游者对惯常生活环境审美疲劳不满的艺术审美价值

随着人类社会由逐草而生、逐物而猎的迁徙、游猎的游猎社会，进入以村庄、城镇为固定地的农业社会，进而发展成为以城市为中心的工业社会，人们惯常的生活环境被限制在一个非常狭小的空间或区域。熟视无睹的惯常环境和循规蹈矩的日常生活使人们陷入了对周围景物严重的审美疲劳，难以获得新鲜和美好的感受。

然而，人类对新鲜、美好事物追求的本性是永恒的，在一个地方居住越久，对周围景观探索和欣赏的兴趣就越低，对新鲜事物、美好事物的探索欲望就越强。许多的艺术作品，如书法、绘画、文学、手工艺品等，可以进行空间移动，人们可以通过购买、转借等方式，在惯常生活环境中对这些艺术作品进行欣赏和体验。但是，像山水、建筑、特定自然现象等这类大自然或人类艺术作品，在空间上具有不可移动性，对非惯常环境中的这类不可移动艺术品，人类只能通过旅游活动进行欣赏和体验。

三山五园地区是清代皇家园林集中地所在地。中国古代的帝王总是对园林建设给予极大的重视，因为园林是帝王能够放下政务，进行休憩的主要场所。因此，这些皇家园林建筑通常表现出极高的艺术审美价值。2002年9月《北京历史文化名城保护规则》中明确指出"西郊清代皇家园林历史保护区：位于海淀区，包括颐和园、圆明园、香山静宜园、玉泉山静明园等，即清代的'三山五园'地区，是我国现存皇家园林的精华"。[11]

三山五园作为皇家行宫与园林建设，最早可以追溯到公元11世纪辽金（辽代时已经开始营建香山，金世宗开始经营香山行宫），成规模建设历经康熙、雍正、乾隆三朝，历时150多年，最后延续到颐和园建成的晚清时期，前后总体时间跨度在800年以上，代表了我国古典园林建设和造园的世界最高水平。

三山五园及其周边留有大量清代帝王兴建的皇家行宫、皇家园林、私家府底、寺庙等建筑，都属于清代建筑的精华，其中最有代表性的就是圆明园与颐和园。其中，公认的艺术审美巅峰之作是圆明园，曾被实地拜访过的西方人誉为"万园之园"。圆明园园林艺术的最大特色是将国内各类园林之精华，以及山水画、山水诗中所描写的意境，移植于皇家园林之中，形成集锦式园林格局。

当然，经过英法联军的抢劫与火烧，如今圆明园已经难以看到昔日的辉煌。但是，从已经成为世界文化遗产的颐和园等现存诸园中，旅游者仍然可以感受到清代皇家园林建筑的非凡的艺术与成就，被中国古代工匠高超的艺术与审美水平所折服，而这种艺术审美体验在旅游者的惯常生活环境中是无法欣赏和体验到的。

3. 基于旅游者对惯常生活环境形象真实文化历史资源欠缺不满的文化历史价值

人类对与生命、人类自身有关的历史和文化总是充满了兴趣和疑问，总是想了解生命从哪里来，人类是如何产生、生存和发展的。所有这些兴趣的满足和疑问的解决，都需要借助一定的媒介、手段或资源，通过了解和学习相应的文化历史知识来实现。

学习文化历史可以通常以书籍、影视以及电子网络等媒介、手段或资源来实现，但是这些文化知识都是间接的、经过艺术加工的。通过间接的媒介或手段所获得的知识在形象、感觉、体验等方面，与通过直接媒介和手段相比总是存在不足。同时，艺术加工过的文化历史资料，其真实性非常有限。

然而，能够满足或解决人类这类兴趣和疑问的，又具有形象感、真实性的文化历史资源，通常存在于自身惯常生活环境以外（即非惯常生活环境）地区。于是，当人深感惯常生活环境中的文化历史资源存在欠缺，难以满足自身要求，并且时间和经济等外部条件具备时，只能通过旅游活动，到非惯常环境中进行亲身的体验与学习。由此，文化遗产成为一种旅游产品或旅游资源，具有了基于旅游者旅游活动的文化历史价值，并且，文化历史价值是文化遗产类旅游资源或产品中最突出的旅游价值。

三山五园地区从金代八大水院到清代的皇家园林群的发展历史，从建造园林到整饬水系再到推动农业发展，该地区的建设发展完美地体现了中国传统文化"与天地参"的境界，也是中国古代城市建设"相土尝水，象天法地"哲学思想的延伸。[12]同时，在三山五园地区的园林建筑中，还包含儒家文化、宗教文化等文化元素，[13]对相关旅游者也会形成很强的吸引力，成为给这些旅游者提供相应历史文化价值的重要因素。

三山五园在中国晚清和近代史上有独特的历史价值。在晚清时期，三山五园命运多舛，多次遭到帝国主义野蛮破坏，三山五园中有些园林建筑如今已经荡然无存，面对园林遗迹，旅游者更加深刻地体会到帝国主义对中华民族的残暴行径，产生浓重的历史感，进而知耻后勇，激发出更大的奋斗动力与进取精神。

在中国近代史上，三山五园地区同样具有很高的历史价值。孙中山先生病逝后曾暂厝于香山碧云寺，现在在碧云寺仍留有衣冠冢。同时，该地区也是中国共产党和平解放北京后到达北京的第一站，党和国家的很多领导人都在该地区居住和生活过。由此，三山五园文化遗产在中国近代史上同样独特的历史价值，成为吸引相关研究者和旅游者的主要因素。

4. 基于旅游者对惯常生活环境平庸生活不满的尊重实现价值

在现实生活中，绝大多数普通人长期生活在特定的惯常生活环境之中，在年复一年、日复一日的平凡生活中，很难感受到他人的尊重与认可，很难体会到自身存在的价值，感到的即生活的平庸与乏味，失去进取的激情。

但是，人们总希望能够得到别人的尊重，找到自身的价值和向上的激情。文化遗产是具有某些形而上属性的特殊旅游产品，其有着与马斯洛人本主义心理学所指出的高级心理需求相对应的自我实现价值，有着与人类的"终极追求"相适应的情感抚慰价值。[14]

在旅游活动中，人们离开了惯常生活环境，在陌生的环境里，通常会感受到热情的接待，获得一种被人尊重和认可的感受。特别是在三山五园所在地，能够被热情好客、包容大度的当地人所接待，这方面体验更加突出。

同时，在三山五园地区，当普通旅游者自由地行进在过去只有帝王、将相、皇家、官宦等少数人才能拥有的园林时，通常会产生一种难以名状的历史自豪感和实现感，这是不亲身到实地旅游很难体验到的。

同时，当旅游者欣赏到在历史上技术条件与水平相对落后的时代，中华民族的先辈能够设计和建出的精巧细致、规模恢宏的山水造型、园林建筑时，更加能够真实地感受到先辈的聪明才智和艰辛付出。这种体验也会使旅游者焕发进取精神和进取的自信。

四、研究结论

从矛盾旅游观视角出发，可以发现文化遗产旅游的推动力是人们对愉悦休闲、艺术审美、文化历史、尊重实现等精神需要的无限性和与之对应的惯常环境资源的有限性之间的矛盾，这一矛盾构成了文化遗产旅游的第一推动力。同时，这一矛盾造成了人们对惯常生活环境下烦闷压抑、审美疲劳、形象真实文化历史资源欠缺和平庸生活的不满，这种不满足构成人们对文化遗产进行旅游的原因。进而，这四个方面构成了文化遗产旅游价值的四个维度体系。

在对文化遗产进行保护与旅游开发的过程中，需要充分考虑文化遗产旅游者的相关利益需要，科学提升文化遗产旅游价值，实现进行文化遗产保护与旅游开发的科学平衡与发展。具体思路可以是通过对三山五园的山形水系、自然生态环境的恢复和提升，实现愉悦休闲价值提升；通过对景观建筑的合理修缮与保护，保持和提升其艺术审美价值；尽可能保持其历史文物的原真性，保护其文化历史价值；通过对旅游接待、住宿、纪念品和服务的补充与完善，显著提升其尊重实现价值。

作者简介：裴正兵，男，1973 年生，山西阳城人，博士，北京联合大学旅游学院副教授，主要研究方向为旅游与酒店管理；田彩云，女，1972 年生，博士，山西平遥人，博士，北京联合大学旅游学院教授，主要研究方向为区域与文化旅游、旅游经济产业与政策、酒店管理。

注释：

* [基金项目] 本文是北京市哲学社会科学规划项目（15JGB112）、北京联合大学人才强校优选计划（BPHR2017CS14）、北京联合大学教改项目（JJ2017Y016）的阶段性成果。

[1]　刘敦桢：《中国古代建筑史·清代卷》，中国建筑工业出版社，1984，第 237 页。

[2]　马勇、李莉：《文化遗产地旅游资源价值评估体系研究》，《旅游学研究》，2007 年第 4 期。

[3]　邹一静、阮佳飞、刘欢：《纳西族传统文化生态保护区非物质文化遗产旅游价值定量评估——以云南省丽江市署明村为例》，《城市旅游规划》，2016 年 10 期。

[4]　柯彬彬、张镒：《海上丝绸之路文化遗产廊道旅游价值评价》，《开发研究》，2017 年第 5 期。

[5]　裴正兵：《基于矛盾观的旅游本质探讨》，《旅游纵览》，2016 年第 1 期。

[6]　曹诗图、韩国威：《以海德格尔的基础存在论与诗意栖居观解读旅游本质》，《社会经纬》，2012 年第 6 期。

[7]　何瑜：《三山五园称谓的由来及其历史地位》，《北京联合大学学报（人文社会科学版）》，2014 年第 1 期。

[8]　赵连稳：《清代三山五园地区水系》，《北京联合大学学报（人文社会科学版）》，2015 年第 1 期。

[9]　赵连稳：《三山五园：园林中的紫禁城》，《安康学院学报》，2014 年第 8 期。

[10]　岳升阳：《三山五园历史文化景区的发展与文化遗产保护》，《北京联合大学学报（人文社会科学版）》，2014 年第 1 期。

[11]　刘剑、胡立辉、李树华：《北京西郊清代皇家园林历史文化保护区保护和控制范围界定探析》，《中国园林》，2009 年第 9 期。

[12]　王海蒙、梁伟、贺艳：《北京三山五园地区现状问题与解决方案初探》，《北京规划建设》，2013 年第 9 期。

[13]　肖东发：《古都三山五园的历史文脉和文化价值》，《北京科技大学学报》，2015 年第 6 期。

[14]　庄志民：《文化遗产旅游价值取向的新探索》，《旅游学刊》，2012 年第 5 期。

·三山五园历史与文化专题研究·

再论紫微禁地

——圆明园

何　瑜

　　研究圆明园历史的专家学者们几乎众口一词地认为：清代的圆明园是与紫禁城内外相维的政治中心，或言是第二个政治中心，比肩的政治中心等等。那圆明园与紫禁城在清代雍、乾、嘉、道、咸五朝，到底是一种什么关系，二者的区别和异同点又在哪里呢？

　　最近，笔者认真研读了乾隆皇帝的御制诗和有清一代的典章制度，其中，乾隆•帝自圆明园回宫途中所咏的系列诗篇，给我们提供了其回宫缘由的重要信息。其次，《清宣宗实录》中，所记皇帝自圆明园回宫的主要活动，也为我们指出了清代后期，紫禁城与圆明园各自的功能特点。经过比较不难看出：在清代由盛到衰的重要历史阶段中，作为理政中心的圆明园，是何等的重要。如果把它称为"园林紫禁城"，是一点儿也不过分的。

　　因本文叙述牵涉到诸多的清朝礼制，故我们先按照五礼中吉礼、嘉礼、军礼（按：此三礼与本文关系密切）的顺序，结合《清高宗实录》，探讨乾隆时期圆明园与京师、紫禁城的关系问题。

一

先看一组乾隆帝有关祭祀的御制诗：

1. 上辛祈谷

清初定制，每年正月上辛（农历每月的第一个辛日）祭上帝与大飨殿（乾隆十六年改称祈年殿），为民祈谷，以盼丰收。

乾隆二十三年正月十一日，帝自圆明园回宫，以祈谷于上帝，斋戒三日。回宫途中作《正月十一日进宫斋戒作》一首，内有："行春卜吉奉徽音，大祀先庚返禁林。北寺南台佳且便，虔斋未敢事登临。"十四日，帝祈谷于圜丘（今北京天坛内），亲诣行礼。礼毕，帝即返回圆明园，出席上元节前的宗室宴。[1]

又，乾隆四十二年正月十一日，帝自圆明园回宫，以祈谷于上帝，斋戒三日。其途中咏《进宫斋戒西直门外作》，内有："祈年首岁重躬亲，斋宿宫庭返诘晨。历日风澄寒不冱，遍郊雪润净无尘。"十四日祈谷礼毕，帝即返回圆明园，参加圆明园的灯节盛会。[2]

2. 社稷之祀

清初定制，每岁春秋仲月上戊日（即二、八月上旬的戊日），祭大社、大稷，奉后土句龙氏，后稷氏配。祭日，帝视笾，坛上敷五色土，各如其方。[3]

乾隆十二年正月二十九日，帝奉皇太后自圆明园回宫。途中作《正月二十九日进宫》一首，内有："御园试灯罢，法宫因祭回。韶光到尔许，烟色已佳哉。"自注曰："春仲祭社稷坛，躬诣行礼。"二月初六日，帝始斋戒三日。初八日，祭大社、大稷，帝亲诣行礼。接着，以和敬公主初定礼，帝御保和殿，赐蒙古诸王等宴。礼毕，启銮谒东陵。[4]

乾隆四十二年八月初二日，帝自圆明园回宫。途中咏《西直门外作》一首，内有："仲秋斋戒此还宫，晓日烘霞白间红。露气风光真应节，轻舆徐着阅农功。"初五日，祭社稷礼毕，帝即返回圆明园。[5]

3. 朝日之祀

顺治八年，清廷在东郊建朝日坛，在西郊建夕月坛，分别祭祀太阳神和月神。朝日于春分日卯刻，值甲、丙、戊、庚、壬年，帝亲祭，余遣官。夕月用秋分日酉刻，凡丑、辰、未、戌年，帝亲祭，余遣官。

乾隆四十三年二月二十日，帝自圆明园回宫。途中咏《西直门外作》一首，内有："东坛朝日欲躬行，晓驾轻舆返帝京。遇闰春寒荸甲晚，垅头秋麦始抽萌。"二十二日东郊礼毕，帝先诣雍和宫行礼，随后返回圆明园。[6]

4. 冬至祀圜丘

清郊祀之制，始自天聪年间。世祖入关后，定冬至祀寰丘，夏至祀方泽，即为有清一代的郊祀之制。

乾隆十六年十月二十四日，帝诣畅春园问安罢回宫，三十日，帝诣寿皇殿行礼。十一月初二日，以祀天圜丘，斋戒三日。初五日冬至，帝亲诣圜丘行礼。礼毕，帝返回圆明园。作《冬至南郊》诗一首，内有："斋宫听漏卯牌传，法从晨趋烛遍田。大祀肇修阳始复，藐躬对越志弭虔。"[7]

5. 夏至祭方泽

乾隆四十六年五月二十七日，帝自圆明园回宫，途中咏《西直门外》一首，内有："又迨北郊举大禋，还宫迁坐致斋寅。昨宵云散余微缕，念在全消净碧旻。"三十日夏至，祭地于方泽，帝亲诣行礼。礼毕，帝即返回圆明园。[8]

又，乾隆五十二年五月初四日，帝自圆明园回宫，以夏至祭地于方泽，斋戒三日。途中咏《西直门外》一首，内有："北至将临祀，九重入致斋。卯前清气爽，雨后润烟佳。"初七日夏至，帝祭地于方泽，礼毕即返回御园。翌日凌晨，启跸赴热河，行围木兰。[9]

6. 常雩祀天

古人祈雨时举行的祭祀叫常雩礼，如三请不雨，则行大雩礼。

乾隆四十六年四月初三日，帝自圆明园回宫。以常雩祀天于圜丘，斋戒三日。途中咏《西直门外》一首，内有："回跸园廷五日居，致斋清禁返銮舆。石衢傍阅麦苗绿，又较前兹长寸余。"初六日，常雩祀天于圜丘，帝亲诣行礼。礼毕，帝返回圆明园。[10]

乾隆五十一年四月初一日，乾隆帝方从五台山回銮至御园不久，即回宫斋戒三日。回宫途中咏《西直门外作》一首，内有："回跸御园驻数朝，常雩斋戒返宫寮。浓云彻夜庶几雨，却惜晨光作片消。"初四日，帝祀天于圜丘，礼毕即返回圆明园。[11]

7. 先农之祀

顺治十一年，清廷定制：每年仲春亥日，皇帝行耕耤礼，以示重农之意。时帝亲缮祭献，如朝日仪。

乾隆四十七年二月三十日，帝自圆明园回宫。途中咏《西直门外作》一首，内有："将祀农坛耕耤田，轻舆诘旦驾言旋。昨阴未雨诚惜矣，土润弗干略释然。"三月初二日，帝诣先农坛行礼，躬耕三推。礼毕，帝返回圆明园。[12]

8. 祭历代帝王庙

顺治初年，清廷在京师阜成门内建历代帝王庙，此为中祀，或帝亲祭，或遣官祭祀。

乾隆四十八年二月三十日，帝自圆明园回宫。途中咏《西直门外》一首，内有："春仲修禋古帝王，还宫两日致斋常。轻舆郊外验农景，麦始苗芽未擢芒。"自注曰："凡大祀致斋三日，中祀致斋两日，依会典不敢增减。"三月初三日，帝亲祭历代帝王庙，礼毕，帝返回圆明园。[13]

9. 坤宁宫祀神

此宫中祭祀典礼源于关外满族的祭祀传统，"其仪节大率类堂子"。

乾隆三十一年二月二十八日，帝谒泰陵后，回銮圆明园。二十九日，帝诣畅春园问安后回宫。途中咏《西直门外作》一首，内有："询豫清晨复进宫，敬神事亦述家风。石衢十里而遥耳，便以传餐憩倚虹。"诗中自注曰："每岁春秋坤宁宫神前立杆大祭，必亲诣行礼，敬循祖宗以来令典。兹蠲三月朔日举行春祀，因于前期还宫。"祀神礼毕，三月初二日，帝即返回圆明园。[14]

10. 奉先殿之祀

顺治十年，清廷于景运门东北建成奉先殿。定制，元旦、冬至、岁除、万寿、册封、月朔、望，奉神位前殿，帝亲行礼，供献如太庙大飨仪。[15]

乾隆四十三年闰六月二十九日，帝自圆明园回宫，七月初一日返回圆明园。回宫途中咏《西直门外作》一首，内有："思孝秋尝祭奉先，还宫预日致斋虔。未经命驾才逾月，一览农功目朗然。"祭祀礼成后又作《七月朔日躬祭奉先殿礼成述事》，其中自注曰："每于元旦及皇祖、皇考圣诞、忌辰，必躬诣后殿拈香瞻礼。"[16]

11. 太庙之祭

清初，于紫禁城正门之左建太庙，奉祀太祖努尔哈赤帝后及太宗皇太极。此后，每年四次大享太庙，又称"四孟时享"，或曰"四季献神"。

乾隆二十年五月二十七日，帝自圆明园回宫。以平定准格尔告祭太庙，斋戒三日。六月初一日，帝亲诣太庙行礼，并遣官告祭天、地、大社、大稷、先师孔子。礼毕，帝即返回圆明园。[17]

乾隆二十二年九月二十六日，帝奉皇太后回宫。二十八日，以孟冬享太庙。斋戒三日。十月初一日，帝亲诣太庙行礼，并作《孟冬时享太庙礼成纪事》诗一首。旋诣南苑行围。[18]

12. 堂子祭天

堂子祭天，是清帝祭祀天神的一种特殊典礼，起自辽沈，有设杆祭天礼。又于静室总祀社稷诸神祇，名曰堂子。世祖定鼎燕京，沿国俗，度地长安左门外，仍建堂子。祭礼不一，而以元旦拜天、出征凯旋为重，皆帝所躬祭。[19]

乾隆十三年八月二十七日，帝奉皇太后谒泰陵毕回宫。九月初一日，帝诣堂子行礼。初四日，帝至观德殿，孝贤皇后梓宫前奠酒罢，奉皇太后返回圆明园。十月十八日，帝自静宜园回宫后，先后策试天下中式武举于太和殿前；御太和殿传胪，赐中式武举甲第；冬至祀天，亲诣圜丘行礼。十一月初三日，经略大学士傅恒出师金川。帝复诣堂子行祭告礼，祭吉尔丹纛、八旗护军纛，经略大学士及诸王大臣官员等俱随行礼。寻帝至东长安门外幄次，亲赐傅恒酒，命于御幄前上马。帝还宫。[20]

其后，帝钦定凯旋致祭堂子礼。谕曰："堂子之祭，乃我朝先代循用通礼，所祭之神即天神也。遇大事及春秋季月上旬，必祭天祈报，岁首最先展礼。考诸经训，祭天有郊、有类、有祈谷祈年，礼本不一。兵戎国之大事，故命遣大将，必先有事于堂子。"[21]

13. 册谥大行皇后

乾隆十三年五月十六日，帝先诣畅春园问安，后至观德殿大行皇后梓宫前奠酒，接着返回宫中。二十日，以册谥大行皇后，遣官告祭太庙后殿、奉先殿。翌日，帝素服御太和门，遣正使庄亲王允禄、副使平郡王福彭赍册宝，诣观德殿册谥大行皇后。二十二日，以册谥礼成颁诏天下。二十三日，帝返回圆明园。

以上乾隆御制诗中所表述的回宫缘由，实际上给我们展示了一幅封建王朝丰富多彩的礼制画卷。

按清朝的典制，上述内容属于吉礼。因清初定制，凡祭三等：圜丘（今北京天坛内）、方泽（今北京地坛内）、祈谷（祭祀在天坛）、太庙（今北京劳动人民文化宫内）、社稷（今北京中山公园内）为大祀。天神（天神坛原在北京先农坛南）、地祇（地祇坛原在天神坛西）、太岁（太岁殿原在北京先农坛东北）、朝日（今北京日坛内）、夕月（今北京月坛内）、历代帝王（今北京阜成门内）、先师（今北京国子监）、先农（即北京先农坛）为中祀。先医等庙，贤良、昭忠等祠为群祀。乾隆时，改常雩为大祀（祭祀在天坛），先蚕（即先蚕坛，康熙时在北京丰泽园西，乾隆初改在安定门外，七年复改建于今北海公园东北隅）为中祀。天子祭天地、宗庙、社稷。有故，则遣官告祭。中祀，天子或亲祭，或遣官。群祀，则皆遣者。[22]

清朝统治者为什么如此重视祭祀，而不惜频繁辛苦地往返于圆明园与紫禁城之间呢？这一方面是清承明制，清代帝王学习和继承儒家治国的传统理念，更重要的是少数民族出身的清朝统治者，面对数以亿计的汉族臣民，为牢牢抓住代天行事，与天对话的特权，所以他们非常重视祭祀一事。为此，雍正帝就曾言："国家典礼，首重祭祀。每当斋戒日期，必检身竭诚致敬，不稍放逸，始可以严昭事而格神明。"[23]而乾隆帝则于十三年冬至祭圜丘之前，特敕廷臣议更古制，将前朝郊祀所用祭器（明朝祭器用瓷盘），均改用传统的古礼器。至晚年他又谆谆教诲诸皇子："人君者，天之子。当以敬天勤民为首务，方可以承昊贶而迓鸿庥。设于对越之事，心生懈怠，不能敬谨将事，是不成其为天之子，而昊苍亦断不锡之嘉祐也。朕临御五十一年来，恭遇郊坛大祀，无不祗肃躬亲，冬至南郊，亲诣五十一次，上辛祈谷，亲诣四十九次。……始终勿懈，以伸朕敬天法祖之志。我子孙若能继承无斁，方可永膺洪贶，垂裕万年矣。"[24]

乾隆以降诸帝均严格地遵守了这一系列的祭祀制度。

二

其次是嘉礼。它包括登极、授受、太后垂帘、亲政、大朝、常朝、太上皇帝三大节朝贺、太皇太后皇太后皇后三大节朝贺、大宴、上尊号徽号、册立中宫、册立皇太子、皇帝大婚、皇子婚礼、公主下嫁、视学、经筵、策士、颁诏、进书等各种典礼。因这些典礼均与天子有关，故历代清帝均要参与主持。如：

1. 登基

康熙六十一年十一月廿日，胤禛即皇帝位。是日黎明，卤簿全设，各官齐集于朝。帝先诣梓宫前，行三跪九叩头礼。旋易礼服，诣皇太后前行礼。接着，御太和殿，受朝贺礼。[25]

雍正十三年九月初三日，弘历奉皇太后御永寿宫，行九拜礼。御中和殿，内大臣、执事各官行礼。御太和殿，即皇帝位，王以下文武各官、朝鲜等国使臣进表，行庆贺礼。不宣表，不作乐，诏示天下。[26]

2. 万寿圣节

康熙五十二年三月十七日，以六十整寿，帝奉皇太后自畅春园回宫。直隶各省官员士庶，夹道罗拜，欢迎御辇。十八日万寿节，帝先率诸王公大臣等诣皇太后宫行礼，旋御太后殿，接受王以下文武各官之庆贺礼。礼毕，帝即奉皇太后回畅春园。王以下满汉文武官员及直隶各省耆老士庶，仍于各诵经处跪送。[27]

乾隆三十五年八月初九日，以万寿节将临，帝奉皇太后自圆明园回宫。八月初十日、十二日，帝两次奉皇太后幸寿安宫侍膳，并两次赐宗室王公内大臣及诸外藩回部等宴。十三日万寿节，帝先诣奉先殿行礼，继至皇太后宫行礼，并遣官祭太庙后殿及福陵、昭陵等。接着御太和殿，王以下文武各官进表行庆贺礼。翌日，帝奉皇太后返回圆明园。[28]

3. 元旦朝贺

乾隆二十五年正月初一，帝先诣奉先殿、堂子行礼。旋率王以下文武大臣，诣寿康宫庆贺皇太后，礼成，御太和殿受朝，并作《元正太和殿朝会庸作歌》，内有："晨参昼会肃朝仪，正殿春融赤羽旗。十年一举宁为数，万国来同倍切寅。"自注曰："正殿朝会虽旧典，然率不举行。庚午以平定金川，又朕四旬之庆，故一举行。兹西师武成，绥服回部拔达克山、安集延、哈萨克、布鲁特，皆称臣入贡，兼值五旬大庆，故命循例宴缉。"随后，帝御太和殿。赐王公大臣等宴。

嘉庆十八年正月初一，帝先诣奉先殿、堂子行礼，遣官祭太庙后殿。然后，御太和殿受朝，诣大高殿、寿皇殿行礼。接着，御乾清宫，赐皇子皇孙亲藩等宴。[29]

4. 册立皇后

乾隆二年十二月初三日，以册立皇后，遣官告祭天、地、太庙、社稷，上诣奉先殿，行告祭礼。翌日，帝御太和殿，宣制。命保和殿大学士鄂尔泰为正使，户部尚书海望为副使，持节赍册宝，册立嫡妃富察氏为皇后。[30]

5. 上皇太后徽号

乾隆二十年六月初六日，乾隆帝奉皇太后自圆明园回宫，先于中和殿恭阅上皇太后徽号奏书，后亲诣慈宁宫恭上皇太后。翌日，帝御太和殿，恭阅上皇太后徽号册宝，并诣慈宁宫恭献，徽号曰"崇庆慈宣康惠敦和裕寿纯禧皇太后"。当日礼毕，帝即奉皇太后返回畅春园。[31]

6. 文武进士传胪大典

乾隆三十一年四月二十四日，帝诣畅春园问安后回宫，途中作《西直门外》一首，内有："甫逾廿日复还宫，殿选文材衡至公。麦穗已齐禾黍苗，青郊农况揽筹中。"自注曰："廷试新进士，命读卷官以前列十卷进呈，阅定甲乙即拆名引见。"翌日，帝御太和殿传胪。赐一甲张书勋等三人进士及第，二甲陆费墀等六十八人进士出身，三甲黄本田等一百四十二人同进士出身。传胪毕，帝当日返回圆明园。[32]

又，同年十月初三日，帝奉皇太后自避暑山庄回至圆明园。略加休整后，初七日回宫。十一日，策试中式武举顾先龙等五十一人于太和殿。后接连两日，帝御西苑紫光阁阅武举骑射与技勇。十五日，帝御太和殿传胪。赐中式武举一甲白成龙等三人武进士及第，二甲李芳园等五人武进士出身，三甲赵攀龙等四十三人同武进士出身。并作《紫光阁阅武举》诗一首，内有："文会春场武会秋，初冬亲试技观尤。干城固系心所蕴，……抡今或备异时筹。"[33]

7. 皇子婚礼

乾隆二十六年六月十七日，帝以皇八子永璇婚礼，自圆明园回宫，顺便游北海，并作《季夏镜清斋》诗一首，内有："皇子成婚返禁林，水斋取便一来临。石泉过雨声偏壮，夏木铺阴翠益深。"当日婚礼毕，帝即返回圆明园。[34]三十九年四月二十七日，帝自圆明园回宫。途中咏《西直门外作》一首，内有："驾返彤宫自御园，礼缘皇子逮成婚。十余日未出郊野，夹路农功子细论。"自注曰："是日皇十五子成婚，翌日应于宫内成礼。"二十八日，顒琰婚礼毕，帝即返回圆明园。[35]

8. 皇女下嫁

乾隆二十五年三月十九日，帝冒雨自圆明园回宫。途中作《雨中西直门外》一首，内有："天家婚娶亦人情，今岁频教还禁城。恰复朝来命清跸，喜从雨里阅新耕。"自注曰："以皇子皇女婚娶，故频还宫行礼。"另本月初七日，帝以和嘉和硕公主初定礼御保和殿，赐王公大臣等宴。待办完公主与傅恒子福隆安的婚礼后，二十一日，帝返回圆明园。[36]

乾隆三十五年七月二十七日，帝自圆明园回宫。当日御保和殿，赐喀尔喀亲王成衮扎布、额驸拉旺多尔济及其近族王公，并大学士尚书等宴。在回宫途中作《西直门外作》一首，内有："銮降因之返禁城，金风华黍步舆迎。爽披昨晚收阵雨，曝喜秋阳畅晓晴。"诗中注曰："以和敬（应为和静）固伦公主下嫁，进宫御保和殿赐宴。"八月初二日，办完和静公主的婚事后，帝即返回圆明园。[37]

9. 恭阅玉牒行礼

乾隆四十三年五月十三日，帝自圆明园回宫。途中咏《西直门外作》一首，内有："朝考抢翰材，有事还宫宿……为君难不一，何事而可忽。"十四日，内阁、翰林院官员带领新进士觐见。十五日，宗人府进呈新修玉牒。帝先诣乾清宫东暖阁恭阅行礼，后至大高殿行礼。礼毕，帝返回圆明园。[38]

10. 视朝典礼

乾隆二十二年十月初四日，帝自南苑行围毕回宫。初五日，帝御太和殿，受哈萨克使臣亨集噶尔等、琉球国使臣马宣哲等朝。并作《冬日视朝》诗一首，内有："百僚剑佩集明廷，班末陪臣赞谒聆。东鹣西鲽谁分域，北极南荒一太宁。"自注曰：

"是日，哈萨克使臣行礼，琉球使臣亦随班叩阙。"翌日，帝御门听政后，即返回圆明园。[39]

乾隆四十三年六月二十四日，帝自圆明园回宫。途中咏《西直门外作》一首，内有："清晓还宫因视朝，谢恩将以觐群僚。半年一举不为数，勤政之端志欲劭。"

二十五日，帝御太和殿视朝，文武升转各官谢恩。礼毕，帝即返回圆明园。[40]

又，在前一年的六月初四日，帝自圆明园回宫。途中也作《西直门外作》一首，内有："视朝正殿对千官，勤政于斯亦一端。"并自注曰："众官以迁除加级等事谢恩者，每岁例御殿二次，与御门听政无异，非三大节正朝受贺可比，虽在二十七月内，仍当循例举行。且自上年十二月视朝后，迄今已阅半载，典礼不宜久阙，因还宫于初五日御殿。"[41]

11. 经筵典礼

顺治十四年，清沿明制举行经筵，祭先师孔子于弘德殿。康熙二十四年，规建传心殿，位文华殿东。翌年，帝将御经筵，诏曰："先圣、先师，传道垂统，炳若日星。朕远承心学，效法不已，渐近自然。施之政教，庶不与圣贤相悖，其躬诣行礼。"[42]其后诸帝，遵循不变。

乾隆三十九年正月二十九日，帝自圆明园回宫。途中咏《西直门外作》，内有："节过例还紫禁舆，经筵社稷仲春初。连塍宿麦苗才茁，夹陌轻杨条已舒。"二月初二日，帝以祭社稷坛，斋戒三日。初五日，祭大社大稷，帝亲诣行礼。初六日，以举行仲春经筵，遣官告祭奉先殿、传心殿。帝御文华殿，接受大学士九卿詹事等礼，并宣御论。初九日春分，帝朝日于东郊。礼毕，帝返回圆明园。[43]

乾隆五十六年正月二十八日，帝自圆明园回宫。途中咏《德胜门外》一首，内有："右坛左殿礼应循，讲学祈年岁必亲。度节还宫莫非事，八旬逾赖铄精神。"自注曰："文华殿在太和殿左。"这里右坛，即指社稷坛；讲学，即指经筵。[44]

三

其三，是军礼，包括亲征、凯旋、命将出征、奏凯、受降、献俘受俘、大阅、秋狝等典礼。如：

1. 命将出征

雍正七年六月二十一日，帝自圆明园回宫。翌日，帝御太和殿，命大学士公马尔赛、蒋廷锡捧敕印，授靖边大将军公傅尔丹。傅尔丹及出征官员等行礼毕，帝率出征官员及在京诸王公、大臣等诣堂子行礼。旋于东长安门外黄幄，帝亲解御用数珠，赐大将军公傅尔丹，并亲视大将军等上马启行。二十三日，帝返回圆明园。[45]

乾隆十三年十一月初三日，经略大学士傅恒出师金川。上亲诣堂子行祭告礼，祭吉尔丹纛、八旗护军纛，经略大学士及诸王大臣官员等俱随行礼。寻帝至东长安门外幄次，亲赐傅恒酒，命于御幄前上马。帝还宫。[46]

2. 凯旋受贺

乾隆十四年三月初九日，经略大学士忠勇公傅恒等奏凯还京。乾隆帝亲率傅恒诣皇太后宫问安。初十日，以金川平定，帝御太和殿受贺，傅恒率凯旋诸臣等谢恩，王以下文武百官表贺如仪。十二日，帝御紫光阁，行饮至礼，赐傅恒及随征将士宴于西苑丰泽园。御制诗曰："卡撒功成振旅归，升平凯宴丽晴晖。两阶干羽钦虞典，六律宫商奏采薇。"翌日，帝启銮谒东西陵。[47]

3. 献俘受俘

乾隆二十年六月十六日，帝自圆明园回宫。当日，以俘获罗布藏丹津等人，于太庙外行告祭礼。十八日，帝御午门楼，王公百官朝服侍班，金鼓全作。兵部大臣等行献俘礼。寻王公百官行庆贺礼。礼毕后，帝当日返回圆明园。[48]

四十一年四月二十七日，乾隆帝奉皇太后巡幸山东后，回跸紫禁城。以将军阿桂等率军凯旋，帝先于良乡城南行郊劳礼。翌日，帝龙袍衮服御午门楼，以平定两金川举行受俘大典。二十九日，恭上皇太后徽号，遣官告祭天地太庙大社大稷。礼成后第二天，帝奉皇太后返回圆明园。[49]

除上述的典礼之外，还有其他的一些缘由，清帝不得不离开圆明园回宫。如探视皇亲、取道方便等等。此不赘述。

由此，我们不难看出：乾隆帝自圆明园返回紫禁城的缘由，主要是祭祀、视朝和各种典礼活动。其中祭祀最多，包括：圜丘、方泽、祈谷、太庙、社稷、朝日、历代帝王、先师、先农、坤宁宫祭神及奉先殿等。各种典礼活动则有：经筵、视朝、皇子大婚、皇女下嫁，恭阅玉牒以及文武进士传胪等。而且有时候由御园返回禁城，一次要完成祭祀、经筵、视朝、传胪等多项典礼。如：

乾隆二十五年五月初六日，帝自圆明园回宫，以夏至祭地于方泽，始斋戒三日。初九日帝亲诣方泽行礼；旋御养心殿，召读卷官入，亲自阅定进呈的十卷甲第。初十日，帝御乾清宫恭览玉牒，并御太和殿传胪，赐一甲毕沅等三人进士及第，二甲曹文埴等五十八人进士出身，三甲陈开基等一百一十一人同进士出身。[50]礼毕，帝即返回圆明园。此次，帝在宫五日，分别主持祭祀方泽、阅定甲第、恭览玉牒、御殿传胪等四项重大活动。[51]

乾隆三十四年正月二十九日，以重修太学文庙成，帝诣畅春园问安罢回宫。二月初二日，以祭社稷坛，斋戒三日。初四日，以祭先师孔子，亲诣国子监行礼。初五日，以祭大社大稷，帝亲诣行礼。初六日，以举行仲春经筵，遣官告祭奉先殿、传心殿，御文华殿，接受大学士九卿詹事等礼，并宣御论。翌日，帝返回圆明园。[52]此次回宫七天，帝在京主持三项典礼，即祭社稷、先师，举行经筵大典。

乾隆四十一年正月三十日，帝诣畅春园问安后回宫。二月初六日，帝返回圆明园。这期间在京城停留了六天，举办了三项重要活动：一是春分祭"朝日"，即于东郊日坛祭祀太阳神；二是上戊日（即二、八月上旬的戊日，乾隆四十一年恰在二月初六）在紫禁城午门右侧（今中山公园内）祭大社、大稷；三是于东华门内文华殿，举行经筵典礼。[53]

但不论清帝自园回宫，是主持参与一项典礼，还是多项政务活动，其内容主要为大祀、大典、大朝、大宴等。也许，读者会问：为什么清代的大典大朝大宴一般在紫禁城内举办，但频繁举办的大祀，则大部分在紫禁城之外？其实，清廷祭祀活动的关键程序是从紫禁城开始的。如每逢大祀、中祀，太常司须先进斋戒牌、铜人置乾清门黄案。大祀前三日，帝致斋大内，颁誓戒。辞曰："惟尔群臣，其蠲乃心、齐乃志，各扬其职。敢或不共，国有常刑。钦哉勿怠！"前祀一日，撤牌及铜人送斋宫，帝诣坛斋宿。乾隆七年，定郊祀致斋，帝宿大内二日，坛内斋宫一日。[54]此其一。另凡皇帝亲祭，先二日太常卿奏请，前一日阅祝版。圜丘、祈谷、常雩御太和殿，方泽、太庙、社稷御中和殿。此其二。至于大朝中的命将出师、凯旋受贺，亦均与紫禁城相关。如史载，康熙三十五年，帝率军亲征噶尔丹。前三日，祭告郊、庙、太岁。旋帝御征衣佩刀，乘骑出宫，内大臣等翊卫。午门鸣钟鼓，军士鸣角螺，祭堂子、纛神如仪。乾隆十四年三月初十日，帝以金川平定，御太和殿受贺。经略大学士忠勇公傅恒率凯旋诸臣谢恩，王以下文武百官表贺如仪。

四

从乾隆朝开始，随着清廷园居理政的各项制度日渐完善，上述需在京师和紫禁城完成的大祀、大典、大朝、大宴等各项活动，除祭祀和重大典礼外，其他部分的大朝、大宴活动，则逐步地由紫禁城转移至圆明园。

首先，最突出的表现即清廷三大节中的万寿圣节。

顺治八年，清廷定元旦、冬至、万寿圣节为三大节日。届时钦天监报时，皇帝出御紫禁城中和殿，执事官行礼毕，帝趋外朝视事。元旦为正月初一，帝后均在宫中过年，此不赘述。冬至宴，顺治时虽制定如元旦仪，但其后往往停罢。[55] 故我们以清帝和太后的万寿圣节为例：

雍正帝万寿节是十月三十日，时在节气的小雪、大雪之后。史载：雍正六年五旬整寿，帝在宫诏谕："万寿节，停止朝贺筵宴。"[56] 雍正十一年、十二年万寿节，帝在园亦"停止朝贺筵宴。"[57]

乾隆帝万寿节是八月十三日，时在中秋之前，故帝往往于避暑山庄过生日。不在避暑山庄的年份，如乾隆三、四、五、七、九、十一年等，则回宫中御太和殿受贺。乾隆五十五年，帝八旬整寿，先于避暑山庄接受蒙古王公、安南国王及王公大臣的贺寿礼。回銮后八月十三日，于太和殿举行万寿庆典。十六日回圆明园，又先后于同乐园、正大光明殿等处大宴群臣及安南国王、外藩使节等。整个万寿节庆典先后持续了一月有余。

嘉庆帝万寿节是十月初六日，时在立冬前后。嘉庆帝的万寿节除特殊情况外，如四年、五年，时在丁忧期，故其不御殿受贺；嘉庆十八年"林清之变"，寿诞日在乾清宫行庆贺礼；廿三年东巡盛京，寿诞日在兴隆寺行宫蕴辉堂举行。其余万寿节一般都在圆明园正大光明殿举行庆贺礼。嘉庆十四年，嘉庆帝五十整寿。其先自圆明园回宫，寿诞日诣奉先殿行礼，御太和殿接受百官朝贺。接着，返回圆明园，仿其父再御同乐园、正大光明殿等处，大宴群臣、蒙古王公及外藩使节等。嘉庆二十四年，其六十整寿时，亦如之。

道光帝万寿节是八月初十。自道光三年正月十二日，其初幸圆明园始，到道光三十年正月十四日，其卒于圆明园慎德堂止。道光帝的二十七个生日，包括五十、六十整寿，全部都在圆明园正大光明殿行庆贺礼。

咸丰帝万寿节是六月初九。道光三十年为其二十整寿，是日，咸丰帝在圆明园正大光明殿行礼述哀。自咸丰二年始，除三、四、五年，因太平天国大起义，百官反对皇上驻园，故典礼在乾清宫举行，但上谕仍要求"照圆明园正大光明殿预备"。其余万寿节，包括咸丰十年的三十整寿，均在圆明园正大光明殿举行（另外，咸丰十一年万寿节在避暑山庄绥成殿行礼）。

再看皇太后的万寿圣节。在清代"母仪天下"的后宫中，皇太后的地位最为尊崇，故清制专门有"皇太后圣寿、元旦、冬至三大节庆贺仪"。届时，皇帝躬侍皇太后举行隆重的典礼。雍正皇太后乌雅氏，卒于雍正元年五月廿三日。此前雍正帝母子均在紫禁城中，故可不论。

乾隆皇太后钮祜禄氏，其万寿圣节是十一月廿五日，已时近腊月，故乾隆帝大都于圣寿节前，接太后回宫过寿诞。

乾隆皇后富察氏，卒于乾隆十三年三月；乌喇那拉氏，卒于三十一年七月；嘉庆帝生母魏佳氏，卒于四十年正月。故嘉庆一朝没有皇太后。

道光皇太后钮祜禄氏，其万寿圣节是十月初十日，也是在立冬前后。自道光三年正月，帝初次驻跸圆明园，至道光廿九年十二月其病逝之前，共有 27 个圣寿节。其中，道光九年九月帝奉太后东巡盛京，不在京师；十五年六旬圣寿，寿诞日帝率王公大臣到寿康宫行庆贺礼，以恭上皇太后徽号，礼成，帝御太和殿与王公大臣等行庆贺礼。翌日，帝奉皇太后返回圆明园；十六年九月，因圆明园九洲清晏等三大殿失火，帝奉皇太后回宫，寿诞日帝亦率王公大臣到寿康宫行庆贺礼。除上述三次外，道光皇太后的历次万寿圣节，包括五十整寿、七十整寿，均在圆明园绮春园行庆贺礼。

可见，雍乾嘉道咸五朝的帝后万寿圣节，自嘉庆朝始就逐渐由紫禁城转移至圆明园，到道咸两朝帝后的万寿圣节，包括整寿大典，基本上就全在圆明园举行了。

其次，是传胪大典及一系列的廷试，也逐步由紫禁城转移至圆明园。

殿试是封建社会科举考试中的最高阶段，亦称廷试、廷对。届时由皇帝亲自出题，会试中选者始得参与。乾隆二十六年规定，四月二十一日殿试，二十五日传胪，成为定制。传胪前一日，读卷官呈前十名试卷，钦定名次，并传呼引见，谓之小传胪。殿试地点原在太和殿，五十四年改定于保和殿。但道光十三年四月廿一日，策试天下贡士 222 人于太和殿后，四月廿四日，帝御圆明园勤政殿，召读卷官入，亲自阅定所进呈的十卷甲第。五月初一日，在园举行传胪大典。[58]咸丰十年四月廿一日，策试天下贡士 190 人于保和殿后，四月廿四日，帝御圆明园勤政殿，召读卷官入，亲自阅定所进呈的十卷甲第。同月廿八日，帝御圆明园正大光明殿举行传胪大典。[59]

清廷其余的各种考试，如大考、差考、散馆、乡试复试等，自嘉庆朝中叶以后亦基本全都在圆明园正大光明殿举行。如嘉庆十九年三月上谕："着自本科为始，宗室会试中试者，传集在圆明园正大光明殿复试。"廿一年五月十六日、廿四年闰四月十二日，以乡试届期，试差之进士人员分别于圆明园正大光明殿考试。二十二年三月廿七日，宗室会试之中试贡士于圆明园正大光明殿复试。同年四月初九日，庶吉士散馆，亦在圆明园正大光明殿考试。[60]至道光朝，除上述考试外，每科八旗子弟的翻译会试中试贡士之考试、翰林院詹事府专官之大考、翻译乡试举子之复试、满蒙文职二品以下京堂各员满语考试、国子监蒙古司业人员之考试，亦全部都在圆明园正大光明殿举行。[61]

其三，除了每年除夕于保和殿筵宴外藩蒙古王公，元旦（正月初一）于太和殿大宴文武百官，乾清宫举办"家宴"，以及凯旋宴、宗室宴、大婚宴等，清廷于紫禁城或西苑紫光阁举行大宴外，自乾隆朝以后，许多宫廷大宴均逐渐改在圆明园举办。如乾隆六年形成惯例的圆明园上元三宴，即宗室宴、外藩宴、廷臣宴，以及在园期间的各种时令宴，如端午宴、七夕宴、中秋宴、重阳宴等。

先是，乾隆二十五年三月，以平定新疆回部，帝于西苑丰泽园举行凯旋宴；四十一年四月，以平定大小金川，帝于西苑紫光阁举行凯旋宴。但到了道光八年八月，以平定回疆张格尔之乱，道光帝将凯旋宴改办于圆明园正大光明殿。至于清帝与皇太后、皇后的万寿圣节等，即在园贺寿，亦在园举行大宴，此不赘述。

其四，皇子皇女婚嫁事宜亦时在圆明园举办。如史载，乾隆四十五年五月廿日，帝在园赐和珅子名丰绅殷德，并指为十公主额驸。五十二年正月，帝在园封十公主为固伦公主，额驸服色与贝子同。五十四年十月十五日，帝御圆明园正大光明殿，为和孝固伦公主行初定礼，赐皇子、额驸、王公大臣等宴。

其五，是皇帝与太后病逝后，梓宫移于山陵前时的奉安之处（即殡宫），亦由紫禁城最终移至圆明园。

清代顺治帝、乾隆帝卒于紫禁城养心殿；康熙帝卒于畅春园；雍正帝、道光帝卒于圆明园；嘉庆帝、咸丰帝卒于避暑山庄。当时，不论大行皇帝卒于何处，其大敛后梓宫均奉安于紫禁城正大光明殿，但在移往山陵之前的奉安之处，即殡宫地点，却不相同。其中，顺治帝、康熙帝殡宫在景山寿皇殿；雍正帝殡宫在雍和宫永佑殿；乾隆帝、嘉庆帝殡宫在景山观德殿。

但到道光帝后开始变化。道光帝于三十年正月十四日，卒于圆明园慎德堂。当日回宫，大敛毕，梓宫遵例奉安乾清宫，二月初二日，殡宫奉移圆明园正大光明殿。咸丰帝于十一年七月十七日，卒于避暑山庄寝宫。廿三日梓宫回到京师后，因圆明园已被英法联军焚毁，其梓宫先是奉安乾清宫，旋亦移至景山观德殿。

康熙五十六年十二月初六日，皇太后博尔济吉特氏卒于宁寿宫，大敛后亦奉安于此，旋移朝阳门外殡宫。

雍正元年五月廿三日，皇太后乌雅氏卒于永和宫，大敛后奉安于宁寿宫，旋移景山寿皇殿殡宫。

乾隆四十二年正月廿三日，皇太后钮祜禄氏卒于圆明园长春仙馆，大敛后亦奉安于此，旋移至畅春园九经三事殿殡宫。

道光廿九年十二月十一日，皇太后钮祜禄氏卒于紫禁城长乐敷华，大敛后奉安慈宁宫。旋奉移梓宫至圆明园绮春园迎晖殿。

咸丰五年七月初九日，皇太后博尔济吉特氏卒于慈宁宫，大敛后奉安宁寿宫。旋亦奉移梓宫至圆明园绮春园迎晖殿。

由上可知，到道光帝卒后，清帝与皇太后的殡宫就基本上由京师移设于圆明园了。最终，其梓宫亦由圆明园移奉山陵安放。

五

有清一代统治者，与以往历朝最大的不同点，即清帝主要是园居理政，而非宫居理政。过去，古人以紫微星垣喻为皇帝的居处，故皇宫又称"紫微宫"，但在清帝心目中，圆明园与紫禁城同为"御政之所"，政治地位同等重要，可谓是园林紫禁城。如雍正三年八月，帝初次驻跸圆明园即诏谕："朕在圆明园与在宫中无异，凡应办之事，照常办理。"[62] 嘉庆帝也明言："朕驻跸圆明园，既与（紫）禁城无异。"[63]

据史料记载：雍正帝平均年驻园 210 余天。雍正十一年 355 天，他即有 282 天生活在圆明园里。

乾隆帝的活动范围较大，除紫禁城、避暑山庄、南巡、东巡等之外，还是园居的时间更长一些。年平均驻圆明园 120 余天。乾隆二十一年，有闰月共 393 天，乾隆帝在圆明园园居理政 168 天。

嘉庆帝驻圆明园时间，年均 160 余天。

道光帝驻圆明园时间，年均 260 余天，道光二十九年，有闰月，其园居时间高达 354 天。直至翌年正月，病逝于圆明园慎德堂。

咸丰帝在咸丰十年八月初八，北上热河前，驻跸圆明园七年，年均时间也达 210 余天。[64]

前文，我们用清中前期乾隆帝的御制诗，来阐述清帝自圆明园回宫的缘由，下面我们再用清中后期，道光朝前后两年的史实来说明清帝园居理政与紫禁城典礼的情况。

道光十二年正月初四日，道光帝自紫禁城幸圆明园，至十月十七日，帝奉皇太后回宫。这期间帝自圆明园回宫共十一次。

第一次：正月初十日回宫三天，诣时应宫、昭显庙拈香，斋戒三日，亲诣圜丘祈谷。

第二次：正月二十七日回宫四天，斋戒三日，祭大社大稷亲诣行礼；仲春经筵帝御文华殿典礼。

第三次：三月初二日回宫三天，斋戒二日，亲诣先农坛行礼。初五日起銮谒东陵，旋行围，共十一天。十六日回圆明园。

第四次：四月初七日回宫三天，诣时应宫、昭显庙拈香，斋戒三日，亲诣圜丘祈天。

第五次：四月二十四日回宫一天，钦定十甲，御太和殿传胪。

第六次：五月二十一日回宫一天，斋戒一日，亲诣天神坛祈雨。

第七次：六月初二日回宫三天，斋戒三日，亲诣社稷坛祈雨。

第八次：六月十五日回宫三天，斋戒三日，亲诣方泽坛祈雨。

第九次：六月二十五日回宫三天，斋戒三日，亲诣圜丘行大雩礼。

第十次：八月初一日回宫三天，斋戒三日，祭大社大稷，亲诣行礼。

第十一次：闰九月廿七日回宫四天，斋戒三日，诣太庙行礼。[65]

这一年有闰月，全年共 384 天，帝在园 265 天，在宫 108 天，谒陵与行围 11 天。

道光廿三年正月初九日，帝自紫禁城幸圆明园，至十一月二十六日，帝奉皇太后回宫。这期间帝自圆明园回宫共七次。

第一次：正月三十日回宫八天，斋戒三日，祭大社大稷，亲诣行礼。仲春经筵御文华殿典礼。

第二次：三月二十八日回宫三天，斋戒三日，诣太庙行礼。

第三次：四月初九日回宫三天，诣时应宫、昭显庙拈香，斋戒三日，亲诣圜丘祈天。

第四次：五月廿二日回宫三天，夏至祭方泽，亲诣行礼。

第五次：八月初五日回宫三天，斋戒三日，祭大社大稷，亲诣行礼。

第六次：九月廿八日回宫四天，斋戒三日，诣太庙行礼。

第七次：十月廿八日回宫三天，斋戒三日，冬至祈天于圜丘，亲诣行礼。[66]

这一年有闰月，全年共 384 天，帝在园 315 天，在宫 69 天。

上述的一系列史实说明，清代紫禁城的功能主要体现在大祀、大典、大朝和大宴这四个方面。但清朝中期以后，一些大朝与大宴的典礼与活动，以及一些重大的外事国务，包括接待葡萄牙、荷兰、英国使臣等，均在圆明园中举行。所以，我们有理由说，在某种程度上雍、乾、嘉、道、咸五朝，清王朝的统治重心，实际上是在圆明园。

作者简介：何瑜，男，1954 年生于北京，中国人民大学清史研究所教授、博导，主要研究领域为清代政治史、清代边疆民族史、清代皇家园林史。

注释：

[1] 《清高宗御制诗·二集》卷 75；《清高宗实录》卷 554。

[2] 《清高宗御制诗·四集》卷 42；《清高宗实录》卷 1024。

[3] 《清史稿》卷 83《礼志二》。

[4] 《清高宗御制诗·初集》卷 37；《清高宗实录》卷 284。

[5] 《清高宗御制诗·四集》卷 43；《清高宗实录》卷 1038。

[6] 《清高宗御制诗·四集》卷 46；《清高宗实录》卷 1051。

[7] 《清高宗御制诗·二集》卷 30；《清高宗实录》卷 402。

[8] 《清高宗御制诗·四集》卷 81；《清高宗实录》卷 1131。

[9] 《清高宗御制诗·五集》卷 32；《清高宗实录》卷 1280。

[10] 《清高宗御制诗·四集》卷 81；《清高宗实录》卷 1128。

[11] 《清高宗御制诗·五集》卷 23；《清高宗实录》卷 1252。

[12] 《清高宗御制诗·四集》卷 88；《清高宗实录》卷 1152。

[13] 《清高宗御制诗·四集》卷 95；《清高宗实录》卷 1176。

[14] 《清高宗御制诗·三集》卷 55；《清高宗实录》卷 756。

[15] 《清史稿》卷 85《礼志四》。

[16] 《清高宗御制诗·四集》卷 51；《清高宗实录》卷 1062。

[17] 《清高宗实录》卷 489、490。

[18] 《清高宗御制诗·二集》卷 74；《清高宗实录》卷 548。

[19] 《清史稿》卷 85《礼志四》。

[20] 《清高宗实录》卷 324、327、328。

[21] 《清高宗实录》卷 339。

[22] 《清史稿》卷 82《礼志一》。

[23] 《清文献通考》卷 101。

[24] 《清高宗御制诗·二集》卷 7；《清高宗实录》卷 1268。

[25] 《清世宗实录》卷 1。

[26] 《清高宗实录》卷 2。

[27] 《清圣祖实录》卷 254。

[28] 《清高宗实录》卷 866。

[29] 《清仁宗实录》卷 265。

[30] 《清高宗实录》卷 58。

[31] 《清高宗实录》卷 490。

[32] 《清高宗御制诗·三集》卷 57；《清高宗实录》卷 759。

[33] 《清高宗御制诗·三集》卷 60；《清高宗实录》卷 770。

[34] 《清高宗御制诗·三集》卷 14；《清高宗实录》卷 639。

[35] 《清高宗御制诗·四集》卷 22；《清高宗实录》卷 957。

[36] 《清高宗御制诗·三集》卷 4；《清高宗实录》卷 609。

[37] 《清高宗御制诗·三集》卷 91；《清高宗实录》卷 865。

[38] 《清高宗御制诗·四集》卷 50；《清高宗实录》卷 1056。

[39] 《清高宗御制诗·二集》卷 74；《清高宗实录》卷 548。

[40] 《清高宗御制诗·四集》卷 51；《清高宗实录》卷 1059。

[41] 《清高宗御制诗·四集》卷 43；《清高宗实录》卷 1034。

[42] 《清史稿》卷 84《礼志三》。

[43] 《清高宗实录》卷 952。

[44] 《清高宗御制诗·五集》卷 63。

[45] 《清世宗实录》卷 82；蒋良骐：《东华录》。

[46] 《清高宗实录》卷 328。

[47] 《清高宗御制诗·二集》卷 8；《清高宗实录》卷 336。

[48] 《清高宗实录》卷 491。

[49] 《清高宗实录》卷 1007。

[50] 《清高宗实录》卷 612。

[51] 此次实录漏载乾隆帝返回圆明园的具体日期，但据其他史料分析，帝往往在传胪大典后，即返回御园。

[52] 《清高宗御制诗·三集》卷 79；《清高宗实录》卷 828。

[53] 《清高宗御制诗·四集》卷 34；《清高宗实录》卷 1002。

[54] 《清史稿》卷 82《礼志一》。

[55] 《清史稿》卷 88《礼志七》。

[56] 《清世宗实录》卷 74。

[57] 见何瑜：《清代三山五园史事编年（顺治—乾隆）》。

[58] 《清宣宗实录》卷 236—237。

[59] 《清文宗实录》卷 316—317。

[60] 见何瑜：《清代三山五园史事编年（嘉庆—宣统）》。

[61] 同上。

[62] 《清世宗实录》卷 35。

[63] 《清仁宗实录》卷 243。

[64] 见何瑜：《清代三山五园史事编年（嘉庆—宣统）》。

[65] 同上。

[66] 同上。

从清帝御制诗文看圆明园"坦坦荡荡"

尤 李

　　"坦坦荡荡"属于圆明园四十景之一，乃后湖西岸的一处园中园。其园林布局与杭州西湖的"玉泉鱼跃"相似，池周舍下有鱼数千头，系清帝饲养与观赏金鱼之处，俗称"金鱼池"。本景占地 1.05 万平方米，建筑面积 1650 平方米。

　　《圆明园百景图志》介绍了坦坦荡荡的陈设、布置及其功能。[67] 贺艳和刘川曾试图对坦坦荡荡进行复原设计。[68] 清世宗、清高宗和清仁宗在圆明园园居之时，常常驾临坦坦荡荡游览、读书，并留下不少诗文。可是，迄今尚无人详尽挖掘这些诗文的内涵。园林大师陈从周先生曾言，中国园林与中国文学盘根错节，难分难离，研究中国园林，似应先从中国诗文入手，则必求其本，先究其源，然后许多问题可迎刃而解。[69] 本文将试着解析清帝吟咏坦坦荡荡景观的御制诗文，进一步探究该景观的内涵。

一、圆明园四十景之一：坦坦荡荡

　　坦坦荡荡建自康熙后期，后来成为圆明园四十景之一。在清世宗胤禛即位之前，该景观称作"金鱼池"。在皇子赐园时代，胤禛作《金鱼池》诗，云：

> 鷟地成卍字，注水蓄文鱼。
> 藻映十分翠，圚围四面虚。
> 泳游溪涨后，泼剌月明初。

物性悠然适，临观意亦舒。[1]

在汉文化体系中，金鱼乃富裕、吉祥的象征。胤禛笔下的金鱼池富于诗情画意，同时亦显示出悠然自得的境界。

《日下旧闻考》载：

杏花村馆之西，度碧澜桥为坦坦荡荡，三楹。前宇为素心堂，后宇为光风霁月。堂东北为知鱼亭，又东北为萃景斋，西北为双佳斋。

臣等谨按：坦坦荡荡，四十景之一也，额为皇上（即清高宗——引者注）御书。联曰：源头句咏朱夫子，池上居同白乐天。素心堂内额曰清虚静泰，与光风霁月、萃景斋诸额皆御书。知鱼亭及双佳斋额世宗御书。萃景斋石上刊御制《坦坦荡荡》诗。[2]

坦坦荡荡由素心堂、半亩园、澹怀堂、双佳斋、光风霁月、知鱼亭、萃景斋和碧澜桥构成。所挂匾额有"光风霁月""坦坦荡荡""半亩园""凝香楼""气象清华"和"延趣"。[3] 本景鱼池内外叠石颇多，并立峰题刻"坦坦荡荡"景名及"青浮""红润"石刻。[4]

图1　乾隆九年（1744）唐岱、沈源绘《坦坦荡荡图》（图片来源：《圆明园百景图志》）

坦坦荡荡鱼池东南有一座四方亭，外悬清世宗御书"知鱼"匾。[5]雍正三年（1725）二月，清世宗作诗《知鱼亭待月》曰：

传呼不用上林丞，傍水登临远郁蒸。
解渴漫调金掌露，清心胜饮玉壶冰。
知鱼亭畔观鱼跃，得月台前望月升。
烟敛碧池星汉皎，玉栏高处尽堪凭。[6]

显而易见，清世宗选取典型景物对知鱼亭景观进行特写，体现田园风光以及"观鱼跃""望月升"的乐趣。

乾隆九年，清高宗弘历作诗《坦坦荡荡》：

凿池为鱼乐园，池周舍下，锦鳞数千头，喁嗫拨剌于荇风藻雨间，回环泳游，悠悠自得。诗云众维鱼矣。我知鱼乐，我蒿目乎斯民！
凿池观鱼乐，坦坦复荡荡。
泳游同一适，奚必江湖想。
却笑蒙庄痴，尔我辨是非。
有问如何答，鱼乐鱼自知。

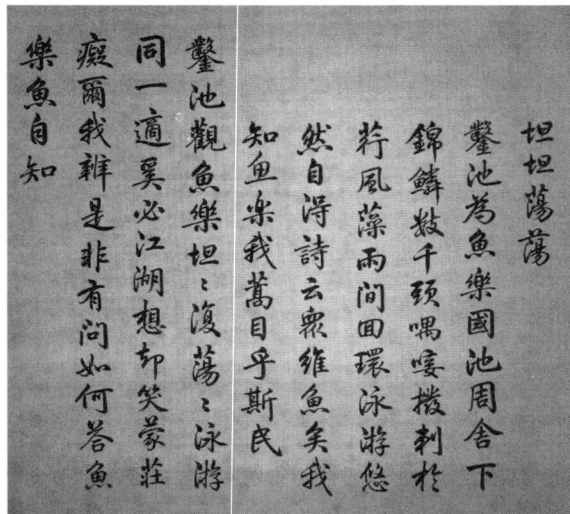

图2　清高宗御制诗《坦坦荡荡》（图片来源：《圆明园百景图志》）

由此可见，清高宗在赏鱼游乐之时，还挂念着天下百姓。

乾隆二十六年（1761），清高宗又作《赋得坦坦荡荡》：

演漾披琳沼，谹庨敞网轩。
息躬喜疏朗，游目鲜嚣烦。
俯仰四临具，括包一理存。
无私参义府，顺应涤情源。
玩物宁堪贵，甄心略可论。
嘉兹君子德，俾彼圣人言。[7]

清高宗在描述自然景观和撒网捕鱼之乐趣时，指出审视内心和加强自身道德修养的重要性。

乾隆二十九年（1764），清高宗再撰《赋得坦坦荡荡》：

延楼临城墙，可见山田及闾阎况。皇祖御额悬于正中，敬赋五言，用诏千祀。
履卦幽人吉，箕畴王道崇。
四言标合撰，万古示深衷。
识矣其君子，廓然惟大公。
对时八节序，应物七情同。
烟火随民便，山田待岁丰。
翘瞻仰云日，祖述念何穷。[8]

其中"履卦"是《易经》六十四卦之第十卦：天泽履（履卦），君子坦荡荡。此意为：君子在人际交往中，只要能够做到刚健守中，便可将坏事变为好事，让恶的事物亦呈现出好的一面，这样，再大的艰难也能够平安度过。而"幽人"则指隐士、幽居之士。"箕畴"指《书·洪范》之"九畴"。"九畴"指传说中天帝赐给禹治理天下的九类大法，即《洛书》，泛指治理天下之大法。相传"九畴"为箕子所述，故名。

清高宗在这首诗中不仅表达对祖父的景仰，以《易经》的卦辞来解说"坦坦荡荡"的含义，表明以仁义统治天下，还念及天下苍生的农业丰收。农业直接关乎国家安危和政权稳定。清高宗在位前期，制定各种政策奖励开垦，改进技术，推广高产作物，推动农业发展，清朝进入全盛时代。

嘉庆二年（1797），清仁宗颙琰刚刚登上皇位不久，便作诗《坦坦荡荡》以明志：

天怀存坦荡，与物鲜经营。

虚朗光风敞，圆灵霁月明。

薰陶非有染，因付本无成。

寥阔大公意，皎如宝鉴呈。[9]

清仁宗开篇即宣称自己追求坦荡的人生境界，然后再从整体描摹坦坦荡荡的景观布置特征。

同年，清仁宗又作诗《坦坦荡荡》谓：

奎文辉奕载，四字著精微。

王道原平直，遵循慎弗违。[10]

显然，清仁宗赞赏坦坦荡荡的为人境界，表达自己遵循"王道"，即以仁义治理天下的理念。

嘉庆三年，清仁宗又作诗《坦坦荡荡》云：

君子坦荡荡，天怀本至清。

无欲观其妙，笑彼空蝇营。

如镜光极朗，如水波最平。

虚己受众物，忠恕知群情。

涵养寸田茂，不使稂莠生。

学问代耘耥，礼义以犁耕。

精采自焕发，其本归存诚。[11]

清仁宗再次强调自己推崇"君子坦荡荡"的行为，鄙视为追求名利而钻营之举，为人要如同镜子一样光明，如同水波一般平静，要"虚己""忠恕"，学习学问和礼义，心怀坦诚。其实，清仁宗本人十分注意品德修养，勤奋读书，谨守孝道，这些皆为其父立他为储君的重要原因。至嘉庆三年，清仁宗尚未亲政，居太上皇之位的清高宗仍然掌握实权。而清仁宗言行谨慎，经受住了考验。

嘉庆十四年（1809），清仁宗撰《坦坦荡荡敬题》曰：

仁圣传心题四字，云礽永守大规模。

襟怀坦荡愚顽格，政治平均久远图。

用术驭人终受蔽，以诚接物庶能孚。

纡回曲径虽纷现，立定脚跟循正途。[12]

清仁宗作为一名守成之君，在这首诗中既表达自己胸怀坦荡，又概括自己的施
政风格："政治平均"，以诚相待，遵循正道。

二、坦坦荡荡最重要的建筑：素心堂

前宇素心堂系坦坦荡荡最为重要的建筑。素心堂门殿五间，外檐悬挂清高宗御
笔"素心堂"匾，后抱厦三间，内檐挂"坦坦荡荡"锦边壁子匾。素心堂之名取自
陶渊明"闻多素心人"诗句。[13] 清高宗和清仁宗创作了不少吟咏素心堂的诗文。

乾隆二十四年（1759），清高宗作《题素心堂》云：

山不在高，水亦澄秀，兼山水趣，偏胜敬参倪芫，禽鱼适悦，可襟怀翰墨，凭
征士爱他，即景句义经，得我素心朋。虽然未敢耽闲逸，肯构恒斯励继绳。[14]

清高宗除了描摹美景、观鱼之乐，还意在抒发自己追求素心（即心地朴素）的
情怀。

乾隆二十五年（1760），清高宗作《素心堂》诗曰：

书堂最为古，秋令又而今。

松竹自良友，缥缃实素心。

荷风清拂座，蕙露馥濡襟。

散步延幽赏，莎蚕三两吟。[15]

清高宗选取书堂、松竹、缥缃（即书卷）、荷风、蕙露和莎蚕来烘托在此处专心
读书的境界，突出"素心"二字。

乾隆三十二年（1767），清高宗撰《素心堂》言：

古屋园中咫尺近，一年堂上几回临。
乍欣此日观佳景，都为宜时需好霖。
香喷缥缃插架润，响调琴瑟挂檐斛。
在兹试问相应句，只有祈农是素心。[16]

清高宗细致描绘素心堂之美景，落脚点却在赞叹好雨恰逢时节而降临，祈祷农业丰收，并且认为此即是真正的"素心"。

乾隆三十五年（1770），清高宗《题素心堂》曰：

翠跸返行辕，芳辰驻御园。
岂无花石赏，惟廑耙犁翻。
颇厌招风柳，安求树背萱？
当春多望雨，正合素心存。[17]

从"惟廑耙犁翻"，"当春多望雨，正合素心存"之语，可知清高宗重视农业生产，并将此视为"素心"。

同年，清高宗《题素心堂》言：

素心我实有非无，却较泉明高尚殊。常畏民嚣与天命，所师二典及三谟。祈年曾弗间，终始食旰，那遑惜劼勉。设以怀人寓深意，亦其稀矣亦增吁。[18]

"却较泉明高尚殊"之后小注云："陶渊明诗：'闻多素心人。'"

其中"闻多素心人"云云，出自陶渊明诗《移居二首》。[19]"二典"指《尚书》中的《尧典》和《舜典》。"三谟"指《尚书》中之《大禹谟》《皋陶谟》和《益稷》。二典和三谟包含了帝王的行为准则。"食旰"则取自典故"衣宵食旰"，意味着天未明便穿衣起身，天黑了才进食，常用以称颂帝王勤于政事。"终始食旰，那遑惜劼勉"云云，乃点出自己勤政。由此可见，清高宗畏惧民心不齐和天命，欲效法中原圣王，勤政爱民。

乾隆三十九年（1774），清高宗作《素心堂有感》：

春意又依依，春堂坐载晖。

芸编披古道，梅缶护清翡。

静阅今和昔，难评是也非。

人同素心者，只觉迩来稀。[20]

这首诗显示清高宗在素心堂静心读书，欣赏佳景，并且通览古今，感叹近来素心之人太少。

乾隆四十二年（1777），清高宗《题素心堂》曰：

春初值几暇，流览憩溪堂。

悦目迟花柳，怡情足缥缃。

昔今漫介意，景物正含阳。

设以素心论，爱民斯不忘。[21]

春季正是阳气滋生之际，清高宗在素心堂读书，欣赏美景，并指出爱民即是"素心"。

乾隆四十七年（1782），清高宗作《素心堂漫题》：

人孰无素心，其人本不少。

孰知七十年，侵寻我已老。

讲学及咨政，鲜可同怀抱。

谓人弗如己，厥过复不小。

偶来坐堂中，搞笔难成藻。[22]

这是清高宗感到自己步入衰年之时，进行自我反省，感叹自己过错不小，下笔已经难成华丽之诗文。

乾隆五十年（1785），清高宗又撰《素心堂》曰：

溪堂号素心，素心见于何？

敬天凛明旦，祈年祝时和。

爱民廑向隅，勤政励无颇。

斯为四大端，恒虞有错讹。

宵盱之弗遑，徒斯景物罗。

五十年光阴，阶前逝水过。[23]

清高宗在此进一步将素心阐释为君主的敬天、祈年、爱民和勤政，并感叹时光飞逝，自己做皇帝已经 50 年。

乾隆五十四年（1789），清高宗作《素心堂有感并书以赐大学士嵇璜》云：

素心含内外，有志亦须陈。

书史以修己，股肱用治民。

尊闻则何有，作古已看频。

孰不高年愿，高年鲜旧邻。[24]

"尊闻则何有"之下小注曰："谓修己。""作古已看频"之后小注云："谓诸旧臣。"

当时，嵇璜是朝廷重臣。清高宗作诗赞扬嵇璜系拥有"素心"之臣，既能修史，又能治民。

乾隆五十九年（1794），清高宗《题素心堂》云：

堂乃时偶为，心固素所蕴，五十余年间，万机发无尽，操之应识要，逐物私斯引。所谓要为何，敬之一字允。乾惕保始终，日跻以为准。[25]

其中"乾惕"乃引自《周易·乾》"君子终日乾乾，夕惕若厉，无咎"，意即君子不仅要整天自强不息、勤奋谨慎，而且成天都要心存警惕，好像有危险发生一样，才能免除灾祸，顺利发展。在这首诗中，清高宗认为自己执政 50 余年，处理过各种重要事务，一直勤政、谨慎。

嘉庆十六年（1811），清仁宗作《素心堂》曰：

几暇消长日，诗书契素心。

探原必竟委，学古勉居今。

精一危微贯，典谟诰戒寻。

内修果不懈，外诱讵能侵？

义路循行久，仁忠涵育深。

光辉渐充实，坐照庆咸临。[26]

清仁宗在素心堂读书，欲寻根究底，效法古代明君的言行，加强自身修行。

嘉庆二十四年（1819），清仁宗作《素心堂》言：

考命继大统，夙夜矢敬钦。

繁华性相远，实予之素心。

所本在经籍，有暇即探寻。

内省果不疚，外诱奚能侵？

守成除妄想，惕若天难谌。

君民情贯注，交泰孚惠深。[27]

清仁宗首先感激乃父钦定自己继承皇位，然后表达自己的"素心"，即读书、内省，集中精力处理好君民关系，达到君臣之间互相沟通、上下同心，当好守成之君。

三、知鱼亭东北之一景：萃景斋

上引《日下旧闻考》谓萃景斋位于知鱼亭东北，额清高宗御书。另外，清高宗还撰写了两首关于该景观的诗文。

乾隆五十二年（1787），清高宗作《萃景斋口号》称：

砌草墙桃意与融，若为之绿若为红。

芸斋萃者似无尽，原自不离方寸中。[28]

这首诗选取典型的自然景观绿草、桃树来描写萃景斋之佳景。

乾隆五十四年（1789），清高宗又作《萃景斋题句》云：

望霖之际喜鸠鸣，盼霁之时爱鹊噪。

设或颠倒逢其会，则又颠倒殊其好。

可识人情本无定，万物那尽如愿报。

弗如愿斯忪然增，而其忪本由自召。

斋名荦景景荦斯，不若无欲观其徼。[29]

"望霖之际喜鸠鸣，盼霁之时爱鹊噪"之后小注曰："鸠唤雨，鹊噪晴，农家用为占验。"

这首诗体现清高宗期盼雨水适宜，以利于庄稼生长，却又感慨万物无常，人对此事无法掌控。尽管清高宗在位前期，农业繁荣，清朝的经济仍然位居世界前列。可是，清高宗在位后期，国内人口激增，各种劝农措施因政务废弛而不举，农业生产和社会经济也急剧衰落。

四、简短的结语

综上所述，清世宗、清高宗和清仁宗笔下的坦坦荡荡，不仅妙趣横生，他们还追求坦坦荡荡的人生境界，表达注重修身养性、重视农业、施行仁政和勤政爱民的政治理念。

图3　坦坦荡荡遗址（图片来源：刘继文拍摄）

作者简介：尤李，女，1981年生，四川成都人，北京市海淀区圆明园管理处副研究馆员，历史学博士，主要从事圆明园史和北京史的研究。

注释：

[1] 圆明园管理处编：《圆明园百景图志》，中国大百科出版社，2010，第61—63页。

[2] 贺艳、刘川：《再现圆明园坦坦荡荡》，《紫禁城》，2012年第10期。

[3] 陈从周：《中国诗文与中国园林艺术》，《扬州师院学报》，1985年第3期。

[4] 故宫博物院：《清世宗御制文集》卷26，海南出版社，2000，第296页。

[5] ［清］于敏中等编纂：《日下旧闻考》卷81《国朝苑囿》，北京古籍出版社，1981，第1342页。

[6] 中国第一历史档案馆编：《清代档案史料——圆明园》，上海古籍出版社，1991，第1273、1276—1277页。

[7] 圆明园管理处编：《圆明园百景图志》，第61—63页。

[8] 中国第一历史档案馆编：《清代档案史料——圆明园》，第1176页。

[9] 故宫博物院编：《清世宗御制文集》卷22，第328—329页。

[10] 《清高宗御制诗·三集》卷13，故宫博物院编：《清高宗御制诗》第6册，海南出版社，2000，第405页。

[11] 《清高宗御制诗·三集》卷42，故宫博物院编：《清高宗御制诗》第7册，第390页。

[12] 《清仁宗御制诗·初集》卷10，故宫博物院编：《清仁宗御制诗》第1册，海南出版社，2000，第220页。

[13] 《清仁宗御制诗·初集》卷14，故宫博物院编：《清仁宗御制诗》第1册，第263页。

[14] 《清仁宗御制诗·初集》卷19，故宫博物院编：《清仁宗御制诗》第1册，第337页。

[15] 《清仁宗御制诗·二集》卷46，故宫博物院编：《清仁宗御制诗》第4册，第172页。

[16] 圆明园管理处编：《圆明园百景图志》，第62页。

[17] 《清高宗御制诗·二集》卷87，故宫博物院编：《清高宗御制诗》第5册，第304页。

[18] 《清高宗御制诗·三集》卷6，故宫博物院编：《清高宗御制诗》第6册，第306页。

[19] 《清高宗御制诗·三集》卷65，故宫博物院编：《清高宗御制诗》第8册，第336页。

[20] 《清高宗御制诗·三集》卷89，故宫博物院编：《清高宗御制诗》第9册，第288页。

[21] 《清高宗御制诗·三集》卷92，故宫博物院编：《清高宗御制诗》第9册，第336页。

[22] 袁行霈评注：《陶渊明诗》，中华书局，2014，第101页。

[23] 《清高宗御制诗·四集》卷18，故宫博物院编：《清高宗御制诗》第11册，第233页。

[24] 《清高宗御制诗·四集》卷42，故宫博物院编：《清高宗御制诗》第12册，第260—261页。

[25] 《清高宗御制诗·四集》卷86，故宫博物院编：《清高宗御制诗》第14册，第81页。

[26] 《清高宗御制诗·五集》卷44，故宫博物院编：《清高宗御制诗》第17册，第107页。

[27] 《清高宗御制诗·五集》卷13，故宫博物院编：《清高宗御制诗》第15册，第340页。

[28] 《清高宗御制诗·五集》卷86，故宫博物院编：《清高宗御制诗》第18册，第375页。

[29] 《清仁宗御制诗·二集》卷61，故宫博物院编：《清仁宗御制诗》第4册，第357页。

[30] 《清仁宗御制诗·三集》卷58，故宫博物院编：《清仁宗御制诗》第7册，第162页。

[31] 《清高宗御制诗·五集》卷29，故宫博物院编：《清高宗御制诗》第16册，第208页。

[32] 《清高宗御制诗·五集》卷47，故宫博物院编：《清高宗御制诗》第17册，第149页。

纸张运作的管理制度

——以造办处和圆明园里的裱画匠为例

唐　超

本文关注清雍正至乾隆朝以来形成的"三山五园"皇家空间，指出在紫禁城与京郊的皇家园林之间，存在着由作坊管理者和工匠等组成的以"活计"为任务的群体，在皇宫庭院与皇家工场之间"行走"，从而动态地完成自上而下交代的工作任务。紫禁城与三山五园、各处行宫以及皇宫内其他机构之间，通过员外郎、郎中、笔帖式、库掌、催长、委署催总、司匠、柏唐阿和各作工匠，形成了稳定高效的作坊活计管理制度。本文以"裱作"为例，分析造办处内专攻书画装裱和室内书画装饰的裱作、裱匠或裱画匠和相关作坊建立后的整体运行，需要有人来专门管理。清宫御用作坊与民间行业组织既有区别，又有联系，本文借鉴民俗学对传统民间手工艺行业组织研究的视角，探究清宫造办处的纸张活计管理运行。清宫造办处裱作档案记录了纸张运作的作坊管理，包含宫廷及圆明园等皇家园林的文化信息，通过活计和工匠流动连接了清宫造办处与皇家三山五园的文化空间。

一、纸张运作的作坊建立和管理

本文主要查阅清宫造办处裱作的活计档案，适当扩大裱作的范围，增加清宫造办处其他作坊中兼做裱作活计的作坊档案，梳理清宫造办处裱作档案中纸张运作相关作坊的结构关系。特别是增加了"秘殿珠林"和"如意馆"两种档案，它们在不同时间记录了大量将书画作品装裱成画轴、手卷、册页的历史信息。

1. 清宫造办处裱作作坊的建立与合并

雍正元年（1723）清宫造办处的各作活计档案中即记录"裱作"，裱作的设立早于雍正元年。康熙三十年（1691）将原设在养心殿东暖阁的裱作移到南裱房，由此可知裱作是清宫造办处设立的最早的作坊之一。

乾隆二十三年（1758），清宫造办处内部改革，合并作坊，裱作与匣作等作合并为匣裱作。以下，是合并作坊的组合，可知作坊合并是根据活计的组合关系决定的。"乾隆二十年三月奏准将本处二十八作择其作厂相类者归并五作：将匣作、裱作、画作、广木作并为一作；将木作、漆作、雕变作、镟作、刻字作并为一作；将灯作、裁作、花儿作、绦儿作、穿珠作、皮作、绣作并为一作；将镀金作、玉作、螺丝作、堑花作、镶嵌作、牙作、砚作并为一作；将铜作、锣作、杂活作、风枪作、眼镜作并为一作。归并的五作分别称为匣裱作、油木作、灯裁作、金玉作、铜馊作。其余如意馆、做钟处、玻璃厂、铸炉处、炮枪处、舆图房、弓作、鞍甲作、珐琅作、画院处等十作仍各为一作，分别掌管现定各作成造活计。各作派库掌、催长、委署催总（乾隆二十四年改为司匠）管理，令其专视活计，领办钱粮。"[1]

2. 裱作的平行机构——"秘殿珠林"

《清宫内务府造办处档案总汇》记录了秘殿珠林作坊的建立。"（乾隆）九年二月立作房"，[2] 其作坊的品级和记录方式与裱作平行。秘殿珠林记录的活计内容与裱作紧密相关，包括装裱画轴、册页和手卷等传统形制的书画作品，配备手卷的玉瞥子、袱子和包首等装饰品。从工艺技术上的内容看，秘殿珠林作坊属于裱作活计中的一部分，从作坊设置的管理上看，类似于裱作的临时"外包"机构。秘殿珠林的主要工作是装裱和整理可进入作为乾隆皇帝私人收藏《石渠宝笈》《秘殿珠林》内的手卷、画轴、册页等上等和次等字画。

从《清宫内务府造办处档案总汇》的记录看，"秘殿珠林"档案是临时的，时间上从乾隆六年（1741）十一月至乾隆二十年（1755）八月，共历时 15 年。秘殿珠林档案的主要部分，是从乾隆十年（1745）至乾隆二十年，共 11 年的连续记录。《清宫内务府造办处档案总汇》记录"秘殿珠林"档案共 12 个年份，78 个月份，从乾隆十年算起，连续记录是 11 个年份，共 77 个月份。秘殿珠林档案的记录方式与其他"作坊"平行，只是不以"作""处"或"馆"等为其命名。

秘殿珠林活计与《清宫内务府造办处档案总汇》中其他作坊有技术合作关系，

例如，装饰手卷的"玉瞥子""锦袱子""锦包首"，装饰册页壳面的"锦包首"均与苏州织造档案直接相关，玉瞥子与清宫造办处京内"玉作"有关，记事录档案记录秘殿珠林的始末信息，以及外雇裱匠的作坊管理。

3. 秘殿珠林作坊并入如意馆

值得注意的是，清宫造办处秘殿珠林档案有与之相对照的历史文献，收录于《四库全书》的乾隆时期翰林词臣张照、梁诗正、励宗万、张若霭等人编撰的《石渠宝笈》和《秘殿珠林》，以上两种著作为乾隆皇帝收藏历代名家书画作品和佛道宗教书画的集成。其中，《秘殿珠林》收录"释道"类书画作品，编纂时间从乾隆八年（1743）十二月至乾隆九年（1744）五月，《石渠宝笈》的编纂时间从乾隆九年二月至乾隆十年（1745）十月。[3] 由此可知，在《秘殿珠林》编纂完成后，至乾隆二十年清宫造办处秘殿珠林作坊还持续存在 10 年。

直到乾隆二十一年（1756）正月三十日，"传旨：萨木哈管的作房，着归并如意馆"，[4] 基层管理人员萨木哈所管理的秘殿珠林作坊，最终并入设在圆明园的如意馆，作坊里的工匠、活计材料均由如意馆传承，值得注意的是，秘殿珠林没有并入裱作，似乎在清宫造办处内部产生了"技术分工"。因此，乾隆二十一年后的如意馆档案中不仅记录画匠奉命绘画，还记录有书画装裱活计，在此后的清宫造办处活计档案中，裱作和如意馆同时记录书画装裱工艺。

二、纸张运作的作坊分类和基层管理

清宫造办处皇家御用作坊与传统民间民俗行业组织既有区别，又有联系，本文借鉴民俗学对传统民间手工艺行业的研究方法，进一步探究清宫造办处的管理运行。清宫造办处裱作纸张运作的作坊管理，在清代内务府的整体框架下，根据清宫造办处内部制作御用手工艺品特殊生产，建立运行较为完善的管理体制。

1. 清宫造办处作坊的基层管理结构

清宫造办处隶属清内务府，基层管理的人员遵循内务府统一调配，清宫造办处裱作档案记录了管理人员的称谓，包括员外郎、郎中、笔帖式、催总、领催、司库等，他们是作坊管理者，或来自清宫造办处上级部门的管理者。清雍正时期，清宫造办处"活计档"记录机制逐渐完善。

清代内务府的人事制度"带有明显的本民族特征和机构特点"，[5] 清宫造办处裱作的基层管理体制，参与裱作活计的最高管理官员是清内务府总管大臣海望，他从雍正九年（1731）至乾隆二十年（1755）任内务府大臣，是清宫造办处的上层管理者。[6]

清宫造办处作坊的基层管理人员大多是来自上三旗的包衣阶层，例如，员外郎沈喻、常保、唐英、满毗、三音保等，郎中保德、六品官阿兰泰、七品官萨木哈等。其中，值得注意的是具有八品官员级别的李毅，他的身份既是南匠、裱匠，又是八品官、催总，从清宫造办处档案记录可知，李毅在清雍正后期的社会身份已经转变为参与到清宫造办处裱作的活计管理人。

清宫造办处作坊基本活计的直接管理者，包括催总、领催、柏唐阿等。清宫造办处裱作档案记录的直接管理者官员品级和社会身份，包括催总五十八、曾领第、常保（胡常保）、张自成，领催有马学迟（马小二、马李二）、白士秀、金有玉、闻二黑，柏唐阿有图拉、邓八格、八十、七格、李六十、寿山等。基层管理人员在督催房的监督下，核查活计的完成时间和质量，"按照活计大小精粗繁简，确定完工时间，并督催其按时完工"。[7]

2. 书画装裱活计的纸品流通

清宫造办处纸张运行的机构包括画作、画院处、裱作、如意馆等作坊，以及清宫造办处以外的宫殿懋勤殿、南书房、咸安宫、圆明园春雨舒和等。清代宫廷专职画家集中的机构有三处地方，分别是珐琅处、如意馆和画院处。[8]

清宫画家主要供职于如意馆绘画。如意馆于乾隆元年（1736）始设在圆明园，其在紫禁城的分支机构在启祥宫南，此外，清宫中将画画人的身份设为宫殿行走，例如，圆明园的春雨舒和画画人，紫禁城的咸安宫画画人、启祥宫画画人等。如意馆中不仅有画画人，还有刻字匠、玉匠、裱匠、牙匠等，《啸亭续录》中记录为"裱褙贴轴之匠"，这说明书画创作与书画装裱的关系是极为贴近的。此外，除了清宫造办处裱作和如意馆之外，其他作坊中也设有"裱匠"一职，如清宫造办处的舆图房、档房和本房等。

清宫造办处裱作纸品的特点是小巧轻便，可与木制品、墙壁和宫殿内檐装修结合，将书画作品裱糊在多种地点。清宫造办处裱作档案记录贴落画和小型屏风产品的流通地点。清乾隆中后期的清宫造办处裱作档案，裱作的挂屏活计记录增加更为细致的内容，包括字画信息、制作人信息，特别是裱作纸品流动的空间地点信息。例如，乾隆三十五年（1770）四月二十一日，清宫造办处裱作档案记录，太监张进喜传话，说首领董五经交八幅字画，一幅字对传旨做挂屏。其挂屏的地点有圆明园的藻园、玉玲珑馆、西峰秀色、含经堂、丛芳榭，清漪园乐安和，以及盘山行宫等。[9]

地点信息不仅集中在圆明园，还扩展到京外的盘山行宫。裱作活计中的一些"较小方便"的活计，不仅作为皇宫的室内装饰，也连接了京内和京外的皇家园林、行宫等地点。

炕屏是宫廷中装饰炕的画屏，这与清宫的满族文化传统有关，也体现了皇帝的私人空间。清宫造办处裱作档案记录了炕屏的制作信息，例如，雍正四年（1726）十月二十八日，太监张玉柱交高其佩画十二张，传旨做炕屏，雍正五年（1727）三月二十六日做得炕屏合牌小样，郎中海望呈览，奉旨等皇帝确认安置的地方再做。[10]乾隆元年（1736）正月二十一日，员外郎常保将高其佩画十二张交太监毛团，这件炕屏没有实际做成，只是做成了小样。由此可见，宫廷的各种画屏与具体地点有很大关系，一般都要"因地制宜"，针对某一宫殿的某一特定地点或空间设计画屏，体现了皇家"私家定制"的特点。

3. 皇家三山五园里的工匠管理制度

清宫禁地是不允许闲杂人等进入的，清宫造办处裱作的裱匠到宫殿内苑做活计，需要在催总、领催和柏唐阿的"带领"下"进内"做活计。例如，雍正五年（1727）八月初二日，首领太监李统忠拿来白绫字六张，指出白绫字的来源是圆明园万字房围屏，传达的活计术语是"托裱"，这项托裱活计在清宫造办处内完成，九月初一日托裱好的白绫字，由郎中海望带领催总常保"进"到圆明园"糊"在万字房围屏上。[11]这条档案记录说明，圆明园万字房白绫字的托裱工序是在清宫造办处裱作完成，而不是在圆明园的宫殿里完成，裱作活计有"异地性"和"流动性"特点。催总常保负责裱糊的工序，可知这项工作并不一定由裱匠完成，催总即可完成，或者催总常保可能是裱匠出身懂得技术。催总进入圆明园做活计，是通过职位最高的官员海望带领，非一般闲杂人等可入，裱作活计延伸到皇家园林和皇宫内苑，超出了清宫造办处内的一般范围。

清宫造办处裱作工匠主要有两个来源，一是来自南方，即南匠，例如，裱匠李毅、金国利、张恺等。二是来自旗匠，例如，七达子、官保等。清宫造办处裱作档案记录裱匠李毅领活、送活的纸张运作记录，活计的具体内容显示裱作或裱匠的技术能力。例如，雍正十年（1732）七月，清宫造办处裱作档案记录，南匠李毅去圆明园托裱册页。"十一日，南匠李毅来说，本月初十日，六品官阿兰泰传旨：着李毅托表册页二部，钦此。于本月十三日，李毅行取材料□□圆明园进内表讫。"[12]

裱匠李毅进入"传话"系统，成为清宫造办处的裱作管理人员。清宫造办处档案多次记录裱匠李毅来取材料、李毅传话、李毅送活计的信息。例如，清宫造办处裱作档案记录，清雍正十年（1732）十一月十八日，南匠李毅传话做"年例黄纸牌位二座"，十一月二十日做好后，李毅拿去交给太监焦进朝。[13] 由这段档案记录可知，在这次活计中李毅是作为"传话人"和裱作产品的"传送人"，而不是裱作的具体活计制作人。

李毅被封为八品官后的第四个月，档子房记录时李毅同时使用两种称谓，分别是"南匠"和"八品官"，本文不确定这两种称谓是否可以同时使用，不过可以判断这两种称谓不是同一类别的社会评价体系。其中，南匠指明李毅的文化身份，来自有高超技艺和传统士人文化背景的江南地区，八品官指明李毅为清宫造办处管理部门工作，在清宫造办处已经具有一定的官员品级。从这条信息推测，此时裱匠李毅48岁，已经开始转型成为官员李毅，而不仅是裱匠李毅，他的工作重点从清宫书画装裱的具体工作，转化为指导和组织清宫造办处裱作，以官员的身份进入管理体制。

三、纸品流通的皇家宫殿与文化空间管理

清宫造办处成做活计主要是生产皇室用品，从清宫造办处裱作档案看，纸品流通的用户以京内和京外的皇家宫殿室内装饰为主。清宫造办处裱作纸品流通地点说明纸品是为客户的文化欣赏服务，由于较为轻质的工艺技术特点，大多装饰在人的居住空间。[14]

1. 纸品流通的空间地点术语

清宫造办处裱作档案中记录裱作完成的纸品在流通过程中的空间地点术语"京内"，有两个含义，一是指在北京的清宫造办处；二是指来自北京紫禁城的皇帝活计指令。这说明，清宫造办处裱作档案在记录时的空间概念不同，裱作随皇帝到热河或皇家园林等处，保持通讯联系，如"据圆明园来帖"，而皇帝在外时需要转述裱作活计时，将裱作定义为"京内"。

清宫造办处裱作档案中记录的"京内"是指紫禁城皇宫，而北京西郊的皇家三山五园，即圆明园、静明园、静宜园、长春园、畅春园、万寿山、香山等，不算在京内，记录为圆明园、万寿山等名称，当地设立行政管理机构。由于清宫造办处档案中没有"京外"术语，本文使用的"京外地点"是指包括现在北京郊区的皇家园林，以及盘山行宫、承德避暑山庄和口外行宫等地点，基本能覆盖清代皇家宫殿、皇家园林、皇帝行宫和皇家寺庙等上层社会空间。

2. 纸品流通的文化空间地点

清宫造办处裱作档案中的纸品社会分层流通的文化空间地点记录皇帝书房，包括紫禁城内的长春书屋、三希堂、弘德殿，圆明园的乐安和、汇芳书院和四宜书屋，畅春园的无逸斋和讨源书屋，西苑三海的补桐书屋，香山的皋涂精舍等。清宫造办处裱作记录地点的方式一般是记录宫殿名称，或者宫殿内的某个书斋、室的名称。如乾隆十八年（1753）八月初八日，"首领王明贵来说，太监胡世杰传旨：重华宫现贴画一张着镶二寸宽蓝绫边，钦此"，[15] 此条档案的流通地点为重华宫，书画贴落装饰直接贴在重华宫的墙上。

宫廷史学者认为，重华宫是中年时期乾隆皇帝的精神支柱。[16] 清代皇帝的宫殿不仅是皇室私有的社会空间，还是一个整合了社会分层和文化分层的综合性空间。以重华宫为例，清宫造办处裱作档案多次记录纸品流通到重华宫，包括贴落、挂屏和画轴等多种书画形制。重华宫的社会空间属性主要有三个特点：第一，重华宫是具有浓重政治意义的宫殿，乾隆皇帝登基前居住于乾西二所，后改名为重华宫。第二，乾隆皇帝赋予重华宫以文化意义的空间，在此建立了乐善堂书屋、抑斋书屋和长春书屋。第三，乾隆皇帝在此邀请翰林赐茶宴联句，与臣工们在此地分享民俗时间，并将诗文联句等社会历史事件转换为生产裱作用纸精品活计，再装饰室内空间，不断强化重华宫的文化内涵。

由此可知，清宫造办处裱作纸品流通的文化分层和社会分层并不独立运行，它们在皇帝的组织协调下是合作运行的，特别是在民俗时间，可以在一定程度上打破君臣之间的实际社会分层界限，在民俗文化空间内合作创造新的裱作纸品。

3. 纸品流通的装饰灵活性特点

清宫造办处裱作制品中的"屏"类制品需要与木作或者小木作合作完成。裱作档案记录较多的是宫廷装饰画活计，既能够体现皇家的贵族身份，又展现了皇帝的文化审美。使用书画作品装饰屏风和挂屏等，将殿堂、寝宫和庙宇装饰得富丽堂皇又充满了书香之气。屏风的作用是隔断空间，并起到装饰房间的作用。有的屏风是有木制雕刻造型的，有的是个平板，裱作术语是"璧子"，在上面裱糊字画装饰。清宫造办处裱作档案记录裱作裱糊屏风的活计，这类屏风的活计术语有围屏、炕屏、挂屏、吊屏等，使用的材料是清宫的各种书画作品，特点是可以移动，活计信息记录屏风的原始地点信息。

围屏的尺寸一般较大，从宫外搬运到清宫造办处极不方便，需要裱匠"行动"，带着工具和材料到各个宫殿做装裱活计，有异地做活的特点。例如，清宫造办处裱作档案记录，雍正五年（1727）八月初二日，首领太监李统忠交到裱作白绫字六张，并注明这些书画来自圆明园万字房宫殿围屏上，九月初一日又交来白绫字六张，传旨托裱，九月初一日托裱完，由郎中海望带领催总常保进入圆明园万字房糊在围屏上。[17]可见，用书画作品装饰围屏是很方便的，只需要裱匠携带书画作品去装裱，而不用将沉重的围屏搬来搬去。

挂屏一般是悬挂在室内作为装饰。裱作档案记录有裱糊挂屏，送往各个宫殿和皇家园林的信息。需要注意的是，档案清楚地记录下挂屏裱糊画的具体规格和内容，是为了保证"挂屏、画与宫廷地点"的正确对应关系，避免在混乱中遗失，体现了清宫造办处裱作对活计的管理制度。清宫造办处裱作档案记录大量圆明园挂屏活计和宫殿名称。如清宫造办处裱作档案记录，乾隆三年（1738）正月初四日，催总白世秀传话交《回猎图》一张，传旨配做"糊锦边"挂屏，于正月十九日完工交柏唐阿佛保送到圆明园。[18]

四、结语

社会学对管理制度的基本问题是"谁来管理""管理什么"和"如何管理"。一般来说，管理的主体是政府或社会组织，目的是促进各部门、社会各系统的和谐运行与良性发展，具体工作方法是组织、协调、服务、监督和控制。[19]本文从民俗学的角度切入，研究清宫造办处裱作档案中记录的纸张运作的作坊管理制度，梳理了清宫造办处裱作和相关作坊建立后的整体运行，分析对作坊、活计、工匠、纸品流动和文化空间的专项管理。清宫造办处档案是宫廷管理档案，从作坊管理、工匠管理和技术管理的角度记录的裱作书画装裱活计过程。纸品完成后经过所在作坊管理专员、清宫造办处管理大臣和皇帝的逐层审核并记录在案。综上所述，本文认为清宫造办处裱作纸张运作的作坊管理，在清代内务府的整体框架下，根据清宫造办处内部制作御用手工艺品的特殊性，建立了较为完善的管理制度。其中，裱画匠在皇家三山五园的特殊空间里的文化生产活动，对清代以来皇家"三山五园"的重要历史文化价值的产生具有重要贡献。

作者简介：唐超，男，1985 年生，北京人，中国民族语文翻译中心研究室，助理研究员，博士。主要研究方向为民俗学、民族典籍对外翻译、跨境语言对外传播研究。

注释：

[1] 吴兆清：《清代造办处的机构和匠役》，《历史档案》，1991 年第 4 期，第 82 页。

[2] 中国第一历史档案馆、香港中文大学文物馆编：《清宫内务府造办处档案总汇》第 14 册，人民出版社，2005，第 367 页。

[3] 刘迪：《〈秘殿珠林石渠宝笈〉初续三编之编纂及版本情况考述》，《古籍整理研究学刊》，2009 年第 4 期，第 94 页。

[4] 中国第一历史档案馆、香港中文大学文物馆编：《清宫内务府造办处档案总汇》第 21 册，第 773—774 页。

[5] 祁美琴：《清代内务府》，辽宁民族出版社，2009，第 84 页。

[6] 吴兆清：《清代造办处的机构和匠役》，第 79 页。

[7] 同上，第 80 页。

[8] 冯克诚：《清代绘画史》，中国文史出版社，2005，第 207 页。

[9] 中国第一历史档案馆、香港中文大学文物馆编：《清宫内务府造办处档案总汇》第 33 册，第 816 页。

[10] 中国第一历史档案馆、香港中文大学文物馆编：《清宫内务府造办处档案总汇》第 2 册，第 274 页。

[11] 同上，第 708 页。

[12] 中国第一历史档案馆、香港中文大学文物馆编：《清宫内务府造办处档案总汇》第 5 册，第 422 页。

[13] 同上，第 426 页。

[14] 武斌主编：《清沈阳故宫研究》，辽宁大学出版社，2006，第 74 页。

[15] 中国第一历史档案馆、香港中文大学文物馆编：《清宫内务府造办处档案总汇》第 19 册，第 759 页。

[16] 王子林：《乐善堂、重华宫、倦勤斋与乾隆帝的精神支柱》，故宫博物院编：《明清宫廷史学术研讨会论文集》（第 1 辑），紫禁城出版社，2011，第 342—343 页。

[17] 中国第一历史档案馆、香港中文大学文物馆编：《清宫内务府造办处档案总汇》第 2 册，第 708—709 页。

[18] 中国第一历史档案馆、香港中文大学文物馆编：《清宫内务府造办处档案总汇》第 8 册，第 164 页。

[19] 邓伟志主编：《创新社会管理体制》，上海科学院出版社，2008，第 6 页。

碑石传翰墨

——浅谈圆明园中的清代御制石刻

陈 辉

孔子云"知者乐水，仁者乐山。知者动，仁者静"。他把山石、流水和仁人君子的品德修养联系起来。在生产力尚不发达的古代，石料的开采和运输十分困难。无论是大型的石雕、石碑或是奇石堆叠的假山均需花费大量人力、财力，足以彰显皇家的威仪和尊贵。"春风秋月几阅历，海水桑田任迁转。"[1] 石性的坚硬，石龄的古老，象征着皇权永固，江山稳定。奇石和石头制作的碑刻不仅受到文人雅士的喜爱，也得到历朝皇室的青睐。有"万园之园"美誉的圆明园，是清朝最重要的皇家园林之一，乾隆称其为"天宝地灵之区，帝王豫游之地，无以逾此"。[2]

圆明园虽屡遭劫难，但至今仍留存有大量的石质文物，种类有帖石、石碑、刻石、石匾、石联和石建筑构件。它们都曾是圆明园园林建筑的重要组成部分，对景观起着画龙点睛的作用。尤其是清廷刊刻的帖石和大量清帝御笔石匾、石联、碑碣、刻石等石质文物不仅书法精美、刻工精良，以特殊的形式保存了清帝王的书迹，凸显清代宫廷书风的特色，而且具有丰富的内涵和珍贵的史料价值。

由于年代久远，书翰遗墨传世有限。石刻延长了宣纸的寿命，保存了历代名家的墨迹，使书法艺术得以传之后世。石刻既是书法艺术的重要载体，也是时代的产物，反映了当时社会的政治、经济、文化情况。清代书法艺术的中兴和金石学的昌盛，与清朝帝王认同并积极学习汉文化有关。他们不仅收藏、鉴赏、临写、刊刻历代名家书作和法帖，为我国书法艺术保存了珍贵的史料，还大多勤于临池，常将御笔书写的诗文题咏，刻留于各处的匾额、碑石之上。石匾额、石楹联、刻石、石碑、帖石，将诗词、书法、镌刻艺术融入建筑园林中，对于园林景观起着烘云托月的作用。文字内容起到润饰景色，提示意境的作用，将情与景，自然美与人文美完美结合，达到情景交融的境界。其中有的石刻内容也是"金石补史"的宝贵资料，对研究圆明园已被毁的园林建筑和兴衰历史起到重要的作用。

一、清帝雅好书法及他们对金石学的贡献

出身游牧民族的清代帝王为了巩固统治，采取了文化弹压的手段，严酷的文字狱使许多文人学者致力于与世无涉的金石之学，客观上促进了金石学的发展。另一方面清代帝王也积极学习汉族传统文化。书法是汉字的艺术，承载着丰富的汉文化历史信息。作为满汉一统之君，学习书法是必修课之一。清代前中期康、雍、乾三帝皆在政务之暇，收藏、鉴赏、刊刻历代名家书迹和法帖，并勤于临池，终生不辍。上有所好，下必甚焉。他们带动了宫廷贵族乃至士大夫阶层对历代名家书迹的鉴藏、摹刻和对书法创作的积极参与，也引领了清代的主流书风。

清初圣祖康熙勤于习字临帖，自述研习书法是性之所好："朕自幼习书，豪素在侧，寒暑靡间。历年以来，手书敕谕、诗文、跋语以及临摹昔人名迹，屡盈筒箧。"[3]

康熙书法师从沈荃，偏爱明末董其昌字，并兼取诸家。字体潇洒秀丽，苍劲率真，颇得董书精髓。长期优游林下的皇子生活，造就了喜爱园林、收藏，长于书法的皇四子胤禛，也就是日后的雍正皇帝。他继承康熙书风，远师二王及晋唐诸家，近法董其昌，结字高长紧密，用笔更为流利劲健。乾隆对祖父和父亲的书艺评价颇高："我皇考世宗宪皇帝……居潜邸时，常以图书翰墨自娱，雅好临池，陶镕晋唐宋元以来名家墨妙，历年所积，充斥琅函。追继登宸极，日理万机，手自裁答章奏，训迪臣民，多至数千言，少或一二字，研朱洒翰，运腕若神，累牍连章，未尝有一懈笔。惟我皇祖集书圣之大成，超神入化，莫可名言，而我皇考以圣继圣。虽一波一磔，莫不规矩天成，神妙至于如此。"[4]

乾隆自幼在康、雍二帝的督导、影响下，在名儒帝师的启蒙下，接受了全面的汉传统文化教育，其中书法训练尤为严格。乾隆挥毫一生，直至太上皇古稀之年，仍坚持习写，其存世书迹为历代帝王之冠。他酷爱赵孟頫书法，其字体圆熟秀劲，规正端丽，字间和行间疏朗匀称。虽然从艺术角度看，他个人的书法成就难以在书

法史上占一席之地。书家评曰："千字一律，略无变化，虽饶承平之象，终少雄武之风。"[5] 但特殊的帝王身份和对书法的酷爱，使他的书法对当时文人学士力求典雅工致的"馆阁体"成熟起到一定的推动作用，引领了清朝主流书风。而且他在历代传世书作和法帖的收集、鉴赏、考证、临写、刊刻、传播方面用力尤勤，对书法艺术和金石学的发展有一定贡献。

二、圆明园中的御制石刻

中国古代园林不仅模仿自然山水，也蕴含人文艺术的精华。雍正、乾隆等皇帝善诗文、工书法，具有汉族文人气质，不仅将园中的建筑山水、花木树石经营得超凡脱俗，而且舞笔挥毫，以各种古朴典雅的御制石刻装点园林。散置其间的帖石、碑碣、刻石、石匾等，将诗词、书法、雕刻艺术融入建筑和山水中，是园林意境的点睛之笔，增添了不少雅趣。根据档案记载圆明园中曾陈置刻有雍正至咸丰御书的各类石刻近千件，但随着圆明园屡遭劫难，这些石刻也历经损毁散佚，有的流散在外，有的至今不知下落。目前园内仅存清廷刻帖石 12 件，乾隆、嘉庆、道光御笔各类石刻 50 余件。流散在各处的圆明园石刻数量更多。目前已知存世最多的是乾隆御书石刻。他执政六十年，其书迹广博海内。"高宗袭父祖之余烈，天下晏安，因得栖情翰墨，纵意游览，每至一处，必作诗纪胜，其书圆润秀发，善仿松雪。"[6]

乾隆一生写有御制诗文四万余首，数量之多堪称历代帝王之最，其中大量诗句刻于园林石刻之上。圆明园中御制石刻的内容，有的记录了某组建筑的营造目的和经过，如乾隆御制《文源阁记》碑；有的叙述事件，如乾隆重摹梅石碑；有的以简明的文字点出景物的精华，如乾隆御笔"长青洲"刻石、嘉庆御笔《称松岩》诗刻；有的写景抒情，如乾隆御笔《半月台》诗碑、道光御笔《烟岚》诗刻等。这些御笔石刻文字多以汉文书写，有的为满、汉两种文字，还有的满、汉、蒙、藏四种文字并用。汉文书体中以楷书和行草为主。楷书多见于较正式的石碑和石匾，行草一般用于随意抒发情怀的御制诗刻石。这些石刻不仅是历史的真实记录，而且反映了清帝书法造诣和清代雕刻艺术的风貌。

（一）帖石

清帝的书法成就源于对历代名家墨迹的悉心体悟。镌刻、印制法帖是清宫保存、传播古代名人书迹、当朝御笔及大臣奉敕所书墨迹的重要方式。他们以其中的精品为底本，"每使当世之能书者排类摹仿，镌诸文石，以广其流传"。[7] 有的帖石置于皇家宫苑的建筑中，不仅利于帖石的保存、展示，也对建筑园林起到最佳的陪衬作用。

据乾隆朝编纂的《国朝宫史》和嘉庆朝编纂的《国朝宫史续编》记载，清廷镌刻的丛帖和单帖有近 200 种。[8]

其中陈置于皇家宫苑中的清廷刻帖有：《敬胜斋法帖》帖石嵌于紫禁城宁寿宫乐寿堂的回廊中；《御刻三希堂石渠宝笈法帖》帖石嵌于北海阅古楼；《御刻墨妙轩法帖》帖石嵌于清漪园妙墨轩；《钦定重刻淳化阁帖》帖石嵌于长春园淳化轩与含经堂之间的回廊中。圆明园今存出土的《钦定重刻淳化阁帖》帖石共十件，均为汉白玉质地，其中较为完整的帖石长 90 厘米、宽 33 厘米、厚 11 厘米。[9]

《兰亭八柱帖》是乾隆集内府珍藏历代名家的兰亭墨迹和有关兰亭的帖本八种，命工刻于圆明园坐石临流亭的八根石柱上。并在坐石临流亭中竖一卧碑，阳面镌王羲之《兰亭修禊图》，阴面刻乾隆御制诗四首。《兰亭八柱帖》帖石和石碑今存中山公园"景自天成"亭内。[10]

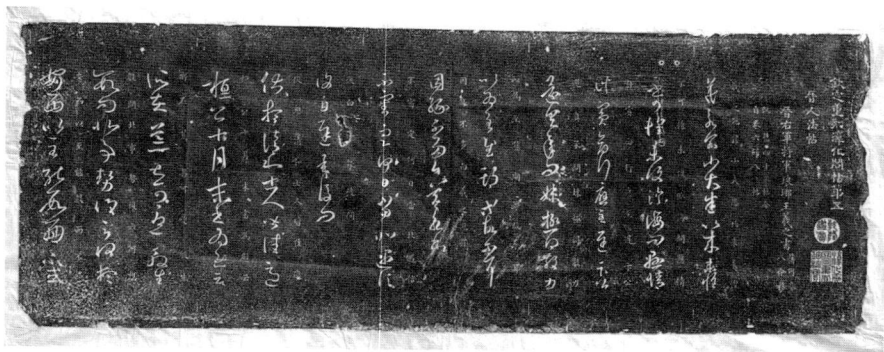

图 1　乾隆《钦定重刻淳化阁帖》帖石拓片（原石现藏圆明园，图片来源：作者提供，下同）

（二）碑碣

圆明园御制碑碣的内容无论是记载史实，还是写景抒情都是"金石补史"的宝贵资料。其中一些重要的碑碣清帝不仅御制并亲题碑文，还指定专人"敬谨镌刻"。如立于供奉历代先皇御容的安佑宫内的满汉文乾隆御制《安佑宫记》碑。据造办处档案载，是乾隆七年四月由懋勤殿首领夏安奉旨镌刻的。[11]

这些石碑不仅内容丰富，书法精美，而且装饰华丽，有的石碑纹饰也由皇帝钦定。"乾隆五十四年五月二十三日，上曰：将思永斋添安试马图碑碣。奉上曰：觑头南面做王母庆寿图花纹，碑座南面做福禄图花纹，北面赑头碑座俱做流云花纹，其石座上所安栏杆着交铸炉处做烧古铜栏杆。"[12]

遗憾的是此碑今已不存。而现存石碑的碑首和碑座的装饰也各具特色。

乾隆御制《文源阁记》碑原位于圆明园文源阁碑亭中，现存国家图书馆文津街古籍馆院内。《清朝通志》记载"御制《文源阁记》，乾隆三十九年，正书，满汉文对照"。[13]

此记载与现存实物相符。碑文为满汉文乾隆甲午（1774）孟冬御笔《文源阁记》。汉字碑文末尾为"乾隆三口口口岁在甲午孟冬月吉御笔"，尾钤"所宝惟贤"和"乾隆御笔"二方印。碑文记述了文源阁命名的由来和仿浙江天一阁的建筑规制，及建阁以收藏《四库全书》的目的。

图 2　乾隆重摹梅石碑（现存北京大学）及拓片

乾隆重摹梅石碑原位于长春园茜园内，今存北京大学。宋御苑德寿宫内有一株香闻百里的苔梅和一块玲珑剔透的芙蓉石。明代孙杕、蓝瑛绘《梅石图》刻于碑，立于芙蓉石旁，世称"梅石碑"。乾隆南巡到杭州德寿宫故址寻访梅石旧迹，此时梅已枯，唯有芙蓉石犹存。乾隆甚喜此石，"大吏遂辇送京师，命置之茜园太虚室，赐名青莲朵"。[14]

后因原梅石碑风化严重，乾隆命人重摹此碑，并将御题诗文镌刻于重摹的碑上，送到杭州立于旧碑旁。又于乾隆三十二年（1767）再次重摹梅石碑一通，置于已运至茜园并赐名"青莲朵"的芙蓉石旁。重摹梅石碑主体位置刻梅石图，图上方刻有乾隆三十年（1765）御笔行书《摹德寿宫梅石碑》诗，图侧刻乾隆三十二年御笔行书《重摹梅石碑置青莲朵侧》诗。乾隆对此碑很珍爱，曾命人将重摹的梅石碑拓成墨本，装裱成挂屏，悬于紫禁城景祺阁内。

乾隆御笔《半月台》诗碑原位于长春园海岳开襟，现存北京大学。海岳开襟四周环水，居圆形石砌台基之上。半月台位于海岳开襟东，是清帝赏月之处。碑首为僧帽式，碑文为行书，勒乾隆"丙戌新秋"御笔《半月台》诗一首，是乾隆登台赏月写景抒怀之作。由于碑文已漫漶，据《清高宗御制诗文集》中的记载补齐录文："台形规半月，白玉以为栏。即是广寒界，雅宜秋夕看。会当银魄满，不碍碧虚宽。太白镜湖句，常思欲和难。"[15]

图3　乾隆御笔《半月台》诗碑（现存北京大学）

（三）刻石

圆明园刻石内容丰富，形制各异，有的刻于桥拱券之上，有的刻于规则的汉白玉或青石之上，更多的则是摹刻于假山叠石或单体的太湖石之上。从历史资料和现存假山遗迹可知，盛时圆明园中堆叠假山，布列奇石，峰峦起伏，崖谷峻峭，洞壑幽邃，得真山真水之趣。人工堆叠的假山或单体的太湖石，在其较规则的平面上多镌有清帝题刻或诗刻，模仿山崖石壁上的摩崖勒字，将书法艺术与园林相结合。

清帝承继唐宋赏石的传统，以精深的文化和高雅的情趣来欣赏、品评奇石。现存的圆明园旧藏单体太湖石有中山公园的"青云片"石、"搴芝"石和"绘月"石，以及仍存于圆明园文源阁的"玲峰"石。这几块石上都刻有乾隆御书的石名或诗文。

图4　青云片石（现存中山公园内）

210　|

青云片石原置于圆明园别有洞天时赏斋前，现存中山公园内。青云片石与清漪园的青芝岫石同为明代米万钟从房山采得的奇石，米万钟得二石后，"欲置勺园，力未就"，弃之良乡。乾隆将其分置于圆明园和清漪园。青云片石背面阴刻七处行书御题，分别为：乾隆三十一年御笔题名"青云片"；乾隆三十一年"丙戌季夏御题"《青云片歌》；乾隆三十一年"丙戌新秋上浣御笔"《新月》诗；乾隆三十二年"丁亥新正中浣御笔"《题时赏斋》诗；乾隆三十二年"丁亥仲春御题"《再题青云片石》诗；乾隆三十二年"丁亥仲夏月上浣御笔"《时赏斋》诗及乾隆三十五年"庚寅仲夏中浣御笔"《时赏斋》诗。与《清朝通志》的记载对照，仅缺一首乾隆三十一年御制《时赏斋》诗。现青云片石背面有一处题刻字迹模糊，是否是此诗已不得而知。

图 5　乾隆御笔"青云片"拓片

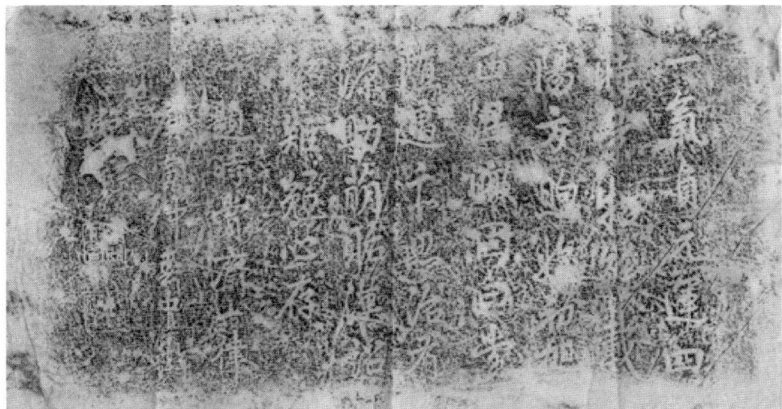

图 6　乾隆御笔《新月》诗刻拓片

图 7 乾隆御笔《时赏斋》诗刻拓片

文源阁建于乾隆四十年（1775），与紫禁城文渊阁、避暑山庄文津阁、沈阳故宫文溯阁，同为内廷收贮《四库全书》之所。文源阁藏书楼前建有长方形水池，池中

图 8 1923 年前玲峰石旧照

图 9 玲峰石现状

图 10 乾隆御笔《题文源阁作》诗刻拓片

图 11 乾隆御笔《再作玲峰歌》诗刻拓片

央矗立一巨型湖石，乾隆赐名"玲峰"。据乾隆御制《玲峰歌》和《再作玲峰歌》诗文可知，此石产自京西房山，体大器博而又玲珑多孔，比宋代米芾的八十一穴奇石"犹过远"。[16]

《清朝通志》上所记乾隆四十年御笔行书"玲峰"二字，今已不存。现残石上分别刻有乾隆作"乙未仲夏中浣御笔"《题文源阁作》诗刻和"丙申新正中浣御笔"《再作玲峰歌》诗刻，及乾隆朝著名词臣彭元瑞、曹文埴敬题诗赋。诗刻外围均刻有一周边饰。玲峰石毁于1911至1926年之间，今玲峰石部分残石仍存文源阁遗址。

乾隆御笔"长青洲"刻石位于圆明园西峰秀色河池中一乔松翠盖、叠石嶙峋的小岛上。据《清朝通志》记载：乾隆三年御书"长青洲"三字，行书，勒于洲头石上。此刻石今仍在原址，高约两米，竖刻乾隆御笔"长青洲"三字，其上方钤有"乾隆御笔"方印。

图12　乾隆御笔"长青洲"刻石（现存圆明园西峰秀色）

乾隆一生六游苏州狮子林，在京城长春园和承德避暑山庄中都仿建有狮子林，足见他对此园的钟爱。苏州狮子林以叠石为盛，乾隆不仅命苏州织造舒文将苏州狮子林房间、亭座、山石、河池全图做成烫样送京，[17]还特召苏州叠石高手为长春园狮子林堆塑假山。长春园狮子林建成后乾隆先后题写"狮子林十六景"诗，之后又陆续题咏十次之多。据《清朝通志》记载："狮子林十六景"御题景名和御制诗文均题刻于狮子林的各类刻石之上。如："御书'假山'二字，乾隆三十九年，行书。御制《假山》诗，乾隆三十七年，七言绝一首；三十九年、四十年，五言古各一首；四十四年、四十八年，七言绝各一首。俱行书，凝岚亭西。""御书'蹬道'二字，乾隆三十九年，行书。御制《蹬道》诗，乾隆三十七年、三十八年、三十九年，六言绝各一首；四十二年、四十四年、四十八年，七言绝各一首。俱行书，淑清斋后。"[18]

圆明园罹难后，狮子林地面建筑被毁，湖石和石刻也多已散失。乾隆御制"癸卯新正御题"《云林石室》刻石和"丙辰季春御题"《右云林石室》刻石，今流散于北京西交民巷87号院。狮子林现存乾隆御笔刻石31件。其中匾形御笔刻石3件，水关、虹桥及水门三座单孔拱券石题刻28件。这其中除"狮子林"和"虹桥"两件御笔题写景名的刻石外，均为御制诗刻，经与乾隆御制诗文集对照，正是乾隆十次题咏"狮子林十六景"诗中的《狮子林》《虹桥》和《水门》的分景诗。这些题刻的时间跨度很大，最早为狮子林建成之年壬辰年，即乾隆三十七年（1772），最晚至丙辰年，即嘉庆元年（1796）。题诗的季节有"新正、暮春、季春、孟夏、仲夏"。拱券石上的诗刻均为竖刻行书，布局疏朗大方，笔体灵活而不失法矩，端正匀称，笔调娴熟，抑扬顿挫，运用自如。所钤印玺随书写时间而不同，如在位时钤刻"乾隆御笔""所宝惟贤"印，禅位后钤"太上皇帝""十全老人"印。反映了乾隆在狮子林建成后直至禅位成为太上皇，每个人生阶段到此游览心境的不同，书迹和所钤印玺的变迁。

图13　狮子林水门及水门上乾隆诗刻拓片之一

乾隆御笔"狮子林"刻石是匾形，汉白玉质地。正面刻有乾隆御笔"狮子林"三字，上部正中镌"乾隆御笔"方印。《清朝通志》所记"御书'狮子林'三字，乾隆三十七年，行书"，与实物相同。行书字体笔酣墨畅，挥洒淋漓。

图14　乾隆御笔"狮子林"刻石拓片（原石现存圆明园狮子林）

乾隆御笔《狮子林》诗刻为汉白玉质地。正面竖刻行书十二行："最忆倪家狮子/林涉园黄氏幻/为今因教规写/阊城趣为便寻/常御苑临不可/移来惟古树端/由飞去是退心/峰姿池影都/无二呼出艰逢/懒瓒吟/壬辰暮春月/御题。"末尾钤"乾隆御笔""所宝惟贤"两方印。壬辰即乾隆三十七年，为长春园狮子林建成之时。诗文叙述了乾隆为了便于游览在御苑仿苏州狮子林建园的经过，并自豪地称这里与苏州狮子林"峰姿池影都无二"。《清朝通志》所记"乾隆三十七御制《狮子林》诗，行书"，与实物相同。

图 15　乾隆御笔《狮子林》诗刻拓片（原石现存圆明园狮子林）

乾隆御笔《水门》诗刻原镶嵌在水门旁的围墙上，质地为汉白玉，正面竖刻行书九行："墙界林园/水作门泛/舟雅似武/陵源赢他/只有渊明/记不及迁翁/画卷存/壬辰暮春/御题。"末尾钤"惟精惟一"和"乾隆宸翰"两方印。诗文叙述了水门的位置和泛舟游览时见到这里如世外桃源般的景色。《清朝通志》所记"乾隆三十七御制《水门》诗，行书"，与实物相同。

图 16　乾隆御笔《水门》诗刻拓片（原石现存圆明园狮子林）

长春园中的如园是乾隆仿江宁明代中山王徐达的瞻园而建。嘉庆时重修，并御制《如园十景》诗，"称松岩"为其中一景。嘉庆御笔《称松岩》诗刻现存北京东城区翠花胡同翠园。竖刻四行文字，行字不等，行书。刻石部分残缺，可据《清仁宗御制诗文集》三集卷七补齐录文："数仞苍岩百尺松，清贞不改后凋容。天涛谡谡延虚籁，摇漾檐前盖影重。"末尾存残印二方"嘉庆御笔""执两用中"。

图17 嘉庆御笔"称松岩"诗刻及其拓片（原石现存北京东城翠花胡同翠园）

道光帝继位后对长春园狮子林进行改建并御题"狮子林十六景"诗，其中第十二景为"烟岚"。在此石规则的平面上竖刻七行文字，行字不等，行书。"烟霞无尽妙雨霁／添岚翠漠漠复濛濛／崎岖多秀异地／僻问樵苏是否秦／人避 烟岚／道光戊子季夏／御笔。"末尾镌两方刻印，其一为"寓囗于物"，另一方已漫漶。道光御笔《烟岚》诗描绘了狮子林雨后初晴，犹如世外桃源般的美景。

图18 道光御笔《烟岚》诗刻及其拓片（现存圆明园）

（四）石匾

匾额集文学、书法、雕刻等多种艺术于一体，不仅起到识别、装饰建筑的作用，而且片辞数语点出建筑的文学渊源和文化内涵，渲染、升华了建筑高雅的意境。根据历史档案记载康熙至咸丰都曾为圆明园中的建筑题写过匾额。这些由皇帝御书、辞藻讲究、用料贵重、装饰华丽的匾额由于材质脆弱，大多与圆明园的建筑一起灰飞烟灭。现留存下来的，仅为少部分当时安设在城关、水关、牌坊和寺庙山门之上的石质匾额。虽然这些留存下来的石匾还不及当年的万分之一，也可从中了解当时匾额造型的多样，其上钤刻的印玺情况和清帝的文学、书法造诣。

正觉寺是乾隆年间满族皇家藏传佛教寺庙，也是圆明三园至今唯一保存下来的古建筑。正觉寺山门上部正中嵌乾隆御笔"正觉寺"石匾，以满、汉、藏、蒙四种文字书成。文字上方正中钤"乾隆御笔"方印，四周装饰有单层莲瓣纹。其正楷书体端庄肃重，方正劲直，笔力凝劲，再加上其他文字的陪衬，更显端庄肃穆。

图 19　乾隆御笔"正觉寺"石匾拓片（原石现存圆明园正觉寺）

圆明园藻园是乾隆仿江南园林意境而建的一座小园林。"翠照""绮交"石匾是藻园夕佳书屋北侧屏门上的匾额。石匾呈椭圆形，双面刻，行书，一面镌"翠照"，一面刻"绮交"，两字上方正中都钤"乾隆御笔"方印。椭圆的形制比传统长方形石匾灵动活泼，与藻园仿建江南园林的风格相称。

图 20　乾隆御笔"翠照""绮交"石匾（原石现存圆明园）

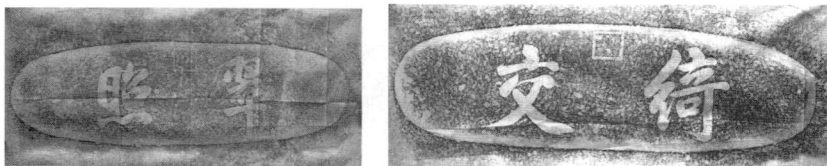
图21 "翠照""绮交"石匾拓片

　　乾隆南巡多次造访"人间天堂"杭州，"西湖十景"在圆明园中都有仿建，既是乾隆"江南情结"的反映，也是"移天缩地在君怀"的帝王欲望的展现。圆明园"柳浪闻莺"石牌坊原立于文源阁西北，今仅存汉白玉坊额。坊额阳面刻有"柳浪闻莺"四字，其上方正中钤"乾隆御笔"印。阴面刻乾隆《柳浪闻莺》诗："十景西湖名早传，御园柳浪亦称旃。栗留几啭无端听，讶似清波门那边。癸未和月御题。"末尾钤"乾隆宸瀚"方印。坊额阳面、阴面文字两边还各雕刻两幅花卉图案，分别为牡丹、梅花、荷花、菊花。此石坊额在1924年前后被清贝勒载涛运到朗润园，后归于北京大学，1977年运回园中。

图22 乾隆御笔"柳浪闻莺"石坊额（原石现存圆明园）

图23 乾隆御笔"柳浪闻莺"拓片（石坊阳面）

图24 乾隆御笔《柳浪闻莺》诗刻拓片（石坊阴面）

嘉庆御笔"清澄秋爽"石匾原是绮春园生冬室水关石匾。此匾质地为汉白玉，正面刻"清澄秋爽"四字，四字上部正中钤"嘉庆御笔"方印。字体端正匀称，一丝不苟，正是嘉庆拘谨保守、墨守成规性格的体现。

图 25　嘉庆御笔"清澄秋爽"石匾拓片（原石现存圆明园）

绮春园含辉楼是清帝练习骑射并观阅皇子、侍卫等骑射之处。四周皆建墙垣，南城关上为嘉庆御笔石匾额，南面匾刻"护松扉"，北面匾镌"排青幌"。嘉庆御笔"护松扉"和"排青幌"两方石匾，现存北京西交民巷 87 号院，形制相同，三字上方正中均钤有印玺，因漫漶已不可辨识。

图 26　嘉庆"护松扉""排青幌"石匾（现存北京西交民巷 87 号院）

三、结语

刻石反映了题刻者的文学素养、书法水平和审美情趣，承载了人文的雅趣和历史的厚重，是传承中国古代书法艺术的重要载体。清帝作为满族君王，酷爱汉族传统书法，勤于临习，求索体悟，对我国书法艺术的继承和发展有一定的贡献。圆明园御制石刻上优美的辞藻、珍贵的史料，以及或疏朗飘逸，或方正凝炼，或秀丽典雅的清帝书法，具有独特的历史价值和艺术价值。断碑残石是王朝兴衰的见证，站在它们面前，仿佛听见历史的余音绕梁，使人无限感慨。

作者简介：陈辉，女，1980 年生，北京人，圆明园管理处文物科副科长，副研究员。研究方向为圆明园文物、遗址研究和保护修复。

注释：

[1] 《清高宗御制诗文全集·五集》卷 30《玲峰歌》，中国人民大学出版社，1993。

[2] [清] 于敏中等编：《日下旧闻考》卷 80，北京古籍出版社，2001，第 1321 页。

[3] [清] 鄂尔泰、张廷玉等编：《国朝宫史》卷 36，北京古籍出版社，2001，第 677 页。

[4] 同上，第 684 页。

[5] 马宗霍：《书林藻鉴》卷 12，文物出版社，1984。

[6] 同上。

[7] [清] 鄂尔泰、张廷玉等编：《国朝宫史》卷 36，第 677 页。

[8] 尹一梅：《清高宗弘历的敬胜斋法帖》，《两岸故宫第四届学术研讨会论文集——乾隆皇帝的艺术品味》，故宫博物院，北京，2013。

[9] 帖石拓片及录文见陈辉：《墨华辉映题轩匾 石刻珍藏嵌壁砖——钦定重刻淳化阁帖帖石与圆明园淳化轩》，《书法丛刊》，2011 年第 5 期。

[10] 帖石拓片及录文见陈辉：《年年上巳寻欢处 便是当时晋永和——兰亭八柱帖帖石与清廷的曲水流觞亭》，《中国书法》，2012 年第 1 期。

[11] 中国第一历史档案馆、香港中文大学文物馆编：《清宫内务府造办处档案总汇》卷 11，人民出版社，2005，第 194 页。

[12] 中国第一历史档案馆、香港中文大学文物馆编：《清宫内务府造办处档案总汇》卷 51，第 322 页。

[13] [清] 刘墉等编：《清朝通志》卷 117，载《圆明园资料集》，书目文献出版社，1984，第 220 页。

[14] [清] 吴振棫：《养吉斋丛录》卷 26，中华书局，2005，第 332 页。

[15] 《清高宗御制诗文全集·三集》卷 59。

[16] 《清高宗御制诗文全集·五集》卷 30、卷 33。

[17] 中国第一历史档案馆编：《圆明园》下册，上海古籍出版社，1991，第 1504 页。

[18] [清] 刘墉等编：《清朝通志》卷 117，载《圆明园资料集》，第 222 页。

略论圆明园竹景观及文化

余　莉　任爽英

　　竹子在中华文明发展的长河中扮演着非常重要的角色，可以说没有哪一种植物对中国人的生活产生了如此深远的影响。竹子兼具观赏性和实用性，在所有的花卉林木中，用途最为广泛，从数量可观的带有竹字头部首的汉字可见一斑。竹子分布甚广，生长在寻常百姓的房前屋后美化环境，竹子用途多样，是百姓生活不可或缺的日用之物。正如苏东坡所言："食者竹笋，居者竹瓦，载者竹筏，炊者竹薪，衣者竹皮，书者竹纸，履者竹鞋，真可谓不可一日无此君也。"（《记岭南竹》）竹子青翠挺拔，坚韧守节，傲霜斗雪，凌云虚心，其特有的外在形象和内在特征唤起人们心中的共鸣和审美冲动，与中国文人士大夫所崇尚的人格修养和追求的道德理想相契合，古往今来无数文人墨客与工匠艺人无不为之倾倒，他们以竹入诗，以竹入画，以竹抒怀，以竹明志，创作了大量以竹为题材的诗词歌赋、书画器物，逐渐形成了中华文明中独树一帜的竹文化。竹子很早就已出现在园林里，它不似树木需时间成景，移栽后短时即可成林，柔韧弯曲的竹竿、修长青翠的竹叶、蓬勃生长的竹笋，使园林空间充满了生机和灵动的气韵。文人士大夫对于竹的喜爱丰富了竹的内涵阐释，使得竹的精神品格得到不断升华，竹子诗画使得竹的形象更加具体而丰满，也促进了竹在园林里愈加普遍地应用，由南至北的园林中几乎无园不竹，竹子成为不可或缺的造园素材。圆明园承袭了中国古典园林的造园手法与意匠，园中的庭院几乎遍植修竹，青青翠竹不仅丰富了园林空间，也提升了园居的文化内涵。帝王的宫廷生活中日用之物皆有竹为伴，不仅提高宫廷生活的文化品味，也增添了深厚雅致的文人气息。清帝仿佛时刻置身于君子之中，修身养性，面对君子之竹，时常引发思考与自省。本文从清帝数量可观的咏竹咏景御制诗入手，对圆明园竹景观和文化略作探析，期望由此对圆明园如何以植物继承古典园林的传统和文化略窥一二。

一、圆明园竹子种植地点

圆明园竹子的种植地点见于资料者可见图1、2。

图 1 《御制圆明园四十景图咏》所绘竹子（图片来源：作者提供，下同）

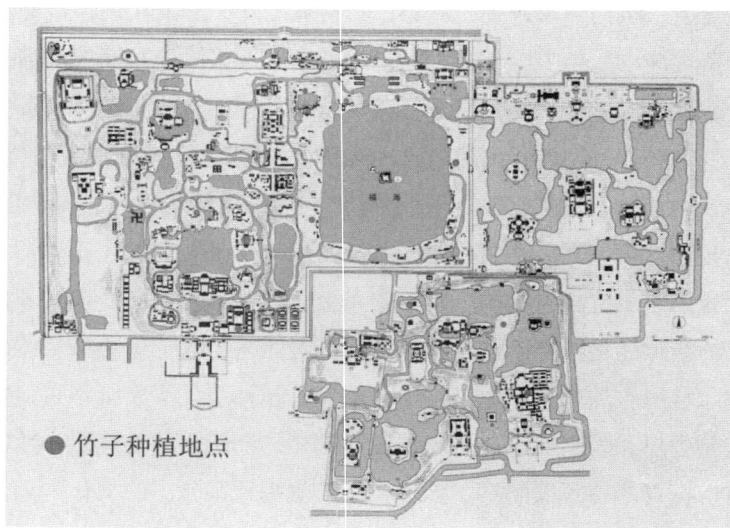

图 2 圆明园三园植竹地点分布图

据相关资料，圆明园三园108景中有明确记载，近一半景点皆有竹种植，由此可见竹在御园中栽培之广泛。

二、植竹景点景观特色

君子之竹，四时景色皆有不同，春日雨后春笋，充满生机；夏日翠竹成林，清爽宜人；秋日竹风轻拂，仿似天籁；冬日竹傲霜雪，更添风骨，一年四季，竹子带给御园不同的景观感受。

（一）圆明园

1. 勤政亲贤芳碧丛

芳碧丛为勤政亲贤中路前殿（图3），南向五间敞厅，虚廊高敞，殿前有太湖石，植有翠竹百余竿，"庭前十笏地，有竹百余竿"，[1] 有曲径达到庭前，两侧翠竹森森，"玲珑湖石逻嶙峋……琅玕摇碧筼千竿，碧筼诘曲中得路"，[2] 可谓"曲径通幽"。因青竹蔽日，夏日凉爽，加之夏季还搭盖三座竹制遮阳棚，清帝长夏时总于此批阅奏折，

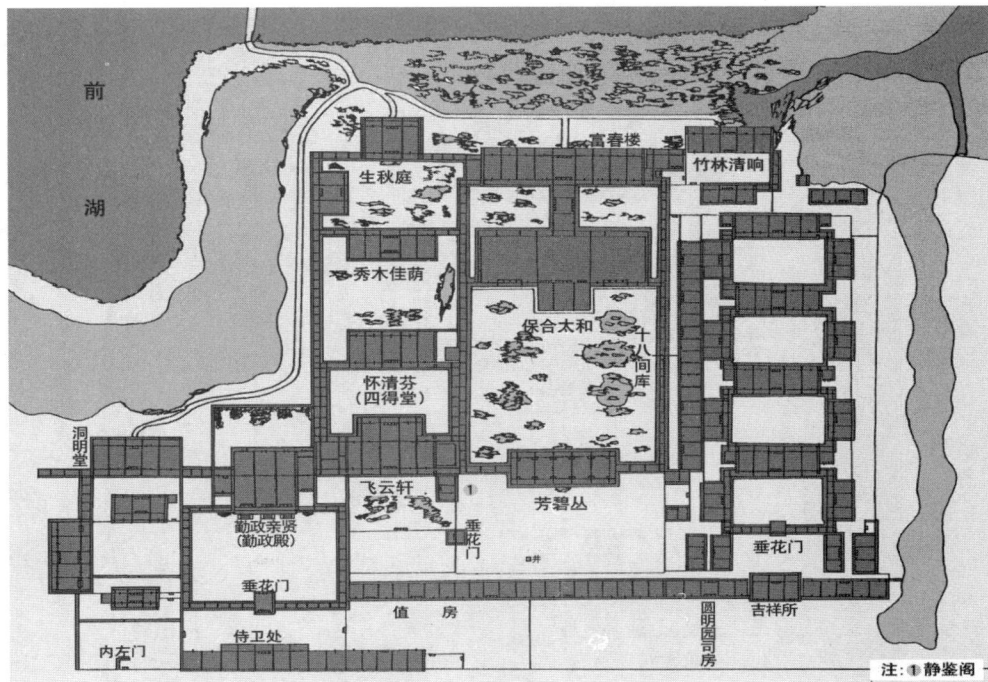

图3 勤政亲贤平面图

传膳办事。因清帝在此停留时间较长，吟咏此处甚多。百余竿翠竹绿满庭院，"广庭纳曙凉，修竹含浓翠"，[3] "飘香幽径多佳卉，戛玉空阶满绿筼"，[4] "绿筠荫闲庭，猗猗漾芳碧"；[5] 清晨竹叶上尚有露水，竹叶更显青翠欲滴，"朝露滴翠筠，琅玕增润泽"，[6] 仿佛竹叶也透着幽香，"露珠滴浮筠，隐约清芬寄"；经过雨水的滋润，竹叶愈加秀美，"经雨翠玕润，临风绿筱摇"。[7] 清帝批阅奏折时，抬眼望去，殿外的竹子总是常青，生长茂密，高耸挺拔，"修竹满庭除，四时不改色"，[8] "修竹四时总芳碧，琅玕茂密喜丛丛"，[9] "亭亭袅浮筠，干霄节挺直"；风起之时，竹林清响，悦耳动听，"含风戛清音，润雨沐新泽"，"侵阶碧影喜萧森，飒飒威风戛玉音"，[10] "阶前竹百竿，吟薰送清响"。

2. 天然图画

雍正时此处名为竹子院（图4），似将溪水引入院中，密植竹子，"深院溪流转，回廊竹径通"。乾隆九年《圆明园四十景图咏》中写道："庭前修篁万竿，与双桐相映。风枝露梢，绿满襟袖。"诗中有："松栋连云俯碧澜，下有修篁戛幽籁。"[11] 乾隆时正殿五福堂内额"莲风竹露"，此殿前有小湖，密布荷花，殿后密植修竹，甚为贴切，"竹埭琳琅峙，兰池绮縠澄"。[12] 五福堂西有以竹为名的竹䈰楼，为观赏西山与后湖风光

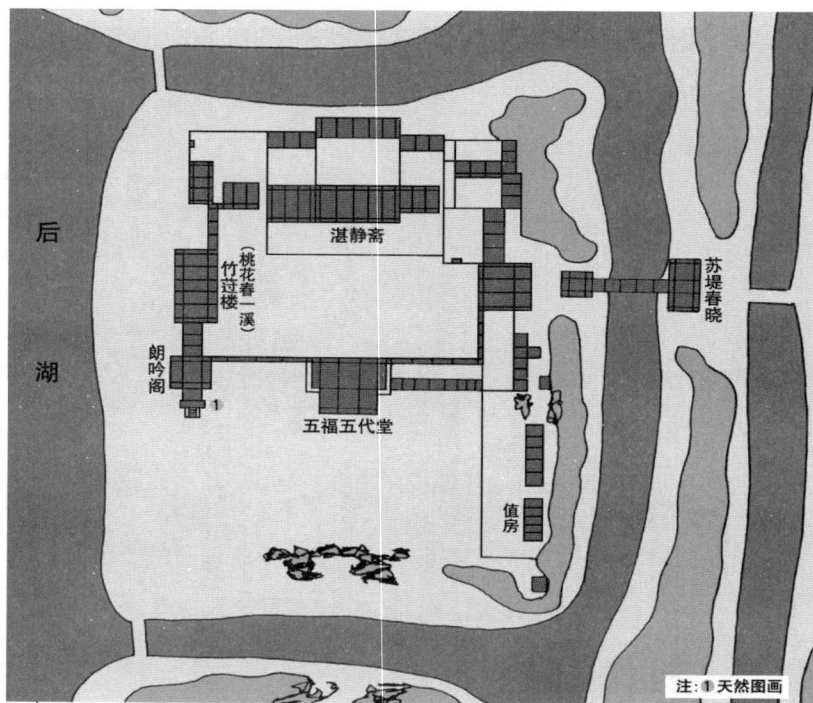

图4　天然图画平面图

的佳处。北为湛静斋，初时疑为竹深荷净殿，与莲风竹露有异曲同工之妙。此景植物景观虽以竹景为主，但咏景之诗不多，可能其正殿"五福堂"为康熙御书，檐额和对联为雍正御书，乾隆每次来此总是感念皇祖皇考之隆恩，对其景色自然也无暇欣赏了。

3. 长春仙馆

乾隆为皇子时居于长春仙馆（图5），即位后东路为皇太后寝宫，嘉庆帝登基之初亦居住于此，为园内不多的几处帝后寝宫，本景内多处殿宇植有修竹。绿荫轩为东路后殿，殿前有翠竹数竿，古柏几株，"冉冉浮筠绿节挺，苍苍古柏翠云扶"。[13] 中路春好轩前亦有几株修篁和松树，"茂育黄华松是伴，萧森翠竹月为邻"。[14] 中路后殿随安室是乾隆书屋，屋后有竹池，藤影花丛殿后也有竹池。嘉庆时，长春仙馆有一处"引筠轩"，[15] 疑位于随安室附近，轩前空地不大，植竹数十竿，为嘉庆即位之初亲手所种，"此君手植廿年前，绿荫阶除半亩连"。[16] 嘉庆帝此后多次来此，对竹有感而发，"心爱绿筠凌雪霜，选择嘉生隙地种"，[17] "引向书窗作清伴，筼筜披拂及佳辰"。[18]

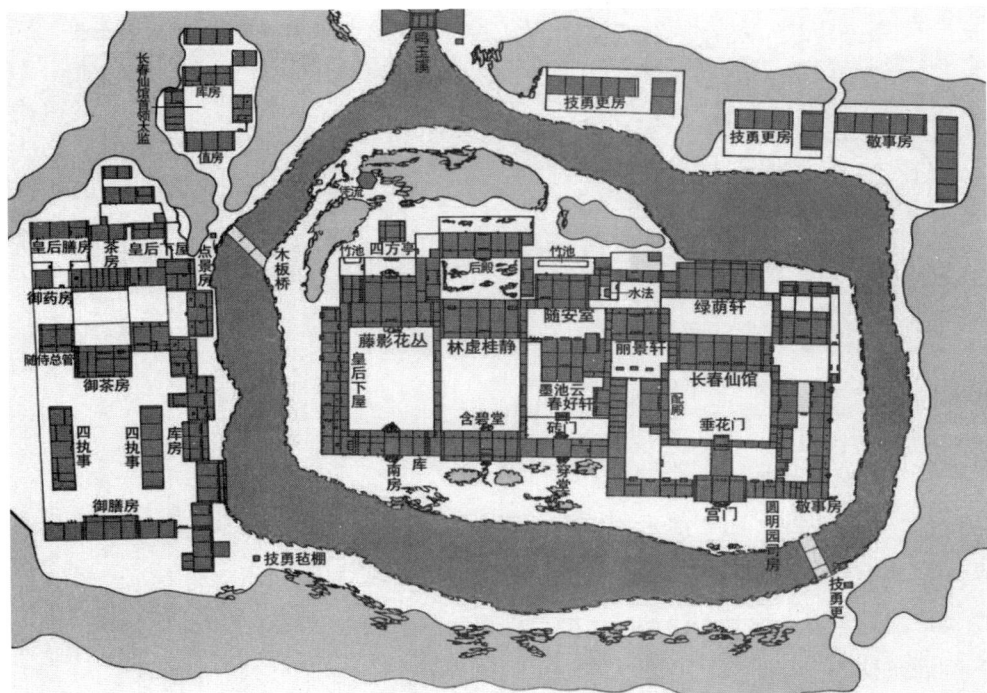

图 5　长春仙馆平面图

4.四宜书屋

四宜书屋位于福海北边的山水之间（图6），环境清幽，乾隆皇帝认为此处"春夏秋冬无不宜"，因而得名。乾隆中期仿浙江海宁安澜园进行了大规模改建，又名为"安澜园"。此园中多处植竹，北部有以竹为名的"啸竹轩"，"月竹秋玲珑，雪树冬婆娑"（得趣书屋），[19]"天半松涛三径晚，阶前竹韵一窗秋"（染霞楼），[20]"有水澄空有竹萧，四时秋意满轩寮"（涵秋堂）。[21]正殿四宜书屋，院落中翠竹森森，向殿外望去，竹影摇曳，青松挺拔，"风花雪月各殊宜，四时潇洒松竹我"，[22]殿西无边风月之阁可闻竹籁之声，"风来竹里是清音"。[23]

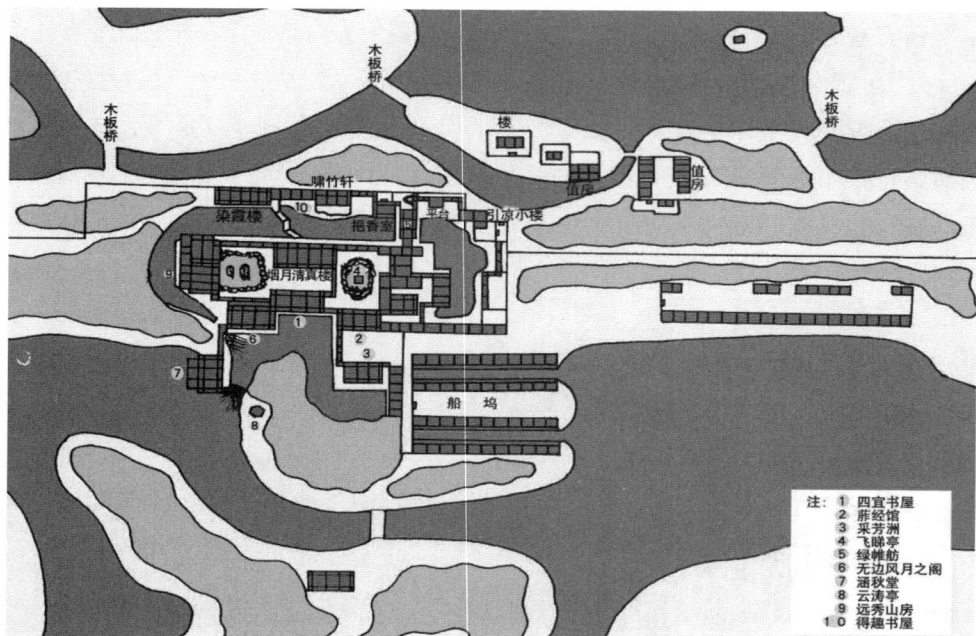

图6 四宜书屋（安澜园）平面图

5.平湖秋月君子轩

位于福海北岸（图7），此殿三间，位于山丘之上，殿南面向福海，殿北上山的蹬道两侧有翠竹种植于旁，竹下有竹篱分隔空间，"缚竹以为篱，篱中仍种竹"。[24]由此蹬道处进入，真是曲径通幽，绕过青竹，君子轩藏于竹林深处，"一径入琅玕，三间藏宛委"；[25]到达殿中，向外望去，浩渺福海即在眼前，顿时豁然开朗，一碧万顷，气象万千，"径曲琳琅遂如深，波光风影共清阴"。[26]于此轩中与君子相伴读书观景，意境幽远，"曲径琅玕步以徐，书轩片刻适闲居"。[27]

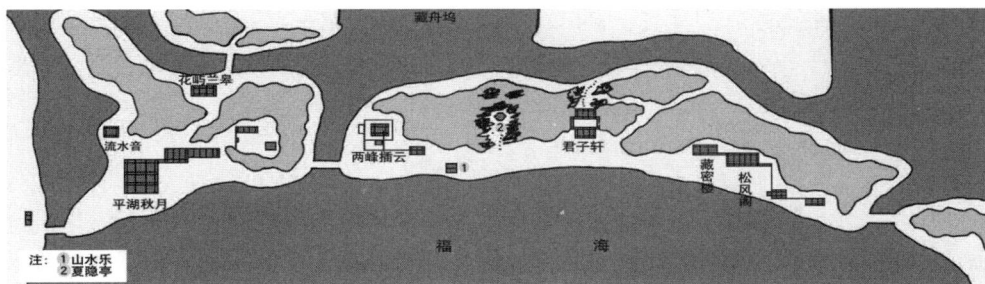

图7 平湖秋月平面图

6.天宇空明清旷楼

天宇空明位于福海北岸方壶胜境正北（图8），前有小湖，清旷楼后临北墙，清帝喜来此处登楼观稼，"竹外层楼枕北垣，临窗豁目俯周原"。[28]楼前庭院有几株青松挺秀，阶前则翠竹满院，"猗猗种竹满前庭"，[29]"阶前五亩竹，佳荫满中庭"。[30]乾隆皇帝来此赏竹时虽感叹北方竹子高度不足，不能与楼齐平，但喜爱此处环境格外静谧，可以聆听竹子清音，如天籁一般。

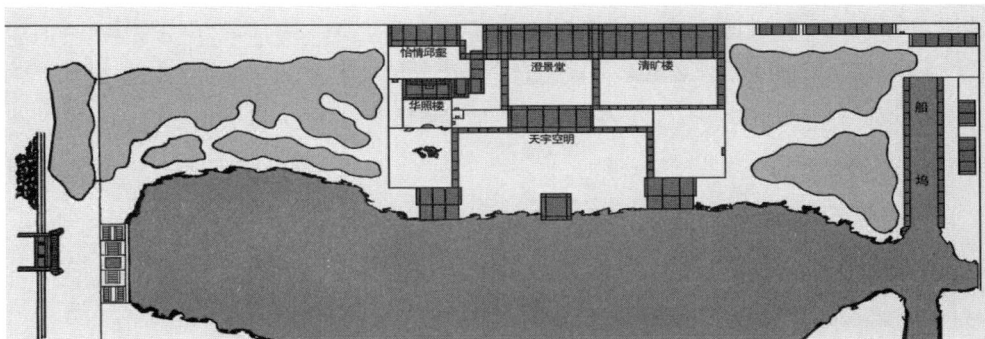

图8 天宇空明平面图

7.别有洞天竹密山斋

别有洞天位于福海东南隅山水间（图9），山环水抱，崖秀溪清。竹密山斋则位于小园东南山坳间，环境更为隐秘清幽。乾隆二十七年（1762）始见御制诗，应为乾隆中期新增建筑。山斋四面为小山环抱，从山斋西南山坳进入其中，山上山下密植青竹，山斋完全被竹所环绕，"高低种竹护山寮，步入琳丛蹈觉遥"，[31]仿佛置身于渭川边上的千亩竹林，"构房疑此渭川滨"，"千林疏际竹依然，诘屈山坡地径穿"。[32]密竹蔽日，更显此处环境宁静，只在风起时见竹枝轻拂，闻竹叶戛音，"斋阁坐闻八

| 227

琅玕，看时枝上动微风"，[33] 山斋外有曲廊与东侧延藻楼相连，沿游廊信步亦可欣赏竹景。

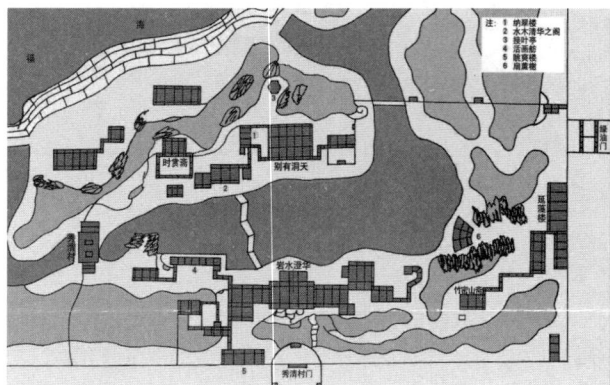

图 9　别有洞天平面图

8.坐石临流抱朴草堂

坐石临流位于后湖东北侧（图 10），紧邻同乐园。抱朴草堂位于西南隅，六间倒座殿。堂南临溪，乾隆三十一年（1766）仿承德狮子园草房改建而成，用以表示勤俭之意，以草覆盖屋顶，取竹篱茅舍之意，"草堂筑以念民穷，茅葺竹编宛朴风"。[34] 堂前通过曲径进入，两侧植以数竿青竹，"曲径植修竹"，[35] "径入竹篱曲，堂逢茆舍开"。[36] 沿着溪流岸边是竹篱环绕，竹篱上有植物攀附，最具田家风味，"草堂临河干，竹篱相环绕"，[37] "竹篱苑舍傍河滨，缀景还思化美淳"。

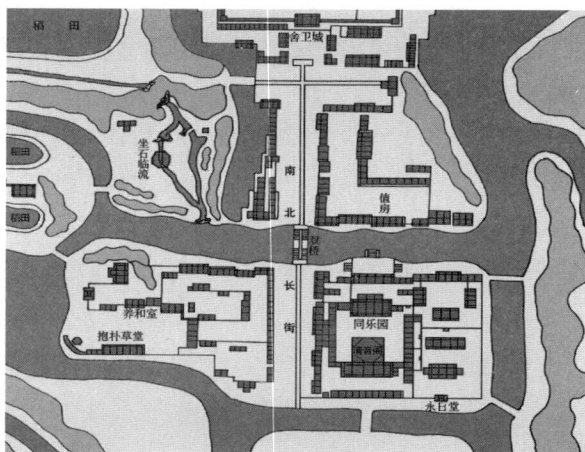

图 10　坐石临流平面图

（二）长春园

1.泽兰堂竹室

泽兰堂位于长春园中轴线北山阳坡（图11），此景有大量叠石成沟壑之势，有山林之趣。竹室位于正殿东侧，嘉庆时始见御制诗。竹室四周被竹环绕，炎夏更显清凉舒适，"四围尽浮筠"，[38] "淇澳清风满室中，浮筠四面态玲珑"，[39] "猗猗劲节闲庭荫，习习微薰虚牖穿"。[40] 嘉庆帝写诗说明取名之意并不是因为殿宇四周的竹子，而是因而室中的湘竹榻，"竹室非因竹四围，湘筠巧截合床扉"。[41] 夏日卧于竹榻之上，十分凉爽，面对窗外的竹子，修身养性，思考为政之道，"几暇对君子，相与忘春秋"。[42]

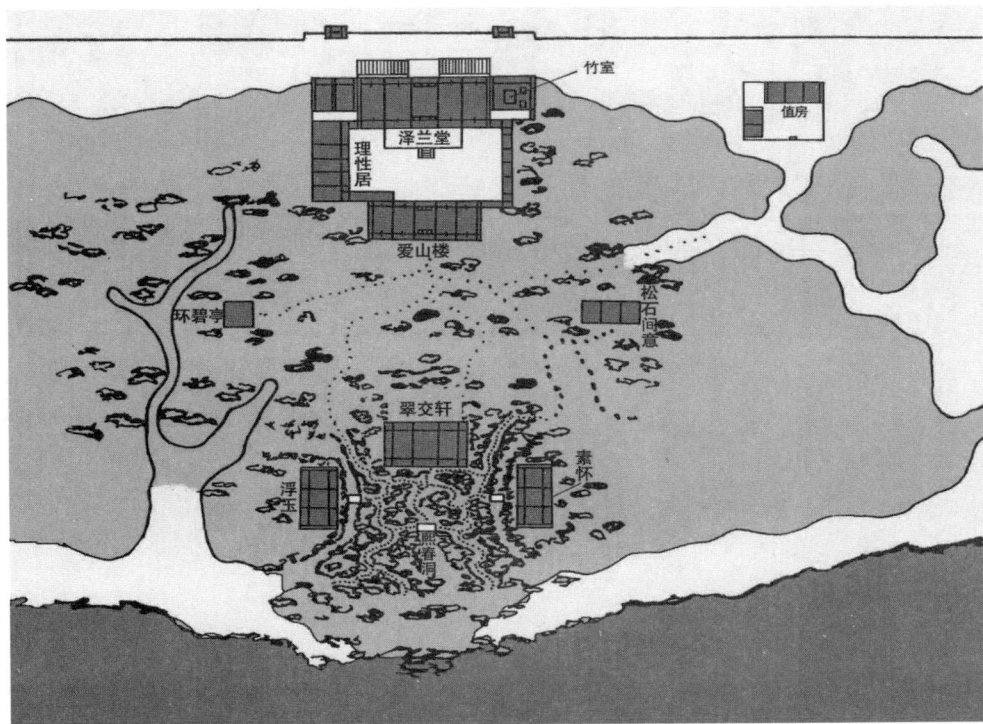

图 11　泽兰堂平面图

2.如园延清堂

如园位于长春园宫门东侧（图12），为乾隆中期仿南京瞻园所建，此园四周山体环绕，将北侧湖水引入其中，形成大小不同的湖面和溪流，沿水系布置了亭台楼榭。小园中多处庭院植竹，"有泉有竹清幽致"，[43] "石涧沿幽蹬，竹篱绕静居"，"竹径层层引，松门曲曲登"。[44] 其中正殿延清堂（乾隆时名为深宁堂）殿宇高敞，乾隆和嘉庆皇帝喜来此避暑消夏，"纳凉坐片刻，竹籁拂桃笙"，[45] 通达殿前的小径青竹耸翠，透过纱窗似可飘来清香，"旭笼竹径影清透，风度梅窗香暗披"。[46] 殿前东西两侧皆为叠石小山，太湖石旁翠竹摇曳，湖中荷香四溢，环境更显清幽，"玲珑石嶂接层楼，积翠萦青竹树幽"。[47] 殿南的含碧楼旁有松竹掩映，登楼可望见园外田园风光，"松竹绕庭青叠叠，黍禾茂野碧层层"。[48]

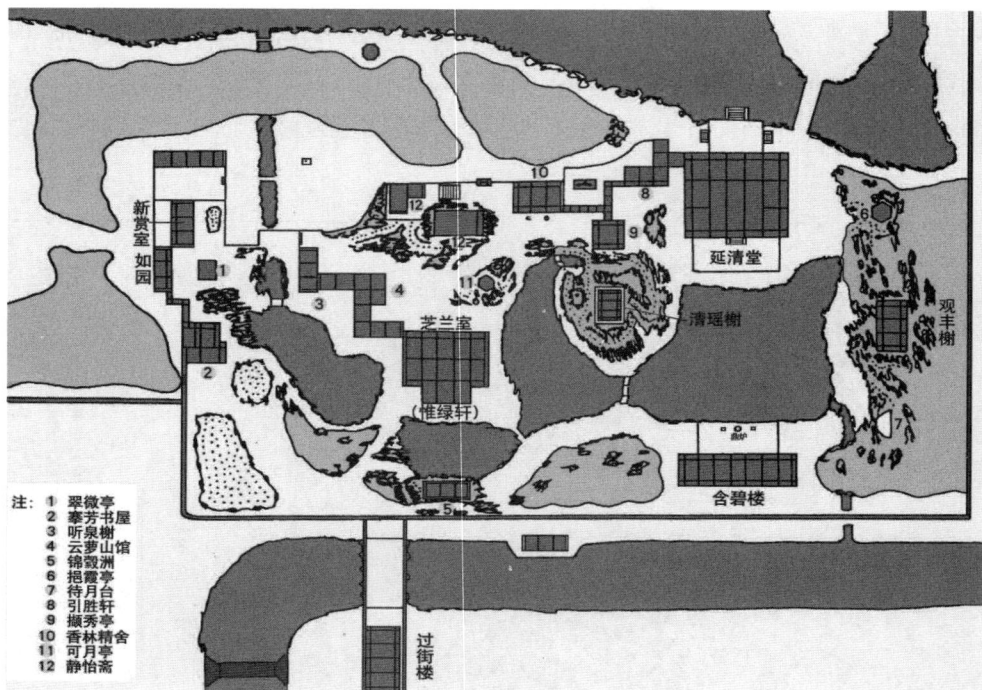

图 12　如园平面图

3. 含经堂三友轩

三友轩位于含经堂中路大殿淳化轩西侧叠石丛中（图13），乾隆三十五年建成，取"岁寒三友"之意，不仅屋外栽植松、竹、梅，殿内西间还安有松竹梅大玻璃。北方植竹本已不易，梅花更不耐寒，乾隆皇帝向往"岁寒三友"多时，终于在此得以实现"园中三友轩，窗外真培植"。[49] 轩外叠石甚巨，空间有限，仅于轩前点植几株松树、梅花和几竿青竹以表达主题，"松高荫翠招长风，飒然拂竹摇玲珑。迎冬梅蕊机已动，素心相印形神通"。[50] 乾隆皇帝似乎仍无法抑制对岁寒三友的喜爱之情，过了几年又在故宫乐寿堂内建同名建筑。嘉庆帝对此三友亦推崇备至，"品尊卉木推三友，浮筠劲节岁寒守。肯因冰雪易贞坚，夭桃秾李皆厮走"。此外三友轩中贮有元代李衍、赵雍、柯九思、吴镇、倪瓒、宋克、王绂画竹卷，题曰元人君子林，颇为应景。

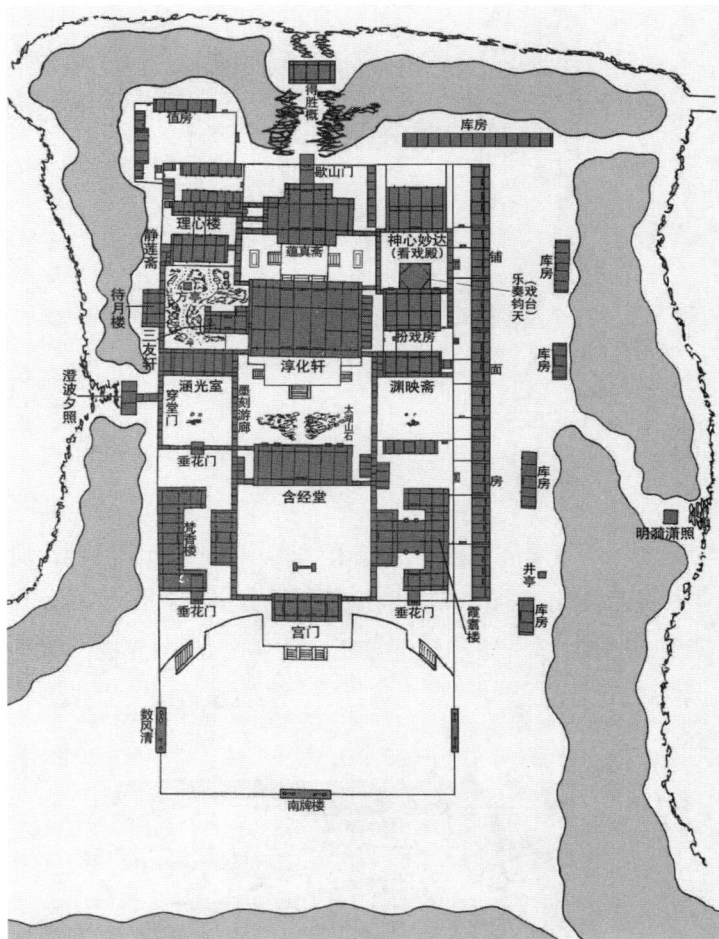

图 13　含经堂平面图

4. 玉玲珑馆

玉玲珑馆位于长春园含经堂东侧湖中岛上（图 14），岛西路的蹈和堂与撷景室前有太湖叠石置于翠竹之中，御园中竹石之景当推此处最佳，风起时竹子轻拂叠石，悦耳动听；而遇雪时，雪花堆积在石和叶片上，更显得二者洁净秀美，"碧璈声出竹敲砌"，[51]"竹石此间佳，而皆宜雪物"。[52]

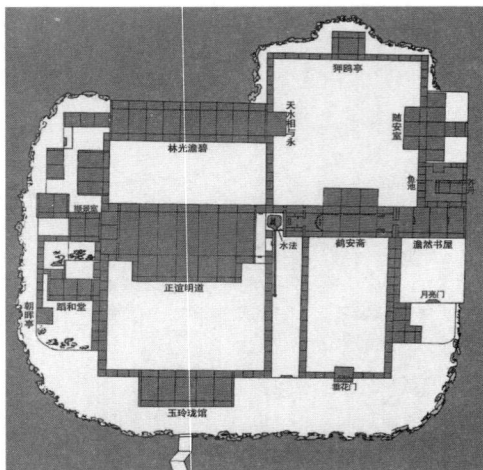

图 14　玉玲珑馆平面图

（三）绮春园

1. 敷春堂

敷春堂内翠合轩与凌虚阁相连（图15），庭院中有假山和曲池，池中植荷，殿前有几株松树和数竿翠竹。夏日殿前松竹挺翠，"竹筠松翠合"，[53] "琅玕映槛笼清影，松柏当窗漾翠涛"；[54] 池中荷花盛开，"不密不疏数竿竹，半舒半卷一池莲"，[55] "滟滟池波清影印，亭亭砌竹碧苔连"，[56] 屋中有竹榻，"玲珑映竹榻"，[57] 夏日的暑热顿时消减了不少。

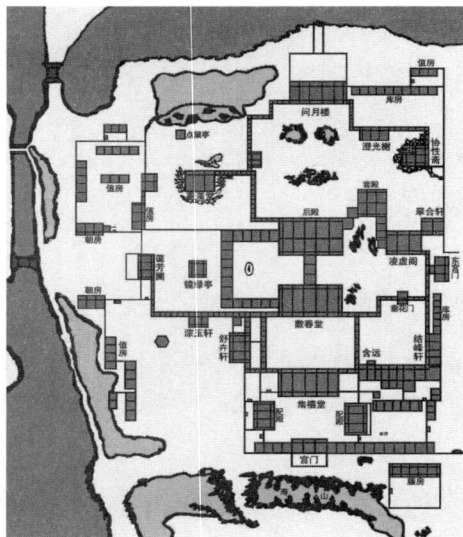

图 15　敷春堂平面图

2. 清夏斋

清夏斋西南隅有寄情咸畅流杯亭（图16），溪水从亭中穿过，因地势高差形成跌水，水声似琴韵，而沿着溪流有数竿青竹。竹子掩映着小亭，竹籁伴着水声，"竹径出流泉，琴筑玖琤泻"，[58] "漾日竹溪一衮净，激湍石濑万珠搓"。[59] 清夏斋殿前有几株松树，几竿青竹，风起时，流泉作响，松涛入耳，竹影入目，"轻飔乍起松涛细，暖旭徐筛竹影幽"，[60] "阶前竹荫碧烟浮"，[61] "流泉溅石翻青藻，修竹临窗接碧萝"，夏日于此处园居，竹荫蔽日，耳闻泉音，的确清凉消暑。

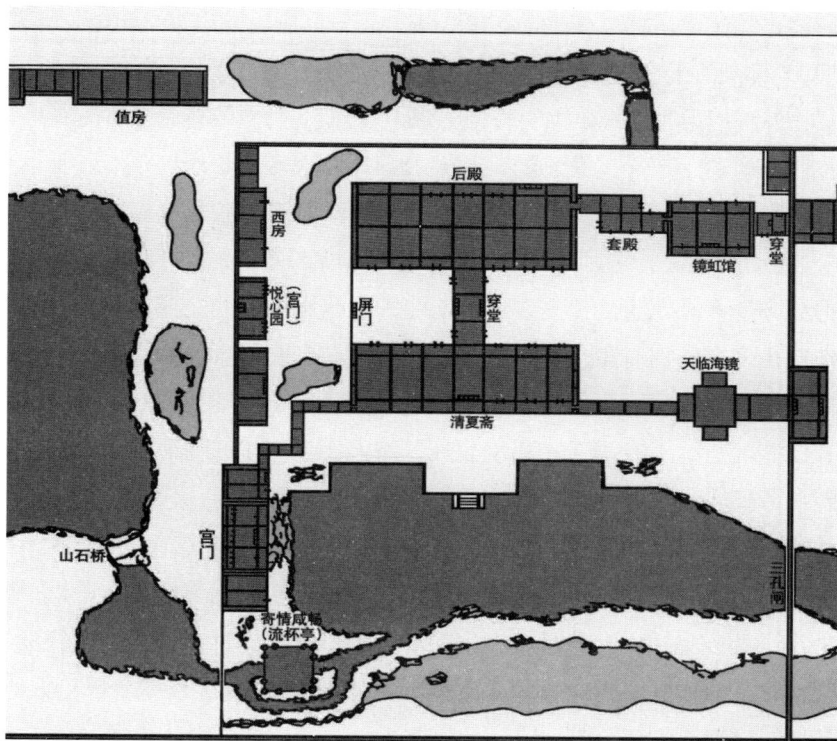

图16　清夏斋平面图

三、竹景配置方式分析

圆明园内竹景观几乎涵盖了古典园林里各种竹子配置形式，确实无愧于古典园林的集大成者。

1. 茂林修竹

《兰亭集序》曰："此地有崇山峻岭，茂林修竹。"当年王羲之和众多名流于竹林环绕的兰亭行修禊之礼，曲水流觞，饮酒赋诗，引为盛事，历代皆有模仿。雍正初年皇帝在圆明园西北部建西向三开间重檐流杯亭，乾隆九年定名为"坐石临流"，于亭外丛植数竿修竹，后嘉庆帝于绮春园清夏斋又建寄情咸畅流杯亭，都是意在表达"兰亭修禊"。魏晋时"竹林七贤"于茂密的竹林中把酒吟诗，君子之交传为佳话，茂林修竹又多了些隐逸的喻意。相比私家园林，圆明园的造园空间相对宽敞，可以根据造景需要密植大片的竹林，营造茂林修竹的景观效果，使得整个庭院皆被君子之竹所环绕，"修竹自成林，森然围户庭"，[62] 置身其中，发思古之幽情，涤荡心性，通晓事理，"徘徊倚玉竿，妙理入吟评。譬之君子德，不与众相争"，"万个篔筜罨翠深，七贤物外漫招寻"。[63] 园中竹林清响、天然图画、竹室等皆为此种配置形式。

2. 竹径通幽

"竹径通幽处，禅房花木深"，自古以来就充满着引人遐思的深邃意境，园林贵在"曲"，有不尽之意。圆明园的建筑以传统四合院为基础，园林建筑形式相对比较自由，但线条还多是笔直的，需要通过弯曲的道路和植物的配置柔化规整的建筑空间，创造自由多变和富有生活情趣的园居环境。在弯曲的小径两旁配置挺拔的竹林为规整的殿宇营造曲折、幽静、深邃的氛围，漫步其中，翠竹成荫，仰观日影，俯听天籁，信步而行，别有洞天，意境非凡，使人体会到"庭院深深深几许"的园林意境。园中芳碧丛、君子轩、抱朴草堂等皆为此种配置方式。

3. 移竹当窗

这是园林造景常用的取景手法，即用窗、轩、户、洞门等作为取景框来欣赏竹子景观。小小的窗景之中，竹子摇曳出无尽之意，蕴含丰富的美感。开轩面竹，竹景即入眼帘，或自微拂，或与梧桐、青松、石榴等植物相伴，皆是一幅动人的画卷，"梧竹影纵横，轩窗倍觉清"，[64] "墙外乔松窗外竹，有时坐对验吾心"，[65] "阶临绿竹依窗翠，坐对朱榴映槛红"。[66] 雍正皇帝非常喜欢这种园林意境，《雍正十二美人图》中的背景皆是移竹当窗（图17），伴着溶溶月色，窗前的竹影摇动，似有禅意，"风动纱窗竹影交"，[67] "月移竹影上窗纱"。[68] 当日间阳光将竹子映照在户牖之上，如过筛一般，竹影斑驳，"牖敞竹筛旭，窗虚松漾飔"。[69] 当夜晚来临时，月光将竹子映照到纱窗上，伴有清音，更觉庭院幽深，引人遐思，别有一番情趣，"竹品本至清，照影尤宜月"，[70] "浮筠月映亭亭影，粉箨风披簁簁竿"。

图 17 《雍正十二美人图》中的移竹当窗

4. 竹深荷净

荷是君子之花，竹是君子之木，二者相配置更添风雅之趣。水中荷花亭亭，清香四溢，岸边绿竹依依，千竿映秀，意境悠远，仿佛夏日一幅优美的画卷，"红立浦荷映日灿，翠浮砌竹胃烟横"。[71] 竹枝弯曲的弧线倒映水面，秀美异常；竹叶拂动的声响与水流涓涓，更添幽静风凉之感；而湖中的荷花娇艳欲滴，驳岸曲折自然，参差错落，虚实相间，丰富了景观层次的变化，增加了自然情趣。亭台楼阁被君子花木所环绕，意境悠远。圆明园湖面众多，多有荷花种植，如园延清堂等处为此种配置形式。

5. 竹篱茅舍

自魏晋以来，园林成为士人隐逸的场所，可以暂时忘却仕途的烦扰，于咫尺山林中寻得内心的自由。《园冶》云："结茅竹里，浚一派之长源。"掩映于竹林深处的茅屋，充满返璞归真的野趣，成为明清以来文人园林常用的造景手法。而皇家园林中的山容水态，竹篱茅舍，既是皇帝对于文人园林的欣赏，也是政事冗杂之余而获得片刻安宁的栖息之所。除抱朴草堂之外，圆明园西北部的北远山村，不仅仅是皇帝视农观稼之地，其鱼跃鸢飞的田园风光也是对于自然、世外桃源的向往，"山村学溪庄，竹篱围茅屋"，[72] "竹篱茅屋，阡陌交通，平畴远风"，[73] "一带垂杨遮矮屋，几竿修竹护疏篱"。[74]

6. 粉墙竹影

《园冶》云："籍以粉墙为纸，仿古人笔意，植黄山松柏、古梅、美竹，收之圆窗，宛然如镜中游也。"白壁粉墙前植修竹几竿，以墙为纸，以竹为景，竹竿摇曳，竹影婆娑，宛如一幅充满诗意而灵动的水墨画。植于墙边的竹子随着物候的变幻而呈现不同光影的变化，或明或暗，斑驳若离，"初旭上东墙，玲珑浮影碧"，[75]丰富了竹景的观赏意境，呈现出超凡脱俗的景观效果，真是"日出有清阴，月照有清影，风吹有清声，雨来有清韵"。

7. 竹石小品

宋代以来墨竹成为中国画一个重要的画种，而画中竹石常搭配出现。郑板桥语："竹与石，皆君子也。"竹子修长而挺拔，山石敦厚而朴拙；山石因竹子的秀美而更显古朴，竹子因山石的凝重更显活泼。竹子随风摇曳，戛玉敲金，充满动态之美；山石兀自伫立，岿然不动，有静态之美。竹子由竹笋到参天竹竿，四季常青，充满生机，石头始终不改其志，坦然面对，二者一动一静，刚柔相济，相映成趣，相得益彰。古典园林中亦有石笋与竹子相配置，虚实结合，富有无穷的趣味。圆明园中竹石小品颇多（图 18），几竿青竹，几块湖石，既可置于庭前，亦可安于角隅，以窗为框景，便是一幅充满诗情画意的文人写意画。风起时，竹枝轻拂玲珑湖石，清音入耳，更觉意境幽远，"半窗寒碧增幽独，倚石浮筠更可人"，[76]"水木澄华竹石清"，[77]"簇簇依文石"，[78]"长松修竹绕石砌"。[79]

图 18 《雍正十二美人图》中的竹石小品

8. 竹苞松茂

出自《诗经·小雅·斯干》中"如竹苞矣，如松茂矣"句，人们常以"竹苞松茂"颂扬华屋落成，家族兴旺。因而园林中竹子常与松树配植，四季常青，表达欣欣向荣之意，"苑树虽凋松竹存"。[80]松竹皆有君子之风，为高洁、坚贞之物，"松竹古之朋"，[81]于庭前点植，青松苍翠，修竹挺拔，"众绿荫轩庭，竹筠松翠合"，[82]"琅玕映槛笼清影，松柏当窗漾翠涛"，[83] 松涛与竹籁相互唱和，身处其间，与自然化矣，"四围松竹荫回栏，天籁冷然空外起"，[84] "高和松涛风谡谡，静连竹籁韵泠泠"。[85] 园中此种配置形式最为常见。

9. 岁寒三友

此为园林里常见的配植形式（图19），松竹梅三者皆耐冰霜雨雪，是高洁的象征，长春园含经堂内的三友轩，将三种植物点植于殿宇周围。寒冷的冬季，梅花飘香，松树挺拔，竹枝摇曳；如若雪至，踏雪寻梅而松竹不凋，别具雅趣，"松坚竹劲梅清洁，物外忘形几岁年"。[86]

图19 《乾隆岁朝行乐图》中的"岁寒三友"

四、竹文化浅析

透过清帝的御制诗可以看出，竹子在宫廷之中不仅是美化园居环境的嘉木，也伴随着帝王日常生活的点滴，小到每日御批所用之毛笔，大到观景之竹亭，深厚的传统竹文化渗透进了清帝园居理政的方方面面，可惜这些御用之物或毁于战火中，或流散于异国他乡，圆明园中已不可见。

（一）咏竹——竹诗赋

历代咏竹的诗词和文赋数不胜数，清代皇帝对于儒家文化推崇备至，拥有君子品格的竹子自然也受其钟爱，广泛种植于御园之内的竹子时常映入帝王眼帘之中，他们在圆明园内写了大量咏竹咏景的御制诗。乾隆皇帝喜欢看移栽竹子，有多首"移竹"诗，天长日久还总结出北方移竹的经验：夏季三庚（初伏）雨季移竹最佳，"三庚好移竹"，[87] "雨中最易和根长"。[88] 乾隆三十二年和嘉庆三年，乾隆与嘉庆皇帝分别对"晴竹""雨竹""风竹""月竹"四种不同情境的竹进行了吟咏。通过观赏竹子的生长和四季变化，表达了对于竹子的喜爱之情，并将对竹子的感悟融入自身的品德和人格修养之中。

（二）用竹——竹制品

竹制品在宫廷生活中使用相当广泛，毛笔、笔筒、镇纸、臂搁、竹家具、竹鼎、竹香盒、竹炉、竹扇、竹杖、痒痒挠、竹筷、竹笾、竹帘、乐器、空竹、竹船、竹篱等，种类繁多，数量可观，伴随着帝王的饮食起居，真可谓"不可一日无此君也"。

（三）藏竹——收藏品

圆明园收藏了大量的历代书画，乾隆皇帝常在欣赏之后赋诗一首，御制诗中记录了大量绘竹的历代精品之作（图20）。喜爱舞文弄墨的乾隆皇帝，也曾画有数幅竹子的小画。

图20 ［元］郭畀《雪竹图》，台北故宫博物院藏（淳化轩旧藏）

（四）饰竹——内檐装修

园中各处殿宇的室内装修也可见到竹子身影，"竹丝镶嵌"装饰于门扇和家具上，竹子以各种不同的图案组合出现在户牖、碧纱橱、通景画等室内装修之中，可以参看故宫乾隆花园三友轩和倦勤斋的室内装修。

（五）赏竹——工艺品和盆景

圆明园宫廷之中陈设着大量竹制、竹雕的工艺品，如笔筒、如意、画屏、摆件、器物等，至于以竹为题材的瓷器、摆件、器物等则数量甚巨（图21）。此外还有真的竹子盆景摆放于居室之中以供欣赏（图22）。

图21　清道光柠檬黄地粉彩折枝梅竹图直颈瓶（《慎德堂制》款）

图22　《雍正十二美人图》中所绘竹子盆景

（六）居竹——建筑物

圆明园内有少量以竹子为材料或外观的建筑物、桥和雕刻。

五竹亭：位于方外观对面，坐南朝北，共由西洋竹式重檐亭五座、竹式游廊四座十八间组成（图23）。该亭、廊之柱、枋、梁、檩皆为木构，外观雕做竹式装饰。乾隆四十三年（1778）、五十八年（1793）曾作修缮，换安木件，雕做竹节、粘补竹式装饰，并油饰。[89]

图 23　五竹亭北面铜版画

寸碧亭：居映水兰香"多稼轩西池东北"，即互妙楼前偏东叠石峰巅，竹制方胜亭，外悬乾隆御书"寸碧亭"匾（图 24）。亭为"多稼轩十景"之一，似为乾隆二十四年（1759）新建。《寸碧亭》诗序曰："出多稼轩，假山嶙峋巉岸，尺寸千里，盘石磴而上，缚竹为亭，名曰寸碧。"诗云："巅平四柱亭寸碧，小许可堪大许胜。"[90]

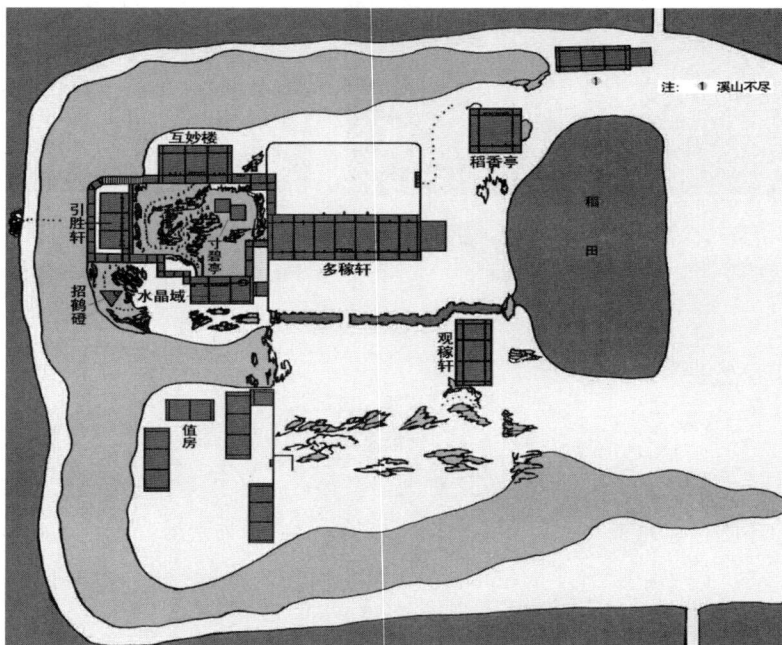

图 24　映水兰香平面图

竹桥：嘉庆十二年《狮子林》诗云："几折竹桥相映带。"[91]

五、未来竹景观恢复及文化发扬

随着 1860 年的大火，圆明园的陈设被劫掠一空，建筑灰飞烟灭，草木凋敝，曾经的辉煌仅存在于流散的文物、老照片与后人的想象之中。在逐步恢复山形水系的过程中，在没有点景建筑的情况下，如何表达遗址，如何通过植物来传达历史信息成为一个非常重要的方面，也是一个难点。在早期的遗址修复过程中，并没有完全搞清楚具体的植物种植地点和配置方式，仅象征性地在可能种植竹子的景点，恢复了一些竹子的种植，如别有洞天、映清斋、展诗应律、涵秋馆等。21 世纪初天然图画、廓然大公、坐石临流等景点在环境整修的过程中恢复了竹林（图 25、26），可惜无法与周围环境协调起来，也缺乏相应的解读系统，对于历史景观自然无从体现。然而要了解一个真实的圆明园，一部中国古典园林的百科全书，竹景观与竹文化必然是不能略过的环节。

图 25　廓然大公新植早园竹图

图 26　君子轩遗址

（一）适当恢复有特色的竹景观

依据相关史料和研究成果，选择几处比较适合表达园林意境的地点进行植物景观恢复，如君子轩，整修北面登山的蹬道，恢复种植道旁的竹林，设置竹篱，达到"竹径通幽"的景观效果。如有可能复建君子轩以求更好地表达主题，同时对轩前遮挡眺望福海景观视线的柳树、金银木等植物进行修剪。此外三友轩、竹密山斋、抱朴草堂等都是比较适合表现竹景观意境的景点，通过有目的地种植引导，游客可以通过竹景观与华美的竹主题内檐装修，身临其境进行体验。现在园内多种植早园竹，植株体量较小，高度不足，应根据不同的景观意境选择合适的品种，如需表达"茂林修竹""竹径通幽"的效果，可以选择竹竿粗壮、植株挺拔的斑竹。而在空间比较狭小的场所则应选用相对纤细一些的品种；一些低矮的品种则可以作为地被应用在园中。

图 27　君子轩遗址上眺望福海，视线完全被遮挡

（二）举办相关的文化展览

收集园内与竹相关的藏品和各种日用器物的资料，协同相关的文化单位，在合适的场所进行展示，透过实物更加直观地认识圆明园，更好地弘扬中华竹文化。

几竿翠竹承载了多少中华文化，一座圆明园见证了多少历史兴衰，期待着君子之竹在圆明园中能够更多地恢复种植，更多的圆明园流散文物回归中华，更多的人能够了解真实的圆明园，厚重的竹文化能够在昔日的御园中得到弘扬和发展。

作者简介：余莉，女，1979 年生，上海人，圆明园管理处圆明园研究院高级工程师，主要研究方向为古典园林历史和文化。任爽英，北京市电气工程学校高级教师。

注释：

[1]　《清仁宗御制诗集·二集》卷 3。
[2]　《清高宗御制诗集·二集》卷 87。
[3]　《清仁宗御制诗集·二集》卷 5。
[4]　《清宣宗御制诗集·初集》卷 9。
[5]　《清仁宗御制诗集·初集》卷 45。
[6]　《清仁宗御制诗集·二集》卷 29。
[7]　《清仁宗御制诗集·初集》卷 12。

[8]　《清仁宗御制诗集·二集》卷 20。

[9]　《清仁宗御制诗集·初集》卷 19。

[10]　《清宣宗御制诗集·初集》卷 13。

[11]　《清高宗御制诗集·初集》卷 22。

[12]　《清高宗御制诗集·二集》卷 85。

[13]　《清仁宗御制诗集·初集》卷 10。

[14]　《清仁宗御制诗集·初集》卷 15。

[15]　[清] 吴振棫:《养吉斋丛录》,中华书局,2005,第 229 页。

[16]　《清仁宗御制诗集·三集》卷 56。

[17]　《清仁宗御制诗集·初集》卷 23。

[18]　《清仁宗御制诗集·初集》卷 28。

[19]　《清高宗御制诗集·三集》卷 42。

[20]　《清宣宗御制诗集·初集》卷 10。

[21]　《清高宗御制诗集·三集》卷 66。

[22]　《清高宗御制诗集·二集》卷 87。

[23]　《清高宗御制诗集·三集》卷 56。

[24]　《清高宗御制诗集·五集》卷 52。

[25]　《清高宗御制诗集·三集》卷 36。

[26]　《清高宗御制诗集·三集》卷 89。

[27]　《清高宗御制诗集·五集》卷 95。

[28]　《清仁宗御制诗集·三集》卷 14。

[29]　《清高宗御制诗集·三集》卷 58。

[30]　《清仁宗御制诗集·二集》卷 53。

[31]　《清高宗御制诗集·五集》卷 52。

[32]　《清高宗御制诗集·三集》卷 35。

[33]　《清高宗御制诗集·三集》卷 63。

[34]　《清高宗御制诗集·三集》卷 94。

[35]　《清高宗御制诗集·三集》卷 75。

[36]　《清高宗御制诗集·三集》卷 91。

[37]　《清仁宗御制诗集·初集》卷 7。

[38]　《清仁宗御制诗集·初集》卷 12。

[39]　《清仁宗御制诗集·二集》卷 8。

[40]　《清仁宗御制诗集·二集》卷 32。

[41]　《清仁宗御制诗集·初集》卷 35。

[42]　《清仁宗御制诗集·初集》卷 42。

[43]　《清高宗御制诗集·三集》卷 90。

[44]　《清仁宗御制诗集·初集》卷 15。

[45]　《清高宗御制诗集·三集》卷 99。

[46]　《清仁宗御制诗集·三集》卷 20。

[47]　《清宣宗御制诗集·初集》卷 12。

[48]　《清仁宗御制诗集·余集》卷 2。

[49]　《清高宗御制诗集·三集》卷 88。

[50] 《清仁宗御制诗集·初集》卷 25。

[51] 《清高宗御制诗集·三集》卷 54。

[52] 《清高宗御制诗集·三集》卷 58。

[53] 《清仁宗御制诗集·初集》卷 36。

[54] 《清仁宗御制诗集·初集》卷 44。

[55] 《清仁宗御制诗集·二集》卷 21。

[56] 《清仁宗御制诗集·初集》卷 42。

[57] 《清仁宗御制诗集·初集》卷 46。

[58] 《清仁宗御制诗集·三集》卷 50。

[59] 《清仁宗御制诗集·二集》卷 28。

[60] 《清仁宗御制诗集·二集》卷 18。

[61] 《清宣宗御制诗集·初集》卷 13。

[62] 《清高宗御制诗集·初集》卷 14。

[63] 《清仁宗御制诗集·初集》卷 7。

[64] 〔清〕弘历:《御制乐善堂全集定本》卷 21。

[65] 《清仁宗御制诗集·初集》卷 11。

[66] 《清仁宗御制诗集·初集》卷 18。

[67] 《清世宗御制文集》卷 26。

[68] 《清世宗御制文集》卷 29。

[69] 《清仁宗御制诗集·二集》卷 23。

[70] 《清仁宗御制诗集·初集》卷 24。

[71] 《清仁宗御制诗集·二集》卷 53。

[72] 《清高宗御制诗集·初集》卷 11。

[73] 《清高宗御制诗集·初集》卷 22。

[74] 《清仁宗御制诗集·初集》卷 1。

[75] 《清仁宗御制诗集·二集》卷 29。

[76] 《清宣宗御制诗集·初集》卷 15。

[77] 《清高宗御制诗集·三集》卷 13。

[78] 《清仁宗御制诗集·初集》卷 15。

[79] 《清仁宗御制诗集·初集》卷 45。

[80] 《清高宗御制诗集·三集》卷 83。

[81] 《清高宗御制诗集·初集》卷 22。

[82] 《清仁宗御制诗集·初集》卷 36。

[83] 《清仁宗御制诗集·初集》卷 44。

[84] 《清仁宗御制诗集·二集》卷 15。

[85] 《清仁宗御制诗集·二集》卷 27。

[86] 《清仁宗御制诗集·二集》卷 41。

[87] 《清高宗御制诗集·二集》卷 24。

[88] 《清高宗御制诗集·二集》卷 56。

[89] 中国第一历史档案馆编:《清代档案史料——圆明园》上册,上海古籍出版社,1991,第 245、379 页。

[90] 圆明园管理处编:《圆明园百景图志》,中国大百科出版社,2010,第 154 页。

[91] 《清仁宗御制诗集·二集》卷 29。

朴斫书堂碧沼滨，澄波素影面前陈

——如园芝兰室初探

陈　鹏　张凤梧

一、如园格局变迁

如园位于长春园宫门区东侧，占地面积达 1.9 万平方米，建筑面积约 2800 平方米，是长春园内五座园中园（如园、狮子林、茜园、鉴园、小有天园）中规模最大的一座。如园，即"义如瞻园"，是以江宁（今南京）瞻园即明代中山王徐达的府邸花园为范本仿建的一处皇家园中园，于乾隆三十二年（1767）基本建成，四十多年后多有颓败，故于嘉庆十六年（1811）又进行了重修和扩建。现存建筑遗址与样式雷图档多为如园后期建筑格局，其初建时格局多见于内务府档案、御制诗、御制匾、《日下旧闻考》、《活计档》等文献。如园园墙之北为长湖，利用南北地势之高差，引进湖水入园，形成活水瀑布之胜境。

园墙之南为圆明园鼎盛时期圆明五园之一的熙春园，两者借过街楼相连通。乾隆御制诗云"南北临衢各筑垣，过来复道便如园"，"复道行空过咫尺，熙春隔岁一寻探"，正是描述如园与熙春园的借景关系。

乾隆三十二年六月，《活计档》中曾以"瞻园"相称，十月御书匾文"如园""新赏室""观云榭"，至乾隆三十三年（1768）正月起同见御制诗者还有含芳书屋、挹泉榭、敦素堂、静虚斋、明漪楼、深宁堂、合翠轩和写镜亭，随后见之于《活计档》与《日下旧闻考》有一处冠霞阁。至乾隆三十六年（1771）内务府工程复查汇总，在长春园东南隅内添建如园殿宇、楼亭、房座、游廊、券洞，并桥座、驳岸、暗沟、墙垣、甬路，装修油饰，裱糊内里，栽种树株等项工程，实销工料银 115232 两。

乾隆时期的如园格局疏朗大气，叠山理水手法高超，是江南园林意趣与北方传统古典建筑组群布局相结合的优秀范本，同时也是清代皇家御苑写仿江南园林的典型实例。如园整体建筑布局由西向东铺陈展开，疏密有致，高低错落。园中水系由西北向东南基本贯穿全园，形成曲水流觞之胜景。西北与东南的山石将园区纳为相对内敛的空间，极具传统江南园林之意境。主体建筑基本上位于曲水的北、西岸，建筑周围假山叠石相间，正所谓"石移西岭近云根"，"步处假山势展画"。[1]芝兰室则位于如园中部，乾隆时期称敦素堂，是一座三开间正堂。此堂西、南、东三面临水，充分采取布水成景的优势，利用环水条件，巧妙地将敦素堂与周围环境融为一体。敦素堂以清新素雅见长，堂内明间设有宝座，乾隆皇帝曾多次坐于此堂欣赏如园风景，修身养性。乾隆帝屡咏敦素堂，著有《敦素堂见莲花始开》及《素月》《素冰》《素琴》《素鹤》敦素堂四咏。乾隆如园敦素堂诗云："散步进如园，书堂敞网轩。……树色皆含润，蝉声不碍喧，阶前一池水，素色亦相敦。"

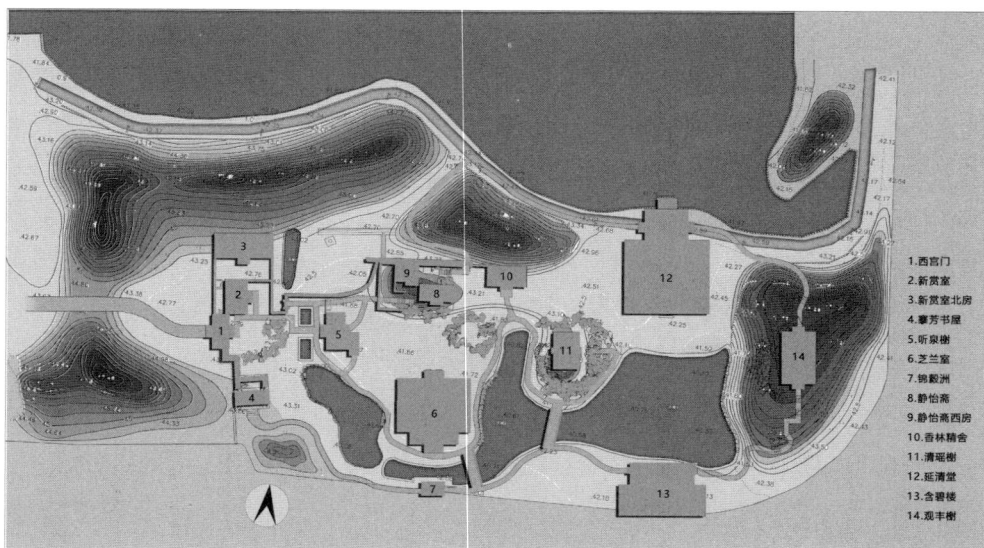

图 1 乾隆朝如园格局图（图片来源：作者提供，下同）

1. 西宫门
2. 新赏室
3. 新赏室北房
4. 撷芳书屋
5. 听泉榭
6. 芝兰室
7. 锦觳洲
8. 静怡斋
9. 静怡斋西房
10. 香林精舍
11. 清瑶榭
12. 延清堂
13. 含碧楼
14. 观丰榭

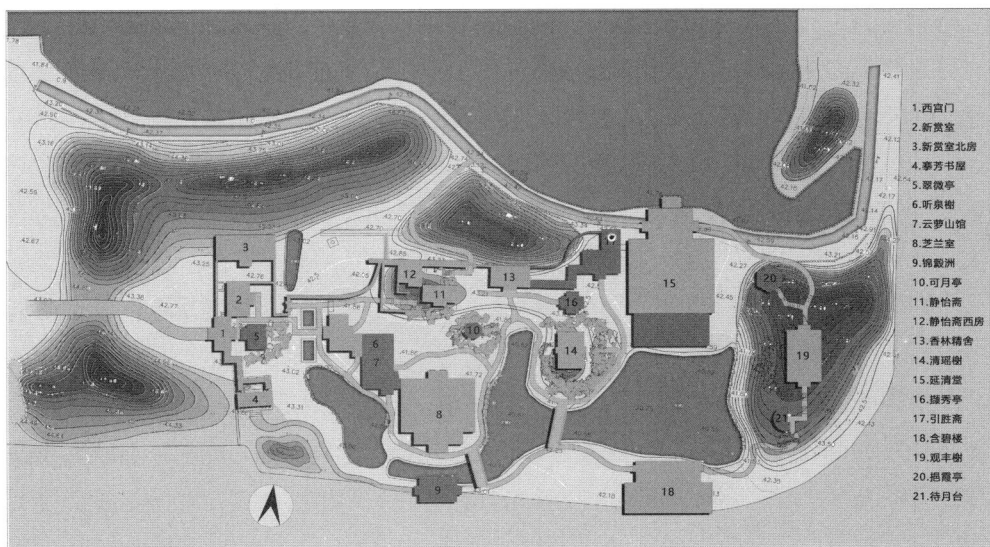

图2　嘉庆朝如园格局图（深灰色为改变部分）

1.西宫门
2.新赏室
3.新赏室北房
4.奉芳书屋
5.翠微亭
6.听泉榭
7.云萝山馆
8.芝兰室
9.锦毅洲
10.可月亭
11.静怡斋
12.静怡斋西房
13.香林精舍
14.清琅榭
15.延清堂
16.撷秀亭
17.引胜斋
18.含碧楼
19.观丰榭
20.挹霞亭
21.待月台

　　嘉庆十六年（1811）大规模重修如园，并御制《重修如园记》，详述各景物之方位格局，其中有论芝兰室者："……巡檐而转东则芝兰室。夫同心之言，其臭如兰，师友讲论，仅有裨于学问耳。若君明臣良畴咨告诫，有益于苍生寰宇者大矣。室前溪流聚成小池……"[2] 如园除"新赏室"外，皆易新额，并增加部分亭榭和景点。至此形成历史上著名的"如园十景"：待月台、屑珠泔、转翠桥、镜香池、披青磴、称松岩、贮云窝、平安径、观丰榭、锦毅洲。至嘉庆十七年（1812年）陆续见到部分景物御制诗，重修后如园内主要景观名称包括延清堂、含碧楼、芝兰室、挹霞亭、静怡斋、观丰榭、听泉榭、引胜斋、新赏室、翠微亭、奉芳书屋、云萝山馆、撷秀亭、香林精舍以及可月亭。嘉庆十九年（1814）见听泉榭、引胜斋御制诗。如园可能于咸丰十年（1860）毁于英法联军劫掠。

　　嘉庆年间重修如园，"命苑臣略加营葺，顿复旧时面目矣"，"如园诸胜一切如旧，非别有创造者，大兴工作也。斯园前如瞻园之境，后如如园之规"。[3] 从中可以看出嘉庆帝重修如园时尽力保持原有规制，修旧如旧。但因在原基础上增建了翠微亭、云萝山馆、引胜斋、撷秀亭、挹霞亭、待月台等亭斋馆榭，使其格局发生改变。重修后的如园小桥曲溪、亭台错落、竹树浓密，并将园中原惟绿轩改建为芝兰室。嘉庆年间的如园格局，较之乾隆时期，整体上更为繁密紧凑。西宫门东部增建翠微亭，使得入口空间略显压抑。云萝山馆连接听泉榭与芝兰室，使得水系北岸开放空间减少，用地相对紧张。而引胜斋的加建，使园内曲室形态的建筑进一步增加，一改原有格局疏朗大气之风。深宁堂改建为延清堂，取代芝兰室，成为如园的正堂。芝兰室也由原来的三间改建成五间两卷前接抱厦三间，屋顶形式暂不可考，此殿后来亦称"惟绿轩"。殿前溪流汇聚，芝兰扑鼻，美不胜收。

二、芝兰室遗址现状分析

芝兰室建筑遗址，经过 2010 年考古勘探，2012 年、2017 年两次考古发掘，至今已基本完成发掘工作，得到了丰硕的考古成果。因其地理位置较为偏僻，其建筑遗存是圆明园已发掘的遗址中保存较为完好的。原有房址、夯土、柱顶石、台阶、地砖、散水、甬道、驳岸、叠石等都保存较为完整，格局清晰，局部存在缺失或破损情况。但因其建筑台明（阶条、台帮、踏跺、土衬、磉蹲、地基、拦土、地面等）、柱顶石、夯土、砖散水、山石踏跺等材质不同，部位不同，遗存现状也有所差异，现按照材质和部位的不同，将芝兰室遗址遗存现状表示如下。

表 1　如园芝兰室遗址现状分类表（按现状）

遗构类型	所占比例	主要内容
保存完整	23.5%	柱顶石、陡板石、踏跺、驳岸
保存一般	38.8%	散水、砖柱础、碎石铺地
构件残损	16.3%	残砖基础、铺地面砖
构件遗失	21.4%	铺地面砖、残砖基础、部分散水柱础

图 3　如园芝兰室遗址正射图

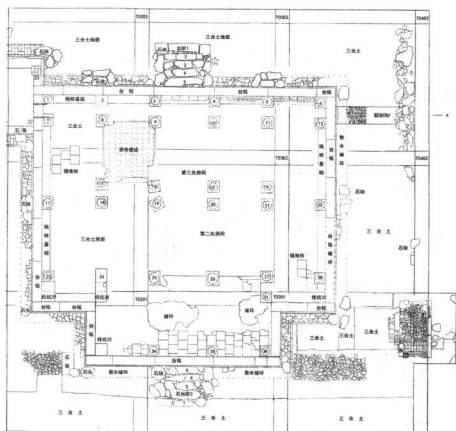

图 4　如园芝兰室遗址考古发掘图

表 2　如园芝兰室遗址现状分类表（按材质）

遗构类型	所占比例	主要内容
石构件遗存	16.4%	柱顶石、陡板石、踏跺、驳岸、碎石铺地
砖构件遗存	2.7%	砖散水、砖柱础、铺地面砖、残砖基础
夯土遗存	80.9%	基础等

芝兰室为歇山二卷殿，南接抱厦。建筑遗址面积较大，达到 343.62 平方米（以台明为准）。主体建筑坐北朝南，面阔五间，进深两间，通面阔 19.544 米，通进深 17.870 米，长宽比约为 1.1 : 1，其中明间宽 4.148 米，次间宽 3.870 米，尽间宽 3.810 米。柱顶石保存较为完好，柱网布局清晰，局部柱顶石缺失，格局清晰可见。柱顶石以青白石为料，制作工艺精湛，单个柱顶石尺寸 0.840 米见方，鼓径约为 0.600 米。根据不同部位的柱顶石外形变化和加工痕迹，可大致推测出当时芝兰室室内原有家具布置和内檐装修。芝兰室台明石宽约 0.650m，采用与柱顶石一致的青白石，不过体量更为硕大，加工精细，体现了清代建筑技艺的高超。台明部分无阶条石，硕大的陡板石直接作为台明，与地面齐平，此种工程做法在清代皇城御苑中极为少见，具体原因还有待考证。现存陡板石基本保存完好，陡板石向内一侧有背里砖，台帮整体保存相对较好，局部破损和缺失，受自然因素影响较弱。台明东面一处陡板石整体缺失，已露出垫层土衬石，此处也是遗址夯土流失最为严重的区域。

遗址夯土有小灰夯土与素土垫层两种，芝兰室垫层以及磉墩下垫层均采用小灰夯土，此种夯土质地极为坚硬，相对保存较好，而回填所用的素土垫层坚固性较差，易受风、雨、雪的影响，酥碱速度较快，保存一般，特别是自然生长的植物，加速了夯土的破坏。房址西北角有方砖墁地的痕迹，特别是大殿南侧室外地面上有大量金砖遗存，长宽尺寸约 0.700 米 ×0.660 米，长宽比约为 1.06 : 1，金砖表面黑黄相间，多数均酥裂严重，易受雨雪等冻胀破坏影响。方砖有明显的过火痕迹，证明了芝兰室曾遭遇过旷日持久，火势凶猛的大火。金砖的遗存给我们提供了直接的研究物料，对于进一步探索芝兰室室内外铺砖的排列方式、施工工艺、工程做法以及尺度规模等方面具有不可替代的价值与意义，同时也是芝兰室遗址出土的代表性文物遗存。建筑西、南、北三面散水保存较好，局部酥碱开裂，勾缝灰大量缺失。东侧散水破坏非常严重，基本上完全酥碱，只能看清大致轮廓。散水呈冰裂纹外观，推测应为整块铺砌，而后分裂成大小形状不一的石块。芝兰室南北均有山石踏跺，保

图5　如园芝兰室遗址前抱厦　　　　　　　　图6　如园芝兰室遗址东台明

存相对较为完整，不同的是南侧只有一个，而北侧却有一大两小三个踏跺。踏跺由太湖石堆叠成台阶状，形态自然秀美，与周围假山有异曲同工之妙，体现了芝兰室写仿江南园林意趣的高超手法。

　　芝兰室建筑遗址周围山石水系格局仍在，但需要进一步恢复。砂山走向与历史基本吻合，但是山脚范围已经占压遗址。水系格局基本清晰，但是湖面、水面已经全部干涸，池底被野草和土层覆盖，驳岸损坏严重。叠石假山大多以散落的构件存在，石洞坍塌严重，但大体格局仍在，部分块石移位损毁。遗址周围现存植物均为后期栽种的油松、核桃、刺槐、杨树等以及自然生长的野草，与历史记载不符，更有部分植物已威胁破坏遗址，应当加强人为管理。

　　从数据分析与研究中可以看出，如园遗址是圆明园乃至国内园林遗址罕有的遗存最丰富、格局最完整的案例之一，也是写仿江南园林的重要佐证，是南北方设计思想融合发展的杰作。芝兰室遗址虽已全部发掘，但一直未采取有效的展示和保护措施，山形水系未经过清理和恢复，植物景观也未恢复，人为践踏加剧了遗址的二次破坏。芝兰室遗址现状遗失、缺失的构件占大多数，进行保护已经刻不容缓。由于材质自身的问题，现存构件中也是石制构件占大多数，砖陶遗构若不进行有效的保护，则有继续被破坏的可能。在整个遗址当中，面积最多的为夯土遗址，若不进行处理，很容易受到自然侵蚀或人为踩踏破坏。

三、芝兰室室内空间分析

　　芝兰室，出自《孔子家语·六本》："与善人居，如入芝兰之室，久闻而不知其香，即与之化矣。"后用以比喻贤士之所居，亦指助人从善的环境。北齐颜之推《颜氏家训·慕贤》亦云："与善人居，如入芝兰之室，久而自芳也。"帝王以芝兰之室为题，隐喻贤君之所居的文化内涵，表达帝王对儒家思想的推崇，所谓"自天子以至于庶人，一是皆以修身为本"，进而达到"格物、致知、诚意、正心、修身、齐家、治国、平天下"的最高境界。另一方面，此殿宇以"芝兰室"点景题名，辅以门斗额"国香满室""瑶圃扬芬""瑞草盈庭""芳洲擢秀"与内檐匾"得象外意""静便斋"，是中国传统园林意趣的高度抽象，表现了芝兰室室外空间环境的清幽秀美，芳香怡人。通过匾额题刻的点景，我们得以一窥设计者的造园意匠。其在因地制宜地进行园林意匠构思的同时，依然关注园林生活的本质是人的体验，在造园时充分考虑人在空间中的活动路径、活动方式以及景观意趣。如园采取"就低凿水，因水成景"的造园手法，以水系贯穿全园，形成和谐统一又独具特色的中国皇家园林建筑群。

通过芝兰室遗址发掘，其建筑平面格局得以呈现，通过三维扫描获取遗址面阔、进深、台明高以及材质做法等信息，但遗存限于台明以下，大木以上未见遗存与实质性的图像性资料，因此，对于芝兰室的园林空间效果、室内装修、大木结构、屋顶形式等，仅能通过芝兰室样式雷图档、《活计档》以及御制诗等文献进行研究，同时参考同时期、同类型的实物进行合理推测。

芝兰室样式雷的遗图，尽管从芝兰室本身的角度来看档案缺失很多，但从这些遗图仍然能够反映出芝兰室某一特定时期的平面格局以及室内装修。同时芝兰室现存遗址平面格局清晰可辨，柱顶石上保留了丰富的室内装修痕迹，这些遗存向我们清晰地揭示了芝兰室在损毁之前的平面布局与室内装修情况。对样式雷图档所绘芝兰室（惟绿轩）地盘图与芝兰室遗址现状分别进行研究，再将二者进行叠加比对研究，借以探讨芝兰室不同样式雷图档之间、图档与遗址现状之间的关联，可为我们进一步研究芝兰室室内空间格局变迁提供重要的信息。

首先将两张芝兰室样式雷图档进行对比，可以发现，这两个时期芝兰室面阔五间，进深两间。为了扩大室内空间，增加进深层次感，芝兰室殿宇南出抱厦以扩大进深，除此之外，采用两卷殿，甚至多卷殿，也是扩大室内空间的常用手法，如延清堂采用三卷殿。两幅样式雷图展现了芝兰室的室内装修概貌，其中出现了落地罩、栏杆罩、圆光罩、八方罩、高低床、碧纱橱等丰富的装修品类，明间设围屏宝座。这些装修重新分隔了室内空间，对于室内空间处理有不同的艺术效果，有的是隔绝式，有的是半封闭式，有的是渗透式，有的是虚拟式，带来了空间的多样性。仔细对比可知两图所绘芝兰室室内装修不完全一致，表现的是芝兰室不同阶段的室内装修情况。由图8所标"添安床""挪安碧纱橱""挪安槛窗""点闭门口"等字样以及图纸上涂改痕迹可知，此图的绘制时间在图7之后，图8是在图7的基础上修改调整而来，将次间槛窗与碧纱橱调换位置。据史料记载，咸丰八年（1858）在如园芝兰室东梢间北部新搭安响塘坑一座，咸丰九年（1859）三月东间南北窗户六扇均满糊饰，与图8所记完全一致，表明图8成图时间应该是咸丰八年或稍晚。

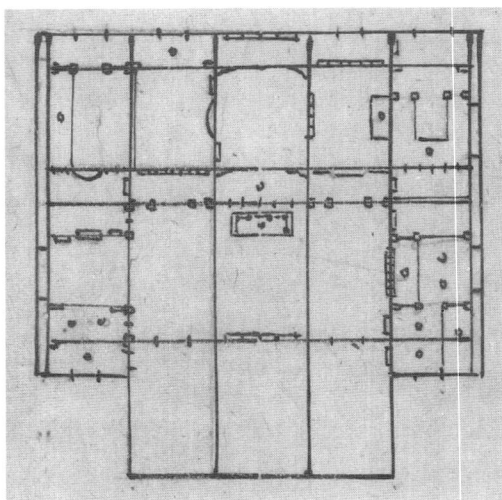

图7　如园芝兰室地盘图（咸丰八年之前）

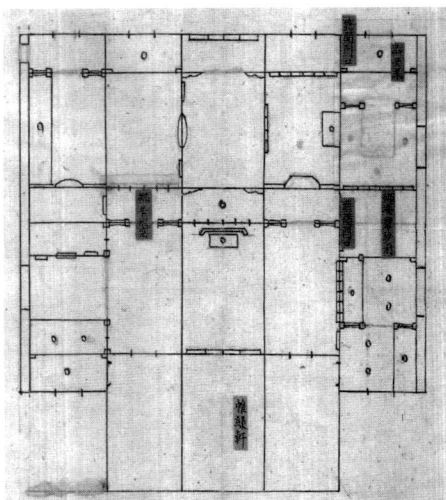

图8　如园芝兰室地盘图（咸丰八年及之后）

　　两图所展现的芝兰室总体空间布局大致相同，两列中柱将芝兰室内部空间划分为前堂后室两大部分，丰富的室内装修又将芝兰室内部细分为大小不一的十三个不同特质的空间，如正堂大空间、落地罩分隔的过道空间等。由平面格局可推测芝兰室主入口在后室明间，正对宝座围屏后面的御榻。前堂明间的宝座正对芝兰室前水系，可观荷赏景。前堂部分明间与次间构成建筑主体核心大空间，东西尽间为次卧，两侧均有槛窗、方窗与室外空间相连通，景观视线开敞，对室外园林胜景一览无余，东次卧有门与正堂相隔，私密性较强，属内向封闭空间。西次卧过厅直接朝正厅开敞，视线局部可达，是半开敞半封闭空间类型，堂前抱厦空间加大了芝兰室建筑景深层次，类似于现代建筑的室外灰空间，有室内外空间过渡和景观渗透的作用。后室部分明间与次间为帝王主要生活起居空间，明间正中设床，正对芝兰室室外北部的假山叠石，园林对景手法运用独到。东西次间分别通过门、圆光罩与明间相连通，

252　|

分而不隔，各空间相互流通，形成统一的起居复合空间。据室内装修布置，可推测东次间为主要起居空间，很可能为读书修身之所，西次间北部设床，应为休养生息之所。东西尽间均为次卧，床铺布置不同，空间相对封闭，私密性很强，其中西尽间西侧设门一座，循门而西即为云萝山馆。两列中柱之间形成的过廊采用落地罩围合空间，作为过道空间，它们起着空间转换节点的作用，通过不同方向的开门开窗，丰富了芝兰室室内空间的多样性与独特性。

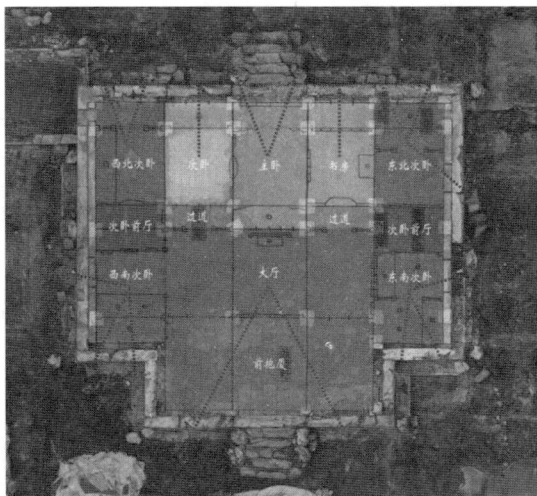

图 9　如园芝兰室室内空间视线分析

总而言之，所遗留样式雷图档中芝兰室室内柱网布局整齐，空间划分复合多变，开敞空间、半开敞半封闭空间、封闭空间、灰空间等多样组合，极尽室内装修之能事，文化氛围极其浓郁。同时一定程度上体现皇家建筑室内装修之复杂，也代表着建筑等级之高。

图 10　如园芝兰室室内空间流线分析

其次将较晚期的芝兰室样式雷图档与芝兰室现存遗址进行对比，可以发现，两者轴线柱网基本能够匹配，室内格局基本一致，图纸所绘局部装修与遗存柱顶石装修痕迹可直接对应上，如后室西次间的装修，一定程度上印证了该位置上特定室内装修的存在，对芝兰室损毁之前的室内装修研究提供了有价值的参考。值得注意的是，大部分装修痕迹与此图纸上还是有所差异。同时芝兰室北面现存有一大两小三座山石踏跺，而图纸上只在后室明间设有门，由较大的山石踏跺拾级而上，东西两侧未见门，且无廊步，仅有两山石踏跺遗存，较为奇特，不排除此二者为后来人工堆砌而成。由两者综合判断可推测，此样式雷或不是芝兰室晚期格局的最终图纸，应在此基础上有过进一步的改建，具体图纸有待进一步挖掘和验证。

总体来说，如园遗址是圆明园乃至国内园林遗址中罕有的遗存最丰富、格局最完整的案例之一。芝兰室作为如园主要单体建筑的典型代表之一，历史上多次易名改建，后遭大火焚毁，直到现今遗址考古发掘完毕，埋藏在建筑背后丰富的历史文化价值逐渐显露。首先，芝兰室东、西、南三面环水，假山叠石环绕，视野开阔，芝兰扑鼻，环境素雅，是清代皇家园林中建筑本体和谐融于自然环境之中的典型实例之一，展现了清代帝王深厚的艺术修养与良好的审美追求，同时也体现了古代设计者高超的营造技艺，对当代建筑师的地域性造园构思与自然生态建筑创作都有重要的启发作用。第二，芝兰室遗址遗存种类丰富，包含了大量的柱顶石、陡板石、山石踏跺、空心铺地砖、金砖、散水砖、柏木桩、驳岸石等，局部铺砌保留完整，为研究当时建筑施工工艺、材料性能以及审美意趣提供了重要的实物样本。第三，芝兰室遗存的少数样式雷图档，还原了特定时期芝兰室室内装修与空间格局，再对现存遗址的平面格局以及柱顶石切削痕迹进行分析，可获得部分芝兰室室内装修变迁与空间格局变化的重要资料，为研究清代皇家御苑建筑室内装修做法与艺术追求提供了很好的素材。最后，芝兰室遗址作为被英法联军焚毁后圆明园遗址的重要组成部分之一，是对国人进行爱国主义情感教育的基地，具有参观凭吊，教育后人不忘国耻，热爱世界和平，国际友好交往的教育功能，其历史文化价值应当予以重视和挖掘。

作者简介：陈鹏，男，天津大学建筑学院 2017 级硕士研究生。张凤梧，男，1979 年生，天津武清人，天津大学建筑学院副教授，工学博士，主要从事清代皇家园林、遗产保护等研究。

注释：

[1] 乾隆御制《如园》诗，见《高宗御制诗·三集》卷90、《高宗御制诗·四集》卷30。
[2] 《清仁宗御制文·二集》卷5。
[3] 同上。

圆明园可见遗址保存现状调查分析报告
——第一阶段

许沙沙

一、前言

　　十九大报告指出，文化是一个国家、一个民族的灵魂。文化兴国运兴，文化强民族强。没有高度的文化自信，没有文化的繁荣兴盛，就没有中华民族伟大复兴。中国特色社会主义文化，源自中华民族五千多年文明历史所孕育的中华优秀传统文化。文化遗址作为历史文化的载体，承载着灿烂文明，维系着民族精神，是老祖宗留给我们的宝贵遗产，是加强社会主义精神文明建设的深厚滋养。保护文化遗产功在当代、利在千秋。

　　历史上圆明园是我国皇家园林的杰出代表，被欧洲人誉为"一切造园艺术的典范"。1979 年，圆明园遗址被公布为北京市文物保护单位。1988 年，公布为全国重点文物保护单位。2010 年，公布为第一批国家考古遗址公园。刘延东总理指示，要将圆明园打造为国家考古遗址公园样板，充分发挥它的历史、艺术、科学和社会价值。作为圆明园考古遗址公园的守护者们，我们应当"不辱使命，守土尽责"。坚持"保护为主、抢救第一、合理利用、加强管理"的 16 字方针，让文物说话，让遗址说话，做好圆明园的保护展示工作。保护展示遗址的基础是了解遗址现状，本次调研就是为了更好地了解遗址现状，掌握遗址数据而开展的调查研究工作。以求通过文献资料、现场调研、会议研讨、遗址现场再次核查，总结出对后期开展遗址保护展示有用的报告资料，为圆明园以后的遗址保护展示工作和领导决策提供基础性材料。

圆明园的遗址构成以清代建筑基址、山形水系、历史园路、历史植被和历史桥梁为主，历史碑刻、建筑构件等为辅。从材质来看主要有砖、石、木和夯土。从分布空间看主要有露天遗址和埋藏遗址。我们本次调研主要是针对露天建筑基址、残存桥涵、部分假山，分景区调研这些遗址的可见情况，分析可见遗迹的保存现状，并提出展示规划意见。本文仅包含调研报告（第一阶段）的部分景区的分析。

二、圆明园可见遗址现状

（一）圆明园可见遗址现状分景点分析

1. 舍卫城

方位：舍卫城位于圆明园中北部，城北、东、西三面环水。城北距河道（未清理挖掘）约 15 米，与"西峰秀色"隔河相望；东侧距离河道 12 米，河道东是一条南北向山岗，岗东为"廓然大公"遗址；西侧距离河道（未清理发掘）15 米，河道西为一条南北向山岗，岗西是"文渊阁"遗址。舍卫城西墙测定 0°，为正南北方向。城西南角坐标点：N40°00′5416″、E116°17′5340″。海拔标高 47 米。城中心坐标点：N40°00′5608″，E116°11′5706″。海拔标高 48 米。

历史沿革：舍卫城是一处城池式的寺庙建筑群，建于雍正年间，毁于 1860 年，1965 年此城圈内被海淀区武装部辟为民兵靶场，北墙加筑成高近 10 米的靶挡。城内

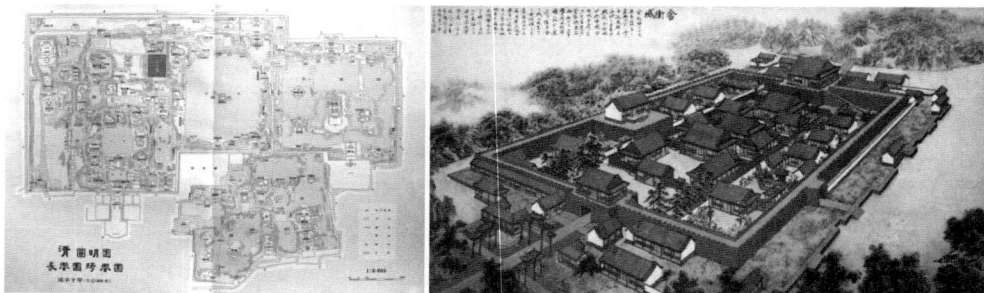

图 1　舍卫城区位图（深色）及舍卫城复原图（图片来源：作者提供，下同）

古建基址原尚残存灰土基础，后又修建大片临时建筑物，2002 年已拆除。

图 2　舍卫城遗址全景航拍图

　　遗址可见情况：舍卫城坐落在一片开阔地上，现在仅存东、西、北三面城墙夯土芯，夯土由白灰、黄土或黑胶泥少量沙土组成，比例大约为 2∶7∶1。夯层厚度10 厘米、18 厘米、20 厘米不等。西城墙方向 0°，现存长度（南北）105.5 米，高 4米，宽 2.7 米。墙体已残断不全，出现多处豁口。北墙方向 270°。城墙现存长度（东西）100 米，现存高度 9.6 米。横截面呈梯形，底部宽 25 米，顶部宽 15 米。原墙顶部有一堵 1965 年海淀区修建的靶挡石墙，断面呈梯形，高 5 米，底宽 1.57 米，顶宽0.6 米。北墙之上原修有建筑物，所以墙体宽大。东墙方向 180°。现存长度（南北）101.5 米，现存墙体高 4 米，宽度 2.3—2.7 米，现存两处城墙豁口。南墙已完全不可见。城内堆积着 3 米多高绵延不绝的渣土丘，其上长满杂草。土丘土质松散，呈黄褐色，内含有混凝土构件、红砖残块等现代建筑残块。城内现有柳树、桑树、榆树55 棵，城周边栽植松树、柳树 80 棵，共计 135 棵。

　　可见遗址保存现状分析：城墙夯土芯整体保存状况极差。东西城墙夯土芯都已出现严重坍塌，未坍塌部分由于底部中腰质地较差，且风化、生物病害严重，出现严重的粉状片状剥落、生物孔洞、裂隙，且掏蚀非常严重。墙顶部灰土比例较大，质地坚硬，保存较好，由此横截面成蘑菇状，保存状况极差，随时有坍塌的危险，且墙体多处出现通体裂隙，雨水渗透严重，夯土台顶部长满杂草，植物根系加重裂隙和雨水渗透。

　　北侧原墙疑似被包在现有北侧梯形土墙内，墙体四周底部用旧石块、老砖包砌，

东城墙东立面

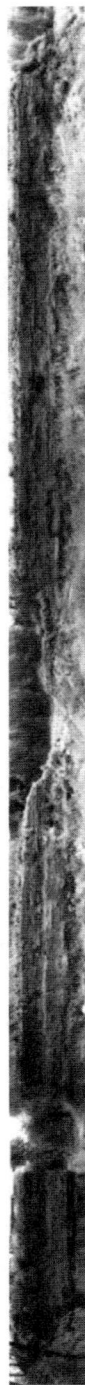

东城墙西立面

西城墙东立面

西城墙西立面

图 3　舍卫城东西城墙立面照

但砖石型号大小不一，疑似来自不同建筑。顶部有一堵1965年海淀区修建的靶挡墙，墙体用材基本取自圆明园，可见旧石旧砖和夯土块。

图4　舍卫城东城墙（N→S）

图5　舍卫城西城墙（N→S）

图6　舍卫城北城墙（W→E）

图7　东城墙墙体局部坍塌

图8　东城墙墙体局部侵蚀严重、墙体坍塌

图 9　东城墙墙体侵蚀宽度约 450 毫米

图 10　东城墙墙体侵蚀宽度约 500 毫米

图 11　东城墙顶部杂草丛生，局部长小灌木

图 12　东城墙墙体根部长树

图 13　东城墙墙体裂隙、生物孔洞

图 14　东城墙墙体裂隙

图 15　东城墙墙体风化严重

图 16　东城墙墙体风化严重

图 17　西城墙残断情况（1、2）

图 18　西城墙残断、坍塌情况（1、2）

图 19　西城墙墙体掏蚀深度约 600 毫米（1、2）

图 20　西城墙墙体掏蚀

图 21　西城墙墙体酥粉脱落、生物孔洞

图22 西城墙墙体根部长树

图23 西城墙植物根系造成的断裂

图24 北城墙北侧墙体根部砖石包边（1、2、3）

遗址保护展示情况：舍卫城现未进行考古发掘，未进行有效保护，仅南侧设立一块展示解说牌。

建议：舍卫城围墙病害非常严重，随时有坍塌的危险，遗址展示规划科正在做保护展示方案，临时性保护方案已通过，即将实施保护。建议临时保护方案实施后尽快考古发掘，实施保护展示方案。

图25 疑似为舍卫城通往西峰秀色的桥墩遗迹

2.方壶胜境

方位：方壶胜境，圆明园四十景之一。位于福海东北的水湾之中，其四面环水，南邻福海，北依方湖；东西两侧有河道相环绕。北侧隔方湖与天宇空明相遥望；东依蕊珠宫；西与三潭印月相接。方壶胜境遗址中心点测定方向356°。坐标点：N40°00′7206″，E116°18′0202″。海拔标高45米。根据现存地形测定遗址区面积：东西长约 110 米，南北宽 100 米。占地面积约 11000 平方米。

历史沿革：景区建于乾隆三年（1738），毁于 1860 年，1998 年福海清淤时曾对深入湖中的三座石砌亭基及北侧临池石岸做过整理补砌。2002 年进行过考古勘探。

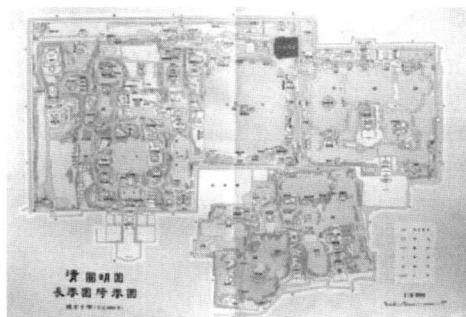

图 26　方壶胜境（深色）区位图

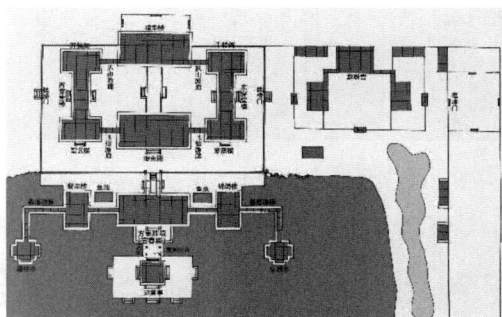

图 27　方壶胜境盛时平面图

遗址可见情况：景区建筑遗址除东侧蕊珠宫外整体保存相对完整，倒山字型底座清晰可见。南侧集瑞亭（1号基址）、锦绮楼（2号基址东）、宜春殿（2号基址中）、翡翠楼（2号基址西）、迎熏亭（3号基址）、凝祥亭（4号基址）及两侧叠落游廊桥墩等临水建筑金刚墙台基保存基本完好，隔水相望仍可见其建筑规模之盛况。各台基之上散落着各种汉白玉、青石构件达 770 多件。其中有镶嵌在台基转角处的大龙头（螭首），台基边侧的小龙头，台基之上的汉白玉望柱、栏板等。这批构件雕刻精美，工艺精湛，形态逼真，乃是大清帝国兴盛时期的艺术杰作。北部哕鸾殿、琼华楼、千祥阁、万福阁、碧云楼、紫霞楼（5号基址）等夯土台基遗迹可见，基址上散落着大量的灰陶砖、瓦；黄色、绿色板瓦、筒瓦残件。台基顶部凹凸不平，有大量人为盗掘的凹坑。石构件主要集中在台基北侧和东南角，应是人为拆毁之后挪动所致。

图 28　方壶胜境遗存航拍图

图 29　方壶胜境全景图

图 30　方壶胜境 1 号基址（N→S）

图 31　方壶胜境 2 号基址中部基址（E→W）

图 32　方壶胜境 2 号基址西（W→E）

图 33　方壶胜境 2 号基址西（E→W）

图 34　方壶胜境 4 号基址（S→N）

图 35　方壶胜境 4 号基址（N→S）

图 36　方壶胜境 5 号基址（N→S）

可见遗址保存现状分析：

石基：南侧迎熏亭、宜春殿、凝祥亭、集瑞亭、锦绮楼、翡翠楼及两侧叠落游廊等临水建筑金刚墙台基整体保存完好，但因为此部分为临水建筑，石基长期浸泡水中，由于季节变化、水位变化、温度变化等引起的冻融、风化、微生物侵蚀，使石基表面出现溶蚀、污染变色等现象。

石构件：南侧石台基上残留石构件众多，包括大量阶条、栏杆、螭首及汉白玉须弥座残破石块。许多石材雕刻精美，螭首栩栩如生，表面整体保存相对完好。但这些石构件由于没有经过归安，散乱无序、相互叠压。又常年经受风吹、日晒、雨

图37 石台基污染变色图　　38 石构件断裂　　图39 石构件污染变色

图40 生物孔洞

图41 片状剥落

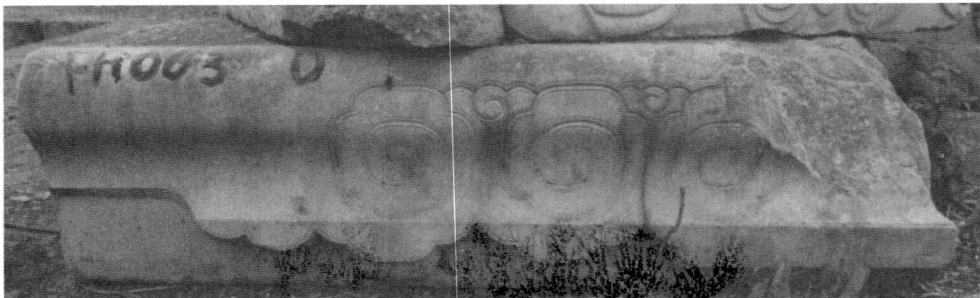

图 42　人为刻画、机械损伤

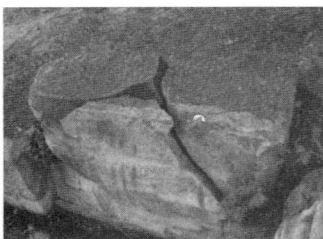

图 43　石构件断裂　　　图 44　植物根系深入石构件　　图 45　石构件表面龟裂

淋、温度变化、生物侵蚀等自然因素的破坏和 20 世纪人为搬运叠现，已出现生物病害、机械损伤、表面风化、裂压隙，和空谷、表面污染与变色等病害。

夯土台基：南部迎熏亭、宜春殿、凝祥亭、集瑞亭、锦绮楼、翡翠楼都有夯土台基遗存，但多数夯土台基已不完整，北部哕鸾殿、琼华楼等也可见夯土台基遗迹。由于自然和人为原因夯土破坏严重，现存夯土多处出现坍塌、移位、裂隙、掏蚀、动植物微生物病害，风化、渗透等病害严重。每处基本都有坍塌、掏蚀，掏蚀平均 500 毫米，最深掏蚀达 1200 毫米。稳定性很差，随时有坍塌的可能性。土遗址植物病害严重，遗址区上和周边栽植柳树、榆树、枣树共计 130 余棵，根系已深入台基。夯土顶面，缝隙处已长满荒草，侧面出现大量苔藓、霉斑、生物孔洞、酥粉脱落等。

遗址保护展示情况：虽在 1998 年福海清淤时曾对遗址深入湖中的三座石砌亭基及北侧临池石岸做过整理补砌，2002 年进行过考古勘探。但未进行过系统的考古发掘工作，未向游客开放展示，无游人步道通达，目前用铁栅栏围挡，游客仅可隔湖面远望几座石台基遗址，未能展现原有景观价值，且众多石质文物露天放置，缺乏保护展示措施。

图 46　紫霞楼东南角夯土坍塌移位

图 47　掏蚀（高度 900 毫米，深度 1200 毫米）、坍塌

图 48　碧云楼基座大块坍塌

图 49　方壶胜境基址大块坍塌

图 50　万福阁风化掏蚀成蘑菇云状

图 51　方壶胜境基座掏蚀严重

图 52　分层断裂

图 53　分层

图 54　植物根系造成的裂隙加深，即将坍塌

图 55　苔藓类病害

图 56　生物孔洞

图 57　风化酥粉

建议：由于方壶胜境是园内保存相对完好的裸露遗址，信息量大，文化、园林、艺术等价值都很丰富。建议尽快开展系统考古发掘工作，根据考古情况制定全面保护展示方案。对零散石构建考证归安，对夯土台保护加固，设计游客观赏游线。

3. 紫碧山房

方位：紫碧山房，位于圆明园最西北隅，西、北两面皆倚园墙，南与安佑宫隔河相望；东侧是"顺木天"大亭。紫碧山房，为圆明园最高点。紫碧山房主体建筑为一组南北向、东西对称的三进院落。中轴线测定方向355°。坐标点：N40°00′6537″，E116°16′9358″。海拔标高45米。据文献记载："景群主体部分南北长125米，东西110米。占地1.37万平方米。"实测景群东西长132米，南北宽116米。占地面积1.5312万平方米。

历史沿革：初建于雍正年间，1860年圆明园罹劫后，本景幸存乐在人和殿、内宫门、五间南更房及东侧顺木天亭。1900年皆彻底毁于八国联军战乱。中前部及东南隅为居民村落，计38户，西北山脊为园外乡镇企业占用，2001年已全部拆迁。

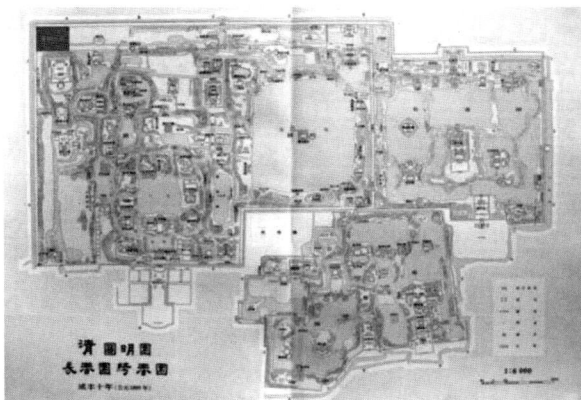

图 58 紫碧山房（深色）区位图

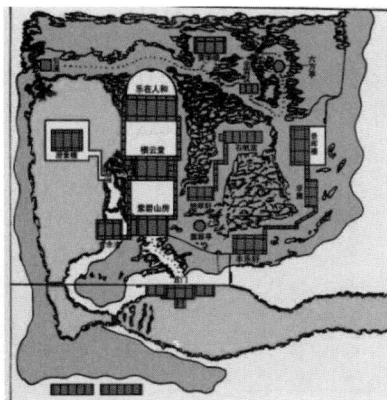

图 59 紫碧山房平面图

遗址可见情况：紫碧山房南部可见部分虎皮墙；北部原山冈石峰今基本尚存，山上坐霄汉可见夯土基址及石构件，东部六方亭、山西侧霖华楼、山间石帆室位置清晰，但未见建筑基址暴露，纳翠轩可见建筑地基；位于东部景晖楼、学圃可见夯土芯；乐在人和、横云堂已被现代建筑占压；西侧湖内澄素楼可见两条石基，但目前无法确认位置是否为遗址原位；紫碧山房殿、含余清、宫门、值房目前正在做考古发掘，已发掘出值房基址、码头驳岸，可见石基、青砖、方砖、卵石散水、原位柱础、宫门地基、码头石基。整个景区围墙范围内目前有松、杨、槐、枣、梧桐树共 62 棵。

可见遗址保存现状分析：

假山：山形走势保存尚好，但局部山洞、石块有坍塌掉落和后期乱堆放现象。可见山洞入口，但山洞内有坍塌落石，山洞已无法连接，人已无法穿行。山上杂草较多，山根有多棵槐树，根系已深入叠石。山上叠石风化严重，已出现断裂、破损、块状片状剥离。

夯土台：景晖楼、学圃、坐霄汉地基可见夯土芯。景晖楼、学圃处夯土芯已分成若干部分，已见多处坍塌、裂隙。夯土为三合土加素夯土，三合土硬度较大，保存相对好，素夯土已严重风化、盐析、脱落严重、可见大量生物孔洞（多为土蜂窝），夯土台顶部杂草丛生，夯土台旁有一棵槐树，和一棵已被砍去树身的树，但树根已深入夯土台，加深了裂隙。

虎皮墙：南部可见虎皮墙一段，整体已残断，坍塌处可见白灰黏合，为历史遗留。但墙体后期修补严重，砖石为文物遗存，但修补过程中用了水泥砂浆。

砖石：各处建筑基址处可见散落石构件、断裂青砖、瓦块，已发掘处可见条石、柱础、青砖、方砖、鹅卵石散水。但很多砖石构建断裂残损，出现片状剥离、微生物病害等。

图 60　紫碧山房全景图（S→N）

图 61　紫碧山房全景图（E→W）

图 62　值房考古现场（W→E）

图 63　宫门考古现场全景（E→W）

图 64　地面建筑遗迹

图 65　学圃遗存夯土台基（N→S）

图 66　景晖楼夯土台基（N→S）

图 67　六方亭仅存基础坑（W→E）

图68 霁华楼仅存一处凹坑（E→W）

图69 坐霄汉夯土台基（W→E）

图70 石帆室现状（W→E）

图71 纳翠轩北侧墙基遗存（W→E）

图72 翼翠亭仅留下基础坑（W→E）

图73 横云堂、乐在人和（W→E）[1]

图74 含余清（W→E）[2]

图75 澄素楼（W→E）[3]

271

图 76　紫碧山房整体山型（W→E）

图 77　虎皮墙遗存（W→E）

图 78　石块散落、植物病害严重

图 79　石头断裂、表面污染变色

遗址保护展示情况：紫碧山房于2001年腾退了住户和企业，但部分遗址仍被现代建筑占压，景区未做有效的保护展示。目前正在进行考古发掘，现场已用围栏封闭管理。

建议：通过实地踏查，我们发现紫碧山房是整个圆明园的最高点，假山尚存原型，遗迹位置清晰，部分遗址可见，

图 80　块状脱落、山洞无法通行

但建筑群破坏严重。要搞清楚此地建筑形制和山形水系的布局，首先要拆除西北区的现代建筑，进行一次全面的考古发掘。否则不足以显示出当年紫碧山房山环水绕的恢弘气势。考古发掘之前，应该做好详尽的保护计划和方案。考古挖掘应该包括紫碧山房景群之内的河道、湖池、土岗、叠石山等。尤其是叠石山内各段石洞，已经岌岌可危，随时有大面积坍塌的可能，急需保护。建议做好此景点保护展示工作，使之成为西北部的一个亮点，登上山顶可观全园。

图 81　夯土坍塌、植物病害、微生物病害

图 82　裂隙（宽 10 毫米）、雨水渗透严重

图 83　生物孔洞（土蜂窝）

图 84　素夯土风化严重

图 85　植物根系深入夯土

图 86　夯土盐析[4]

图 87　虎皮墙后期修补严重

图 88　片状剥落

图89 霉斑

图90 青砖断裂、酥粉

图91 石构建断裂、残损

图92 断裂的铺地方砖

4. 狮子林

方位：狮子林，位于长春园东北部，北邻方河，西为转湘帆，东临大东墙，南为开阔湖面，是一座园中园。占地1.5万平方米，建筑面积2100平方米。狮子林一景盛期共有殿宇房间74间、楼三座9间、游廊69间、藤萝游廊5间、亭子8座、灰棚11间。此景初建于乾隆年间。

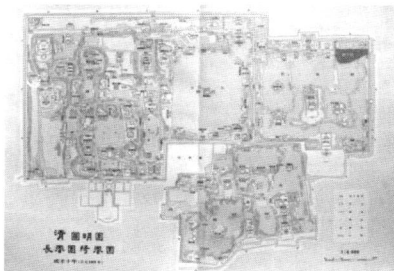
图93 狮子林（深色）区位图

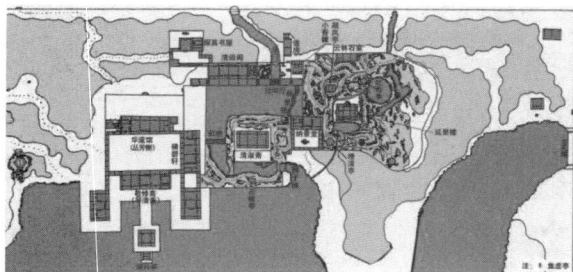
图94 狮子林平面图

遗址可见情况：狮子林景区可见遗迹相对较多，布局清晰，很多夯土、墙基、石构件、湖石暴露于地表。虹桥、一处水门、一处水关都保留有石拱状态。乾隆御笔"狮子林""虹桥"现场可见。

可见遗址保存现状分析：狮子林山形水系和历史形态有所变动，云林石室北侧山体不见，现为平地。景区东西两侧山体与湖的对应位置与平面图有出入。

集虚亭：东侧叠石山体不见。遗址隐约可见为六边形亭子，每个角的边角处有云石包砌，中心为夯土。南侧可见云石磴道。

图 95　集虚亭基址

图 96　集虚亭云石磴

图 97　丛芳榭基址（E→W）

图 98　丛芳榭基址（W→E）

图 99　丛芳榭北院东侧院墙基

图 100　丛芳榭北院北侧院墙基

丛芳榭、敬修斋、横碧轩一组：夯土层及部分墙基暴露，上有大量石构件，南侧可见夯土有掏蚀、断裂情况，遗址上树木较多。临湖金刚墙基有后期整理痕迹，通往漾月亭的桥仅剩桥基，漾月亭上留有现代建筑遗迹。

图 101　丛芳榭基址北墙遗迹

图 102　丛芳榭部分礓墩已被拆走

图 103　横碧轩（N→S）

图 104　横碧轩北侧墙基遗迹

图 105　敬修斋（W→E）

图 106　敬修斋（E→W）

图 107　敬修斋西侧墙

图 108　基石火烧痕迹

图 109　敬修斋南侧及局部夯土现状

图 110　漾月亭（N→S）

图 111　漾月亭（N→S）

图 112　漾月亭（E→W）

图 113　漾月亭上现代建筑遗迹

图 114　漾月亭南端可见原始铺装

图 115　敬修斋通往漾月亭的桥基（1、2）

图 116　漾月亭西侧敞轩遗迹，夯土掏蚀，树
木繁多

图 117　漾月亭西侧敞轩可见墙基

图 118 漾月亭西侧敞轩西 图 119 漾月亭西侧敞轩夯土心
墙遗迹

图 120 东侧敞轩夯土暴露，已风化掏蚀 图 121 东侧敞轩南墙基

图 122 东侧敞轩包边石 图 123 东侧敞轩（S→N）

图 124　东侧敞轩夯土风化掏蚀

图 125　东侧敞轩包边石

　　虹桥：虹桥为园内现有历史桥中保存相对完整的桥梁。拱形桥涵结构，桥上台阶，桥两侧十幅诗刻，都可见。南北两侧兽首已残破，周边散落桥梁构件。

图 126　虹桥及散落的台阶（1、2）

图 127　"虹桥"御笔

图 128　虹桥诗文十幅之一

图 129　虹桥两侧兽首

图 130　虹桥上表面

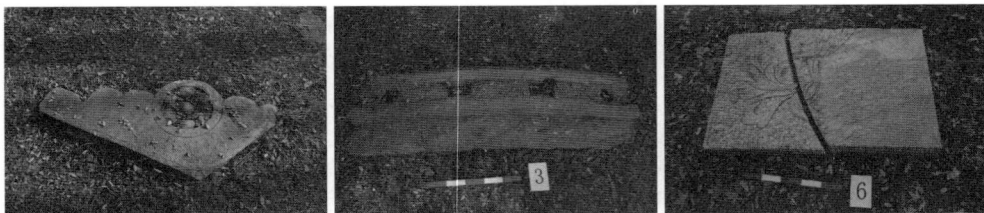

图 131 散落的虹桥构件（1、2、3）

水关、水门：狮子林景区北有水关，南有水门，都为骑墙而建，墙基已不见痕迹，现仅留拱形石券，两侧都有诗刻，南侧水关诗刻已模糊，乾隆御笔"狮子林"已用玻璃罩覆罩保护至于水关旁。

图 132 狮子林水门及其诗刻

图 133 狮子林水关及其诗刻

清淑斋、纳景堂：可见部分墙基遗迹，夯土部分暴露，出现风化掏蚀。清淑斋通往占峰亭的两侧道路已不见，占峰亭遗迹已被石块叠压不见。

探真书屋、清闷阁两组：都可见夯土台，夯土部分坍塌，植物病害严重。探真书屋可见多块包边石，墙基遗迹，夯土裂隙严重，东侧有小段虎皮石墙。

延景楼片区：此区域为大量湖石营造的假山、湖池、山洞。现湖石明显大量被

图 134　清淑斋

图 135　清淑斋前湖池和假山，占峰亭遗迹

图 136　清淑斋南端夯土暴露

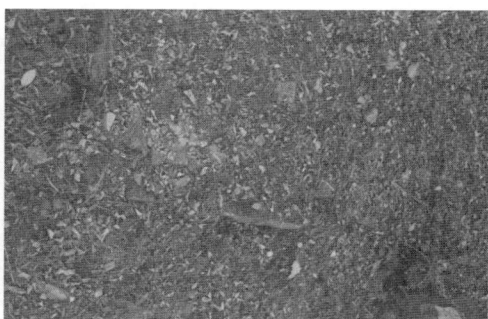

图 137　清淑斋西侧墙基

图 138　纳景堂

图 139　纳景堂北侧夯土掏蚀情况

盗，已所剩不多。石间道路不见，石洞隐约可见两处，已坍塌无法进入。延景楼基址清晰可见，磉堆已被拆除，出现凹陷。缭清亭亭基隐约可见，东侧五边亭可见夯土。其他建筑基址只能辨别大致位置。

图 140　纳景堂（西墙基址、南墙基址、西墙转角处）

图 141　探真书屋夯土台、包边石（1、2）

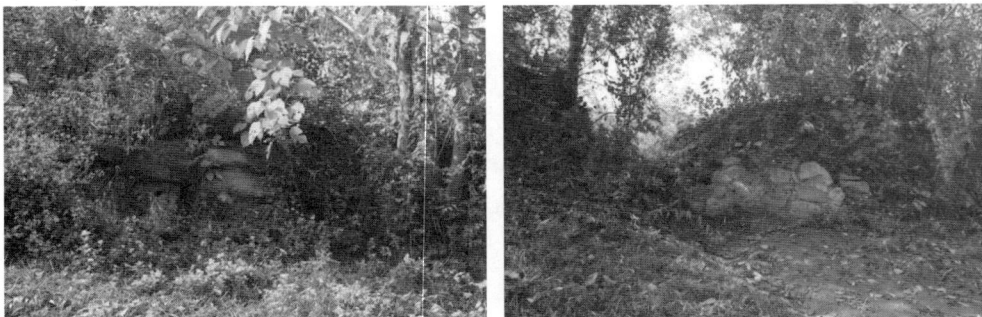

图 142　探真书屋夯土台植物病害及裂隙　　图 143　探真书屋夯土台、虎皮墙

图 144 探真书屋墙基

图 145 探真书屋夯土台已破损

图 146 清闷阁夯土台暴露，已出现坍塌（1、2）

图 147 缭清亭位置

图 148 延景楼遗迹

图 149 延景楼遗迹

图 150 延景楼磉堆砖被拆

图 151　延景楼前湖池

图 152　延景楼东北湖池

图 153　凝岚亭遗迹

图 154　云林石室遗迹

图 155　小香幢位置

图 156　五边亭遗迹

　　遗址保护展示情况：景区仅有虹桥及水关、水门做了简单围挡，"狮子林"石刻加玻璃罩保护。其他基址直接暴露，景区未做牌示。

　　建议：狮子林景区基址保留相对较多，布局清晰，遗迹遗物丰富，且遗迹遗物暴露于表层，大多无保护措施。狮子林又位处东门门口，游客流量大，对遗址的保护非常不利。虹桥、水关、水门虽已安放围栏措施，但围栏仅为两边两侧挡板，游客仍然很容易攀爬，笔者调研期间即阻止多人攀爬，可见平时无人看管期间游客对狮子林遗址影响很大。虹桥、水关、水门的诗刻直接暴露，长期风吹日晒酸雨淋洗、游人触摸，字迹逐渐模糊。

建议对整个景区系统保护，设立解说牌，修复虹桥，对水关、水门诗刻用保护罩保护。现场安排保卫人员值守。

5. 线法山

方位：线法山，位于大水法之东，由圆形土丘、西式亭及山下东西牌楼门组成。线法即西洋焦点透视法之意，本景占地 6500 平方米。圆形土山高约 8 米。

历史沿革：建于乾隆年间，圆明园罹劫后，西洋楼的建筑石件长期受到军阀、官僚、土匪地痞的盗窃破坏。1933 年地方当局曾一度在线法山上修建哨所三间，派驻警察四名，负责看守园内遗物。

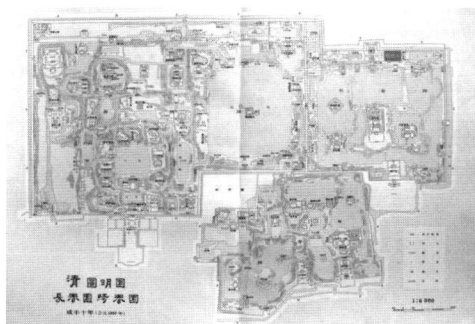

图 157　线法山（深色）区位图　　　　图 158　线法山平面图

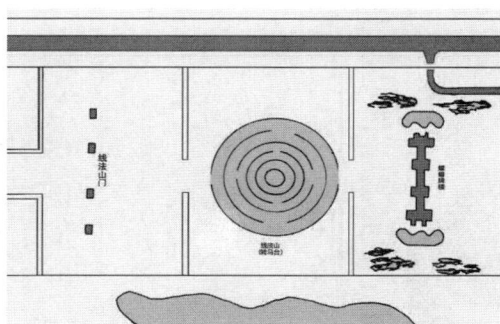

遗址可见情况：可见线法山山体，山上亭子部分石构件散乱至于山上。山西门可见少量石构件。山体东侧可见牌坊基址，湖池，假山湖石，暗沟。

可见遗址保存现状分析：山体历史高度 8 米，实测 7.3 米。山体中心原有一座双檐八角四券西式亭，现仅见亭子夯土心和八角亭外侧夯土，及部分石构件散乱放置于山上，夯土心周边条石地基已被盗走，山顶出现凹陷，亭基直径约 73 厘米。历史山体上筑环状盘旋蹬道，三折可登山顶。蹬道宽约 1.5 米，道旁障以黄绿色琉璃矮墙。现山上可见三折蹬道痕迹，可见部分地面铺装，铺装为两边青砖斜铺，中心方砖正铺。紧挨铺装外延为矮墙，可见部分墙基。道路的铺砖部分被浮土掩埋，山体上后期树木严重破坏遗址，但对水土流失、山体固化也有一定积极作用。山体东西两侧夯土层直接暴露，掏蚀严重。西侧有 31 米长度暴露，高度约 50 厘米。东侧有 30 米暴露，高度最高处 1.4 米，约 7 层夯土层，掏蚀最深处深度 50 厘米，随时有坍塌可能，已出现两处坍塌。暴露在外的夯土除掏蚀严重外还出现了酥粉、虫洞、植物病害。

图 159　线法山

图 160　东侧牌楼门遗迹

图 161　线法山山顶亭基被破坏，仅剩夯土（1、2）

图 162　线法山西侧山腰夯土掏蚀情况

图 163　线法山东侧山腰夯土掏蚀情况

图 164　东侧夯土坍塌（1、2）

图 165　东侧夯土生物孔洞

图 166　东侧夯土掏蚀，最深 50 厘米

图 167　甬道铺装及矮墙基址（1、2、3、4）

图 168　墙基在甬道铺装外侧

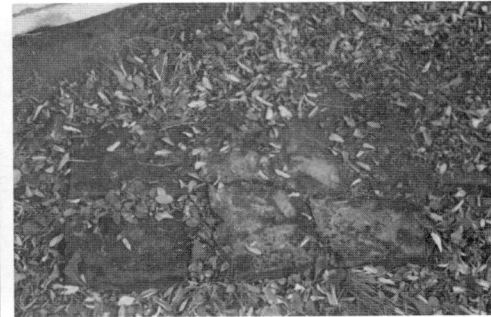

图 169　甬道铺装中心为 40 厘米 ×40 厘米方砖

图 170　线法山散落石构件（1、2、3）

　　东侧螺蛳牌楼可见坍塌地基，及部分石构件，牌楼两侧可见湖池，湖池外可见假山湖石，假山已不完整。牌楼东侧和西南角处都可见暗沟与湖池连接，东北角暗沟可见闸口，相对完整，东南部暗沟破坏严重。西门处仅可见部分石构件。

　　遗址保护展示情况：由于线法山夯土已风化严重，现已用围栏围住，禁止游客上山。现场并未设置解说牌。

图 171　螺蛳牌楼遗迹（1、2）

图 172　螺蛳牌楼北侧湖池，东侧暗沟

图 173　螺蛳牌楼西南侧暗沟

图 174　螺蛳牌楼暗沟（1、2、3、4）

建议：尽快对线法山进行发掘保护，建议对山本体夯土支护，对石构件归安，清理出三折蹬道。

6. 文源阁

方位：文源阁是圆明园四十景之一，位于圆明园中部北侧。其北倚西峰秀色，东临舍卫城，西为濂溪乐处，南面水木明瑟。文源阁是一处独立封闭的园中建筑群，主体建筑方向坐北朝南。方向 0°。坐标点：N40°00′5921″，E116°17′4133″。海拔标高 42米。现存面积：文源阁是一处长方形的院落，资料记载其占地面积 1.6 万平方米。实测南北长 82.6 米，东西 51 米。占地面积 4212.6 平方米。

历史沿革：此地原是一座四方重檐大亭，乾隆四十年（1775），改建成藏书楼文源阁。文源阁今尚存灰土台基和部分叠石。方池中的玲峰石已于 1924 年前被人为毁

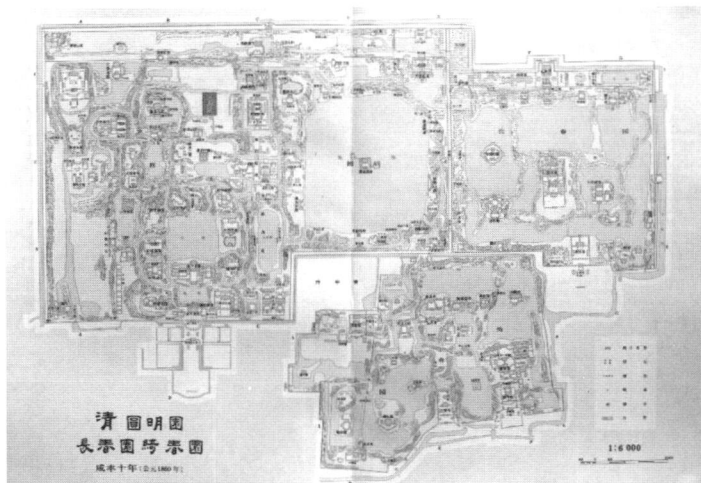

图 175　文源阁（深色）区位图

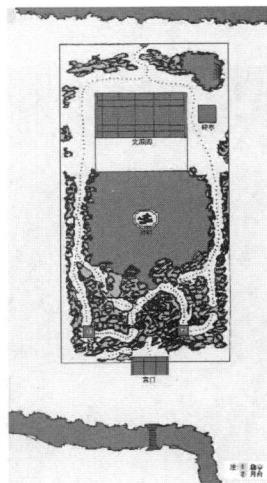

图 176　文源阁平面图

作数段仆地，今仍见部分诗刻。文源阁碑，今在国家图书馆文津街分馆院内。文源阁前门、后门的三峰太湖巨石，今存颐和园仁寿殿前。

遗址可见情况：景区可见围墙墙基遗迹；文源阁夯土台基，台基上有石板铺装，可见文源阁本体墙基。可见部分假山湖石，月台台基，趣亭基址及部分石径踏步。可见文源阁前湖池及湖池中心碎裂的玲峰石和基座。宫门处可见夯土台基，宫门前石台阶踏步，踏步通往石券桥的道路可见夯土。

图177　文源阁（S→N）

图178　文源阁（N→S）

可见遗址保存现状分析：文源阁遗址遗存相对较多，但由于遗址未经清理，景区内湖石散乱，杂草丛生，现代垃圾随意堆放，景区也暂未对外开放。景区西侧围墙墙基保存相对完整，部分位置可见散水。北侧墙基部分可见，已不完整，北侧月亮门已不可见。东侧北段墙基被现代建筑垃圾覆盖，南段院墙墙基保存相对较好。南侧墙基破坏严重，宫门夯土可见，宫门前保留三节台基，阶梯石和砖已出现断裂，宫门前御道可见有夯土，表层已风化酥粉。

图179　西侧城墙墙基相对完整

图180　北侧城墙墙基西段可见，东段破坏严重

图 181　东侧城墙墙基南段相对完整

图 182　东侧城墙墙基北段被现代垃圾覆盖严重

图 183　景区内现代建筑垃圾堆放

图 184　景区内现代建筑遗迹

图 185　宫门前台基，砖石断裂

图 186　宫门前夯土御道酥粉

从历史图档可知入宫门可见山洞，景区南部由湖石叠成假山，现状已不见山洞，圆明园罹难后湖石大量被盗，现存湖石散乱堆砌。假山上东侧可见月台遗迹，西侧可见趣亭遗迹。历史趣亭为四角方亭，疑似四角为砖砌基础，后砖被偷盗，现为大洞，仅剩亭心基底。假山上的道路台基部分被破坏或乱石叠压，东西两侧向北的道路蹬道部分可见。

图 187　月台遗迹

图 188　趣亭遗迹（四角掏空）

图 189　趣亭四角凹陷

图 190　趣亭与月台之间的通道被乱石覆盖

图 191　东侧登山道

图 192　西侧登山道

假山与文源阁之间的方湖可见，中间玲峰已被破坏炸碎成几块，散落在原地，三处碑刻用玻璃罩罩住，玲峰的花池包边石散乱堆放。

文源阁殿可见夯土台，夯土边缘有酥粉脱落，殿前可见青石板不规则铺装，铺装已不完整，石板缝隙中长满杂草。殿前西侧条石上可见阶梯宽度，殿西侧有三个柱础疑似未移位。殿西北角有现代建筑遗迹，殿东北可见凹陷的湖池，但湖石已剩不多。碑亭隐约可见位置，但表面已被覆盖，基址不明确。

图 193　玲峰基座

图 194　玲峰石碎裂，题字处用保护罩保护

图 195　殿前西侧台基石，可见栏板槽

图 196　夯土台酥粉

图 197　殿基西北角可见现代建筑遗迹

图 198　东北角湖池

图 199　碑亭基址　　　　　　　　　　　　　　　　　　图 200　殿北墙墙基

遗址保护展示情况：文源阁景区用围栏保护，未对外展示。

建议：文源阁遗址遗迹丰富，有重要历史意义，建议尽快进行保护展示，向游客开放。

（二）圆明园可见遗址现状情况总结

遗址展示规划科调研小组通过两个月的实地调查，共整理出 19 处景区的遗址现状情况（本文仅抽取 6 处景区），并以分析建筑基址为主，以分析山形水系、历史桥涵为辅，排列顺序基本按照危害危急程度进行。

建筑原是圆明园景观的核心，其遗址也是圆明园遗址公园的主要景观资源。圆明三园全盛时期，据资料记载共有建筑 120 多组，单体建筑更是难以计数，但圆明园几经劫难，完整建筑已荡然无存。现今只有少数复建建筑，如鉴碧亭、浩然亭等和西洋楼遗址保存相对完整；含经堂、澹怀堂等少数遗址经过系统的考古发掘进行了保护展示；大宫门、养雀笼做了临时保护方案；还有不少半隐半露的遗址尚有待整理，如方壶胜境、紫碧山房等。有些直接暴露的夯土台急需抢险加固，如舍卫城、线法山。有些经过整理的遗址由于时代、技术等各方面条件的限制，未能达到很好的保护展示效果，如福海周边景区。

通过调研我们发现，露天历史建筑基址由于自然和人为因素残损病害较为严重。夯土、砖石材质的露天建筑基址出现了开裂、坍塌、掏蚀、酥粉、动植物病害，几乎全部露天历史建筑基址均有涉及。石质建筑构件被人为搬离原建筑基址，零散混乱，导致遗址残缺不全，并有不同程度的自然风化。

圆明园遗址现有的保护措施主要有回填保护、覆罩保护、露天保护。回填保护包括发掘后直接回填（表面不做景观标识）和回填后表面采用植物铺装标识遗址分布范围。这两种覆土保护的办法都使遗址避免直接接触大气环境，有效遏制了雨水冲刷、冰雪冻融和人为踩踏等因素的破坏。但调查发现部分区域选择种植的植物种类不当，如武陵春色，不宜选用乔木类植物，其根系过大，对遗址本体存在潜在威胁。圆明园遗址中覆罩保护多采用玻璃保护罩和木板保护罩。玻璃保护罩兼具展示遗址作用，但由于后期缺乏日常维护，覆罩后遗址内部出现植物滋生现象，并且玻璃表层水汽很大。木板保护罩可起到保护展示遗址的作用，但也有一定的问题，主要表现在遗址本体周边植物滋生。圆明园里露天保护主要有遗址周边设置围栏。围栏对于人为破坏遗址起到一定的作用，但对于自然因素的病害还须采取其他保护措施。

圆明园遗址的展示主要有遗址本体展示、遗址模拟展示、复原建筑展示、辅助设施展示。

遗址本体展示又分为：有配套解说牌，部分遗址裸露；无配套解说牌，遗址裸露；其他沿河岸整理过的条基。本体展示为真实遗址展示，观览直观，信息传递准确，但大部分遗址本体未采取保护措施，保护与展示脱节。

遗址模拟展示有植物标识展示和铺地标识展示，能够展示历史遗址范围，有一定的展示效果。但大部分没有配套解说牌，影响展示效果；遗址埋藏较浅，植物根系可能对遗址造成破坏；部分展示范围与考古报告不对应，存在错误展示信息。

园内复建、修复的建筑及桥梁质量参差不齐，有些未按历史原貌复建，有些由于缺乏后期维护，已有残损，如坦坦荡荡金鱼池；有些复建建筑道路等基础设施未跟进，如浩然亭。

园内有一定的辅助展示设施，但解说信息不够，缺乏更形象的遗址呈现，不够直观。

三、圆明园可见遗址保护展示建议

建议根据遗址的危害危急程度，建设保护展示项目库，分清轻重缓急，比如舍卫城、方壶胜境、线法山等急需抢险保护的，做好保护展示方案，有次序的上报上级部门。在做好遗址本体保护展示的基础上跟进辅助展示设施。

作者简介：许沙沙，女，1986 年生，山东人，任职于圆明园管理处遗址展示规划科，主要研究方向为文化遗址保护。

注释：

[1] 横云堂、乐在人和，包括景群西北角的引溪亭，均被现代建筑叠压，损毁的程度比较严重，建筑布局和结构不明，未发现遗物。

[2] 现已夷为平地，成为通往北侧建筑群的道路，破坏十分严重，未发现遗物。

[3] 地面建筑无存，仅存少部分石基。

[4] 温差变化导致的干湿交替作用，使土体内部盐分随毛细水运动迁移到土体表面，由于盐分中的水分蒸发达到其饱和浓度，使盐分在土体表面重结晶，表现出泛白。

圆明园旧藏书画考略

杨　杨　　胡琳方慧

从书画收藏史的角度而言，继唐太宗、宋徽宗、元文宗之后，清朝康熙、雍正、乾隆、嘉庆四期逐渐达到书画收藏的鼎盛时期。一方面由于乾隆时代，海内统一，国力强盛，社会安稳，加之外部条件为内府藏书提供了有力的保障。另一方面，乾隆皇帝艺术修养甚高，精于古物鉴赏，阅赏钤印是乾隆帝的喜好。清代历朝皇帝，大多爱好绘画艺术，倡导社会风气，使更多的人热心投入画家的行列。全清有史可稽的画家将近六千余人。乾嘉时期编纂的《秘殿珠林石渠宝笈》记录了清内府收藏书画的盛况。圆明园收藏书画大部分摘录其中。1860 年 10 月，英法联军占领北京，劫掠了包括圆明园在内的三山五园皇家园林。品味高雅、价值连城的书画由于便于携带和隐藏，便成了英法两国的囊中之物。

一、圆明园书画收藏的主要来源

清兵入关后，明代宫廷的书画在战乱中毁灭。清朝书画收藏一部分源自清兵战利品，另一部分为明代内府遗存下来的藏品。《御制南熏殿奉藏图像记》载："内府藏列代帝后图像，传自胜国，典在有司。"[1]《北游录》载："封府库图籍。甲申之变，李贼遁，都入清宫。"[2]清朝基本完整地接收了明代内府丰富的书画收藏，奠定了清宫廷乃至圆明园收藏的基础。

此外，康熙也从报国寺购买书画，据载：

（康熙二十一年八月）十九日，奉旨：着购买。钦此。报国寺买得王振鹏之画卷一，此项银两十二两；赵子昂之字画一，此项银五两。[3]

（康熙三十四年六月）十三日，总管太监顾太监奉旨：着购买。钦此。在报国寺买得董其昌之册页一，此项银一两。[4]

宋代米友仁《潇湘图卷》据《石渠宝笈初编》记载藏于画禅室，42 卷 24 页。乾隆御识云："米家画法多以烟云掩映为工，而元晖机趣超逸昔人，评其草草中不失天真，所作《潇湘白云图》久脍炙艺苑，近于收藏家杂卷中购得之……乾隆丙寅长至月，御识。"[5] 元代黄公望《富春山居图》据《石渠宝笈初编》载藏于画禅室，42 卷 51 页。其无用师卷有一段乾隆题跋，文云："乙丑夏，沈德潜进其所为诗、古文稿。几暇披阅，则《跋黄子久富春山居图》在焉，所记题跋、收藏始末甚详。是年冬，偶得黄子久《山居图》，笔墨苍古，的系真迹，而德潜文中所载沈、文、王、董、邹氏五跋，有董、邹而缺其三，且多孔谔一跋，以为山居与富春自两图也。然爱其溪壑天成，动我吟兴，乃有长言，亦命德潜和之，且询其较富春为何如。德潜之跋，以富春山居归安氏为未得所，安氏不知也。越明年丙寅冬，安氏家中落，将出所藏古人旧迹，求售于人，持富春山居卷并羲之《袁生帖》、苏轼二赋韩幹画马、米元晖《潇湘》等图共若干种以示傅恒，傅恒曰：是物也，饥不可食，寒不可衣，将安用之？居少间，恒举以告朕。朕谓：或者汝弗识耳，试将以来。剪烛粗观，则居然黄子久《富春山居图》也，五跋与德潜文吻合……偶忆董跋，与予旧题所谓山居图者同，则命内侍出旧图视之，果同。次日命梁诗正等辨其真伪，乃咸以旧为真，新为伪。"进而说："德潜、高士奇、王鸿绪辈之侈，赏鉴之精，贾直之重，以为豪举者，均误也。富春山居，本属一图，向之题山居者，遗富春二字，故虽真而人疑其非真耳。"[6]《子明卷》被乾隆先后题跋四十余段，跋之又跋，视为珍品。但二画的艺术水平相差很远，对比之下，是非立判。《子明卷》上的伪款、伪跋、伪印有明显的错误之处。凡此种种，乾隆全都不理会，深信《子明卷》在前，又加以在翰林院掌院学士梁诗正、礼部侍郎沈德潜等几位大臣的附和下，乾隆认定《子明卷》为真迹。最终，经过深思熟虑还是花了"二千金"把《无用师卷》留在了宫中。看来乾隆爷看出了里边的门道，只是有碍面子，"天子"不可失颜面，更不可有戏言，只得以赝品高价收入皇宫，并命梁诗正等于图上题跋乾隆原文，以曰"御笔"。直至嘉庆年间才将《无用师卷》收录到《石渠宝籍三编》里来。

　　圆明园收藏书画的另一个重要来源是臣工进献,《秘殿珠林石渠宝笈》载:"臣工先后经进书画暨传入御府者,往往有可观览。"[7]《续纂秘殿珠林石渠宝笈序》中说:"自乙丑至今癸丑,凡四十八年之间,每遇慈宫大庆、朝廷盛典,臣工所献古今书画之类,及几暇涉笔者又不知其凡几,无以荟辑,日久或致舛讹。"[8]《秘殿珠林石渠宝笈三编》载嘉庆皇帝的上谕中也说:"朕自丙辰受玺以来,几暇怡情,惟以翰墨为事,阅时既久,至内外臣工,祝嘏抒诚,所献古今书画亦复不少。"[9]宋徽宗《江天风雨图》中,张照题:"右真定梁相国所藏,桐城张相国题签。丁未闰朔获于京师庙市,天瓶斋记。"[10]另有董其昌《临苏轼三帖》[11]、《临李邕荆门行册》[12]、碑帖《宋搨褚遂良书庾信枯树赋册》[13]、元人倪瓒《竹树野石图轴》[14]上均有张照私跋。

　　圆明园收藏书画的重要来源还有宫廷绘画。其发展大致可分为前、中、后三个时期。尤以中期(康熙晚年至乾隆、嘉庆年间)收藏书画最为兴盛,随着政权的巩固、疆域的统一、社会的安定、经济的繁荣,出现了"康乾盛世"。此时宫廷绘画在皇室扶植下活跃一时,内容和形式都比较多样,人物画的成就显著。

　　嘉庆年间,胡敬《国朝院画录》就《石渠宝笈》所藏院画统计出主要的"院画家"53人,其合作附见者28人:

　　黄应谌、焦秉贞、冷枚、唐岱、严宏滋、孙祜、李鱓、钱中钰、刘九德、沈源、金昆、周鲲、卢湛、陈枚、丁观鹏、丁观鹤、余省、余穉、郎世宁、张雨森、王幼学、张廷彦、吴桂、沈喻、姚文瀚、曹夔音、张为邦、张问达、金廷标、顾铨、贾全、程梁、张宗苍、沈映辉、陆授诗、陆遵书、王致诚、张镐、贺清泰、徐扬、方琮、杨大章、袁瑛、王炳、黄增、谢遂、李秉德、门应兆、艾启蒙、罗福旼、黎明、冯宁、沈庆兰。[15]

　　下表为《国朝院画录》辑录的画家,且其作品收藏于圆明园宫殿楼宇内。

表 1　《国朝院画录》所录画家及其作品收藏地点一览表

作者	书画名称	宫殿名称	收录情况
合作	清唐岱沈源合笔画圆明园四十景二册	正大光明	石三 7 卷 3551 页
合作	郎世宁唐岱沈源合画豳风图轴	奉三无私	石三 7 卷 3560 页
合作	清李世倬周鲲曹夔音合璧山水册	鉴园	石续 4 函 39 册 27 页
合作	钱维城董邦达杨大章李秉德金廷标徐扬合画兰石轴	御兰芬	石三 8 卷 3686 页
唐岱	画山水轴	保合太和	石三 7 卷 3532 页
唐岱	仿巨然山水轴	方壶胜境	石三 8 卷 3832 页

丁观鹏	摹丁云鹏扫象图轴	富春楼	秘三 10 卷 153 页
丁观鹏	画人物轴	坦坦荡荡	石三 8 卷 3696 页
丁观鹏	乞巧图卷	淳化轩	石续 4 函 33 册 162 页
余省	画秋花册	正大光明	石续 4 函 37 册 9 页
余省	书芦雁卷	九洲清晏	石续 4 函 38 册 48 页
余省	书花卉草虫卷	韶景轩	石续 4 函 38 册 53 页
余省	书花卉册	慎思修永	石续 4 函 38 册 67 页
郎世宁	画拔达山八骏卷	淳化轩	石续 4 函 33 册 164 页
郎世宁	画莲花轴	淳化轩	石续 4 函 33 册 164 页
张为邦	上元锡福图卷	澄心堂	秘三 10 卷 166 页
张为邦	中元普渡图卷	澄心堂	秘三 10 卷 166 页
张为邦	下元灵佑图卷	澄心堂	秘三 10 卷 167 页
金廷标	九芝呈瑞图卷	九洲清晏	石续 4 函 38 册 48 页
金廷标	摹李公麟五马图法画爱乌罕四骏卷	淳化轩	石续 4 函 33 册 163 页
金廷标	元夕戏婴图轴	思永斋	石三 8 卷 3915 页
贾全	摹严宏滋上元天官图卷	清晖阁	秘三 10 卷 154 页
贾全	摹严宏滋中元地官图卷	清晖阁	秘三 10 卷 155 页
贾全	摹严宏滋下元水官图卷	清晖阁	秘三 10 卷 155 页
张宗苍	江潮图轴	慎思修永	石续 4 函 38 册 67 页
张宗苍	画山水册	淳化轩	石续 4 函 33 册 161 页
张宗苍	画松溪烟艇卷	淳化轩	石续 4 函 33 册 161 页
张宗苍	仿王蒙山水卷	淳化轩	石续 4 函 33 册 161 页
张宗苍	画苍松红树卷	淳化轩	石续 4 函 33 册 162 页
张宗苍	仿董源万木奇峰图轴	淳化轩	石续 4 函 33 册 162 页
方琮	画松林亭子轴	西峰秀色	石三 8 卷 3746 页
方琮	画山水册	淳化轩	石续 4 函 33 册 163 页
冯宁	画抚序延清册	奉三无私	石三 7 卷 3577 页

二、圆明园收藏书画的具体地点

为了能确定圆明园收藏书画的具体地点，首先需对圆明园三园所有建筑进行整理，其详细建筑见表 2，其中《圆明园四十景图咏》记载了四十幅图，[16] 见表 3（表中简称四十景）。这些建筑和景物都有可能成为圆明园收藏书画的地点，特此列于下表。

表 2　圆明三园建筑景物名录

建筑名		景物
圆明园	正大光明	（1）大宫门（2）出入贤良门（3）正大光明殿（4）寿山（5）洞明堂（6）西配殿
	勤政亲贤	（1）勤政亲贤（2）飞云轩（3）怀清芬（4）秀木佳荫（5）生秋庭（6）静鉴
	保合太和	（1）芳碧丛（2）保合太和（3）富春楼（4）吉祥所（5）竹林清响
	前垂天贶	（1）前垂天贶（2）后天不老
	洞天深处	
	如意馆	
	长春仙馆	（1）长春仙馆（2）绿荫轩（3）丽景轩（4）含碧堂（5）林虚桂静（6）古香斋（7）墨池云（8）抑斋
	万方安和	
	藻园	（1）旷然堂（2）贮清书屋（3）精藻楼（4）湛清华（5）湛碧轩（6）镜澜榭（7）夕佳书屋（8）凝眺楼（9）怀新馆
	九洲清晏	（1）圆明园殿（2）奉三无私殿（3）九洲清晏殿（4）露香斋（5）乐安和（6）怡情书史或画禅室（池上居）（7）茹古堂（8）清晖阁（9）鱼跃鸢飞（10）碧澜亭（11）佛堂（12）宫门（13）天地一家春（14）承恩堂（15）泉石自娱（16）皇后殿
	镂月开云	（1）镂月开云（2）御兰芬
	天然图画	（1）五福堂（2）竹深荷静（3）天然图画（4）朗吟阁（5）竹蒀楼（6）静知春事佳
	碧桐书院	（1）碧桐书院（2）云岭亭
	慈云普护	（1）欢喜佛场（2）龙王殿（3）慈云普护（4）钟楼
	上下天光	（1）上下天光（2）平安院（3）饮和（4）奇赏
	杏花春馆	（1）杏花春馆（2）硇壑余清（3）春雨轩（4）赏趣（5）镜永斋（6）翠薇堂（7）柳斋（8）吟籁亭（9）屏岩（10）杏花村
	坦坦荡荡	（1）澹怀堂（2）坦坦荡荡（3）半亩园（4）知鱼亭（5）萃景斋（6）光风霁月堂（7）双佳斋
	茹古涵今	（1）茹古涵今（2）韶景轩（3）茂育斋（4）竹香斋（5）静通斋
	武陵春色	（1）全璧堂（2）天君泰然（3）戏台（4）恒春堂（5）清水濯缨（6）桃花坞（7）绾春轩（8）品诗堂（9）桃源深处（10）小隐栖迟（11）壶中日月长（12）天然佳妙（13）洞天日月多佳景（14）武陵春色（15）桃源洞（16）清秀亭（17）清会亭
	山高水长	
	西船坞	
	法源楼	（1）法源楼（2）静室
	月地云居	（1）山门（2）后楼（3）戒定馨（4）开花献佛
	瑞应宫	（1）仁应殿（2）和感殿（3）晏安殿
	日天琳宇	（1）一天喜色（2）极乐世界（3）灯亭
	安佑宫	（1）致孚殿（2）月河桥（3）鸿慈永诂（4）安佑门（5）安佑宫（6）配殿（7）碑亭（8）石麒麟（9）石华表（10）牌楼

	刘猛将军庙	
	断桥残雪	
	顺天木	
	汇芳书院	（1）汇芳书院（2）抒藻轩（3）涵远斋（4）紫碧山房（5）横云堂（6）澄素楼（7）乐在人和（8）景晖楼（9）石帆室（10）纳翠轩（11）坐霄汉（12）霏华楼（13）引溪亭
	西峰秀色	（1）西峰秀色（2）含韵斋（3）一堂和气（4）自得轩（5）花港观鱼（6）岚镜舫（7）长青洲（8）三仙洞
	鱼跃鸢飞	（1）鱼跃鸢飞（2）铺翠环流楼（3）畅观轩（4）传妙（5）多子亭
	多稼如云	（1）芰荷香（2）多稼如云（3）湛深
	濂溪乐处	（1）濂溪乐处（2）云香清胜（3）菱荷深处（4）香雪廊（5）云霞舒卷楼（6）临泉（7）水云居（8）积秀
	汇万总春之庙	（1）蕃育群芳（2）池水共心月同明（3）香远益清楼（4）乐天和（5）味真书屋（6）普济桥（7）朝日辉
	水木明瑟	（1）水木明瑟（2）溪岚书屋（3）澄怀室（4）揽翠亭（5）风扇室
	映水兰香	（1）映水兰香（2）知耕织（3）濯鳞沼（4）多稼轩（5）西山不静（6）藕香亭
	澹泊宁静	（1）澹泊宁静（2）水精域（3）互妙楼（4）怡情悦目（5）贵织山堂（6）印月楼（7）曙光楼
圆明园	同乐园	（1）扮戏房（2）戏台（清音阁）（3）看戏房（4）永日堂
	曲院风荷	（1）渔家乐（2）曲院风荷（3）洛迦胜境（4）四周佳丽（5）饮练长虹（6）玉蛛（7）金鳌（8）宁和镇
	方壶胜境	（1）方壶胜境（2）翡翠楼（3）锦绮楼（4）凝祥亭（5）集瑞亭（6）哕鸾殿（7）碧云楼（8）紫霞楼（9）琼华楼
	三潭印月	（1）积翠（2）苔径（3）松壑楼（4）雪壑（5）三潭
	天宇空明	（1）天宇空明（2）澄景堂（3）清旷楼（4）华照楼（5）怡性邱壑
	澡身浴德	（1）澡身浴德（2）涵妙识（3）含清晖（4）静香馆（5）解愠书屋（6）旷然阁
	望瀛洲	
	深柳读书堂	（1）深柳读书堂（2）溪月松风
	涵虚朗鉴	（1）雷峰夕照（2）惠如春（3）寻云榭（4）贻兰庭（5）临众芳（6）云锦墅
	平湖秋月	（1）平湖秋月（2）流水音（3）花屿兰皋
	双峰插云	
	山水乐	
	君子轩	
	藏密楼	
	蓬岛瑶台	（1）蓬岛瑶台（2）畅襟楼（3）神洲三岛（4）随安室（5）日月平安报好音（6）瀛海仙山
	接秀山房	（1）揽翠亭（2）澄练楼（3）怡然书屋（4）接秀山房（5）琴趣轩（6）寻云楼（7）安隐幢

	观鱼跃	
圆明园	别有洞天	（1）纳翠楼（2）水木清华（3）时赏斋（4）别有洞天
	山容水态	
	西山入画	
	南屏晚钟	
	广育宫	（1）坊座（2）凝祥殿（3）广育宫
	夹镜鸣琴	
	聚远楼	
	湖山在望	
	廓然大公	（1）廓然大公（2）双鹤斋（3）鹤棚（4）临河画（5）绮吟堂（6）采芝径（7）丹梯（8）峭茜居（9）妙远轩（10）启香（11）影山楼（12）静嘉轩（13）澹存斋（14）规月楼（15）面雪山
	安澜园	（1）涵秋馆（2）远秀山房（3）无边风月之阁（4）四宜书屋（5）采芳洲（6）菲经馆（7）绿帷舫（8）烟月清真楼（9）挹香室（10）得趣书屋（11）染霞楼（12）飞睇亭
	北远山村	（1）稻凉楼（2）皆春阁（3）湛虚书屋（4）水村阁（5）绘雨精舍（6）兰野
	若帆之阁	（1）若帆之阁（2）耕云堂（3）湛虚翠轩
	关帝庙	（1）关帝庙（2）北泰庙
长春园	宫门	（1）长春园宫门（2）大影壁（3）铜麒麟（4）朝房（5）牌楼门（6）配殿（7）澹怀堂（8）怡春亭（9）长春桥
	淳化轩	（1）牌楼（2）宫门（3）含经堂（4）味腴书屋（5）梵香楼（6）涵光室（7）淳化轩（8）三友轩（9）山洞（10）理心楼（11）蕴真斋（12）神心妙远（13）大戏台（14）大戏楼（15）扮戏房（16）长街（买卖街）
	如园	（1）含碧楼（2）延清楼（3）观丰榭（4）帷绿轩（5）清瑶榭（6）静虚斋（7）合翠阁（8）卷云亭（9）挹霞榭（10）如园门
	鉴园	（1）万源阁（2）鱼池（3）桐荫书屋（4）益寿轩（5）蔼然静云（6）古月轩（7）退省斋（8）澹碧（9）临画廊（10）东大墙（11）二道墙
	茜园	（1）绮春园角门（2）茜园门（3）退省斋（4）留春亭（5）转角亭（6）折云堂（7）城关（8）冰壶花影（9）虚受轩（10）委宛藏（11）卷云亭（12）悦心处（13）云香室（14）松风阁（15）青莲朵（16）石台（17）随安室（18）藤荫轩（19）渡河廊（20）片云亭
	思永斋	（1）湖山在望（2）溪山入画（3）思永斋（4）涧光深秀（5）朗润轩（6）槐荫轩（7）眼界宽（8）涵虚（9）湖光山色共一楼（10）罨秀（11）鱼池（12）方亭（13）六方亭（14）小有天（15）学古堂（16）随安
	海岳开襟	（1）海岳开襟（2）方楼（3）仁者寿（4）智者乐（5）太湖石（6）第一层台（7）第二层台（8）码头
	流香渚	
	明春门	
	花神庙	
	得全阁	（1）得全阁（2）宝云楼（3）远风楼

长春园	映清斋	（1）映清斋（2）林光澹碧（3）晴望楼（4）喜雨山房（5）益寿轩（6）澄爽斋（7）撷景楼（8）照旷亭
	玉玲珑馆	（1）玉玲珑馆（2）正谊明道（3）益思堂（4）蹈和堂（5）会心处（6）朝晖亭（7）垂花门（8）月亮门（9）鹤安斋（10）随安室（11）狎鸥亭（12）鱼池（13）陶嘉书屋
	狮子林	（1）丛芳榭（2）琴清斋（3）华邃馆（4）虹桥（5）纳景堂（6）清閟阁（7）横碧轩（8）云林石室（9）小香幢（10）水门（11）延景楼（12）占峰亭（13）清淑斋（14）探真书屋（15）狮子林
	转香帆	（1）转香帆（2）平畴交远风
	泽兰堂	（1）泽兰堂（2）爱山楼（3）翠交轩（4）熙春洞（5）天风海涛（6）山静云间
	宝相寺	（1）澄光阁（2）松关（3）云窦（4）昙霖阁（5）平远（6）合翠（7）现大圆镜
	法慧寺	（1）法慧寺（2）福佑大千（3）法光无量（4）静娱书屋（5）多宝琉璃塔（6）普香界
	谐奇趣	（1）谐奇趣（2）月台（3）喷水池（4）八角亭楼（5）线法桥（五孔闸）
	西洋楼东区	（1）线法墙（2）方河（3）线法山东门（4）水池（5）线法山（6）线法山西门牌楼
	远瀛观、大水法、观水法	（1）远瀛观（2）大水法（3）十狗喷鹿喷水池（4）环形喷泉及水塔（5）观水法（6）松墙（7）侧门（8）角门
	海晏堂	（1）海晏堂（2）十二牲像喷水池（3）喷水池（4）蓄水池（5）水车房
	方外观	（1）方外观（2）剑峰石（3）西式亭子（4）月台（5）五竹亭（6）喷水池（7）荷花池（8）花池
	花园广场	（1）养雀笼（2）鸟房（3）喷泉（4）蓄水楼（5）水泵房（6）万花阵门
	万花阵	
绮春园	宫门	（1）宫门（2）迎晖殿（3）中和堂
	富春堂	（1）颐寿轩（2）敷春堂（3）后殿（4）问月楼（5）蔚藻堂（6）翠云崇霭（7）翠合轩（8）凌虚阁（9）协性斋（10）澄水榭（11）镜绿亭（12）淙玉轩（13）舒卉轩（14）结峰轩（15）含远（16）西所（17）东所
	鉴碧亭	
	二孔闸	
	天心水面	
	正觉寺	（1）正觉寺门（2）旗杆（3）钟楼（4）鼓楼（5）天王殿（6）五香佛殿（7）三圣殿（8）文殊亭（9）六大金刚（10）最上楼（11）穿堂（12）后门
	湛清斋	
	澄心堂	（1）澄心堂（2）垂红树（3）绮旭轩
	凌虚亭	
	河神庙	（1）河神庙（2）宅神天沼（3）七宝澈源（4）关帝庙
	畅和堂	（1）畅和堂（2）澄霞宇（3）松路花龛（4）开襟馆
	绿满轩	（1）绿满轩（2）皎镜涵空（3）面镜心空

绮春园	招凉榭	
	云绮馆	
	滴远	
	玉兰桥	
	卧云轩	
	含晖楼	
	清夏堂	（1）清夏堂（2）兰皋荐爽（3）天临海镜（4）镜虹馆（5）宫门（6）流杯亭
	延寿寺	（1）延寿寺（2）竹林院
	知乐轩	
	四宜书屋	
	生冬室	（1）生冬室（2）静虚榭（3）菡茵榭（4）含韵（5）月香花影
	春泽斋	（1）承心榭（2）春泽斋（3）水心榭（4）茂月精舍（5）苔香室（6）华滋亭（7）十字亭
	展诗应律	（1）戏台（2）展诗应律（3）吟玉轩（4）含碧斋（5）益春轩
	涵秋馆	
	仙人承露台	
	凤麟洲	（1）风来扬辉（2）凤麟洲（3）颐养天和
	会心处	
	松风萝月	

其中圆明园有建筑 68 处，长春园有建筑 25 处，绮春园有建筑 30 处，三处建筑共计有 123 处。知道了这些建筑和景物的具体名称和分布位置，一旦书画的"殿座章"中出现了这些建筑和景物的名称，就可以初步认定为圆明园的旧藏。

根据《石渠宝笈》《秘殿珠林》的记载，圆明园收藏书画的宫殿有正大光明、奉三无私、九洲清晏、乐安和、清晖阁、长春仙馆、藻园、富春楼、五福堂、坦坦荡荡、韶景轩、保合太和、汇芳书院、方壶胜境、山高水长、春雨轩、御兰芬、桃花坞、安佑宫、文源阁、紫碧山房、芰荷香、澹泊宁静、双鹤斋、安澜园、皆春阁、耕云堂、蕊珠宫、天宇空明、云锦墅、蓬岛瑶台、澄虚榭、西峰秀色、镜远洲、慎修思永、同乐园、怡情书史、秀清村等 39 处。

兹将圆明三园各宫殿楼阁收藏书画的数量汇总，统计见表3：

表3　圆明园藏书楼阁统计表

园址名	序号	宫殿名称	书画数	小计	备注
圆明园	1	正大光明	22	石续（20） 石三（2）	四十景
	2	奉三无私	22	石三（22）	四十景·九洲清晏
	3	九洲清晏	97	石续（70） 石三（27）	四十景
	4	乐安和	3	石三（3）	四十景·九洲清晏
	5	清晖阁	15	石三（12） 秘三（3）	四十景·九洲清晏
	6	长春仙馆 （又名书屋）	16	石初（4） 石三（12）	四十景
	7	藻园	8	石续（3） 石三（5）	
	8	富春楼	1	秘三（1）	
	9	五福堂	5	石续（5）	四十景
	10	坦坦荡荡	8	石续（3） 石三（5）	四十景
	11	韶景轩	6	石续（4） 石三（2）	四十景·茹古涵今
	12	保合太和	42	石三（42）	四十景·勤政亲贤
	13	汇芳书院	1	石三（1）	四十景
	14	方壶胜境	14	石续（12） 石三（2）	四十景
	15	蕊珠宫	1	石三（1）	四十景·方壶胜景
	16	山高水长	1	石三（1）	四十景
	17	春雨轩	13	石续（11） 石三（2）	四十景·杏花春馆
	18	御兰芬	7	石续（3） 石三（3） 秘三（1）	四十景·镂月开云
	19	桃花坞	4	石续（3） 石三（1）	四十景·武陵春色
	20	安佑宫	3	石三（3）	四十景·鸿慈永祜
	21	文源阁	7	石续（7）	四十景·水木明瑟
	22	紫碧山房	2	石三（2）	四十景·汇芳书院
	23	芰荷香	1	石三（1）	四十景·多稼如云
	24	澹泊宁静	7	石三（7）	四十景

	25	双鹤斋	9	石续（5） 石三（4）	四十景·廓然大公
	26	安澜园	13	石续（5） 石三（8）	四十景·四宜书屋
	27	皆春阁	7	石续（4） 石三（3）	四十景·北远山村
	28	耕云堂	5	石三（5）	若帆之阁
	29	天宇空明	8	石三（8）	四十景·方壶胜境
	30	云锦墅	3	石三（3）	四十景·涵虚朗鉴
	31	蓬岛瑶台	13	石续（5） 石三（8）	四十景
	32	澄虚榭	4	石续（4）	四十景·澡身浴德
	33	西峰秀色	4	石续（3） 石三（1）	四十景
圆明园	34	镜远洲	4	石三（4）	四十景·平湖秋月
	35	慎修思永	23	石续（17） 石三（4） 秘三（2）	四十景·濂溪乐处
	36	同乐园	11	石续（10） 石三（1）	四十景·坐石临流
	37	怡情书史	2	石三（2）	四十景·九洲清晏
	38	画禅室	8	石初（5） 石续（3）	四十景·九洲清晏
	39	秀清村	16	石续（4） 石三（11） 秘三（1）	四十景·别有洞天
	合计39处		436	石初（9） 石续（201） 石三（218） 秘三（8）	
长春园	1	澹怀堂	1	石三（1）	
	2	淳化轩	273	石初（1） 石续（254） 石三（18）	
	3	玉玲珑馆	19	石续（18） 石三（1）	
	4	思永斋	61	石初（1） 石续（53） 石三（7）	
	5	海岳开襟	3	石三（3）	
	6	谐奇趣	4	石三（4）	

	7	狮子林	19	石续（8） 石三（9） 秘三（2）	
	8	鉴古斋	1	石三（1）	
	9	茜园	7	石续（6） 石三（1）	
	10	鉴园	6	石续（3） 石三（3）	
长春园	11	如园	20	石续（3） 石三（17）	
	12	晴望楼	1	石三（1）	映清斋（时望楼）
	合计 12 处		415	石初（2） 石续（345） 石三（66） 秘三（2）	
	1	敷春堂	23	石三（23）	
	2	问月楼	15	石三（15）	
	3	凤麟洲	3	石三（3）	
	4	涵秋馆	4	石三（4）	
	5	春泽斋	5	石三（5）	
	6	生冬室	1	石三（1）	
绮春园	7	清夏斋	16	石三（16）	
	8	含晖楼	3	石三（3）	
	9	畅和堂	1	石三（1）	
	10	澄心堂	13	石三（10） 秘三（3）	
	11	烟雨楼	7	石三（7）	
	12	喜雨山房	5	石三（5）	
	合计 12 处		96	石三（93） 秘三（3）	
总计	63 处		947	石初（11） 石续（546） 石三（377） 秘三（13）	

　　表中的"石初""石续""石三"指《石渠宝笈》的初编、续编、三编；"秘三"指《秘殿珠林》的三编。表中"备注"栏所列"四十景"出自《圆明园四十景图咏》，[17] 是该处建筑属于圆明园景致的文献依据，"四十景"之外的其他景点，在题咏四十景的文字中有提及，也一并列出。例如"奉三无私"不属于"圆明园四十景"之

一，但在四十景的"九洲清晏"中，提到了"奉三无私"，以此可知"奉三无私"也是圆明园的景点，故此在"备注"栏中注明"四十景·九洲清晏"。

通过初步统计（表2、表3）可知，文献记载圆明园有建筑68处，其中收藏书画的地点有39处，占36%；长春园有建筑25处，其中收藏书画的地点有12处，占32%；绮春园有建筑30处，其中收藏书画的地点有12处，占28.5%。圆明三园共有建筑123处，其中收藏书画的地点有63处，占33.87%。即圆明园中有三分之一的地点，收藏了历代书画（图1）。

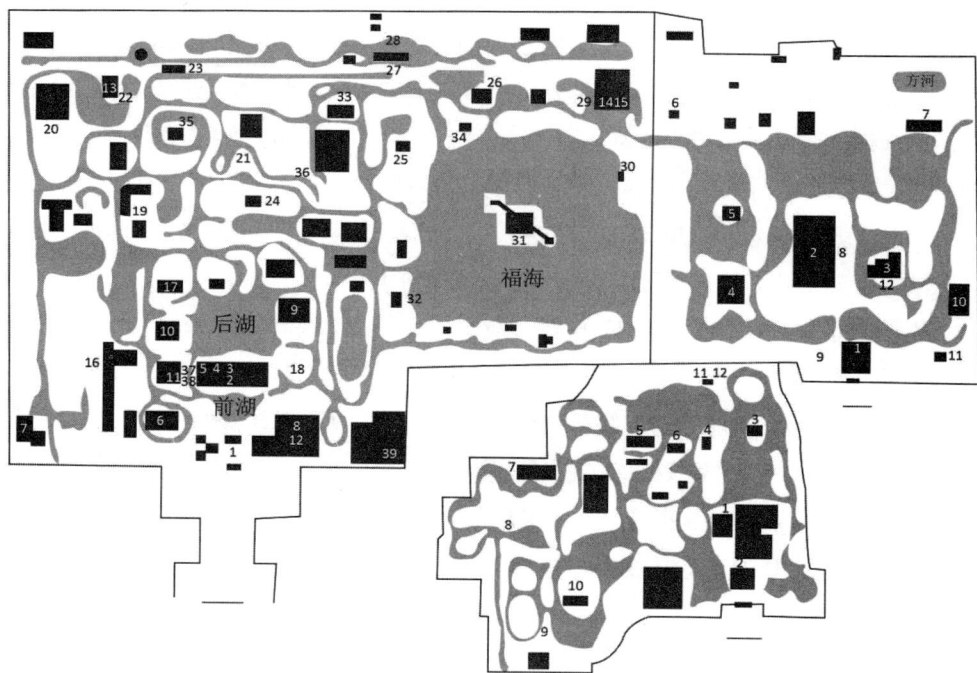

图1　圆明三园书画藏贮地示意图（图中编号根据表3序号排列）

三、圆明园收藏书画的整理与鉴赏

为了能够清楚地了解内府收藏的书画数量及储藏地，乾隆帝开始派人编纂内府的书画著录。《石渠宝笈》和《秘殿珠林》作为清朝两部大型书画著录，辑录了大部分的书画。《秘殿珠林》著录清内府有关佛教、道教之书画藏品。《石渠宝笈》著录历代一般题材的书画藏品。

乾隆八年（1743）十二月开始《秘殿珠林》初编编辑工作，结于乾隆九年（1744）

五月。初编完成后，乾隆皇帝颁布上谕："三朝御笔，藏之金匮者，焜煌典重，所当敬为什袭，贻我后人。又内府所储历代书画，积至万有余种。签轴既繁，不无真赝，此外并宜详加别白，遴其佳者，荟萃成编。"[18] 此编工程浩大，并非一二人之力所能铸就。除《秘殿珠林》的编纂者张照、梁诗正、励宗万、张若霭等人外，另增庄有恭、裘曰修、陈邦彦、观保、董邦达五人，著录内府所藏历代书画，于乾隆十年（1745）十月编著完成《石渠宝笈》正编四十四卷。参编者张照、梁诗正、张若霭等人，不仅是词林高手，而且个个精通书画。两书共计四十七册。

又鉴于《石渠宝笈》正编的不完备，乾隆五十六年（1791），乾隆命王杰、董诰、彭元瑞、金士松、沈初、王保、瑚图礼、吴省兰、阮元、那彦成等人编撰《石渠宝笈》《秘殿珠林续编》。成书于乾隆五十八年（1793），收录正编未录，及臣工新献作品的《续编》共四十册，体例依照正编，但不再品评书画的等次，每件详加记载，并列有总目，方便了稽查。乾隆皇帝在《续纂秘殿珠林石渠宝笈序》中说："自乙丑至今癸丑，凡四十八年之间，每遇慈宫大庆、朝廷盛典，臣工所献古今书画之类及几暇涉笔者又不知其凡几，无以荟辑，日久或致舛讹。"[19]

嘉庆二十年（1815），英和、黄钺、姚文田等人奉旨编撰《秘殿珠林》《石渠宝笈》三编，至嘉庆二十一年（1816）闰六月完成。嘉庆皇帝上谕中说："朕自丙辰受玺以来，几暇怡情，惟以翰墨为事，阅时既久，至内外臣工，祝嘏抒诚，所献古今书画亦复不少。"[20]《秘殿珠林》《石渠宝笈》的编纂，经过清代四代皇帝坚持不懈的努力，前后过程长达七十四年之久，可称我国古代书画收藏史上的巨观，为后人研究收藏史、艺术史、宫廷史、书法史、绘画史提供了宝贵的史料，也为我们找寻散佚的书画提供线索。

《石渠宝笈》和《秘殿珠林》两书的编制方式，是按照书画的储藏地点，按类编撰。在乾隆八年编纂《秘殿珠林初编》之前，就由乾隆帝亲自谕旨曰：内府所藏书画"何者贮乾清宫，何者贮万寿殿、大高殿等处，分别部居，无相夺伦，俾后人披籍而知其所在。"并且以后的《秘殿珠林》和《石渠宝笈》各编的编制方式也无改动。这种体例，使我们很容易以收藏地点为线索，辑出圆明园旧藏的书画目录。

清朝皇帝在政事之暇常常和大臣们品评和鉴赏内府所藏书画作品，由于欣赏者的特殊身份，使得这种鉴赏活动有了浓厚的政治气息。清代会有多名文学侍从陪同帝王进行书画鉴赏，予以题跋、唱和，这些人多为名士、才子，"以备顾问，往代原有成例"。[21] 鉴赏活动是一个融辨别与赏识的两重过程。从现有的文字记载和书画来看，包括题签、题字、题诗与题跋等几方面。

乾隆帝在题签中添加书画品第评价，一种是在题目之下用小字注明该书画之品第，如藏于画禅室的宋江参《千里江山图》一卷，御笔题签，签上有"神品""天府珍藏""乾隆宸翰"三玺。[22]

品评文字主要分为两种，一种为品第，即"神""妙""能""逸"四品，与题签相仿。如藏于淳化轩的《王翚山水》一册，计十幅，每幅均有乾隆题字。一到十幅分别题有"秀""奇""古""闲""逸""韵""情""苍""雄""神"字。[23]

作为收藏者和欣赏者对书画进行题诗则是对书画艺术的再创作。所题诗既可与画面相关联，又表达了对画面内容由衷的喜爱。乾隆帝时期因画而题诗的情况如下，第一，吟咏人物、山水、花鸟。第二，对宗教类字画的题诗及题赞。第三，以诗论画，注重神韵。

题跋在书画鉴赏中占据重要地位，这种形式较其他三者更有深度。乾隆帝对古书画及臣工书画题跋数目不多，大约200余幅，主要涉及品评、鉴定、纪事和其他四个方面。上文提到的黄公望《富春山居图》就是最好的例子。《富春山居图》子明卷虽系赝品，但被乾隆误作真迹而宝爱有加，且在画上题跋到几乎填满所有空白，创造了中国历史上同一人在同一画中题跋最多的记录。

另现藏于波士顿美术馆的张符《出牧图》，[24] 盖有"淳化轩图书珍秘宝""淳化轩"印章，是这幅画所藏宫殿专刻的"殿座章"。原藏于圆明园含经堂的藏书楼，即淳化轩。

关于张符《出牧图》的玺印情况，依据《石渠宝笈续编》的记载，共有20枚之多，列举如下：

(1) 初编玺三：乾隆御览之宝、石渠宝笈、淳化轩；

(2) 上等品玺三：乾隆鉴赏、三希堂精鉴玺、宜子孙；

(3) 重编玺二：石渠定鉴、宝笈重编；

(4) 殿名玺二：淳化轩、淳化轩图书珍秘宝

(5) 太上皇玺三：太上皇帝、古稀天子、八征耄念之宝

(6) 嘉言玺一：寿

(7) 闲玺一：信天主人

(8) 御笔压角玺一：乾隆宸翰

(9) 御题诗钤宝二：古香、太璞

(10) 高濂题跋钤印一：剑侠

(11) 收传印记一：王古（半印）

乾隆皇帝在鉴赏方面的素养可谓独树一帜。他对收集来的许多珍贵字画名作，不仅进行摹写欣赏，还热衷于书法艺术的普及推广，命令于敏中、梁国治等大臣组织刊刻了《淳化阁帖》《三希堂法帖》等供给普通士人临摹之用。他对文物的鉴赏、整理、弘传及自己的艺术创作巧妙的结合，彰显了他儒雅的生活情趣。这对当时的书画收藏之风带来了深远的影响。

四、结语

　　圆明园旧藏的历代名人书画，是所有圆明园藏品中最珍贵的一类文物，是真正具有研究和收藏价值的艺术珍品。发掘圆明园珍品的历史文化和艺术价值，是我们弘扬民族优秀传统文化的正确方向。如果我们想要对流失于海外的书画进行追讨，势必要掌握合理的方法，深入地做好文物普查工作，掌握准确的文物信息与数据。对圆明园旧藏书画的考略，仅仅是找回文物的第一步。

　　作者简介：杨杨，男，1993 年生，浙江人，北京联合大学应用文理学院 2016 级研究生，主要从事考古学研究。胡琳方慧，女，1994 年生，河南人，北京联合大学应用文理学院 2016 级研究生，主要从事考古学研究。

注释：

[1] [清] 鄂尔泰，[清] 张廷玉：《国朝宫史》卷 11，北京古籍出版社，1987，第 199 页。

[2] [清] 谈迁撰，汪北平点校：《北游录》，中华书局，1960，第 66—67 页。

[3] 《清代内阁大库散佚满文档案选编》，天津古籍出版社，1992，第 182 页。

[4] 同上，第 217 页。

[5] 《石渠宝笈》卷 42《画禅室·宋米友仁潇湘图》，第 1230 页。

[6] 《石渠宝笈》卷 42《画禅室·元黄公望富春山居图》，第 1241 页。

[7] 《石渠宝笈》，上谕。

[8] [清] 张照等编：《秘殿珠林石渠宝笈汇编》第 3 册，北京出版社，2004 年，第 1 页。

[9] [清] 张照等编：《秘殿珠林石渠宝笈汇编》第 8 册，第 4 页。

[10] 《石渠宝笈续编·淳化轩藏》，《续修四库全书》第 1073 册，第 505 页。

[11] 同上，第 635 页。

[12] 同上，第 637 页。

[13] 同上，第 669 页。

[14] 同上，第 595 页。

[15] [清] 胡敬：《国朝院画录》序，《续修四库全书》第 1082 册，第 31 页。

[16] 中国圆明园学会编：《圆明园四十景图咏》，中国建筑工业出版社，1985。

[17] 同上。

[18] 《石渠宝笈》上谕,《文渊阁四库全书》第 824 册,第 1 页。

[19] [清] 张照等编:《秘殿珠林石渠宝笈汇编》第 3 册,第 1 页。

[20] 同上,第 4 页。

[21] 《大清会典事例》卷 1048,翰林院,《续修四库全书》第 812 册,第 498 页。

[22] 《石渠宝笈》卷 42,第 1237 页。

[23] 《石渠宝笈》卷 44,第 1290 页。

[24] 波士顿美术馆编:《来自龙国的故事:千年中国画》(*Tales from the Land of Dragons: 1,000 Years of Chinese Painting*),波士顿美术馆出版(MFA Publications),2003,第 130 号。

圆明园含经堂遗址出土地天母铜像考

魏嘉臻　白　艺

　　圆明园含经堂遗址出土一件铜制佛像（编号为 H–T0918:1），发掘报告将这一器物归类为"无量寿佛"。含经堂遗址出土"铜佛像"仅此一件，该铜佛像出土于"神心妙达"戏楼东宫墙外垫土中，其造型为结跏趺坐于莲花台上，着天冠，梳高髻，颈戴项圈，袒胸，身披璎珞。右手捧宝瓶，左手作禅定印。在莲花座底缘中间，有细线阴刻楷书"地天母"三字。器型完整，通高 15.4 厘米，底座宽 12.5 厘米，厚 9 厘米（图 1）。

图 1　含经堂遗址出土"地天母"铜像
（图片来源：作者提供，下同）

报告根据此器物的形态将其定名为"无量寿佛",但笔者认为此造像为"地天母菩萨"像而非无量寿佛像,现将推测过程一一详述于下。

首先,造像底座刻有其名字"地天母"。关于地天母的来源,布顿大师著《佛教史大宝藏论》第四总纲戊二中有:"……菩萨说道:'这大地是我的作证者。'一面用右手压地,一面作偈道:'众生住处是此地,动静平等无爱憎,此地作证我无诳,对此汝须作我证。'说偈已毕,大地顿起六种震动,此时,'地坚母'即从金刚际(即金刚地基的底基)的地缝中现出半身,合掌对佛说道:'如世尊所说,真实不虚,我亲见此。世尊即成为人天大众世间之作证者。'说后,遂入土不见。"[1]这是藏传佛教经典中对于"地坚母"的描述,书中解释在魔王问佛何能作证时,地坚母从地涌出为大佛证,地坚母是世界大地之神。故事中所讲的"地坚母"应该就是"地天母",由此可见地天母是佛陀成佛时证明佛陀福业功德的见证人,是掌管大地的神祇。在各版"降魔成佛事业"这一情节中皆有地神的出现,这应该就是地天母这一形象的最初来源。

《大日经疏·入漫荼罗具缘真言品第二》[2]:"如释迦牟尼佛。初坐道场时谓魔王言。汝由先世作一无尽施故。今得自在天主之身。然我从无量劫来。修如是大施不可胜数。乃至身肉手足亦无所恪。云何与我较其优劣耶。魔言。我所作福汝已为证。汝之福业谁当证明。若无证者即堕负处也。菩萨尔时申右手指地说实言。我本于此地上行菩萨道。种种难行苦行地神证知。当知此指即是身密印也。尔时无量地神从地踊出。现其半身而作证明。魔王军众由是退散。""地神是女天,女是三摩地义,即是大日世尊护持一切众生心地三昧也。"[3]这是汉传佛教中对地神的描述,其描述经过与藏传佛教的地天母完全相同,坚牢地神即坚牢地天。

丁福保《佛学大辞典》:一作坚牢地神、坚牢地祇、坚牢地天,大地神女之名。其解为地之坚牢与神之不坏也。见《金光明最胜王经》《地藏菩萨本愿经》卷下"坚牢地神品第十一"。形象为肉色女形,左手持钵,钵中盛鲜花。其后形象,右手掬而当心,左手亦掬而当股。《最胜王经八》曰:"此大地神女,名曰坚牢。"《嘉祥金光明疏》曰:"神能持地使令不坏,因地受称。"《金光明经》有"坚牢地神品第九"。"诸天传"下,有"坚牢地神传"。《大藏经·坚牢地天仪轨》一卷,唐善无畏译。

坚牢地天原为古代印度所信奉崇拜的神祇,有地神、地天等多个异名。《大唐西域记》卷八:"昔如来之将证佛果。天魔来娆地神告至。其一先出助佛降魔。如来告曰。汝勿忧怖。吾以忍力降彼必矣。魔王曰。谁为明证。如来乃垂手指地言。此有证。是时第二地神踊出作证。故今像手仿昔下垂。众知灵鉴莫不悲感。"

从资料中可以看出，藏传佛教中的地天母就是印度佛教传入内地后汉传佛教中的坚牢地天，是一位掌管大地的女性的菩萨形象。北京大觉寺、大慧寺都供奉有坚牢地天，其皆为汉化形象（图2）。

图 2　大觉寺坚牢地天神像

佛与菩萨不能混为一谈。无量寿佛藏语称"瑟巴麦"，亦称无量光佛，梵文音译"阿弥多度斯"，即"阿弥陀佛"化现之身。据鸠摩罗什译之《阿弥陀经》载，此佛光明无量、寿命无量，故称阿弥陀佛。然据梵本《阿弥陀经》及《称赞净土佛摄受经》载，此佛寿命无数、妙光无边，故称无量寿佛、无量光佛。在西藏，无量寿和无量光是分开的，相互独立的礼佛系统，这样的系统是经过前弘期汉地对无量光的崇拜和后弘期汉地对无量寿崇拜的影响下形成的，[4] 也就是说无量寿佛和无量光佛早期在西藏并不流行，其是在藏汉文化交流后受汉传佛教影响下开始流行的。无量寿佛在西藏很常见，而无量光佛很少。

其次，此件造像的造型在报告中有如下描述：结跏趺坐于莲花台上，着天冠，梳高髻，颈戴项圈，袒胸，身披璎珞。右手捧宝瓶，左手作禅定印。然笔者认为报告此处对于手印的判定有谬误。

手印是指用十指结出种种形状，是佛教仪轨规范之表记。常见的手印包括施无畏印、转法轮印、触地印、禅定印、施愿印。在《佛教诸尊手印》中有释：禅定印两手悉展五指，左掌叠于右掌下，呈思维之相，又作法界定印（图3）。

图3　禅定印

　　密教中，禅定定印五部各异：1. 佛部为法界定印，即是上述结印。2. 莲华部为妙观察智印，以二手之拇指、食指相捻，二手缚仰置于脐下，即弥陀所契之印相。3. 金刚部为三昧印，以二手缚仰，二拇指互拄。4. 宝部为三瓣宝珠定印，先结弥陀印，再以二食指拄二拇指之第一指节，作三瓣宝珠状。5. 羯磨部为羯磨印，为左右两手外缚，各以大、小指之端相拄，安于膝上。五部之印相虽然有别，然各部实不二而一，故于五部之常法中，皆用法界定印（禅定印），或诸印可以互相通用。惟胎藏界法一般用此印，金刚界法则用金刚部定印。[5] 含经堂出土的这尊造像微微颔首，身体侧倾，而其右手置于胸前托宝瓶，左手展开朝外于瓶后做护持状，双手所结印与密教禅定印形象不符。因此，笔者认为该造像的手印并非禅定印，也不属于密教五部中的任何一类禅定印的结印。

　　清代宫廷受藏传佛教影响颇大，例如承德皇家寺庙群外八庙就是一个藏传佛教寺庙建筑群，是清朝康熙皇帝和乾隆皇帝为了加强民族团结、巩固边防的民族宗教政策的体现。清宫在承德陆续修建了12座皇家藏传佛教寺庙，在每一座寺庙里都供奉着工艺精湛、造型优美的各类佛像，在普陀宗圣庙中就有千佛阁。乾隆皇帝六十寿辰之际，当时各少数民族王公贵族为了向皇帝祝寿，一致要求贡献千尊无量寿佛。不仅是铜造像，传世的乾隆御窑烧制的菩萨装粉彩无量寿佛已有多件，在《清宫藏藏传佛教文物》中，根据清宫档案记载，乾隆十二、十三年间，乾隆帝数次命唐英根据木样烧造瓷制观音像。如乾隆十三年六月二十二日，唐英觐见乾隆面奉谕旨："着烧造青花五彩观音菩萨一尊。"[6] 在皇帝及太后寿辰等特殊节日之际更是要烧制无量寿佛造像作为寿礼或贺礼等，无量寿佛的烧造数量达到了顶峰（图4、图5）。无量寿佛的形象一致、数量多，甚至凡是这一形象的造像已经被归为了"无量寿佛"一大类，以至于这尊地天母菩萨像也被混淆成无量寿佛像。

图 4　清代无量寿佛鎏金铜像　　　　　　　　　图 5　清代莲花座无量寿佛

　　也因此圆明园乃至北京地区皆有多个藏传佛教因素的庙宇，如上文中提到的大觉寺等，地天母应是宫中保留的藏传佛教地神形象，其很有可能是原供奉在圆明园

图 6　故宫梵华楼藏地天母铜像　　　　　　　图 7　圆明园含经堂出土地天母铜像

梵香楼的佛像之一。梵香楼在清宫档案中被称作"六品佛楼",[7] 是藏传佛教的一种佛堂建筑,清代自乾隆年间开始共修建过八处六品佛楼,紫禁城内有四处、长春园含经堂一处、承德避暑山庄与外八庙有三处,据《内务府造办处活计档》记载,梵香楼内部陈设以紫禁城内慧曜楼为蓝本,局部略作改动,[8] 而位于紫禁城内,修建于乾隆三十七年的梵华楼室内陈设现今大部分仍保存完好,其中同样有一尊"地天母"铜造像。将梵华楼这件地天母造像(图6)与圆明园含经堂出土地天母铜造像(图7)比较可以看出:除造像正面底座上方中间刻有"大清乾隆年敬造"款识的位置已模糊不清外,圆明园出土地天母造像与梵华楼地天母造像形态外观基本相同。

综上所述,圆明园含经堂遗址出土的这件"无量寿佛像"应为"地天母菩萨像",应是原供奉在长春园含经堂梵香楼的地天母铜造像,既不是佛像也不存在是借"无量寿佛"形象的地天母像的可能性。

作者简介:魏嘉臻,女,1992年生,北京人,北京联合大学应用文理学院2016级研究生,主要从事考古学研究。白艺,女,1994年生,北京人,北京联合大学应用文理学院2016级研究生,主要从事考古学研究。

注释:

[1] (释)布顿著,郭和卿译:《佛教史大宝藏论》,民族出版社,1986,第84页。

[2] 《大日经疏》,毗卢出版社,2011。

[3] 丁福保:《佛学大辞典》,上海书店出版社,1991。

[4] 李翎:《藏传佛教阿弥陀像研究》,《中国藏学》,2004年第2期。

[5] 李弘学:《佛教诸尊手印》,巴蜀书社,2003。

[6] 谷新春:《洛阳博物馆藏原慈宁宫大佛堂无量寿佛造像》,《收藏家》,2013年第3期。

[7] 罗文华:《清宫六品佛楼模式的形成》,《故宫博物院院刊》,2000年第4期。

[8] 陈辉:《圆明园梵香楼遗珍——"地天母"铜像》,《中国艺术报》,2016年5月18日。

当时只道是寻常

——圆明园事业十年回顾与观察

张　超

　　2006 年 7 月我进入圆明园管理处工作，彼时，甚嚣尘上的"圆明园防渗事件"在媒体上已经沸沸扬扬了一年之久，引发了一场旷日持久的舆论风暴，使得圆明园话题一时十分敏感，正是在这种令人难以忘怀的舆论氛围下，我与圆明园结缘了。2016 年 8 月我调动工作，离开了圆明园，其间整整十年。十年说长不长说短不短，我目睹了圆明园的发展变化，同时也参与了一些具体工作，现在想来都很有感触。这十年是圆明园快速发展的十年，长足进步的十年，我为自己能参与其中而感到自豪。需要说明的是，这里所说的"回顾"，当然是指自身所经历、所见证的，这里所说的"观察"，则不单单是对圆明园遗址公园或圆明园管理处工作情况的观察，而是着眼于整个圆明园事业，立足于十年来各级领导、管理机构、专家学者、行业主管部门及社会各界为圆明园遗址的保护、传承、利用与发展事业所进行的不懈努力、主要成果及经验教训，观察的对象既是有形、具象的圆明园，同时也是文化概念上的圆明园，是包含"盛时圆明园""圆明园遗址"和"圆明园遗址公园"等概念的"大圆明园"。十年来，围绕着广义上的"大圆明园"，发生了很多的事，笔者在此记录的尽管是流水账式的所闻所见，但仍然是很不全面的，只能寄望管中窥豹，略见一斑，或者能够算是某种意义上的"备忘录"吧。

一、十年回望与观察

（一）文物遗址保护

文物工作是圆明园最根本的工作，也是整个遗址公园的基础，必须兢兢业业、常抓不懈。2006年，根据《文物保护法》关于四有档案（有保护范围、有保护标志、有记录档案和有保管机构）的要求，圆明园管理处启动了记录档案整理工作，对圆明园档案文献及图片资料进行系统梳理，初步建立了完整性的记录档案。园内出土文物的整理和展示也取得进展，圆明园管理处还与中国文物保护基金会尝试开展了部分文物的修复工作。管理处对于园内室外原址存放的部分石刻文物也进行了加固，并采用了玻璃罩防护措施，对于代表性的石刻文物还建立了登记造册和日常巡查制度。2007年，圆明园管理处正式启动圆明园流散文物回归项目，流散文物回归取得积极进展，先后有数十件流散于北京地区的石刻文物回归园内。2009年，圆明园管理处发起俗称为"海外寻宝"的圆明园流散文物信息和研究资料全球收集项目。2013年6月，经各方不懈努力，圆明园十二生肖铜兽首中的鼠首和兔首历尽波折得以回归国内，被收藏于国家博物馆，中共中央政治局委员、国务院副总理刘延东出席了回归捐赠仪式。

近年来，管理处配合九州景区环境整治先后修复了南大桥、如意桥、棕亭桥、鸣玉溪桥和一孔桥。正觉寺是圆明园唯一一座保留至今的古建筑群，经过九年的修复，于2011年7月6日对公众开放，并获北京市结构长城杯工程金奖，成为圆明园文物保护的一个样板。开放后的正觉寺主要用作展览展示空间，除布置圆明园文化展基本陈列，展示部分文物外，还经常举办各种文化展览和旅游文化活动，成为传播圆明园文化的一个重要窗口。

长春园的正宫门和正殿遗址保护工作取得重要成果，先是宫门修复完成，其后正殿澹怀堂遗址完成考古发掘，并完善了遗址展陈设施，配备了牌示解读系统。西洋楼木栈道建设、海晏堂蓄水楼台基保护项目顺利完成，西洋楼遗址保护与环境建设水平明显提升。圆明园大宫门是历史上圆明三园的正门，大宫门广场和内外朝房是部院衙门值房聚集地，大宫门内就是御园正衙正大光明殿，因此这里是圆明园前朝后寝格局中的政务设施核心区，地位极为重要，但截至目前，绮春园宫门和长春园宫门都已修复完成并对外开放，唯独最为重要的大宫门仍以遗址面貌示人。经过多年不断努力，大宫门保护修复项目已经纳入议事日程，开始履行申报程序，并逐步开展修复方案编制工作。

圆明园管理处联合北京市文物研究所精心制订了圆明园考古工作规划，致力于摸清圆明园地下基本情况，全园考古工作有序开展，并取得丰富成果，为科学保护遗址提供了依据。其中，西洋楼考古现场还定期对公众开放，广大游客和周边中小学生得以近距离接触神秘的考古，在了解考古知识的同时也增进了对圆明园的认识。

（二）爱国主义教育

爱国主义教育是圆明园核心工作之一。时间进入 21 世纪，圆明园爱国主义教育功能的发挥，形式上需要"不变"与"变"，所谓不变就是通过对遗址的参观凭吊，使人们得以回望历史、知耻后勇、涤荡心灵、励志报国的过程。所谓变，就是开始探索教育形式和教育内容的创新，从较单纯的国耻教育和历史悲情教育为主，转变为国耻教育和历史文化魅力教育并重，通过民族屈辱史与文化魅力两方面开展爱国主义教育。

西洋楼遗址触目惊心的宏大遗址群落，极易引发人们的历史思索和家国情怀。前来这里接受教育的入队、入团、入党、入伍等群体络绎不绝。近年来，清华附中、一〇一中学等学校多次在大水法遗址举行中学生成人礼，以独特的方式使 18 岁的青年铭记"不忘国耻、振兴中华"的社会责任和民族使命。清华附中还把圆明园遗址作为历史教学第二课堂，进行现场教学。位于西洋楼遗址区的圆明园展览馆重新改造，并充实了展示内容，增加了科技展示手段，室内展览与室外断壁残垣的结合，使参观者易于受到强烈的震撼。西洋楼遗址区已成为市民群众、外地游客凭吊遗址、反思历史的必到之地。

每年 10 月的圆明园罹难纪念日前后，有关部门均举行纪念活动，缅怀历史，呼唤和平。除每年 9 月第三个星期六全民"国防教育日"遗址公园免费对公众开放外，自 2012 年开始，每年 6 月第二个星期六的"中国文化遗产日"，自 2016 年开始，每年 10 月 18 日的"圆明园罹劫纪念日"，圆明园遗址公园也面向社会免费开放，借此让更多的人走近遗址，了解传统文化，激发爱国情怀。

为贯彻中央领导视察圆明园时的指导意见，海淀区启动了以圆明园为主题的乡土课程，编制中学版、小学版《走近圆明园》校本教材，面向全区中小学开展特色课堂，从小开始对青少年进行润物细无声的爱国情感教育。海淀区还建设"圆明园廉政教育基地"，举办"廉兴腐衰鉴圆明——圆明园清代勤政廉政文化展"，通过勤政廉政与渎职腐败两方面的鲜明对比，发挥圆明园文化资政育人的社会作用，呼吁党员领导干部勤政爱民，奋发图强，从过往历史中汲取经验教训，为实现中华民族伟大复兴的中国梦而勤勉工作。

2015年10月，圆明园管理处开始探索、策划以圆明园为聚焦点，以中国历史尤其是近代史为背景的爱国主题展，拟借鉴国家博物馆"复兴之路"基本陈列模式，以"圆明之殇、近代之败、璀璨文明、民族精神、未来之梦"五部分为主题展览内容，建设圆明园爱国主义教育主题展，使之与圆明园历史文化展并行，成为圆明园的两大基本陈列。同时，爱国主义教育展也可走出北京，面向老少边穷和红色地区进行巡展，以扩大展览的受众面和影响力。

（三）景观环境建设

在前期工作的基础上，圆明园继续巩固"迁出去、围起来、管起来"的工作成果。盛时圆明园的核心区域九州景区，以及西北部景区对外开放，达成了使盛时圆明三园除一〇一中学校园外全部开放的目标。绮春园宫门广场、长春园宫门广场、正觉寺门前广场、曲院风荷东侧九州广场、涵秋馆遗址、藻园门区域，经过整治，面貌焕然一新，不仅美化了园林环境，而且为开展旅游文化活动奠定了基础。绮春园宫门、长春园宫门、正觉寺等建筑亮化工程的完成，也使圆明园景观在白天与夜晚结合方面有所突破。园内道路、牌示、厕所、保洁、路椅等设施不断完善，圆明园遗址公园也顺利获评为国家4A级旅游景区，并启动了争创5A工作。

正觉寺区域建设为展览展示场所，西洋楼展览馆改造完成并重新布展，同乐园区域布置历史文化展，三园交界处设置了专门的旅游纪念品销售中心并配合设立特色展览，园内道路沿线如西洋楼遗址区、三园交界处也不时举办圆明园四季景观及历史文化方面的展览，凡此都扩充了圆明园的展览展示空间，丰富了展示手段和内容，使游客有了更多的获得感，增添了圆明园作为历史名园的文化氛围。

经历防渗风波后，圆明园水生态治理和水环境建设取得喜人成绩，山清水秀、景色优美，局部地区甚至会给人以"湿地"的感觉，圆明园再次成为实实在在的"水景园"。每年春夏，圆明园游船如约开放，游客可以荡漾湖中，流连于湖光山色之中。特别是荷花盛开之际，水中赏荷，别具情趣。长春园狮子林南侧水域独处一隅、环境清幽，自2008年起就吸引了数只黑天鹅在此繁衍生息，迄今已有八年，黑天鹅也成为圆明园遗址新面貌的形象代表。

圆明园植物景观建设也有不小进步，如春天在西部地区规模性种植应季花卉，在含经堂遗址、藻园遗址周边大面积种植牡丹，形成了牡丹花海的景观效果。在镂月开云牡丹台遗址上栽种了从山东菏泽地区移植的数棵百年牡丹，这与牡丹台的景观渊源实现了对接，游客可以回想当年康雍乾三代皇帝在此赏牡丹的盛况。每年夏季，400多种的荷花、睡莲与各种水生植物遍布园内2000多亩的水面上，圆明园成为北京地区荷花种植面积最大、荷花品种最丰富的景区。秋季，游客在圆明园可欣赏到标本菊、什锦菊、多头菊、悬崖菊等各色姿韵的菊花，而菊花展上以菊花为元素搭建的园林景观小品更是受到欢迎，使人们流连忘返。

近年来，随着园内员工结构的优化和票务、保洁、安保等工作的逐步社会化，圆明园人的人文素养与精神风貌有显著提升，旅游服务更加精细化和人性化，圆明园人文环境有较大进步。为践行以人为本的服务理念，圆明园管理处加强对园内经营秩序及生产秩序的管理，积极谋划将管理处办公场所陆续搬至非开放区，逐步实现了工作区域和参观游览区域的分离，提升了景区环境质量。

（四）旅游事业发展

为发挥遗址公园在参观、游览、休憩方面的功能，圆明园管理处深入挖掘历史文化，并使之与特定的时间节点、季节性园林花卉有机结合，精心探索旅游文化活动的品牌化、系列化之路。陆续举办了春季踏青节、夏季荷花节、秋季皇家文化节、冬季皇家庙会等四季活动，其中的踏青节、荷花节已连续举办多届，丰富了周边市民群众的业余文化生活，发挥了公共文化空间的功能，具备了一定的品牌效应。春踏青、夏观荷、秋赏菊、冬戏雪，每个节庆活动都由一系列项目组成，这些项目注重体验性和参与性，注重知识性和趣味性，深受游客的欢迎。

自1993年以来，每年一届的"圆明园荷花节"已经成为国内外规模最大、品种最多的荷花盛典之一，"圆明园荷花节"曾被评为北京市十大品牌旅游文化活动之一。2008年，圆明园管理处与中国花卉协会荷花分会联合举办了第24届中国荷花展，吸引了国内外有关机构前来参展，产生了良好的生态效益和社会效益。每年皇家庙会期间，根据历史背景创作的冰嬉活动，也很受游客喜爱。圆明园也不定期地举办各种特色旅游文化活动，如端午诗会、金秋戏曲季、征文大赛、摄影大赛等。

圆明园历史底蕴深厚，虚拟文化资源丰富，文化创意产业潜力巨大。旅游文化纪念品作为圆明园文化的物质载体，从无到有，从粗到精，也取得了喜人的成果。圆明园管理处注重加强知识产权保护，先后进行了多种商标的注册，同时通过监制、授权、与文创公司联合开发等形式，开展文创产品研发，并举办圆明园文化创意产品设计大赛，向公众征集创意设计。经过多年积累，圆明园文创产品中的清帝五福、十二生肖、荷叶茶等很受游客欢迎，成为受众广泛的圆明园文化符号。

北京地铁四号线开通并设置圆明园站，从交通上极大地便利了游客来园参观。藻园门的开通便利了从圆明园西南出入的游客，也利于从旅游角度对接颐和园。圆明园游客服务中心也从无到有，从小到大，设施设备逐渐完善，可为游客参观提供多语言讲解和其他人性化服务。而园内设置的多块大型 LED 显示屏则使得游客可以更便捷获得参观游览信息和历史文化知识。

2009 年"圆明园盛时模型展"被评为"北京市十大品牌展览"之一，圆明园盛时模型展班组被评为北京市青年文明号。2009 年 10 月，在北京市旅游局组织的"新北京十六景"评选活动中，圆明园和故宫、颐和园、长城等入选，圆明园也成为代表北京魅力的十六张名片之一。圆明园来园游客逐年递增，旅游综合收入也有显著提高，2016 年共接待游客 856 万人次，旅游综合收入达到历史性的 7539 万元。

（五）文化研究

圆明园研究工作，延续之前的良好趋势，走向了新的高峰，研究水平有大幅提升，成果喜人。圆明园管理处组织出版了《圆明园百景图志》《圆明园园林艺术》《圆明园胜景》《圆明园流散文物》《圆明重光——圆明园研究文集》《圆明园劫难记忆译丛》等重点图书。凝聚张恩荫先生多年心血的《圆明园百景图志》是圆明园研究领域一部百科全书式的高水平力作，对圆明园百余组景群的景观特点、文化内涵及兴衰变迁进行了深入的考察。《圆明园劫难记忆译丛》（共 28 册）集中问世，为研究圆明园大劫难的历史脉络及相关细节提供了西方角度的史料依据。圆明园管理处主办的《圆明园研究》交流刊物复刊，并已编印至 36 期，为研究人员和兴趣爱好者搭建了交流平台。

一些高校也投入力量积极进行圆明园研究，如清华大学建筑学院、中国人民大学清史研究所、天津大学建筑学院、北京联合大学三山五园研究院、北京林业大学园林学院等，圆明园研究蔚然成风、高潮迭起。清华大学郭黛姮教授研究团队十余年如一日，扎根于圆明园建筑及景观的数字复原，数字圆明园研发取得重大突破，目前已完成圆明园百景中近五十景的数字化。越来越多的研究人员，包括国外学者对圆明园研究的关注，不能不说是圆明园的学术魅力使然。有的学者甚至借鉴"敦煌学""故宫学""避暑山庄学"等概念，提出"圆明园学"的概念，并从学术上给予初步探讨和论证。

圆明园管理处与中国人民大学清史研究所联合共建清代皇家园林研究中心，搭建理论与实践、研究与工作良性互动的平台，编发了《清代皇家园林研究通讯》交流刊物，该中心近年来又吸纳了颐和园、中国园林博物馆等单位，在整合研究力量方面取得积极进展。中共海淀区委宣传部与北京联合大学共建了三山五园研究院，建设了三山五园文献馆，举办了几次较大规模的学术研讨会，并进行了一系列的课题研究，成果丰硕。海淀区文化发展促进中心牵头组织了系列丛书的出版工作，如《清代三山五园史事编年（上下卷）》《圆明园揽胜》《海外三山五园研究译丛》《三山五园新探》等。中国圆明园学会主办的《圆明园》学刊也新编近 10 期，扩大了学会的学术影响力。2007 年 10 月 18—20 日，中国圆明园学会主办了"圆明园建园三百周年国际学术研讨会"，国内外 300 余位专家学者参会，并就相关问题进行了深入研讨。此次会议的重要成果之一是在学界再次确认了"圆明园始建于 1707 年（康熙四十六年）"这样一个历史事实，从此圆明园的始建年代问题基本形成了共识。

此外，一些代表性图书的出版既是研究成果的体现，同时又反过来推动了研究的进一步深化。郭黛姮教授的《乾隆御品圆明园》从乾隆皇帝视角论述了圆明园的景观和建筑文化内涵，郭教授主编的《远逝的辉煌——圆明园建筑园林研究与保护》综合反映了清华大学建筑学院关于圆明园研究的主要成果，具有突出的学术价值；王道成教授主编的《圆明园重建大争辩》就围绕圆明园重建方面的不同观点及其争鸣性文章进行了整理汇编，使读者对相关争辩情况有基本的了解；贾珺教授的《圆明园园林艺术探微》将圆明园园林艺术研究推上了新高度；刘阳的《谁收藏了圆明园》系统梳理了圆明园流散文物，并进行了深入的考证；张超的《家国天下——圆明园的景观、政治与文化》对圆明园的兴建及运营管理、景观及文化内涵、清帝居园理政及皇家园居生活，以及圆明园的兴衰演变展开了论述，对圆明园进行了较为综合的把握；吴祥艳等主编的《圆明园植物景观复原图说》对圆明园的历史园林植被进行了系统研究，并针对遗址公园景观配置提出了建议；郭黛姮、贺艳主编的《圆明园的记忆遗产：样式房图档》对圆明园的主要设计者——样式雷家族进行了研究，并对样式房图档展开了细致分析，对圆明园的建筑文化研究是一个有力推动。

（六）文化传播

圆明园清史书店最初由中国人民大学清史研究所与圆明园管理处倡议成立，2007 年 4 月 28 日正式对外营业，清史书店由圆明园管理处运营，主营清史类书籍和圆明园主题图书，同时兼营国学、艺术、历史文化类书籍和圆明园文创产品，在传播清代历史文化和圆明园文化方面发挥了重要作用，丰富了圆明园的文化气息，成为遗址公园的独特风景和展示圆明园文化的窗口，成为北大清华圆明园区域一个新的文化地标，很多市民群众更是慕名而来。

10月18日是圆明园罹难纪念日，中国人民对此从未忘记，管理机构和学术界每年都举办不同形式的纪念活动。2010年，圆明园大劫难已经过去了整整一个半世纪，为纪念圆明园罹难150周年，海淀区委区政府以"和平、合作、和谐"为主题，举办了系列活动，包括展览、座谈会、图书出版、主题晚会等，产生了良好的文化效益和社会效益，激发了市民群众知耻后勇的爱国热情和文化遗产保护热情。这一纪念活动是圆明园文化的一次规模性传播，为圆明园后续发展创造了有利契机。

2010年以来，有关各方更加重视圆明园对外展览交流工作，先后在德国柏林、俄罗斯莫斯科、英国利物浦、法国巴黎举办"圆明重光——圆明园文化巡展"，并在国内南京、南宁、福州、海口、杭州、济南、北京、香港、台湾等地举办圆明园文化展。这些展览以文物、建筑模型、图文展板为主，同时采用了不少新科技手段，包括数字展示等，展示内容丰富立体，展示手段新颖别致，提升了圆明园的知名度和美誉度，众多媒体积极报道，在国内外传播了圆明园文化，使人们突破了对圆明园的固有认识，甚至一度在国外引发了不小的"中国文化热"。中共海淀区委宣传部还多次牵头，在每年的北京文博会上推出圆明园主题的科技展示，利用数字技术手段，让观众体验圆明园的盛时美景。可以说，与之前相比，圆明园的展览展示活动有了显著的进步，办展的意识更为主动和积极，真正实现了"走出去"，展览的内容、形式，策展布展机制都有很大创新。

由金铁木执导的史诗纪录电影《圆明园》2007年发行播映，该剧对圆明园的政治地位、清帝在园居住理政、圆明园的建筑景观，以及圆明园大劫难的始末都有比较客观的介绍，一时间好评如潮，成为堪与香港导演李翰祥执导的《火烧圆明园》相媲美的影视佳作，创作方以剧本为基础先后出版了两本图书，该剧在社会上又引发了一波圆明园文化的热潮。近年来，央视《探索发现》《国宝档案》等栏目编制了不少圆明园题材的作品。2015年7月，国家大剧院排演了话剧《样式雷》，为人们了解圆明园提供了一个独到的认识角度，受到广泛关注，2016年3月该剧再次复排上演。由著名导演陈维亚执导的大型舞台剧《情天恨海圆明园》以圆明园历史为背景讲述了一个凄美的爱情故事，尽管属于文艺创作，但是对于圆明园文化的宣传来说也是难得的作品，该剧2001年演出时即受到好评，2015年北京歌剧舞剧院进行复排，并在天桥剧场和国家大剧院演出，效果令人瞩目。

令人印象深刻的是，十年前，除了建立官方网站，圆明园文化的传播渠道主要依靠广播、电视、报刊等传统媒体，十年来随着互联网的快速发展，博客、微博、微信等新媒体传播手段也方兴未艾，以其短平快的传播特点，开始成为圆明园文化推广的加速器。这促使我们意识到，在我们为传播手段的升级创新而欢欣鼓舞的同时，也需牢记，在圆明园文化传播领域，会长期是"内容为王"的，所以圆明园文化研究工作仍然任重道远。

（七）战略思考与规划

1. 对圆明园价值与功能的认识不断深化

十年来，人民群众、专家学者和管理机构对圆明园的认识不断深化，已经有了突破性的进展，人们不再是简单地就圆明园说圆明园，而是开始注重从宏观上、从传统与现代角度、从东西文明交流互动角度、从三百多年来的中国大历史、从大遗址保护、从北京历史文化名城保护建设、从北京世界城市建设、从中华文化复兴角度等更为宽广的视野来把握圆明园。

由北京城市规划设计研究院编制的《圆明园遗址公园规划》分别于 2000 年、2001 年获国家文物局和北京市政府批复同意，其核心要义是具体提出了圆明园遗址所具有的教育、科研、交流、休憩四大功能价值。这一规划代表了几代人对圆明园的认识水平，也是几十年经验教训的总结，具有较强的宏观指导意义。该规划的获批使圆明园文化遗产保护与发展事业有章可循，逐步走上了规范化轨道。管理部门积极宣传该规划，并依据规划开展了大量工作，在工作过程中，这一规划的科学性和权威性得到了充分认可，规划的指导思想和核心要义也被更多的人所接受。

与北京圆明园研究会会长郭黛姮教授倡导"圆明园学"相呼应，有的科研机构（如北京联合大学三山五园研究院）和研究人员开始以"文化谱系的构建"来进行专门的课题研究，试图从学理上探讨"圆明园学"的内涵、外延，及其价值。圆明园管理处对于圆明园价值与功能的认识也更为清晰、更具高度，曾形成过"多元价值、多重身份、多种功能"的语言表述，并在这一理念的指引下制定过圆明园十二五时期发展规划、十三五时期发展规划等颇具宏观视野和战略眼光的发展思路。

2. 建设三山五园历史文化景区

2012 年 6 月 29 日，中共北京市第十一次党代会报告明确把推动海淀三山五园历史文化景区建设列为北京历史文化名城保护的重要组成部分。海淀区积极行动、主动作为，为此进行了不懈的努力，在规划、研究、宣传及园外环境整治、园内文物保护等方面做了大量工作，成果显著。这其中值得一提的指标是，几年前"三山五园"还是一个颇有些争议的学术概念，如今"三山五园"已经频繁见诸新闻媒体，成为一个工作范畴的概念，而被越来越多的人所认可和接纳，这种变化是显而易见的。

中共海淀区委宣传部、海淀区文化发展促进中心与北京大学文化产业研究院密切合作，连续多年借助每年伊始的"中国文化产业新年论坛"平台，举办了多次"三山五园对话会"，在对话会上有关部门的领导、专家学者、从事文化产业的企业家代表，以及三山五园管理机构的代表就三山五园的战略定位、建设思路、典型案例等进行深入研讨，取得了丰硕的理论成果，提高了认识，扩大了共识，廓清了疑惑，明确了思路。

2017 年初，指导北京发展的《北京城市总体规划（2016 年—2030 年）》（草案）编制完成，并于 3 月 29 日至 4 月 27 日面向公众征求意见。该规划草案明确提出，将"三山五园"作为与北京旧城并行的北京历史文化名城建设的两大重点区域，这是对"三山五园"价值和地位的再次确认，具有极高的宏观指导意义。

3. 建设圆明园国家考古遗址公园

评选、确立国家考古遗址公园是国家文物局为探索我国文化大遗址科学保护路径而做出的重要部署，是一个系统工程，是我国文化遗产保护事业的重大举措，意义深远。2010 年 10 月，国家文物局公布首批十二家国家考古遗址公园名单，圆明园位列其中，这就从国家公园的高度对圆明园进行了宏观定位，从此，建设具有世界影响力的国家考古遗址公园逐步被确立为一个新的奋斗目标。

2012 年 6 月，圆明园成功举办国家考古遗址公园联盟第二届联席会议，这次会议的主题是：高效保护，和谐共生，回报社会。国内 30 余家大遗址的管理机构负责人莅临参会，国家文物局派员指导，与会同行就大遗址保护、建设及发展思路集思广益、充分交流，取得了多项成果，会议扩大了圆明园在业界的影响力。2013 年 6 月，圆明园管理处委托北京清华同衡规划设计研究院有限公司开始编制《圆明园国家考古遗址公园规划》，规划旨在深化 2000 年《圆明园遗址公园规划》内容，编制重点在于更加重视规划的可操作性，从而为圆明园国家考古遗址公园建设与管理提供具体、详实的方案。

4. 西山文化带

《北京市"十三五"时期加强全国文化中心建设规划》提出："发挥京津冀地域相近、文脉相亲的地缘优势，统筹推动长城文化带、运河文化带、西山文化带建设，实现历史文化遗产连片、成线整体保护"，由此"推进长城文化带、西山文化带、运河文化带的保护利用"被列入了北京文化建设方面的主要任务。

北京从西南太行山余脉到东北的燕山山脉三面环山，历史上的"西山"泛指京西南太行山余脉"大西山"和京西石景山八大处至香山及部分山前地带的"小西山"。西山文化带涵盖二者范围，涉及昌平、海淀、石景山、门头沟等区，覆盖了从史前至当代漫长的历史时期，文化遗产十分丰富，基本可概括为五大特征，即：以清代"三山五园"为代表的特征鲜明的皇家文化；以大觉寺、卧佛寺等为代表的历史悠久的宗教文化；以妙峰山为代表的传统民俗文化；以景泰陵为代表的陵墓文化；中西文化交流场所、传统与科技联合的舞台。西山文化带的规划建设，为包括圆明园在内的三山五园历史文化景区提供了新的发展机遇，其前景值得期待。

5. 中央、北京市高度重视圆明园工作

党和政府长期以来高度重视圆明园遗址的保护与利用工作，中央领导多次莅临遗址考察调研、指导工作。2006 年 4 月 29 日，时任中共中央政治局常委李长春视察圆明园，强调指出，要把文物保护和爱国主义教育、旅游开发和城乡建设有机结合起来，发展和壮大文化事业与文化产业。2014 年 5 月 8 日，中共中央政治局委员、国务院副总理刘延东视察圆明园时，对圆明园提出了要"规划好、保护好、展示好、管理好"，"发挥其作为国家考古遗址公园的引领示范作用和爱国主义教育作用"的工作要求。2015 年 5 月 23 日，刘延东副总理在关于圆明园工作的批示中再次指出，圆明园要不断提升保护和发展水平，将其建设成为国家考古遗址公园样板。2014 年 5 月 14 日，中央政治局委员、北京市委书记郭金龙视察圆明园，他强调，圆明园周边地区建设要坚持走群众路线，依靠群众支持、参与，统筹考虑传承历史文化、保护利用文物古迹、改善群众生活条件和区域可持续发展，以改造的实际成效回应群众关切，造福群众。

近年来，为贯彻落实中央领导关于圆明园工作的指示精神，文化部、国家文物局、国家旅游局，以及北京市领导多次莅临圆明园，考察指导，并就相关问题进行调研和论证。

（八）体制机制创新

圆明园管理处是负责圆明园遗址日常管理维护的区属正处级事业单位，因圆明园工作涉及面广，工作任务繁重，社会各界及人民群众对圆明园工作充满期待，这就对管理机构提出了比较高的要求。圆明园事业要充分调动社会各界的力量，营造有利于干事创业的良好社会氛围，就需要创造性地开展工作，尤其是要因地因时从工作实际出发进行必要的体制机制创新。在海淀区委区政府的领导下，在上级业务主管部门的指导下，管理机构对此进行了积极的探索和尝试。

1. 成立北京圆明园研究会

2013年，为推进圆明园文化事业与文化产业科学、统筹发展，提升圆明园遗址保护与利用水平，助力三山五园历史文化景区建设，圆明园管理处发起成立了北京圆明园研究会。该会主要负责研究宣传圆明园的历史文化价值；进行相关的科学文化研究，开展国内外的学术交流；与有关部门合作开展圆明园历史资料的搜集及流散文物调研工作；定期召开年会、学术研讨会，编辑出版学术刊物；协助管理部门进行遗址保护规划和整修利用等。研究会成立后开展了一系列工作，调动了更多力量支持圆明园事业，激发了广大专家学者关心圆明园、研究圆明园的积极性，促进了相关决策的科学化和民主化。

2. 成立北京圆明园遗址保护基金会

为加强圆明园遗址保护，吸纳社会力量参与圆明园文化遗产保护事业，圆明园管理处在前期工作的基础上正式发起成立了北京圆明园遗址保护基金会。这是一家旨在保护和利用圆明园遗址、文物，对现存和流散文物进行研究，开展相关社会文化公益活动的非公募基金会。基金会成立之初，中国人保公益慈善基金会捐款800万人民币，主要用于圆明园流散文物及文献数据库建设，包括详细调查圆明园流散文物及文献信息，为数据库的建立提供数据依据等。圆明园管理处随即利用这笔资金委托有关方面启动了工作，目前，在对流散于英、法两国的圆明园文物信息的调查上取得了阶段性成果，并以成果为基础出版了《圆明园流散文物著录》（英国卷、法国卷）。

3. 成立北京数字圆明科技文化有限公司

为推进圆明园文化创意产业发展和圆明园遗址的活化利用，在海淀区委区政府指导下，圆明园管理处（通过所属圆明园旅游服务公司）与清华大学清控人居集团旗下北京清城睿现数字科技研究院有限公司共同出资成立了北京数字圆明科技文化有限公司，这是一家集文化、科技、旅游、教育等多行业为一体的企业。该公司推进的"数字圆明园"复原工程，由数十位专家学者参与，历时十余年，结合考古数据和档案文献资料，应用三维建模等技术，虚拟再现了万园之园的昔日胜景。公司将数字复原成果应用于游园移动导览系统，开启了智慧游园的新篇章，游客能够在遗址"穿越"古今，体验胜景。公司投身青少年教育，与清华附中合作开展"走进圆明园"特色课程，每年举办文化遗产主题夏令营，让青少年学生在轻松的氛围中获得深度的文化遗产教育体验。公司还开发了一系列圆明园文化衍生品，并利用网络渠道予以推广，丰富了圆明园旅游文化内涵，传播了圆明园文化。

4.其他机制创新举措

在具体运营管理方面，管理机构也有针对性地进行了一些改革创新。如园内保洁、安保、导游讲解、票务服务等事务性工作实现了部分社会化，节省了人力资源成本，并为管理及专业技术人才的培养预留了空间。在文创产品开发方面，引入了联合开发、监制、授权等方式，既维护了圆明园知识产权，也促进了产品品类的多元性，同时获得了一定的经营收益。在旅游服务商业网点的经营权方面，引入竞拍机制，在确定低价、保障服务品质的基础上，提高了经济效益。在外出巡展方面，积极吸引社会赞助，并与展览公司共同组建工作组，既确保了展览内容的权威，也丰富了展览展示的形式和手段，使历次巡展都达到了预期效果。

二、几点结论与相关建议

（一）几点结论

1.文物保护工作是圆明园一切工作的基础

盛时圆明园文物数量不少于100万件，但现今可确定的圆明园流散文物不多，且大多在国外。园内现有山形水系、建筑遗址，以及园内出土文物、原址保存文物、征集文物都十分珍贵，具有重要的科研价值和历史见证价值，是圆明园文化不可或缺的物质载体。圆明园文化可以永存、可以不朽，但圆明园现有的文物和遗址则是有生命的，我们需要做的是对文物和遗址进行更为科学、精细的保护，使之尽可能传之久远。我们既要保护好园内现有文物和遗址资源，也要广泛征集圆明园文物，推动流散文物回归，同时还要加强文物研究，借助现代科技手段和数字技术，做好数字化工作，以实现文物资源在文化意义上的永续传承。

2.爱国主义教育是圆明园永恒的主题

圆明园特殊的沧桑背景，使其具有重要的政治情感价值，国人有意无意间形成了一种圆明园情结，这种感情是极为朴素和珍贵的，理应得到珍视和呵护。但在具体的工作中，因爱国主义教育工作相对没有过多的指标性任务，所以管理部门往往会将工作重点放在文化遗产保护、公园建设管理等方面，容易对爱国主义教育工作有所忽视。几十年来，圆明园遗址爱国主义教育工作是卓有成效的，但这并不意味着爱国主义教育的内容和方式不需要进行适度创新，其中必要的一点就是使国耻教育与文化魅力教育都得到足够的重视。

3. 文化研究与传播是圆明园工作的主要着力点

圆明园文化是不断累积的，具有持久的生命力，文化研究与传播工作是圆明园的基础性工作，也是重要的工作抓手。而时至今日，圆明园的研究还是很薄弱的，有很多的研究难题需要下大力气进行破解，如圆明园的文物数量及陈设情况、圆明园大劫难的具体史实等。研究工作没有天花板，唯有做好研究工作才能为文物保护和管理工作提供文献支撑和智力支持，才能提高圆明园文化的论述能力，才能面向全世界讲好圆明园故事，才能在更广的范围内传播和弘扬以圆明园为代表的优秀中华传统文化。

4. 公共文化空间建设是凸显圆明园社会价值的主渠道

圆明园遗址公园是文化单位，毗邻北大、清华等高校和中关村科技园区，周边知识分子聚集，文化需求旺盛，而圆明园丰富的文化底蕴正可以进行因地制宜的开发，创造面向特定群体的文化产品，同时充分利用好圆明园的物理空间，吸纳周边市民前来观摩、参观，增加市民群众的文化获得感。多年来，圆明园正是以其优美的自然风光和传统文化浓郁的节庆旅游文化活动，而受到广大知识分子、企业员工及市民群众的青睐。

（二）相关建议

1. 圆明园事业需要在历史与现实的基础上，进行崭新的时代创造

"圆明园"不单单属于过往，这三个字也不是僵化的名词。圆明园事业是有生命力的，既是必须要传承的，也是可以发展的。我们不能抱残守缺地守护圆明园，而是要"层累"地创造历史，赋予这片废墟以新的时代气息。当前，中华文化风靡全球，我国文化事业大发展大繁荣的一系列政策部署鼓舞人心，几代圆明园人长期不懈的工作已奠定了坚实的事业基础，圆明园事业正逢难得的发展机遇期。我们完全可以利用圆明园厚重的历史背景和丰富的文化宝藏，借助海淀地区文化科技融合发展的优势，创作更多、更经典的圆明园题材文化艺术作品，开发特色鲜明的文化创意产品，创造不愧于先人、不愧于时代的新成就，进而为中华文化复兴作出应有的贡献。

2. 更加积极地践行开放战略，扩大外部交流与合作

圆明园事业不能固步自封，要开阔视野，广泛吸收借鉴国内外在文物保护、公园管理等方面的理念、技术和经验，尤其是虚心向故宫博物院和颐和园学习如何建设研究型、学习型单位的好思路、好做法。要与兄弟单位加强交流互动，借助三山五园历史文化景区、清代皇家园林研究中心、中国紫禁城学会、清代宫廷史研究会、北京公园绿地协会、国家考古遗址公园联盟等平台，积极向业内同行学习。要在既有工作基础上，持续加强与高校科研院所的合作，尤其是清华大学建筑学院、天津大学建筑学院、中国人民大学清史所、北京大学考古文博学院、北京大学文化产业研究院、北京林业大学园林学院、北京联合大学三山五园研究院、中国文化遗产研究院等。要利用好中国圆明园学会、北京圆明园研究会的专家学者资源，引导、调动和发挥好这两个学术团体在研究与传播圆明园文化方面的独特作用。

3 建设能够与圆明园厚重文化相匹配的、现代化的大型博物馆

2000 年《圆明园遗址公园规划》即对建设圆明园博物馆作出了规划，因各种原因，这一规划没能得到有效落实。目前，国内重要的文化遗产单位基本都建立了博物馆，而圆明园在这方面显然是落后的，一定意义上来说，圆明园博物馆建设已成为当务之急。随着圆明园大宫门外拆迁和环境整治工作的推进，以及大宫门修复工程的启动，有关方面有必要以此为契机，加快博物馆项目论证，以便博物馆建设、一亩园拆迁及大宫门修复统筹谋划。有了大型的、现代化的博物馆，才可以全面、充分展示圆明园登峰造极的园林艺术、深厚的历史文化底蕴、在清代政治方面举足轻重的地位、沧桑复杂的变迁历史、多元的社会价值，以及新生的时代风貌等，才能更好地对人民群众进行优秀传统文化教育和爱国主义教育。

4. 注重园外空间的环境整治与合理使用，使园内外融合发展

圆明园园外近 107 公顷的缓冲空间是圆明园遗址重要的组成部分，因历史原因，昔日的一些建筑遗址和围墙遗址就位于现在的围墙以外。从另一个角度来说，如果园内侧重于文化遗址保护，那么园外规划用地则为长远发展和文创产业发展预留了空间。随着海淀地区城市化进程的加快和北京非首都功能疏解的推进，园外空间的统筹使用，已具备了可以提上议事日程的条件。园外区域可加强研究论证，主要用作办公场所、旅游服务，及环境绿化之用。如此，既利于园外生态环境和旅游秩序的优化，也有利于园内文物保护、环境整治及圆明三园早日实现全面开放，与此同时，部分空间的腾退整合可以扩大园内展览展示及旅游服务场所，增强游客的获得感。

5. 加强管理机构人才培养，建设学习型、研究型单位

培育一支优秀的、具有较高水平的业务和学术团队，像故宫博物院和敦煌研究院一样，培养自己各领域的专家，为专业技术人员的发展创造空间，切实提升单位科研水平，使管理机构自身具备对重大课题进行内部联合攻关的能力。圆明园管理机构既要向专家学习，借鉴、吸纳专家研究成果，也要积极组织有关专家针对特定问题进行专题研究，以破解需要解决的突出问题。既要对历史文化和学术问题进行扎实研究，也要对圆明园发展思路和发展战略进行深入调研，促进研究成果的转化，使理论和实践有机结合、良性互动。圆明园理所当然应成为"圆明园学"最为权威的文献资料中心、研究成果汇聚地和诞生专家学者的摇篮。

6. 持续铸就一支有情怀、负责任、懂业务、会管理的事业团队

毛主席说："正确的路线确定以后，干部就是决定的因素。"在制定宏观的、正确的圆明园中长期发展规划基础上，宜确保机制、政策、领导班子的相对稳定性和延续性，确保事业有序传承、久久为功。圆明园事业涉及领域众多，具有自身规律和特殊性，既要求管理机构钻研、积累管理技能，同时也要具有较高的业务能力，圆明园工作不是一般意义上的公园工作，也不是管理机构常规性的机关工作，而是涉及文化遗产保护、爱国主义教育、公共文化服务等方面的一项光荣而艰巨的事业。这就要求管理团队坚定历史使命感，切实增强责任心，抱持对文化的敬畏心，持之以恒地致力于圆明园事业发展。

十年辛苦不寻常，集腋成裘、聚沙成塔、众志成城，圆明园事业过去的十年，值得我们为之喝彩和骄傲，十年来的经验与教训，值得我们认真吸纳与总结，我们也更加踌躇满志地期待圆明园事业的下一个十年。

作者简介：张超，男，1982年生，安徽蒙城人，现任北京市海淀区档案局（北京市海淀区档案馆）副局长（副馆长），主要从事清史、海淀文史及中共党史方面研究。

观今忆故景，融身入其境

——谐趣园、霁清轩景观变化微探与思考

杨童舒

　　谐趣园、霁清轩是两座坐落于颐和园东北隅、后山东麓的典型的园中园。[1] 二者相互比邻、浑然一体，且拥有极其特殊的地理位置，向西南可达颐和园的前山前湖

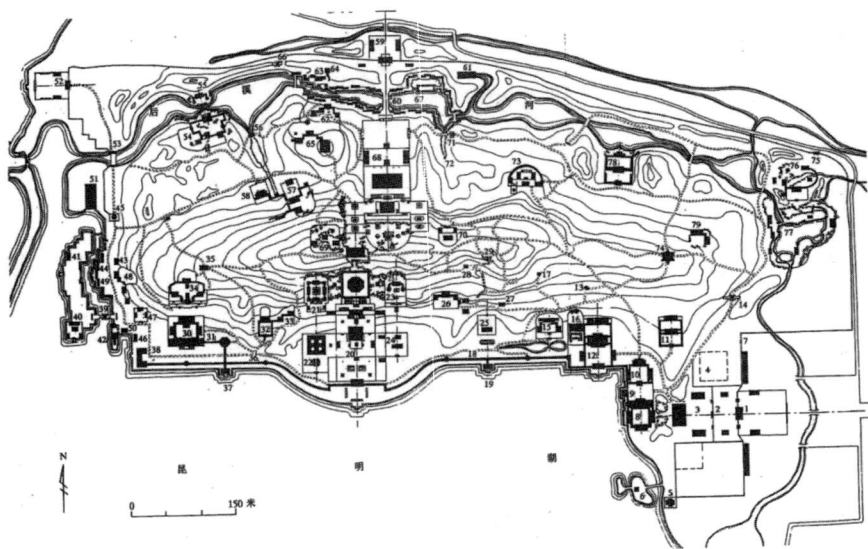

图 1　乾隆时期的清漪园万寿山总平面图（图片来源：周维权《清漪园史略》），76 为霁清轩，77 为惠山园（谐趣园），8—50 为前山景区，51—79 为后山景区

景区，向西北与后山后湖景区相通，是颐和园中一个重要的转折点（图1）。尽管论体量规模二者无法与大报恩延寿寺、四大部洲等建筑群相比，但是它们的出现使颐和园东北隅这个原本难以处理的角落变活了。[2]两座园子自乾隆朝始建，几经修缮、增改，至今已与原初之貌有一定差别，并且由于历代修改情况记录不全，不甚清晰，因而有必要对其建筑及所见景观按时间进行梳理。同时，结合两座园子的现状，就所见之景进行古今对比，以探析景观的变化给人带来的不同感受，进而以此为保护利用中国古典园林文化遗产提供一些借鉴性思路。

一、谐趣园、霁清轩的历史沿革

谐趣园与霁清轩首次建成于乾隆十九年（1754）；嘉庆间进行了增改扩建；咸丰十年（1860），英法联军入侵，谐趣园遭到严重损毁；后于光绪年间对谐趣园进行重建。根据清内务府陈设册记载以及后人的研究，在历史变迁过程中，霁清轩在乾隆、嘉庆、光绪三朝改动不大，因而笔者从谐趣园建筑格局在这三朝的变化以及它与霁清轩的关系出发，在前人研究的基础上，对谐趣园与霁清轩的历史沿革进行梳理、归纳和总结，以呈现出一个较为清晰的发展脉络。

（一）乾隆初建期

清乾隆十五年（1750），谐趣园与霁清轩作为清漪园整体规划中的重点工程初次修建。

谐趣园的前身为惠山园。乾隆十六年（1751），弘历南巡至无锡惠山下的寄畅园，对此园颇为欣赏，随即命画工描摹，回京后历时三年在清漪园的东北角建成惠山园（图2）。[3]乾隆时期修撰的北京史志文献资料集《日下旧闻考》中记载："惠山园门西向，门内池数亩，池东为载时堂，其北为墨妙轩，园池之西为就云楼，稍南为澹碧斋，池南折而东为水乐亭、北为知鱼桥，就云楼之东为寻诗径，径侧为涵光洞。"其中的载时堂、墨妙轩、就云楼、澹碧斋、水乐亭、知鱼桥、寻诗径、涵光洞即为乾隆御题中的"惠山八景"，并分别作有诗文，组成《惠山园八景诗》。[4]

惠山园以北，登上假山，穿过垂花门即为霁清轩（图3）。园内有霁清轩、清琴峡、八方亭等几座主要建筑，由南逆时针向东北方向以游廊环合，西部有三间穿堂，在万寿山余脉和假山涧中，清琴峡自西南向东北流出园外。据《日下旧闻考》记载涵光洞"迤北为霁清轩，轩后有石峡，其北即园之东北门"，同时结合图纸可知，霁

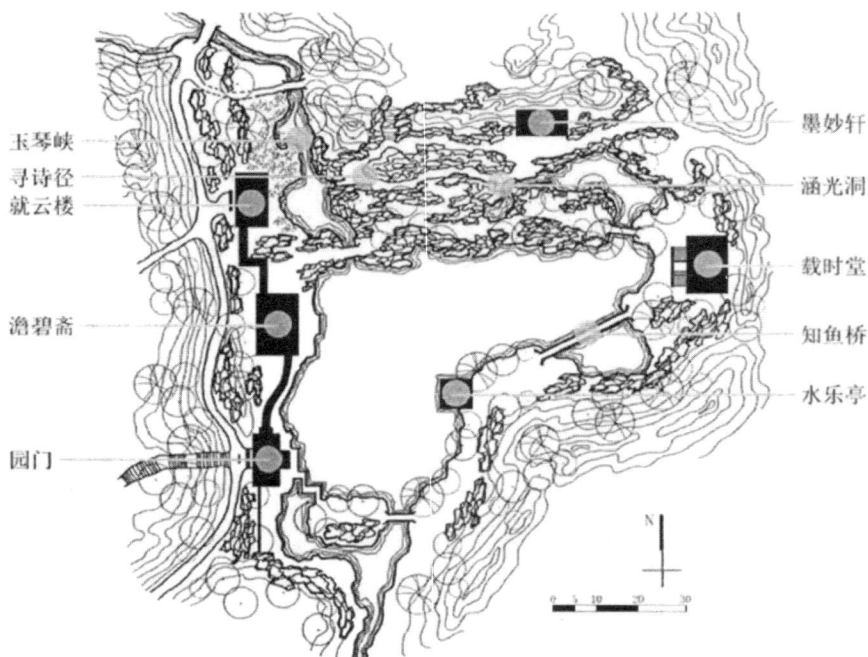

图2　惠山园平面布局及景点标注示意图（图片来源：杨忆妍《皇家园林园中园理法研究》）

清轩与惠山园具有一种明显的整体互补关系，这种关系体现为二者的景观互补性：以低平的假山作为相互间掩映的屏障，一北一南、一高一低、一"实"一"虚"，将石景与水景完美融合，既相对独立，又互为陪衬。[5] 这种紧密关系或许正是乾隆朝营建时的初衷。

（二）嘉庆增建期

嘉庆时期对惠山园的改动因部分历史记录的遗失，成为众多学者意见分歧的所在点。笔者在综合梳理各家所言的基础上认为，总体而言，改动可分为两个部分：一为易名；一为增建，二者在两个时期内综合进行。嘉庆十二年（1807），根据内务府《清漪园惠山园等处陈设清册》记载，相较于乾隆年间，惠山园内增建建筑有仁芳殿、云㴠殿、澹碧厂厅、洗秋和引镜，并将载时堂易名为岑华室。四年后（1811），嘉庆皇帝根据父亲《惠山园八景诗序》中"一亭一径，足谐奇趣"之意，更园名为谐趣园。[6] 与此同时，他还对园内大部分建筑进行了易名：云㴠殿——涵远堂、岑华室——知春堂、墨妙轩——湛清轩、就云楼——瞩新楼、澹碧斋——澄爽斋、水乐

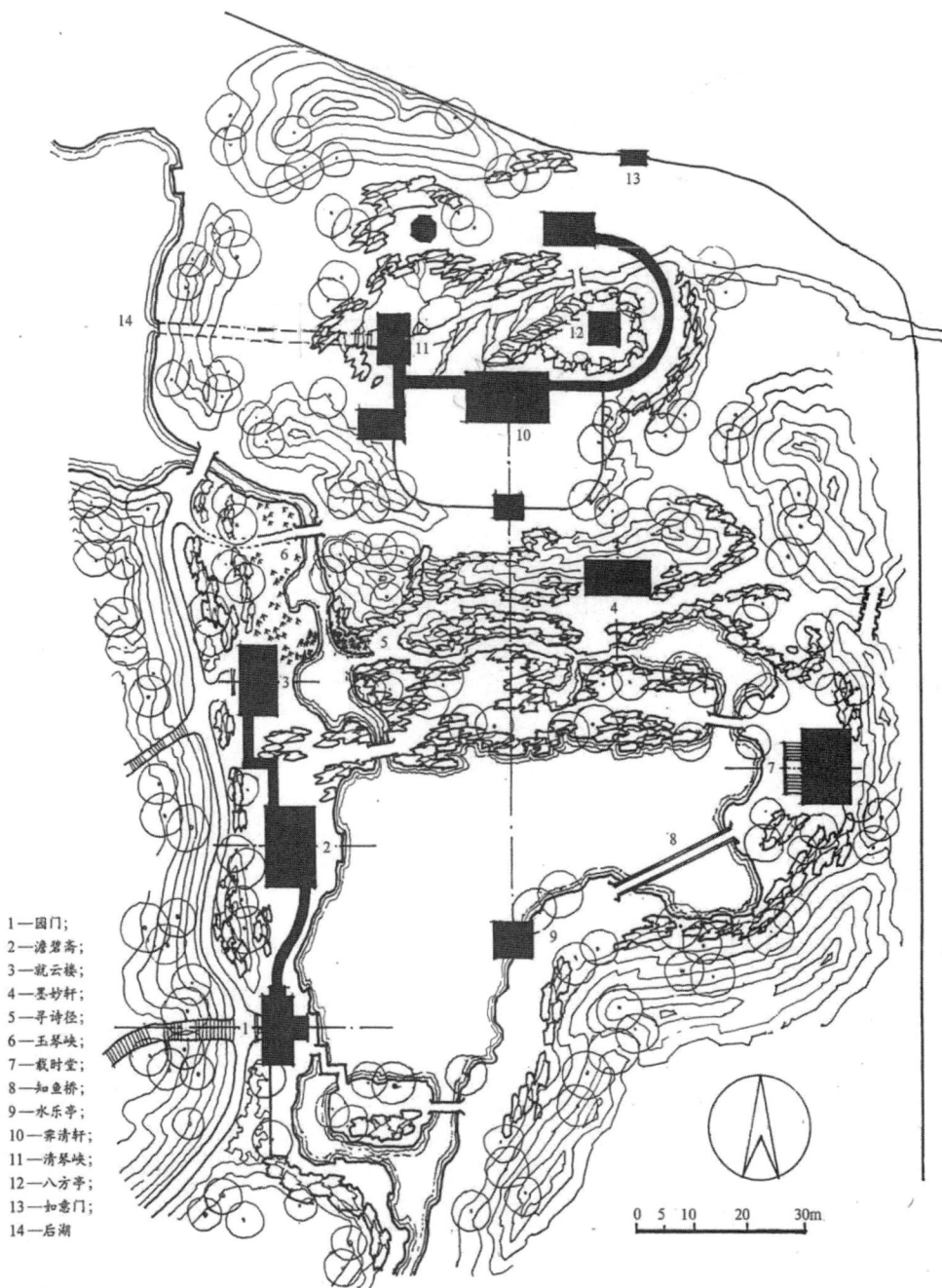

图 3 乾隆时谐趣园、霁清轩平面图（底图来源：清华大学建筑学院《颐和园》）

1—园门；
2—澄碧斋；
3—就云楼；
4—墨妙轩；
5—寻诗径；
6—玉琴峡；
7—载时堂；
8—知鱼桥；
9—水乐亭；
10—霁清轩；
11—清琴峡；
12—八方亭；
13—如意门；
14—后湖

0 5 10 20 30m.

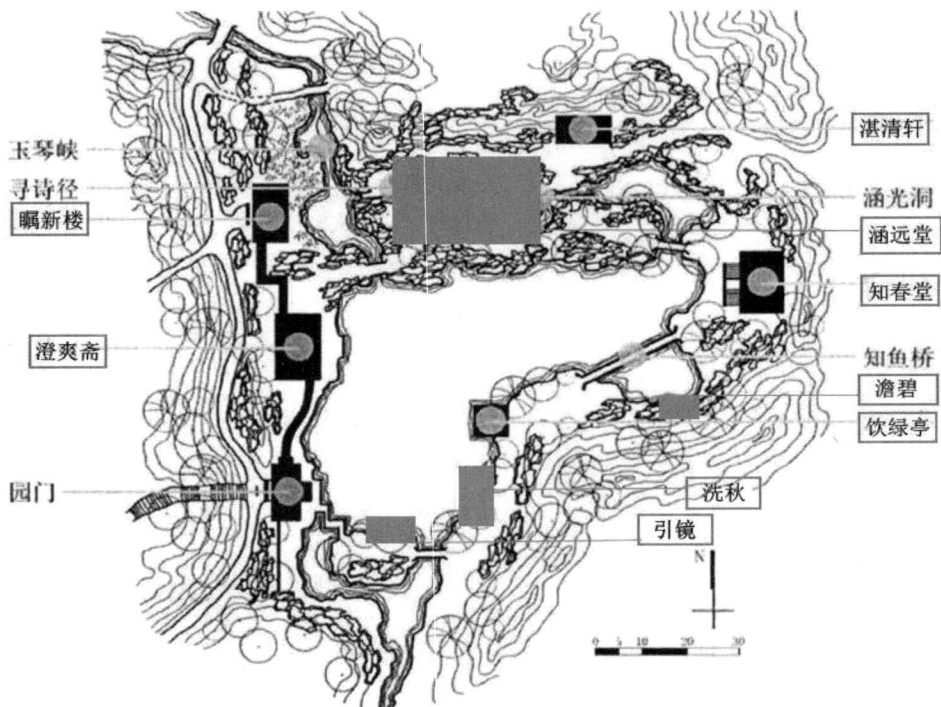

图4　嘉庆时期谐趣园平面图（底图来源：杨忆妍《皇家园林园中园理法研究》）

亭——饮绿亭、仁芳殿——鉴远堂（图4）。[7] 其中，鉴远堂在光绪年间重建谐趣园时并未出现，加之文献资料的匮乏，因而嘉庆年间其在谐趣园的具体位置尚不得知。

与谐趣园较大规模的改动不同，霁清轩除在东北角为嘉庆接见军机大臣方便增建军机处外，[8] 仅在西边清琴峡后加建两座平房——移天缩地。此时期最主要的变动集中于园子北面地带，由于涵远堂等建筑的出现，使霁清轩和谐趣园天然的联系被削弱了，使其成为一所独院。由此，霁清轩和谐趣园的整体性被割裂，二者开始在各自的空间里向内发展。

（三）光绪重建期

光绪年间，为庆祝慈禧太后六十大寿，对谐趣园进行重建：增建兰亭、小有天圆亭、知春亭，扩建南面的引镜，最显著的改动就是加建船坞、兜圈游廊以及围墙（图5），从而将谐趣园与霁清轩完全分隔开来，各自形成一所独立的封闭小院。与此同时，在霁清轩东南添置酪膳房，为慈禧制作点心处（图6）。

至此，现在我们所看到的谐趣园、霁清轩格局基本形成（图7）。

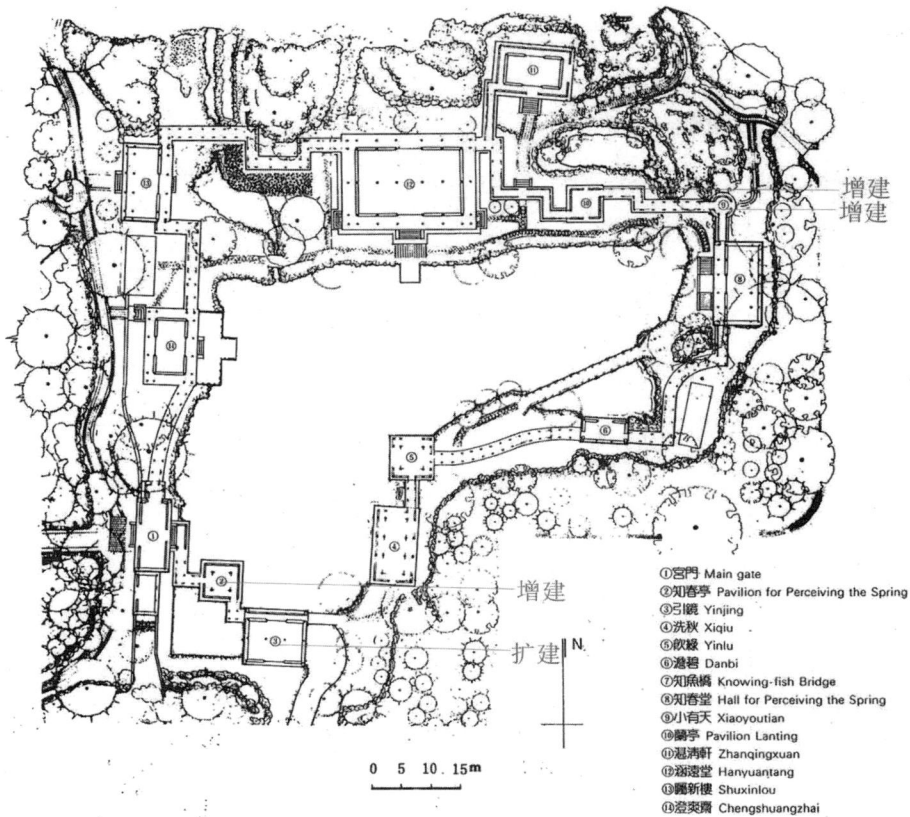

图 5　谐趣园总平面图（底图来源：天津大学建筑系、北京市园林局《清代御苑撷英》）

①宫门 Main gate
②知春亭 Pavilion for Perceiving the Spring
③引镜 Yinjing
④洗秋 Xiqiu
⑤饮绿 Yinlu
⑥澹碧 Danbi
⑦知鱼桥 Knowing-fish Bridge
⑧知春堂 Hall for Perceiving the Spring
⑨小有天 Xiaoyoutian
⑩兰亭 Pavilion Lanting
⑪湛清轩 Zhanqingxuan
⑫涵远堂 Hanyuantang
⑬瞩新楼 Shuxinlou
⑭澄爽斋 Chengshuangzhai

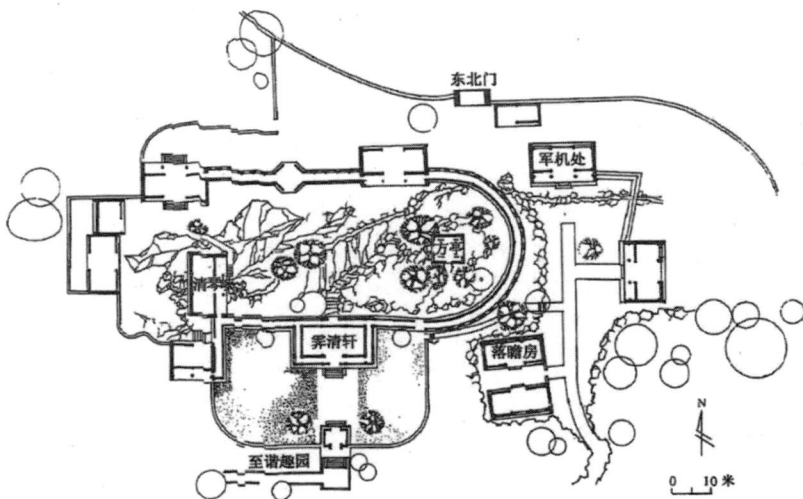

图 6　霁清轩平面图（图片来源：付克诚《颐和园霁清轩》）

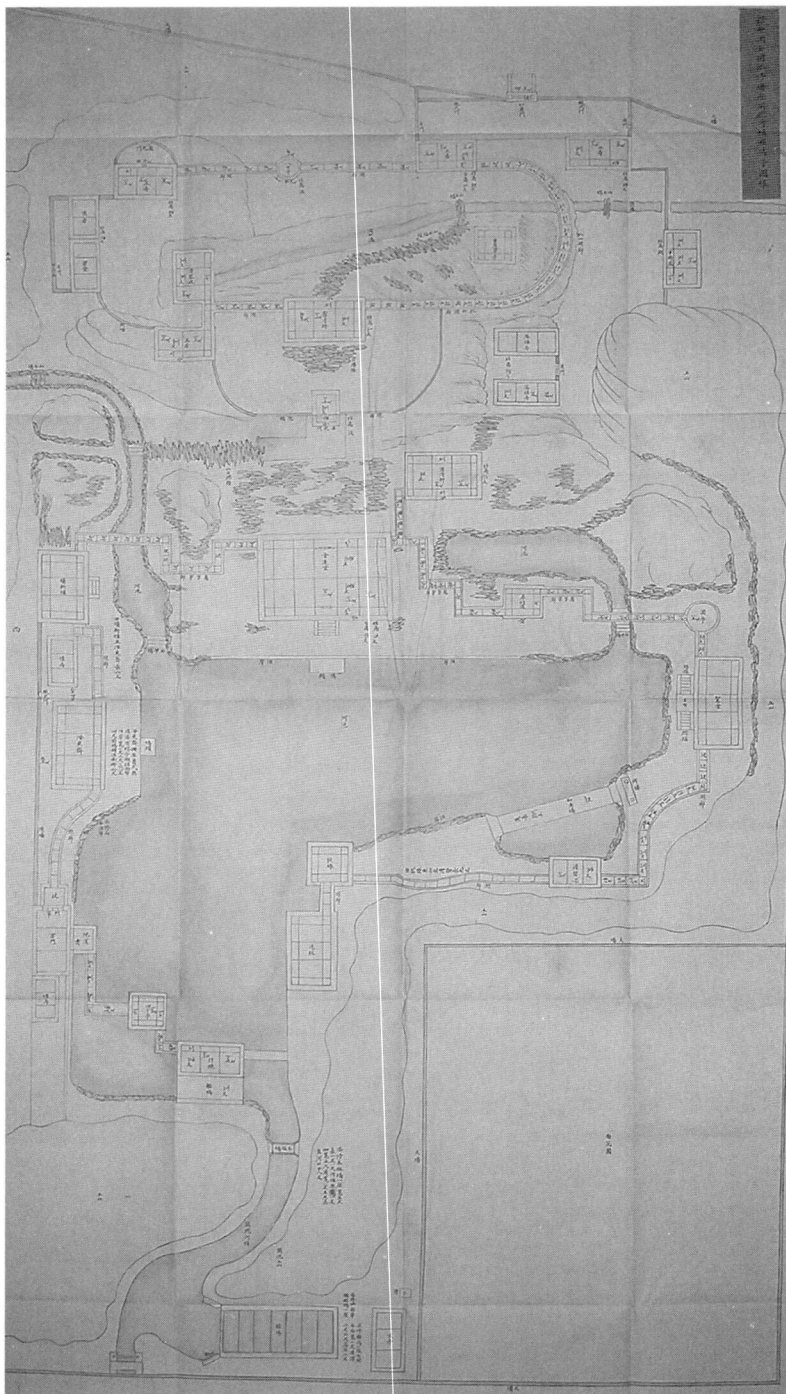

图 7　谐趣园地盘图样（图片来源：2004 年"清代样式雷建筑图档展"，天津大学建筑学院张龙老师提供）

二、谐趣园、霁清轩景观变迁

由平面图可看出，现在的谐趣园、霁清轩是两座分别由建筑围合而成的、以水面或山石为中心的内向型园中园（图8）。

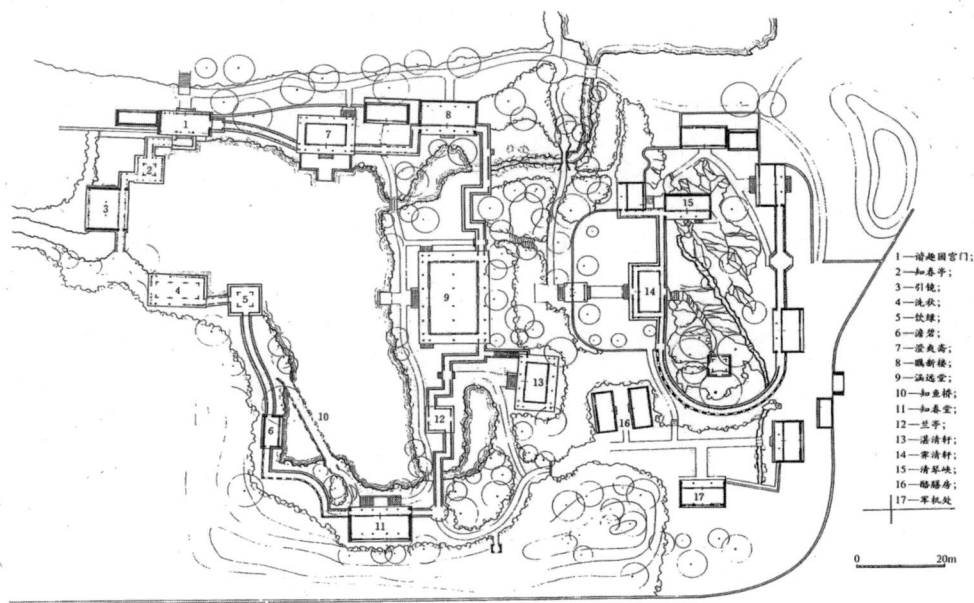

图8　谐趣园、霁清轩总平面图（图片来源：清华大学建筑学院《颐和园》）

1—谐趣园宫门；
2—知春亭；
3—引镜；
4—洗秋；
5—饮绿；
6—澹碧；
7—凌爽亭；
8—瞩新楼；
9—涵远堂；
10—知鱼桥；
11—知春堂；
12—兰亭；
13—湛清轩；
14—霁清轩；
15—清琴峡；
16—船坞房；
17—军机处

（一）谐趣园

谐趣园以水面为中心，四周建有十四座建筑（含宫门和知鱼桥），并用游廊相互连接，形成环湖向心式格局，建筑、植物和水面为园中主要景观。若选取不同建筑位置作为基点，从不同方向投以视线，都可大致感知谐趣园整体景观环境（图5、图9）。然而，现今所见之景，与当年乾隆朝初建惠山园时已有较大改变。其中最明显、对谐趣园整体格局影响最大的当数以涵远堂为中心的园北部一带。因此，笔者选取宫门、饮绿亭、知鱼桥三处为基点，从不同方向观察这一区域，通过已有文献、图纸想象旧时所见之景，并将今故景观在一定范围内进行了对比研究。

当我们走进位于谐趣园西南方位的宫门，向东北方向骋望，前景以水面为主，画面左右两边分别以涵远堂、饮绿亭两座建筑占据主要空间，中间则可隐约看见掩

图9 谐趣园景观组图（图片来源：作者拍摄，2014年6月11日，后文未标注来源者皆同），由上到下、由左及右观景点与方向依次为：宫门向东北、知春亭向东北、洗秋向西、饮绿亭向西北、饮绿亭向北、知鱼桥向西北、知春堂向西、小有天向西南、湛清轩向西南、涵远堂向东南、瞩新楼向东南、澄爽斋向东

映在垂柳后的知春堂、小有天圆亭以及兰亭（图10）。接着沿南面游廊向东移步，到达位于曲尺形水面转折处的饮绿亭，在此向正北方向观望，在三十余米的距离外，视线即被涵远堂这座较庞大的建筑填满（图11）。继续向东，通过水边兜圈的平板环路走上知鱼桥，在这里向西北望去，除去前景水面、画面左边的澄爽斋和右边的一小段游廊，画面主体位置依然为涵远堂（图12）。若单从建筑景观与水景融合欣赏的角度出发，谐趣园可以称得上是一座静美的园中园。

然而，乾隆仿寄畅园建惠山园的初衷并非如此。如图2，既无围墙，也无兜圈游廊，更无涵远堂等建筑，当时园中北面除墨妙轩（今湛清轩）外，是一片与天然山势气韵相通的假山集中地带。这里的掇山利用园外主山——万寿山的余脉，将真的巨岩与假的叠石相融合，成为清漪园大整体中的小局部。[9] 这片假山向北延伸至霁清轩，向南与寻诗径、涵光洞融为一体。作为描写乾隆时代山地园林叠山的重要代表作品，[10]《乾隆惠山八景诗》中即有"径侧多奇石"，"岩壑有奇趣"等诗句多次描述、提及此景。因此可知，在当时，由宫门、饮绿亭、知鱼桥分别向东北、正北、西北而望，映入眼帘的主体景观不是建筑体积较大的涵远堂，而是富有自然生趣的假山叠石，秀巧的墨妙轩和霁清轩的垂花门隐绰其中（图13—15）。

图 10　宫门向东北

图 11　饮绿亭向北

图 12　知鱼桥向西北

图 13　宫门向东北意象图（图片来源：席琦绘）

图 14　水乐亭向北意象图（图片来源：同上）

图 15　知鱼桥向西北意象图（图片来源：同上）

（二）霁清轩

或许因为霁清轩从未对外开放，所以它较谐趣园更具神秘感。自乾隆朝初建以来，除为实用增添了军机处和酪膳房外，没有加建其他影响景观变化的建筑，而且由于它在清漪园中地处偏僻，1860年英法联军入侵清漪园时，它并未如谐趣园那般损毁严重，[11]因而现存之景基本保持了原有风貌。因此，通过分析现在的景观照片即可大致领略其当年的景观意境。

如霁清轩立体图及平面图所示（图16），园子以山石为中心，地势南高北低，两进院落。从谐趣园穿过垂花门（图17）即进入第一重院落，主体建筑霁清轩就坐落于此（图18）。这里曾是一处绝佳的观雨地点，乾隆皇帝曾多次在《霁清轩》诗中写到自己在此观雨的感受："北方春雨艰，自无喜霁时。霁清今来喜，雨既渥可知。""快雨还欣值快晴，轻舻容与泛昆明。舍舟登岸聊延步，恰喜山轩号霁清。"除此之外，

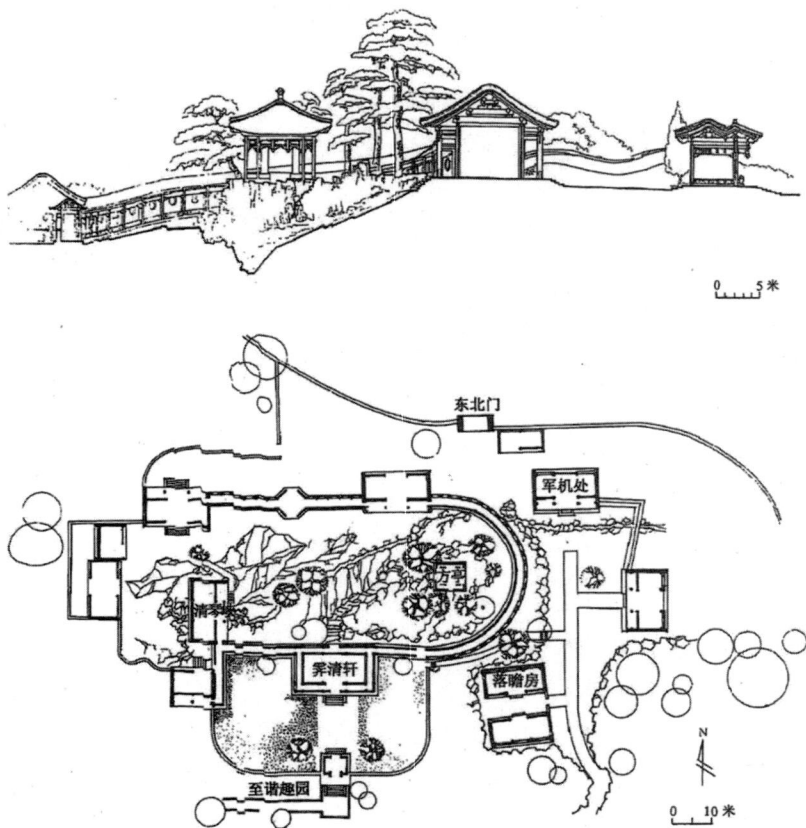

图16　霁清轩立体图及平面图（图片来源：付克诚《颐和园霁清轩》）

霁清轩还有与一般建筑相异的特别景观，即在建筑的梁、柱、窗棂等处均绘有植物、山石类的装饰（图19）。尽管装饰数量众多，几乎遍布整座建筑，但由于其主要采用白、黄、绿三色，与建筑本身的底色相契合，所以并无繁杂之感，反而提升了霁清轩的俊秀之感。但今景与故景有一不同之处：从嘉庆十二年的《清内务府陈设册》可知，当年霁清轩南北面均有门窗，而现在北面的门已用砖封住了（图20）。[12]

图 17　霁清轩垂花门

图 18　霁清轩

图 19　霁清轩装饰

图 20　用砖封住的霁清轩北门

图 21　清琴峡

图 22　八方亭

图 23　游廊

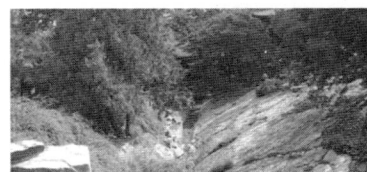

图 24　清琴峡水流

图 25　西面三间穿堂

该园内主体建筑除霁清轩外，还有西边的清琴峡（图 21）和位于山石之上的八方亭（图 22），游廊由南逆时针向东北方向将主体建筑环合（图 23）。在近似椭圆的环合圈内，清琴峡水流自西南向东北穿园而过（图 24）。游廊外围，西边从清琴峡旁的小径即可到达三间穿堂（图 25），东边则为军机处、酪膳房等（图 26）。东西两侧的布局可谓是静中取静，使这座原本就寂静的园子显得愈发清幽。

图 26　酪膳房

三、园林景观变迁与保护利用

谐趣园与霁清轩自初建至今已历经二百六十载，其景观面貌在增建、重建后已有明显变化。其总体趋势为由整体转向独立、由外向趋于内向、由稀疏变为紧密。所见景观的变迁引发笔者对园林类遗产保护利用方面的思考。

第一，欣赏园林景观时需客观考虑其中蕴含的历史信息，即要将园林本身的价值作为保护和利用的基点。谐趣园自初建以来建筑格局的变迁蕴含了历史文化方面的重要信息，现存的建筑以及格局结构是这个园中园价值的核心承载体。很多学者对谐趣园、霁清轩从嘉庆开始第一次增改到后来光绪朝重建，大体都持否定态度。然而，笔者认为，谐趣园、霁清轩景观的变化实际上反映了统治者的心态和社会的强盛衰落。惠山园和霁清轩初建完成后，乾隆只是将这里作为一日游的景点，并不在这里居住，也很少在这里处理公务。在当时的开放盛世下，他追求的是一种物我合一，道法自然的境界，因此才形成了两园间相通，将人工建筑与自然山水相融合的景观格局。而到嘉庆朝，这里增加了办公功能。由于嘉庆常在这里办理政务、接见军机大臣，同时他对自然山水的感情、审美观与其父有较大不同，因此，园内多了一些实用性建筑。至光绪朝进行毁后重修，此时日薄西山的清王朝早已丧失了开放进取之心，取而代之的是一种在乱世中求稳保全的心态。对他们来说，匆匆完成对景观的恢复即可，不必考虑整体间的联系，加之慈禧太后及妃嫔常在此居住，方便休憩的游廊以及保障安全的围墙的出现自然在情理之中了。尽管此时谐趣园与霁清轩间的联系被完全割裂，但在客观上这种手法对创造清静幽雅的环境氛围是有作用的。[13]

第二，园林的建造及后续的保护利用都需要讲求顺应、因势利导的原则。长久以来，自然环境是孕育园林文化产生的土壤，[14] 天人合一是园林文化的理想境界。从园林的产生看，中国古典园林起源于殷末周初的帝王之"囿"——田猎区。明代计成所著《园冶》中"虽由人作，宛自天开"一句道出了中国古典园林所秉承的理念，在园林的建设上力求"自成天然之趣，不烦人事之工"的原则，特别强调自然环境的重要性，不是要将园林建造成处处显示人之所能，而是将用地现状与建设目标之差作为设计内容，[15] 充分利用其本身所具有的自然地形、环境和特点顺势而建，达到一种天人合一，为我所用的理想境界。谐趣园与霁清轩初建之时就巧妙地利用了后山东麓地带的地势高差，将万寿山的余脉与假山叠石相结合，做到了施法自然、因势利导，由此形成了本园的特色。良好的借景景观就是本园在顺应自然的基础上采用造园技法的一个例证。向外借景是指在一座园林（包括园中园）内移步，不仅要能欣赏到内部景观，而且还要具有宽阔的视野，将园外之景借入园内。乾隆时期的惠山园与霁清轩作为清漪园中的组成部分，整体坐东向西借景西边的玉泉山和玉泉塔。除此之外，霁清轩还具有向北的宽阔视野，从乾隆《霁清轩》一句"向北堪骋望，绿云迷万顷"诗中可以推测出当年的霁清轩尽管幽静，却不封闭。如果说"所谓造园，贵在融于自然"，那么，现存的谐趣园对于自然条件的利用并不充分，山体绿脉受到建筑布局的影响被阻隔于园林之外，从而使得园林环境的自然山水特征位于最初所仿的寄畅园之后。[16] 由此可见，若想更好地将中国古典园林文化传承下来，因势利导，保持特色便是后人修改前人成果时的基本原则。鉴于谐趣园在清史中已经历经三代变动，新中国成立后，在对其进行第三次大修（2009.6—2010.8）时，秉持《佛罗伦萨宪章》中的理念，[17] 维持此园在历史上的最终状态，依据历史原貌部分恢复新中国成立后改变的建筑做法，并按光绪时期样式，恢复园内彩画。[18]

图 27　紧锁的垂花门

第三，从园林的现状出发，保持开放的心态，采取合理适度的利用方式。建筑是具有使用功能的实体，需要让其成为"活的"遗产。《威尼斯宪章》第五条规定"为社会公用之目的使用古迹永远有利于古迹的保护"。在当代社会，对中国古典园林这类包含丰富建筑景观的文化遗产，若将其束之高阁或与大众生活隔离，在一定程度上是不利于使其得到保护的。诸如垂花门紧锁的霁清轩（图27），多处置有围墙栏杆及"游人止步"标牌的谐趣园（图28）等情况的存在，在一定程度上表明我们对中国古典园林文化的利用还不够主动，没有用一种与现代社会发展相适应的开放的心态来让更多的人了解中国古典园林文化的内在特质。然而，在减少对游客的隔离性的同时，需考虑园林的接待承受范围，在保护好文物本体信息、确保文物承载价值不受损的基础上才能与大众进行有限度的互动。《佛罗伦萨宪章》第十八

图28　谐趣园障碍物

条就规定："虽然任何历史园林都是为观光或散步而设计的，但是其接待量必须限制在其容量所能承受的范围，以便其自然构造物和文化信息得以保存。"针对此矛盾，笔者认为，保护与利用相融合的关键点在于客观地保持原有的"文化氛围"，而保持这种氛围的核心方法就是"接触"。人们通过近距离接触、体验古典园林，感受到它的珍贵，遂逐渐做到与古人心灵相通，意境相合，观今景思故情，融自身入其境之后，方能自觉保护、适度利用古典园林遗产。

作者简介：杨童舒，女，1995年生，甘肃兰州人。兰州大学考古学及博物馆学研究所2017级硕士研究生，主要研究方向为佛教考古、文物建筑保护。

注释：

[1]　周维权：《中国古典园林史（第二版）》，清华大学出版社，1999，第426页。

[2]　清华大学建筑学院：《颐和园》，建筑工业出版社，2000，第146—147页。

[3]　天津大学建筑系、北京市园林局：《清代御苑撷英》，天津大学出版社，1990，第34页。

[4]　[清]于敏中等编撰：《日下旧闻考》，卷八四，北京古籍出版社，1981，第1400—1401页。

[5]　清华大学建筑学院：《颐和园》，第146页。

[6]　潘怿晗：《皇家园林文化空间与文化遗产保护——以北京市海淀区为例》，中央民族大学博士学位论文，2010，第86页。

[7]　参见天津大学建筑系、北京市园林局：《清代御苑撷英》。胡洁、孙筱祥：《移天缩地：清代皇家园林

分析》，中国建筑工业出版社，2011。北京市颐和园管理处：《颐和园谐趣园修缮实录》，天津大学出版社，2014。

[8] 清华大学建筑学院：《颐和园》，第 151 页。付克诚：《颐和园霁清轩》，《建筑史论文集（第四辑）》，清华大学出版社，1980，第 37 页。

[9] 冯钟平：《谐趣园与寄畅园》，《颐和园建园 250 周年纪念文集》，五洲传播出版社，2000，第 116 页。

[10] 王劲韬：《中国皇家园林叠山研究》，清华大学博士学位论文，2009，第 378 页。

[11] 付克诚：《颐和园霁清轩》，《建筑史论文集（第四辑）》，第 37 页。

[12] 同上，第 36 页。

[13] 张威：《同治光绪朝西苑与颐和园工程设计研究》，天津大学博士学位论文，2005。

[14] 周维权：《中国古典园林史（第二版）》，第 26 页。

[15] 薛晓飞：《论中国风景园林设计"借景"理法》，北京林业大学博士学位论文，2007，第 37 页。

[16] 邵凯：《造园无式，妙于因势——寄畅园的山林地营造手法之研究》，浙江大学硕士学位论文，2010，第 25 页。

[17] 《佛罗伦萨宪章》第十六条规定：修复必须尊重有关园林发展演变的各个相机阶段。国家文物局编：《文化遗产保护地方法律文件选编》，文物出版社，2007，第 125 页。

[18] 北京市颐和园管理处：《颐和园谐趣园修缮实录》，前言。

浅析颐和园对园林设计的影响

吴 语 黄 凯

一、中国古典园林文化

（一）中国古典园林的渊源和发展

中国古典园林艺术有着其独特的魅力和内涵，是人类文明的重要遗产。它被举世公认为世界园林之母，世界艺术之奇观。其造园手法也被西方国家所推崇和摹仿，曾掀起了一股"中国园林热"。中国古典园林的生成期即其从萌芽、产生而逐渐成长的时期，这个时期的园林发展虽然尚处在比较幼稚的初级阶段，但却经历了奴隶社会后期和封建社会初期的一千一百多年的漫长岁月。经历了生成期的商、周、秦、汉，发展期的隋唐朝代以及成熟期的宋代，可谓是经历了漫长的洗礼。

古典园林的典范时期分别为萌芽于商、周时期，成长于秦、汉时期，转折于魏、晋时期，全盛于隋、唐时期，成熟于宋、元时期，集大成于明、清初，衰落于清末。

从最初期的萌芽时期，古典园林的最初的形式"囿"，到鼎盛的园林，出现了多种形态的，更加艺术化的园林形态，一点点的进步和发展，都是中国古典园林的宝贵财富，在衰落期中国园林景观的发展结束了它的古典时期，开始进入园林景观发展的又一个阶段——现代园林景观的阶段。

（二）中国古典园林的基本特点

1. 本于自然、高于自然

自然风景以山、水为地貌基础，以植被作装点，山、水、植物乃是构成自然风景的基本要素，当然也是风景式园林的构景要素。但中国古典园林绝非一般地利用或者简单地模仿这些构景要素的原始状态，而是有意识地加以改造、调整、加工、剪裁，从而表现一个精练概括的自然、典型化的自然。惟其如此，像颐和园那样的大型天然山水园才能够把具有典型性格的江南湖山景观在北方的大地上复现出来。这就是中国古典园林的一个最主要的特点：本于自然而又高于自然。这个特点在人工山水园的筑山、理水、植物配植方面表现得尤为突出。明代造园专家计成在《园冶》起首篇就提出"虽由人作，宛自天开"。

2. 建筑美与自然美的融合

中国古典园林不像西方园林，建筑无论多寡，也无论其性质、功能如何，都力求与山、水、花木这三个造园要素有机地组织在一系列风景画面之中。突出彼此谐调、互相补充的积极的一面，限制彼此对立、互相排斥的消极面，这是自然美的最高境界。

3. 诗画的情趣

文学是时间的艺术，绘画是空间的艺术。园林的景物既需"静观"，也要"动观"，即在游动、行进中领略观赏，故园林是时空综合的艺术。中国古典园林的创作，能充分地把握这一特性，运用各个艺术门类之间的触类旁通，融诗画艺术于园林艺术，使得园林从总体到局部都包含着浓郁的诗、画情趣，这就是通常所谓的"诗情画意"。

4. 意境的涵蕴

意境是中国艺术创作和欣赏的一个重要美学范畴，也就是说把主观的感情、理念熔铸于客观生活、景物之中，从而引发鉴赏者类似的感情激动和理念联想。游人获得园林意境的信息，不仅通过视觉官能的感受或者借助于文字、古人的文学创作、神话传说、历史典故等信号的感受，而且还通过听觉、嗅觉的感受。诸如十里荷花、丹桂飘香、雨打芭蕉、流水丁冬，乃至风动竹篁有如碎玉倾洒，柳浪松涛之若天籁清音，都能以"味"入景，以"声"入景而引发意境的遐思。曹雪芹笔下的潇湘馆，那"凤尾森森，龙吟细细"更是绘声绘色，点出此处意境的浓郁蕴藉。

二、颐和园历史与园林设计特点

（一）颐和园历史阶段

乾隆帝在初建清漪园时（颐和园的前身），曾自比天上的玉皇大帝，并下令要把御园修成"天上人间"。为了达到这一目的，乾隆帝沿用了自汉武帝以来历代皇家园林的传统布局——一池三山。在中国古代神话传说中，东海里有蓬莱、方丈、瀛洲三座仙山，山上长满了长生不老药，住着长寿快乐的神仙，天天悠然自得，快活无比。"一池三山"的布局也被寓意为"人间仙境"。建园时，万寿山被修整成展翅蝙蝠形，而昆明湖是寿桃形状，两者相加，寓意为"福山寿海"，同时也寓意乾隆皇帝福如东海，寿比南山。

（二）颐和园园林造园手法

颐和园的造园手法，凝聚了当时的园林造园的精髓，也就是浓缩的中国古典园林的造园手法，是中国古典园林的集成典范，融合了中国南北不同地区的园林风格，值得我们借鉴与学习。

1. 对景

所谓对景即两个景致相隔一定的空间彼此遥遥相对，可使游人观赏到对方景色。这是平面构景的基本方法之一，也是中国古典园林应用较多的造园手法，几乎每个园中都能看到。比如万寿山倒影在昆明湖中，湖心岛和万寿山互为对景。万寿山，属燕山余脉，高 58.59 米。建筑群依山而筑，万寿山前山，以八面三层四重檐的佛香阁为中心，组成巨大的主体建筑群。从山脚的"云辉玉宇"牌楼，经排云门、二宫门、排云殿、德辉殿、佛香阁，直至山顶的智慧海，形成了一条层层上升的中轴线。东侧有"转轮藏"和"万寿山昆明湖"石碑。西侧有五方阁和铜铸的宝云阁。后山有宏丽的西藏佛教建筑和屹立于绿树丛中的五彩琉璃多宝塔。山上还有景福阁、重翠亭、写秋轩、画中游等楼台亭阁，登临可俯瞰昆明湖上的景色。

2. 借景

借景多是立面景观的构景手法。就是将园外甚至更远的景观组合到园内某一方向的立面景观中，使之景深增加，层次丰富，造成在有限空间看到无限景致的效果。中国古典园林也是以围墙环绕，与外界隔绝的封闭空间。在颐和园西边的玉泉山塔被借景到颐和园景区中，从视觉上加大景深，使远山古塔和园林相互交融。昆明湖是清代皇家诸园中最大的湖泊，湖中一道长堤——西堤，自西北逶迤向南。西堤及其支堤把湖面划分为三个大小不等的水域，每个水域各有一个湖心岛。这三个岛在湖面上成鼎足而峙的布列，象征着中国古老传说中的东海三神山——蓬莱、方丈、瀛洲。由于岛堤分隔，湖面出现层次，避免了单调空疏。西堤以及堤上的六座桥是有意识地摹仿杭州西湖的苏堤和"苏堤六桥"，使昆明湖益发神似西湖。西堤一带碧波垂柳，自然景色开阔，园外数里的玉泉山秀丽山形和山顶的玉峰塔影排闼而来，被收摄作为园景的组成部分。从昆明湖上和湖滨西望，园外之景和园内湖山浑然一体，这是中国园林中运用借景手法的杰出范例。湖区建筑主要集中在三个岛上。湖岸和湖堤绿树荫浓，掩映潋滟水光，呈现一派富于江南情调的近湖远山的自然美。全园以西山群峰为借景，加之建筑群与园内山湖形势融为一体，使景色变幻无穷。

3. 添景

添景又是一种立面景观的构景手法。在比较空旷、景观比较单调而无景深层次感的地方，由于某种景观的添置而改变上述状况。比如昆明湖，如果昆明湖上没有十七孔桥则显得过于空旷，添上十七孔桥和湖心岛使得景观更有层次。万寿山的南坡（即前山）濒昆明湖，湖山联属，构成一个极其开朗的自然环境。这里的湖、山、岛、堤及其上的建筑，配合着园外的借景，形成一幅幅连续展开、如锦似绣的风景画卷。前山接近园区的正门和帝、后的寝宫，游览往返比较方便，又可面南俯瞰昆明湖区，所以园内主要建筑物均荟萃于此。

4. 突出重点

在前山建筑群体的布局上相应地运用了突出重点的手法。在居中部位建置一组体量大而形象丰富的中央建筑群，从湖岸直到山顶，一重重华丽的殿堂台阁将山坡覆盖住，构成贯穿于前山上下的纵向中轴线。这组大建筑群包括园内主体建筑物——帝、后举行庆典朝会的"排云殿"和佛寺"佛香阁"。后者就其体量而言是园内最大的建筑物，阁高约40米，雄踞于石砌高台之上。它那八角形、四重檐、攒尖顶的形象在园内园外的许多地方都能看到，器宇轩昂，凌驾群伦，成为整个前山和昆明湖的总绾全局的构图中心。与中央建筑群的纵向轴线相呼应的是横贯山麓、沿湖北岸东西逶迤的"长廊"，共273间，全长728米，这是中国园林中最长的游廊。前山其余地段的建筑体量较小，自然而疏朗地布置在山麓、山坡和山脊上，镶嵌在葱茏的苍松翠柏之中，用以烘托端庄、典丽的中央建筑群。登上万寿山，站在佛香阁前向下望，颐和园的景色大半收在眼底。葱郁的树丛，掩映着黄的绿的琉璃瓦屋顶和朱红的宫墙。正前面，昆明湖静得像一面镜子，绿得像一块碧玉。游船、画舫在湖面慢慢地滑过，几乎不留一点痕迹。向东远眺隐隐约约可以望见几座古老的城楼和城里的白塔。

5. 抑景

"先抑后扬"是抑景手法的指导思想。先抑后扬的古典园林造园手法，增加了园林的艺术性。颐和园假山中最经典的就是勤政殿后的山丘，通过小径先阻挡视线，穿过假山看见宽阔的昆明湖，突然眼前豁然开朗。后湖的河道的水面有宽有窄，时收时放，泛舟后湖给人以山复水回、柳暗花明之趣，成为园内一处出色的幽静水景。

6. 结景

所谓结景就是与周围环境相结合，融合周围的大环境。后山的景观与前山迥然不同，是富有山林野趣的自然环境，林木荟郁，山道弯曲，景色幽邃。除中部的佛寺"须弥灵境"外，建筑物大都集中于若干处自成一体，与周围环境组成精致的小园林。它们或踞山头，或倚山坡，或临水面，均能随地貌而灵活布置。后湖中段两岸，是乾隆帝时摹仿江南河街市肆而修建的"买卖街"遗址。后山的建筑除谐趣园和霁清轩于光绪时完整重建之外，其余都残缺不全，只能凭借断垣颓壁依稀辨认当年的规模。谐趣园原名惠山园，是摹仿无锡寄畅园而建成的一座园中园。全园以水面为中心，以水景为主体，环池布置清朴雅洁的厅、堂、楼、榭、亭、轩等建筑，曲廊连接，间植垂柳修竹。池北岸叠石为假山，从后湖引来活水经玉琴峡沿山石叠落而下注于池中。流水叮咚，以声入景，更增加这座小园林的诗情画意。

7. 漏景和障景

漏景是通过院墙或廊壁上的各种造型的窗或花棱窗，将院内外或廊壁两侧的景致组合在一起，以扩大视野，丰富有限空间景观内容的构景手法。颐和园的围墙上，或走廊（单廊或复廊）一侧或两侧的墙上，常常设有漏窗，或雕以带有民族特色的各种几何图形，如四方、五边、六角、八角、圆形、菱形、扇面形、壶形、桃形、格形、双环形等等，或雕以民间喜闻乐见的葡萄、石榴、老梅、修竹等植物，或雕以鹿、鹤、兔等动物，透过漏窗的窗隙，可见园外或院外的美景。这种通过更小、更有局限性的景框观景，犹如从筛子的漏孔外望，视野更小，所取得的景观效果，称为漏景。在园中起到屏障作用的景观，为了满足园林主人各方面的行为需求，在园中难免有不雅致的场所或器物，为不使之影响全园的景致，往往在其前方造一景观将其遮挡住。障景的手法被成熟地运用于北京颐和园中。巨大秀美的太湖石被安置在仁寿门内，起到了障景的作用，使整个院落的景致显得富有层次感。在许多院落里，进入正门，就是一面屏风，是同样的道理。此外，园内的许多道路被蜿蜒曲折地布置在假山、草木之中，增加了曲径通幽的感觉，营造一种"山穷水尽疑无路，柳暗花明又一村"的景象。

除此之外，中间高耸的万寿山前山景区，建筑最多，也最华丽。整个景区由两条垂直对衬的轴线统领，东西轴线就是著名的长廊，南北轴线从长廊中部起，依次为排云门、排云殿、德辉殿、佛香阁等。佛香阁是全园的中心，周围建筑对称分布其间，形成众星捧月之势，气派相当宏伟。最北部的后山后湖景区，尽管建筑较少，但林木葱茏，山路曲折，优雅恬静的风格和前山的华丽形成鲜明对比。一组西藏建筑和江南水乡特色的苏州街，布局紧凑，各有妙趣。

三、古典造园手法与新中式园林设计

（一）新中式景观的诞生

新中式景观的诞生，是人类文明发展到一定程度的产物，它展现了古典景观的魅力及人们对传统文化的回归，是人们在满足生活需求后，追求更高层次精神需求的前提下提出的。它是人们的现代生活和传统文化的碰撞。在人们长期受到外来文化的洗礼之后，迸发出自身的爱国情怀，努力回归中国古典元素的精华所在。新中式的热潮由此拉开序幕，近年来它的发展速度之快，受到人们的喜爱，这一景观设计理念甚至逐步向国际进军。

（二）新老景观的结合

新中式景观设计借鉴中国古典园林的造园手法，自然离不开古典造园的特点框景、障景、抑景、对景、借景、漏景、夹景、添景等经典手法，在原有的基础上添加现代简约的元素或者结合不同的风格进行设计。除此之外，结合现代的景观元素，共同营造丰富多变的景观空间，达到步移景异、小中见大的景观效果。

现代景观与古典的结合不单单拘泥于造园手法的运用，还有在色彩的运用上。中式景观设计主要选用能代表华夏文明的几种色彩，即所谓的"国色"，在颐和园中可见的色彩，以中国红、琉璃黄、长城灰、玉脂白、国槐绿为主。结合景观材料及新中式的表情定位，还常常使用到原木色和黑色，这些色彩共同营造出景观的表情，形成尊贵、喜庆、祥和、宁静、内敛的新中式景观空间，是复古与现代的结合。

作者简介：吴语，女，1992 年生，浙江杭州人，北京农学院风景园林专业硕士研究生，主要研究方向为景观规划设计、园林历史与理论。黄凯，男，1967 年生，广东兴宁人，北京农学院教授，主要研究方向为风景园林与旅游管理。

抗战后颐和园接收过程述论

滕朝阳

抗战胜利后，蒋介石为首的国民政府仓促接管沦陷区，在接收过程中出现了混乱的"劫收"闹剧。颐和园因其经营管理有相对独立性，且无甚重要经济利益关系，因此在一定程度上避免了陷入劫收闹剧，北平市政府对颐和园的接收也进行得相对平和。

一、国民政府北平市政府对颐和园的接收

日伪占领时期，北京伪政府称"北京特别市政府"，又细分为"北京特别市公署"（1938年1月13日改称）和"北平特别市"（1940年汪伪政权建立后），受日本华北方面军司令部直接指导。许修直为最后一任伪市长，直到国民政府委派的熊斌（哲明）市长的到来。沦陷期间，颐和园由伪市府所属的北京特别市政府管理颐和园事务所管辖，朱沛为日伪时期最后一任所长，任职延续至1946年4月。

抗战胜利后，北京仍称北平。熊斌虽在1945年8月13日即被任命为北平市长，但其原为军令部次长，忙于伪军收编事务，直到10月2日才乘专机抵北平，其所属的新任各机关部门主官，"俱以中央原职交代未了，皆未到平，只好责成原负责人照常办事"。因此1945年8月15日日本天皇宣布无条件投降前后，原日伪时期管理颐和园事务所所长朱沛一直在任，颐和园经营管理机构工作并未因日军投降这一重大历史事件而受到重大影响。以下为1928—1948年间历任管理颐和园事务所所长名单。

表 1　1928—1948 年颐和园管理事务所历任所长一览表（节选）[1]

任期	姓名	到职日期	离职日期
第 15 任	邹致钧	1943.3.11	1945.5.2
第 16 任	朱沛	1945.5	1946.4.26
第 17 任	陈铭阁	1946.4.27	1947.1.3
第 18 任	许星园	1947.1.16	1948.11.12
第 19 任	王毓超	1948.11.13	1948.12.1

熊斌认为，接收失陷八年之久的旧都北平，"应以收拾人心为主"，为集中力量防备共产党方面，熊斌对北平伪组织及在平日军、日侨都采取了极其宽容的态度。对伪组织中"荐任以下人员，取具自新切结，觅妥实保证人经审查后加委试用三月，确能称职而无人告发者，然后补实"。[2]《三十四年十月九日以前留任人员具保办法》《本府甄别审查试用人员暂行办法》以及统一格式的"自新结"、甄审表下发到原伪政府的各个部门，各部门留用人员填写自新结保证书，试用人员填写甄审表后，统一交到新的市政府审查。时任管理颐和园事务所所长朱沛、副所长缐双龄，按照市政府的要求将颐和园内"各员依式填写自新结四十份、保证书四十份并照填甄审表四十份及各种证明文件八十件"[3] 于当年 12 月 31 日上交市府。市府并无做深入仔细审查而通过材料。和大部分伪组织一样，管理颐和园事务所所属的工作人员通过接收大员熊斌这种形式主义的做法，完成了"身份洗白"。园务的经营亦基本如前。

朱沛卸任、新任所长陈铭阁接收时，颐和园公有职员四十人，公役一百一十八人。其公有职员清册如下：

表 2　北平市政府管理颐和园事务所职员清册 [4]

职别	姓名	月薪	到差年月	服务处所	备考
所长	朱沛	340.00	三十四年五月	办公厅	
副所长	缐双龄	160.00	三十二年四月	同	
总务股主任	穆泽溥	70.00	三十四年八月	总务股办公室	
科员	雷显英	50.00	三十四年六月	庶务室	
	赵延骏	76.00	二十五年十二月	文书室	
	王成义	50.00	三十四年六月	出纳室	
办事员	周祥麟	60.00	三十二年五月	交际室	
	孙家琦	52.00	二十二年四月	庶务室	
	赵械朴	46.00	二十年八月	文书室	

	董果亭	45.00	三十二年十二月	庶务室	
	刘德懋	65.00	二十年三月	万寿山饭店	
助理员	金永祥	46.00	三十年二月	交际室	
	许惟贞	30.00	三十三年二月	文书室	
	齐秀云	40.00	三十三年五月	同	
稽查员	孟文海	78.00	十七年八月	昆明湖鱼场	
	刘仙乔	68.00	三十一年六月	票务室	
	李笑山	63.00	十九年二月	大门	
售票员	崔广润	62.00	十七年八月	大门售票室	
	王淑英	50.00	三十年七月	同	
	鲍松年	45.00	二十二年四月	石舫售票室	
	尹长庆	43.00	二十一年六月	大门售票室	
	吕景姊	40.00	三十二年八月	同	
	董铁瑜	40.00	二十八年五月	玉泉山售票室	
书记	祝齐	30.00	二十七年一月	文书室	
	赵永海	40.00	三十一年七月	南湖售票室	
电话生	李治国	45.00	二十七年四月	电话室	
	田恕	25.00	三十三年十月	同	
保管股主任	倪德润	70.00	三十四年八月	保管股办公室	
科员	穆承煦	50.00	三十四年六月	经租室	
办事员	汪华男	100.00	三十四年六月	保管室	
	赵修齐	60.00	二十六年十月	同	
	祖念国	40.00	三十四年四月	经租室	
助理员	董万瑞	40.00	三十四年六月	同	
稽查员	冯玉成	70.00	十七年八月	第一二段排云殿	
	李尚武	40.00	三十二年五月	第三四段谐趣园	
	朴昆丰	45.00	三十二年四月	第五段南湖	
	张靖咸	52.00	十九年十二月	第六段玉泉山	
书记	萧文成	40.00	三十四年四月	保管股	
	关恒启	40.00	三十一年七月	经租室	
会计员	刘蕴琛	100.00	二十九年六月	会计室	

从这份表格中"到差日期"一栏可以看出，包括所长、副所长在内，所有的管理颐和园事务所职员都是在日军投降之前入职颐和园的。抗战后国民政府对颐和园的工作人员全盘接收。

朱沛作为管理颐和园事务看守所长，一直在任到 1946 年 4 月 23 日北平市政府调其到市府担任咨议，其所留遗缺由市参议陈铭阁接任，调令签发后，为完成卸任、新任所长的交接，颐和园方面对园内人员、文物、日常经营事务进行了盘点。1946 年 6 月 15 日在市府派出的监交人路邦道的监察之下，卸任所长朱沛与陈铭阁完成了各种清册的移交。陈铭阁将整个移交过程拟写了汇报呈件，向市长熊斌做汇报。从呈件来看，日伪时期颐和园没有南迁，留在园内的文物及财务没有受到巨大损失，但"经以往沦陷数载，本所人事几经更迭，均因限于经费无从顾及整理"，颐和园内的木器及铺垫因材质容易损毁，所以陈铭阁接收时，颐和园的木器"完整者约占全数百分之二十，残损较轻尚堪修理者占百分之五十，残损过甚不堪修理者占百分之三十"；铺垫"完整者约占全数百分之十五，堪以修理者占百分之二十，不堪修理者，占百分之六十五"。可见木器铺垫大部分遭到了损毁。当然这种损毁并不是人为刻意造成的，而是园方对木器铺垫缺乏必要的维护整理导致的客观结果。值得庆幸的是，在颐和园管理方的努力之下，园方及时地追回了绝大部分"纳献"运动所损失的铜器（编号为第一四七一号铜火炉遗失）。另有大铜钟（编号为第二七六二号）一口曾被伪建设总署土木工程专科学校使用，抗战胜利后该土木工程专科学校被国立清华大学接收，原属颐和园的大铜钟也随之归入清华大学，双方互有信件往来确定铜钟仍由清华大学借用。再有伪市府秘书处曾借用颐和园中最大一块栽绒地毯（编号为第五三二号），因其使用日久，已经破碎，没有发还颐和园。[5] 除以上物品外，陈铭阁的汇报呈件中没有开列别的损失。

抗战胜利后，管理颐和园事务所仍用本来名称，只因北京的称呼由北平特别市改称为北平市，因此陈铭阁接替朱沛职位后的事务所钤记也发生了变化，改为"北平市政府管理颐和园事务所"（见图 1）。从 1945 年 8 月 15 日日军宣布投降，到 1946 年 6 月 15 日，十个月间，新成立的北平市政府当局完成了颐和园的接收工作，管理颐和园事务所仍由北平市政府直属，但因北平市由特别市的地位下降为一般省会市（为河北省会），其行政级别较抗战前是下降了。

从颐和园新旧所长交接的过程来看，在日伪时期，管理颐和园事务所虽然没有对颐和园的经营管理采取积极有力的措施，但还是在能力所及的范围内保护文物古建，对颐和园所藏文物细致的盘点、对文物来去信息的记录登记就是证明。

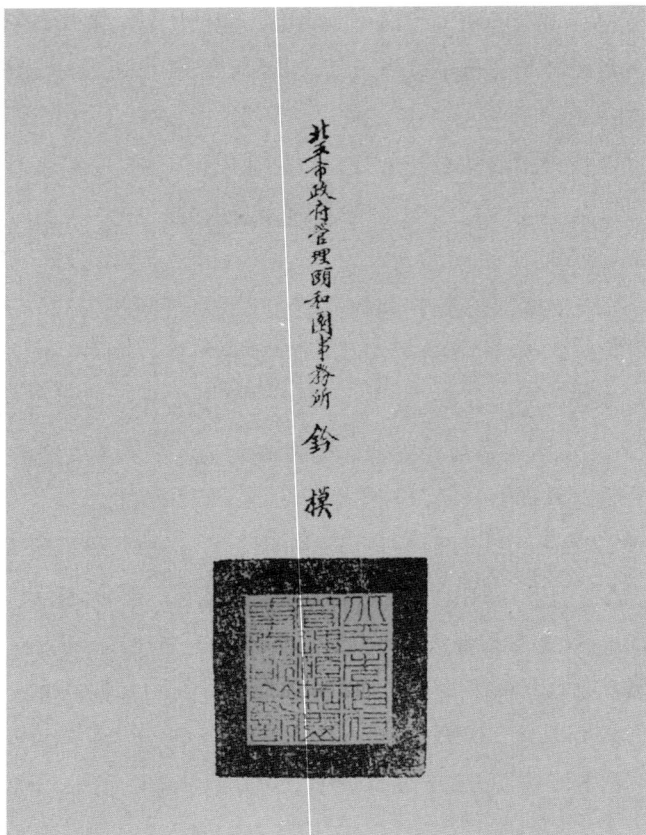

图 1　北平市政府管理颐和园事务所钤模 [6]

　　熊斌在回忆录里写到，日军占领北平期间，"集中力量应付军事，市政不仅无进步，且多废弛"。因此，在经过短期调查后，熊斌提出了"（民国）三十五年市政计划"，该计划指出，"整理文物建筑是故都重要业务，虽有故都文物整理委员会之设，而实施仍由工务局负责，限于经费，凡急需修理部分，莫不设法施工，免致倒塌不可收拾"，[7] 颐和园作为重要的皇家林苑也被纳入整理行列。与此相关，熊斌还计划成立中华观光社，充分利用北平文化古都、风景优美、建筑伟大的优势，颐和园自然也在旅游事业的发展计划之中。

　　1946 年 6 月 28 日，市政府公布了第七八三四号北平市政府令，管理颐和园事务所依照该令中公布的组织规程行事，这也标志着国民政府治下的颐和园彻底告别了日伪时期的经营管理，进入一个新的阶段。

北平市政府管理颐和园事务所组织规程

第一条　本所隶属于北平市政府，管理颐和园全部及静明园、圆明园及其一切附属事务。

第二条　本所设所长、附所长各一人，由市政府派充。所长受市政府之指挥监督，综理所内一切事务，副所长协助所长办理一切事务。

第三条　本所设总务保管两股，各设主任一人，由所长呈由市政府核准委任，承所长之命，办理本股事务。

第四条　总务股掌理左列事务

一、关于撰拟文牍、收发文件、保管档案、典守铃记事项；

二、关于交际及招待来宾及翻译事项；

三、关于出纳、领发文具，购置物品，修缮工程，培植花木，考查勤务，工役勤惰奖惩事项；

四、关于考核各种票券、收入票款，并领用票券及收款联单事项；

五、关于整理清洁保安守卫及引导人之管理事项；

六、关于查察整理电务及消防事项；

七、关于职雇员进退考勤登记事项；

第五条　保管股掌理左列事务

一、关于保管各园建筑、古物、图画，及管理船只、车辆、杂具事项；

二、关于陈列展览事项；

三、关于督饬各地段稽查巡守事项；

四、关于保管册籍及编制登记事项；

五、关于管理各园地亩房屋收入租款及各园物产租售价款并园内各商店提成事项；

六、关于签订租约合同并调查单据及佃户租户利币事项；

七、关于检查携出园门物件及签发出门证事项

第六条　总务股设科员二人，分别办理文书、出纳、庶务、票务、园艺事项，办事员四人，助理员三人，票务员六人，稽查员三人，电话生二人，书记三人，分别助理各项事务；保管股设科员二人，分别办理保管、经租事项，办事员三人，助理员一人，稽查员四人，书记二人，分别助理各项事务，万寿山饭店设办事员一人，专司饭店一切事务（后新增"园艺技术员一人，专司设计整理园艺一切事务，静明园设管理员一人，专司筹划管理该园一切事务"[8]）。

第七条　科员以次各职员由所长遴选，呈请市长委任，雇员由所长派充并呈报市政府备案。

第八条　本所设会计员一人，由市政府会计处呈请国民政府主计处委派办理本所岁计会计等事项，受所在机关长之指挥监督，并直接对会计处负责。

第九条　本所因事务之必要得呈请市政府添派专门人员襄助办理。

第十条　本所办事细则另定之。

第十一条　本规程如有未尽事宜得随时呈请修正之。

第十二条　本规程自市政府公布之日施行。[9]

作为文物古迹，颐和园具有明晰的权责归属，在战后的接收中，颐和园并不算做敌伪产业，国民党当局对颐和园的接收工作进行得比较平和，没有出现像其他有明显经济利益的单位接收时的混乱与争抢，没有陷入"劫收"闹剧。这有利于文物古迹的保护和接下来短暂和平时期的经营开展。新的事务所组织规程较抗战前并没有做出重大修改，这样的组织规程是抗战前近十年时间，北平特别市政府管理颐和园事务所经营摸索的结果。

二、追回日军侵夺的颐和园铜品

1937 年 7 月 7 日，日军悍然发动"卢沟桥事变"，全面侵华，7 月 29 日北平沦陷，古都北京惨遭日本侵略者长达八年的掠夺。日本是个资源小国，侵华战争延至后期，由于大量战争消耗，日本资源短缺的情况愈发明显，因而加紧了对中国的掠夺。日本铜矿资源尤其稀少，历史上就曾长期从中国进口铜钱，而铜又是制作武器的重要战略物资，为获取铜质资源，日军先后于 1942 年 10 月、1943 年 8 月和 1945 年 3 月三次命令伪北平市政府开展所谓的"献铜"运动，将市民的生产生活用铜和公共铜质资源洗劫殆尽。

颐和园作为曾经的皇家园林，藏有大量精美的铜质艺术品及实用品，也成为日军觊觎的目标。1945 年 6 月 29 日，金品纳献委员会以颐和园内各项铜品"均属公有且久已废置，既与历史文化无重要关系，亦与风景美观毫无补益"为由，将颐和园内铜品列表上报伪市长，这些铜品包括铜门钉 972 个、铜缸 12 个、铜桌几一个，铜香炉 4 个、铜火炉 20 多个。此呈文当天就得到伪市长批复，决定除将"有关风景史迹"的铜缸保留了 3 对，铜火炉酌留 10 个外，"余件均准献纳"。在实际操作过程中颐和园大门铜门钉暨排云门铜门钉 972 个也未经拆除。[10] 在抗战胜利前五天，8 月 10 日，经伪市长同意，伪工务局与昭和通商会社派人将其中的 6 个铜缸、1 个铜桌几、4 个铜香炉、58 市斤铜零件、19 个铜火炉运走。[11] 而伪政府所遗留的档案资料则成为日本侵华、掠夺我国资源的铁证。

值得欣慰的是，在日本侵略者与伪北平市政府组织的高压"纳献"运动中，当时的颐和园管理人员曾经尽可能地保护国家文物资源："查本所前被日寇掠运园内铜缸等件，当因铜缸上镌有铜质寿字，上面系有赤金镀过，本所以此物如经熔毁，殊为可惜，曾面禀许前市长，拟将所镀之金设法洗下，俾便保存。当蒙许前市长面谕，准予办理，已于本年七月十五日将所起下金屑熔成大小三锭计重二两四钱密呈许前市长请交库密存……"[12]

而事实上，颐和园被迫纳献的这批铜品，刚刚运到天津，日本侵略者即宣布投降了，这批铜品便幸运地躲过了被偷运出国的厄运。1945 年 11 月 8 日，"《华北日报》等二报载有'西北社讯'，北平在沦陷期间，敌日掠夺各项物资，曾以献铜为名，强制民间献纳铜品。更肆残暴将故宫博物院所存含有历史价值之一部铜缸铜炉等移运津，以图焙制军械……现计铜缸六口，铜炉四座，大铜桌几一张。津市府并运至旧英花园市府门前陈列，任人参观"。颐和园的管理方看到报纸报道后，认为报纸所报道的铜缸铜炉与颐和园被日军掠走的铜品在数目品类上相一致，但"恐系误为故宫博物院之物，为查此项铜品，前市府令本所与前工务局接洽索回"。

11 月 19 日，颐和园稽查员刘仙乔协同市政府庶务股科员郎圻前往天津谈洽后，将铜品运回颐和园。运回铜品所花费运费由颐和园方先行垫付。铜缸运回颐和园后，颐和园管理方"拟将存库金块觅匠重行贴于原缸铜寿字上，以资恢复旧观"。但是北平市政府的处理意见却是将原起下赤金出售，用售后所获款项来雇用工匠出工出料修复。于是时任管理颐和园事务所所长朱沛于 12 月 24 日将原起下的赤金"按照市价售于前门外廊坊二条路北德义兴珠宝店，按每两合法币陆万柒千陆百万元，计重二两四钱。共合拾陆万二千二百四十元"。朱沛携款回园之后，随即饬令承做修复工作的商号开始工作。

后北平市市长何思源在汇总《政绩交代比较表（编制机关北平市政府）》时，将抗战胜利后国民政府首任北平市长熊斌在任期间"前伪组织运去备作献铜之铜缸炉鼎已运回成例"[13] 一项作为其重要市营事业的政绩开列。

被迫"纳献"的颐和园所有铜质文物，除一件铜火炉外，其余悉数回归，虽然有被掠前颐和园工作人员的努力保护，但颐和园铜质文物的回归更多归功于抗战胜利的时机，有很多侥幸的因素存在。颐和园工作人员秘密起下镏金赤金，伪市长认识到铜缸"有关风景史迹"，留下其中 3 对，这些行为说明他们都有保护国粹文物的意识。但在国家屡弱，遭遇强敌侵占的时候，文物保护的工作会显得力不从心，侥幸追回的文物只不过是日本侵略者掠夺的海量中国文物的一小部分。和故宫文物一样，在日军发动"卢沟桥事变"之前，颐和园所藏大部分文物也被装箱南运，躲过劫难。留下的、不便运输的则成为日军侵夺的对象。

颐和园园内陈列的铜缸、铜桌几原是乾隆时兴建的清漪园遗物，曾经躲过了英法联军焚烧的劫数。慈禧太后在清漪园遗址基础上重建颐和园时，为彰显颐养冲和之意，处处体现长寿色彩，铜缸上均饰有镏金团寿字。现存 6 对铜缸中，未经劫难的 3 对上的寿字依然金光灿烂，而劫后回归的 3 对，上面的寿字则黯淡无光，[14] 这很明显是寿字镏金被起下又被恢复导致的，且在恢复的时候，工匠技艺水平和用料都远不及乾隆时皇家造办"不计工本"所达到的水准，因此无法恢复"旧观"。

三、惩处侵夺园产的敌伪分子

管理颐和园事务所的管辖范围除文物古建之外，还包括三山五园范围内的耕地。"该园经营水旱田地计五九八九.八四九亩，以地实肥瘠分上中下三则，计租水田征收糙米，旱田征收玉米，自民国三年后，该园开放后，始定租金，初则以纹银计租，迨后改银为元，按地纳租，每亩最高一元一角，次则七角，再次则四角。迄民国三十三年，此三十年中毫无变更。"[15] 三山五园地区的放垦，极大破坏了该地区的历史遗迹和古建园林整体风貌，是西郊园林继第二次鸦片战争"火劫"、清廷式微后"石劫"之后的"土劫"。但是对于普通百姓而言，三山五园园区在清末 1895 年后的招佃放垦，给了穷苦百姓一个立锥糊口的处所。他们"自备资本开垦耕种"，"彼时稍有耕地者，莫不视为畏途不愿牺牲，后经附近贫无立锥之穷民，全家妇孺，披星戴月，胼手胝足，数年经营，方可肥种薄收"。[16] 在日本侵略者想方设法侵夺颐和园财产的同时，一些投靠日本侵略者的伪政权官员也趁火打劫、侵夺园产。

抗战胜利后，管理颐和园事务所接到了多起佃户要求收回被敌伪压迫侵夺佃地的呈请。刘子秋呈请勒令地权归还原主一事具有很强的代表性，且概述如下：

伪政权官僚刘丰秋，"串通伪前颐和园所长王春年、副所长于维畦等为利私囊起见，借敌伪强化治安增产运动之时机，将园内西堤水旱荒地九十余亩开辟稻田"。[17] 刘丰秋等伙同开办人吴祝九（系伪警察局办事员在园内应勤）、马殿元（系园内鱼场稽查），辗转找到祖居于颐和园一带、熟悉水稻种植的刘子秋，让其作为开垦租种颐和园荒地的承办人。受刘丰秋一伙威逼利诱，刘子秋便在园方立案，领得租约，一租五年。为防止刘子秋反悔，刘丰秋一伙还勒令刘子秋寻铺保二人，完成了颐和园方面的既定手续。之后订定合同规定："股本洋伪币一万五千元，分作十股，每股一千五百元。当令民（刘子秋）交出一股之资本，其余九股归彼等九人分担，并倡言利益均享。并令民（刘子秋）为开垦稻田经理，以专责成。"合同签订后，刘丰秋又借口其妹（系伪社会局长于善述之妻）要看租约，将以刘子秋名义与颐和园方面签订的租约挟势索要而去。"迨至稻田开出数十亩，眼看稻熟在即，刘丰秋复假前伪北平市长余晋龢之势，将王、于、吴、马四人之股东权撤销，以便利益独享。后因荒地已开出大半数以上，一切开辟手续，彼已尽悉。为彼之自私计划统一计，将民（刘子秋）之经理名目撤销，用彼私人经理，所以将民（刘子秋）之股东名目保留者，因在事务所立案领租约者乃刘子秋也。"刘丰秋每年上缴颐和园的地租只是象征性的六七百元，而给刘子秋的享利更是"为数之微，所不堪言"。而新辟九十余亩稻田连年丰收，加上物价飞涨、米价昂贵等因素，刘丰秋"所得之利益非笔墨所能计算"。而面对地权被侵夺，刘子秋迫于敌伪官僚压力，不敢言语，"只得甘做傀儡"。直到抗战胜利后，刘子秋才敢将事情具文呈报抗战后的第二任所长陈铭阁，请求收回地权。

日伪时期，像刘丰秋这样依仗伪政权威势而形成的"强佃"不止一家。"强佃"一方面将颐和园的园产收入纳入私囊，另一方面又压迫盘剥普通佃农。"复员后，国府明令按二五减租办法征收，计三十五年度，每亩按一百二十斤、九十斤、七十斤征粮，乃该佃户等借词负担过重，延不清缴。揆其原因，此项田地多为土豪大佃户把持，抗不交租。其中冒领转租者甚有。私行典卖者种种弊窦，不一而足。"[18] 颐和园管理方也因种种弊窦失去了相当一部分收入，使得园内财政捉襟见肘。紧张的财政收入又使得古建文物的保护缺少资金。因为时常出现的入不敷出现象，抗战后，所长朱沛及后任所长多次向北平市政府申请施行财务统收统支。管理颐和园事务所所辖田亩地租管理混乱的状况，直到许星园就任所长后，经其大力整顿才有所好转。

刘子秋呈请勒令地权归还原主一事中，所涉及之敌伪高级官僚伪市长余晋龢战后被收监，死于狱中；伪社会局长于善述被收监，房产被查封。主要案犯刘丰秋无档可查。但西堤水田承办人刘子秋的合法权益得以保障是无疑的。当然被惩处的敌伪分子，更大程度上是因为投敌叛国的政治原因被收监，但是颐和园方面向市政府提交的情况说明也为敌伪分子的伏法提供了更充分的证据。

作者简介：滕朝阳，男，1987 年生，山东日照人，北京联合大学应用文理学院 2015 级专门史研究生，研究方向为北京社会文化史、三山五园历史文化等。

注释：

[1] 北京市地方志编纂委员会：《颐和园志》，北京出版社，2004，第 422 页。

[2] 仲石：《熊斌先生生平概要》，沈云龙等：《熊哲明先生百年纪念文集》，北京外语教学与研究出版社，1994，第 86—88 页。

[3] 《北平市政府关于留用人员试用审查办法的指令和留用人员审查表等及关于管理颐和园事务所职员待遇问题的训令》，北京市档案馆，档案号：J21-1-554。

[4] 《北平市政府关于颐和园事务所新任所长租事日期的指令及该所职员清册及各种移交清册》，北京市档案馆，档案号：J21-1-903。

[5] 同上。

[6] 《北平市政府管理颐和园事务所为启用本所钤记事的呈及市政府的指令》，北京市档案馆，档案号：J21-1-1986。

[7] 仲石：《熊斌先生生平概要》，沈云龙等：《熊哲明先生百年纪念文集》，第 89 页。

[8] 《修正北平市政府管理颐和园事务所组织规程第六条条文》，北京市档案馆，档案号：J21-1-1779。

[9] 《北平市政府关于公布颐和园事务所组织规程和土地登记施行细则等章则》，北京市档案馆，档案号：J77-1-177。

[10] 孙刚编选：《北京特别市政府管理颐和园事务所为卸运颐和园铜品日期致市长呈》，《日伪统治后期北京市办理铜品献纳运动史料》，载《档案见证——纪念中国人民抗日战争胜利 70 周年》，新华出版社，2015，第 253 页。

[11] 《河北高等法院调查伪社会局有无献铜情事的代电及管理颐和园事务所证明确有其事的复电》，北京市档案馆，档案号：J21-1-1802。

[12] 《北平市政府管理颐和园事务所关于日寇掠走铜缸等物件接收运回手续费用等事项的呈及市政府的指令》，北京市档案馆，档案号：J21-1-1568。

[13] 《北平市政府管理颐和园事务所政绩交代比较表》，北京市档案馆，档案号：J21-1-1572。

[14] 陆元：《劫后回归的颐和园铜缸》，《中国档案报》，2005 年 8 月 5 日，第 5 版。

[15] 《北平市参议会关于组设市营事业清查委员会给管理颐和园事务所的函及市政府的训令》，北京市档案馆，档案号：J21-1-1777。

[16] 《北平市政府管理颐和园事务所关于圆明园佃田地数归还原租户的呈及市政府的指令》，北京市档案馆，档案号：J21-1-1592。

[17] 同上。

[18] 《北平市政府就总务处长李予衡拟改进颐和、静宜两园业务意见书给管理颐和园事务所的训令》，北京市档案馆，档案号：J21-1-1778。

香山静宜园佛教文化元素研究

张功力

　　香山，是被称为"太行八陉""神京右臂"的西山山脉的一条支脉，因山顶乳峰石翻云吐雾如香烟缭绕，故而得名。唐代即有寺庙建于山上。自辽代在北京设置辽南京以来，北京从北中国的首都逐渐转变为整个中国的首都，政治地位不断提升，京城达官显贵者又多信宠佛道，常以捐资建寺为善事；香山地区既有佛教传统，又因地近京城，当日可往，因此成为佛教云集所在。康熙皇帝时即在此修建香山行宫，乾隆皇帝继位后，"即旧行宫之基"，[1] 并"就皇祖之行宫"，[2] 在康熙香山行宫基础上增修扩建而成静宜园，前后陆续建成的玉泉山静明园、万寿山清漪园、畅春园、圆明园合称为"三山五园"。礼佛作为清代皇帝园居生活的重要组成部分，促使佛教在香山静宜园中得到很大程度的发展，一批佛教寺庙和相关配套设施得到修缮和增建成为香山静宜园佛教文化元素的有力见证。

一、香山寺

（一）香山寺的始建年代及名称演变

　　按照史料记载，香山寺始建年代大致有两种观点。一种观点认为，香山寺乃是建于唐代的一座古寺，唐代香山地区已有吉安、香山二寺。明代万历年间宛平知县沈榜所作之《宛署杂记》中引成化朝大学士商辂《香山永安寺记》言"永安寺创自李唐，沿于辽金，兴废莫详，而遗址仅存"，[3] 以此观之，香山寺早在唐代即已存在。另一种更为普遍的观点认为，香山寺始建于金大定二十六年（1186），《金史》有云："大定二十六年三月，癸巳，香山寺成。幸其事，赐名'大永安寺'，给田两千亩，栗七十株，钱二万贯。"[4] 这时的香山寺是将唐代香山地区原有两寺合二为一。元代皇庆元年（1312）四月，元仁宗曾"给钞万锭修香山永安寺"，并更名为"甘露寺"。[5] 乾隆皇帝在《香山寺》诗中也说："寺建于金世宗大定间，依岩架壑，为殿五层，金碧辉映。自下望之，层级可数，旧名永安，亦曰甘露。"[6] 明代正统年间（1436—1449），司礼监太监范弘捐资重修，皇帝敕赐"永安禅寺"匾额。到清代，香山寺已经残败日久，乾隆皇帝在修建静宜园时将香山寺在原址基础上进行重修增建，使古寺面貌焕然一新，形成了前街、中寺、后苑的独特寺院格局，并赐名为"香山大永安禅寺"，也称香山寺，成为静宜园二十八景之一。

（二）香山寺建筑大观

香山寺依山而建，错落有致，严整壮观，曾为西山诸寺之冠。不幸的是，该寺在第二次鸦片战争和八国联军侵华战争中先后两次遭受侵略军焚烧，现仅保有听法松、娑罗树御制碑、石屏等遗存。

香山寺门前曾建有"内买卖街"一条，在其入口处，矗立着一座冲天式牌楼，而过买卖街又有一座四柱三楹冲天式牌楼，上书"香云入座"匾额，乃乾隆御笔。进牌楼有一座方形水池，为放生池，亦称"功德池"，乾隆皇帝命名为"知乐濠"。穿过池上石桥，有一座三楹歇山式接引佛殿，殿两侧两道八字雕花看面墙，殿檐悬乾隆御书"香山永安寺"匾额。这是香山寺的第一层佛殿，佛殿层楼叠屋，顺山势由低到高，层层递增，前后五层，沿路石阶共191级。

第二层是一座三楹歇山式天王殿。前后门悬挂乾隆御笔粉油蓝字诗意匾两面。南北两侧建有钟鼓楼，北侧建一四方碑亭，亭中立乾隆御制《娑罗树恭依皇祖元韵》诗碑一座。

第三层正殿是一座七楹单檐歇山顶"圆灵应现殿"，殿檐悬乾隆御书蓝底铜字匾额。殿前设石座青绿铜五供一套，石座大铁炉一只，再前立大石屏一座，汉白玉石基台上镶嵌三方碑刻，阳面刻三座塔形图案，每图各刻佛教经典，左为《心经》，中刊《金刚经》，右为《观音经》；阴面镌刻燃灯古佛、观音、普贤诸像，并附乾隆御制赞语。两边石栏镌刻乾隆御题联语："花语轻霏结青莲法界，云峰郁起现白毫相光"，"智镜光圆宏六度，心莲香远演三乘"，"灵鹫风香传妙偈，澄潭月皎印真如"。正殿两侧有南北两座配殿，各三楹。殿前平台上南北各立八角重檐碑一座，台口路上建四角牌楼一座。

第四层建有一座三楹敞厅，名曰"眼界宽"。敞厅东向悬乾隆御书粉油蓝字匾额，敞厅两侧接出游廊，折而西上成为扒山游廊，可登上第五层。

第五层的主要建筑为"一殿两楼"，即：青霞寄逸楼、水月空明殿和六方楼一座。青霞寄逸楼为三楹两层歇山顶，楼外上下分别悬乾隆御书"鹫峰云涌"和"青霞寄逸"匾额。楼旁建一座三楹水月空明殿，殿前即为三楹六方楼。此楼由上而下分别悬乾隆御书"薝卜香林""无住法轮""能仁妙觉"三幅牌匾，楼外东向悬另一御书匾额"光明莲界"。

除此之外，在香山寺北侧还有三组殿堂组群，自东而西分别是观音阁、妙高堂和无量殿，这些殿堂有的是原来单独建庙，乾隆扩建静宜园时将其合在一起，成为组群式建筑。

观音阁自成院落，面南而建，两层五楹，正殿外檐下层悬蓝底铜字"性因妙界"匾额，悬同等规制"普门圆应"匾额，此皆乾隆御笔亲书。院东建有五楹"来青轩"殿，后院建有一座面阔三楹的海棠院正殿，殿外檐向南悬绿底蓝字的乾隆御书"海棠院"匾额，殿名因庭院植有两株海棠而得名，乾隆帝留有"十笏三间古，两株一院深"的题诗；外檐向东悬乾隆御书"青霞在抱"匾额。其中"来青轩"为香山二十八景之一，始建于明代，《宛署杂记》记载："正德、嘉靖驾俱临幸（香山寺），嘉靖玉音云：'香山伫有青翠。'万历御书'来青轩'三大字。"[7]康熙皇帝游山时，御书"普照乾坤"匾额悬于西壁，并作《来青轩临眺二首》：

摇拂烟云动翠旗，登临翰墨每相随。

山河景象无穷意，俯瞰人情因物知。

来青高敞眺神京，斜倚名山涧水清。

此日君臣同鉴赏，村村鸡犬静无声。[8]

乾隆皇帝扩建静宜园时，旧匾不存，便亲书"来青轩"悬于殿檐，此处也成为乾隆帝常游之处。殿内陈设极为华贵雅致，存有多部典籍和御制诗文，如《九家集注杜诗》一部九套、《西湖志纂》一套、《御制全韵诗》二套、《钦定三礼义书》一部二十四套、《御制拟白居易新乐府》二套。乾隆皇帝共写有《来青轩》诗三十余首，足见其对此轩喜爱尤甚。

观音阁之西为五楹妙高堂，此堂坐西面东，殿檐悬乾隆御书红底蓝字"妙高堂"匾额，乾隆帝有诗写道："洒然数间屋，已觉超凡俗。妙高谁所名，旧志难寻读。"妙高堂内存有《清字资治通鉴》一部，《蒙古文鉴》三套，《康熙字典》一部，《明史》一部，《钦定历代赋汇》一部，《御纂清字性理精义》一套。

以上三处殿堂，皆为清以前建筑，乾隆皇帝因之称其为"旧名胜"，认为三处各有所长，其中：妙高堂迥奇，来青轩旷豁，海棠院幽佳。这一评价在其《海棠院》诗中得以体现，诗云：

香山寺侧旧名胜，来青妙高及海棠。

或以迥奇或旷豁，此则幽佳其趣长。

当庭两树非花候，静对较赢烂漫芳。

妙高堂再往西上山，建有另一座寺院，山门横额书"楞伽妙觉"，楹联书"风旗不动真乘义，月仰长圆了悟因"，院内正殿无量殿檐面东悬御书青底金字"无量殿"匾额，皆为乾隆御书。殿后另建一座三楹观音殿，殿后院内建有一座三楹关帝庙。

二、洪光寺

从香山寺西北端上山，可抵洪光寺。或从勤政殿西绿云舫往西山攀登，穿过迂曲盘道亦可到达洪光寺山门。

该寺为明代成化年间太监郑同始建。郑同本是高丽人，宣德年间被遣入中国，得侍明宣宗，后被遣使高丽，见金刚山圆殿有千佛绕毗卢之式，很是喜欢。返回中国后，遂于成化元年（1465）在香山建立了洪光寺中的毗卢圆殿，郑同自书碑文，立碑记述建寺缘起。乾隆九年（1744）经过敕修，洪光寺改为皇家寺院，其规模宏丽，陈设考究，成为乾隆经常参谒和游憩之地。

洪光寺坐西朝东而略偏东北，寺后是一道平直整齐的庙墙，墙西是一带高山，庙前则是一道弧形的宇墙，宇墙前为一溜石砌泊岸，山门朝东而微偏，门前两侧是钟鼓楼和分列的旗杆，再前方竖有四柱三门冲天式牌楼。拾级而上是三楹冥王殿，内供弥勒佛，南北次间墙上挂画像佛十八轴。

进院后正殿为坐西面东五楹"香岩净域殿"，殿中神台上供奉铜质无量寿佛九尊，神龛悬乾隆御书黑漆金字"慈云常荫"匾额，墙上挂画像佛十四轴。殿内还供有玉佛、铜佛、松石佛、香胎佛多尊，殿外悬乾隆御书黑漆金字"香岩净域"匾额。庭院两侧分别建一排南群房和北群房，各十余楹。院正中是郑同所建上圆下方重檐琉璃毗卢圆殿，也称千佛亭，殿外檐悬康熙御笔紫底蓝字"光明三昧"匾额，殿内供奉毗卢，千佛各坐宝莲，形象生动完整。

从山门前牌楼北行，是一座五楹抱厦房。进房西垂花门，便是寺宇北院，由四面共二十六间游廊连接，西边正殿为三楹太虚室，是一座硬山式结构的观音殿，供奉金漆大悲观世音菩萨一尊。北边建有一座五楹香岩室楼。

从山门前牌楼南行，过一五楹穿堂房，进入门楼便是寺宇南院，西边正殿三楹，南边配殿三楹。

三、宗镜大昭之庙（昭庙）

（一）立庙缘起

坐落在北京市海淀区香山公园东宫门以北、见心斋以南、芙蓉馆东侧，原地为清代皇家苑囿"三山五园"之一的静宜园之别垣中部，清代初期为皇家鹿园。"昭庙"一词，在该庙藏文碑文中译为"觉卧拉康（jo-bo-lha-khang）"，其中，"觉卧（jo-bo）"汉文意为"尊者"，"昭"应为藏语"觉卧"一词之变音，"拉康（lha-khang）"汉文意为"神殿"，故"昭庙"即为"尊者神殿"之意。

在清初五世达赖到京120多年后，西藏政教领袖之一的班禅，主动提出要入觐为皇帝祝寿，这对清中央政府来说，无疑是一件十分重要的事情，乾隆皇帝亲自精心安排了各项接待工作。大至修建庙宇、行程路线，小至赏赐物品的装饰，事无巨细，无一不由皇帝定夺。乾隆皇帝除了决定在热河修建"须弥福寿之庙"作为班禅到承德后居住、诵经的地方外，还在北京整修了五世达赖来京时居住过的黄寺供班禅驻锡。同时，还考虑到班禅在京过夏天太热，不容易适应，故决定在比较凉爽的皇家园林静宜园内选址建庙，备班禅在京夏季居住。乾隆皇帝说："既建须弥福寿之庙于热河，复建昭庙于香山之静宜园，以班禅远来祝禧之诚可嘉，且以示我中华之兴黄教也。"[9]故当时有班禅冬居黄寺，夏居昭庙之说。可惜，六世班禅在北京住了两个月便圆寂于北京西黄寺，在昭庙只居住了几天，这座为班禅修建的庙宇，便成为供人瞻仰纪念他的一组建筑。

（二）昭庙建筑风格

乾隆皇帝为嘉勉六世班禅入京朝觐之忠举，仿照拉萨大昭寺建筑风格，将昭庙改建为一组具有浓郁西藏建筑色彩的藏传佛教格鲁派庙宇建筑。

关于该庙的建筑风格，乾隆帝在《昭庙六韵》中明确写道："又，昭庙肖卫地古式为之。卫者，番语谓中，俗谓之前藏。"[10]即按照前藏地区的传统藏式建筑风格而设计建造。因此，其建筑风格以藏式为主，同时因其身处京城，也必然会融合一部分汉式建筑形式。这座藏汉混合型的寺庙现占地面积9100平方米，因其于清咸丰十年（1860）、光绪二十六年（1900）先后遭到英法联军和八国联军的破坏，庙中除清静法智殿、琉璃牌坊、琉璃塔等建筑保存较为完整外，其他建筑损毁严重。《钦定日下旧闻考》对宗镜大昭之庙的布局有较为详尽的描述："门东向，建琉璃坊楔，前殿三楹，内为白台，绕东、南、北三面，上、下凡四层。西为清净法智殿，又后为红台，四周上下亦四层……额悬都罡正殿。乾隆四十五年（1780），就鹿园地建琉璃坊，东面额曰法源演庆，西面额曰慧照腾辉，前殿额曰众妙之门。清净法智殿前，八方重檐碑亭内，恭勒御制昭庙诗。红台上层东额曰大圆镜智殿，西曰妙观察智殿，南曰平等性智殿，北曰成所作智殿，皆皇上御书。"[11]同时，据成书于乾隆末年的《宸垣识略》记载："宗镜大昭之庙在静宜园北，亦称昭庙，乾隆年建，楼殿凡四层，庙北度石桥为正凝堂，堂北为畅风楼，皆临幸憩息之所。"[12]由此可知，宗镜大昭之庙门前应有一道方河和一座石桥，北为正凝堂和畅风楼。

由现存遗址观之，宗镜大昭之庙建筑群依山而建，坐西向东，由低到高，层层递进，其建筑布局有一条明显的中轴线，此特点与承德的须弥福寿之庙相同。

庙门东向，穿过月牙河上的石桥，迎面高台上是一座四柱三间七楼、长约二十七米的五彩琉璃牌坊，汉白玉石基座和券门，琉璃砖瓦的枋柱和枋顶，雕刻彩色龙纹图案，前后两面匾额用汉、满、蒙、藏四种文字书写"法源演庆"和"慧照腾辉"。牌楼西边有四座高达两米的汉白玉石墩，上面雕满藏式吉祥花纹。琉璃牌楼西上为三楹都罡殿，上覆铜瓦鎏金，殿檐悬乾隆御笔蓝底铜字"宗镜大昭之庙"匾额。环都罡殿为藏式白台，台表以砖石修砌，壁面辟有藏式梯形盲窗，上沿浮嵌琉璃制垂花装饰，表现出格外的幽秘与古朴。白台东楼上为三楹"清净法智殿"，殿檐悬乾隆御笔匾额，楼下有班禅居室六间，内置班禅金像和画像；北楼和南楼各有御座房七间，内供佛像。清静法智殿后为藏式红台，四周群楼上下四层。栋楼顶层为"大圆镜智殿"，西楼为"妙观察智殿"，南楼为"平等性智殿"，北楼为"成所作智殿"。

这几座佛殿均为三楹，檐额悬乾隆御书蓝底铜字匾。红台下边三层群楼各有 144 间，供奉诸方菩萨神像，二层和三层佛殿中各供奉三千多尊铜胎无量寿佛。

同时，在该庙西端的妙观察智殿背后，依山建有一座七层密檐式实心琉璃塔，其顶为黄琉璃瓦，台基为汉白玉须弥座，塔身为八角形，由绿琉璃砖砌成，塔身表面饰有八十座琉璃佛龛。从造型方面看，此塔与须弥福寿之庙的万寿琉璃宝塔非常相似，同时，二者位置亦相同，即均依山而立并位于寺庙的最高处即中轴线的最顶端。二者不同之处在于，须弥福寿之庙的建筑格局中，红台在前、白台在后，这与后藏扎什伦布寺相似，"而香山昭庙设计布局则以佛教时轮金刚曼荼罗坛城为设计参考，殿宇名称也基本相同，如红台大圆镜智、成所作智、妙观察智、平等性智四智殿，其前面白台清净法智则出于时轮金刚坛城的第二层语觉悟坛城特性之'清净'的特质，取名宗镜大昭之庙亦含有与西藏大昭寺相似的含义，公元 7 世纪大昭寺的修建中首先应用了曼荼罗艺术"。[13] 因此，整体而言，宗镜大昭之庙是仿照前藏拉萨大昭寺而设计修建的。众所周知，承德的须弥福寿之庙是完全仿照六世班禅驻锡的后藏扎什伦布寺而建造，而这种前藏拉萨大昭寺式的建筑风格也反映出：宗镜大昭之庙本来并非为六世班禅朝觐而专门建造。不过，就总体建筑风格而论，宗镜大昭之庙是"以藏族碉房式建筑风格为主体，也用了一些汉式的遮檐手法，是藏汉建筑艺术结合的又一产物"。[14] 该庙主体呈方形碉式，白色条石为基，红色墙身，墙体上方四周间隔设有藏式梯形壁窗，上部饰有汉式单斜面的遮檐。同时，其亦采用了汉式建筑风格，即庙有一条中轴线，此外，其琉璃牌坊由黄绿两色琉璃砖装饰，琉璃瓦顶亦为飞檐式，这均是汉式建筑风格的具体展现。综上，从民族与宗教的角度来看，宗镜大昭之庙不仅可视为藏汉建筑风格融合的精品，亦可视为藏传佛教与汉传佛教建筑艺术交融的典范。

四、玉华寺

玉华寺坐落于香山半腰位置，处于静宜园全园的中心部位，是一座由明英宗朝太监韦敬、黎福喜始建于正统九年（1444）的古寺。乾隆年间修建静宜园时对旧庙重新修葺，并在周围建起了斋轩亭榭等，乾隆十年（1745）在玉华寺旁增建玉华岫等建筑，整体赐名"玉华岫"，组成一组完整的山间建筑群落，成为乾隆帝时常游憩之所，"玉华岫"也成为静宜园二十八景之一。

玉华寺有山门三楹，正殿三楹，北配殿和北配房各三楹。正殿四周围以游廊，殿檐东向悬乾隆御书"香岩觉日"匾额。寺北门内有石洞山泉，谓玉华泉，山门南侧为三楹玉华岫殿，殿檐悬乾隆御书粉油蓝字"玉华岫"匾额。玉华岫也是香山二十八景之一，乾隆皇帝在《玉华岫》诗序中说："玉华亦古刹，而规制差隘，其高乃不减来青。辟其南为小轩，俯瞰群岫，霞举云回，若拱若抱。昌黎诗：'前低划开阔，烂漫堆众皱，淘工于体物。'"[15]对其大加赞赏。玉华岫三楹，向南而建，南有抱厦一楹，殿檐悬乾隆御书粉油蓝字匾额。东边一间向北设门。可通玉华寺。室内陈设有《九家集注杜诗》《御制喜雪赋册页》《御制喜雨赋册页》《御制化民成俗论册页》等。

　　玉华岫东建有两楹皋涂精舍，南向悬御书"林虚桂静"匾额，正殿门口向南悬乾隆御笔"皋涂精舍"匾额。玉华寺西有三楹溢芳轩，轩北另建三楹东向"烟菲蔚秀殿"，轩南建三楹敞厅邀月榭，轩西建绮望亭，这些建筑皆有乾隆御笔亲书匾额。

小结

　　在三山五园中，静宜园所在的香山地区之所以成为"佛都"，并较其他园区佛教活动悠久而鼎盛，一方面固然与佛教传入中国后根深蒂固的尚佛传统有着必然联系，另一方面也与香山地区得天独厚的自然地理条件所造就的人文风韵积淀密不可分，这是香山静宜园的优势所在，更是三山五园中其他园林所无法企及的。因此，在新时代背景下，如何深入挖掘和利用香山地区的固有优势，使其发挥好作为首都人民的精神颐养乐园和对外文化展示重要窗口的价值与功能，还有待于进一步研究。

　　作者简介：张功力，男，1992年生，湖北保康人，北京联合大学专门史2016级硕士研究生，研究方向为民族和宗教史。

注释：

[1]　［清］于敏中等：《钦定日下旧闻考》卷86《国朝苑囿·静宜园一》，北京古籍出版社，2000，第1437页。
[2]　［清］于敏中等：《钦定日下旧闻考》卷86《国朝苑囿·静宜园一》，第1438页。
[3]　［明］沈榜：《宛署杂记》卷30《书字·志遗三》，北京古籍出版社，1980，第245页。
[4]　［元］脱脱等：《金史》卷6《世宗纪下》，中华书局，1975，第192页。
[5]　［明］宋濂等：《元史》卷24《仁宗纪》，中华书局，1976，第551页。
[6]　［清］于敏中等：《钦定日下旧闻考》卷86《国朝苑囿·静宜园一》，第1446页。
[7]　［明］沈榜：《宛署杂记》卷17《言字·寺观》，第226页。
[8]　［清］于敏中等：《钦定日下旧闻考》卷86《国朝苑囿·静宜园一》，第1448页。
[9]　［清］于敏中等：《钦定日下旧闻考》卷87《国朝苑囿·静宜园二》，第1458页。

[10] 北京图书馆金石组:《北京图书馆藏中国历代石刻拓本汇编》,第74册,中州古籍出版社,1997,第70页。

[11] 〔清〕于敏中等:《钦定日下旧闻考》卷87《国朝苑囿·静宜园二》,第1458页。

[12] 〔清〕吴长元:《宸垣识略》卷15,清乾隆间池北草堂刻本。

[13] 袁长平:《乾隆年间的藏式姊妹建筑》,《北京日报》,2010年4月12日。

[14] 陈锵仪:《宗镜大昭之庙——为六世班禅修建的夏季驻锡地》,《北京档案》,1996年第11期。

[15] 〔清〕于敏中等:《钦定日下旧闻考》卷87《国朝苑囿·静宜园二》,第1456页。

樱桃沟引水石渠考略

杨玲莉

　　侯仁之先生最早关注此引水石渠且后来进行专门的研究，在《北京城的生命印记》中专门提到樱桃沟、碧云寺至玉泉山引水石渠的路线，并绘制了樱桃沟、碧云寺至玉泉山引水石渠的示意图；张宝章先生在《海淀文史·京西名园》中介绍了玉泉山的水和水景观，其中提到涵漪湖是从香山和樱桃沟引来的泉水补给形成的，而这些泉水正是由引水石渠引来的；樊志斌先生在《三山考信录》中介绍了乾隆年间的樱桃沟、碧云寺至玉泉山引水工程，并从现状、建造时间、建造初衷以及经由、长度、价值评价等方面考证了引水石渠。笔者现拟在学术界前辈已有研究成果的基础上，选取北京植物园内的樱桃沟引水石渠作为研究对象，对其修建历史、基本概况、历史变迁、文化价值等做一些浅层的考证与探讨，希冀以此丰富学术界关于此问题的相关研究。

一、樱桃沟引水石渠的修建

　　樱桃沟引水石渠位于今北京植物园内，它是清代樱桃沟、碧云寺至玉泉山引水石渠的一个重要支渠。这条引水石渠起于樱桃沟水源头，随山势而沿，经卧佛寺、孙传芳祠堂西、丁香园、王锡彤墓西、正白旗（西、南侧，与河滩之间），至四王府广润庙，与来自碧云寺的泉水汇合。然后一路向东，至玉泉山静明园，通颐和园昆明湖，直线距离在 5000 米左右。它是清代引导西山泉水至玉泉山的水系调整工程中的重要组成部分。

樱桃沟引水石渠在清代主要有三次修建。据《北京植物园志》载："为了保证清漪园和静明园等诸园用水之需，开辟新水源。乾隆十四年（1749）冬，开始了西北郊历史上规模最大的一次水系整理工程。除疏浚西湖（昆明湖），扩大东堤提高水位外，又把碧云寺卓锡泉、樱桃沟水源头泉水利用石槽全部导入湖中。其全线皆凿石为槽，覆以石瓦，或置槽于垣上，乾隆十八年（1753）前竣工。""石渠两侧多植柳树，水畔之柳，山岚雾霭，云蒸霞蔚，故有'河墙烟柳'之称。"

同治六年（1867），清政府实施"添修并拆修水沟和挑挖河泡淤浅"工程，主要内容是整修从香山静宜园和樱桃沟到玉泉山的引水石渠，清挖北旱河、南旱河和长河的淤泥，使西山泉水通畅地流入京城。

光绪十二年（1886），清政府为妥善解决排洪问题，实施了樱桃沟水道疏通工程。同时又进行了整治南旱河、北长河和开挖引河工程，使西山泉水通过引水石渠顺畅地流进玉泉山和昆明湖，西山洪水通过旱河流进清河，从而大大改善了颐和园和北京城内的供水状况。

樱桃沟引水石渠是整个香山至玉泉山引水工程的重要一段，现今除樱桃沟引水石渠一段仍存于世，此段在地面可见，其余段引水石渠在地面已无迹可寻。此外，鉴于引水石渠在园林与城区供水中的重要作用，清政府在樱桃沟水源头和引水石渠沿线地区派八旗兵驻守，并设置了担负维持治安与巡逻任务的"堆拨哨所"。

二、樱桃沟引水石渠基本概况

（一）引水石渠的路线

最先关注樱桃沟、碧云寺至玉泉山引水石渠的是侯仁之先生，他在《北京历代城市建设中的河湖水系及其利用》中写道："乾隆年间，为了补充（昆明）湖水的来源，除了湖区以内的泉水外，还将西山卧佛寺附近以及碧云寺和香山诸泉利用特制的引水石槽汇聚在山脚下四王府村的广润庙内石砌水池中，然后，再从水池继续利用石槽引水东下直到玉泉山。"（图 1）[1]2000 年，他又在《海淀镇与北京城——历史发展过程中的地理关系与文化渊源》一文中重申了这一点。[2]

清代学者于敏中等撰修的《日下旧闻考》中记载："西山泉脉随地涌现，其因势顺导流御园以汇于昆明湖者，不惟疏派玉泉已也。其自西北来者尚有二源：一出于

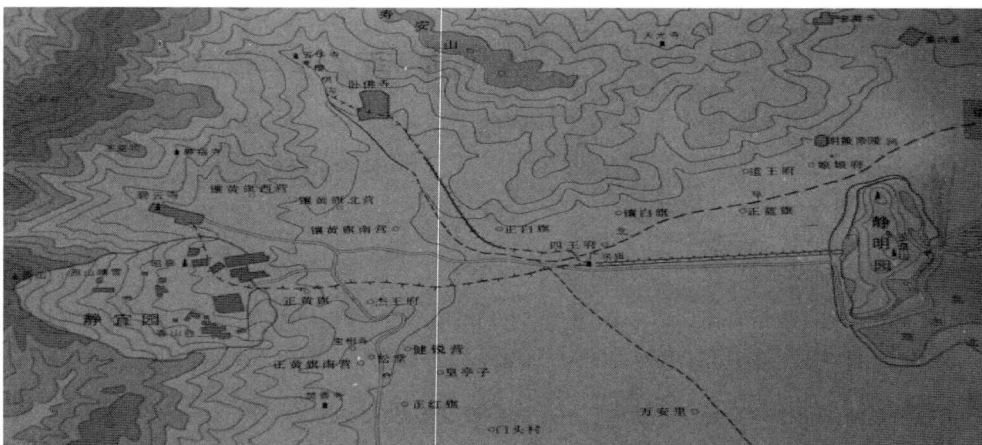

图 1 　引水石渠在清西郊园林示意图（咸丰十年）中的位置（图片来源：《北京历史地图集》）

十方普觉寺旁之水源头；一出于碧云寺内石泉，皆凿石为槽以通水道。地势高则置于平地，覆以石瓦；地势下则垣上置槽。兹二流逶迤曲赴至四王府之广润寺，汇于石池，复由池内引而东行。于土峰上置槽，经普通、香露、妙喜等寺夹垣而上，然后入静明园，为涵漪斋、练影堂诸胜。"[3]

清华大学周维权教授在《清漪园史略》一文写道："乾隆十四年冬……将寿安山、香山一带的大小泉流集中起来，利用石槽导引而东，汇合玉泉山之水再经过一条输水干渠'玉河'而注入西湖。"

（二）引水石渠的构件

引水石渠实际上是一个整体输水设施，主要由"石槽""河墙"两部分组成。

石槽（如图2、3）即输水的部件，又名"引水石沟"，因底部呈荷叶弯曲状，又名"荷叶沟"。由下槽和上盖组成，起水道作用。下槽基本上是由整块花岗岩或青石斜凿的凹形槽，槽外宽约55厘米，内宽约25厘米，槽深约20厘米，整体高约45厘米。每个石槽的长度并不统一，最短的不足80厘米，最长的超过3米，平均每个水槽长2米左右。上盖即用于覆盖输水石槽的石盖板，称"石瓦"，又名"沟盖"，有两种形制（长方形条石状、上面凿成弧状的"兀脊顶"[4]），其厚度在15厘米左右，并用灰泥抹其缝隙，其作用一方面是防止泥土落入而堵塞石槽，另一方面也是为了保持泉水在输送过程中不被污染。

关于石槽的分类，侯仁之先生在《北京历史地图集（1988年版）·清–西郊园林》中，明确了人工石槽的分类：跨河跳槽、架设墙上的引水槽、引水石槽和地下

图 2　修筑石渠时使用的单体石槽（图片来源：
作者拍摄，下同）

图 3　覆盖有石瓦的石槽

引水槽。根据侯仁之先生所绘之图，可以清晰看出：樱桃沟到广润庙之间，前半段是地下引水石槽，中间段是引水石槽，在四王府段是跨河跳槽，并无架设墙上的引水槽；从碧云寺到广润庙大段是地下引水石槽，两条槽道在广润庙汇集，从广润庙东流采用架设墙上的引水槽直到静明园，河墙就位于广润庙至静明园之间，那里地势低凹，多为沼泽，遇洪积水，则由南旱河排洪。

　　河墙（图 4）即托起输水石槽的墙基，又名"石垣"。实际上是用砖石砌成的石墙，其高低并不统一，主要因地势而定。前引《日下旧闻考》称："地势高则置于平地，覆以石瓦；地势下则垣上置槽。兹二流逶迤曲赴至四王府之广润寺，汇于石池。"其中，"垣上置槽"就是河墙。地势较为平坦或较高的地方，石墙修得较低，或埋入地下，或与地面持平，或高出地面，但墙体较宽，一般宽度在 2 米左右。地势较低的地方，石墙修得较高，有的高度达 2 米多，但墙体较窄，宽度多在 1 米左右。石墙建成后，将石槽铺在上面，首尾相连，不留一丝空隙（图 5）。其中与地面基本持平或略高于地面的石槽，多处于石墙的里侧（北侧），这是因为河墙外侧（南侧）为河滩，每到汛期时会有山洪暴发，为防止水槽被洪水冲毁，故将石槽设置在石墙的内侧。同时，为了防止石槽附近的水土流失，石槽建成后，在其两侧种植了大量的柳树，形成了一道绿色的长廊，其景观后来被称为"河墙烟柳"。

　　夹垣，属于河墙的一种，就是荷叶山至玉泉山一带的普通寺、甘露寺、妙喜寺的墙头，石槽被架设在墙头上，既组成了寺庙的墙头，又起到支撑石槽的作用。

图 4　被掩埋的河墙

图 5　被掩埋的河墙

　　河墙主要由虎皮石加石灰衬砌而成。而输水石槽和石瓦所用的主要材质，则在不同时期有所差异。乾隆时期用的是花岗岩，其主要来自今海淀区凤凰岭及与之毗邻的昌平区白虎涧一带，而同治、光绪年间用的是青石，其主要来自香山一带（图6）。

　　引水石渠是整个引水工程的一个主要组成部分，另外还有跟引水石渠配套的用于暂时存储泉水的水池、用于泄洪的涵洞。水池包括碧云寺放生池、勤政殿水池、卧佛寺放生池等，还建了卧佛寺僧舍院东南下方水池、广润庙水池、玉泉山西门外

图 6　分别修筑于不同时期的石槽（左侧为乾隆年间用花岗岩制成的石槽，右侧为同治年间用青石制成的石槽）

水池；涵洞设置于峡谷处石墙的底部，如在四王府至玉泉山一线南北两侧都有居民，为方便其往来，设有较大的几处涵洞，后遂有单水门、双水门等称谓。[5]

（三）引水石渠的长度

蔡蕃先生认为"石槽总长约 7 公里：卧佛寺至广润庙约 2.8 公里，香山院墙至广润庙约 2.2 公里，广润庙至玉泉山麓约 2 公里"。[6]张宝章先生引用同治样式雷修缮工程档案得出其总长 2988 丈，与样式雷所记仍差 50 丈，樊志斌先生根据张宝章所记，按照清代 1 丈等于 10 尺，1 尺 32 厘米，计算出樱桃沟、碧云寺到玉泉山全部渠道长度为 9561.6 米。[7]

（四）修建樱桃沟、碧云寺至玉泉山引水石渠的意义

首先，樱桃沟、碧云寺至玉泉山引水石渠使得玉泉山西部风貌更加灵动。引水石渠把泉水送抵玉泉山西部，形成了飞淙阁、涵漪湖等水景，弥补了玉泉山没有瀑布的遗憾，在水的基础上，又有建筑群兴起，建筑与湖泊共同营造出和谐灵动的画面。

其次，引水石渠所经之处的寺庙、行宫也因有了泉水的经过，提升了景区的质量。

再次，形成了从香山至玉泉山的和谐壮观的景观文化带，把香山至玉泉山一带连接了起来。

最后，对玉泉山南部稻田种植和南部景观产生了重要影响。

三、关于修建引水石渠的用意

对于修建引水石渠这一引水工程的用途，现今有两种说法：一、修建引水工程的用意是扩大昆明湖的水量，即补充昆明湖水源。侯仁之先生在《北京城生命的印记》一书中认为，乾隆年间为了补充（昆明）湖水的来源，除了湖区以内的泉水外，还将西山卧佛寺附近以及碧云寺和香山诸泉，利用特制的引水石槽汇聚在山脚下四王府村的广润庙内石砌水池中，然后再从水池继续利用石槽引水东下，直到玉泉山，汇玉泉山诸泉，东注昆明湖。[8]

二、曹雪芹纪念馆馆员樊志斌则认为，从客观上看，引水石渠的修建使得泉水从樱桃沟、碧云寺流到了玉泉山，并最终汇入昆明湖；但是，这只是客观效果，却

不能说是修建引水石槽的直接用意。他认为，西山泉水丰沛，之所以在泉水下游没有形成较大规模的溪流与湖泊，是由于这一带的水只在山林、寺庙中出现，也就是隐藏在山林、寺庙间了，从高空俯瞰这些水流是穿插在山林、寺庙里的，然而，经过"U 槽"到达玉泉山、昆明湖时，泉水便"腾迸而出"，此时玉泉山、昆明湖的水量是极其可观的，也就是说，玉泉山、昆明湖不需要被救济"补水"。

其次，乾隆皇帝也在《御制麦庄桥记》中说道："如京师之玉泉……人但知其源出玉泉山，如志所云'巨穴喷沸，随地皆泉'而已，而不知其会西山诸泉之伏流，蓄极溢涌，至是始见。故其源不竭，而流愈长。盖西山碧云、香山诸寺皆有名泉，其源甚壮，以数十计，然惟曲注于招提精蓝之内，一出山，则伏流而不见矣。玉泉地就夷旷，乃腾迸而出，渚为一湖。"可以看出，玉泉山不缺水源，昆明湖也不需外水补给。

最后，从现存输水工具河槽的规制来看，实现香山、水源头泉水济昆明湖的做法也是不现实的。樊志斌先生通过请教许多规划、工程的专家得出结论：樱桃沟、碧云寺至玉泉山的引水石渠及相关配套设施的修建，其初衷是济昆明湖的说法为不恰当。[9]

四、樱桃沟引水石渠的变迁

随着清政府的衰败与灭亡，西郊园林惨遭劫掠摧毁，引水石槽也失于修治，水流断绝，逐渐毁废。原本绵延十余里长的石渠，而今只剩下近千米，其园林之外的石渠早已踪迹全无，而沿线众多的柳树也随着石渠的废弃而消失了。现今保存下来的原迹主要在樱桃沟的水库北侧（樱桃沟北岸）一段，王锡彤墓园西侧也有部分。在今植物园东南的黄叶村西门外也有一段自西北至东南的石渠，单个水槽约 220 个，总长度大约 400 米。现今的"河墙烟柳"一景就是指的这里。北京市植物园在 1956 年宣告成立。1957 年植物园管理部门对引水石渠进行了整修，整修长度为 1080 米。1963 年又整修了樱桃沟至卧佛寺水渠 1200 米。1980 年代，为修缮园区道路，对引水石槽进行了再次整修。部分石渠由原来的随山势而沿变为随路向而沿。

在现今保存下来的樱桃沟引水石渠中已经很少看到河墙了。因为随着景区的不断完善和人为的铺垫，这些原本裸露的河墙已经与周边地面合成一体，成为平地了。只在某些低洼地段还有残存的河墙。至于石槽，一部分由于其在初建时就有埋于地下的，如在卧佛寺到广润庙之间的地下引水石渠，因此只在后来园区建设挖掘地基时才见于天日。另有一些被荒草与泥土覆盖，也未能见其形。目前供人们观赏的主要是原来就露出的石槽。即便如此，这些残存石槽大部分已失去石瓦覆盖，成为名符其实的"石槽"。只有很少一部分还拥有完整的结构，如被称为"曲水流觞"的一小段 3 米左右的石槽。据考察了解，那些石瓦在后来的园区建设中被移去用作修筑园区的石甬路。

至于水流，由于近年来的气候干旱和北京市的缺水与用水紧张，地下水位急速下降，20 世纪 90 年代中后期，樱桃沟水源头水量逐渐减少，直至干涸。从 2002 年开始，北京市政府出资在植物园实施回灌循环水利工程，开掘了一条引水上山的沟渠，将水涵管沿樱桃沟进口处一直埋到樱桃沟水源头。引水上山，再用水泵将水打到地面，水就顺着樱桃沟漫流下来。该工程大约在 2004 年全部完工。水源头的东泉由此又开始有了水流，但西泉已经废弃。在现存的樱桃沟引水石渠中只在部分段有循环水流动，其大部分已成为不再承担输水任务的"纯粹石槽"。

五、关于樱桃沟引水石渠的保护建议

经过对樱桃沟引水石渠的实地考察、对有关人员的采访及相关史料的查阅，笔者对樱桃沟引水石渠的现状和历史有了一定的了解，现对如何更好地保护樱桃沟引水石渠提出自己的一些建议。

1. 在充分考虑园区整体景观建设和引水石渠历史文化价值的基础上，制定科学、合理的樱桃沟引水石渠修缮与保护的规划方案。将引水石渠建成既蕴含历史元素，又彰显时代气息的"绿色水道"。

2. 倡导学界从历史学、旅游学、建筑学、美学等专业角度进一步加强对引水石渠的学术研究，引导人们对它的关注与重视，积极为引水石渠保护建言献策。园区主管部门也加大对其的宣传力度，以便让更多的人了解、认知这一重要的历史文化遗迹。

3. 园区主管部门应加强对现存引水石渠的保护力度。在今后园区建设中，尽量不要改变其原有的位置与走向，更不能将其移作他用。对于必须进行位移的石渠，应在新老位置各置标志牌加以说明，以便人们能了解其来龙去脉。

4. 现存的残缺的石槽，在不改变原有形制的前提下，进行必要的抢救性修复。对于那些无石瓦覆盖的石槽，根据实际条件，添加与其形制相适应的石瓦。对于现存的不同时期修建的石渠，应在其分界处做好相关的标识文字说明。

5. 将引水石渠纳入园区回灌循环水利工程之中，引导活水流入石渠，并使之与其他输水设施实现对接，在发挥其原有的输水功能的同时，使之构成园区一条独特的活态风景线。

结语

樱桃沟引水石渠既是清代统治者改造、整治北京河湖水系的重要见证，也是现今北京植物园一处不可或缺的历史文化景观，更是对西部造景产生了重要影响，把香山、玉泉山从此链接起来，使之成为"互相照应"的整体景观区。对引水石渠的路线、构件、长度及修建意义的考察和考证，无不表明，樱桃沟、碧云寺至玉泉山引水石渠是一个值得我们继续关注并研究的点。引水石渠经过历史的变迁，经过多次修缮，在国家和单位日益重视文物保护的今天，应该受到愈来愈多的关注和保护，如何对这一具有重大历史意义的引水石渠进行恢复、保护和利用，是当务之急，也是学术研究的一个重大课题。

目前，学界对三山五园、对引水石渠的研究正在进行中，其中发现的一些疑问和问题有待进一步考证。譬如，有人对于"河墙烟柳"的所在地是北京植物园提出疑问，其理由是真正的"河墙烟柳"的位置大致在今天与"玉泉山路"北边平行的往西延伸到四王府附近的地段，并不是像很多人说的在今天的北京植物园内，更不是在北旱河的沿线，香山出口往东至玉峰路之间，香山路以南。另外，从《清－西郊园林图》看，南北旱河交汇处往北的水渠和广润庙是在同样的海拔高度，而这一段就在今天的香泉环岛附近，离今天北京植物园标注的"河墙烟柳"还有一段距离。

作者简介：杨玲莉，女，1993 年生，河南人，北京联合大学应用文理学院专门史 2016 级硕士研究生，研究方向为社会文化史。

注释：

[1] 侯仁之：《北京历代城市建设中的河湖水系及其利用》，《环境变迁研究》第 2—3 合辑，北京燕山出版社，1989。

[2] 侯仁之：《海淀镇与北京城——历史发展过程中的地理关系与文化渊源》，《北京规划建设》，2000 年第 1 期。

[3] [清] 于敏中等：《日下旧闻考》卷 101《郊坰·西十一》，北京古籍出版社，1981，第 1672 页。

[4] 同治六年（1867），修复静宜园双清至宫门外月河河槽，其中两段各 25 丈明渠，上加沟盖，凿作"兀脊顶"。

[5] 樊志斌:《乾隆年间的樱桃沟、碧云寺至玉泉山引水工程》,《三山考信录》,中央文献出版社,2015,
      第 107 页。

[6] 蔡蕃:《北京古运河与城市供水研究》,北京出版社,1987,第 88 页。

[7] 樊志斌:《乾隆年间的樱桃沟、碧云寺至玉泉山引水工程》,《三山考信录》,第 105 页。

[8] 侯仁之:《北京历代城市建设中的河湖水系及其利用》,《环境变迁研究》第 2—3 合辑。

[9] 樊志斌:《乾隆年间的樱桃沟、碧云寺至玉泉山引水工程》,《三山考信录》,第 95—97 页。

浅论北京香山地区近现代名人墓群及其保护

张　硕

一、香山概况

　　香山位于北京西郊，属太行山支脉，为西山山系的一部分。据《天府广记》记载："京师之西，皆山也。旧记，太行山首始河内，北至幽州，第八径在燕，强行巨势，争奇拥翠，云从星拱于皇都之右。"[1] 而西山诸峰中，香山景色尤为秀丽："香山流泉茂林，一履即有轩轩白雪之气，于西山中当据上座。"[2] 香山之名说法有二，一种说法认为香山以景物形胜命名，例如《宛署杂记》记载："中有古场曰香山，上有二大石，状如香炉、蛤蟆。有泉水自山腹下注溪谷，一号小清凉。"[3] 另一种说法认为，香山以杏花之香气命名："香山，杏花香，香山也。"[4] 由于风景秀丽，早在唐代香山就建有寺院，其后历代皇家就在香山营建离宫别院，每逢夏秋时节皇帝都要到此狩猎纳凉。清乾隆十年（1745），大兴土木建成名噪京城的二十八景，乾隆皇帝赐名静宜园，成为三山五园的重要组成部分。咸丰十年（1860）和光绪二十六年（1900）先后被英法联军、八国联军焚毁。民国以后，景区日渐残破，多被达官贵人所占据，在此基础上逐渐形成了香山地区近代名人墓群。

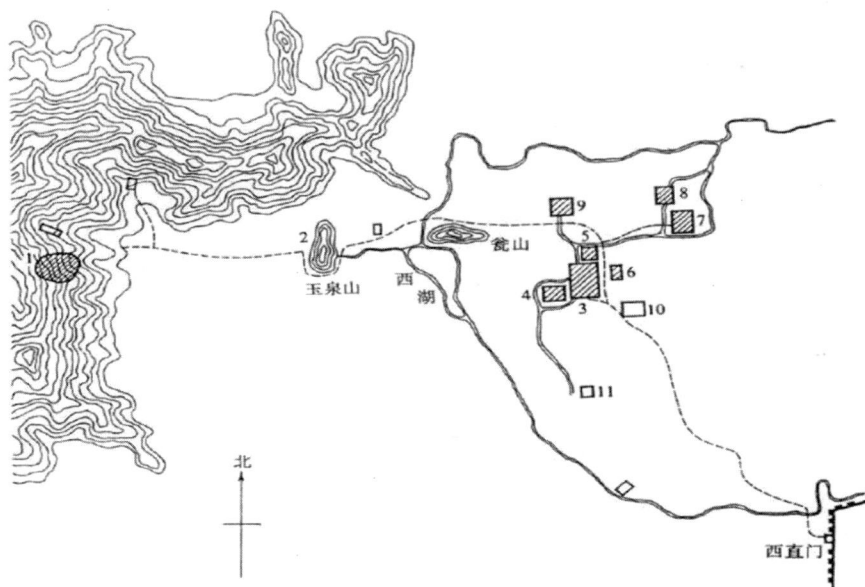

f1-香山行宫　2-澄心园　3-畅春园　4-西花园　5-含芳园
6-集贤院　7-熙春园　8-自怡园　9-圆明园　10-海淀　11-泉宗庙

图1　香山及附近地区园林示意图（图片来源：周维权《中国古典园林史》）

二、香山地区近现代名人墓群概况

香山地区汇集着众多近现代名人墓地，主要分布于香山脚下、万花山、木兰坨、樱桃沟，以及万安公墓等地。

1.香山脚下

在香山脚下，长眠着许多中国近现代史上重要的历史人物，民国首任民选总理熊希龄便是其中之一。熊希龄墓园位于香山脚下的北辛村，为熊氏家族墓园，墓园坐西北朝东南，周围建有虎皮石墙。墓园大门为花岗岩制成，额书"熊希龄先生墓园"。1937年熊希龄突发脑溢血，病逝于香港。熊希龄生前即为自己建造了生圹，而且自撰了墓志铭，本意死后归葬香山，当时因北平被日军占领，家人只得将其葬于香港，直到1992年才迁回北京香山熊氏墓园。除了熊希龄外，佟麟阁将军也长眠于香山脚下。佟麟阁将军的墓位于香山兰涧沟，1937年7月28日，日军向驻扎在南苑的二十九军发动突袭。二十九军猝不及防，佟麟阁将军率军奋勇抵抗，不幸壮烈殉国，时年四十五岁。佟麟阁将军的遗体，由中国红十字会、冀察政委会外交委员会秘书欧秋夫率警卒十余人于 7 月 29 日在大红门寻获，并被运回北平城内，寄存于雍和宫附近的柏林寺。柏林寺方丈仰慕将军为国献身精神，保守寄柩秘密，直到抗战胜利。1946 年 7 月，国民政府又以隆重的国葬，将佟麟阁将军的灵柩从柏林寺移葬于北平香山兰涧沟的坡地上。佟麟阁墓坐南朝北，宝顶为半圆凸形，墓碑字迹清晰，墓地四周洁净、肃穆。后建有佟麟阁纪念馆。

2. 万花山

万花山位于香山以东。清末山上有座供着万花肉胎娘娘的娘娘庙，万花山之名由此而来。1929 年，京剧大师梅兰芳曾在香山小住，由于万花山与其字"畹华"谐音，便对此地情有独钟，还在旁边起屋盖房，取名"雨香馆"。1961 年 8 月 8 日，梅兰芳逝世，依照他生前意愿，葬于万花山。梅兰芳墓园由梅兰芳长子梅葆琛设计，以梅花为基调，墓园、甬道、墓基和主墓都是由梅花构成。墓地甬道的墓基上都是梅花图案，汉白玉墓碑上镌刻梅兰芳终生秘书许姬传手书的"梅兰芳之墓"和梅兰芳的生卒年。墓地中央是一个水泥浇注的巨型梅花，梅花下合葬着梅兰芳和他的两位夫人王明华和福芝芳。墓地的后半部分，葬着梅兰芳的祖父梅巧玲、父亲梅竹芬、伯父梅雨田等梅氏族人。梅兰芳墓东面不远处的小山上，坐落着民国时期京剧三大家之一马连良的墓地，马连良因主演《海瑞罢官》而被迫害致死，由于"文革"尚未结束，没有条件按照回族的习惯进行土葬。1972 年秋，在梅兰芳夫人福芝芳关照下，马连良的骨灰被安葬于万花山梅兰芳墓东面高岗。2001 年马连良逝世 35 周年，其陵墓被重新修葺，墓穴上覆盖着黑色的大理石，两侧分别是原配夫人王慧如和继配陈慧琏墓。墓地后侧立有高大的黑色大理石石碑，上面刻着"马连良之墓"。马连良是回族，墓碑上方刻有回族风格的文字图案。除这二人外，著名须生言少朋、胡传魁的扮演者周和桐、京剧教育家老生王少楼、梅兰芳琴师徐兰沅等京剧名人均安葬于此，万花山俨然成了"梨园墓地"。

3. 木兰坨

与万花山隔山相望，有一小山，其名曰木兰坨，由于山腰有一古寺，称玉皇庙，因此亦叫玉皇顶。中国现代著名学者、五四新文化运动的健将，北京大学教授刘半农墓就坐落于此。刘半农墓墓基是一个石砌的大方台，墓表在方台之上，墓前有一块断开的石碑，上面的文字及碑额，均出自大家之手。碑文是著名教育家、北京大学教授蔡元培所撰，碑额是国学大师章炳麟篆书，碑文书丹则是著名文学家钱玄同的手笔。刘半农的胞弟，中国近代作曲家、演奏家、音乐教育家刘天华亦安葬在玉皇顶，刘天华墓碑的正面由胡光炜题"故音乐大师刘天华先生夫人之墓"，碑阴则由篆刻名家，当时在国立北平女子文理学院音乐系任系主任的杨仲子书写，汉白玉石质，周围雕刻有饰纹。刘半农墓东南十几米的地方，就是中国近代民主革命家，中国同盟会会员祁耿寰的陵墓。祁耿寰1929年3月被人暗杀，伤重牺牲。祁耿寰临终前嘱咐把自己葬在北京香山玉皇顶，因为当时孙中山先生的遗体暂存于离此不远的碧云寺，他要在此继续保卫孙先生。其墓碑由中国国民党元老于右任所题，碑刻："祁烈士耿寰之墓，中华民国廿二年六月，于右任题。"祁耿寰墓地"文革"被毁。除此之外，清末绍兴知府贵福，国民党组织部总干事郑国材的墓地也坐落于此。

4. 樱桃沟

香山樱桃沟位于卧佛寺西北，寿安山西麓，是两山所夹的溪涧，由于其地形独特，夏无酷暑，冬无严寒，气候宜人。优越的环境吸引了各界名流，梁启超、孙传芳、张绍曾、王锡彤等人便将墓地选址于此。

梁启超墓背倚西山，坐北朝南，北高南低，面积达4300平方米。四周环围矮石墙，园内栽满松柏。墓园由梁启超之子，中国著名建筑学家梁思成设计，墓园内北墙正中平台上是梁启超及其夫人李蕙仙的合葬墓。墓呈长方形，阳面镌刻"先考任公府君暨先妣李太夫人墓"。碑前两侧各有一段带雕饰的直角形衬墙。墓碑、墓顶及供台衬墙，均为土黄色花岗岩雕筑而成，前后连接，浑然一体。墓碑没有碑文，也没有任何表明墓主生平事迹的文字，这是梁启超生前遗愿。张绍曾墓位于卧佛寺以南，墓冢前为青石牌坊，书法家周肇祥额书"故国务总理张上将军之墓"，两侧柱联为："故垒怆辽东，化鹤莫栖华表柱；玄堂开寺左，归神长护大乘门"。墓地西部为墓区，墓地东部是祠堂，有三开间绿琉璃瓦顶祠堂，祠堂前原有两汉白玉石华表，现无存，疑移至墓地西边不远处。墓地年久失修，建筑石构件散落各处，坟冢有部分坍塌。墓地内还立有两通古碑，碑上文字均已漫漶不清。孙传芳墓位于卧佛寺东侧，孙传芳生前早已在卧佛寺的东侧置办好了墓地，他在天津遇刺后，不久不治而亡，按生前意愿入葬樱桃沟。孙传芳墓地分为三部分，东为坟冢，西为祠堂，北是松园。墓园正门为歇山式的门楼，上书"泰安孙馨远先生墓"。由于孙传芳解甲后皈依佛教，故其墓园的建筑也体现出一些佛教的色彩。王锡彤墓位于樱桃沟东南，为夫妻合葬墓，墓基用白石砌成，四周围有石栏围护。墓基南石阶下，左为王锡彤墓碑铭，右为王夫人墓碑铭，中间的墓碑已倒，石栏也有不同程度的破坏。

5. 万安公墓

万安公墓地处香山脚下，万安山以东。万安山法海寺有一高僧，法号万安，在寺院一带赈事济民，深得人们爱戴。为了表示对他的尊敬，便以其法号万安命名此山，公墓紧邻万安山，万安又有"万佑平安"之意，故名万安公墓。1930年，蒋尊祎、王荣光为响应政府建立公墓、废除私葬的训令，遂合作建立此公墓，开北平现代公墓之先河。李大钊、马占山、段祺瑞等许多近现代的各界名人均安葬于此。

李大钊墓园坐落于万安公墓南部，1927年，李大钊被反动军阀杀害后，灵柩在宣武门外一个旧寺庙放置了六年之久。1933年中共地下党将其安葬于万安公墓内。1983年，迁入新墓园。马占山墓地位于万安公墓金区，墓地坐西朝东，四周刻有精美的纹饰，墓盖为汉白玉雕制而成，古朴而美观。段祺瑞墓位于万安公墓的西部陵区内。1936年段祺瑞去世后，蒋介石在黄山为段祺瑞购买了墓地。但段祺瑞长子以先父死前要葬在北平为由，拒绝将父亲葬在黄山。遂于同年12月7日，由段祺瑞的亲属将其灵柩移至北平，暂存于西山卧佛寺的后殿。后来由于战乱，迟迟未能下葬。直到1964年，由章士钊出面，协同段祺瑞的亲属段宏纲等人，在北京香山的万安公墓西部水字区，安葬了段祺瑞和他妻子张佩衡的灵柩。段祺瑞的墓碑为章士钊手书"段公芝泉之墓"。此外，万安公墓还葬有散文家、诗人、学者朱自清，京剧表演艺术家荀慧生，戏剧作家曹禺等各界名人。

除上文所述外，北洋军阀吴佩孚、音乐家王洛宾、哲学家冯友兰、地质学家翁文灏、民国将领韩复榘、音乐教育家肖友梅等各界名人也都安葬于香山地区，如此众多的名人密集安葬于一片区域，在全国范围内也实属罕见。

三、香山地区近现代名人墓群形成原因

（一）环境因素

香山距北京仅二十余里，风景旖旎。据《长安客话》记载："春夏之交。晴云碧树，花气鸟声；秋则乱叶飘丹，冬则积雪凝素，种种奇致，皆足赏心。"[5] 章潢认为"今留都之胜，雄峙江南北都，惟西山为最。其峥嵘壮伟，虽不逮陕洛诸山，而奇峰、怪石、幽泉、邃壑、茂林、澄湖与夫琳宫仙梵，辉映金碧，真天府之佳丽，一方之奇观矣"。[6] 在成为皇家宫苑之前，此地早已是游人如织，袁宏道、王衡、都穆等名人都曾在此留下游记。民国以来，静宜园建筑虽多被焚毁，但风景形胜犹存。作为京城附近为数不多的胜景，受到社会各界的青睐。梅兰芳、周肇祥、周作民等社会名流均曾居住于此。如此美景，死后愿意长眠于此，也就不难理解了。

（二）风水因素

自古以来，我国墓葬的选址就十分注重风水的影响。早在汉代即有"立坟安冢，须籍来山去水，择地斩草"[7]之说。而到了明清时期，风水活动更盛，墓葬的选址更加重视山川形势之布局，要求枕山面水。前有水流穿过，后有山峰为靠。而北京西郊香山一带，背靠太行山，面朝昆明湖，符合传统风水的要求，向来被称为"风水宝地"。香山一带，山脉连绵，坟茔错落，当地有"一溜边山府，七十二座坟"的顺口溜。这里的"府"是对封建王侯墓地的吉称，可见这一地区风水之盛。因此，出于风水方面的考量，香山地区也格外受到各方人士的青睐，愿意将此地作为他们死后安息之地。

（三）政治因素

自康熙年间起，清代统治者在京西修建离宫别苑，以为休憩理政之所。乾隆帝即位后，在前代的基础上，开始了大规模的园林兴建，在香山建成28景，并赐名"静宜园"，香山由此成为三山五园的一部分。三山五园环境优美，清代统治者多愿在此治国理政，这里也就成为清朝的实际政治中心。随着政治地位的上升，三山五园的守卫也日益严密。不但园外驻有圆明园护军营、健锐营、外火器营三大旗营，所驻扎兵丁达十余万人，[8]园内亦设有专人看护，外人绝不许涉足。即使贵为直隶总督、北洋大臣的李鸿章，也曾因擅入圆明园而被下诏严责："李鸿章擅入圆明园禁地游览，殊于体制不合，着交部议处。"[9]辛亥革命爆发后，迫于形势，宣统帝宣布退位。根据《清室优待条件》，三山五园等皇家园林仍归逊清皇室所有，具体管理由清内务府负责。然而，逊清自身尚且自顾不暇，对于香山更谈不上有效的管理，随着逊清皇室失去对静宜园的控制，香山的大部分风景区大多被各界军阀、社会名流等达官贵人所占据，这也为香山地区聚集大量名人墓葬扫清了政治障碍。

四、香山地区近现代名人墓葬群保护及其意义

（一）保存现状

香山地区的名人墓地，由于历史原因、所处位置、社会环境等方面的不同，保存情况也大相径庭。例如万安公墓建设本意即用于丧葬，有专人看护，因此这一地区墓地保存相对较好。而万花山、木兰坨等地虽环境幽雅，但位置偏僻，人迹罕至，

墓地保存情况就相对较差。又如佟麟阁墓位于香山脚下，位置亦属偏远，但由于佟麟阁将军在抗日战争中的特殊地位和重要影响，使得佟麟阁墓受到社会各方关注，被建设为佟麟阁将军纪念馆，并被海淀区政府定为爱国主义教育基地。可见名人墓地保存情况受到多方面的影响而各有不同。

大体而言，这些墓地根据保存情况可以分为三类。其一，保存状况最好，社会认知度高，墓地建筑保存完整或得到修整，墓地本身成为文物保护单位，有专人看护。李大钊墓园、熊希龄墓、佟麟阁墓等均属此列。其二，保存状况较好，墓地建筑基本保存完整，有一定的社会认知度。梅兰芳墓、段祺瑞墓、马连良墓等当属此列。其三，保存状况较差，墓地建筑受到损毁，无人管理。祁耿寰墓等应属此列。

（二）保护意义

首先，名人墓地是重要的历史研究材料，香山地区名人墓葬数量众多，涉及中国近现代政治、军事、艺术、文化、教育、科技等各方面的杰出人物，这些人物对于中国近现代史的发展产生过巨大的影响，可以说就是一部浓缩的中国近现代史，具有重要的历史研究价值。这些名人墓地留下了丰富的历史信息和材料，对于研究墓主人的家族、生平、思想以及当时所处的社会环境有着重要的意义。

其次，名人墓地也是文化的重要载体。香山闻名于世，除了秀丽的自然风光外，所蕴含的深厚文化底蕴也是重要原因。香山名人墓群作为香山文化，乃至西山文化、三山五园文化的重要组成部分，其蕴含的文化内涵，对于进一步深入发掘三山五园文化，促进三山五园历史文化景区发展，具有重要意义。

第三，名人墓地是进行思想教育的重要场所。名人墓既是名人的安息之所，也是纪念名人、重温历史的场所。正确合理利用名人墓地，可以体现墓主人的贡献和价值，适当地加以宣传和策划，不但可以起到纪念的作用，而且可以激励后人树立正确的人生观念，增强使命感和荣誉感、责任感。

（三）保护措施

笔者认为，为了加强香山地区名人墓地群的保护，应采取以下措施。其一，系统地梳理和实地调查。香山地区地形条件复杂，一些墓地地处偏僻，人迹罕至，再加上人们对于一些名人墓地关注度低，因此对于名人墓地缺乏系统的研究。因此，对于名人墓地进行系统的梳理和调查尤为必要。通过梳理调查，了解名人墓地的保存现况，为下一步保护奠定基础。其二，整体规划、集中保护。香山地区名人墓地分布广泛，但局部集中，大致分布于香山、万花山、木兰坨、樱桃沟，以及万安公墓五个区域，除万安公墓外，其余地方均缺乏整体的规划以及有效的管理。应当根据各个区域墓地的特点，进行有效的开发保护。例如，万花山上墓地所葬多梨园名家，可根据这一特点，以梨园戏曲为主题，建立主题森林公园，从而实现整体的规划和集中的保护。其三，以点带面，对于一些比较知名的墓地，优先加以建设保护，提高社会认知度。并以此为核心，带动周围墓地的保护。其四，促进与周围景区的协调发展。香山地区景区众多，许多墓地位于景点之中，例如梁启超、孙传芳等人的墓地位于今北京植物园内，梁、孙等人的墓园为以山水为主的植物园增添一份人文色彩，另一方面，由于植物园的存在形成了聚集效应，使更多的游客参观了解梁启超、孙传芳等人的墓园。我们可以此为借鉴，促进墓园的保护和发展。

结语

长期以来，人们往往将三山五园与皇家园林等量齐观。事实上，三山五园除了皇家园林外，还蕴含着十分深厚的文化底蕴和历史内涵。香山名人墓群作为三山五园历史文化的重要组成部分，一直以来没有得到人们应有的重视。许多名人墓状态令人担忧，环境混乱，没有得到应有的保护与尊重。近年来，随着三山五园历史文化景区综合提升的不断深入，各方面条件日益成熟。我们应抓住时机，统筹规划，协调发展，紧密结合北京文化中心这一定位，将香山名人墓群打造成三山五园历史文化景区的新名片。

作者简介：张硕，男，1992年生，北京人，北京联合大学应用文理学院专门史2016级硕士研究生，研究方向为社会文化史、中国近现代史。

注释：

[1] 孙承泽：《天府广记》，北京古籍出版社，1984，第488页。
[2] 蒋一葵：《长安客话》，北京古籍出版社，1980，第53页。
[3] 沈榜：《宛署杂记》，北京古籍出版社，1983，第27页。
[4] 刘侗、于奕正：《帝京景物略》，北京古籍出版社，1980，第230页。
[5] 蒋一葵：《长安客话》，第53页。
[6] 章潢：《图书编》卷59，上海古籍出版社，1992。
[7] 《大汉原陵秘葬经》，《永乐大典》第8199卷，北京图书馆出版社，2003。
[8] 贾利亚等主编：《香山寺庙与旗营》，北京出版社，2010，第180页。
[9] 《清实录·光绪朝实录》卷395，中华书局，1987。

邂逅畅春园：

《燕行录》对清代三山五园的首次书写

张梨霞

引言

"从周边看中国"是葛兆光先生在第一次接触到李氏朝鲜使臣的燕行文献后逐步提出的一个命题。燕行文献中呈现的近世东亚世界让他开始重新思考亚洲与中国、民族与认同、族群与疆域等问题。[1]这种不同的视角，带来了一个不同的"中国"。因而该命题在提出之后，很快就成为一个影响广泛，且有挑战意味的话题。由于对于中国、东亚和世界历史研究观念的变化，在新的学术潮流刺激下，人们开始注意到民族国家意识、区域文化认同、东亚互相观看、想象与历史记忆等新问题。所谓"历史方法与观念"的变化，特别表现在对于"中国"认识的角度、立场和视野，逐渐走出了传统帝国时代"以中国解释中国"和近代西风东渐以来"以西方看中国"。而这些燕行文献就为这些新的历史观念和观察视角，提供了相当生动的资料。[2]

近年来，随着三山五园研究的推进，人们也越来越关注在清代政治生活中扮演了重要角色的三山五园——尤其是建成最早的畅春园是如何被"异域人"所记载的，也取得了一些研究成果。[3]比如董建中先生对朝鲜人笔下的畅春园进行梳理时，指出朝鲜使臣记载中较早的一例——姜铣（1645—?）《燕行录》康熙三十九年（1700）

正月初三日所录——作为其初识畅春园的开端。他同时指出，总的来说，康熙前中期朝鲜人对于畅春园的记载是很少的。[4] 程龙先生对西人记载的研究则指出，西方文献中关于畅春园的最早记载可能是出版于 1697 年的法国传教士白晋（Joachim Bouvet，1656—1730）所著的《康熙皇帝》（源于同一年白晋向法王路易十四的上奏），关于畅春园的描述还有法国人张诚（Jean Francois Gerbillon，1654—1707）写的《张诚日记》（写于 1689 年 6 月 13 日至 1690 年 5 月 7 日，1735 年出版于巴黎）等。[5] 此外，关于朝鲜使臣对清代三山五园的记载，学者关注和研究较多的是金昌业《老稼轩燕行日记》、崔德中《燕行录·日记》等。就笔者所见，目前尚无研究提及畅春园首次出现在朝鲜《燕行录》中的时间问题。在参与北京市教委社科项目"基于李氏朝鲜汉籍资料的三山五园研究"过程中，通过对《燕行录》的研读，笔者发现朝鲜使臣关于畅春园最早的记载出现于康熙二十九年至三十年（1690—1691）出使北京的使臣徐文重笔下，试述如下。不当之处，敬请指正。

一、徐文重及其使行经历

徐文重（1634—1709），系出名门，家世显赫，属于大丘徐氏。始祖徐闰，在高丽朝为朝奉大夫，世居大丘。父徐元履，朝鲜仁祖五年（1627）举进士，授春宫讲官，曾任白川、天安守令，掌乐院正，授承旨、工曹参议。母为清风金氏，金氏为金堉之女，清风金氏族谱中金汉佑系朝鲜仁祖之外祖父。[6] 以上可知，徐文重从小生长于世家大族，母系与朝鲜王族沾亲，有着良好的家庭环境，能够接受良好的教育，奠定了其较为深厚的文化底蕴和开阔的视野。

当时出使清朝的朝鲜使团，除了少数负有特殊使命者之外，大多是沿着同一路线（从汉城出发，过鸭绿江经栅门、沈阳、山海关，从朝阳门进入北京），在同一季节（十月下旬出发，十二月下旬到达，在北京停留四十天）到达北京的。而且朝鲜使者在出使之前，常常会阅读前人的燕行日记和诗文，这些现成的文献、典故、感受，不仅记录在他们为自己准备的素材中，而且会写入相同的经历和见闻中，既表现他们的学识，也炫耀他们的文采。[7]

徐文重一生曾三次参与燕行，第一次是以右参赞的身份担任副使随谢恩兼三节年贡使团（正使为瀛昌君李沉，书状官司仆正权缵），于康熙二十九年（朝鲜肃宗十六年，1690）十一月初四出发；第二次是以右议政担任正使率奏请兼三节年贡使团（副使礼曹判书李东郁，书状官司仆正金弘祯），于康熙三十五年（肃宗二十二年，

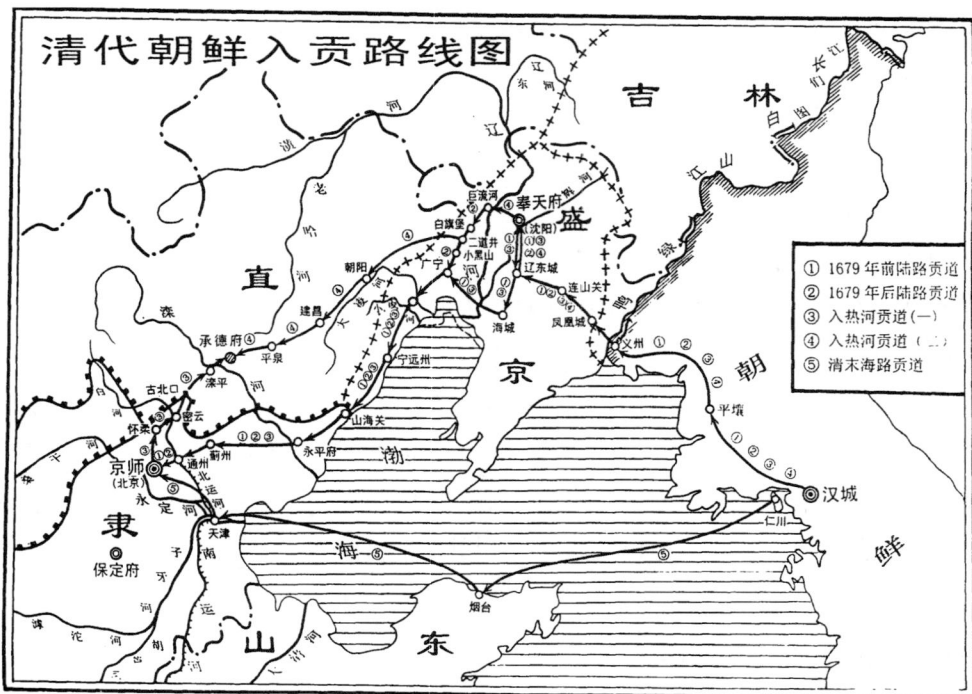

图 1　清代朝鲜使臣燕行路线图（图片来源：杨雨蕾《十六至十九世纪初中韩文化交流研究》）

1696）十一月初二出发；第三次是以判敦宁府（相当于清朝宗人府）的身份率谢恩使团（副使礼曹判书闵镇周，书状官掌乐正李健命），于康熙三十七年（肃宗二十四年，1698）七月二十七日出发。[8]

　　其中，徐文重据其首次到北京的记录整理成的《燕行日录》，内容详实，具有较高的史料价值。在《燕行日录》中，徐文重与多数朝鲜使臣一样，记录了出发前的准备工作，途中见闻，在北京参加正月初一元日大朝等活动。由于徐文重当时官居正二品的右参赞，且日后官至宰相，即右议政，所以这样的经历和能力，也会使得他的日录视野宽阔、记录详尽。

二、徐文重所经历的《大明一统志》购买风波

　　但徐文重更为研究者所熟知的身份（或经历）是他在此次出使活动中，私自购得《大明一统志》一部，[9] 但却在返回义州前被捉于栅门事件中的犯禁者。这一事件也被两国实录所记载，[10] 成为当时中朝关系的一个缩影。此案在当时影响颇大，以至

于清朝礼部要求将译官充军，正使、副使（即徐文重）革职。最后则以皇帝恩旨豁免的形式将徐文重等人免于革职。

徐文重为什么会违法购买《大明一统志》？这其实是一个有意思的话题。围绕着同一部《大明一统志》，朝鲜使臣与清朝官员之间存在不同认知，这是导致事件发生的直接原因，而在此背后却折射出经历了明清鼎革之后，在从"朝天"到"燕行"的心态变化之后，朝鲜使者对清帝国观感的变化所导致的两国关系的调整。

关于《大明一统志》，徐文重在向朝鲜肃宗所上状启草中指出，在书被搜出后，他是这样向清朝城将解释的："臣等以为此是山川、人物，非如《史记》之比，不在禁科中。"但是因"渠军既不闲文字，当告于北京，如非禁物，追后出送"。[11] 至于直接负责购买的通官（首译）张灿，更是认为"《一统志》只论山水词赋，中途偶买，欲为留馆时消遣。到栅被捉，若以为禁物，实涉冤抑"。[12] 然而在清朝官员看来，载有地图的《一统志》应比为舆图，[13] 正包括在外藩在京购书的"负面清单"中，[14] 故而主张严责。最终，此事也为雍正后历朝《大清会典》及《则例》所记录在案，[15] 而《一统志》成为国家正式颁布的禁买名单。[16]

如果我们把视野向前追溯更远一些，就会发现，从明朝晚期的嘉靖初年起，原来活动未受限制的朝鲜使团开始受到严格的门禁约束，而私自购买《大明一统志》正是门禁制度的直接动因。[17] 而在此前，明朝并不禁止此书的外流。[18] 早在《大明一统志》编成的十二年后，朝鲜官员在讨论礼典时便已参考过该书。[19] 明朝后期虽然颁布了相关禁令，但只是在嘉靖年间施行比较严格，万历之后便逐渐松弛。[20] 而且，在普遍怀有"中朝待我国甚厚"[21] 想法的朝鲜使臣看来，这种禁令不仅没有问题，反而是"由本国之人有以自取"。

然而对于由原来生存在明朝与朝鲜夹缝之中的女真人所建立的清王朝，朝鲜君臣则完全是一种不同的心态。顺治十三年（1656），麟坪大君李㴭出使清国的时候写《燕途纪行》，回忆二十年前在清国当人质的屈辱，就把自己想象成身陷匈奴的汉朝人苏武，而把大清帝国想象成匈奴，说自己"空抱苏武之节旄，日望上林之归雁"，[22] 这种"华""夷"颠倒的想象在当时东亚新秩序重建过程中具有很强烈和明晰的象征意味。与此同时，清朝立国之初，对朝鲜也是多加防范，直到 1650 年多尔衮去世后，对朝鲜的控制才逐步放松。尤其是三藩之乱平定之后，清朝国势愈发稳定之后，对朝鲜的政策和态度则更加的宽松和柔和。正是在这样的氛围下，徐文重一行在北京停留期间搜寻购买了大量书籍，[23] 并且将《大明一统志》收入囊中，以致酿成一场外交风波。

三、异域视野：朝鲜使臣对畅春园的首次记载

旅行日记、笔谈记录常常是很好的思想史资料，一个人在异国的观感、此地人与异域人的对话，和记录者对本国的文化认同与他国的文化理解，其实是很有关系的，通过"他者"来定位"自我"，这就像找到镜子来反照自身，对于"他者"即异文化的态度，也体现着对异文化的理解程度，这种认同和理解的变化，常常又可以折射各个文明单位之间的历史变迁。[24] 朝鲜的《燕行录》和日本的《华夷变态》等等文献中看到的，就是渐行渐远的东亚，日本、朝鲜和清帝国，从本是一家到互不相识的过程，所谓"东亚"原本在华夏基础上的认同的崩溃，那三百年间渐渐互不相识和相互鄙夷，体现着这个看似同一文明内部的巨大分裂。以乾隆年间的几部《燕行录》为例，说起来，这是清帝国最兴盛的时代，朝鲜到中国来的使者们，却从这个兴盛和平静的时代底下，看到了另一个已经不在"中华"了的帝国风景。[25]

对于朝鲜使臣而言，明清之际所带来的不仅是从"朝天"到"燕行"这样的心态的变化，更带来了其所记载的"使行录"文体的变化。[26] 如学者所指出的，"使行录"的体裁，大体上有两种：纪行诗和纪行文，另外还有一些专门的"闻见杂录"，这其实也可以归入纪行文一类。比较而言，"朝天录"以纪行诗为多数，而"燕行录"则更多是纪行文。纪行文一般记录了使臣"朝天"或"燕行"的具体路程、所见所闻，以及在京期间的公私活动。[27]

徐文重在《燕行日录》中详细记载了他在北京的活动和见闻，正是纪行文类型"使行录"的代表作，而且恰恰是清朝建立后，相对比较早的一部纪行文《燕行录》。

笔者注意到他在康熙三十年正月记载了康熙皇帝出游的信息："初八日晴寒，皇帝出游长春园，乃燕京二十里之地离宫也"。[28] 此外，在《燕行日录》后面附录的徐文重在归国向国王汇报用的状启草中记载皇帝出游情况时提到，"正月初八日又为出游于长春苑，与太子仍向海子，二十八日始为还京"。[29]

从上述记载可知，徐文重提到了一个名为"长春园（苑）"的离宫，是距离京城二十里的皇家园林。那么它究竟是不是三山五园中的畅春园呢？笔者又翻阅了相关清代文献。据《清圣祖实录》记载，康熙三十年正月甲午（初八日），"上奉皇太后幸畅春园"。甲寅（二十八日），"上奉皇太后，自畅春园回宫"。[30] 通过与清朝实录相对比，可以发现其与徐文重的记载事情相同，时间相符，完全吻合。由此可以确定，徐文重所提到的"长春园（苑）"就是畅春园，尽管他所记载的距离与实际有所

不符。[31]

从笔者对《燕行录全编》的翻检来看，这是朝鲜使臣对畅春园的首次记载。因此可以说，此后朝鲜使臣对畅春园的"异域想象"和实地考察，应该都是从徐文重的书写开始。

康熙帝于康熙二十六年（1687）二月二十日正式移驻畅春园，[32] 而朝鲜使臣首次关注畅春园是在康熙三十年（1691）正月。在此期间，朝鲜使臣频繁往来于北京与汉城之间（见表1），康熙皇帝也有将近一半的时间在园内居住理政。[33] 但笔者注意到，在《燕行录全编》中所收录的此时段内朝鲜使臣的使行录，除徐文重《燕行日录》外，均未见相关记载。

表1　康熙二十六年二月至康熙三十年正月朝鲜燕行使臣一览表 [34]

出发年月（公元）	使节名目	正使	副使	书状官	《燕行录全编》收录情况
1687.11	谢恩兼三节年贡使	东平君杭	任相元	朴世焕	有
1688.2	陈慰兼进香使	洪万钟	任弘望	李万龄	—
1688.10	告讣使	尹世纪	—	金洪福	—
1688.11	三节年贡使	洪万容	朴泰逊	李三硕	—
1689.8	进贺谢恩陈奏兼奏请使	东平君杭	申厚载	权持	—
1689.10	陈慰兼进香使	朴泰尚	金海一	成瑾	有
1689.11	三节年贡使	俞夏益	姜世龟	赵湜	—
1690.5	进贺谢恩兼陈奏使	全城君混	权愈	金元燮	—
1690.11	谢恩兼三节年贡使	瀛昌君沉	徐文重	权缵	—

1687年已投入使用的畅春园缘何一直到四年之后，才第一次被朝鲜使臣徐文重提及？这将是下文主要探讨的问题。笔者认为对此，应从徐文重自身的特点，以及早于徐文重的朝鲜使团未记载畅春园两方面来思考。

1. 徐文重自身的特点

首先，从徐文重的家族背景来分析。徐文重出身名门，其母系与朝鲜王室沾亲，从小受到上层教育，良好的家学渊源及居于上层的家族地位，使他对于皇家宫殿、园林、行宫有一定程度的兴趣。

其次，从徐文重的地位和性格来分析。基于深厚的文化底蕴、上层士大夫的地位和细心勤奋的性格，徐文重的《燕行日录》尤其详尽，对他的所见所闻基本都会事无巨细地记录，如他会观察清朝的用官体制，"清汉并用，大学士五人，汉人过半，六部尚书、左右侍郎，各置清汉一人"；[35]清朝的语言使用，"以清语唱一跪三叩头"；[36]清满汉女子不同服饰，"胡女辫发高戴，或着红帽，纳靴一如男儿。女子多乘屋车，或垂帐，或露面，而头发皆裹以黑缯"；关于满汉婚嫁，"国无婚禁，而清人不与（汉人）为婚"。[37]徐文重对于燕行见闻方方面面的记载，才会使他可以首次提及畅春园。

最后，从徐文重的华夷观来分析。徐文重作为朝鲜士大夫之一，和其他士大夫的华夷观基本相似。康熙前中期朝鲜使臣秉持的基本华夷观即对清的鄙视、对明的尊崇，产生了朝鲜中华主义的思想，他们普遍认为清朝不是纯粹意义上的"华夏"，满人的蛮夷之风使得儒家礼仪规矩受到破坏。如冠服方面，徐文重记载道：北京"近世以来，虽为帝王之都，与夷狄迭代，人心风俗已成习性，自与中土不同"，据此可看出徐文重与其他士大夫一致的华夷观。但是，徐文重并不是以单一鄙薄清朝的视角来记录其见闻，他的记载多样而综合。徐文重除了批判清朝外，不乏一些赞赏的文字。如他会通过对明清入朝使臣进行对比的描述而得出明朝的贪腐之风在清朝"近年则绝无是事，宁谓不如诸夏之无也耶"的感叹，以及"清人性本良善"的判断；对于官制方面"今大小礼仪皆用明制"，"官制亦遵旧制"；[38]对于清朝经济恢复水平的肯定，"闾阎比前颇盛，人民益繁矣"。[39]据此，徐文重在认可其他朝鲜使臣的华夷观外，对于清朝有着自己的认识和描述，不是一味贬低，带有认识清朝的新的视野，对清朝的关注可以一定程度上摆脱之前纯粹的华夷观的认识，可以有更为丰富详实的记载，才会有对康熙行宫畅春园的首次记载，第一次关注到三山五园。

2. 早于徐文重的朝鲜使团未记载畅春园的原因

至于比徐文重早来北京的朝鲜使团未记载畅春园的原因，也可从主客观两个方面来着手分析。

其一，客观上来看，时间上的错位造成其他使团未能记载畅春园。比如，康熙二十六年十一月初二，朝鲜派出的谢恩兼三节年贡使赴燕，正使东平君李杭，副使礼曹参判任相元，书状官济用正朴世焌，其中任相元著有《燕行诗》，收录于《燕行录全编》。按照时间推算，任相元在北京的停留时间大致为康熙二十七年（1688）正月至二月间；据康熙实录记载，在这一年康熙帝曾于五月、七月、十一月三次入畅春园。两相对比，任相元到达北京时，康熙帝未去行宫畅春园，故无所记载。又如，康熙二十八年（1689）十月十一日，因皇后去世，朝鲜派出陈慰兼进香使，正使左参赞朴泰尚，副使礼曹参判金海一，书状官持平成瓘，其中金海一写有《燕行日记续》（日记）[40]、《燕行续录》（诗歌）。据其日记，金海一于是年十月"承进香副使之命，再赴燕京"，十二月初七日到北京，二十五日离京；[41] 而康熙帝则于当年三月、五月、六月、十一月四次驾临畅春园，[42] 因此金海一入京时他恰在紫禁城宫中，故金海一未提及畅春园。可见，正是由于时空上的交错，使得早于徐文重且留有使行录的两位使臣未能对畅春园有所记载。

其二，记录人主观上不具备相关条件。任相元诗学唐人，记叙燕行所见，通古论今，多怀古讽今、关怀民生或思考时代问题。[43] 任相元和其前任使臣同样以"视清为夷"的眼光去记录见闻，而且其主要写诗记事，必然有所缺漏，难以详尽描述其在北京的见闻。金海一的燕行日记多记录的是路途见闻，对其到北京的记录甚少，仅仅提到重要事件，点到为止，因此也不可能对位于郊区的皇帝行宫畅春园有所留意并加以记载。可以说，正是任相元和金海一两人的主观局限性及囿于常规视野使其未对畅春园有所记录。

小结

康熙二十年（肃宗七年，1681），长达八年的三藩之乱终告平息。两年之后，台湾郑氏也战败投降。至此，清朝国内的不稳定因素得以消除，盛事大幕即将开启。但年轻的康熙皇帝在此期间因饱受压力而患疾。所以战事结束后不久，康熙帝便在海淀清华园旧址上营建畅春园，建成后又长期在此园居理政。这其中很重要的一个原因就是为了缓解病症。由此开启了长达一百五十余年的三山五园营建高潮期。

与此同时，三藩之乱的爆发，也使得长期不满于顺从于清朝的朝鲜儒生看到了希望，因此从显宗末年到肃宗初年，朝鲜国内朝野上下"北伐""通郑"（台湾郑氏）呼声再度兴起。只是在当时主政的温和派大臣的压制之下，出于对清朝实力的忌惮，这些呼声才未能上升为国家政策，但已然在两国关系上造成了一些摩擦和冲突。随着清朝国内形势渐趋稳定，包括强硬派在内的朝鲜君臣逐渐调整心态，放弃纯粹的义理观主导下的"华夷之防"，将"春秋大义""存之于内，成宴安之鸩毒，致勤俭之实德，一以保吾民强为善为务，蓄吾之力，以待彼疲"。[44] 心态的变化，也使得朝鲜国内一些务实理性的学者主张"北学于中国"，由此之前种种空虚的"义理论"逐渐让位于北学派的主张。而值得注意的是，这些北学派思想家中，大部分都有燕行的经历。[45]

徐文重正是朝鲜国内务实知识分子和官员的代表，这从其《燕行日录》中记载的内容和文字风格中都可以清楚地看出。而作为三山五园皇家园林中先驱的畅春园，之所以首次出现在徐文重的笔下，也是有其客观原因和中朝关系大环境的影响的。从此，包括畅春园、圆明园在内的三山五园持续出现在朝鲜燕行使臣的记录中，或是负面，或是正面，都折射出不同使臣对清朝和中国文化的态度。对于这些问题，学界研究已比较充分，本文不再详及。

作者简介：张梨霞，女，1995 年生，山西柳林人，北京联合大学应用文理学院专门史 2017 级硕士研究生，研究方向为社会文化史。

注释：

* [基金项目] 本文是北京市教育委员会社科计划面上项目"基于李氏朝鲜汉籍资料的三山五园研究"（项目编号：SM201511417004）阶段性成果。

[1] 葛兆光：《再谈"从周边看中国"》，《东方早报》，2013 年 12 月 8 日。

[2] 葛兆光：《想象异域：读李朝朝鲜汉文燕行文献札记》，中华书局，2014，第 282 页。

[3] 就笔者所见，相关研究成果如下：祁庆富、金成南：《清代朝鲜使臣与圆明园》，《清史研究》，2005 年第 3 期；王元周：《〈燕行录〉中的西山园林——"胡运百年"的双重象征》，《韩国研究论丛》，2014 年第 2 辑；黄雅诗：《闵镇远〈燕行录〉研究》，北京大学硕士学位论文，2013；张雨、王帆、王佳鑫：《永乐如今无此乐，令人却忆大明天——朝鲜使臣对清代三山五园的历史书写》，张连城、陈名杰主编：《全球视域下三山五园文化遗产传承与保护研究》，九州出版社，2017，第 55—65 页。

[4] 董建中：《朝鲜人笔下的畅春园——〈燕行录全集〉中的相关载录》，张连城、陈名杰主编：《全球视域下三山五园文化遗产传承与保护研究》，第 36—54 页。参见刘为：《清朝与朝鲜往来使者编年》，《清代中朝使者往来研究》，黑龙江教育出版社，2002，第 190 页；徐东日：《朝鲜所藏"燕行录"作品》，《朝鲜朝使臣眼中的中国形象》，中华书局，2010，274 页。

[5] 程龙：《第二次鸦片战争以前西方人眼中"三山五园"》，张连城、陈名杰主编：《全球视域下三山五园文化遗产传承与保护研究》，第 12—23 页。

[6] 徐文重：《燕行日录》，弘华文主编：《燕行录全编》第 2 辑第 3 册，广西师范大学出版社，2012，第 125 页。

[7] 葛兆光：《想象异域：读李朝朝鲜汉文燕行文献札记》，第 23 页。

[8] 徐文重：《燕行日录》，弘华文主编：《燕行录全编》第 2 辑第 3 册，第 125 页。参见徐东日：《朝鲜历代燕行使臣一览表》，《朝鲜朝使臣眼中的中国形象》，第 290—291 页。

[9] 李贤等撰：《大明一统志》九十卷。初修于天顺二年（1458），成于天顺五年（1461），为官修地理总志。体例沿袭《大元一统志》，以南北两京及十三布政司分区，每府、直隶州分建制沿革、郡名、形胜、风俗及古迹、人物诸目，而殿以"外夷"各国。除明内府刻本外，又有嘉靖二十八年（1549）重刻本，万历十六年（1588）修补嘉靖本。其中有少量内容为世宗以后所补充，所引资料错讹较多。参见郑天挺、谭其骧：《中国历史大辞典》第 1 册，上海辞书出版社，2010，第 140 页。

[10] 据《清圣祖实录》记载："礼部题，朝鲜国进贡使臣违禁私买《一统志》书。查《一统志》载天下山川、舆地、钱粮数目，所关甚重。应将违禁私买《一统志》书之内通官张灿革职，发伊国边界充军。正使李沉、副使徐文重等失于觉察，并应革职。朝鲜国王李焞姑免议。得旨：李沉、徐文重从宽免革职，余如议。"《清圣祖实录》卷 152，康熙三十年七月己丑条。据朝鲜《肃宗实录》记载，冬至使李沉等复命，曰："《大明一统志》贸来之际，被捉于搜括。臣以为《史记》外约条无禁令，此是地

家书之类，不必禁之。衙役终不肯听矣。"《肃宗实录》卷23，肃宗十七年三月甲辰条。

[11] 徐文重：《燕行日录》，弘华文主编：《燕行录全编》第2辑第3册，第145页。

[12] 《通文馆志》卷9《纪年》，肃宗大王十七年辛未。

[13] 朝鲜在接到清朝礼部咨文以后，备边司提出如下处理意见："冬至使回还时，译官张灿所买《大明一统志》被捉于栅门。而今此咨文中，有何处收买，何人卖与之处，逐一严查，确审具题之语。张灿所买《一统志》，虽非七件禁物中书册，而彼既比拟于顷年舆图，有此移咨之举，在我之道，不可不趁即行查而回咨。无论所犯之何如，张灿初既买册，且不善周旋于栅门，终有此生事之患，殊极可骇。张灿为先拿囚，捧其供辞，以为回咨之地，何如？传曰：'允。'"《承政院日记》第345册，肃宗十七年五月七日。

[14] 据《通文馆志》记载，史书、黑黄紫皂大花西番莲缎匹、违禁兵器、焰硝、牛角等物都是禁买之物。《通文馆志》卷3《事大》"告示"，载域外汉籍珍本文库委员会编：《域外汉籍珍本文库》第3辑，《史部》卷25，西南师范大学出版社，2012，第50页。另外，朝鲜人俞彦述在《燕行杂识》中对犯禁物品所列更为详细："所禁之物，则史书、舆图、黑黄紫皂缎、貂皮、水獭皮、江獭皮、猞猁孙、大马、兵器、焰硝、牛角、铜铁等物。而天文地理书、兵书、砒霜、硼砂、水银、人参、象毛、会典、五爪龙文缎之类，则初不举论，可怪。然而既是应禁之物，则不可以漏于榜文，许其买卖，故严饬行中，使不得犯禁。"俞彦述：《燕京杂识》，[韩]林基中编：《燕行录全集》第39册，韩国东国大学校出版部，2001，第336—337页。就徐文重使团购买《大明一统志》之前十四年的康熙十六年（1677），朝鲜使行军官慎行建携带《天下各省舆图》，走到栅门被查出，最终直接责任人被发配边地充军，正副使、书状官则革职查办。《同文汇考》卷64《犯禁》，珪庭出版社，1978，第4929—4943页。此事年代未久，徐文重等人应当是知道的。

[15] 《（雍正朝）大清会典》卷105《礼部主客司·朝贡·外国贸易》，《近代中国史料丛刊三编》第774册，文海出版社，1992，第7062—7063页。《（乾隆朝）大清会典则例》，《景印文渊阁四库全书》第622册，第635页。《（嘉庆朝）大清会典事例》，《近代中国史料丛刊三编》第668册，第8057页。

[16] 《（光绪朝）大清会典》卷39《礼部·主客清吏司》："贡使及夷商等，不得收买兵器、史书、《一统志》、地里图及焰硝、牛角……等物。"

[17] 朝鲜鱼叔权《稗官杂记》对此有明确记载："本国陪臣到燕，旧无防禁。嘉靖初年，译士金利锡踞坐书肆，要买《大明一统志》，主客郎中孙存仁适赴早衙，取其书而观之，惊怪曰：'此非外人所当买也。'因闭馆门，俾本国人一切不得出入，遂成故事……非但中朝，时异殊俗，亦由本国之人有以自取，可叹也已。"韩国民族文化促进会编：《大东野乘》第1册，庆熙出版社，1971，第729—730页。亦见朝鲜《中宗实录》卷44，中宗十七年（嘉靖元年，1522）二月庚辰。

[18] 据《燕山君日记》记载："天使令头目二人，献《大明一统志》及《纲目通鉴》。"《燕山君日记》卷6，乙卯元年（弘治八年，1495）六月庚午。所谓"天使"，即赴朝鲜的明朝使臣。

[19] 朝鲜《成宗实录》卷33，成宗四年（成化九年，1473）八月癸酉。

[20] 参见李善洪：《明代会同馆对朝鲜使臣"门禁"问题研究》，《黑龙江社会科学》，2012年第3期。

[21] 朝鲜《成宗实录》卷240，成宗二十一年（弘治三年，1490）五月乙丑条。

[22] 李渲：《燕途纪行》，弘华文主编：《燕行录全编》第1辑第12册，第76页。

[23] 徐文重《燕行日录》的最后，详细列出了他此行所购入的书籍，还记载有他曾求购于序班而未能得到的书籍，如《山海经》《明史纪事本末》《筹胜必览》《西湖志》等。徐文重：《燕行日录》，弘华文主编：《燕行录全编》第2辑第3册，第146、147页。

[24] [美]孔飞力：《他者中的华人：中国近代移民史》，江苏人民出版社，2016，第145页。

[25] 当然，清帝国当时的学术对朝鲜仍有相当大的影响。关于这一点，请参看陈祖武：《李朝实录所见乾嘉间之中朝文献与学术》，《东亚儒学文献国际学术研讨会论文集》，台湾大学东亚文明研究中心，2003。

[26] 明清时期的朝鲜使臣及其随员多以私人日记体形式较为详细地记录沿途见闻及其观感。因为明代朝贡使行有"朝天"之称，所以明代的"使行录"常被冠以"朝天录"的名称。到了清代，使臣入清称为"燕行"，所以此类"使行录"则常有"燕行录"之名。于是后人常以"朝天录"称明代"使行录"，而将清代"使行录"称为"燕行录"，有时也将它们都称为"燕行录"。当然这是一种统称，具体每一部"使行录"的称呼并不相同，而且使臣朝贡有时并不到北京，如前所述，清入关前使臣只到沈阳，使臣朝贡入京时遇皇帝在热河还得到热河。杨雨蕾：《十六至十九世纪初中韩文化交流研究——以朝鲜赴京使臣为中心》，复旦大学博士学位论文，2005，第26页。

[27] 同上，第30页。

[28] 徐文重：《燕行日录》，弘华文主编：《燕行录全编》第2辑第3册，第138页。

[29] 同上，144页。

[30] 《清圣祖实录》卷149，康熙三十年正月甲午条，中华书局，1985，第2021—2022页。

[31] 畅春园在海淀清华园旧址，距离西直门仅十二里。见康熙《御制畅春园记》："都城西直门外十二里曰海淀。"《日下旧闻考》卷76《国朝苑囿》，北京古籍出版社，1981，第1268页。此外，清初史学家谈迁曾于康熙十二年（1673）七月专门造访清华园，据其记载："策蹇出西直门，十二里至海淀，则清华园。故武清伯李诚铭以神祖元舅余力治园。"谈迁：《北游录·纪邮下》，中华书局，1997，第113页。

[32] 《康熙起居注》第2册，中华书局，1984，第1599页。

[33] 康熙皇帝自康熙二十六年后，直到去世，每年有150余天在畅春园居住理政。何瑜：《清代三山五园史事编年（顺治—乾隆）·自序》，中国大百科全书出版社，2014。

[34] 徐东日：《朝鲜朝使臣眼中的中国形象》，附录《韩国所藏"燕行录"作品》《朝鲜历代燕行使臣一览表》，中华书局，2010，第274、290页。参见杨雨蕾：《燕行与中朝文化关系》，附录《燕行年表（1637—1881）》《〈燕行录全集〉所收"燕行录"一览表》，上海辞书出版社，2011，第275—276、322页。

[35] 徐文重：《燕行日录》，弘华文主编：《燕行录全编》第2辑第3册，第139页。

[36] 同上，第138页。

[37] 同上，第139页。

[38] 同上，第139页。

[39] 同上，第142页。

[40] 金海一于康熙十七年十月以书状官身份首次赴京，已著有《燕行日记》。金海一：《燕行日记续》，弘华文主编：《燕行录全编》第2辑第3册，第349—358页。

[41] 徐文重：《燕行日录》，弘华文主编：《燕行录全编》第2辑第3册，第351、355页。

[42] 据《清圣祖实录》记载：康熙二十八年三月甲午"上奉皇太后幸畅春园"，闰三月甲午"上回宫"（卷140）；康熙二十八年五月辛酉"上幸畅春园"，六月庚午"上自畅春园回宫"（卷141）；康熙二十八年六月甲戌"上奉皇太后幸畅春园"，七月辛丑"上奉皇太后自畅春园回宫"，至康熙二十八年十一月壬子"上回驻畅春园"（卷143）。

[43] 任相元：《燕行诗》，弘华文主编：《燕行录全编》第2辑第3册，第96页。

[44] 朝鲜强硬派代表宋时烈的上书，载《肃宗实录》卷18，肃宗十三年（康熙二十六年，1687）二月壬子条。肃宗也曾感叹："自古匈奴之入中华者，皆不能长久，而今此清虏据中国，已过五十年，天理实难推知也。"《肃宗实录》卷17，肃宗十二年（康熙二十五年，1686）十一月庚戌条。

[45] 徐凯：《论"三藩之乱"时期的朝鲜与清朝关系》，《燕园明清史论稿》，辽宁民族出版社，2014，第666—690页。王桂东：《朝鲜肃宗即位初年清－朝关系之暗流》，达力扎布编：《中国边疆民族研究》第8辑，中央民族大学出版社，2014，第114—125页。

三山五园的考古发现与相关问题的思考

孙　勐

　　三山五园是对北京西郊清朝皇家园林的总称，主要包括圆明园、畅春园、万寿山颐和园、玉泉山静明园和香山静宜园。三山五园作为一个园林景观、区域文化综合体，风景幽美、类型丰富、规模宏大、功能完备，可以说是清代园林建设的顶峰，也是整个中国封建社会园林艺术的典范和代表。[1]

　　以清朝皇家园林为对象的考古发掘，不仅是北京地区考古工作的重要组成部分，而且日益成为园林遗址保护和规划、研究和复原、景观展示和利用的重要方式与支撑。其中，对三山五园的考古，在北京地区整个清朝皇家园林的考古中收获最多、成果最大。不过，回顾以往皇家园林的考古发掘，多是点滴的、短暂的被动性发掘，少有整体的、长远的主动性目标。这种状况，既不利于考古工作的深入开展，也不利于相关学科的广泛参与以及多学科的交流和互动。此外，鉴于三山五园在当前北京城市发展中的总体功能定位已成为北京历史文化名城"双核"之一，且日益受到社会大众、研究院所和政府的关注与重视，因此，有必要对之前所做的相关考古发掘进行系统的总结和梳理，并对将来的考古工作提出明确的方向和要求。

一、三山五园考古的主要收获

　　三山五园的正式考古工作开始于 1994 年对圆明园藻园遗址的发掘。[2] 之后，圆明园的考古工作不断推进，万寿山颐和园、香山静宜园、畅春园的考古也相继陆续开展。

（一）圆明园

从 1994 年至今，圆明园的考古调查、勘探和发掘已持续了二十余年，相关工作主要集中在圆明园和长春园两园之中。

圆明园大宫门区域的考古发掘，目前仅限于北部，面积 3000 平方米，清理出了大宫门、右门（西门）、西朝房、东转角朝房（局部）、二宫门（出入贤良门）、围墙基址以及御路、御河、石桥、水闸遗存和相关的地下排水设施等。较为集中、全面地对圆明园四十景中的"坦坦荡荡""杏花春馆""上下天光"和相邻的"万方安和"等四处遗址进行了考古发掘，勘探总面积 42000 平方米，发掘面积 20100 平方米。其中，坦坦荡荡 7400 平方米，揭示出整个金鱼池的南北布局、池内的设施结构以及大殿、知鱼亭、萃景斋、双佳斋、光风霁月堂基址、西部土石假山遗址、碧澜桥遗存等 23 处。杏花春馆 5200 平方米，基本明确了遗址区的布局、各项建筑遗迹的结构关系，清理出各类建筑遗迹 28 项，包括春雨轩、镜水斋、赏趣、硐壑余清、抑斋、翠微堂、土地祠等基址和水井遗址、桥涵遗存等。上下天光 4900 平方米，主要揭示了临湖主体建筑上下天光大殿、月台、平安院基址、附属建筑房址 13 座，以及南部湖中的木构曲桥遗存等。万方安和 2600 平方米，主要揭示了万字轩、南岸的十字亭、沿湖甬路基址，以及周围的 4 座桥涵遗存等。坦坦荡荡遗址已全部勘察、清理完毕，其余三处遗址尚有少部分遗迹未能及时清理。与此同时，对正大光明、勤政亲贤、九洲清晏、镂月开云、天然图画、碧桐书院、慈云普护、茹古涵今、平湖秋月、廓然大公、西峰秀色、鱼跃鸢飞、北远山村、四宜书屋、方壶胜境、鸿慈永祜、月地云居、日天琳宇、汇芳书院、武陵春色、澹泊宁静、映水兰香、水木明瑟、濂溪乐处、坐石临流等进行了有计划的考古勘察和试掘。藻园遗址的发掘，总面积为 4600余平方米，主要揭示出的建筑遗迹有林渊锦镜、贮清书屋、自远轩、履吉斋、精藻楼、船坞、湛清华、夕佳书屋、凝眺楼、湛碧轩、溜琴亭、临众芳、水池等。在紫碧山房的东侧进行了勘探和试掘，面积 1300 平方米，清理了房屋基址 8 处。[3] 这些考古工作基本上涵盖了圆明园四十景中的大部分遗址，范围基本上涉及了圆明园（狭义上的）的大部分区域。

长春园内的考古发掘集中在宫门遗址区、含经堂遗址区、如园遗址区和西洋楼景区等。长春园宫门区清理出的遗迹主要包括宫门、宫墙及其附属建筑——左门、右门、值房；还有广场上的影壁、东西朝房、十字形甬路、地下排水设施，以及残存的早期房址等。宫门区以北的澹怀堂遗址，发掘了牌楼门、正殿、东西配殿、回廊、甬路、众乐亭等基址。这两处遗址的发掘面积共计21000平方米。含经堂遗址的发掘面积为35000平方米，[4]清理出各种建筑遗迹51处，主要包括牌楼、甬道、毡帐、宫门、含经堂主殿、东西配殿、淳化轩、蕴真斋、梵香楼、涵光室、三友轩、静莲斋、待月楼、霞翥楼、渊映斋、澄波夕照、得胜概敞厅等基址和值房、假山、买卖街、水井等遗存。如园遗址的发掘，面积已达3000平方米，基本明确了整体布局、路网系统，主要的建筑基址有宫门、芝兰室、云萝山馆、听泉榭、延清堂、观丰榭、含碧楼、挹霞亭、撷秀亭、引胜轩、新赏室等，以及其东部、西部和南部的水池遗迹，此外还有两处较晚的建筑遗存。出土遗物主要有御笔石刻、金砖、粉彩地砖、葫芦范、瓷器、筒瓦、板瓦等。[5]对西洋楼遗址区的远瀛观遗址和海晏堂蓄水楼遗址进行了考古发掘，面积为800平方米。在远瀛观遗址内清理出远瀛观大殿、库房、道路、墙基等遗迹，发现了早、中、晚共三期建筑遗址，出土了大量精美的琉璃建筑构件及其他遗物。[6]在蓄水楼遗址内清理出蓄水楼的建筑基础、水车及水池、供排水道遗存等。此外，还对西洋楼遗址区的东半部进行了考古勘探和试掘。

为配合北京市101中学音美艺术楼的施工建设，在其占地范围内进行了考古发掘，清理出了水闸遗址一处，面积110平方米。[7]为了配合地铁四号线圆明园站的施工建设，在其占地范围进行了考古发掘，面积240平方米，清理出了三合土御路、正觉寺山门前甬路基址，以及房址、水道遗存等。[8]此外，还清理了正觉寺天王殿建筑基址，面积约200平方米。

（二）香山静宜园

对香山静宜园的考古发掘，涵盖了静宜园二十八景中的相当一部分遗址，总面积达一万余平方米。

清理了来青轩遗址，面积2200平方米，包括山门、影壁、东西配殿、观音阁、来青轩大殿、青霞敞厅、妙高堂、海棠院等基址，以及围墙、甬道、地炕等遗存。整个建筑群的基址坐北朝南，依山势分布，但总体布局严谨，仍讲究对称。[9]清理了韵琴斋和致远斋建筑遗址，面积约1200平方米。

对香山寺遗址进行了考古发掘，总面积1900平方米，主要包括七处单体建筑基址，分别为圆灵应现殿遗址、南配殿遗址、八方亭遗址、鼓楼遗址、西佛殿遗址、接引佛殿遗址、爬山廊遗址等。

清理了昭庙（宗镜大昭之庙）中的白台遗址，发掘面积4100平方米，主要包括裙房、碑亭、井字房基址。裙房基址平面呈凹字形，南北侧面阔各 18 间，东侧面阔 23 间，东南角、东北角转角房进深 5 间，西南角、西北角转角房进深 2 间，东侧平台房进深 1 间，其余均进深 3 间，共清理出房屋基址 147 间。此外，还有排水设施、树池遗存等。碑亭基址的平面为八边形，台明尚存青石阶条石、陡板石、土衬、踏跺、垂带，此外还有 16 个柱础。井字房遗址，围廊的东西各有房基 9 间，南北各有房基 5 间，每间面阔 3.2 米、进深 1.35 米。

对知时亭、鹦集崖、霞标蹬、绿云舫、喷霜皋、有秋亭、森玉笏、芙蓉坪等遗址中的部分区域进行了考古勘探和试掘，面积 1600 平方米。知时亭基址平面形状呈六边形，其东部有一条甬路遗存。鹦集崖遗址中清理了一处长方形建筑基址，尚存石砌墙基和砖砌散水。清理了霞标蹬遗址中的北墙、东墙、砖砌磉礅和室内地面基址等。在绿云舫遗址中，发掘出了一段石砌墙基和大面积的三合土遗存。在喷霜皋遗址中清理出了一处六边形建筑基址。清理了有秋亭基址，平面为八边形，用三合土和石块砌筑。在森玉笏遗址中清理了超然堂、碧峰馆、旷览台、胜亭四处建筑基址。在芙蓉坪遗址中，清理了西配殿、寄幽心、静如太古、游廊等建筑基址。

（三）万寿山颐和园

对颐和园内的须弥灵境遗址进行了考古发掘，主要清理出了慈福牌楼、梵天牌楼、旃林牌楼、宝华楼、法藏楼、山门、须弥灵境大殿等七处建筑基址，面积 3630 平方米。大殿基址平面为长方形，东西面阔 9 间，南北进深 6 间。此外，还有石灯座、踏跺、北门和南门、佛台、月台等遗存。另外，在颐和园内还发掘了一处重要的遗存，即耶律铸夫妇合葬墓。耶律铸夫妇合葬墓是耶律楚材家族墓的组成部分之一，蒙元时期的名相耶律楚材对玉泉山一带的景色情有独钟，晚年自号玉泉老人，且安葬于瓮山泊畔。此后，耶律楚材墓不仅成为京西的一处名胜，也是颐和园内的一处重要景观。耶律楚材之子耶律铸的墓葬，于 1998 年发现，并进行了考古发掘。耶律铸墓为正南北向，由墓道、墓门、前室、前室的东西侧室、后室及后室的东西侧室组成。墓室内绘壁画，惜已残毁，仅可见云朵、花草、鸟兽等图案。该墓虽早期被盗，但出土的随葬器物仍十分丰富，有瓷器、陶器、银器、石器及装饰品等。[10]

（四）畅春园

在配合西北四环路工程的建设中，对畅春园大宫门建筑遗址和西花园石桥遗址进行了考古勘探和发掘，总面积 2300 平方米。畅春园大宫门基址面阔五间，东西长约 17 米，北半部残毁，南部墙基上有 6 个砖砌磉墩，两侧与院墙相接。东、西两山墙宽 0.9 米，墙下为三合土基础和柏木地钉。院墙基址宽 1.6 米，厚 0.7 米，向东、向西延伸。大宫门基址的南侧对称分布 2 个砖砌磉墩，东西相距 16.2 米，规格相同，应是大宫门前的兽座。东、西朝房基址相距 8.4 米，形制相同，长 17.1 米、宽 8.1 米，面阔五间。西朝房基址西侧有一条南北向的三合土墙基，东距西朝房西墙基约 17 米，南北两端均向两侧延伸，宽 1.3 米，厚 0.75 米。在大宫门南墙基与门前二砖砌兽座间有一东西向的甬路，宽约 1.25 米。在东朝房基址西北角外侧发掘出一明代水井，由青砖砌筑，直径 1 米，深 8.6 米，井口距现地表 1.8 米，井底有木井圈，应是明代清华园内的遗存。

西花园石桥遗址位于万泉河路以西，桥南北跨度 2.25 米，东西宽 5.2 米，残高 1.7 米，桥底平铺石砌海墁，两端各有一闸槽，海墁下有柏木地钉。西北堤岸桥体内侧用规整的石条垒砌，石条与石条间由铁锭连接而成，石条外侧用不完整大青砖砌筑，燕翅两侧河堤由不规则石块砌筑所成。据所在位置及其西北堤岸的垒砌情况，该桥当为畅春园西侧西花园南端的遗迹。桥北侧正中有一南北向三合土基础，南端被毁，向北延伸，宽 1.1 米，厚 0.5 米，其下有地钉，应是墙基。

上述四处清代皇家园林的考古发掘面积已达 10 万余平方米，在北京地区的专题性遗址考古中是规模最大的。清理出的遗迹以建筑基址为主，包括宫殿、楼阁、轩榭、亭台、桥梁等，以及相关的附属遗存，如门址、道路、假山、泊岸、供排水设施等。出土了较为丰富的器物，主要有陶瓷器、玉石器、金属器等，既有各种类型的建筑构件，也有不同用途的日常用品、装饰摆件等。

二、三山五园考古的主要成果和相关认识

总体而言，三山五园的考古工作，大体可以分为两大阶段，第一阶段是 1994 年至 2000 年，有少量的、短期的、配合基本建设的发掘。第二阶段是 2001 年至今，随着文物保护的重视和加强，园林建设的深入和广泛，大范围的考古工作得以开展。三山五园之中，在圆明园遗址开展的考古工作持续的时间最长，涉及的空间范围最广，阶段性成果最多。由于后期的严重破坏，畅春园是保存现状最差的一个，因此考古成果最少，且未来进一步开展考古工作的空间和条件非常有限。而静明园由于客观条件的限制，一直未能开展考古工作。考古工作开展的程度和方式，与园林的保存状况、保护级别、自身的定位、利用的方式、方向、功能等有着密切而直接的

联系。比如，圆明园的建筑、景观所剩无几，其自身的定位，最初是遗址，[11] 之后为遗址公园，[12] 现在为国家考古遗址公园，遗址的性质非常突出、鲜明，因此考古工作开展最为充分，既有暂时的配合基建的考古，也有计划性的主动性发掘，并且还有遗址展示和公众考古。在颐和园、静宜园、畅春园的考古，则都属于配合基本建设的发掘，其中颐和园、静宜园中的部分建筑和景观都在考古的基础上进行了复建，而畅春园内清理出的遗存则已无法保存。

通过近年来持续不断的考古勘探和发掘，揭示出了三山五园内相当数量的建筑遗址、景观遗迹等，基本上明确了相关遗存的具体位置、形制、布局、年代、建筑工艺等。这为了解和认识单体建筑、单个景观以及园林的发展和演变提供了可靠的证据。这些建筑基址或景观遗迹，其中大部分有文字、图像史料方面的记载，但是由于晚期的破坏或改建，很多基本信息仅凭借史料无法恢复、确认；而另一些建筑或景观则未见史料记载，因此只有通过考古勘探或发掘的方式进行揭示。这些考古发掘成果为我们了解、认识和研究皇家园林提供了大量的第一手资料。

这些皇家园林，根据不同的对象和视角，可以分为不同的类型。比如，按照地理形势和自然环境来分，圆明园和畅春园均属于平地型；颐和园、静宜园则均为山地型，分别利用自然山体——瓮山（万寿山）和香山修建而成。若按照时代的先后来讲，圆明园完全属于清代；畅春园是在明朝李伟修建的清华园的旧址上营建而成的；颐和园和静宜园的所在区域，金、元时期就已经有一定程度的皇家园林建设。这在考古发掘中都有着明确的体现和证实。在圆明园遗址范围内的发掘，建筑基址、遗迹之下均为黑色、黏性很大的淤土或者黄色、青黄色的沙土。这种原生的淤土和沙土的大面积存在，证明了圆明园所在地原本的地貌和环境。而在对香山静宜园的发掘中，很多建筑基址是将三合土或者夯土基址修建在了山体之上，或者直接利用了自然山体的岩石，而不再利用柏木地钉加以稳固。在对圆明园的发掘中，仅仅发现清代的地层和遗址，而没有早于清代的遗迹。在畅春园东朝房基址西北角外侧发掘出的明代水井，证明了其所在区域的明代建设。对静宜园香山寺的发掘，在清代基址中发现了大量的金代青砖，虽然没能向下继续清理，但是证明了金代建筑的存在。不同区域的园林内，具有不同年代的文化层、遗迹、遗物，证明了不同时期对该区域的利用和开发存在着差异。

考古发掘对三山五园的文物保护、复建、展示等具有重要的作用。颐和园是第一批全国重点文物保护单位、1998 年的世界文化遗产；香山静宜园是北京市第三批市级文物保护单位；圆明园是第三批全国重点文物保护单位，并于 2010 年成为第一

批国家考古遗址公园。畅春园的景观和建筑所剩无几，其作为一个整体没有成为文物保护单位，只有仅存的恩佑寺和恩慕寺山门于1981年被列为北京市海淀区文物保护单位。这些园林虽然属于不同级别的文物保护单位，但是很大程度上，都是大遗址。从我国多年来大遗址保护和研究的实践积累、经验总结和理论认识来看，考古是其中一项基础且必要的方式，[13]"大遗址保护中的考古工作是为了保护和展示的需要，对于遗址内涵和文化性质的了解是首要的，单纯的考古调查和钻探并不能完全达到上述目的，因而需要开展适当的考古发掘"。[14]因此，将三山五园作为一个整体的、系统的大遗址进行保护，离不开考古学科的参与和支持。此外，考古发掘出的成果，也就是相关的遗迹、遗物，完全可以在有效保护的前提下，进行展示和宣传，这从方式、手段、类别和内容上都能够增强三山五园的展示效果与内涵。

从目前三山五园的考古工作来看，缺乏系统性、主动性的考古发掘。除了圆明园遗址在有计划地开展主动性、研究性的考古调查、勘探和发掘外，其他四处皇家园林均没有进行过主动性的考古工作。这导致了在三山五园范畴内，考古工作及相关研究的不平衡性，不利于今后三山五园整体的保护、展示与利用。从宏观角度，三山五园的兴建、使用、衰落，基本处在同一个大的历史时期；从变化的角度，也可以分为不同的历史阶段，因此在其建筑、景观和相关设施的形制、工艺、技术等方面既有很多相同之处，也会存在一定的差别。这种异与同的准确把握，也需要三山五园考古的协调开展。另外，将三山五园视作一个整体，无论从区域空间系统，还是景观文化系统来讲，其每个个体之间都有着相应的联系，包括道路、水系、各种设施、村镇等。而这种外在性的联系，若能通过考古工作加以印证和展示，无疑会加强人们对三山五园的认知。

三、结语

北宋李格非曾在《书〈洛阳明园记〉后》中写道："园囿之兴废，洛阳盛衰之候也。且天下之治乱，候于洛阳之盛衰而知；洛阳之盛衰，候于园囿之兴废而得。"指明了园林兴衰与洛阳、天下兴衰的对应关系。见之于清朝时的北京，也完全可以说由皇家园林的兴衰，可知都城北京的兴衰，从而可知国家的兴衰。毫无疑问，皇家园林是北京历史发展的重要见证。如今，三山五园不再是昔日的皇家园林，而是首都北京历史文化名城中的重要组成部分，并且得到了较为全面的保护，已从以往的衰败中逐渐恢复起来，成为新中国、新北京的重要见证。未来，我们对三山五园的保护会进一步加强，认识会进一步深入，视野会进一步拓宽，展示会进一步丰富。这需要一个重要的基础，就是考古和考古学在三山五园中的开展与融入。

作者简介：孙勐，男，1979年生，北京人，北京市文物研究所副研究馆员，主要从事北京地区的考古与历史研究。

注释：

[1] 张宝秀：《三山五园的地位与定位》，《北京联合大学学报（人文社会科学版）》，2014年第1期。何瑜：《三山五园称谓的由来及其历史地位》，《北京联合大学学报（人文社会科学版）》，2014年第1期。

[2] 王有泉：《圆明园之藻园遗址考古发掘报告》，《北京文博》，1999年第1期。

[3] 北京市文物研究所编著：《北京皇家建筑遗址发掘报告》，科学出版社，2009，第94页。

[4] 北京市文物研究所圆明园考古队：《北京圆明园含经堂遗址2001—2002年度发掘简报》，《考古》，2004年第2期。北京市文物研究所编著：《圆明园长春园含经堂遗址发掘报告》，文物出版社，2006，第5页。

[5] 张利芳、张中华：《圆明园如园遗址考古发掘取得重大收获》，《中国文物报》，2017年7月14日，第1版。

[6] 张利芳、张中华：《圆明园远瀛观遗址发现早中晚三期建筑遗迹及路网》，《中国文物报》，2017年5月5日，第8版。

[7] 北京市文物研究所：《101中学清代水闸遗址发掘简报》，《北京文博》，2005年第1期。

[8] 北京市文物研究所：《地铁四号线圆明园车站考古发掘报告》，《北京文博》，2006年第2期。

[9] 北京市文物研究所编著：《北京皇家建筑遗址发掘报告》，第75页。

[10] 程利：《耶律铸夫妇合葬墓简况》，《北京文博》，1998年第4期，彩版二、三、四。国家文物局主编：《1998中国重要考古发现》，文物出版社，2000，第111—115页。

[11] 《保护、整修及利用圆明园遗址倡议书》，中国圆明园学会主编：《圆明园》第1册，中国建筑工业出版社，2007，第1、2页。

[12] 王利：《圆明园遗址公园筹备委员会成立》，中国圆明园学会主编：《圆明园》第3册，中国建筑工业出版社，2007，第202页。

[13] 曹兵武：《考古学与大遗址保护》，《中国文物报》，2007年11月9日。白云翔：《考古学与文化遗产保护》，《四川文物》，2008年第3期。

[14] 郭伟民：《新形势、新任务、大视野——大遗址考古与大遗址保护工作的几个问题》，《考古与文化遗产保护——理论与实践》，上海古籍出版社，2013，第37页。

清代三山五园地区水稻种植情况史料分析

李 楠

北京西郊地区历来风景极佳，辽金元明清历代园林相承，至清代园林建筑达到鼎盛，自东向西依次有畅春园、圆明园、万寿山清漪园、玉泉山静明园和香山静宜园，形成现在大家所熟知的"三山五园"，这一地区于清末先后经历 1860 年和 1900 年两次大劫，园林被焚，满目疮痍。

此间仰赖为生的水稻种植仍然延续不断，直到 2000 年左右才因水源匮乏与让位新经济的原因日益减少，至今在海淀公园、北坞公园、玉东公园等地仍有少量种植。2015 年，北京京西稻作文化系统入选中国重要农业文化遗产，京西水稻发展翻开了新的篇章。笔者援引史料对清代三山五园地区水稻种植情况进行分析。

一、清代三山五园地区种植水稻的自然环境

（一）水利特色

1. 水源

三山五园地区的水源主要来自西山一带泉眼和万泉河水系的水源汇集，其中较大规模的为玉泉山泉水。乾隆初年将西北郊水系进行整理，西山一带泉眼及玉泉水汇而为昆明湖，经长河、高粱河入护城河，引而为通惠河，作为漕运水源。正是因为此地水源充沛，为水稻种植提供了良好的条件。

其实早在元代，玉泉山泉水已经是通惠河上源，元代郭守敬开白浮瓮山河将白浮泉至玉泉沿线泉水汇入瓮山泊（亦称西湖，后改称昆明湖）以利漕运。据《元一统志》记载："自昌平县白浮村开导神山泉，西南转，循山麓，与一亩泉、榆河、玉泉诸水合，自西水门入都，经积水潭为停渊，南出文明门，东过通州，至高丽庄入白河。"[1] 此处"玉泉"源出青龙桥社玉泉山，与冷泉合，下流为清河。由此可见，当时玉泉水一部分从西水门进入护城河汇入白河，一部分经清河入白河。

明人蒋一葵《长安客话》有云："出万寿寺，渡溪更西十五里为玉泉山，山以泉名。泉出石罅间，渚而为池，广三丈许，名玉泉池。池内如明珠万斛，拥起不绝，知为源也。水色清而碧，细石流沙，绿藻翠荇，一一可辨。池东跨小桥，水经桥下东流入西湖。"[2] 喷涌不绝、水色清碧是玉泉水的一大特色。

时至清代，乾隆皇帝曾亲题玉泉山"天下第一泉"，在《玉泉山天下第一泉记》中，将天下第一泉命名的经过进行了详细记载，"尝制银斗较之，京师玉泉之水斗重一两"，济南珍珠泉、扬州金山泉、惠山、虎跑、平山、清凉山、白沙、虎丘及西山之碧云寺均较玉泉水重，仅有雪水轻于玉泉水，于是得出结论："凡出山下而有洌者，诚无过京师之玉泉。"正是因为玉泉水质好，"水清则稻美"，水量充足，使得这一地区具备水稻生长的良好条件。

乾隆皇帝在《御制麦庄桥记》中写道："京师之玉泉，汇而为西湖，引而为通惠，由是达直沽而放渤海。人但知其源出玉泉山，如志所云'巨穴喷沸，随地皆泉'而已，而不知其会西山诸泉之伏流，蓄极溢涌，至是始见，故其源不竭而流愈长。"由此可见京西西山诸泉与玉泉水量丰沛，正是由于有了源源不断的水源支撑，为京西地区水稻种植提供了良好的基础。

2. 蓄水库

另据《行水金鉴》载："白浮山，《通志》云：'在昌平州南十里，上有二潭，水经白浮村，元郭守敬引水西折而南，经瓮山泊入积水潭，以济漕运。'盖通惠河之

图 1　[清]弘旿《都畿水利图卷》局部（故宫博物院藏，图片来源：作者提供，下同）

源……自白浮诸泉水而其实皆自西山一带千岩万壑之水，汇于西湖，流入大内，出东南水门，注大通河，流入高丽庄，入于白河者也。"由史料可知，郭守敬开白浮瓮山河之时，已经将瓮山泊作为重要的蓄水设施使用。

瓮山泊（因临瓮山而得名）又名西湖（在都城之西），也称金海，至清乾隆年间，"谕：瓮山着称名万寿山，金海着称名昆明湖。应通行晓谕中外知之"。[3] 自此，这一水域有了新的名字叫昆明湖。

昆明湖并不单是西湖的改称，清乾隆年间，将此湖进行扩大、疏浚，作为调蓄水库，并以此为基础建万寿山清漪园。在《御制万寿山昆明湖记》中将疏浚西湖的重要意义点明："夫河渠，国家之大事也。浮漕利涉灌田，使涨有受而旱无虞，其在导泄有方而潴蓄不匮乎。"在原有西湖（也称瓮山泊）基础上疏浚开拓，形成一个两倍"廓与深"的新湖（即昆明湖），湖水量"汪洋潆沆"，较原西湖已是"倍盛"。又设有闸、坝和涵洞用于调蓄水源。闸座是河湖用来收束来源、分泄暴涨的关键。而涵洞按时开启关闭则用来宣泄积水。

在《五园三山及外三营地图》中标注有"昆明湖为玉泉龙泉所潴，此地最洼，受诸泉之委汇"（图2方框），再次点明昆明湖蓄水之作用。

除此之外，乾隆皇帝还在静明园和昆明湖之间开挖了高水湖和养水湖用于蓄水，《影湖楼》诗序："于玉泉山静明园外，接拓一湖。"这个湖就是指高水湖。他在《自

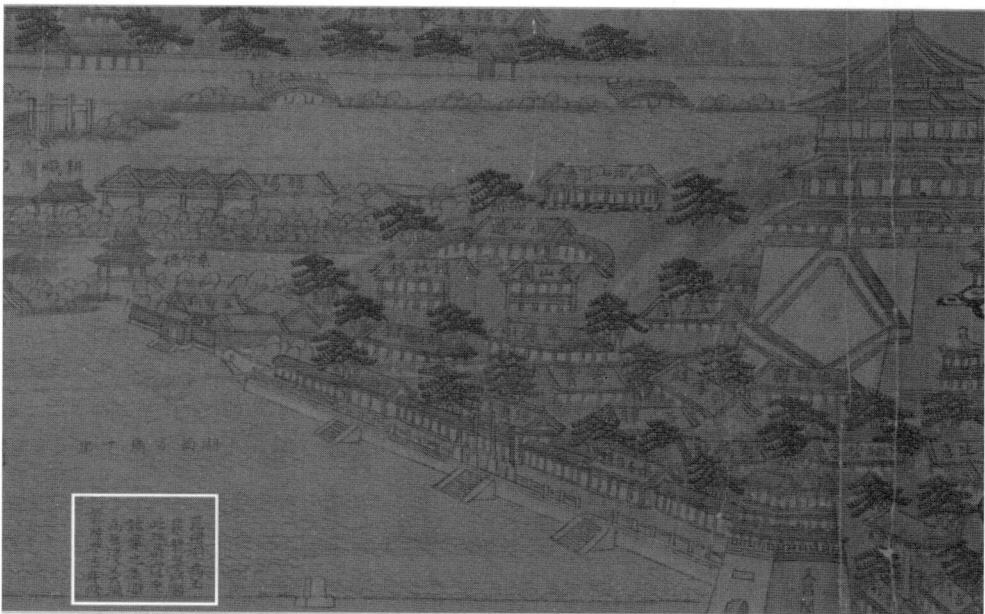

图2　五园三山及外三营地图局部（国家图书馆藏）

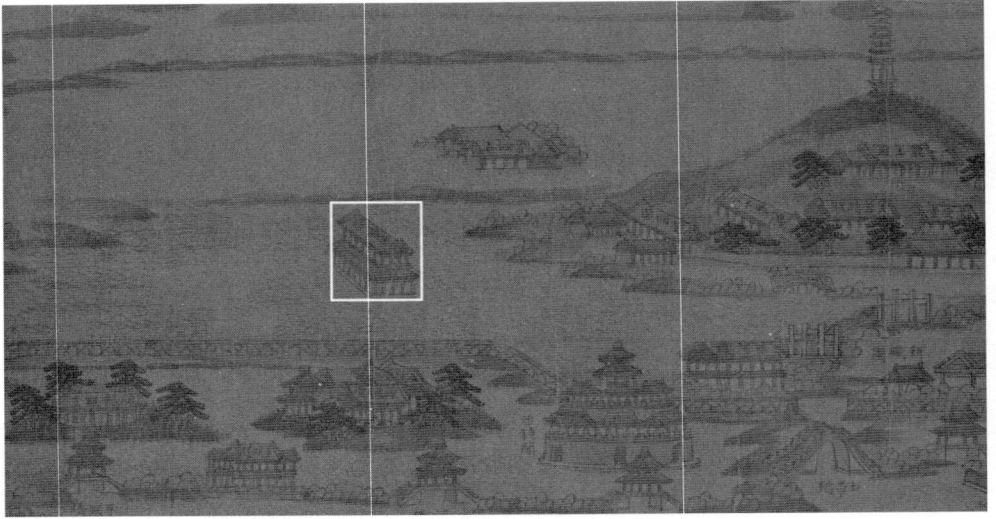

图 3　五园三山及外三营地图局部（国家图书馆藏）

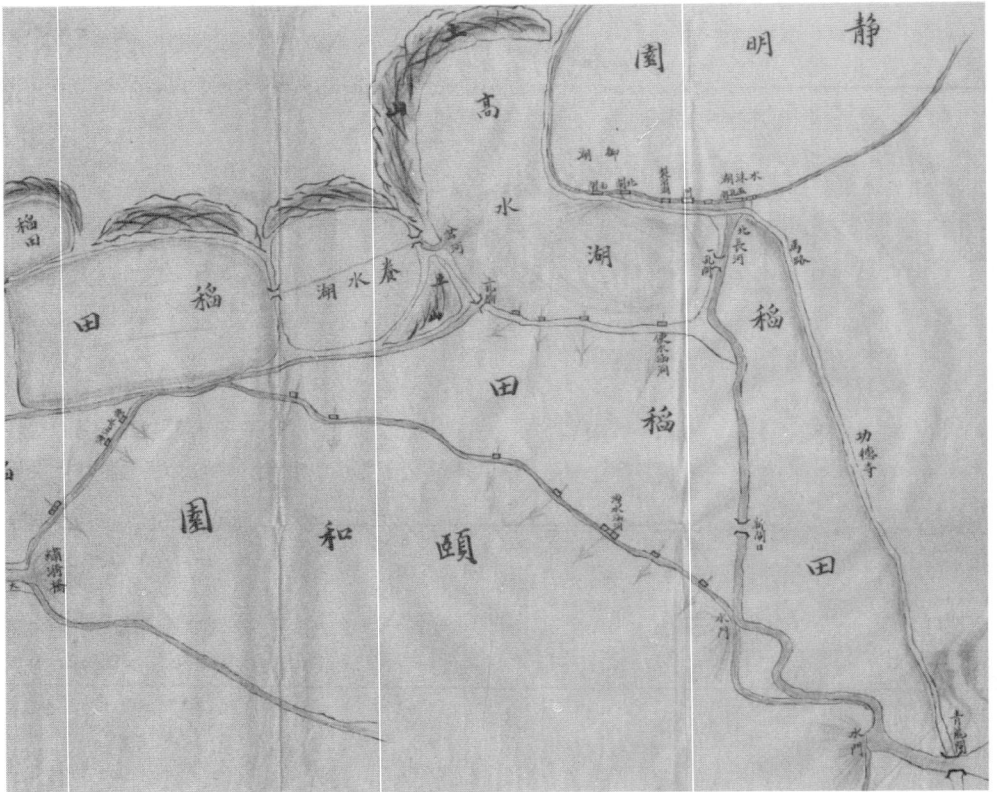

图 4　静明园玉泉山水源图局部（北京市档案馆藏）

玉河泛舟至昆明湖登石舫溪路沿览杂咏诗八首》中有云："界湖楼过未移时，拍岸春波漾碧漪，高水不教轻放下，夏初春秒或相资。"注："是处高水湖，为昆明湖上源，常时蓄储，不轻下放，惟遇春夏之交雨水或少，始逮泄以灌溉稻畦。"

从图3中可以清晰看到"影湖楼"所处的位置（方框为笔者所加），在昆明湖与静明园之间，蓄水用于灌溉稻田。

从民国时期这张静明园玉泉山水源图可以清晰看到高水湖、养水湖以及泄水涵洞、水闸、水门的位置，也可以从侧面证实清代昆明湖和高水湖、养水湖的蓄水作用，以及对漕运和水稻种植的积极影响。

修建昆明湖对于浮漕之利也十分明显，《御制万寿山昆明湖记》："昔之城河水不盈尺，今则三尺矣。"这项水利工程对于这一地区水稻种植的影响甚大，上文中还写道："昔之海甸无水田，今则水田日辟矣。"而后，清人金朝觐在《昆明湖》诗中也提到："望洋成巨浸，疏导各分流。润泽滋香稻，澄清出御沟。"

（二）土地优势

元至正十二年（1352），丞相脱脱言"京畿近水地招募江南人耕种"，"又与江南招募能种水田及修筑围堰之人各一千名为农师"。[4] 从元代开始，政府就十分重视近畿水田耕种。

明人王嘉谟《丹棱沜记》中写道："帝京西十五里为海淀，……又南五里凑于湖，……又西五里为瓮山。又五里为青龙沜。河东南流，入于淀之夕阳，延而南者五里，旁与巴沟邻，曰丹棱沜。沜之大以百顷，十亩潴为湖，二十亩沈洒种稻，厥田上上。"[5]

明《帝京景物略》中则记载："山好下影于湖，静相好也。湖好上光于水田，旷相好也。道西堤，行湖光中，至青龙桥，湖则穷已。行左右水田，至玉泉山，山则出已。际湖山而刹者，功德寺。……傍地余水田，僧无寺，业农事。""山（瓮山，亦万寿山）前小桥而南，人家傍山，临西湖（后改称昆明湖），水田棋布，人人农。"从这些诗文可以看出，在明代，玉泉山西湖一带稻田种植已十分密集。正是有了历史上在三山五园地区耕种的先例，为清代皇帝选择这一地区进行水稻种植打下良好的基础。

（三）交通便利

1. 水路

正因为这一地区水源丰富，分两条河道倾泻，补充城市景观用水和济漕运兼之。

一是从经瓮山泊至西直门进都城的水路：例如明代《入跸图》中绘有世宗皇帝自明皇陵谒陵归来，从功德寺平台（位于青龙桥附近，临近景帝陵）登船走水路入京城的情景，玉泉山附近的稻田也在此图中有所显现；另一路则是从安河桥（也做安和桥）入清河最后归于通州的水路。

这两条水路在清代多有发展，从西直门经长河至昆明湖这一线成为清代皇帝前往颐和园必经的水路。而雍正年间，在德胜门外安河桥建京师十三仓之一的丰益仓，共三十廒，由内务府委官管理（与其他十二仓有别），用于储存从南方运抵通州、清河再至安河桥的漕粮。这部分粮食主要分配给附近外三营兵丁和修建园林的工匠等。

2. 陆路

元代王恽《中堂事记》中记载：中统二年（1261）"三月壬辰五日丙寅未刻，丞相祃祃与同僚发自燕京，是夕宿通玄北郭，……六日丁卯午，憩海店，距京城廿里。……是晚，宿南口新店，距海店七十里"。从文中可以看出当时从燕京到海店（海淀）再到南口，已有一条官方道路。

明代时，妙峰山香会开始繁盛，绵延直至民国。民众前往妙峰山进香，有若干香道，其中一条就是从西直门到海淀，过大有庄、青龙桥、金山口、冷泉、温泉直到妙峰山。由此可见民间使用这条道路也十分频繁。

到清代，由于皇室前往三山五园地区驻跸十分频繁，专门修筑了从西直门到颐和园的一条路，也被称为御路。这是清末北京城外著名的两条路之一。大致走向如下图：

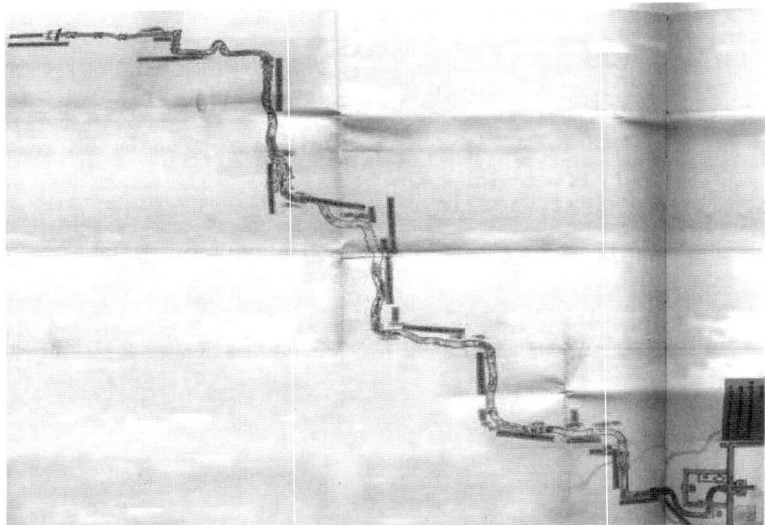

图 5　颐和园至西直门路程图（国家图书馆藏）

正是这一区域丰沛的自然资源和便利的交通条件，为水稻种植、供内廷食用和运输奠定牢固的基础。

二、清代三山五园地区种植水稻的政治环境

（一）观农问稼的场所

清王朝时期，十分注重发展农业生产，发挥水利资源作用垦田种稻。三山五园地区有充足的水源和水稻种植的历史渊源，清代皇帝将此处设为皇家园林，一方面可以将稻田作为园林的景观组成部分，另一方面可以作为农事试验田，同时还可以作为宫廷稻米的主要产地。清康熙在为《耕织图》作序时指出"生民之本，以衣食为天"，命人将耕作水稻的流程绘制成 23 幅耕图，对水稻种植流程进行规范。而三山五园地区由于皇帝驾临，也逐渐成为皇家演耕观稼的重要场所。

（二）设立稻田管理机构

清朝专门设立内务府奉宸苑稻田厂。康熙二十三年（1684）设立奉宸苑，乾隆十四年（1749）掌管景山、瀛台、长河、玉泉山稻田厂、南苑、圆明园、畅春园、清漪园等处事务。玉泉山稻田厂设正六品掌库一人、笔帖式三人办理稻田莳种储藏之事。

《日下旧闻考》记载："稻田厂，康熙五十三年（1714）始建，仓署在玉泉山之东青龙桥，前后四重，房六十有四楹。稻田厂廨宇建于玉泉山之青龙桥，向存贮米石，仓厫及官署、碾房具备焉。又官场二处，一在功德寺，西房四间，一在六郎庄，南房十六间。司其事着员外郎一员，库掌一员，笔帖式三员，催长、领催等十名，种地蛮子十三名。"[6]

此外，雍正三年（1725），皇帝命怡贤亲王允祥负责直隶地区水利营田事务，设立京东、京西、京南、天津四局。营建水田取得了较大成果，仅仅四年时间就成水田六千顷有奇。但允祥过世之后，直隶地区的水利营田又陷入停滞。

（三）设置景区

清代皇帝在三山五园内设置多处以田园为主要意境的景区，被称为园居理政。以稻田景区为例，在御制诗中多有体现，畅春园曾经种有水稻，有康熙皇帝御诗《畅

春园观稻·时七月十一也》（康熙三十九年，1700）"七月紫芒五里香，近园遗种祝祯祥。炎方塞北皆称瑞，稼穑天工乐岁穰"为证。乾隆皇帝《静明园即景》诗中有"乘闲更上西岩阁，乐在桑郊稻垅边"。再如在清漪园和静明园之间设置"耕织图"景区，御制《耕织图》诗："稻将吐穗茧缫丝，耕织来看类过时。却是望霖盼晴里，愁多暇少故因迟。"又如静明园的课耕轩"溪田带左近，引水艺稻秔"、圆明园的多稼轩"数畦水田趣，一脉戚农心"，这些都是观赏水田的好去处。乾隆皇帝御诗《青龙桥晓行》中更是一派江南景色："十里稻畦秋早熟，分明画里小江南。"可以看出，在皇帝眼中，稻田已成为三山五园的一项景观。

三、清代三山五园地区水稻种植状况

清代三山五园地区水稻品种很多，有粳稻、糯稻，也有康熙皇帝亲自培育的御稻，色微红、粒长、味香，还有"紫金箍"等水稻品种。根据史料记载水稻比种植小麦要高产。根据《圣祖实录》，近京玉泉山稻田一亩不过一石，产量比南方低。

这一地区的稻田分布如下：

《大清会典则例》称：雍正"三年奏准玉泉山稻田厂归并奉宸苑，按每年恭进内廷应用细米及应贮稻共计不过六七百石，今功德寺水田七顷四十四亩、瓮山水田八顷十有一亩各有奇，所得稻已敷一年之用。留此二处官种外，其六郎庄、北坞、蛮子营、黑龙潭等四处稻田地应租与附近居民。"当是时，六郎庄有水田五顷四十八亩四分一厘，每亩租银是六钱；北坞有水田九顷三十七亩七分一厘，每亩租银五钱至七钱不等；蛮子营有水田十顷八分三厘，每亩租银四钱三分至六钱五分不等。同一地域的旱地租银不及水田的一半，经济利益也是驱使大家广泛种植水田的因素之一。

《日下旧闻考》称：玉泉山官种稻田十五顷九十余亩。其金河蛮子营、六郎庄、圣化寺、泉宗庙、高梁桥、长河两岸、石景山、黑龙潭、南苑之北红门外稻田九十二顷九亩余，合官种稻田共一百八顷九亩有零。

两书的成书时间都是乾隆时期，可以从中得知玉泉山稻田厂在这一时期的官种稻田（包括功德寺和瓮山）十五顷有奇。官种稻田主供宫廷用。稻田厂的主要职责是掌供内廷米粟，兼征田地赋税。

时至嘉庆三年（1798）仍有静明园、清漪园等处稻田相关记载（见图6）。

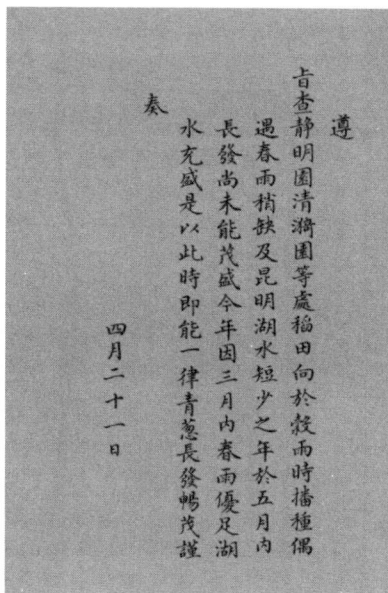

图 6 总管内务府奏折《遵查清漪园等处稻田情形》，嘉庆三年四月二十一日（《清宫颐和园档案》）

根据北京市档案馆档案记载：民国初年稻田厂仍由清室内务府奉宸苑管理，厂长名叫李恒泽。时人调查青龙桥、北坞、六郎庄、巴沟、圆明园、海淀、蓝靛厂等处约有稻田一百七十顷。

新中国成立后，海淀地区水稻种植面积一度曾达到九万余亩，立体养殖和机械化收割发展迅速。但由于水资源匮乏和发展需要等多重原因，目前只保留了少量景观田。清代京西稻田盛景只能从史料和档案中窥见一二。

作者简介：李楠，女，1986 年出生于河北，现为北京市海淀区档案局馆员，主要研究方向为海淀历史文化。

注释：

[1] 赵万里校辑：《元一统志》上册，中华书局，1966，第 22 页。
[2] ［明］蒋一葵：《长安客话》卷 3，北京古籍出版社，1982，第 47—48 页。
[3] 《清高宗实录》卷 360，乾隆十五年（1750）三月十三日。
[4] 《元史》卷 42《顺帝纪五》，至正十二年十二月癸未，卷 43《顺帝纪六》，至正十三年正月庚辰。
[5] ［清］孙承泽：《天府广记》卷 37，北京古籍出版社，1984，第 574—575 页。
[6] ［清］于敏中等：《日下旧闻考》卷 71，北京古籍出版社，1981，第 1187 页。

三少爷园

· 北京三个文化带的传承与保护研究 ·

戾陵堰考

武家璧

　　戾陵堰是北京历史上第一个大型水利工程，其意义可与著名的都江堰、郑国渠和西门豹治邺等水利工程相媲美。金代及元郭守敬开金口河以通漕运，途中将戾陵堰毁坏殆尽，故自宋元以后迄今人们莫知其踪迹。学术界对戾陵堰的位置多有猜测，集中认定在石景山原金口河的渠首，[1] 也有学者认为在老山附近。[2] 近来我们在老山顶上发现汉代大型封土墓及陵寝建筑遗迹，当即西汉燕王刘旦的戾陵。此一关键位置的确定，为寻找戾陵堰遗迹创造了契机，特撰此文，以资学界研究讨论。

一、燕王刘旦与戾陵

　　燕王刘旦是汉武帝第三子，《汉书·武五子传》记载武帝长子戾太子因"巫蛊"之祸自杀，次子齐王刘宏早死，刘旦"自以次第当立，上书求入宿卫"。武帝大怒，将其使者治罪，又借故削其封国三县，立幼子刘弗陵为太子。汉昭帝立，刘旦"与刘泽谋为奸书，言'少帝非武帝子……天下宜共伐之！'使人传行郡国"。事泄，朝廷杀刘泽而未治刘旦之罪。元凤元年（前80），刘旦勾结朝臣上官桀阴谋诛杀霍光，废昭帝自立。事败，上官桀伏诛。刘旦闻败，不敢起兵，有诏书切责，因畏罪自杀。国除，谥曰刺王，葬于戾陵。《说文》曰："刺，戾也。"刺与戾音义近同，刺是违背常理，戾是暴戾的意思，与刘旦生前的荒唐暴戾行径颇相符合。

　　《汉书》有两处记载与燕王陵有关，一处是刘旦闻听上官桀被杀，"王忧懑，置酒万载宫，会宾客群臣妃妾坐饮……华容夫人起舞曰：'发纷纷兮寘渠，骨籍籍兮亡居；母求死子兮，妻求死夫；裴回两渠间兮，君子独安居！'坐者皆泣"。刘旦在位三十八年，生前已造好王陵，《华容夫人歌》暗示刘旦陵墓选在"两渠间"。另一处是刘旦得到昭帝申斥诏书，"即以绶自绞，后、夫人随旦自杀者二十余人"。这表明陵区至少有燕王刘旦、王后、华容夫人三座大墓，其余还有二十多座殉葬墓。

实地考察发现老山陵区确有而且仅有三座大型封土墓（见图1）。陵区位于北京西郊老山休闲公园内，两墓位于山顶（编号M1、M2），一墓位于山麓（编号M3）。从地形等高线图上看，老山主体自海拔88米以上略呈坐北朝南的凸字形，山麓底部向南明显凸出。主峰最高处海拔130.4米，[3] 就是最

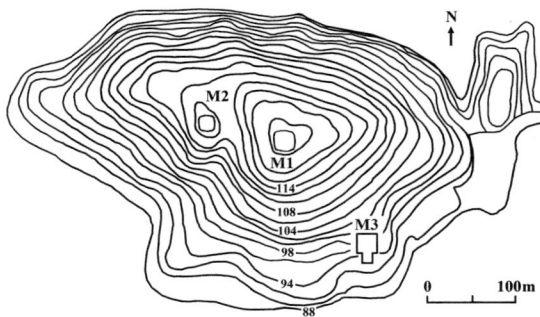

图1　老山燕王陵位置示意图（图片来源：作者提供，下同）

大的封土堆（M1），现今在封土堆上建有观景台或瞭望塔。这处封土起建于自然山顶近三角形的平台上，整体为平顶四面坡状的覆斗形，底边长超过50米，高约8米，突兀于宽广的平台之上，显然为人工堆筑的遗迹，并非是自然形成的山体。因处在全山的最高处，而且是人工堆筑形体中最大的一处封土，必是燕王陵的主冢。祔冢（M2）位于主冢西侧100米处的南北长方形平台上，明显小于主冢。在主冢的东侧和北侧，祔冢的北侧，有较宽的平地，其上有陵寝建筑遗迹，地面上随处可见汉代板瓦、筒瓦残片，以及少量云纹瓦当残件。2000年发掘的老山汉墓（M3）位于山麓，与主冢高差约30米，处在山体向南凸出部位的东南（左）侧，原有覆斗形封土，[4]应是主墓的陪冢。以主冢为中心，与老山汉墓（M3）相对称的山体凸出部位西南（右）侧，有宽阔的平台，面积倍于东侧，但没有发现明显的封土遗迹。

已发掘的老山汉墓（M3）享用"两椁三棺"（诸侯五重）和"黄肠题凑"葬制，是诸侯王级别的墓葬，早期被盗严重，考古工作者根据墓中出土的陶器组合以及少量残留的玉器、漆木器等特征，推测年代为西汉中晚期；又因墓中发现女性尸骨，推测墓主人可能是诸侯王的王后，或即燕王刘旦的夫人。[5] 老山顶上新发现陵寝建筑的卷云纹瓦当，以及饰有绳纹、方格纹和麻点纹的板瓦等，与西汉中期满城汉墓一号墓山顶上发现的同类器物基本相同。[6] 老山顶上的主冢（M1）、祔冢（M2）和山麓的陪冢（M3），属于同一个王陵，其年代均应在西汉中晚期之际。我们认为主

冢（M1）是燕王刘旦墓，袝冢（M2）是王后墓，陪冢（M3）是华容夫人墓。其余从死者可能葬在与华容夫人墓相对称的山麓南凸部位的西侧，有待进一步考古工作予以证实。

刘旦谋反证据确凿，汉昭帝始终没有将其治罪。最后一道诏书也只是申斥曰："如使古人有知，当何面目复奉斋酎、见高祖之庙乎！"故刘旦生前并未褫夺王位，死后赐谥曰"刺王"，显然是按诸侯王礼安葬在其生前造就的王陵内。因其国已除，其子废为庶人，昔日王国财富大部分可能葬入主墓及从死者墓中。

二、梁山两渠

《华容夫人歌》说刘旦墓在"两渠间"。《水经注·鲍丘水》载："高梁水注之，水首受漯水于戾陵堰，水北有梁山，山有燕刺王旦之陵，故以戾陵名堰。水自堰枝分，东径梁山南。"梁山的西山嘴将漯水一分为二成汊河，就是华容夫人说的"两渠"。因被同一条高起山梁所分开，故两渠都叫"高梁水"。《水经注·漯水》记载山南的分支曰"漯水又东南……历梁山南，高梁水出焉"；山北的分支就是曹魏镇北将军刘靖"登梁山以观源流，相漯水以度形势"所疏导的"高梁河"，自刘旦葬于梁山之后，山北分支始称为"戾陵渠"。《三国志·魏书·刘馥传》载刘靖"修广戾陵渠大堨"，首次提到"戾陵渠"之名。梁山分岔漯水，自古如此，并非自戾陵或戾陵堰始，刘旦选陵址于梁山，故《华容夫人歌》曰："徘徊两渠间兮，君子独安居！"

今在老山发现燕王陵，则老山应是古文献记载中的梁山。《石景山区地名志》说："老山为何得名，目前无从查考。"老山原称鳌山，明人沈榜《宛署杂记》卷19载："鳌山寺，在八角庄"；"八角庄，离城三十里"。八角庄即今八角村，在老山西麓，现建有八角游乐园，北京一号线地铁在老山附近设有"八角游乐园站"。以此知老山是鳌山的讹变。

老山的西山梁向西南延伸为低矮的岗地，与平原交界处是一片平缓宽广的坡地。这里是古漯水一分为二的分水岭，漯水的东南分支从这里开始称为"高梁水"，故《水经注》曰："高梁水出焉。"《水经注·济水注》："梁，水隄也。"《尔雅·释地》："堤谓之梁。"郭璞注曰："或曰石绝水者为梁。"从字义上讲，无论是人工隄坝，还是自然石梁，只要与拦水有关就是"梁"。"高梁水"的"高梁"与一般拦河筑坝形成的低矮的人工堤坝不同，它是老山西山梁的延伸，自平地向东逐步升高并与山岗连成一体，故称"高梁"。

戾陵渠中原本有低矮的"竭"，很可能是滚水坝；刘靖"修广"其竭，即增长加宽堤坝，使之成为"大竭"，这就改变了"竭"的性质，成为水库大坝；滚水坝的功能转移到专设的"水遏"之上。戾陵堰的"主遏"（大坝）高一丈（2.4 米），滞留了原戾陵渠从漯水分流的来水，致使老山周围出现大片水域，形成"水泊梁山"的壮观景象。大水期间，当戾陵堰水位抬高至足够位置之后，库水将从老山与八宝山之间的山凹最低处，穿流而下，与山南流向东南方向的高梁水汇合。于是在两山之间的山垭处，形成新的"高梁"。山北的"高梁河"（北戾陵渠）与山南的"高梁水"在新的"高梁"处又连接在一起，这段穿越山垭的渠道就是南戾陵渠。

综上所述，老山的西山嘴因分汉漯水而形成自然的高梁，在老山北麓的戾陵渠中有人工修建的隄梁，戾陵堰建成后又在老山东麓的山垭形成新的高梁，因此老山是名副其实的梁山，穿过高梁的河水就是高梁河或高梁水。山水的分布和走势佐证了老山就是梁山，老山顶上的燕王陵就是刘旦的戾陵。

三、戾陵遏的工程做法

北京坐落在永定河冲积扇平原上，冲积扇东西长 40 公里，南北宽 30 公里，面积约 700 平方公里；冲积扇顶点在石景山附近，前缘在马驹桥至通州一带。[7] 平原地区等高线的走向由北至南先略呈西北—东南向，再变为南北向，然后拐向西南方向。在冲积扇的中南部，河流自然流向东或东南方向，要扩大自流灌溉面积，须将东南向或东向的河水引向东或东北流，使其走向冲积扇的脊部，改流后其主干的支渠就可以自流灌溉沿线地区，使原来大片自流灌溉不到的地区，纳入灌溉网内。永定河出山口在平原的西南部，导永定河（漯水）分支东流或东北流，是为解决水源和灌溉问题的首选，戾陵堰就是历史上最早的成功范例，后代对车箱渠、高梁河的改扩建和疏浚工程，都是戾陵堰治水思路的延续。现代引潮白河水，开京密引水渠才取代了传统的北京治水模式。[8]

《水经注》卷 14 载有西晋元康五年（295）所立刘靖碑，记述了戾陵堰的三次修建和改造工程及其发挥的巨大作用。[9] 第一次修建在曹魏嘉平二年（250），镇北将军刘靖"立遏于水，导高梁河，造戾陵遏，开车箱渠"等，其《遏表》详述"戾陵遏"工程的具体做法是：

长岸峻固，直截中流，积石笼以为主遏，高一丈（2.4 米），东西长三十丈（72

米），南北广七十余步（100多米）。依北岸立水门，门广四丈（9.6米）；立水遏，长十丈（24米）。山水暴发，则乘遏东下，平流守常，则自门北入，灌田岁二千顷，凡所封地百余万亩。……晋元康四年（294），君少子骁骑将军、平乡侯弘…命司马、关内侯逢恽内外将士二千人，起长岸，立石渠，修主遏，治水门…凡用功四万有余焉。

这里提到了"主遏""水遏""北岸""水门""长岸""石渠"等设施，详解如下（图2）。

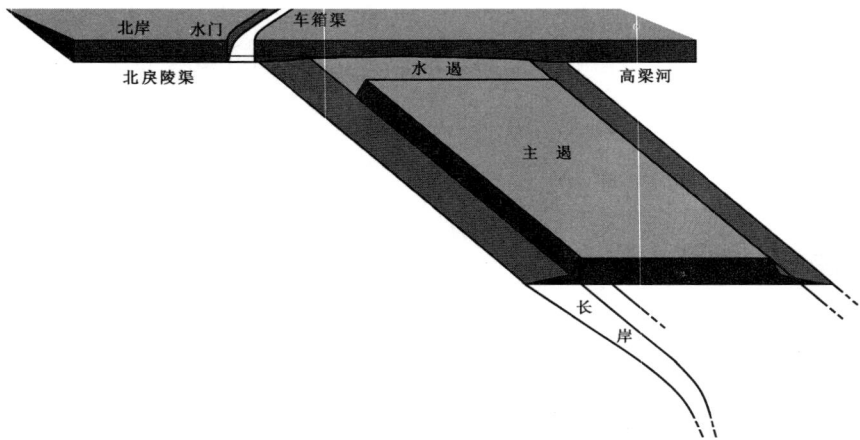

图2　戾陵遏、车箱渠、高梁河示意图

（一）主遏

主遏的主要作用是截住原戾陵渠的水流，《遏表》仅载其长、宽、高，可能是没有护坡的主干大堤，比较陡直，则主遏在平常水位时必定出露于水面之上，只有在洪水暴涨时才起到拦水的作用。正常水位时主要由主遏之下有护坡的基础部分（或称副遏）所截流。《后魏书·地形志》载燕郡蓟县有"戾陵陂"，《玉篇》："陂，倾也，邪也。"其基础部分倾斜比较大，故称"陂"。

（二）水遏

水遏因与北岸水门相关联，应是主遏向北的延伸部分。水遏平常主要浸泡在水中，大水时"乘遏东下"，故名水遏，俗称滚水坝。其高度应与主遏之下叠压的大斜坡基础部分（副遏）相当。水门中的正常水位是立水五尺（1.2米），这应该是水遏以及大坝基础部分的高度，即滚水坝与大坝基础一样高。大坝的主体（主遏）高一丈，其基础（副遏）高五尺，总高度为一丈五尺（3.6 米）。

（三）水门

当山洪暴发时，洪水越过水遏东下高梁河；平常水流平稳时，则河水自水门向北流入车箱渠。车箱渠是一条人工引水渠，为节省土方工程，两岸造得陡直无斜坡，在渠首有前后两个闸门，像一个"车箱"（两直壁＋前后闸），故名"车箱渠"。

（四）长岸、石渠

主遏向南岸的延伸部分是长岸，由长岸"直截中流"就是积石主遏，故长岸和主遏连成一线。刘靖之子刘弘"起长岸，立石渠……用功四万有余"，在今老山与八宝山之间的山垭留下了长岸、石渠等遗迹。设刘靖修建时原戾陵渠水深约五尺，水遏抬高水位五尺，使车箱渠中保持"立水五尺"的正常水流，高于水遏的高度就是主遏截留的水位，则洪水期间主遏最高可以抬高水位一丈（2.4 米），库水必定淹没长岸至较高位置，因此加固长岸是必须的。刘弘扩建时，用工甚巨，可能加高了主遏和水遏的高度，将库存容量抬高至更高位置。另外，长岸位于老山与八宝山之间的低洼处，大水期间库水沿长岸向南穿过山垭，东南流与山南的高梁水汇合。因此长岸、石渠实际构成戾陵堰的减水河，减轻了从滚水坝向东下泄的洪水流量。

实地考察发现，减水口类似一个北向朝下倾斜的葫芦口，往南朝上依山形膨大成葫芦肚，即半圆形的大水塘，但这个大水塘却无法储水，因为是一个南高北低且朝南敞开的撮箕形。在考察中我们惊奇地发现，这个撮箕形水塘的岸边分布有巨石驳岸，数吨重的巨大青石或竖或卧，隐约呈现两到三级台阶，沿长岸以及圆弧形塘岸分布，错落有致，蔚为壮观（图 3）。

这些巨石非老山所产，当从西山漕运至此，工程量浩大，且沿塘岸分布，他处不见。这部分遗存与金元时挖运河、通漕运无关，故此能保留至今。这些巨石有何用途？暴雨期间从老山上下来的流水自西向东流向山垭，而撮箕形水塘和葫芦口自南朝北，显然不是承接从山上下来的溪水的，且溪水流过，倾泻而下，不可能漫及高岸，完全没有必要用巨石驳岸。唯一的解释就是大水是从北面低处的葫芦口向南面的高处漫溢过来的，整个撮箕形水塘被水面占满，南端的出水口突然收窄，迅疾的水流夹杂着泥沙自此越过山垭，奔泻南下。水塘靠近出水口的两侧，最易侵蚀崩塌，故此需要用巨石加固，这就是《刘靖碑》所说的"起长岸，立石渠"，"长岸峻固"等。此处的功用，与都江堰水利工程的飞沙堰类似，是泄洪道或减水河，具有泄洪排沙的重要功能。与都江堰工程显著不同的是，戾陵堰的减水河（南戾陵渠）先将水面扩大成堰塘，然后收窄成石渠，以加速水流，从而取到冲石排沙的作用。设想如果没有飞沙堰的作用，戾陵堰将会迅速被沙石淤积，难以持久发挥作用。

总之，戾陵堰由长岸、主遏、水遏、水门等主体工程以及高梁河、车箱渠等配套工程，构成一个完整的系统（图3），该系统具有灌溉、防洪综合功能，是一处大型水利枢纽工程。

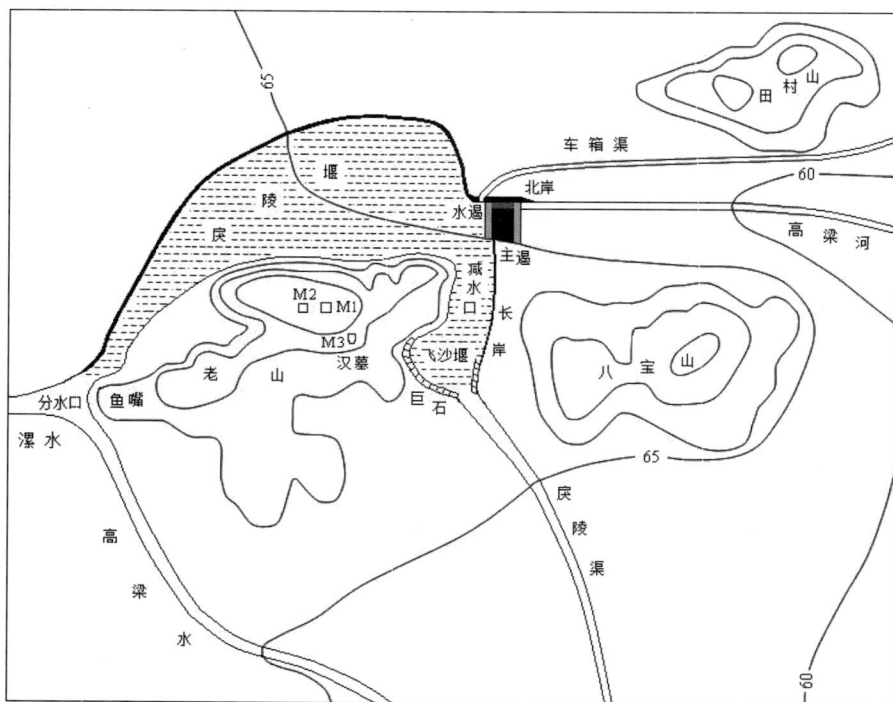

图 3　戾陵堰水利工程示意图

四、戾陵堰的水系

刘靖"登梁山以观源流，相漯水以度形势……立遏于水，导高梁河，造戾陵遏，开车箱渠"等等，形成了以戾陵堰为中心枢纽的新水系，包括水源、分水河、引水渠、泄洪道、减水河等功能性水道和分支，设计巧妙，结构严密，功能齐备，试详解如下（图4）。

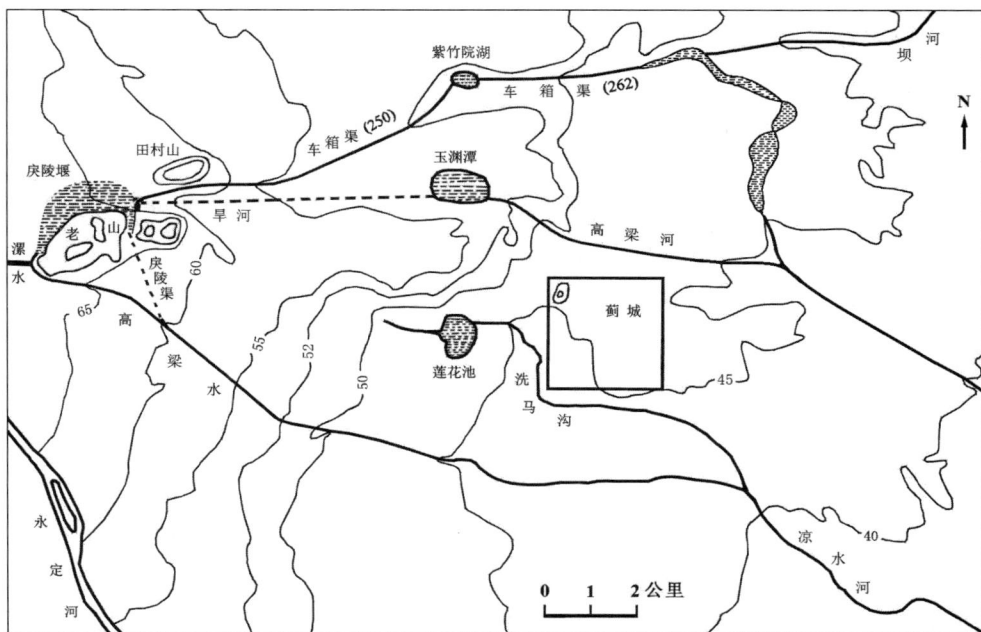

图 4　戾陵堰的水系示意图

（一）水源——漯水

古永定河（漯水）自三家店出山之后，至老山的西山梁一分为二，即《华容夫人歌》所说的"两渠"。依文献称呼我们把山南分支称为"高梁水"，山北分支称为"戾陵渠"。漯水是戾陵堰的唯一水源，目前尚未发现有其他水源汇入戾陵堰的可能性。

（二）分水河——高梁水

漯水在洪水期间水流大而湍急，如果全部灌入戾陵堰，将是大坝和围堰所不能承受的。山南分支高梁水，是漯水的主要分支，分走了大部分洪流，保障了戾陵遏大坝的安全，从戾陵堰水系来看，它是第一道分水河。高梁水的走向比较清楚，依据地形等高线图上水流冲沟的走势，大约在 45 米等高线冲沟的附近与凉水河的上游分支相接，最终汇入潮白河（鲍丘水），这就是《水经注·鲍丘水》所说的"高梁水……自堰枝分，东径梁山南……又东至潞县，注于鲍丘水"。

（三）供水渠——北戾陵渠

戾陵堰的供水原本由戾陵渠引流，大概古来有此故道，刘旦修建陵园时疏浚，故有戾陵渠之称。自三国曹魏时刘靖扩建之后，堰塘水面扩大，将供水的戾陵渠淹没，仅剩下泄水的戾陵渠，从老山东麓穿过山垭向南流去。这两段渠发挥的功能完全不同，为了把二者区分开来，我们把原自漯水分流引水至"戾陵渠大竭"前的供水渠称为"北戾陵渠"，自山垭南下的减水渠称为"南戾陵渠"。

（四）引水渠——车箱渠

车箱渠是刘靖新开辟的引水渠，渠首有水门，其作用相当于都江堰水利工程的宝瓶口。在"老山—八宝山"台地与田村山台地之间有一条大冲沟，在海拔60米等高线上看得十分明显（图4），这应是北高梁河的故道。但车箱渠欲引水流向东北，就不能走高梁河故道，应该从田村山南60米等高线以上的台地上穿过，东北指向海淀台地南侧的低地紫竹院湖。公元262年"樊晨更制水门……水流乘车箱渠，自蓟西北径昌平，东尽渔阳潞县，凡所润含四五百里，所灌田万有余顷"。此次当是接续刘靖所开车箱渠，自紫竹院湖区引入坝河，东至潞县。这条路线正处于永定河冲积扇的脊部，在此布置主干渠可以最大限度提高灌溉面积。[10] 这是地形大势所决定的，非人力能轻易改变。刘靖"登梁山以观源流"，高瞻远瞩，发现了这一脊梁的走势，从而确定出最佳引水渠方案；樊晨继而东扩，发挥极致。

（五）泄洪道——高梁河

《刘靖碑》载曰"山水暴发，则乘遏东下"，即大水期间戾陵堰洪水翻越滚水坝，东下注入高梁河，故刘靖所导高梁河是戾陵堰的第一泄洪道。宋辽高梁河之役后七年（986），北宋刑部尚书宋琪上《平燕疏》主张引桑干水（永定河）灌幽州城，[11] 其议曰："于燕丹陵东北横堰此水，灌入高梁河。高梁岸狭，桑水必溢。可于驻跸寺东，引入郊亭淀，三五日弥漫百余里，即幽州隔在水南……贼骑来援已隔水矣。视此孤垒，浃旬必克。"宋琪提到的"燕丹陵"当为"燕旦陵"之误，即燕王刘旦的戾陵。光绪《畿辅通志》卷178引清初查容《咏归录》："普惠寺，辽之驻跸寺也。"地在今玉渊潭西南。"郊亭淀"当为今西郊之玉渊潭。1957年西郊阜成门外玉渊潭东之洪茂沟出土《辽济阴董府君夫人王氏墓志》记曰："归葬于析津府宛平县仁寿乡南刘里之南原……铭曰：蓟丘之北，高梁之阴；平岗后隐，广陌西临。"[12] 辽墓志称此地为"高粱之阴"，当在高粱河之北岸无疑。据此可以判断所有未经玉渊潭流过的高粱河均非宋辽以前的古高粱河。

庆陵遏阻断了高粱河的上源，在平时没有山洪暴发的时候，自玉渊潭以上的高粱河上游是没有水流的，今八宝山以北有东西向旱河，因郭守敬开金口引水走此，讹称金钩河，在地形图的海拔60米等高线上，可以明显看到八宝山与田村山之间有大冲沟，是其故道。此河并非郭守敬首开，地质史上就存在一条"古金钩河"，位于永定河冲积扇的脊部，上起石景山，经杨庄、八宝山与田村山之间，至半壁店分为南北两支，北支到积水潭，南支到玉渊潭，[13]前者是车箱渠故道，后者是高粱河故道。

因庆陵遏阻断了上源，旱河东端的高粱河仅靠玉渊潭一带的"平地泉"维持涓涓细流，故有"高粱无上源"之说。《水经注·㶟水》载："㶟水又东南，高粱之水注焉。水出蓟城西北平地泉……故俗谚云'高粱无上源，清泉无下尾'。盖以高粱微涓浅薄，裁足津通，凭藉涓流，方成川㽞。"近人认为"蓟西北平地泉"在今紫竹院附近，[14]但此说与辽代墓志载"高粱之阴"在今阜成门外、玉渊潭东一带的地望不合，很可能是元代以后"东坝高粱河"（详下）的一条分支；在这一分支上，诸海子（今积水潭、什刹海、北海、中海、南海）皆可归入高粱河。

元代熊梦祥《析津志》载："高粱河，原出昌平县山涧，东南流至高粱店，经宛平县境，由和义门（今西直门）北水门，入抄纸坊泓淳，逶迤自东坝流出高粱。入海子（今积水潭）内，下万宁闸，与通惠河合流。"[15]清代于敏中等《日下旧闻考》："高粱河为玉河下游，玉泉诸水注焉，'高粱'其旧名也。自高粱桥以上，亦谓之长河。"孙承泽《天府广记》："通惠河，即玉河也。发源昌平州神山泉（今白浮泉）……绕瓮山（万寿山）后汇为七里泺（昆明湖），东入都城西水门，贯积水潭。"[16]上引《析津志》明言在"东坝"有一处"高粱"，昌平山涧被引至此而流出"高粱"，因而被称为"高粱河"。坝与梁字义相通，《集韵》："坝，障水堰也。"《尔雅·释地》："石绝水为梁。"故"坝河"就是"高粱河"。显然此"高粱"与庆陵所在的"梁山"无关，是另外一条同名的高粱河。且此河发源于昌平，南下入西直门、积水潭，必须人工挖开横亘中间的"海淀台地"才有可能，侯仁之先生推测打通"海淀台地"（掘出长河）的工程，大约在金章宗泰和五年（1205）开闸河、通漕运时完成。[17]姚汉源先生认为在金世宗大定五年（1165）疏浚近郊漕渠时，已利用长河。[18]总之，宋辽以前的古高粱河是庆陵堰的泄洪道，元代以后源自西山的东坝高粱河是打通海淀台地的引水渠，两者的性质和功能完全不同。

（六）减水河——南戾陵渠

戾陵渠围绕在老山北侧和东侧，以戾陵"大堨"为界，分为东西向和南北向两段，东西向引㶟水东流，是供水渠；受"大堨"阻滞后转向南穿过山垭，是减水河。《三国志·魏书·刘馥传》记载刘馥之子刘靖曾"修广戾陵渠大堨"，则在刘靖以前已有"戾陵渠"和"大堨"存在，刘靖只是在此基础上进行了扩建。最早利用戾陵渠修建"大堨"的人，很可能就是燕刺王刘旦本人，他生前为自己设计陵园时，引㶟水环绕梁山，以便使整个陵园成为一座"雍城"。《水经注》云："四方有水曰雍。"[19]《说文》："邕（雍），四方有水，自邕（澭）城池者。"今在老山燕王陵四周未发现陵园的城垣遗迹，可能与此有关。戾陵渠的上段原本是供水渠，刘靖扩建"戾陵遏"之后，供水渠被淹没，仅存下段戾陵渠沿㶟岸向南穿过山垭，今所见戾陵渠遗迹，全为减水河故道。山垭的高度略高于海拔65米，山麓东南低于65米的洼地可能出现沼泽，与山北堰塘一起形成"水泊梁山"的景观。南戾陵渠的水流南下大约在60米等高线的冲沟附近与南高梁水汇合。

《水经注》说"水自堰枝分"，实际上"枝分"有两次：首次枝分在西山梁，㶟分为：分水河（高梁水）、供水渠（北戾陵渠）；再次枝分在戾陵遏前，三分为：引水渠（车箱渠）、泄洪道（高梁河）、减水河（南戾陵渠）。综上所论，戾陵堰的水系如下图所示：

```
┌───┐  㶟分  → 供水渠 ── 北戾陵渠      ┌───┐  三  → 引水渠 ── 车箱渠
│㶟水│                                │戾陵遏│  分  → 泄洪道 ── 高梁河
└───┘       → 分水河 ── 高梁水       └───┘      → 减水河 ── 南戾陵渠
```

图 5　戾陵堰水系图

五、余论

戾陵堰水利灌溉系统，大概在刘旦（前117—前80年在位）开渠造陵时初具雏形，公元250年曹魏刘靖造戾陵堰时基本形成，"灌田岁二千顷"。262年樊晨引水到昌平、潞县，扩大灌区，"润含四五百里，所灌田万有余顷"。此次沿永定河冲积扇脊部向东继续延伸干渠，有效地扩大了戾陵堰的灌溉面积。294年刘靖之子刘弘"用功四万有余"，加高加固了戾陵堰工程。519年北魏幽州刺史裴延俊重修戾陵堰，"溉田百万余亩，为利十倍"（《魏书·裴延俊传》），这是戾陵堰年久失修之后，重新恢复其功能，灌溉面积再次达到樊晨溉田万顷的规模。

565年北齐幽州刺史斛律羡"又导高梁水北合易京水（今温榆河），东会于潞（今北运河），因以灌田，边储岁积，转漕用省，公私获利焉"（《水经注·漯余水》）。其最有可能的路线是自今老山以北车箱渠上向东北开渠分引，在六郎庄、巴沟村之东接万泉河，由万泉河入清河通温榆河。[20]此次将冲积扇脊部的干渠引向冲积扇的北部边缘，在向北扩大灌区的同时，沟通了永定河与北运河水系，发挥其漕运通航的作用。戾陵堰首次凸显其航运功能。

唐永徽中（650—655）"裴行方检校幽州都督，引卢沟水，广开稻田数千顷，百姓赖以丰给"（《册府元龟》卷678）。这是戾陵堰最后一次发挥灌溉功能。五代赵德钧镇守幽州时（925—936），曾东引高梁河水至幽州城壕，主要利用戾陵堰蓄水，加强军事防御工事。986年北宋刑部尚书宋琪上《平燕疏》，最后一次提到与戾陵堰有关的工程（《宋史·宋琪传》）。金元以后挖开金口河以通漕运，戾陵堰蓄水大坝被全面毁弃。自戾陵渠开凿到唐末五代，戾陵堰水利工程先后被利用长达千余年，堪称中国水利史上的奇迹。

戾陵堰因泥沙淤积最终被废弃，今在戾陵堰大坝西侧数百米远处，还保留有两处坝前堆积，从剖面上可见有砾石层与泥沙层交替叠压的现象。再往西就是著名的"西郊砂石坑蓄洪工程"。砂石坑位于戾陵堰库区，是原北京市建材局开采砂石的场所，曾是北京最大的采石场。从20世纪50年代经过40多年的开采，戾陵堰淤积的砂石层基本开采殆尽，到90年代中期因有地下水溢出而停止开采，现已建成一个10万平方米湖区的蓄洪区和62公顷的公园保护区。也就是说历史上的戾陵堰库区，无意中被当作蓄洪区保护起来了。新发现的刘旦戾陵以及长岸、石渠、减水河遗迹基本完好地保存在老山休闲公园内，旱河遗迹也因靠近八宝山公墓不被开发商看好而有幸保存下来。这些偶然因素为我们保护、恢复和重现戾陵堰历史文化景观奠定了良好基础，希望引起有关部门的关注和重视。

作者简介：武家璧，男，1963年生，湖北荆州人，北京师范大学历史学院教授。

注释：

[1] 郑肇经：《中国水利史》，商务印书馆，1939，第170页；侯仁之：《关于古代北京的几个问题》，《北京大学学报》，1955年第1期；姚汉源：《元代以前的高梁河水利》，《中国科学院水利电力部水利水

电科学研究院科学研究论文集》（第 12 集），水利电力出版社，1982，第 126—144 页；段天顺：《永定河引水工程史话》，《北京史苑》，1982 年第 1 期；姚汉源：《中国水利史纲要》，水利电力出版社，1987，第 118—119 页；蔡蕃：《北京古运河与城市供水研究》，北京出版社，1987，第 13 页；岳升阳：《双榆树古渠遗址与车箱渠》，《清华大学学报（哲学社会科学版）》，1996 年第 2 期；李善征：《戾陵堰、车箱渠位置的新释读和寻迹》，《北京水务》，2011 年第 5 期；吴文涛：《戾陵堰、车箱渠所在位置及相关地物考辨》，《北京社会科学》，2012 年第 5 期。

[2] 尹钧科：《关于戾陵堰、车箱渠、永济渠新见》，王岗主编：《北京历史文化研究》，人民出版社，2013，第 138—143 页；郭京宁：《央视第一次直播的老山汉墓考古发掘》，《当代北京研究》，2012 年第 1 期。

[3] 石景山区人民政府编：《北京市石景山区地名志》，内部资料，1980，第 66 页。

[4] 王武钰、王鑫、程利：《老山汉墓考古发掘的收获》，《首都博物馆丛刊》第 15 期，2001。

[5] 祁普实：《老山汉墓出土主要文物刍议》，《首都博物馆论丛》第 25 期，2011；王武钰、王鑫、程利：《老山汉墓考古发掘的收获》。

[6] 中国社会科学院考古研究所、河北省文物管理处：《满城汉墓发掘报告（上）》，文物出版社，1980，第 7 页。

[7] 孙秀萍、赵希涛：《北京平原永定河古河道》，《科学通报》，1982 年第 16 期；李华章：《北京地区新构造运动特征与地震的关系》，《北京师范大学学报（自然科学版）》，1989 年第 4 期；李华章：《北京地区第四纪古地理研究》，地质出版社，1995，第 32 页。

[8] 姚汉源：《元代以前的高粱河水利》，《水利水电科学研究院科学研究论文集》第 12 集。

[9] 原碑已失，碑文又见〔清〕于敏中等：《日下旧闻考》卷 98，北京古籍出版社，2000，第 1625—1626 页；〔清〕孙承泽：《天府广记》卷 36，北京古籍出版社，1984，第 526—527 页。

[10] 蔡蕃：《元代坝河考——大都运河研究》，《水利学报》，1984 年第 12 期。

[11] 〔元〕脱脱等：《宋史·宋琪传》；〔明〕杨士奇：《历代名臣奏议·御边》卷 322。

[12] 苏天钧：《略谈北京出土的辽代以前的文物》，《文物》，1959 年第 9 期。

[13] 孙秀萍、赵希涛：《北京平原永定河古河道》。

[14] 侯仁之：《踪迹高粱河》，《北京日报》，1961 年 10 月 14 日、19 日；孙秀萍、赵希涛：《北京平原永定河古河道》；姚汉源：《元代以前的高粱河水利》；岳升阳等：《古高粱河演变及其与古蓟城的关系》，《古地理学报》，2017 年第 4 期。

[15] 〔元〕熊梦祥：《析津志辑佚》，北京古籍出版社，1983，第 96 页。

[16] 〔清〕孙承泽：《天府广记》，第 519 页。

[17] 侯仁之：《北京海淀附近的地形水道与聚落》，《地理学报》，1951 年第 1—2 期合刊；侯仁之：《关于古代北京的几个问题》；侯仁之：《北京历代城市建设中的河湖水系及其利用》，《环境变迁研究》，1989 年第 2—3 合辑。

[18] 姚汉源：《元代以前的高粱河水利》。

[19] 《太平御览》卷 162、《太平寰宇记》卷 69、《辽史·地理志》武清县下引《水经注》文，今本《水经注》无此语。

[20] 姚汉源：《元代以前的高粱河水利》。

《水经注》所记戾陵堰位置补论

黎高波

    戾陵堰和车箱渠初建于曹魏嘉平二年（250），是当时驻守蓟城的镇北将军刘靖（后赠征北将军）为了屯田所需，在永定河（漯水）上修建的大型水利工程。对戾陵堰的记载，以郦道元的《水经注》卷 14《鲍丘水》中著录的《刘靖碑》及其《遏表》记载最为详细。[1] 从二十世纪三四十年代至九十年代初，郑肇经《中国水利史》、侯仁之《北京历代城市建设中的河湖水系及其利用》和蔡蕃《北京古运河和城市供水研究》等多部论著都对戾陵堰、车箱渠有过专门的介绍或研究。[2]2011 年，李善征等人合撰的《戾陵堰、车箱渠位置的新释读和寻迹》，通过实地勘查和文献的释读，提出了一些新观点。[3]2017 年，王春、张文大等人在《海淀史志》专刊特稿上发表了相关论文，对戾陵堰和车箱渠等遗迹进行了讨论，[4] 但对其具体位置和规格形制莫衷一是，未能达成共识。关于戾陵堰的位置，侯仁之认为在今石景山附近，[5] 王春认为在石景山以北的黑头山（即红光山）附近，[6] 张文大等人认为在石景山以北的四平山附近。[7] 要证实戾陵堰的位置，就要确定燕王刘旦的戾陵、梁山、高梁河与车箱渠的位置，本文正是在前人成果的基础上，以文献记载和实地勘查相结合，对戾陵堰的位置进行再考证。

一、戾陵堰及其水源

    公元 3 世纪中叶，在蓟城 [8] 附近，第一次出现了一个大规模的灌溉工事。主持这个工事的是曹魏镇北将军刘靖，他承担北方军事防守的职责，[9]《三国志·魏志》云：

> 靖以为"经常大法，莫善于守防，使民夷有别"，遂开拓边守，屯据险要。又修广戾渠陵大塌（堰），水灌溉蓟南北。三更种稻，边民利之。[10]

刘靖为了军事目的，屯田守边，因而在蓟城附近，修筑灌溉工事，开辟稻田，很有成效。

据文献记载，刘靖在这一次的屯田工事中，曾因疏凿渠道，开辟水田，而使灌溉面积达到两千顷。其后十多年，又经过后人进一步的发展，灌溉面积竟增加"万有余顷"。[11]

《刘靖碑》记述到刘靖曾"登梁山以观源流，相灅水以度形势"，这是说他确实是在经过实地勘查之后，才决定分灅水之流，从而在梁山以南，傍河筑坝，障水东下，名为戾陵遏（堰）。自戾陵遏以下所凿引水渠道，命名为车箱渠。车箱渠下游与高梁河上源相连接，并利用高梁河作为灌溉干渠（引文详后）。

高梁河原是蓟城郊外的一条小河，水量有限，魏齐王芳嘉平二年（250），刘靖开凿车箱渠，分灅水以入高梁河，并就高梁河沿岸实行灌溉，可谓事半而功倍。而且戾陵遏的地点与车箱渠的位置也都选得十分得当。梁山以上岸高水深，由于当时工程技术的限制，无法分水东下，同时车箱渠的开凿也恰好是沿着古代永定河冲积扇的背脊，自西而东，与地形的自然坡度，正相符合。到了魏元帝景元三年（262），樊晨重修戾陵堰，并广开引水沟渠，扩大灌溉面积，《水经注》云：

> 水流乘车箱渠，自蓟西北径昌平，东尽渔阳潞县，凡所润含四五百里，所灌田万有余顷。

其下又进一步描写平地开渠引水灌溉的盛况云：

> 高下孔齐，原隰底平，疏之斯溉，决之斯散，导渠口以为涛门，洒滮池以为甘泽，施加于当时，敷被于后世。[12]

纵使文人的描写有夸张的部分，当时水利之溥也是可以想见的。

不过，这次大规模的灌溉工事，并未能持续很久，除去社会历史的原因而外，从引水工事本身来说，其主要原因还是由于永定河河水流量的极不稳定，每逢夏季，洪水暴涨，拦水大坝，常为所毁。同时也由于车箱渠的陂度过陡，也很容易导致水灾，例如《水经注》记载：

（戾陵）遏立积三十六载，至（晋元康）五年（295）夏六月，洪水暴出，毁损四分之三，剩北岸七十余丈，上渠车箱，所在漫溢。[13]

此后戾陵堰又经过一番修治，就没有文献记载了。

自从戾陵堰的灌溉工事创立以后，一直到金朝初年建中都为止，前后九百年间，在蓟城附近，[14] 只有一项较大规模的灌溉工程，见于记载，这就是北齐后主天统元年（565）幽州刺史斛律羡，曾导高梁水北合易京，东会于潞，因以灌田，也很有成效。[15] 但这在增辟水源的问题上，关系不大，此处可以从略。直至到了金中都建立之后，对于水源的要求就完全进入了一个新阶段。

二、戾陵与梁山

燕王刘旦死后，谥号为"刺王"，封国被废除，并以诸侯王之礼安葬，其陵墓叫做"戾陵"。[16]

关于燕王刘旦的戾陵和戾陵堰的位置，《水经注·鲍丘水》云：

鲍丘水入潞，通得潞河之称矣。高梁水注之。水首受㶟水于戾陵堰，水北有梁山，山有燕刺王（刘）旦之陵，故以戾陵名堰。水自堰枝分，东径梁山南，又东北径刘靖碑北。其词云：魏使持节都督河北道诸军事、征北将军、建城乡侯、沛国刘靖，字文恭，登梁山以观源流，相㶟水以度形势，嘉武安之通渠，美秦民之殷富，乃使帐下丁鸿，督军士千人，以嘉平二年，立遏于水，导高梁河，造戾陵遏，开车箱渠。[17]

文中提到，梁山在㶟水和高梁水上游之北，山有汉燕刺王刘旦之陵。刘靖曾登上梁山，考察㶟水流势。可见，梁山是认定戾陵和戾陵堰所处位置的关键标志。

关于梁山的位置，有人认为是今石景山，有人认为是石景山以北的四平山、黑头山（红光山）。我们通过实地的考古调查，认为梁山应该是今老山。2000 年在老山已发掘出大型汉墓，虽然难以确定墓主人是谁，但可以证实老山上确有大型的汉墓。根据《老山汉墓出土主要文物刍议》一文提出的"老山汉墓存在属于刘旦后姜或王太子妃嫔的可能"。[18] 再根据文献，已发掘的老山汉墓可能是刘旦的夫人华容夫人的陵墓。而在石景山及其以北的诸山上，至今未发现汉墓。由此推断，戾陵应在此。

漯水流经老山南侧，曾是历史事实。漯水东南出山后，《水经》谓"过广阳蓟县北"。[19] 一般认为《水经》成书于东汉末。这里的"广阳"应是指东汉之广阳郡，而非指西汉燕国所属的广阳县故城（在良乡东北之南、北广阳城处）。东汉广阳郡治即蓟城，蓟县与郡同治蓟城。蓟城是北京城最早的前身，在今广安门一带，这已是大家的共识。既然漯水出山后，"过广阳蓟县北"，说明漯水出山后基本上是向东流的。郦道元注释《水经》时，认为《水经》的这一说法错了，其实未必是《水经》错了，倒可能是郦道元忽视了河道变迁的事实。《宋史·宋琪传》载端拱二年（989），宋太宗欲伐辽，诏群臣献策。在宋琪的奏疏中提到"其桑乾水属燕城北隅，绕西壁而转"。[20] 宋琪是幽州蓟县人，必熟悉家乡地理。他说的桑乾水即潜水（今永定河），燕城即辽南京城。当时桑乾水出山后是冲着辽南京城的西北隅而流的，又从城西转向南流。从上述桑乾水的流势来看，当时的桑乾水河道在今永定河之北是毫无疑问的。在京西五棵松路口西南有"沙窝""沙沟"等地名，应是永定河（桑干河）故道流经此地的遗迹。漯水出山后，在今永定河河道之北向东流，那么其北的梁山，就非今老山莫属，因为在石景山以东，除了老山外，没有其他山。

可见，梁山就是今老山，燕王刘旦的戾陵就在老山之上。

三、戾陵堰、车箱渠与高梁河

由前引《刘靖碑》可知，导高梁河，造戾陵堰，开车箱渠，是刘靖兴举水利的同一工程中密切相关的三个环节，或者说是联为一体的三个子工程。在这三个环节或子工程中，"导高梁河"是主体，"造戾陵堰"是重点，"开车箱渠"是关键。[21]

"导高梁河"，就是疏导修整主灌溉渠道。因此，可以看作是刘靖兴举水利的主体工程。但在《水经注》中，郦道元前后对高梁河的记述差别明显。《水经注》中关于高梁河的记载如下：

（1）高梁之水……水出蓟城西北平地。

（2）泉流东注，径燕王陵北。

（3）又东径蓟城北。

（4）又东南流。《魏土地记》曰：蓟东一十里，有高梁之水者也。

（5）水又东南入㶟水。

（6）《魏土地记》曰：……故俗谚云，高梁无上源，清泉无下尾……盖以高梁微涓浅薄，裁足津通，凭藉涓流，方成川甽。[22]

先看《水经注》对高梁河源头的记述。《水经注·㶟水》云：

㶟水又东南径良乡县之北界，历梁山南，高梁水出焉。[23]

假设老山就是梁山，那么高梁河是在老山南或东南由㶟水分出。也就是说，高梁河的上源是与㶟水联通的。《水经注·鲍丘水》云：

鲍丘水入潞，通得潞河之称矣。高梁水注之，水首受㶟水于戾陵堰，水北有梁山……水自堰枝分，东径梁山南，又东北径刘靖碑北。[24]

按这里所谓从戾陵堰分出的高梁河，与《㶟水》篇所谓从流经梁山南的㶟水而分出的高梁水，应是指同一条河。但《水经注·㶟水》在记述"㶟水又东北径蓟县故城南"之后，又云：

㶟水又东径燕王陵南，……㶟水又东南，高梁之水注焉。水出蓟城西北平地，泉流东注。[25]

由此得知，从蓟城西北平地又流出一条高梁河。显然，出自蓟城西北平地的这条高梁河与从㶟水分出的高梁河是有差别的。刘靖《碣表》云：

高梁河水者，出自并州，潞河之别源也。[26]

按并州即今山西，自并州而出的高梁河，只能是桑干河或卢沟河的别名。这又把高梁河的源头上溯到山西省去了。[27]

再看《水经注》对高梁河尾流的记述。《㶟水》篇谓高梁河自蓟城西北平地发源，泉流东注，之后云：

> 径燕王陵北，又东径蓟城北，又东南流。《魏土地纪》曰"蓟东十里有高梁之水"者也。其水又东南入㶟水。[28]

《鲍丘水》篇谓高梁河径刘靖碑北后：

> 又东南流，径蓟县北，又东至潞县，注于鲍丘水。[29]

这里非常明确地说，高梁水一条注入㶟水，一条注入鲍丘水，显然是下游流向不同的两条高梁河。

既然《水经注》中的高梁河源出有异，流归有别，看起来这似乎是两条风马牛不相及的河流。其实不然，《水经注》中高梁河指的就是今北京西直门外的这一条高梁河。源出蓟城西北平地的高梁河应该是高梁河的正身。因为《水经注·㶟水》引用俗谚云：

> 高梁无上源，清泉无下尾。

又曰：

> 高梁微涓浅薄，裁足津通，凭藉涓流，方成川冊。清泉至潞，所在枝分，更为微津，散漫难寻故也。[30]

这里所说的高梁河上源状况与我们推测的其源出蓟城西北平地泉的状况是相似的。[31]

当时蓟城周边灌溉用水引用㶟水之水。但㶟水"长岸峻固"，滔滔东流，如何引用？刘靖的办法是：

> 直截中流，积石笼以为主遏，高一丈，东西长三十丈，南北广七十余步。[32]

这就是在㶟水河道中用石笼（当是笼中装碎石）修筑一道拦水堰坝，提高㶟水河道中的水位，以便引流灌溉。这如同现代修水库，有所不同的是现代水库大坝高峻宏伟，坚如磐石。坝址以上河水全被拦蓄成水库，而以下河道水量大减，甚至断流。而刘靖所"造戾陵堰"，没有那么高大坚固，"山水暴发，则乘遇东下；平流守常，则自（水）门北入（车箱渠）"。[33] 这就是说，当山水暴发时，滚滚洪流可漫过戾陵堰而东流；即使平水时期，河水也会通过石笼缝隙渗漏出去，戾陵堰以下的㶟水河道不会断流。因为戾陵堰是拦水的，所以可视为刘靖兴举水利的重点工程。在这里应当特别指出：尽管戾陵堰的南北宽度超过东西长度，但它是一座东西走向的拦水坝。这就是说，修戾陵堰处的㶟水河道基本是南北走向的，水由北向南流。但是，刘靖却"依北岸立水门，门广四丈，立水十丈"。[34] 既然水门立在北岸，说明立水门处的㶟水河道又大致呈东西走向，水由西向东流。可见，刘靖是在㶟水河道的转弯处修造戾陵堰、设立水门的。

开车箱渠应该是整个灌溉方案的第二步。工程包括三个部分，第一，沿㶟水（清水河）东岸，在今老山（梁山）脚下修筑戾陵堰；第二，修筑人工水道车箱渠，在戾陵堰将㶟水与蓟城东北的高梁河连接起来；最终，使高梁河成为运河，以利灌溉。[35] 从"开车箱渠"可以看出：车箱渠原来是没有的，是新开凿的一段渠道；渠称"车箱"，当因形似得名，即渠道较宽较直，两岸较陡较深，形似车箱。这是因为新开凿的车箱渠要通过梁山附近高地的缘故；车箱渠的起点无疑是戾陵堰的北水门，终点则在与高梁河的源头，这源头即是蓟城西北平地泉。也就是说，车箱渠应是从老山南戾陵堰的北水门向东北到紫竹院间的连接㶟水与高梁河的一段人工开凿的渠道。有了车箱渠，才能导引戾陵堰之水流入高梁河，以灌溉蓟城南北土地。

车箱渠的开凿，使高梁河原在蓟城西北平地泉的源头向西南方向迁移，使高梁河河身也向西南方向延伸。后来，人们便将车箱渠与高梁河视同为一了。便有了高梁河从流经梁山南的"㶟水分出"或"自戾陵堰枝分"等说法。至于高梁河的下游，流经蓟城东十里而下注㶟水的那条河道为高梁河正身，大致流经今什刹海、北海、中南海以及天坛东原龙须沟一线。至于东去潞县汇入鲍丘水的高梁河，是后有的。《水经注》载景元三年（262），樊晨受遣改造戾陵堰水门和车箱渠，云：

> 水流乘车箱渠，自蓟西北径昌平，东尽渔阳潞县，凡所润含，四五百里，所灌田万有余顷。[36]

这里的"自蓟西北"一语，说明当时灌渠仍然利用高梁河；而"东尽渔阳潞县"，说明由高梁河分出一股水流东去潞县。这新分出的向东流去的渠道，就是今坝河的前身。至于"径昌平"一语，当是由高梁河向北分出的支渠与清河相通的结果。

结语

北京联合大学考古学中心师生通过对老山附近进行考古调查，发现了一号和二号土堆遗址。在一号和二号土堆遗址附近发现较多的汉代建筑构件，有云纹瓦当、筒瓦和板瓦，可见当时还建有墓上陵寝建筑，规模较大，与现已发掘的诸侯级汉墓有诸多相似之处，这使得我们更加确定刘旦的戾陵应该就在老山之上。[37] "导高梁河，造戾陵堰，开车箱渠"是刘靖镇守蓟城时兴举的三位一体的水利工程。"导高梁河"是疏浚修整灌溉渠道，为主体工程。"造戾陵堰"是拦蓄㶟水河水，为重点工程。"开车箱渠"是联通戾陵堰水与高梁河，为关键工程。由此亦可知，高梁河应是古蓟城西北部两山之间流出的一条河流；戾陵堰的位置应在梁山（老山）之南或偏东南，燕王刘旦的戾陵应位于老山之上，大致在已发掘的老山汉墓的西北部；车箱渠应是从戾陵堰北水门向东北至蓟城西北的高梁河源头之间开凿的一段人工河道。

作者简介：黎高波，男，1992 年生，贵州人，北京联合大学应用文理学院考古学 2017 级硕士研究生，研究方向为汉唐考古。

注释：

[1]　［北魏］郦道元著，陈桥驿校证：《水经注校证》卷 14《鲍丘水》，中华书局，2007，第 339—340 页。

[2]　郑肇经：《中国水利史》，商务印书馆，1939；侯仁之：《北京历代城市建设中的河湖水系及其利用》，《侯仁之文集》，北京大学出版社，1998；蔡蕃：《北京古运河与城市供水研究》，北京出版社，1987；郑连第：《中国水利百科全书·水利史分册》，中国水利水电出版社，2004；北京市地方志编纂委员会：《北京志·水利志》，北京出版社，2000；罗保平：《刘靖建戾陵遏位置之商榷》，《京华旧事存真》第 1辑，北京古籍出版社，1992。

[3]　李善征等：《戾陵堰、车箱渠位置的新释读和寻迹》，《北京水务》，2011 年第 5 期。

[4]　王春：《浅谈〈水经注〉记载的戾陵堰、车箱渠和高梁水》，《海淀史志》，2017 年专刊特稿；张文大：《北京历史上的高梁河》，《海淀史志》，2017 年专刊特稿；魏晋茹、岳升阳：《〈刘靖碑〉所记高梁河》，《海淀史志》，2017 年专刊特稿。

[5]　侯仁之主编：《北京历史地图集·文化生态卷》，北京出版集团公司文津出版社，2013，第 134 页。

[6]　王春：《浅谈〈水经注〉记载的戾陵堰、车箱渠和高梁水》。

[7]　张文大：《北京历史上的高梁河》；魏晋茹、岳升阳：《〈刘靖碑〉所记高梁河》。

[8]　迄今为止，就我们所知，现在的北平城城址上，或是其附近，建立的第一座城就是蓟城。但严格来说，目前还没有史料可以直接指明其所在的确切位置。只有在公元 6 世纪初的《水经注》中，能够

找到一条相关的记载："昔周武王封尧后于蓟，今城内西北隅有蓟丘，因丘以名邑也，犹鲁之曲阜，齐之营丘矣。"[北魏] 郦道元著，陈桥驿校证：《水经注校证》卷13《㶟水》，第324页。明朝《长安客话》的作者蒋一葵也有类似的论断，他还认为现在的北平西北郊一处残墙即为所谓的蓟丘："今都城德胜门（北平北城墙的西门）外有土城关，相传古蓟门遗址，亦曰蓟丘。蓟丘旧有楼馆，并废，但门存二土阜。"清朝于敏中《日下旧闻考》中载，乾隆皇帝命人在这个废墟上立了一块碑，该碑一直保留至今，其上的题词和诗文指明此处原是古蓟城的一座城门。西方学者如樊国梁、马特罗列以及普意雅均相信乾隆皇帝碑文所言，并且都在地图上现在北平城的西北角外侧标记一个方块，以表示古蓟城的位置。然而，稍作思考，上述论断便难以立足，那个被以为是古蓟丘并且有乾隆皇帝所立碑石的城墙遗迹，实为元代汗八里城（大都城）的遗迹。另一方面，我们不应该忽视《水经注》原文信息的价值。它清楚地指明："今城内西北隅有蓟丘，因丘以名邑也……"既然作者所提到的城是指"今城"（北魏时幽州城，在今北京广安门一带），显然它在作者生活的年代依然存在。但是，《日下旧闻考》引用的同一段文字中，"今"字被漏掉了。《水经》原作成书于公元四世纪，其注文完成于六世纪初。倘若如此，那么蓟城的遗址从公元前十二世纪到公元六世纪都未曾发生变化。可惜那个叫做蓟丘的小山丘现已无从考证，古蓟城的确切位置恐怕也湮没无闻了。

[9] 《三国志·魏志》卷15《刘馥传》附《刘靖传》。刘靖由大司农卫尉进封广陆亭侯，又迁镇北将军、假节都督河北路军事。又清洪饴孙《三国职官表》："镇北将军，一人，第二品，黄初、太和中置。"《二十五史补编》第2册，开明书店，第2790页。

[10] 同上《刘靖传》。按"戾渠陵"应作"戾渠堰"，详见下文。

[11] [北魏] 郦道元著，陈桥驿校证：《水经注校证》卷14《鲍丘水》，第340页。

[12] 同上。

[13] 同上。按，晋元康五年去魏嘉平二年刘靖初立遏，恰好四十六年，此谓"积三十六载"，应误。其中，"三"当是"四"之讹。

[14] 辽改蓟为析津县，北京之古地名"蓟"自此遂废，此处为叙述方便起见，故统称曰蓟。今北京东部有蓟县，与北京古地名无关，不可相混，顾炎武已曾言之："《唐书·地理志》，幽州范阳郡治蓟，开元十八年析治蓟州及渔阳郡，治渔阳。"

[15] 《北齐书·斛律羡传》。按，易京水《水经注》作易荆水，相当于今之温榆河。

[16] [汉] 班固《汉书·武五子传》记载：刘旦（约前123—前80），汉武帝刘彻之子，母李姬。元狩六年（前117），被册封为燕王。刘旦博学多才，能言善辩，好招揽游侠武士。太子刘据死后，刘旦欲自立为太子，上书请求进京宿卫，武帝大怒，削去其封国的三个县，立幼子刘弗陵为太子。后元二年（前87）二月，汉武帝在巡行途中病逝，太子刘弗陵即位，是为汉昭帝。元凤元年（前80），刘旦与上官桀等筹划诛杀霍光，欲篡位自立。燕王谋立事发，朝廷诏令，大赦燕国，独不赦燕王。刘旦心中忧愤，置酒万载宫，大会宾客。席间，刘旦自歌，侍妾华容夫人伴舞，其词曰："归空城兮狗不吠，鸡不鸣；横术何广广兮，固知国中之无人！"歌毕，华容夫人和之，续其歌曰："发纷纷兮寘渠，骨籍籍兮亡居。母求死子兮，妻求死夫。裴回两渠间兮，君子独安居！"歌词空虚凄婉，满座皆泣。时隔不久，汉廷第二道诏书下达，燕王刘旦遂自缢而死，随其自杀者二十多人。另外，北魏郦道元在《水经注》写道："高梁水注之，水首受漯水于戾陵堰，水北有梁山，山有燕刺王旦之陵，故以戾陵名堰。水自堰枝分，东径梁山南，又东北径刘靖碑北。"[北魏] 郦道元著，陈桥驿校证：《水经注校证》，第339页。从"山有燕刺王旦之陵"的记载看，戾陵是在梁山上。看来要想找到戾陵堰要先找到梁山。由上文"裴回两渠间兮，君子独安居"诗句，可知刘旦死后被安葬在两渠之间的陵墓内。这说明戾陵所在的梁山在两条河渠之间。通过《水经注》记载可知梁山、戾陵、戾陵堰、高梁水，彼此密切关联，是可以互相定位参照的地物。只要确定戾陵和高梁水的位置以及"两渠"的位置就可以确定梁山的所在地。

451

[17] [北魏] 郦道元著，陈桥驿校证：《水经注校证》，第 339—340 页。

[18] 王武钰、王鑫、程利：《老山汉墓考古发掘的收获》，《首都博物馆丛刊》第 15 期，2001；祁普实：《老山汉墓出土主要文物刍议》，《首都博物馆论丛》第 25 期，2011。

[19] [北魏] 郦道元著，陈桥驿校证：《水经注校证》，第 324 页。

[20] [元] 脱脱等：《宋史》卷 264《宋琪传》，中华书局，1977，第 9124 页。

[21] 尹均科：《关于戾陵堰、车箱渠、永济渠新见》，《北京历史文化研究》，人民出版社，2013，第 138—143 页。

[22] [北魏] 郦道元著，陈桥驿校证：《水经注校证》，第 325 页。

[23] 同上，第 324 页。

[24] 同上，第 339 页。

[25] 同上，第 325 页。

[26] 同上，第 1193 页。

[27] 尹均科：《关于戾陵堰、车箱渠、永济渠新见》，《北京历史文化研究》，第 138—143 页。

[28] [北魏] 郦道元著，陈桥驿校证：《水经注校证》，第 325 页。

[29] 同上，第 340 页。

[30] 同上，第 325—326 页。

[31] 为什么《水经注》中对高粱河的记载有如此明显的不同呢？在梁山南由㶟水分出的高粱河与出自蓟城西北平地的高粱河，以及从蓟城东十里东南流注㶟水的高粱河与东至潞县注入鲍丘水的高粱河，他们之间是什么关系呢？这些问题的解答，需要进一步了解戾陵堰和车箱渠。

[32] [北魏] 郦道元著，陈桥驿校证：《水经注校证》，第 340 页。旧时一步多为五尺，七十余步约合三百五十余尺，合今三十五丈余。

[33] 同上，第 340 页。

[34] 同上，第 340 页。

[35] 侯仁之著，邓辉、申雨平、毛怡译：《北平历史地理》，外语教学与研究出版社，2014，第 50 页。

[36] [北魏] 郦道元著，陈桥驿校证：《水经注校证》，第 340 页。

[37] 2017 年 10 月至 11 月，北京联合大学应用文理学院历史文博系考古专业的学生在武家璧、黄可佳老师的带领下对老山汉墓附近进行了多次的考古调查。相关情况，可参看由石旭、何慧芳执笔完成的《北京老山汉代遗址调查报告》，该文已收入本书。

老山瞭望台北汉墓年代初探

田依平

一、引言

2000 年正式发掘的老山汉墓曾获得学界和公众的广泛关注。《老山汉墓考古发掘的收获》中提到：在发掘老山汉墓的同时，通过中国科学院遥感所用高空红外线遥感技术对老山的探测，发现在该墓以西一百多米处的一座土山和汉墓封土堆极为相似，推测有可能是一座诸侯王墓。[1] 为了进一步查探老山上的汉代遗迹，2017 年 10 月份在北京联合大学武家璧老师的带领下，我们对老山山顶瞭望台周围的遗迹进行了考察。

此次踏查地点位于北京市石景山区老山山顶瞭望台周围。据文献记载，北京地区西汉时属燕国和广阳国所治，现在的石景山，即为西汉时期燕国、广阳国境内的梁山。燕国较广阳国封建为早，西汉的燕国都蓟就在今北京城内。当时统治燕蓟地区的先后有八位燕王和四位广阳王。[2]

《水经注》曾记载："高梁水注入之，首受㶟水于戾陵堰，水北有梁山，山有燕刺王刘旦之陵，故以戾陵为堰。"其中梁山就是如今的老山。在踏查地老山山顶瞭望台有两座土堆，应该是墓葬封土堆。

二、地理位置

石景山区位于北京市西部，长安街西段，暖温带半湿润气候。老山海拔约100米左右，现已建成老山郊野公园，山上多为人工种植的树林。山北有一挖沙而成的积水坑，周围群山环绕，现在周围多是居民区。考察发现的两座封土堆位于山顶瞭望台北部，1号土堆高12米，2号土堆高8米。

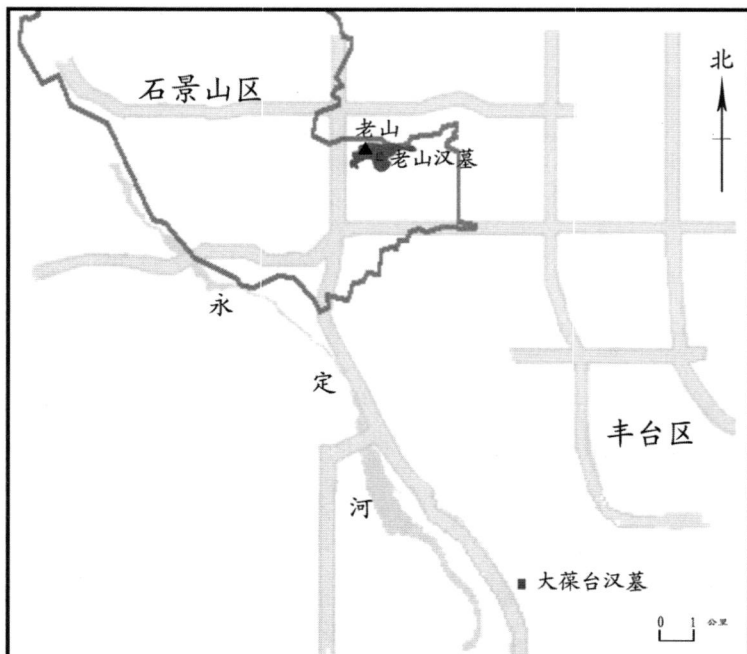

图1　老山平面位置示意图（图片来源：作者提供，下同）

三、研究背景

由于北京地区西汉时是诸侯王封国，因此在北京地区以及其周围的河北等地都发现过诸侯王级别的汉代墓葬。1968年在河北省保定市满城县发掘了满城汉墓的一号墓和二号墓，经考古发掘确定是中山靖王刘胜与其夫人窦绾墓。[3]1974年在北京市丰台区郭公庄西南发掘了大葆台汉墓一号墓，1975年发掘了二号墓。考古发掘没有发现能证明墓主人身份的证据，但两座墓葬皆为大型木椁墓，其结构为"梓宫、便房、黄肠题凑"形制。按汉代丧葬制度，使用"梓宫、便房、黄肠题凑"者"天子之制也"。据文献记载，汉武帝已使用这种墓葬，因此墓主人爵级至少为诸侯王无疑。大葆台汉墓的发掘者认为大葆台汉墓应该是燕王刘旦与华容夫人墓，后经确认是广阳王刘建墓。[4]2000年正式发掘的老山汉墓位于北京市石景山区、此次踏查地点的东南部。老山汉墓的形制等级也较高，发现黄肠题凑。根据其所处的地理位置以及文献和实物资料，有学者认为该墓是燕王刘旦墓，也有人认为是其他的燕王墓。[5]

四、主要发现

此次踏查在瞭望台西北发现两座土堆，应该是墓上封土，1号高12米，2号高8米。在老山山顶瞭望台周围皆发现有散落的陶片，没有发现建筑遗址。共采集陶片标本79件，其中筒瓦残片22件（见表1），板瓦残片6件（见表2），瓦当残片9件（见表3），推测这些残破瓦片可能来自墓前地上建筑。其余陶片42件，这42件陶片皆太过残破，无法辨认属于何种器物（见表4）。

表 1　采集筒瓦（残）基本情况统计表

编号	名称	采集地点	陶质陶色	外部纹饰	内部纹饰
BL：2	筒瓦	瞭望台东平台东部	泥质灰陶	绳纹	布纹
BL：21	筒瓦	山腰处断层内	泥质灰陶	素面	布纹
BL：25	筒瓦	瞭望台东平台东部	泥质褐色陶	素面	布纹
BL：26	筒瓦	瞭望台东平台东部	泥质灰陶	素面	布纹
BL：27	筒瓦	瞭望台东平台东部	泥质灰陶	不明	布纹
BL：28	筒瓦	瞭望台东平台东部	泥质灰陶	素面	布纹
BL：29	筒瓦	瞭望台东平台东部	泥质灰陶	绳纹	布纹
BL：3	筒瓦	瞭望台东平台东部	夹砂灰陶	绳纹	麻点纹
BL：30	筒瓦	瞭望台东平台东部	泥质灰陶	绳纹	素面
BL：32	筒瓦	瞭望台东平台东部	泥质灰陶	绳纹	布纹
BL：34	筒瓦	瞭望台东平台南部	泥质灰陶	素面	布纹
BL：7	筒瓦	瞭望台东平台东部	泥质灰陶	绳纹	布纹
BL：8	筒瓦	瞭望台东平台东部	泥质灰陶	绳纹	布纹
BL：9	筒瓦	瞭望台东平台东部	泥质灰陶	绳纹	布纹
BL：66	筒瓦	瞭望台东平台东南部	泥质灰陶	不明	布纹
BL：70	筒瓦	瞭望台东平台东南部	泥质灰陶	绳纹	布纹
BL：72	筒瓦	瞭望台西北部	泥质灰陶	绳纹	布纹
BL：73	筒瓦	瞭望台西南部	泥质灰陶	绳纹	麻点纹

BL：74	筒瓦	瞭望台西南部	泥质灰陶	素面	布纹
BL：79	筒瓦	瞭望台东平台东北部山腰断层处	泥质灰陶	绳纹	布纹
BL：5	筒瓦	瞭望台东平台东部	泥质灰陶	绳纹	布纹
BL：69	筒瓦	瞭望台东平台东南部	泥质灰陶	绳纹	布纹

表 2　采集板瓦（残）基本情况统计表

编号	名称	采集地点	陶质陶色	外部纹饰	内部纹饰
BL：38	板瓦	瞭望台北平台西部	夹细砂灰陶	绳纹	麻点纹
BL：39	板瓦	瞭望台北平台西部	泥质灰陶	绳纹	网格纹
BL：40	板瓦	瞭望台北平台西部	泥质灰陶	绳纹	网格纹
BL：45	板瓦	瞭望台北平台西中部	泥质灰陶	绳纹	网格纹
BL：53	板瓦	瞭望台北平台西部	泥质灰陶	交叉绳纹	素面
BL：13	板瓦	瞭望台东平台东部	泥质灰陶	绳纹	网格纹

表 3　采集瓦当（残）基本情况统计表

编号	名称	采集地点	陶质陶色	纹饰
BL：12	瓦当	瞭望台东平台东部	泥质灰陶	云纹
BL：17	瓦当	瞭望台东平台东部	泥质灰陶	云纹
BL：19	瓦当	瞭望台西南角	泥质灰陶	云纹
BL：61	瓦当	瞭望台东平台东南部	泥质灰陶	云纹
BL：63	瓦当	瞭望台东平台东南部	泥质灰陶	云纹
BL：64	瓦当	瞭望台东平台东南部	泥质灰陶	云纹
BL：65	瓦当	瞭望台东平台南部　老山汉墓北	泥质灰陶	云纹
BL：68	瓦当	瞭望台东平台东南部	泥质灰陶	不明
BL：71	瓦当	瞭望台东平台东南部	泥质灰陶	云纹

表 4　采集残破陶片基本情况统计表

编号	名称	采集地点	陶质陶色	外部纹饰	内部纹饰	年代
BL：23	陶片	山腰断层处	泥质灰陶	绳纹	素面	汉代
BL：1	陶片	瞭望台东平台东部	泥质灰陶	绳纹、凹弦纹	素面	汉代
BL：10	陶片	瞭望台东平台东部	泥质灰陶	凹弦纹	素面	汉代
BL：11	陶片	瞭望台东平台东部	泥质灰陶	凹弦纹	素面	汉代
BL：14	陶片	瞭望台东平台东部	泥质灰陶	绳纹	网格纹	汉代
BL：15	陶片	瞭望台东平台东部	泥质灰陶	绳纹	网格纹	汉代
BL：59	陶片	瞭望台东平台东部	泥质灰陶	绳纹	网格纹	汉代
BL：18	陶片	瞭望台东平台东部	泥质灰陶	绳纹、凹弦纹	菱形网格纹	汉代

BL：58	陶片	瞭望台东平台东部		泥质灰陶	凹弦纹	凹弦纹	汉代
BL：6	陶片	瞭望台东平台东部		泥质灰陶	绳纹	布纹	汉代
BL：4	陶片	瞭望台东平台东部		泥质灰陶	绳纹	麻点纹	汉代
BL：31	陶片	瞭望台东平台东部		泥质灰陶	绳纹	凹弦纹	汉代
BL：33	陶片	瞭望台东平台东部		泥质褐色陶	绳纹	布纹	汉代
BL：20	陶片	瞭望台西南角		夹砂夹蚌壳红褐色陶	素面	素面	战国
BL：24	陶片	瞭望台西北角		泥质灰陶	素面	布纹	明清
BL：35	陶片	瞭望台北平台西部		泥质灰陶	绳纹	素面	汉代
BL：36	陶片	瞭望台北平台西部		泥质灰陶	绳纹	网格纹	汉代
BL：37	陶片	瞭望台北平台西部		泥质灰陶	绳纹	素面	汉代
BL：41	陶片	瞭望台北平台西部		泥质灰陶	绳纹	素面	汉代
BL：42	陶片	瞭望台北平台西部		泥质灰陶	凹弦纹	素面	汉代
BL：43	陶片	瞭望台北平台西部		泥质灰陶	绳纹、凹弦纹	麻点纹	汉代
BL：46	陶片	瞭望台北平台西部		泥质灰陶	凹弦纹	素面	汉代
BL：47	陶片	瞭望台北平台西部		泥质褐色陶	凹弦纹	凹弦纹	汉代
BL：48	陶片	瞭望台北平台西部		泥质灰陶	绳纹	菱形网格纹	汉代
BL：49	陶片	瞭望台北平台西部		泥质灰陶	绳纹	素面	汉代
BL：50	陶片	瞭望台北平台西部		泥质灰陶	绳纹	绳纹	汉代
BL：51	陶片	瞭望台北平台西部		泥质灰陶	凹弦纹	凹弦纹	汉代
BL：55	陶片	瞭望台北平台西部		泥质灰陶	凹弦纹	布纹	汉代
BL：60	陶片	瞭望台北平台西部		泥质灰陶	凹弦纹	素面	汉代
BL：56	陶片	瞭望台北平台西部		泥质灰陶	凹弦纹	布纹	汉代
BL：57	陶片	瞭望台北平台西部		泥质灰陶	绳纹	网格纹	汉代
BL：52	陶片	瞭望台北平台西中部		泥质灰陶	绳纹	网格纹	汉代
BL：54	陶片	瞭望台北平台西部陶片堆积处		泥质灰陶	凹弦纹	素面	汉代
BL：62	陶片	瞭望台东平台东南部		泥质灰陶	凹弦纹	凹弦纹	汉代
BL：16	陶片	瞭望台东平台东部		泥质灰陶	绳纹	网格纹	汉代
BL：22	陶片	瞭望台西北角		泥质灰陶	绳纹	素面	汉代
BL：44	陶片	瞭望台北平台西中部		泥质灰陶	绳纹	绳纹	汉代
BL：67	陶片	瞭望台东平台南部	老山汉墓北	泥质灰陶	凹弦纹	布纹	汉代
BL：75	陶片	瞭望台东平台东北部	山腰断层处	泥质灰陶	绳纹	网格纹	汉代
BL：76	陶片	瞭望台东平台东北部	山腰断层处	泥质灰陶	凹弦纹	凹弦纹	汉代
BL：77	陶片	瞭望台东平台东北部	山腰断层处	泥质灰褐陶	绳纹	布纹	汉代
BL：78	陶片	瞭望台东平台东北部	山腰断层处	泥质灰陶	凹弦纹	素面	汉代

从表中可看出，此次采集的标本中筒瓦有 22 件，板瓦 6 件，瓦当 9 件（见图

2—6）。其中泥质灰陶占绝大多数。22件筒瓦中只有1件是泥质褐色陶，其余皆为泥质灰陶；纹饰方面有11件筒瓦外部饰绳纹，内部饰布纹，有6件外部为素面，内部饰布纹，2件外部饰绳纹，内部麻点纹，1件外部饰绳纹，内部素面，2件外部纹饰已不清楚，内部饰布纹，其中BL：32筒瓦外部有一"用"字（见图2）。6件板瓦残片只有一件为夹细砂灰陶，其余5件皆为泥质灰陶；纹饰方面有4件外部饰绳纹，内部饰网格纹，1件外部饰绳纹，内部饰麻点纹，1件外部饰交叉绳纹，内部素面。瓦当残片共9件（见图3—5），均为泥质灰陶；除一件纹饰已分辨不清以外，其余8件皆饰云纹。42件陶片残片中有一战国时代陶片，一明清时代陶片，这里暂不做研究。其余40件陶片外部纹饰以绳纹为主，共17件，凹弦纹次之，共15件，3件绳纹与凹弦纹并存。内部纹饰以素面为主，共14件，网格纹、凹弦纹次之，其中网格纹8件，凹弦纹6件，菱形网格纹2件，布纹6件，麻点纹2件，绳纹2件。

这与邻近地区汉墓发现的瓦片、陶器上的纹饰具有一定相似性。位于河北保定的满城中山靖王刘胜墓1号墓中出土了板瓦和筒瓦。板瓦表面打印直、斜交错的粗绳纹，上部在绳纹上又加施弦纹，里面上部为素面，下部多数为麻点纹，少数作兰纹、布纹或方格纹。筒瓦的表面印直绳纹，前、后端绳纹被抹平，里面为布纹，瓦当为卷云纹。[6]位于北京市丰台区的大葆台汉墓二号墓中出土的红陶大盆内底中心凸起成圆柱状，柱面刻有方格纹。[7]

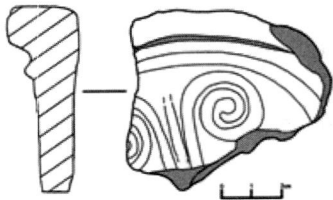

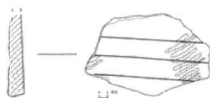

BL：72

BL：1

BL：32

BL：12·

图2　　　　　图3　　　　　图4

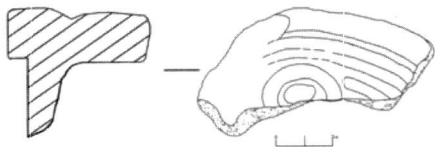

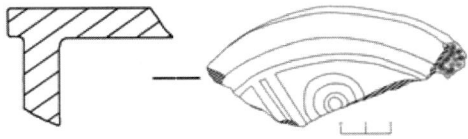

BL：19

BL：17

图5　　　　　　　　　图6

五、墓葬年代初探

首先参考距离踏查地点较近的北京地区的汉墓即老山汉墓、满城中山靖王刘胜墓以及大葆台汉墓。这三座墓葬皆为西汉中晚期的墓葬，且墓主人身份地位都至少是诸侯王级别。其中大葆台汉墓和老山汉墓由于其地理位置和墓葬等级等方面的因素，都曾经被一些学者认为是汉武帝三子燕王刘旦墓，其中大葆台汉墓后被证实是广阳王刘建墓，但关于老山汉墓墓主身份仍有争议。

从此次踏查地点采集的标本来看，筒瓦纹饰以外部饰绳纹、内部饰布纹为主；外部为素面、内部饰布纹次之。板瓦以外部饰绳纹、内部饰网格纹为主，还有一件外部饰绳纹、内部饰麻点纹；一件外部饰交叉绳纹，内部素面。瓦当则皆饰云纹，云纹瓦当在西汉长安遗址中经常发现，是西汉时期的典型遗物。河北石家庄市北郊西汉墓在发掘前也曾采集到卷云纹瓦当、绳纹瓦等。[8]

这些纹饰特点都与年代属于西汉中晚期的满城汉墓相似，板瓦内部的网格纹在大葆台汉墓中也有发现。《水经注》曾记载："高梁水注入之，首受漯水于戾陵堰，水北有梁山，山有燕刺王刘旦之陵，故以戾陵为堰。"[9] 梁山即现在的老山，考察时在老山南部还发现了古河道遗址，符合"水北有梁山"这一文献记载，且踏查地有相距较近的两座推测是封土的土堆，结合对周围的考察和文献记载，基本上可以确定此次踏查地老山山顶瞭望台西北的两座土堆下应是西汉中晚期墓葬，并且有很大可能1号土堆下是燕王刘旦墓，2号土堆和老山汉墓可能是燕王夫人墓。

六、结语

通过对老山汉墓的调查，在山顶瞭望台西北部发现了两座封土堆以及筒瓦、板瓦和瓦当碎片等建筑构件以及其他陶片。瓦片的存在说明此地应该存在墓前地上建筑。根据对陶片纹饰的分析可以发现其与周边已经发掘的西汉墓葬有一定的相似性，筒瓦、板瓦与瓦当的纹饰与满城汉墓中出土的瓦片的纹饰有很大相似性。据此推断此次考察发现的应属西汉中晚期墓葬。根据文献记载，结合此地地理位置以及考察发现，推测1号土堆下很有可能是燕王刘旦墓，2号土堆和老山汉墓可能是燕王夫人墓。

作者简介：田依平，北京联合大学 2017 级考古学硕士研究生。

注释：

[1]   王武钰、王鑫、程利：《老山汉墓考古发掘的收获》，《首都博物馆丛刊》第 15 期，2001。

[2]   国家文物局：《2000 中国考古重要发现》，文物出版社，2001，第 72—77 页。

[3]   中国社会科学院考古研究所、河北省文物管理处：《满城汉墓发掘报告》，文物出版社，1980，第 1 页。

[4]   北京市古墓发掘办公室：《大葆台西汉木椁墓发掘简报》，《文物》，1977 年第 6 期。

[5]   王武钰、王鑫、程利：《老山汉墓考古发掘的收获》。

[6]   中国社会科学院考古研究所、河北省文物管理处：《满城汉墓发掘报告》，第 7 页。

[7]   北京市古墓发掘办公室：《大葆台西汉木椁墓发掘简报》。

[8]   石家庄市图书馆文物考古小组：《河北石家庄市北郊西汉墓发掘简报》，《考古》，1980 年第 1 期。

[9]   杨守敬等：《水经注疏》，江苏古籍出版社，1989，第 1192 页。

北京老山汉代遗址调查报告

石　旭　何慧芳

老山位于北京市石景山区东南部（图 1）的老山城市休闲公园内，西南距永定河约 4.3 公里，东南距大葆台汉墓约 13.5 公里。老山主峰位于老山休闲公园西北部，

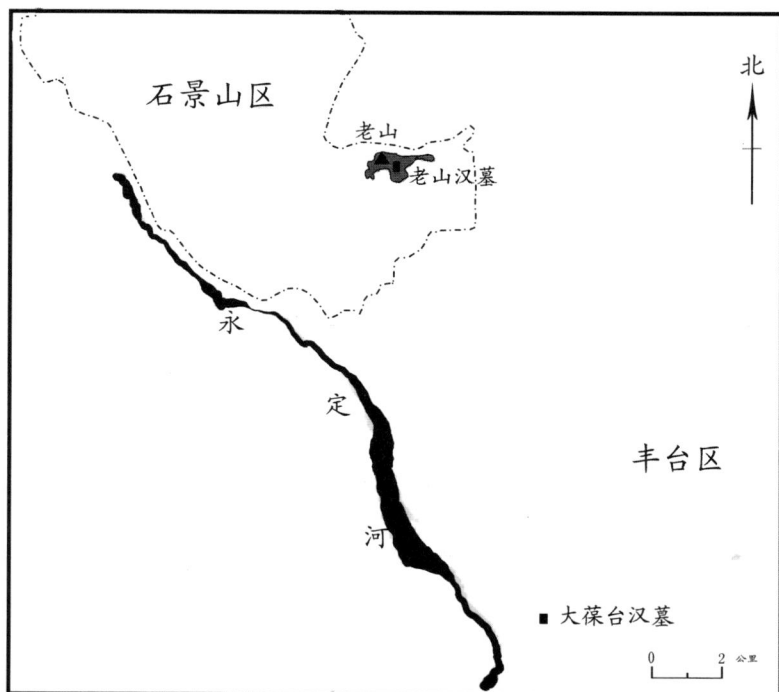

图 1　老山地理位置图（图片来源：作者提供，下同）

最高处约 122 米。2000 年北京文物研究所在老山主峰山麓的东南部抢救性发掘了老山汉墓并发表了相关材料，[1] 其中提及北京文物研究所曾与中国科学院遥感所合作对老山进行过高空红外线遥感技术勘探，并发现老山汉墓附近有疑似诸侯级别的封土堆，但两合作单位并未公布具体资料。西汉时期北京地区先后隶属于燕国和广阳国，其时统治燕蓟地区的先后有八位燕王和四位广阳王。老山汉墓是西汉中期的女性贵族墓葬，其附近如果存在王侯级别的封土堆极有可能属于燕王陵，所以北京联合大学考古学研究中心开展了多次对老山的考古调查工作。本报告将老山的调查和研究成果成文，供学界研究讨论。

一、调查准备与方法

（一）调查前的准备

查阅和整理相关的学术研究成果，并结合文献记载进行分析；准备太行山、永定河、石景山区、老山休闲公园的地图；[2] 考古勘测设备：Trim 标本 BLe GeoXT（手持 GPS）、LEICA DISTO D5（手持激光测距仪）、Trueyard（激光测距望远镜）、考古手铲、照相机、标签纸、自封袋、调查登记表。

（二）调查方法

调查方法以地面踏查为主，分普遍调查和重点调查两种：普遍调查，采用有计划的分散式调查方法，以 1—2 人为一组，每组相距 10—50 米不等，"一"字排开，地毯式调查；采集遗物标本，先拍照，然后将坐标、地点等信息录入标签，并一同放入样品袋中。重点调查的主要工作是对目标地点进行测绘。获取遗迹的相对高度、海拔高度，并绘制遗迹平剖面图。

二、遗存情况

此次以老山汉墓为中心，对整个老山进行踏查。老山山体呈东西向分布，西端向南延伸。老山山体的东南麓为已发掘的老山汉墓，此次我们又在主峰的顶部发现了两座封土遗址及几处建筑遗迹。

两座封土堆（见图 2）呈东西方向分布，编号为 M1、M2，其中 M1 在东，M2

在西（见图3）。老山汉墓在M1的东南，编号为M3。M1以东、M1以北、M2以北各有一处平整宽阔的平台，并在这三处平台上及平台四周发现大量的建筑用瓦。根据遗物的分布情况，推测在这三处平台上可能存在几处陵园建筑基址，并将这几处建筑基址分别编号为：F1、F2、F3、F4（见图4）。

（一）遗址

1. 封土遗址

M1位于老山的中部偏西，M3的西北，M1、M3相距约150米。海拔120米，封土高18米，为覆斗形，其顶部近方形，有现代建筑的瞭望平台，故又称为瞭望台；M1的底部北高南低，其底部以北和以东各存在一处方形平台。在M1的顶部采集有夹砂夹蚌的褐色陶片，在遗址附近和平台附近也采集到大量的陶片、板瓦、筒瓦、瓦当等遗物，并且发现多处堆积的破碎青砖。

M2位于老山的西部，与M1相距约103米，与M3相距约220米。海拔116米，封土高11米，为覆斗形，其顶部为近方形。M2以北有一处平台，平台上分布有大量的陶片、瓦片。

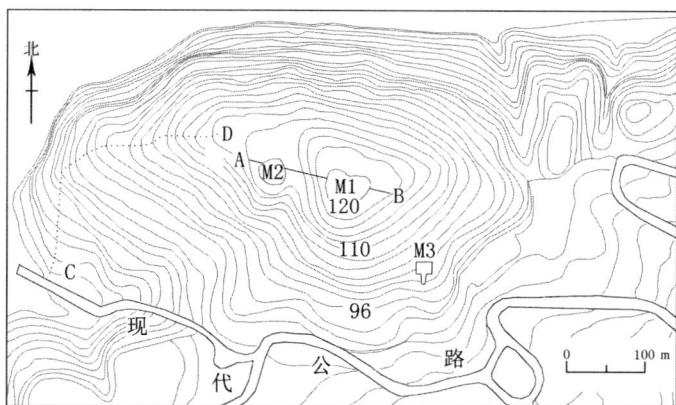

图2 老山等高线图（作者摹自老山公园内告示牌）

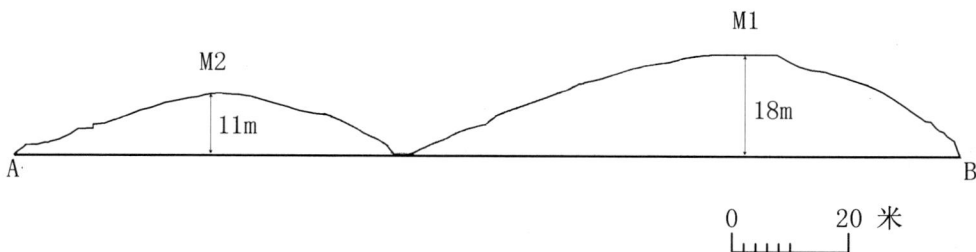

图3 封土剖面示意图

2. 房址

几处建筑基址所在平台现代居民活动较为频繁，尤其是 F2、F3、F4 所在平台已修建有现代凉亭建筑，故暴露在平台上的遗物较少，遗物多分布在人类活动较少的平台边缘。判断建筑基址的存在主要依据两点：一是遗物大面积、有规则地散落，二是所在地面具备修建建筑物的条件。房址的具体分布范围的确定，需进一步对房基进行考古钻探与发掘，以下根据已探明的海昏侯 M1、M2 陵园建筑基址对此处的房址分布位置和房址形状做初步推断（见图 4）。

F1 位于 M1 以东的平台上。根据遗物分布情况，推测房屋基址可能是呈南北向的方形（图 4，F1）；紧临 F1 北端的上坡道路处有一断面，其内部发现一层被叠压的瓦片，瓦片堆积厚度约 20 厘米。瓦片堆积层沿道路断面东西向分布约 8 米。此堆积层内的瓦片均为泥质灰陶，纹饰有绳纹、布纹、网格纹、凹弦纹；F1 以南分布着大量堆积的筒瓦、板瓦、瓦当等建筑用瓦及陶片，瓦当中多饰有卷云纹，筒瓦多饰有绳纹、网格纹；在此处更发现一枚带"用"字的筒瓦残片（图 5，3）。

F2 和 F3 位于 M1 以北的平台上。平台周围有大量遗物分布，遗物多为筒瓦和板瓦，筒瓦多表面饰绳纹，内部饰布纹；板瓦多表面饰绳纹，内部饰方格纹或麻点纹。F3 西部除分布有大量的瓦片，还有大量的汉砖残块。

F4 位于 M2 以北的平台上。平台上的遗物沿公园道路东西向分布，形成一条宽

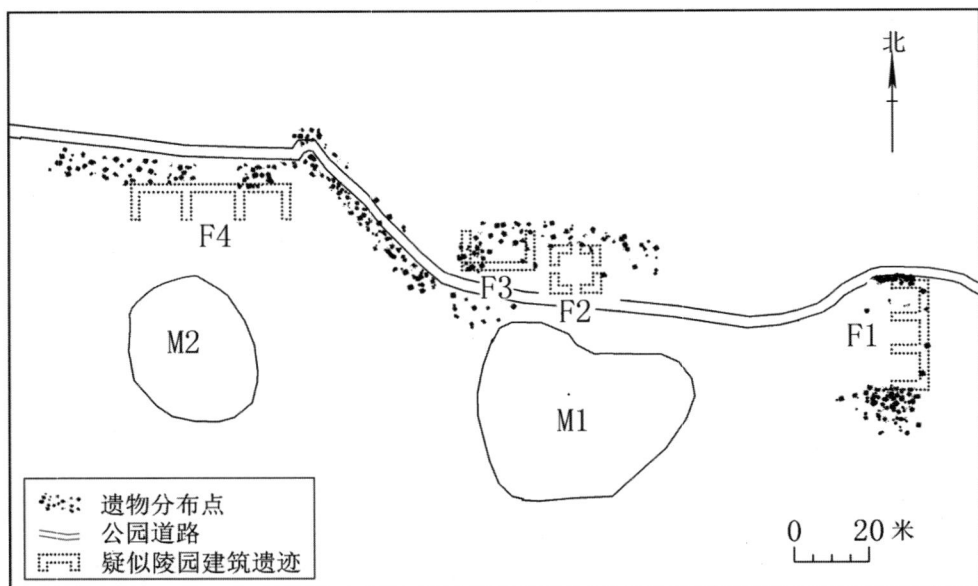

图 4　建筑遗迹及遗物分布示意图

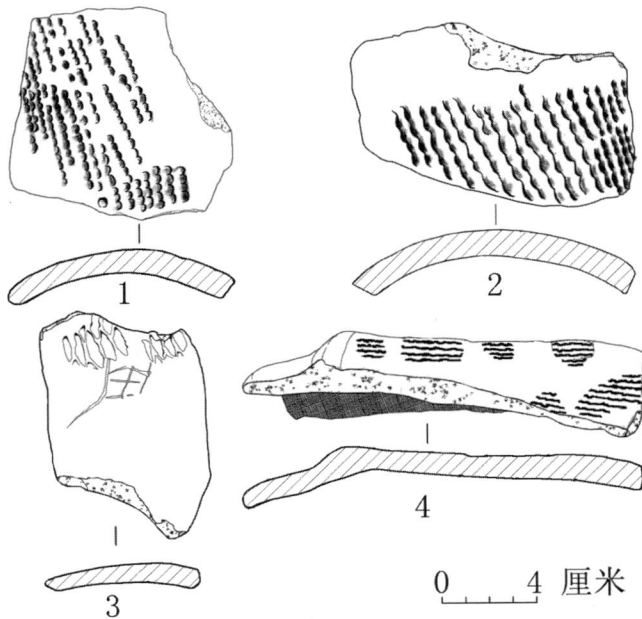

1—绳纹筒瓦（标本 BL：6）   2—绳纹筒瓦（标本 BL：8）
3—"用"字筒瓦（标本 BL：32）   4—绳纹筒瓦（标本 BL：72）

图 5   筒瓦

数米、长数十米的遗物分布带。根据遗物的分布情况，F4 可能为一处长方形、东西向的建筑。自 F4 所在的平台向西，仍有遗物延续分布数十米，但其所在的地势开始低伏，因此 F4 基址可能不再向西延续，推测此处的遗物可能是因 F4 建筑西向倒塌而散落的。

经过实地测量，F3 与 F4 所处的平台海拔高度差约为 8 米，两平台之间过渡的坡较陡。为方便沟通两平台，修陵时在两平台之间修建了一条人工缓坡，而这条缓坡上也分布有密集的瓦片，已发现的遗物有筒瓦、板瓦等建筑用瓦。

3. 老山西部缓坡

老山西部有一条经过人工整理的缓坡，自山下沿老山西部山脊一直延伸到 M2 的平台之上，且在几处缓坡拐弯处修整有方形平台（见图 2C—D 线）。经此通道由山下可到达 M2，再经 F3 与 F4 所在平台之间的人工缓坡可到达 M1。

（二）遗物

此次采集的遗物多为筒瓦、板瓦、瓦当等建筑用瓦以及陶器残片（以下称陶片）。

遗物器表多饰绳纹、云纹或素面，内部多饰布纹，也有素面、网格纹、绳纹、麻点纹。遗址附近多处可见素面或带有绳纹的破碎青色方砖，但未采集。

1. 建筑用瓦

（1）筒瓦 22 件。器表饰绳纹，内部饰布纹。如标本 BL：6（此次采集标本编号"标本 BL"表示北京老山，下同），泥质灰陶。瓦身残长 8 厘米，残宽 9.3 厘米，厚 0.3—0.4 厘米。瓦面饰粗绳纹，每条绳索宽约 0.3—0.4 厘米，绳纹呈倾斜状，瓦内部饰布纹，布纹清晰且规整（图 5，1）。标本 BL：8，泥质灰陶。瓦身残长 5.9 厘米，残宽 11.5 厘米，厚约 1 厘米。瓦身饰清晰的粗绳纹，每条绳索宽 0.3—0.4 厘米，瓦内饰规整的细绳纹（图 5，2）。标本 BL：32，泥质灰陶。瓦身残长 9.8 厘米，残宽 9.5 厘米，厚 1—1.3 厘米。筒瓦的表面刻划有"用"字痕迹，"用"字之上的绳纹较粗，且剥蚀严重，仅留粗浅的凹坑，每条绳索的凹坑宽约 0.4—0.5 厘米，筒瓦内部饰清晰且规整的布纹（图 5，3）。标本 BL：72，泥质灰陶。瓦唇呈弧形，瓦身残长 16.8 厘米，残宽 11.5 厘米，厚 0.7—1 厘米。瓦身饰细绳纹，每条绳纹宽 0.2—0.3 厘米，绳纹被抹平数道，每道均呈宽约 1 厘米条带状，筒瓦内饰布纹（图 5，4）。

（2）板瓦 6 件。根据器表和器内纹饰可分为三类。

A 类：器表面饰凹弦纹，内部素面。如标本 BL：1，泥质灰陶。瓦身残长 12.5 厘米，残宽 8.6 厘米，厚 0.6—1 厘米，瓦身部分为粗绳纹，每条绳索宽约 0.5 厘米，并且在瓦身饰数道凹弦纹，瓦内素面无纹（图 6，1）。

B 类：器表饰绳纹，内部饰网格纹。如标本 BL：40，泥质灰陶。瓦身残长 10.5 厘米，残宽 9.8 厘米，厚 1.8 厘米，瓦身饰粗绳纹，每条绳索宽约 0.3—0.4 厘米，瓦内部饰网格纹，且纹饰清晰（图 6，2）。标本 BL：45，泥质灰陶。瓦身残长 12.5 厘米，残宽 13.5 厘米，厚 1 厘米。瓦身饰粗绳纹，每条绳索宽约 0.3—0.4 厘米，内部饰清晰规整的网格纹（图 6，3）。标本 BL：36，泥质灰陶。器身残长 8.6 厘米，残宽 11 厘米，厚 0.8—1 厘米。瓦身饰粗绳纹，每条绳索宽约 0.3—0.4 厘米，内部饰杂乱的网格纹（图 6，4）。

C 类：器表绳纹，内部饰麻点纹。如标本 BL：73，泥质灰陶。瓦身残长 18 厘米，残宽 12.5 厘米，厚 0.7—1 厘米。瓦身饰粗绳纹，每条绳索宽约 0.3—0.4 厘米，瓦内饰清晰的麻点纹（图 6，5）。标本 BL：4，泥质灰陶。瓦身残长 9.2 厘米，残宽 8.5 厘米，厚 1 厘米。瓦身饰细绳纹，每条绳索宽约 0.2—0.3 厘米。瓦口被整齐抹平，且有用手捏制的凹陷痕迹。内部饰规整的麻点纹（图 6，6）。

（3）瓦当 9 件，8 件饰卷云纹，根据当面纹饰的不同可分为两类。其中有 1 件仅

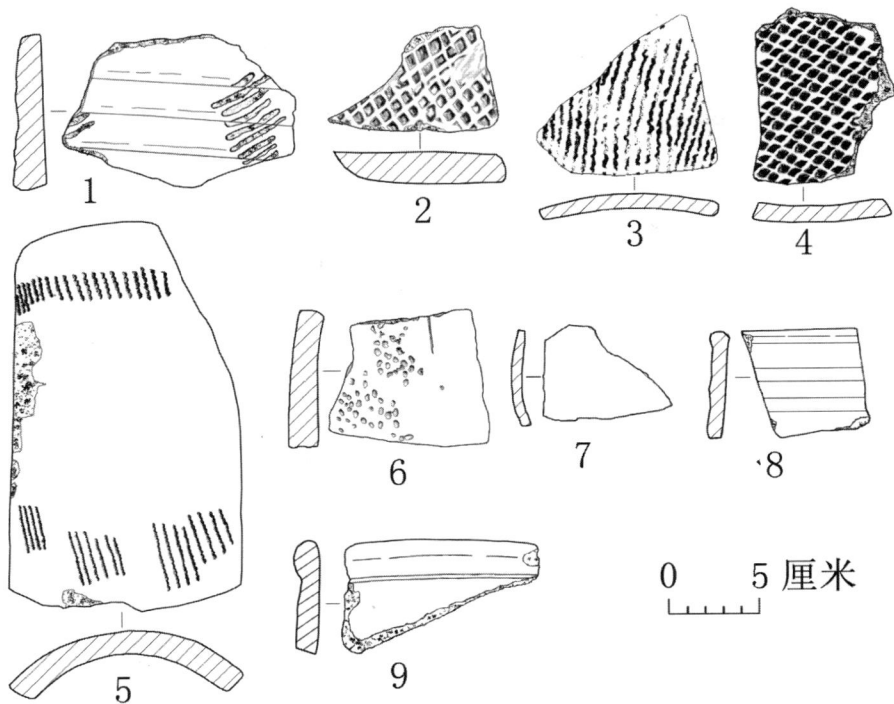

1—凹弦纹板瓦（标本 BL：1）　　2—网格纹板瓦（标本 BL：40）

3—绳纹板瓦（标本 BL：45）　　4—网格纹板瓦（标本 BL：36）

5—绳纹板瓦（标本 BL：73）　　6—麻点纹板瓦（标本 BL：4）

7—夹砂夹蚌陶片（标本 BL：20）　8—凹弦纹陶片（标本 BL：51）

9—素面陶片（标本 BL：58）

图 6　板瓦及陶片

残存当心乳钉（标本 BL：68），当面残缺。泥质灰陶。乳钉直径 3.6 厘米，其周围饰有一圈凸弦纹，瓦当内部为素面（图 7，6）。

A 类：边轮内有一周凸弦纹，"T"形界格线左右两侧各有一个内卷两周半的云纹。标本 BL：63，泥质灰陶。边轮残，当面残长 6.5 厘米，残宽 5 厘米，厚 1.5—2 厘米，背面平整，连有筒瓦（图 7，1）。标本 BL：19，泥质灰陶。边轮宽 1 厘米，当面残长 8.8 厘米，残宽 3 厘米，厚 1.3—3 厘米，当面部分被侵蚀，纹饰被抹平（图 7，2）。标本 BL：61，泥质灰陶。边轮宽 1 厘米，当面残长 8.4 厘米，残宽 3 厘米，厚 1—1.7 厘米，当背有绳切痕迹（图 7，3）。标本 BL：12，泥质灰陶。边轮宽 0.9 厘米，当面残长 8.8 厘米，残宽 7 厘米，厚 1—2 厘米，当背有绳切痕迹（图 7，4）。

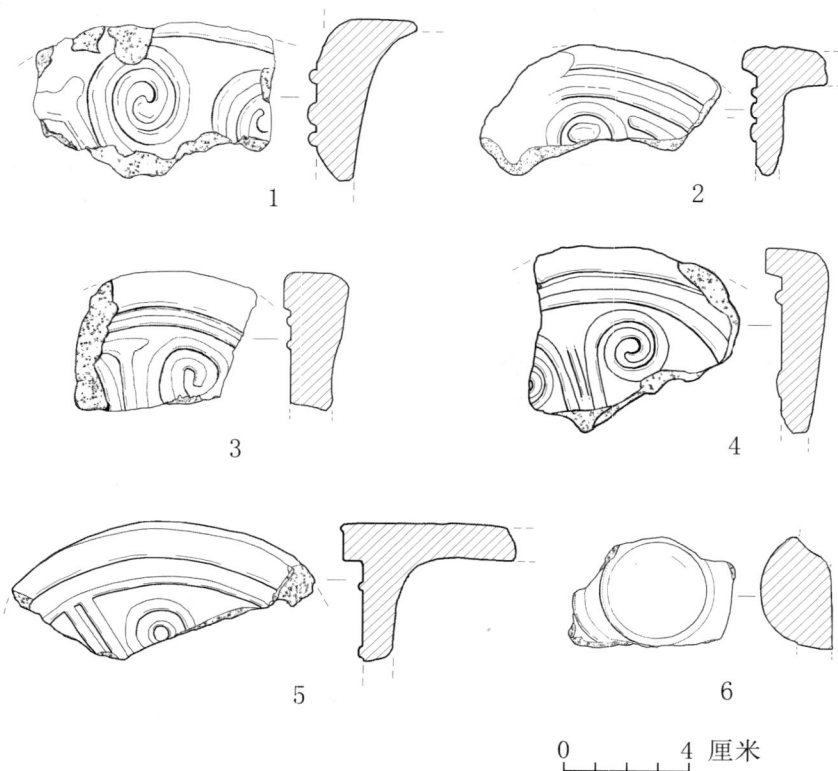

0 _____ 4 厘米

1—云纹瓦当（标本 BL：63）　　　2—云纹瓦当（标本 BL：19）

3—云纹瓦当（标本 BL：61）　　　4—云纹瓦当（标本 BL：12）

5—云纹瓦当（标本 BL：17）　　　6—瓦当乳钉（标本 BL：68）

图 7　瓦当

B 类：边轮内有一周凸弦纹，双界格线左右两侧各有一个内卷两周半的云纹。标本 BL：17，泥质灰陶。边轮宽 1 厘米，当面残长 9.5 厘米，残宽 5 厘米，厚 1.3—3 厘米，内部饰有布纹。瓦当背面残余筒瓦长 7.5 厘米（图 7，5）。

2. 陶片

42 件，可辨器型较少，主要分为两类。

A 式：陶器口沿呈直口状，圆唇。标本 BL：51，泥质灰陶，器表及内部均饰数周凹弦纹，残留褐色痕迹（图 6，8）。

B 式：陶器口沿呈直口状，尖唇。标本 BL：58，泥质灰陶。器表口沿下部有一道凹弦纹（图 6，9）。

另外还有其他时期的陶片，如标本 BL：20，夹砂夹蚌壳红褐色陶，器内和器表皆素面，且光滑，应属于战国时期（图6，7）。

三、遗迹的性质

（一）房址

这几处房址的分布位置，与海昏侯一号墓、二号墓的房址相似，[3] 均位于两墓的正前方或两侧的正前方，二者在建筑使用功能上应具有相同之处。海昏侯一号墓和二号墓为海昏侯刘贺及其夫人的墓葬，海昏侯"M1 和 M2 共用一个礼制性高台建筑，该建筑由东西厢房（F13、F14）、寝（F1）和祠堂（F2）构成"。[4]

海昏侯 M1 的正前方是寝，"寝的基址平面呈方形，由 4 座平面呈曲尺形的夯土基址组成"。[5] 墓前方紧挨着寝的是祠堂，"祠堂为回廊形建筑，主体夯土基址呈'凹'形，外围分布方形夯土基础"。[6] 因此推断老山 M1 的正前方可能也是两处礼制性建筑，其功能可能与海昏侯墓一样，分别是寝和祠堂，本文用编号 F2、F3 表示。

海昏侯 M1、M2 两侧的正前方各一排"厢房"，"均为三开间的长方形回廊形建筑"，[7] 老山 F1 和 F4 分别位于 M1 的右侧正前方和 M2 的正前方，这两处建筑的分布位置和海昏侯的两排"厢房"相似。根据老山 F1、F4 的遗物分布情况判断，老山 F1、F4 可能也是两排长方形的建筑。

汉代各诸侯王均"师帝陵"之制，在"陵旁立庙"，"园中各有寝、便殿。日祭于寝，月祭于庙，时祭于便殿"。[8] 并且师"先帝陵，每陵园令各一人"，[9] 园令负责"掌守陵园，案行扫除"[10] 等事宜。而两排长方形建筑可能为"园令"及下属官员日常所居的排房。

沿连接 M1、M2 的缓坡两侧分布着大量的建筑用瓦，我们推测缓坡上可能修建有"廊"性质的建筑，也有可能是 F3 建筑向缓坡处倒塌而导致的。

（二）入葬及祭祀的上山通道

老山西部上山的缓坡，推测其作用为修陵、入葬、祭祀等活动的上山通道，即神道。神道在汉代多见修建，《后汉书·中山简王焉传》记载："大为修冢茔，开神道，平夷吏人冢墓以千数。"河北满城汉墓[11] 自陵山脚下随山势就修筑有一条到达山顶陵墓前的神道，并且陵前的神道紧临两墓的墓道口。老山的神道遗迹与满城汉墓的神道路线规划较为相似，均从山下依山势修至陵前。由此可以判断出老山 M1、M2 的墓道口也应开向神道方向，即开口朝北，符合F2、F3的陵园建筑修建在陵前的情况。

（三）M1、M2、M3

河北满城汉墓发掘报告中："（陵山）中部的北侧，约相当一号墓上面，山顶残留许多西汉时代的砖瓦碎块。瓦有板瓦和筒瓦，表面饰绳纹，里面多数为麻点纹，少数作篮纹、布纹，和方格纹；瓦当为卷云纹，砖作绳纹。"[12]陵山即满城汉墓所在的山，墓葬为崖洞墓，墓主人为西汉武帝异母兄中山靖王刘胜。满城汉墓与老山M1、M2的遗物种类、纹饰相近，尤其是墓中"板瓦的表面打印直、斜交错的粗绳纹，上部在绳纹上有加施弦纹；里面上部为素面，下部为麻点纹或方格纹。筒瓦的表面印直绳纹，前、后端绳纹被抹平，里面为布纹"，[13]与老山M1、M2附近存在的板瓦、筒瓦纹饰基本相同。老山M1、M2附近的筒瓦多表面饰绳纹，内部饰布纹，如：标本BL：6、标本BL：8、标本BL：32、标本BL：72等；板瓦多表面饰绳纹，内部饰麻点纹或方格纹，如：标本BL：36、标本BL：40、标本BL：45、标本BL：4、标本BL：73等（见上文遗物部分）。故M1、M2及周围建筑的年代应与河北满城汉墓的年代相近，为西汉中期。

表1　京津冀地区西汉王侯墓规格举例（长度单位：米）

墓葬	墓号	封土高	规格	相距	相对位置
大葆台汉墓[14]	M1	8	长90，宽50.7	26.5	东侧
	M2	—	长80，宽49.3		西侧
满城汉墓[15]	M1	—	—	120	南侧
	M2	—	—		北侧
北庄汉墓[16]	—	20	长40，宽40	—	
老山汉墓[17]	—	11	长60，宽55	150	—
老山	M1	18	长95，宽75		东侧
	M2	11	长58，宽40	103	西侧

《周礼·春官·冢人》郑注引《汉律》："列侯坟高四丈，关内侯以下至庶人各有差是也。"1963年在河北满城出土的西汉错金尺，其长为23.2厘米，《汉书·律历志》曰"一为一分，十分为寸，十寸为尺，十尺为丈，十丈为引，而五度审矣"，则列侯坟高应为9.28米，而王级墓葬的封土应较之更高。老山汉墓、大葆台一号及二号墓、满城汉墓一号及二号墓、北庄汉墓均为京津冀地区汉代王侯级别的墓葬。老山M1、

M2 的封土与老山汉墓、大葆台一号及二号汉墓、满城汉墓一号及二号墓、北庄汉墓相比较，规格相近，均高 10—20 米，长宽 40—100 米，相对位置皆为正东西或南北方向（见表 1）。因此老山 M1、M2 的封土规格与汉代王侯级别的墓葬相符合。

《水经注》记载："漯水又东南径良乡县之北界，历梁山南，高梁水出焉"，"高梁水注之，水首受漯水于戾陵堰，水北有梁山，山有燕刺王旦之陵，故以戾陵名堰。水自堰枝分，东径梁山南，又东北径刘靖碑北"。漯水（古永定河）自梁山西分两支，一支经梁山南，为高梁水，一支经梁山北；这两支即华容夫人所歌"裴回两渠间兮，君子独安居"[18] 中的两渠，而在"两渠间"的就是燕刺王刘旦的戾陵。梁山就是老山。梁山北的一支入戾陵堰（今是砂石坑，为戾陵堰积沙所成），以戾陵为名。根据文献记载，并结合实地调查，确定刘旦的戾陵应为本次调查的老山 M1。

M3 即已发掘的老山汉墓，与 M1 的海拔高差约为 30 米。"（M3）为长方形竖穴岩坑墓，封土呈覆斗形"，[19] 与 M1、M2 相比，封土规格略小（见表 1）。M3 依山而建，封土为层层夯筑而成，并且在封土的四周填入了大量的碎石块，主要起加固和保护的作用。[20] 根据调查发现，在 M1 及 M2 的封土底部及附近同样发现多处石块堆积的遗迹，在地面上的堆积高度约 1 米，石块的石质为老山山体的基岩——变质千枚岩，与 M3 所用岩石相同。[21] 因此 M3 就地取石增固封土的营造陵墓的方法与 M1、M2 相同。

M3 的墓主人为 30—32 岁之间的女性。[22] 对于墓主人身份及墓葬年代的判定，学术界有不同的观点和依据，但主流观点认为墓主人为西汉燕国的某位诸侯王的王后，墓葬年代为西汉中期（公元前 141—公元前 48）。[23] 从墓葬年代上看，在西汉中期，先后在此封王的有燕刺王刘旦（前 117—前 80）和广阳顷王刘建（前 73—前 44），但学界基本认同刘建墓葬应为北京大葆台汉墓，故排除 M3 为刘建或刘建的王后、夫人墓。刘建之子广阳穆王刘舜（前 44—前 23）在位于元、成帝时期，年代稍晚，唯燕刺王刘旦与此时期相符。刘旦兵败后，"置酒万载宫，会宾客、群臣、妃妾坐饮"。[24] 宴上王自歌，华容夫人起舞，坐者皆泣，而后王以绶自杀。华容夫人曾为旦继歌曰："发纷纷兮寘渠，骨籍籍兮亡居。母求死子兮，妻求死夫。裴回两渠间兮，君子独安居！"[25] 歌毕，夫人随旦自杀。文献记载"后、夫人随旦自杀者二十余人"，[26] 如果记载为实，刘旦自缢后有王后、夫人等二十余人为其陪葬，而华容夫人不忍心刘旦"独安居"也在陪葬之列。自古夫妇"谷则异室，死则同穴"（《诗·王风·大车》），无论同穴或异穴，二者的墓葬均相距不远。如果老山顶部 M1 为燕刺王刘旦墓葬，那么与之相邻且规格略小的 M2 应为刘旦的王后墓。而位于老山山麓的 M3，身份地位明显低于位于山顶 M1、M2 。M3 与 M1、M2 为同时期墓葬，因此推测 M3 为 M1 的陪葬墓或祔葬墓，即刘旦的华容夫人或其他姬妾的墓葬。根据文献记载，并结合调查，以主冢（M1）为中心，与 M3 相对称的山体凸出部位西南（右）侧，可能还存在其他陪葬墓，需要考古调查工作的进一步进行。

四、结语

根据遗物性质及年代并结合文献记载，M1、M2 应为西汉燕剌王刘旦及其王后墓，且配有陵园建筑。刘旦戾陵是继大葆台汉墓之后北京地区又一座诸侯王级大墓，从墓主人身份来看，无论是陵墓的修建规模还是墓葬等级，都应该远远超过其子广阳顷王刘建。同时，刘旦戾陵的发现为研究西汉燕国历史文化提供了丰富的实物材料，也为探寻文献所记载的戾陵堰、戾陵遏、高梁河、车箱渠等大型水利工程所在的位置提供依据。并且戾陵的发现有利于呼吁老山负责单位及时对戾陵采取保护措施，避免陵园遗迹遭到破坏或文物流失。

对老山的考古调查虽取得了一定的成果，但还需要考古钻探与发掘的验证。需要对建筑基址及墓葬进行钻探，确定建筑的性质及墓葬的形制和规模，是否存在车马坑和其他祔葬墓等。

附记：此次田野考古调查工作的领队为武家璧、黄可佳，参加调查的还有石旭、何慧芳、黎高波、田依平、王楚宁、杨杨、魏嘉臻、白艺、王长春、夏晓燕，本文插图由石旭、何慧芳绘制。

作者简介：石旭，男，1992 年生，河南人，北京联合大学应用文理学院考古学 2017 级研究生，主要研究方向为夏商周考古。何慧芳，女，1992 年生，河南人，北京联合大学应用文理学院考古学 2017 级研究生，主要研究方向为夏商周考古。

注释：

[1] 王武钰、王鑫、程利：《老山汉墓考古发掘的收获》，《首都博物馆丛刊》第 15 期，2001，第 129—131 页。

[2] 卫星地图、三维地图、平面地图，网址：地球在线，www.earthol.com。

[3] 杨军、徐长青：《南昌市西汉海昏侯墓》，《考古》，2016 年第 7 期，第 45—62 页。

[4] 同上，第 49 页。

[5] 同上。

[6] 同上。

[7] 同上。

[8] [汉] 班固撰，[唐] 颜师古注：《宋本汉书·韦贤列传》第 17 册，国家图书馆出版社，2017，第 157 页。

[9] [南朝宋] 范晔等撰，[唐] 李贤等注：《宋本后汉书·百官二》第 8 册，国家图书馆出版社，2017，第 108 页。

[10] 同上。

[11] 中国社会科学院考古研究所、河北省文物管理处：《满城汉墓发掘报告（上）》，《中国田野考古报告集（考古学专刊）》丁种第二十号，文物出版社，1980，正文第 7 页。原文："在墓道口的山坡上有一条 6—14 米的南北古道，当地群众称为'跑马道'，这条古道连通两座墓的墓口，然后从南坡顺着山势蜿蜒达于山下，从古道两旁岩石上残存的开凿痕迹等观察，此道应是营建墓穴和埋葬死者时人工修建的上山道路。"

[12] 中国社会科学院考古研究所、河北省文物管理处：《满城汉墓发掘报告（上）》，第 7 页。

[13] 同上，第 16 页。

[14] 大葆台汉墓发掘组、中国社会科学院考古研究所编：《北京大葆台汉墓》，文物出版社，1989，第 5、64 页。

[15] 中国社会科学院考古研究所、河北省文物管理处：《满城汉墓发掘报告（上）》，第 7 页。

[16] 河北省文化局文物工作队编：《河北定县北庄汉墓发掘报告》，《考古学报》，1964 年第 2 期，第 127 页。

[17] 王鑫：《北京老山汉墓》，国家文物局主编：《2000 中国重要考古发现》，文物出版社，2001，第 72 页。

[18] [汉] 班固撰，[唐] 颜师古注：《宋本汉书·武五子列传》第 15 册，第 132 页。

[19] 王鑫：《北京老山汉墓》，国家文物局主编：《2000 中国重要考古发现》，第 72—77 页。

[20] 王武钰、王鑫、程利：《老山汉墓考古发掘的收获》，第 129—131 页。

[21] 柯替祖：《遥感考古新发现》，《科学新闻》，2000 年第 27 期，第 5 页。原文："通过我们对现在正挖掘的这座古墓现场考察发现，墓穴已挖到下面的基岩。基岩为古老的变质千枚岩，岩层倾向南。由于老山山体不大，上覆土层不厚，这使得墓穴开挖不久便遇到基岩，这些碎石被用来填埋在墓外壁和墓顶上。"

[22] 王武钰、王鑫、程利：《老山汉墓考古发掘的收获》，第 129—131 页。

[23] 祁普实：《老山汉墓出土主要文物刍议》，《首都博物馆丛论》第 25 期，2011，第 215—223 页。

[24] [汉] 班固撰，[唐] 颜师古注：《宋本汉书·武五子列传》第 15 册，第 131 页。

[25] 同上，第 131—132 页。

[26] 同上，第 133 页。

元大护国仁王寺与明真觉寺

滕艳玲

自元代建都北京，定名大都后，在都城北和义门（今西直门）外高梁河[1]沿岸建立了很多寺庙宫观，如：大护国仁王寺、西镇国寺、昭应宫等。其中元朝最著名的喇嘛教寺院——大护国仁王寺，至今无人能够确证它确切的寺址所在。西镇国寺和昭应宫明代还在，全都位于高梁河的南岸，地址还是有迹可循的。2001 年《北京文博》第 1 期刘之光先生《大护国仁王寺觅址》一文中明确提出，大护国仁王寺占地广阔，真觉寺、大慧寺和极乐寺等这些明代寺院都有可能是占据的大护国仁王寺旧址。这个观点立即引来了学界的争论，仅《北京文博》就连续刊载了包世轩和王世仁先生的两篇文章，观点各不相同。有关大护国仁王寺寺址问题，最早是在二十世纪的九十年代，由史树青先生的一篇文章涉及。笔者因对真觉寺的关切也进行了一系列的研究和探讨，得出一些粗浅的看法，支持其中真觉寺建于元代大护国仁王寺旧寺遗址之上的说法。现列举史料，分析如下。

据《元史·世祖本纪》："至元七年（1270）十二月，建大护国仁王寺于高梁河。………十一年（1274）三月，建大护国仁王寺成。……十六年（1279）八月，置大护国仁王寺总管府。"元程钜夫[2]《楚国文献公雪楼程先生文集》卷九《大护国仁王寺恒产之碑》载："初，至元七年秋，昭睿顺皇后于都城西高梁河之滨大建佛寺，三年而成。"另有《析津志辑佚》载："自西（高梁）水经护国仁王寺西、右始；广源闸二，在寺之西。"由上可知大护国仁王寺位于广源闸之东，"高梁河之滨，则寺门南向，明矣"。[3]"高梁河习惯上是指广源闸至西城墙外的一段，这段河长约 4 公里多"。[4]《大护国仁王寺恒产之碑》记录了这座寺院超大的规模，殿宇 175 间，房舍 2065 间，占地范围约有千亩（近 67 万平方米）之巨。而在这段长约 4 公里的高粱河河道广源闸东的大护国仁王寺的具体位置在乾隆年间就已经失载，仅在《日下旧闻考》以"护国仁王寺今无考"一笔带过。[5] 近年来，对于高粱河北岸这座巨大寺院的位置就有以下两种不同的说法：A. 是在白石桥迤西高粱河北岸国家图书馆址；B. 是以现真觉寺为中心的白石桥东侧高粱河北岸。

元大护国仁王寺实际的地址是哪一个，下面我们逐一分析。

1. 元大护国仁王寺寺址之谜

《元一统志》卷一："通惠河之源，自昌平县白浮村开导神仙泉，西南循山麓，与一亩泉、榆河、玉泉诸水合。……东过通州，至高丽庄入白河，上下二百里，置闸二十有四，护国仁王寺西，广源闸二，西水门外，会川闸二。"又有《析津志辑佚》："西寺白玉石桥，在护国仁王寺南，有三碛，金所建也。"据文可知护国仁王寺的位置，南有石桥，西有广源闸二。只要闸和桥的位置确定后，寺址就可以确定。"广源闸二"是指，这个广源闸是两座闸，分为上闸、下闸，二闸又分别另有名称。上闸即名"广源闸"，现在仍存，位置在万寿寺东。而下闸，又名"白石闸"，此名是因循了护国仁王寺南侧建于金代的"白玉石桥"之名。《日下旧闻考》卷九十八引《水部备考》："白石闸西至青龙桥二十里，至元二十九年（1292）建。臣等谨按：白石闸之桥今尚存，又有小白石桥，在白石桥稍西。"[6] "白石桥……桥北小路可通维吾尔族聚居之畏吾村，即今之魏公村。"[7]《天咫偶闻》卷九："明李西涯墓 [8] 在西直门外畏吾村大佛（慧）寺旁。"现在的白石桥到青龙桥直线距离约为 9 公里，与文献相符，白石闸就在现白石桥 1 公里的范围之内。由于城市建设的发展，"畏吾村"这个原始村落的界址已经不清，大慧寺尚存，可为地标。大慧寺位于真觉寺的正北面约 1 公里处。畏吾村毗邻现在的大慧寺，位于寺之西，当时村落应该在现在的真觉寺正北的中关村大街和大慧寺之间。实际上广源闸的上闸位置是确定的，唯一的疑问在于下闸的位置。元初为了南粮北运而修建通惠河，河闸的设置是为了节制水流，使漕运的船只畅行。广源闸上闸以东有平地泉（今紫竹院湖），水面相当广阔，储水量也大，是通惠河上游重要的水源，下闸要设置在湖泊的东侧河道狭窄之处才可行，那么白石桥左近是首选。

刘之光先生在《大护国仁王寺觅址》和《元代大护国仁王寺与西镇国寺位置的商榷》二文中指出了白石闸不单建有水闸，还在闸稍东侧建有一座汉白玉石桥，称白石闸桥。这样的话在白石闸左近，相关的石桥就有了两座。建于金代的白玉石桥和建于元代的白石闸桥。这与《日下旧闻考》中的记载相符合了。现在位于中关村大街南口的白石桥，与元代的白石闸桥和金代的白玉石桥有什么关系呢？刘之光先生借助"1999年疏浚长河，对水道进行彻底整治"时，在五塔寺路的首都体育馆滑冰馆门前稍西发现的残石桥基，又结合《北游录·纪邮》"（真觉）寺古槐二，门直白石桥……又西故驸马万炜之白石庄，花木差存，前为白石闸，距西直门七里"，《北游录·考文》"驸马万氏白石庄前为白石闸，临流数柳，差存风貌"中的关于白石桥和白石闸的记载，将元代白石闸桥的位置确定下来。即今之白石桥就是元代白石闸桥；而首都滑冰馆门前略西有桥基残迹的所在就是金代的白玉石桥，即位于大护国仁王寺南的石桥。晚清后，创农事试验场，"白石桥废弃，而将小白石桥（白石闸桥）称作白石桥"。[9]

图1　白石闸桥（图片来源：作者提供，下同）

　　至此，大护国仁王寺的位置就在首都体育馆滑冰馆为中心的方圆近67万平方米的范围之内。这个地址就与我们所要研究的真觉寺非常接近了。真觉寺址位于白石桥东500米处。依前所书，元代大护国仁王寺占地广阔，真觉寺现在的位置一定是被囊括在了元大护国仁王寺的寺院遗址之中。

2. 大护国仁王寺因何及何时被毁

　　确定了大护国仁王寺的位置后，就要确定的是大护国仁王寺具体毁于何时，为何而毁。这对于解决真觉寺是否为明永乐时期兴建的问题是一个基本的前提条件。明永乐大典本《顺天府志》卷七载："大护国仁王寺，按《大都图册》都城之外西建此寺及昭应宫。"永乐时所记寺院情况已经是参考元朝旧文献,可推测当时大护国仁王寺已经不在。以元百年对于藏传佛教之崇信,直至元顺帝北逃之前,寺院应该还在。以此推论该寺应该毁于明洪武初至永乐时期。因为前文已经提到大护国仁王寺规模巨大,有许多殿宇、房舍,彻底毁灭一个如此规模的寺院一定是一件有计划、有组织的事情。这样规模的一座寺院旦夕间杳尔无闻,就像人间蒸发了一样,其后明朝的官方或私人的记载均未有提及,必有其不可说的缘由。经研究,笔者以为这应该与明洪武初年徐达将军增筑北城墙和修建燕王府有关。

明太祖朱元璋在元至正二十八年(1368,明洪武元年)正月在南京称帝,宣告了曾经横跨欧亚的大元帝国政权的终结,明朝的统治开始。紧接着大将军徐达率领水陆大军直抵元大都(今北京),元顺帝连夜北上,逃至上都开平。大都改称北平,经过徐达对城市重新规划之后,更加有利于防御元朝残余势力的南侵。这座城市由帝都而降格为边境军事重镇,为此明朝皇帝特令对元朝旧京城内宫殿和衙署进行彻底摧毁,以绝元朝之王气。洪武三年(1370)四月,十一岁的朱棣被封燕王,洪武十三年(1380),二十一岁的燕王正式就藩,直至永乐元年(1403)朱棣即皇帝位,北平府一直是燕王藩国所在地。

明洪武元年元顺帝弃大都北逃,"但又迟留在塞外,逡巡不肯远去"。为此,明政权采用了"固守封疆"之策,才有了徐达改筑北平城之决断。《明太祖实录》载洪武元年八月"丁丑,大将军徐达命指挥华云龙经理故元都,新筑城垣,北取径直,东西长一千八百九十丈"。当时,"'克复以后以城围太广,乃减其东西迤北之半。'但从向南进缩五里的位置选择看,却与旧元都内'海子'北部的水系有关。从这里有一条横贯东西的水道,正可作为当时所筑城垣的一条护城河"。[10]

洪武帝平定元大都后,改大都路为北平府,城市的级别降低了,元大都内原有的皇城宫殿并没有随之"消失",而对于将要就藩的王爷来说,元朝的旧宫殿是不能使用的,必须修建新的王府以备使用。在封朱棣为燕王之前,洪武二年十二月丁卯(1370年1月4日),将赴任辞行的湖广参政赵耀改授北平行省参政时,朱元璋就下达了"依元旧皇城基改造王府"的命令。[11]《春明梦余录》卷六载:"燕邸因元故宫,即今之西苑,[12] 开朝门于前。"《明太祖实录》载洪武十二年(1379)十一月"甲寅,燕府营造讫工,绘图以进"。

大将军徐达进驻大都后,做了两件重要的事情,首先是增筑北城墙,加强北平城市的防御能力,其次就是建造王府。当时淮安侯华云龙"建造王府,增筑北平城,其力为多"(《明太祖实录》),一身两职。新筑一段长一千八百九十丈的防御城墙和改建一座王府均需要大量的建筑材料。元大都城基"宽达 24 米，墙体略有收分，经实测推算，城墙宽、高和顶宽为 3：2：1"，[13] 徐达所筑的北墙"高四丈有奇，阔五丈"（《日下旧闻考》引《洪武北平图经志书》），原料何来呢？不难想象，当时位于和义门（今西直门）外，高梁河畔占地达 67 万平方米的大护国仁王寺自然地进入了视线。从对明所筑北城墙的考古发掘来看，在城墙的夯土中发现有大量的建筑构件，如砖、瓦、木料、石碑、檩、椽、额枋、柱子等等。[14] 这一切都说明，为了达到固守的目的，紧急构筑的城墙，征用了大量在城墙左近的建筑。由于筑城是在紧急的情况下决定，毁拆民房对于城市稳定必大不利，大护国仁王寺距离较近，建筑众多，还有高梁河水道便于大型建筑材料的运输。

高梁河是元代建都的主要依托水系，高梁河水系一直贯穿至大都城的心脏地带——太液池。明燕王府的所在地，恰好就选在太液池西岸的西苑。同时，元世祖昭睿顺圣皇后所建的寺院建筑材料使用的规格一定较高，必有许多建材适用于明王府的建设。因此，导致大护国仁王寺被毁，筑新城是最直接的一个原因，另一个原因可能与华云龙营建燕王府有关。

此外，大护国仁王寺是世祖昭睿顺圣皇后所建，寺内还主要设有供奉忽必烈和其皇后的神御殿，"自初建到元朝中后期一直受到皇帝的崇奉"。元朝主管宗教事务的机构宣政院[15] 还设于寺中，这些条件集于一身，被拆毁也实属必然。北平直至永乐年间，还经常不断遭到蒙古贵族南下的袭扰，为绝蒙元残部的回归梦想，这样一座位于北平城近郊毗邻城门，规模又如此宏大的著名皇家寺庙被夷为平地也是防御的需要。为了防御和新王府的改建而拆毁一座著名的藏传佛教寺院——大护国仁王寺，对于同样笃信藏传佛教的明王朝执政者来说，此为最不可说的缘由。由此推断，寺院的摧毁一定是在明朝洪武元年至洪武十二年筑新城与修王府之时。

3. 在元大护国仁王寺残址之上建真觉寺之意义

在明朝初年，大护国仁王寺已经彻底湮没，明《燕都游览志》中称真觉寺为"蒙古人所建"的说法，应该是指元代大护国仁王寺。在明永乐初，成祖为班迪达（亦称板的达，桑竭巴辣）赐地西关外长河北岸，"诏封大国师，建寺居之"（《宸垣识略》）时，这里只剩一座旧寺院的残迹了。

据传在佛陀得到正觉约 250 年后的印度孔雀王朝时期，国王阿育王笃信佛教。他曾亲临佛陀伽耶朝拜，并在释迦牟尼佛得道处的菩提树下用一块长 230 厘米，宽 147 厘米，厚 90 厘米的红砂岩石板，仿照佛所坐之草垫，建石座一处，取名金刚座。同时他还在菩提树旁建塔寺一座，以纪念佛的得道成正觉。金刚座，其取义是以金刚的坚实不为万物所毁，来喻示佛法如金刚可破万物，而不被万物所侵。到了公元 4 世纪时锡兰的国王为了纪念释迦牟尼佛，同时方便锡兰的信徒朝拜，又在此地兴建了同样取义的塔寺——大菩提塔寺。真觉寺，是仿照印度佛陀伽耶大菩提大塔所建，是一座具有非凡意义，十分崇圣的佛教建筑。

图 2　真觉寺金刚座

　　藏传佛教是元朝皇室笃信的宗教，同时也是元代的国教。元、明王朝的更迭对于藏传佛教的信仰与推崇来说没有丝毫的影响。洪武皇帝的出身，就决定了他本人对于佛教的态度。明王朝在建国初年对于西藏事务一贯采取怀柔政策，结合藏区政教合一的现实传统，多采用延聘当地喇嘛教高僧"广行招谕"，"多封众建"扶持藏传佛教，大量封授藏传佛教各派首领，实现对于藏区的统治。这种进京封赠的方式，从洪武初就开始，至永乐时期愈演愈烈。《明史·西域传三》载："初，太祖招徕番僧，本籍以化愚俗，弭边患，授国师、大国师者不过四五人。至成祖兼崇其教，自阐化等五王及二法王外，授西天佛子者二，灌顶大国师者九，灌顶国师者十有八，其他禅师、僧官不可悉数。"永乐皇帝崇信藏传佛教，亲身修习秘密大法已经达到"天眼通"的层次。他深切地认知到，班迪达所进奉的金刚宝座规式所蕴含的佛教真谛。故而"择地西关外"，建真觉寺，创此具佛真觉正义之梵塔，修有金刚界五智蕴藉之曼荼罗修习之所，将塔身遍雕梵字经咒和密教高僧八思巴在元中统三年（1262 年）

致忽必烈皇帝的蒙文新年祝辞——《吉祥海祝辞》，最高深之意莫不是以金刚可破万物，而不被外物所侵之特质来喻示明王朝的坚不可摧。大护国仁王寺本是元大都城中极为重要的一座藏传佛教寺院，不仅占地广阔，寺院的财力雄厚，而且是管理全国释教事务和管理西藏行政事务的政府机构——宣政院的所在地。这座寺院无论其宗教意义还是其政治意义，对于元王朝的遗老遗少们都具有一定的标志性作用。元大护国仁王寺在明朝初年就被夷为了平地，也部分地出于这个原因，以致在历史文献中都无处去寻觅它的影子。

图 3　真觉寺门

　　在这样的一座寺院旧址上建立另一座具有"金刚"取义的，同时又以纪念释迦牟尼佛得道觉悟为目的的藏传佛教寺院，先灭杀了元王朝的气焰，又达到明政府"怀柔远人"的目的，是一个一举多得的良好举措。据此而观，我们所推断的真觉寺是建立在大护国仁王寺遗址上的论断，是可确定的。

　　综上所述，大护国仁王寺寺址的探寻至今可告一段落，由于没有考古发现作为更加科学的依据，相信关于此问题的讨论和研究并没有终止。此文希望能够引起更多学者专家的关注，对于高梁河畔元明时期藏传佛教寺院的兴建和繁荣发展研究能够进入更高的一个层次与阶段。到了清朝寺院更名为"大正觉寺"依然以藏传佛教寺院的面貌跻身于皇家重要寺院之行列，地位仅次于雍和宫。元明清三代连绵不绝于此的藏传佛教香火，究其缘由还是植根于元初大护国仁王寺的兴盛。

作者简介：滕艳玲，女，1966 年生于北京，籍贯山东，北京石刻艺术博物馆副研究馆员。主要研究方向为博物馆及石刻学、藏传佛教及东正教。

注释：

[1] 高粱河，或称高粱水，金代称高良河，发源于平地泉（现今紫竹院湖），是古代永定河水系中的一个小水系。现在所说的高粱河，一般指长河上广源闸至西直门外的一段。

[2] 程钜夫（1249—1318），元代官员、文学家。初名文海，因避元武宗庙讳，改用字代名，号雪楼，又号远斋。建昌（今江西南城）人，祖籍郢州京山（今属湖北）。宏才博学，被遇四朝，忠亮鲠直。文章亦雍容大雅，有北宋馆阁余风，其诗亦磊落俊伟，具有气格……古诗落落自将，七言尤多遒警。当其合作，不减元祐诸人。有《雪楼集》三十卷存世。

[3] 史树青：《北京图书馆新址考略》，《京华古迹寻踪》，北京燕山出版社，1996，第373—379页。

[4] 王世仁：《关于元护国仁王寺位置及牛街礼拜寺年代二文的商榷》，《北京文博》，2001年第3期。

[5] [清] 于敏中等：《日下旧闻考》卷98《郊坰》，北京古籍出版社，1981，第1628页

[6] 此处《日下旧闻考》的记载有误，将白石闸桥与白玉石桥位置搞混了。据刘之光：《大护国仁王寺觅址》，《北京文博》，2001年第1期。

[7] 史树青：《北京图书馆新址考略》，《京华古迹寻踪》。

[8] 西涯墓，即明代大学士李东阳之墓。李东阳，字宾之，号西涯，湖南茶陵人。

[9] 刘之光：《大护国仁王寺觅址》。

[10] 李燮平：《明代北京都城营建丛考》，紫禁城出版社，2006，第142页。

[11] 同上，第163—164页。

[12] 元皇城，以太液池为中心三宫鼎立的布局，太液池东为元大内，西为隆福宫，偏北为兴圣宫。西苑是指隆福宫所在地。

[13] 北京市文物研究所编：《北京考古四十年》，燕山出版社，1990，第175页。

[14] 同上。

[15] 史树青在《北京图书馆新址考略》一文中提到："宣政院是僧俗并用，军民通摄。其最高统治者为帝师，帝师实际上是皇帝的最高顾问。……而宣政院使则是喇嘛以外的主要办事人，故平章政事宣政院使安普忽马儿不花得为大护国仁王寺总管，并受到皇帝封爵。"

陈寅恪与吴家花园：

海棠诗里的故园与旧人

张　雨

北京西郊海淀一带，自辽金以来，即为燕土名胜之区，皇室贵戚与官宦人家持续在此兴造园林。自清代康熙年间在此建设畅春园开始，到光绪年间重修颐和园，[1]三山五园区域的兴建发展印证着整个王朝的兴衰，也带动了周边海淀镇、青龙桥镇等地区的崛起。[2]进入民国以后，以"三山五园"为主体的皇家园林区加速衰落，但伴随新权贵群体的出现，大量名人私宅院落在此地区纷纷出现。尤其是随着从西方移植的高等教育体系在海淀落地生根，新的文化内涵在故园旧址上不断生发新芽。新旧的碰撞，使得这一时期的三山五园作为故国旧园的形象不断融入民国精英群体的笔端和心绪之中。[3]

作为早期清华大学国学院四大导师之一的陈寅恪，在 1937 年全面抗战爆发之前，长期居住在位于海淀镇的清华园。出身于号称"握世运之枢轴，含时代之消息，而为中国文化与学术德教所托命者也"[4]的义宁（今江西修水）陈氏，其家族世代与晚清政局、国势深深交织在一起，在新旧的羁绊之下蹒跚前行，以至于陈寅恪对自己的思想学问作出如下论述："寅恪平生为不古不今之学，思想囿于咸丰、同治之世，议论近乎湘乡（曾国藩）、南皮（张之洞）之间。"[5]

出于共同的文人气息，[6]陈寅恪与其父散原老人（陈三立）均喜爱海棠，两人先后十次以海棠入诗。[7]1935、1936 年，正值北平陷落的前夕，陈寅恪曾两度赴吴家花园（亦称吴氏花园）游赏，并作《吴氏园海棠》诗二首，将特定的时局、人情、景物杂糅在其中。同时，《吴氏园海棠》诗是陈寅恪所作五首海棠诗中最早的两首，因而历来受学界关注颇多。然而陈氏作诗，素以既擅用古典又含有今典见长，正如其所言"解释词句，征引故实，……于古典甚易，于'今典'则难。盖所谓'今典'者，即作者当日之时事也"，[8] 造成后人在阐释其海棠诗中"当日之时事"究竟为何，意见歧异，尚乏共识。笔者不揣谫陋，在既有笺释的基础上，重新来认知陈寅恪海棠诗里的故园与旧人，或可聊备一说。

一、吴家花园的来历及陈寅恪海棠诗

作为背景，首先了解一下吴家花园。该园位于圆明园西南的海淀镇挂甲屯南教养局胡同，民国时以海棠花名闻北京。

图 1　吴家花园写意（图片来源：高冀生《北京海淀吴家花园漫考》）

花园的主人是吴鼎昌（1884—1950），字达铨，号前溪。原籍浙江吴兴（今湖州吴兴区），生于四川绥定（今达州）。1903 年获四川官费留学日本，回国后执教于北京法政学堂，后任江西大清银行总监、本溪湖铁矿局总办等职。民国以后，历任中国银行监督、天津造币厂监督、商务部次长、中国银行总裁兼国务院参议、天津金城银行董事、盐业银行总经理。1922 年，任盐业、金城、中南、大陆四行（被称为北四行）储蓄会主任，其准备库的总库设于上海，很快成为中华民国时期南方最强大的金融集团之一的首脑。后接办《大公报》，自任社长，使该报起死回生。次年又兼《国闻周报》、国闻通讯社社长。1929 年任东北政务委员会委员，后改任北平政务委员会委员。1935 年任国民政府实业部部长，后兼国民政府军事委员会第四部部长，1937 年至 1944 年，任贵州省政府主席等职。1945 年 1 月离黔，先后任国民政府文官长兼国民党中央设计局秘书长、总统府秘书长（1948 年 5 月至 12 月）等。期间，蒋介石邀请毛泽东赴重庆和谈的第一封电报（"未寒电"，或省称"寒电"，1945 年 8 月 14 日）即由吴鼎昌起草。1949 年初，蒋介石被迫"引退"后，吴鼎昌亦离宁赴港，次年病逝于香港。[9]

据其经历可知，吴鼎昌常年不在北平居住，但每年花开时，往往在此置酒宴客。[10] 这给了旧京城内各界名人前来赏玩的机会，游人络绎不绝，吴家花园自然成为平郊一时之海棠名园。1936 年春，冰心就曾赴吴家花园观赏海棠，写下了散文名篇《一日的春光》，文中写道："四月三十日的下午，有位朋友约我到挂甲屯吴家花园看海棠，'且喜天气晴明'——现在回想起来，那天是九十春光中唯一的春天——海棠花又是我所深爱的，就欣然地答应了。……斜阳里，我正对着那几树繁花坐下。春在眼前了！这四棵海棠在怀馨堂前，北边的那两棵较大，高出堂檐约五六尺。花后是响晴蔚蓝的天，淡淡的半圆的月，遥俯树梢。这四棵树上，有千千万万玲珑娇艳的花朵，乱烘烘地在繁枝上挤着开！……这一大群跳着涌着的分散在极大的周围，在生的季候里做成了永远的春天！"[11]

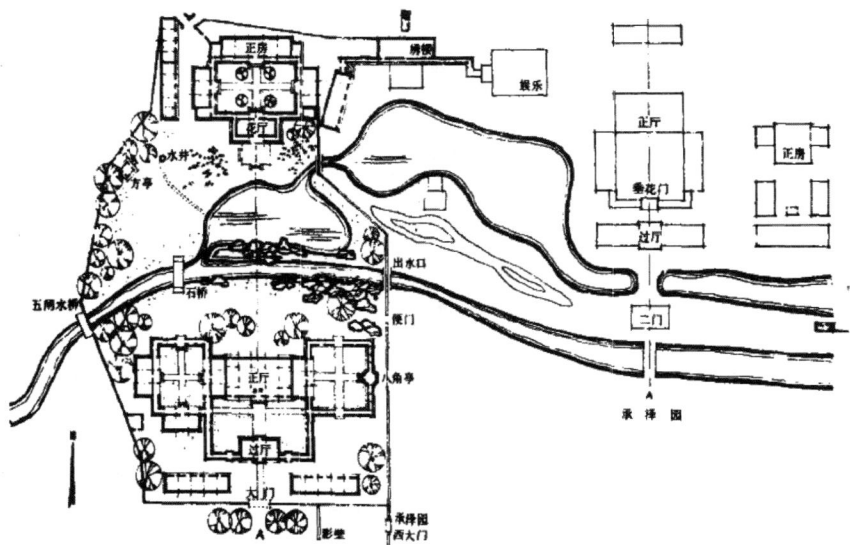

图 2　吴家花园（左）与承泽园复原示意图（图片来源：同上）

与冰心大略同时，陈寅恪曾与友人吴宓等在 1935（乙亥）、1936（丙子）年两度赴吴家花园游观，并作诗如下：

吴氏园海棠二首

其一（乙亥）

此生遗恨塞乾坤，照眼西园更断魂。

蜀道移根销绛颊，吴妆流眄伴黄昏。

寻春只博来迟悔，望海难温往梦痕。[12]

欲折繁枝倍惆怅，天涯心赏几人存。

其二（丙子）

无风无雨送残春，一角园林独怆神。

读史早知今日事，看花犹是去年人。

梦回锦里愁如海，酒醒黄州雪作尘。

闻道通明同换劫，绿章谁省泪沾襟。[13]

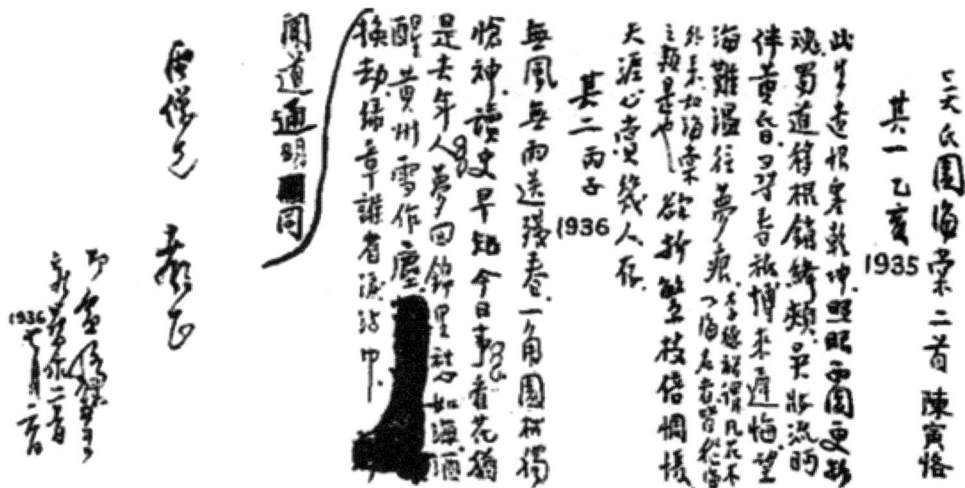

图 3　陈寅恪《吴氏园海棠二首》手迹（图片来源：吴学昭《吴宓与陈寅恪》）[14]

二、最初的解释：吴宓对陈寅恪海棠诗的附注

1926 年 7 月，陈寅恪到清华大学国学院报到，开始了他长达 13 年（1926—1937，1946—1948）的清华园居生活。1935 年初，陈寅恪一家从照澜院（南院，位于清华二校门东南侧，校河南岸）2 号搬至新扩建的西院 36 号（位于二校门以西，

近春园西侧，校河北岸），居住条件进一步改善，[15] 新居距吴家花园也更近一些。

图 4　1936 年 4 月 29 日，陈寅恪及家人摄于吴家花园（最右二人是陈寅恪夫妇）[16]

　　如前所述，陈寅恪一生数次写诗咏海棠，《吴氏园海棠》是其中最早的两首。赏花本应是愉快之事，最多如冰心一样，感伤春天之短暂，可是陈寅恪作诗却以"此生遗恨塞乾坤"一句开头，直抒胸臆，非常少见。由此可知，他必非单纯咏花，而是借海棠花而比兴他事。可究竟其中的古典、今典所指为何事？又是否在暗示和感怀时局？对于这些问题，同游的吴宓给出了最初的解释。

　　《吴氏园海棠二首》作成后，陈寅恪于 1936 年 7 月 6 日录赠吴宓。据吴宓在诗稿后面所写附注："蔚秀园，在京西海甸附近，燕京大学之北邻。本为某王府别墅，近为吴鼎昌（字达诠，[17] 号前溪，浙江吴兴人，盐业银行总经理，后任侍从文官长、贵州省主席）买得。原名萃锦园，以海棠名，吴氏改名曰蔚秀园，宴客赋诗，往游观者甚众。寅恪此二诗，用海棠典故（如苏东坡诗），而实感伤国事世局（《其一》即 Edgar Snow *Red Star Over China*[18] 书之内容——'二万五千里长征'），初未咏题此园，或应酬吴氏也。"[19]

　　由吴鼎昌任职"侍从文官长"时间可知，吴宓注释是在 1945 年 1 月至 1948 年 5

486　|

月间所记，距离陈寅恪将诗作录赠于他至少已有将近 10 年之久。1945 年前后，陈、吴二人均避居成都，稍后吴宓则至武汉任教，[20] 时空的转换使得吴宓在附注中难免出现错乱之处。比如他所提到的蔚秀园、萃锦园，均与吴家花园无关。

蔚秀园在今北京大学西门外，园门南向，与畅春园北墙相对，西、北园墙外即万泉河。初建于康熙年间，名为彩霞园，是皇子胤禑的赐园。雍正时转赐和亲王弘昼，故称和望园。道光以后为肃亲王永锡、敬敏父子的赐园，道光十六年（1836）被转赐给定郡王载铨，改名"含芳园"。咸丰八年（1858）赐醇亲王奕譞，并御赐名曰"蔚秀"，俗称"七爷园"。奕譞去世后，由其子载沣承袭。至 1931 年为燕京大学购得。[21]

吴家花园，位于清代另一座皇家赐园——承泽园的西侧，[22] 始建年代不详，当在咸丰以后。花园的东北部原为承泽园的马圈院，道光时马圈院迁于他处，此地成空地。东南部在道光二十五年之前建有若干座官房和民房院落，并非园林。[23] 至迟在承泽园成为庆亲王园后，其西侧部分才成为庆王别庄。[24] 吴鼎昌于民国十年（1921）从载振手中购得此庄。[25] 1959—1966 年间，彭德怀曾居住此处。该园现被国家安全部占用。

至于萃锦园，是恭王府花园之名，位于北京内城，民国时亦为海棠名园，与在海淀的吴家花园不分伯仲。据张伯驹记载，吴鼎昌"已有其政治金钱势力，复事风雅为诗人。《采风录》中作者皆诼其诗有逸才。吴曾买得逊清庆亲王奕劻挂甲屯园墅一区，轩榭精丽，院有海棠二株，不减溥心畬之萃锦园。[26] 花时置酒宴客，第一日皆银行界人，第二日皆《采风录》中人"。[27] 吴宓误植"萃锦园"之名于吴家花园，与两者皆海棠名园有关。

除了名物颠倒这样的比较容易解决的问题之外，吴宓附注中更难被人察觉的错乱，即以后见之明阐释前诗用典，分析详后。

三、陈寅恪海棠诗用典新释

在最初的解释中，吴宓已将陈寅恪所用海棠典故与"感伤国事世局"联系在一起，尤其是将红色的海棠与"Red Star"（共产党）联系在一起。然而考虑到斯诺著作的初版时间与中译本出版时间，陈寅恪在作第一首海棠诗的 1935 年春是否对共产党、红军所经历的长征已有充分了解，实在大有疑问。即便是已经有较为充分的了解，那也需寻找在当时作者会将两者联系起来的直接因素（心境等）。而如前所述，陈氏当时刚搬入新居，居住条件进一步改善，似不应有"此生遗恨塞乾坤"之叹。

相反，到了吴宓作注之时，国事世局已经斗转星移。陈、吴二人虽然避居成都，但在过从酬答之际都十分关注抗日战争的形势，尤其是中苏关系和国共两党在战后的抉择，见于吴宓所录陈寅恪《忆故居》（诗并序，1945 年 4 月 30 日作）、《玄菟》、《乙酉（1945）七月七日听读〈水浒新传〉后闻客谈近事感赋》、《与公逸夜话用听水斋韵》、《华西坝》、《乙酉八月十一日晨起闻日本乞降喜赋》等诗及相关附注。[28] 从这些情况来看，此时或稍后吴宓（甚至陈寅恪本人）将海棠与长征联系在一起，更具情境的真实。

胡文辉指出了吴宓将海棠诗与红军长征联系起来是不准确的，但却进一步地将海棠与中国共产主义运动联系了起来。他认为"海棠色红，故比喻以红色为标志的共产党"，"蜀道移根销绛颊"一句"是以海棠移植后红色转淡比喻共产主义赤潮的低落"，正是 1935 年陈寅恪作诗时，被国民党军队围剿而被迫长征的红军的写照。[29] 这是受到余英时对陈寅恪诗解释的影响之下，进一步泛政治化和刻意求深的结果。[30]

胡晓明、蔡锦芳先后对胡文辉的笺释提出批评。前者认为海外而来的"海棠花既代表'往梦痕'，……是他们义宁陈氏三代所护持的民族文化的旧理想，同时，也代表了陈寅恪自己从西方多年留学所学来的西方学术文化的新传统，如现代理性、自由精神等"，因而指出，"海棠"形象中所具有的"中西体用资循诱"（陈寅恪《观堂先生挽词》）的两重性，恰是陈寅恪一贯的文化立场。在 1930 年代的那种激烈战争、国共两党你死我活的情境下，这样的文化旧梦，在诗人看来实在是再"难"重"温"。[31] 后者认为陈寅恪的海棠诗确实感情基调是哀挽的，但并非是为共产主义赤潮的低落而哀挽的，而是别有对象。进而引陈隆恪"运移汤沐久更名，溅泪花开旧帝京"诗句为证（见前引），认为"身处前清王府故园，面对色泽变淡不似蜀地鲜艳的海棠，传统文人的伤春惜花情感会很自然地涌上陈寅恪的心头。从'寻春只博来迟悔''天涯心赏几人存''闻道通明同换劫，绿章谁省泪沾巾'等句来看，诗人完全是一种爱花惜花的情感，此花所喻只能是诗人心目中所珍视的东西"，即"前清及前清灭亡以后令人堪忧的国运。……在当时最大的忧虑，应当还是对日本侵略的忧虑"。[32] 此外，张旭东认为陈寅恪的第一首海棠诗，并无特别的思想和故事，只是"抓住这种花的移植历程"，"写出很多颠沛流离之感、迁徙无助之情"。而"避地"则是陈寅恪诗作诸多主题之一。[33]

上述解释虽然在泛政治化和刻意求深上对胡文辉的笺释有所批评，但其仍然未能摆脱时过境迁之后对诗人原意的误读，混淆了两首海棠诗的时间性（尽管只有一年之隔），也没能回归到陈寅恪作为"学者"这一基本立场，从其当时的研究重心来考量诗中用典的含义。

其实，陈寅恪的第一首海棠诗自注引语，已透漏出诗人的微旨，即作者哀挽的对象正是唐武宗会昌年间的宰相、牛李党争中李党之领袖、在唐宣宗大中初年被贬窜至崖州（今海南琼山东南）的李德裕。作者自注所引李德裕之语，出自其所著《平泉山居草木记》。平泉庄为李德裕别业，在洛阳外三十里，"台榭百余所，天下奇花异草、珍松怪石，靡不毕具"，[34] 故自著《草木记》以纪其事，提及所种"木之奇者"，有"天台之金松、琪树，嵇山之海棠、栝桧"，[35] 由此可知海棠对李德裕有特殊意义。而陈寅恪自 1931 年起，对唐史和唐代诗文用力特勤。[36] 也正是在第一首海棠诗写作的前后，1935 年 3 月 31 日他刚刚完成《李德裕贬死年月及归葬传说辩证》一文，并于当年 12 月发表在《中央研究院历史语言研究所集刊》第五本第二分，[37] 说明在作诗前后，陈寅恪对李德裕生平出处极为熟悉，且对其身后之事有过深入的考辨。[38]

不仅如此，综观全诗，与其说是作者为自身或时局而感伤，不如说是为李德裕一生际遇而感怀。今试释如下：

首句"此生遗恨塞乾坤"，[39] 如前所述，散原老人甫至北平一年有余，自 1935 年春始有近郊游赏之举，而此时陈寅恪又刚刚迁入新居，潜心于教书治学，尽管会对时局有所不安，[40] 但总体而言，其时心境应与此句诗相去甚远。无独有偶的是，"遗恨"一词恰恰李德裕《平泉山居诫子孙记》亦有提及："吾尝以为出处者，贵得其道；进退者，贵不失时。古来贤达，多有遗恨。……矧如吾者，于葵无卫足之智，处雁有不鸣之患，虽有泉石，杳无归期。留此林居，贻厥后代。"[41] 李德裕虽"有退居伊、洛之志"，以免遭"古来贤达，多有遗恨"之遇，却终在唐宣宗即位后旋即蒙受崖州之贬，并卒于此地。[42] 这正与"此生遗恨塞乾坤"相符。第二句"照眼"写海棠之艳，典出杜甫"花枝照眼句还成"、韩愈"五月榴花照眼明"等句。作者看到旧京西郊吴氏园海棠绚烂，更念及李德裕之"遗恨"，因此有"断魂"之感。

颔联二句"蜀道移根销绛颊，吴妆流眄伴黄昏"，同样与李德裕的经历相符。李德裕初贬潮州，"犹留心著述，杂序数十篇，号曰《穷愁志》，内有《论冥数》一篇，自序提及其"出镇吴门"（任浙西观察使）八年之后，又节制西南，最后"由西蜀而入"朝为宰相。[43] 而唐宋时，"西蜀"与"吴门"（指苏州，为唐代浙西观察使辖区）所在的江淮地区，都是海棠圣地。北宋人沈立《海棠记序》开篇即言"蜀花称美者，有海棠焉"，《海棠记》又称："海棠虽盛称于蜀，而蜀人不甚重，今京师、江淮尤竞植之，每一本价不下数十金，胜地名园，目为佳致。而出江南者，复称之曰南海棠。大抵相类，而花差小，色尤深耳。"[44] "蜀道移根销绛颊"所指即蜀海棠颜色淡于南海

| 489

棠一事，[45] 不必过于深致其意。

想来李德裕为官浙西观察使、西川节度使时，常与海棠相伴。待到远窜崖州，虽望海欲见海棠所来之地，却难追旧日往梦。念及此处，作者虽然折一支盛开的海棠在手，想到李德裕当年身处天涯的情境，不免倍增惆怅之意，虽然终得返葬洛阳，可是旧人飘落几人存？这就是该诗颈联、尾联所由来。

至于第二首海棠诗，作于 1936 年暮春，并于 7 月加以修订。[46] 此时的北平形势已岌岌可危，远非一年之前可相比拟。1935 年 5—6 月间，随着《何梅协定》《秦土协定》的相继落实，日军侵占北平乃至华北已是指日可待。面对这样的时局，陈寅恪与家人再次游赏吴家花园，不免因"照眼"海棠而感伤时事。这从首联、颔联四句诗可一望而知。但在此后，虽然"看花犹是去年人"，[47] 作者却不再用李德裕的典故，转而用苏东坡海棠诗中典故："先生食饱无一事，散步逍遥自扪腹。不问人家与僧舍，拄杖敲门看修竹。忽逢绝艳照衰朽，叹息无言揩病目。陋邦何处得此花，无乃好事移西蜀。寸根千里不易致，衔子飞来定鸿鹄。天涯流落俱可念，为饮一樽歌此曲。明朝酒醒还独来，雪落纷纷那忍触。"[48]

吴宓称"寅恪此二诗，用海棠典故（如苏东坡诗），而实感伤国事世局"。但实际上所涉及典故的并非仅限于苏诗。首先，苏诗中涉及陈诗第一首的有"忽逢绝艳照衰朽"和"无乃好事移西蜀"，[49] 但这应是陈、苏二人同用唐人"照眼"及《海棠记》等典故而造成的巧合，实则关系不大。涉及陈诗第二首的是"明朝酒醒还独来，雪落纷纷那忍触"。陈寅恪"梦回锦里愁如海，酒醒黄州雪作尘"说的正是苏轼看到海棠而念及家乡，因生"天涯流落"之感，遂饮酒"梦回锦里"。不仅未能解愁，反而明日醒来仍身在黄州，看到花落如雪更添烦闷之意。另外，不知吴宓在提及苏轼海棠诗时，是否把 1937 年 10 月始罹患眼疾，右目失明，至 1944 年底左目亦失明的陈寅恪，[50] 与苏诗"叹息无言揩病目"联系在一起。这同样是错乱了时空。

其次，古人认为相邻的丙午、丁未年通常是国家发生灾祸的年份。因为天干"丙""丁"和地支"午"在阴阳五行里都属火，为红色，而"午""未"在生肖上是马和羊，每六十年出现一次的"丙午丁未之厄"，后便被称为"赤马劫"和"红羊劫"。[51] 1936 年对应农历丙子年，1937 年为丁丑年，虽非羊马之年，但丙、丁之数，必定让陈寅恪联系到时局，并预见到国家和家庭即将遭遇的劫难。所谓"读史早知今日事"即是。"闻道通明同换劫，绿章谁省泪沾襟"，[52] 则凸显了作者的家国兴亡之感。尽管道士可将绿章（道士举行斋醮时上奏天神的章表祝文）直达通明殿，但天界和人间同样都要遭遇"赤马""红羊"之劫，玉皇大帝也无暇批阅处理这些文书，因此只能任由世人悲苦"泪沾襟"。

由此可见，此时海棠的红色，只能加重作者对"红羊"和"赤马"的联想，同样无法与共产主义运动，以及当时正在进行的长征联系起来，更无法解读为陈寅恪一贯的文化立场，尽管此后陈寅恪多次袭用第二首海棠诗的辞义。[53]

四、结语

虽然曾在清华园生活了 13 年，也曾为自沉于颐和园的王国维撰写有纪念碑铭和挽词等雄文，但陈寅恪却很少留下游赏三山五园等故园的诗文，[54] 这或许与他"平生为不古不今之学"和不愿做晚清史研究有关。因此，他在北平陷落前夜能够在与承泽园关系密切的吴家花园留下海棠诗二首，显然有了特别的意义。尤其是，此后陈寅恪曾多次袭用他于 1936 年春所作海棠诗的辞义，也使得这两首海棠诗成为人们借以理解陈寅恪家国情怀的一个重要切入点。然而要想真正理解这两首海棠诗的用典和意境，就应该如罗志田所说，必须对陈寅恪所体现出的一个学人极有分寸的"爱国济世"之苦心，[55] 予以充分的"了解之同情"，并注意区分他在不同时期治学处身之道重心的差异，不宜笼统言之。

作者简介：张雨，男，1983 年生，河南南阳人，中国政法大学法律古籍整理研究所副教授，主要从事隋唐史、中国古代政治制度史、经济史研究。

注释：

[1] 综合清代文献与今人研究结果，畅春园占地约 1200 亩，圆明园与毗邻的长春园、万春园总面积约5200 余亩，清漪园（颐和园）为 3900 亩，静明园为 975 亩，静宜园约 2400 亩。在畅春园、圆明园、颐和园之间，历史上还有蔚秀园、承泽园、淑春园、朗润园、鸣鹤园、镜春园、澄怀园、一亩园、自得园、熙春园、近春园、礼王园等私家园林，成为以三山五园为主体的北京西郊皇家园林区的点缀和衬景。孙冬虎：《清代三山五园的兴建对海淀区域发展的影响》，《全球视域下三山五园文化遗产传承与保护研究》，九州出版社，2017，第 178—179 页。

[2] 侯仁之：《北京海淀附近的地形、水道与聚落》，《北京城的生命印记》，生活·读书·新知三联书店，2009，第 110—128 页。

[3] 李剑亮：《民国词中的圆明园镜像》，《浙江工业大学学报（社会科学版）》，2014 年第 3 期。

[4] 吴宓：《读散原精舍诗笔记》，《吴宓诗话》，商务印书馆，2005，第 291 页。

[5] 陈寅恪：《冯友兰〈中国哲学史〉下册审查报告》，冯友兰：《中国哲学史》（下），华东师范大学出版社，2011，第 337 页。陈寅恪还曾说："我对晚清历史还是熟悉的；不过我自己不能做这方面的研究。认真做，就要动感情。那样，看问题就不客观了。所以我不能做。"石泉：《追忆陈寅恪》，社会科学文献出版社，1999，第 258 页。

[6] 廉南湖（泉）："毕竟文人有真赏，宝山深入不空归。"《送西崖居士东归》（之一），陈衡恪编：《中国文人画之研究》，中华书局，1922，卷首题辞。

[7] 胡晓明：《陈三立陈寅恪海棠诗笺证》，《九州学林》，2005 年第 2 期，第 191 页。

[8] 陈寅恪：《读〈哀江南赋〉》，《金明馆丛稿初编》，生活·读书·新知三联书店，2001，第 234 页。

[9] 王瑞芳：《吴鼎昌》，郭大钧主编：《中华民国史》（朱汉国、杨群主编）第 7 册，四川人民出版社，2006，第 154—159 页。参阅刘国铭主编：《中国国民党百年人物全书》上册，团结出版社，2005，第 1066 页；尚海等主编：《民国史大辞典》，中国广播电视出版社，1991，第 852—853 页；孔庆泰等编著：《国民党政府政治制度史词典》，"中华民国总统府秘书长"条，安徽教育出版社，2000，第 86 页；余世存：《吴鼎昌：通达之才》，《安身与立命》，北京联合出版公司，2016，第 93 页。

[10] 张伯驹：《春游琐谈》，中州古籍出版社，1984，第 221 页。

[11] 程帆主编：《中国最美的散文》，北京教育出版社，2013，第 163—164 页。卓如编：《冰心全集》（第 3 版）第 2 册，海峡文艺出版社，2012，第 455—456 页。

[12] 此句后，作者原注："李德裕谓凡花木以海名者皆从海外来，如海棠之类是也。"

[13] 陈美延、陈流求编：《陈寅恪诗集（附唐篔诗存）》，清华大学出版社，1993，第 20—21 页；吴学昭：《吴宓与陈寅恪》，清华大学出版社，1992，第 81—82 页。按，1979 年蒋天枢据身边残存的陈先生诗稿编成《寅恪先生诗存》，曾收录有这两首诗中的第一首，题目作《燕京西郊吴氏园海棠》，题注曰"甲戌春作"（1934 年），文字与前述手稿略有不同，如"颓"作"厜"，诗注为："李文饶谓凡草木之以海名者皆本从海外来也。"此当是陈寅恪在编订诗稿时有所修订之故，且误记为甲戌年作（如图 3 中，"闻道通明同"系涂抹原句后新添入者，可见在录赠吴宓时，作者已对诗稿作了修订。由此可知作者在将第一首海棠诗录赠吴宓后，亦可能对诗作再作修订。蒋天枢所见即是修订之后的版本）。蒋天枢编：《寅恪先生诗存》，陈寅恪：《寒柳堂集》附录，上海古籍出版社，1980，第 3、12 页。

[14] 吴学昭：《吴宓与陈寅恪》，卷首插图。手稿中的"陈寅恪""1935""1936"等附注为吴宓手迹。

[15] 蒋天枢：《陈寅恪先生编年事辑》（增订本），上海古籍出版社，1997，第 85、91—92 页。刘惠莉：《寻梦难忘前度事——陈寅恪故居》，清华大学校史研究室编：《清华漫话》（2），清华大学出版社，2009，第 219—222 页。

[16] 陈小从：《图说义宁陈氏》，山东画报出版社，2004，第 129 页。

[17] 应为"铨"。

[18] 即埃德加·斯诺《红星照耀中国》，该书初于 1937 年 10 月在伦敦出版，中译本于 1938 年 2 月出版于上海。

[19] 吴宓：《吴宓诗集》，商务印书馆，2004，第 318 页。

[20] 陈寅恪一家于 1943 年 12 月到成都，次年 10 月，吴宓亦到达成都。两人先后于 1945 年 9 月、1946 年 8 月离开，陈赴伦敦治疗眼疾，吴至武汉大学任教。吴学昭：《吴宓与陈寅恪》，第 111、124—126 页。

[21] 张宝章：《蔚秀园新考》，《北京文史资料精选·海淀卷》，北京出版社，2006，第 128—134 页。按，胡文辉已经指出吴宓将吴家花园称为蔚秀园的错误。胡文辉：《陈寅恪诗笺释》（上），广东人民出版社，2008，第 148 页。

[22] 承泽园始建年代未详，道光时名"承晖园"，亦有"春颐园"之名。道光二十五年（1845）赐皇六女寿恩固伦公主，改名"承泽园"。光绪时该园又被赐给庆亲王奕劻。民国年间被载振（奕劻长子，1917 年经总统黎元洪特准，袭庆亲王衔）转卖于同仁堂乐家，解放初期成为张伯驹的展春园。至 1954 年被售予北京大学。张宝章：《承泽园沿革新考》，《京西名园记盛》，开明出版社，2009，第 253—273 页。曾有学者认为，吴家花园与承泽园原为一园，咸丰年间被一分为二，东部即承泽园，西部为载振的庭园，即吴家花园，但张宝章据道光时样式雷图档认为此说非是。

[23] 张宝章：《承泽园沿革新考》，《京西名园记盛》，第 258 页。

[24] 陈隆恪：《(丙子)闰三月九日，同家人随侍大人吴氏花园观西府海棠，归途折游松坛（原注：园即庆亲王承泽园别庄）》。诗曰："运移汤沐久更名，溅泪花开旧帝京。酿醉云霞同绕杖，怀春风态欲倾城。伶俜自媚香尘散，邂逅无端笑语盈。尽日骋游如赴约，松坛霜栝揽余情。"陈隆恪：《同照阁诗集》，中华书局，2007，第146页。丙子闰三月九日，即1936年4月29日。图4中最左三人即陈隆恪夫妇及其女陈小从。

[25] 李临淮编著：《北京古典园林史》，中国林业出版社，2016，第216页。

[26] 溥心畬即恭亲王奕䜣之孙，启功有《司铎书院海棠二首》，诗序曰："恭邸萃锦园，心畬先生嗣居之。余少时问业，常登堂庑。后归辅仁大学，改建司铎书院。院中海棠，花仍繁茂。励耘师命赋之，得长句二首。"《启功全集》第6卷，北京师范大学出版社，2009，第9页。

[27] 张伯驹：《春游琐谈》，第221页。按，《采风录》是吴鼎昌主办的《国闻周报》的专栏，自1927年7月3日期开始连载旧体诗词。1932年，国风社从所刊诗词中选编《采风录》一书（全二册），由天津国闻周报社出版发行，其中诗类部分前由陈三立题署"采风录"三字。陈三立居庐山时，于1933年7月主持庐山"万松林"诗会。此次诗会是由《国闻周报·采风录》主编曹经沅（时任国民政府行政院秘书，1935年4月乘张学良飞机由武汉转重庆而赴任贵州省民政厅长，见张友坤等主编：《张学良年谱（修订版）》，社会科学文献出版社，2009，第574页）发起，事后编辑出版了《癸酉庐山雅集诗草》（陈三立作序），陈隆恪亦是作者之一。稍后，陈三立自庐山赴南京，曹经沅又组织重阳日登高赋诗，并留下了《癸酉九日扫叶楼登高诗集》（陈三立题写书名）。在南京度过生日（农历九月二十一，1933年11月8日）后，陈三立在陈寅恪夫人唐筼护下抵达北平，寓居于西四牌楼姚家胡同3号。但自1935年春起，始其在家人陪侍下至平郊阳台山（大觉寺）、八大处、海淀吴家花园、香山、极乐寺（五塔寺东）等游赏，此前仅在城内偶有雅集活动。马卫中、董俊珏：《陈三立年谱》，苏州大学出版社，2010，第514—529页。参见沈卫威：《文学的古典主义的复活——以中央大学为中心的文人禊集雅聚》，丁帆主编：《多元视野中的中国现当代文学研究》，南京大学出版社，2011，第178—180页。由此可知，1935、1936年陈寅恪与亲友、家人两次赴吴家花园赏海棠，当是受《采风录》相关人士之邀。

[28] 吴学昭：《吴宓与陈寅恪》，第117—123页。

[29] 胡文辉：《陈寅恪诗笺释》，第149—150页。

[30] 学海无涯：《义宁心史教外传？读〈陈寅恪诗笺释〉》，豆瓣网，网址：https://www.douban.com/review/1536153/；发布时间：2008–10–26；最近访问日期：2018–5–17。

[31] 胡晓明：《陈三立陈寅恪海棠诗笺证》，第202—203页。

[32] 蔡锦芳：《陈寅恪〈诗集〉中咏海棠系列诗试解——兼与〈陈寅恪诗笺释〉之作者胡文辉商榷》，张伯伟、蒋寅主编：《中国诗学》第16辑，2012。

[33] 张旭东：《陈寅恪先生海棠诗》，《东方早报》，2013年9月22日，B12版。

[34] 周勋初主编：《唐人轶事汇编》卷23，引《剧谈录》《贾氏谈录》，上海古籍出版社，2015，第1278—1279页。

[35] 李德裕：《李卫公会昌一品集·别集》卷9，《丛书集成初编》第1859册，中华书局，1985，第232页。

[36] 蒋天枢：《陈寅恪先生编年事辑》（增订本），第99页。

[37] 陈寅恪：《李德裕贬死年月及归葬传说辩证》，《金明馆丛稿二编》，生活·读书·新知三联书店，2001，第9—56页。

[38] 1936年，陈寅恪还在校读《旧唐书》卷177《刘邺传》时，对刘邺奏请允许李德裕归葬一事，眉识云："李德裕于大中六年已归葬洛阳，故此疏乃伪造也。"蒋天枢：《陈寅恪先生编年事辑》（增订本），第108页。此条亦可见陈寅恪对李德裕事迹的熟悉。

[39] 胡文辉在笺释此句时，引陈氏1964年枕上诗"遗恨塞乾坤"为证。胡文辉：《陈寅恪诗笺释》，第

149、1254—1255 页。所提及枕上诗，原题《枕上偶忆〈建炎以来系年要录〉所载何缜绝命诗，因戏次其韵，亦作一首，诚可谓无病而呻吟者也》："元亮虚留命，灵均久失魂。人生终有死，遗恨塞乾坤。"陈美延、陈流求编：《陈寅恪诗集（附唐篔诗存）》，第 132 页。按，两诗虽然都用"遗恨塞乾坤"，但作者所处环境、心境均大不同，不可同日而语。

[40] 1932 年，罗香林离开北平，赴广州中山大学任职后，曾致信陈寅恪解释原因。1933 年元旦，陈寅恪回信罗氏，言及"近日时局如此，华北前途尚难预测"云云。卞僧慧：《陈寅恪先生年谱长编》（初稿），中华书局，2010，第 150 页。

[41] 李德裕：《李卫公会昌一品集·别集》卷 9，第 231 页。

[42] 参见张雨《致力中兴的最后一位宰相——李德裕》，刘后滨等：《隋唐顶级文臣》，花山文艺出版社，2007，第 233—250 页。

[43] 《旧唐书》卷 174《李德裕传》，中华书局，1975，第 4528—4529 页。

[44] ［宋］沈立：《海棠记序》《海棠记》，《全宋文》卷 640，第 30 册，上海辞书出版社、安徽教育出版社，2006，第 116、119 页。

[45] 张旭东《陈寅恪先生海棠诗》也提及此问题。

[46] 晚于陈寅恪一天到吴家花园寻春的冰心，感叹道："今年到处寻春，总是太晚。"因此当友人在三四天之后再次约她去吴家花园时，冰心没有同意，因为她"知道那时若去，已是'落红万点愁如海'，春来萧索如斯，大不必去惹那如海的愁绪。"卓如编：《冰心全集》（第 3 版）第 2 册，第 456 页。同样，陈寅恪在第二首海棠诗中也写到"无风无雨送残春"。

[47] 此句亦有化用刘禹锡诗"紫陌红尘拂面，无人不道看花回""种桃道士归何处，前度刘郎今又来"之意。

[48] ［宋］苏轼：《寓居定惠院之东，杂花满山，有海棠一株，土人不知贵也》，［清］王文诰辑注：《苏轼诗集》卷 20，中华书局，1982，第 1036—1037 页。定惠院，在黄州（今湖北黄冈）。元丰三年（1080）二月，苏轼初到黄州。因"乌台诗案"而被贬授检校水部员外郎，充黄州团练副使的他正处在人生低潮期。

[49] 按，陈寅恪第一首海棠诗虽然与苏轼此两句诗相关，但如前所述，与苏诗关系不大。吴宓所说不确。

[50] 卞僧慧：《陈寅恪先生年谱长编》（初稿），第 179、224—225 页。陈寅恪先生是在父亲散原老人去世后，因视网膜脱落而致右目失明，但为了及早离开北平，决议暂不做手术，随着清华师生南下长沙临时校址。复辗转辗徙至成都后，左目亦失明，虽经手术但效果不佳。当时吴宓恰好因休假自昆明来成都燕京大学讲课，得以时时探视。

[51] 《汉语大词典（普及本）》，上海辞书出版社，2012，第 2236 页。

[52] 胡文辉认为尾联二句用宋人陆游《花时遍游诸家园》"绿章夜奏通明殿，乞借春阴护海棠"为典（《陈寅恪诗笺释》，第 153—154 页），但实际上与唐人李贺《绿章封事〈为吴道士夜醮作〉》"绿章封事诉天公，金簿纸划书星宿"元父，六街马蹄浩无主。虚空风气不清冷，短衣小冠作尘土"的情境亦有相合之处。引文见［唐］李贺著，［清］王琦等评注：《三家评注李长吉歌诗》，上海古籍出版社，1998，第 47—48 页。

[53] 胡文辉：《陈寅恪诗笺释》，第 152—153 页。

[54] 陈寅恪 1927 年至静明园游玩，留下了一首《春日独游玉泉静明园》："犹记红墙出柳根，十年重到亦无存。园林故国春芜早，景物空山夕照昏。回首平生终负气，此身未死已销魂（原注：徐骑省南唐后主挽词：此身虽未死，寂寞已销魂）。人间不会孤游意，归去含凄自闭门。"《陈寅恪集·诗集（附唐篔诗存）》，生活·读书·新知三联书店，2001，第 11 页。据此，他在 1917 年前后也曾到经静明园游玩，但未留下诗作。又据蒋天枢《陈寅恪先生编年事辑》（增订本），其初游静明园应于 1915 年春。陈寅恪时任经界局局长蔡锷秘书，为时甚短（第 36 页）。而此前或此后数年间，其人均不在京（见同前书，第 31—41 页）。

[55] 罗志田：《陈寅恪的"不古不今之学"》，《近代史研究》，2008 年第 6 期。

试论京西古建筑遗址的复建和保护

赵芬明

引言

海淀区位于京城之西。西侧西山横列，东侧平原广袤，区内十条河流贯穿全境，这里有山，有水，有平原，地理位置独特，自古就是理想的宜居之地。

北京号称六朝古都，古建筑星罗棋布。受此影响，海淀区内文化古迹众多，尤其是散落在西侧群山之中的不计其数的各式寺庙殿宇，灿若星辰。分布在平原地带的各色御苑、赐园，散落其间，错落有致；构成了一道独特的集古代建筑、园林艺术、山形水系于一体的靓丽风景。

上可追溯到北魏时期，当政者就开始在西山一代修建寺庙殿宇。其后的隋唐、辽金元明清多有增建扩建。卧佛寺的铜卧佛，八大处的辽代砖塔，法海寺明代的壁画，大觉寺明代的木雕，香山碧云寺的五百罗汉，皆是宝贵的艺术珍品。这是祖先给我们留下的，不可多得的，无法复制的，独一无二的宝贵文化遗产。

然而这些灿若明珠的古建筑群，在鸦片战争后的两次浩劫中几乎被破坏殆尽。尤其是号称"万园之园"的圆明园，在 1860 年被英法联军一把大火烧毁。不仅如此，这次浩劫还殃及了颐和园、西山等处的一些古建筑群。1900 年八国联军的入侵，再次让这些文化古迹遭到灭顶之灾。两次浩劫之后，仅留下一些残旧的遗址，尚可辨认布局形制的古建筑寥寥无几。

这几年随着我国经济高速发展，文化古迹的保护工作也越来越受到政府的重视，对一些保存较好的古建筑群进行了大规模的修复，取得了一些可喜的成绩。

我们为什么要保护这些古文化遗产？因为这些浸透着祖先汗水的古文化遗产，不单单是僵死的古迹，它们是有温度的。其中包含着古人思想、智慧、审美观念，时代特征，风水布局等于一身。

自上古时代有巢氏造屋，历经5000多年，形成了一套完整的建筑体系。其中最重要的就是风水布局，古人有"避风如避箭"之说。所谓风水就是说，我们居住的居所要避开潮湿的水气和琢磨不定的风气，以免对人体造成伤害，从而达到健康长寿的目的。

这一理念是从道家文化的阴阳、五行演化而来。有人一提到"风水"，就觉得这是故弄玄虚。其实不然。通过考古发掘，我们在海淀为数众多的文化古迹建筑群当中发现，古人为了避免潮气对人体的侵蚀，就在房屋殿宇地基下夯实厚厚的灰土，这样地下的潮气就无法返上来，能给人营造一个干燥舒适的居住环境。

再比如，古代建筑一般都建在背山临水朝阳之地，这样的布局是为了采光，又借助背面的山脊，阻挡北方来的寒冷空气；而南面临水，是为了消解酷夏的暑气。不仅如此，古代相对来说生产力低下，物质没有那么丰富，水源、食物来源是生活中的一大问题，这种背山临水的布局，上山可以打猎、采摘，下河可以打鱼摸虾，给人们的生活带来了极大的方便。

海淀区虽然文物古迹众多，但是从整体保护和复建的情况来看，诸多方面还不尽人意，甚至有些古建筑遗址遭到了毁灭性的破坏，这些现象不能不引起我们的注意。

通过实地考察发现，一些没有资质的单位和个人，受经济利益的驱使，圈地赚钱，在没有经过相关单位考古发掘论证的情况下，打着开发旅游和宗教的旗号，擅自改动古建筑原有布局，臆造一些山寨版的"古建筑"，不顾《中国文物古迹保护准则》之规定，使用现代建筑材料，把古色古香的建筑物修建成四不像的房子。

西山的八大始建于隋末唐初，八座古刹分布于群山之间，历经辽金元明清修建而成规模。而现在除了少数古基址，大部分都是现代仿造的山寨版建筑，表面上看气势恢宏，实则不伦不类。这样一来，不仅把原有仅存的古代建筑遗址完全破坏，还改变了古建筑群的原有布局，对这些遗址造成了无法估量的损失。

阳台山公园的金山寺古刹，因有金山泉而得名，号称西山八大水院之一。自辽代开始就修建了"金水院"。至金代章宗完颜璟时，在此设立巡游驻跸之所，又建庙

图 1　金山寺夹杆石

图 2　复建中的金山寺

宇，至清代达到鼎盛。可谓历史悠久，但现在复建的寺庙，使用了红砖和水泥等建筑材料。最为严重的是，寺庙门前的一组夹杆石，被复建者挪移到金山泉边，还在石身上刻上了"金山泉"三个篆字。

不但如此，景区内现代建筑侵占十分严重，金山寺东北侧的古塔，被后来者翻建成不伦不类的怪物，很多老构件躺在杂草当中，弃之不用，严重违背了文化古迹保护的宗旨。

法海寺始建于明朝正统年间，历时八年才完成。寺内的壁画，吴带当风，精美绝伦，有极高的艺术价值。是后世无法超越的巅峰之作。而在闭馆修复期间，山门内侧使用三合板包装，上面用辊筒涂漆。

还有的公园为了方便游客参观，随意开山劈石，修建栈道，拓宽道路，严重地破坏了古建筑群原有的布局和意境。

值得庆幸的是，北京市政府西山、永定河文化带建设政策及时出台，海淀区政府下大力气推进三山五园历史文化遗产和西山文化带的保护，无疑给这些宝贵的文化遗产，带来了新的希望。

古遗址保护与建设的六步

但是，怎么保护？怎么建设？这是摆在每个文物工作者面前的一个重要问题。为了避免重蹈覆辙，走老路，我个人认为应该严格遵从《中国文物古迹保护准则》之规定，还原这些文化古迹的真实面貌，这样不但是对自己的尊重，也是对祖先的尊重。我认为要做好这些工作还需要分几步走。

第一步：重新调查古文化遗址，摸家底。

我们首先要做的是，对辖区内所有的地上地下文物古迹进行一次大调查，摸清家底，心里要有一本账。目的就是要搞清楚古文化遗址的现存状况，该申报的申报，该设立标志的设立标志；该提升级别的提升级别；该清退的清退；该收回的收回。

确定保护措施，明确责任人。对新发现的古遗址，做好档案和评估。详细的记录，提交调查报告。其中内容包括古遗迹的位置、保存现状、残存的遗物、古迹的性质、大概布局、分布的面积、存在的问题和建议。为下一步考古发掘和保护规划做准备。

第二步：考古发掘、设计、保护规划同步进行。

考古发掘的意义在于可以详细地了解遗址结构、分布情况。其中包括房屋殿宇的开间数量、进深数据、台明、散水、院落布局、路网、地下排水系统等结构。通过科学的考古发掘，还可以通过建筑基址残存遗留的文物，确定殿宇寺庙各部位所使用的建筑材料；通过这些建筑材料，还可以还原其制作工艺，推断殿宇寺庙的规格级别以及年代。

举个例子：从基址中出土的柱础石尺寸就可以推断出房屋檐柱、金柱的直径、高度。从基址开间数据、条砖的尺寸、房间的布局，就可以推断殿宇的高度以及使用功能。

甚至于从基址出土的陶片、瓷片，就可以推断当年主人的喜好、社会地位，以及瓷器的窑口和制作工艺。从瓷片的纹饰可以看出当年人们的审美观念和风俗习惯。每件文物都是有温度的，记载着诸多信息，是一个时代的缩影，从这些残留的器物当中我们可以窥见当时社会的面貌。

这些科学的考古研究可以为之后的复建和保护，提供一整套的精准数据。

以往的复建项目，大多是先考古发掘，然后提交报告、图纸；再由设计部门按图索骥完成设计；之后交给施工方照猫画虎。这样的流程弊端很多，相互之间脱节，各自为政，盲人摸象，不能很好地还原古建筑的原有风貌。

基于这些原因，以后的考古发掘应该由设计部门、施工部门参与其中。边考古边设计，三家联动，达成共识，或保护，或复建，避免文化遗址长时间暴露，遭到毁坏，这样才能更好地展现古建筑的风采。

对于保存比较好的，信息全面的古建筑，原址原建。对于那些破坏严重的遗址，不需要复建的基址，要制定完整的保护计划，最大限度地减少人为干预。

这就要求考古工作者要具备更高的技术水准，不但能准确地断定古建筑的年代、性质、结构，而且还要了解古建筑各部位的构件，以及土石瓦作等建筑方法。而设计者和施工方也需要具备比较专业的文物考古知识。

第三步：政府以招标的方式，招募技术水平高超的，专业的古建筑队伍，严禁层层转包，发包。

对于已经立项复建的项目，由政府牵头采取公开招标的方式，招募高水平的设计和施工单位。确保古建筑复建的严肃性和准确性，避免层层转包而催生出腐败，生产出"四不像"工程和"山寨版"的古建筑。

第四步：复建、保护严格遵照《中国文物古迹保护准则》的规定进行。

在古建筑复建的过程当中，应该严格遵照《中国文物古迹保护准则》的规定进行。本着修旧如旧的原则，尽可能利用原物、老件，最大限度保存文物建筑原始部分，尽量避免添加和拆除。对于在古建筑中残存的构件能修补利用的都要加以修补再利用。对必须要替换的部分，采用同时代其他建筑上拆除下来的旧料，以保持品格和个性。在施工过程当中，应该仔细研究维修方案，需要维修加固的地方，尽可能控制在建筑物内部，避免对建筑外貌做大的改变。

圆明园文物科的张建忠老师，在一亩园拆迁之后，就开始带领人马从废墟当中到处搜罗老旧的砖石瓦料，在三年的时间里，他们搜集了数以万计的老料，分类堆集在宫墙内侧，被人称之为文物长城，远远望去颇为壮观。前些时候圆明园修复紫碧山房宫墙，这些老料被派上了用场。

我们在维修和复建过程当中，应该保证文物本体的原来形制和结构不变。

尽量少更换原来构件的材料，维持原来构件的质地、成分、颜色不变；在非更换不可的情况下，应采取挖补、榫接、填充和化学加固手段尽可能多地保存原构件，更新件的材料、质地乃至形式、色调都应与原来相同。

在施工过程当中，不得不使用现代材料的时候，应该采取"暗作"的方法，尽量做到隐而不露。对于使用现代建筑材料如水泥等，尽量不用或少用；在实施操作时尽量避免损伤原构件有纹饰的部分。

坚持采用古法工艺，对残存的古遗址部分，应该合理地加以利用。后复建的部位应该标刻暗记，包括年份、施工单位等信息。这样才能体现文化古迹的沧桑之感。如此，好似一件旧衣服，虽然打了许多补丁，却不失原有的风格。这一点，圆明园复建的"碧澜桥"就是一个很好的范例。

众所周知，西山的历史悠久，现存的大多是明清时期的古建筑。而这些古建筑基址下面，还有可能叠压着元、金、辽，乃至唐代和北魏时期的古建筑基址，对于这些叠压在下面的基址，在复建的过程当中可以局部采取开"明窗"的方法，将这些残存的不同时期的基址展现在公众面前。

复建使用的新材料，也要采用古法制作工艺。比如琉璃瓦，也应该使用模具手工制作，如此才能更加接近古建筑原有的风貌。

第五步：施工过程中要有考古专家和古建专家监督监理。

上面说过，考古发掘时应该有设计者和施工方参与其中，为的是相互沟通，互通有无。而不是各自为政，闭门造车。同样在古建筑复建施工的过程中，也应该有考古专家和古建专家作为监理参与其中，防止偷工减料以次充好，或者毁坏残存古基址的现象发生。

第六步：验收，完成。

古建筑复建完工之后，应该由第三方考古和古建专家勘验工程。本着对古建筑尊重和负责的精神，验收时施工方应该回避，验收完成之后应该由验收方提交报告，肯定合理的部分，否定不合理的部分。多说实话，少吹捧。对于违规操作的施工单位，应该实行严厉的惩罚措施，比如罚款，禁止入市等。如此才能最大限度地还原历史原貌，给后人一个很好的交代。

结束语

一个没有文化的民族是没有灵魂的民族。文化古迹承载着历史信息，见证了祖先们所走过的艰辛之路。文化古迹是活化石，是祖先们勤劳智慧的结晶，包含了道家、儒家文化和理念，和我们中华民族血脉相连。这些文物古迹穿越数千年历史的云烟，保存到今日，确是不易，我们应该倍加珍惜。

北京地区创建文化带，北边有长城文化带，东西贯穿平谷、密云、怀柔、昌平和延庆；东边通州的大运河文化带；西南门头沟的永定河文化带。这些文化带各具特色，交相辉映，争奇斗艳。各区都不甘居人后，都在为创建本区高品位的古文化建设而努力，这是一场看不见硝烟的大竞赛。究竟谁能拔得头筹，让我们拭目以待！

位于海淀的三山五园文化带，以其独特的地理位置和星罗棋布的古文物遗址建筑群，而声名远播，在北京众多的文化带当中独树一帜。在构建三山五园文化带的过程当中，我们应该具有踏踏实实的工匠精神，不急不躁，有条不紊，稳中求快，争取把海淀的三山五园打造成无人能够超越的里程碑式的工程。

由此，我们考古工作者和文化工作者肩上的担子更重了，责任更重了。这就需要大家一起同心协力，努力钻研，不断进取，不辱历史使命。

作者简介：赵芬明，男，1966年生，满族，北京市文物研究所圆明园考古课题组高级技师。

论北京西山红色文化的政治价值

李彦冰

中国共产党北京市第十二次党代会报告中对北京加强"全国文化中心"建设提出了诸多具体措施，提出"构建涵盖老城、中心城区、市域和京津冀的历史文化名城保护体系，统筹长城文化带、大运河文化带、西山永定河文化带建设"。为推动文化改革发展，提出要"深化对首都文化、红色文化、京味文化等历史文化资源的研究利用"。西山文化带建设和红色文化建设被写入北京市党代会，说明从北京市决策层面对北京全国文化中心建设的宏伟目标有了具体的实施路径。西山文化带作为一个多文化样态的地理区域，红色文化本身就是西山文化的一个重要构成部分。因此，以政治的视角研究红色文化并发掘其政治价值具有十分重要的意义。

当前西山红色文化研究具有碎片性和非系统性特征。研究三山五园的著名学者岳升阳曾这样定义西山："狭域'西山'只包括距城最近、文物密度最高的区域，包括海淀区、石景山区全部山地，门头沟区永定河以北的部分区域以及昌平区比邻上述区域的部分山地，同时也包括少量 山前平原区，特别是清代'三山五园'的平原部分，长河历史文化廊道也在其中。"[1] 这一地理区域所曾经孕育的、正在生长的或与之相关的人类生活要素及其所积累起来的物质财富和精神财富，均被称为西山文化。当前关于西山的研究多集中在西山的地质、生态、生物多样性等方面，研究呈现出一定的深度。但关于西山文化的研究还处于起步阶段，主要集中于对西山文化带提出的政策解读、地理区域界定、文化类型的区分、文化带的保护、开发与利用等大的方面，体现出宏观性与战略性、非系统性与零散性、表层性与外显性等特征。这种研究状态与西山文化带深厚的文化内涵、丰富的文化多样性、多层次的文化立体性等基本现状极不相称。

西山红色文化是众多西山文化形态中一种很特别的文化类型，同时也是一类很重要的文化资源。目前对西山红色文化的研究基本是对曾在西山发生的具体革命历史事实的发掘，如共产党员对西山会议派错误思想的批判，抗战时期平西、平北抗日根据地的抗日活动，房山云霞岭的战歌等。还有一些内容散见在《北京地区抗日运动史料汇编》《昌平革命史》《丰台地区革命斗争史料汇编》《门头沟革命史》等地区革命史料中；这些资料均属于地区革命史的资料汇集，既缺少对典型事件和典型人物的深入发掘，也缺少对红色文化这一独特现象一般特征的系统梳理和归纳。按照历史分期来看，不同的革命时期在西山扮演了不同的角色，也留下了风格不同的红色印迹，马克思主义在西山地区的传播、孙中山主导的北伐革命、西山的抗战活动、北平的和平解放直到今天在此开展爱国主义教育活动，这些活动里蕴含了西山作为红色基因传承的历史脉络，而每一个阶段里都蕴含了丰厚的红色革命的精神遗产。但这些精神遗产的政治价值、文化价值还没有学者进行系统的发掘和整理；对这些活动中所蕴含的内在精神还缺乏有条理的提炼。总之，西山红色文化还缺少一个有条理地展现全貌的完整图景，这也是当前西山红色文化研究的缺陷所在。

一、西山红色文化是中国特色社会主义文化的有机构成部分

习近平总书记在党的十九大报告中谈到中国特色社会主义文化时，认为"中国特色社会主义文化，源自于中华民族五千多年文明历史所孕育的中华优秀传统文化，熔铸于党领导人民在革命、建设、改革中创造的革命文化和社会主义先进文化，植根于中国特色社会主义伟大实践"。[2] 这一论断，讲清了中国特色社会主义文化的来源和内涵。党领导人民形成的革命文化是中国特色社会主义文化的题中应有之义。

任何一种优秀文化的形成都不是一蹴而就、凭空而来。优秀文化来自物质、精神和制度经过时间沉淀后的积累；优秀文化来自火热、丰富和生动的社会实践；优秀文化来自对历史事实真相深度挖掘后所凝练的感人至深的精神力量。以此来看，西山红色文化来自中国现代史上西山地区近百年的革命斗争历程、革命斗争实践；也是这一地区革命斗争过程中以马克思主义为指导所形成的集体主义、爱国主义精神的集中展现。

西山红色文化是中国特色社会主义文化的有机构成部分。西山红色文化在精神

特质上与党领导人民所形成的革命文化是一致的，西山红色文化是党领导人民形成的革命文化的一个缩影。党领导人民形成革命文化所经历的过程在西山红色文化中都有体现。创党时期马克思主义最先在北京地区传播，而其发源地就在北京大学，而畅春园的原址就在今天的北京大学，这种地缘因素是两者具有紧密关系的重要证据；大革命时期，孙中山先生为完成国家统一只身北上，但最终革命未成身先死，1925年4月2日灵柩暂厝香山碧云寺，至今在孙中山纪念堂大厅内的墙壁上还镌刻着"孙中山致苏联遗书"的全文；全面的全国性抗战开始以"卢沟桥事件"为标志；解放战争期间，北平和平解放的协议就是在西山附近签署的。这只是西山所发生的众多革命斗争事件的冰山一角，西山的烽火斗争跟中国现代史的发展进行同向同步，很多事件在中国现代史上都具有标志性意义。时至今天，这些烽火印迹还在发挥作用，成为当下开展爱国主义和集体主义教育的基地，进一步发挥传承红色基因、弘扬民族精神的作用，为新时代建设中国特色社会主义的实践提供精神动力，这种传承本身也是中国特色社会主义文化建设实践的一部分。

西山红色文化所体现的坚决的斗争精神为中国特色社会主义文化的内涵增添了素材。在《丰台地区革命斗争史料选编》中曾记录了"卢沟桥一带农民抗'花生捐'的斗争"：1934年的秋天，国民党宛平县政府发布了一条全县征收"花生捐"的命令，并派出丁役到各村去征收。各村就开始抗捐，到县政府门前集会抗议。站在县长面前的一个山东农民，义正辞严地和县长讲理，由于有满院子乡亲们的支持，他越说越有劲，越说道理越明白，群众的劲头也来了，大家斩钉截铁地说：一、不答应取消花生捐，绝不离开这里。二、不放回代表，绝不离开这里。[3]

西山红色文化真正体现了革命斗争的复杂性和惨烈性，这与中国特色社会主义革命文化的特点是一致的。西山红色文化是革命先辈用鲜血铸就的。抗战初期，房山地区共产党队伍面临的抗战形势复杂、艰巨。一方面，要开辟根据地与日军作战，另一方面还要防范国民党部队和当地民团匪徒的袭扰，同时还要受到当地落后文化的制约。杨成武接受时任晋察冀军区司令员兼政委聂荣臻的命令，处理五支队司令员赵侗逃走事件时的遭遇就能说明这一点。杨成武接到命令后，率领二团二营和分区特务营，直奔宛平县斋堂。二团二营在营长王茂全带领下，来到房良联合县一区霞云岭一带。由于当地经济文化落后，多数村庄被少数地主豪绅控制。此时，霞云岭民团头子杨天沛、王家台村地主杨万芳等一伙匪徒，认为与八路军对抗的时机已到，勾结其他匪徒千余人，分两路对八路军进行袭击。八路军三次突围未成，后分散突围因道路不熟又遭遇埋伏，"有的被捉住，有的被枪杀或活埋。土匪极为野蛮凶残。有个土匪名叫任成顺，他听说吃人心可以治心口疼，便将一名年轻战士在柳树上吊了一夜，第二天早上，他将这名战士踹倒，用尖刀剖腹取出心脏，送给了他老丈人吃"。[4] 后来，敌人扑进村子，又将未能撤出的战士杀害，驻王家台的八路军战士数十人牺牲，这就是震惊平西的王家台惨案。

二、西山红色文化是北京全国文化中心建设的重要资源

党的十九大报告关于北京的建设提出"以疏解北京非首都功能为'牛鼻子'推动京津冀协同发展"，这勾画了北京未来五年的发展重点之一。北京市第十二次党代会的报告中提出了"建设全国文化中心"的目标。这需要北京市在配合完成国家战略的同时，充分挖掘北京的文化资源以达成这一宏伟目标。

文化资源是人们从事文化生活或生产的前提和条件，是人们所从事的与文化生活有关的生产生活内容，多数情况下是指能够产生直接或间接的经济利益的精神内容。北京全国文化中心建设需要充分挖掘北京地区的文化资源以服务于这一目标的达成。北京的文化资源极为丰富，包括以京味文化、皇城文化等为内容的地域文化和传统文化，以革命活动为核心的红色文化，以实干改革为核心的现代创新文化，以消费主义为特征的都市文化和众多非物质文化遗产等。这些文化资源是北京打造全国文化中心建设的重要保障。自建党以来所沉淀的红色革命文化和社会主义建设所沉淀的文化遗产是北京建设全国文化中心的文化资源之一。西山红色文化集中诠释了北京精神里的"爱国"思想。1943 年 10 月，曹火星同志在房山霞云岭创作了《没有共产党就没有新中国》的歌曲，这被称为"深山里飞出的不朽战歌"。

西山红色文化作为政治文化的一部分是维系党所领导的政治体系完整性的重要力量。美国著名政治学家阿尔蒙德认为，政治文化是一定时期内一个民族特定的政治态度、政治情感和政治信仰，它是由本民族的历史和当代社会、经济、政治进程所促成。西山红色文化产生于中国共产党诞生以来领导人民所进行的历次斗争，它作为一种精神遗产包含了人们对革命、自由解放、国家统一及美好生活的向往，它是中华民族苦难斗争历史的文化结晶。美国政治学家派伊认为，政治文化又是政治系统中的主观因素，其作用在于赋予政治系统以价值取向。它是维系政治体系运转的重要支撑力量。政治学的研究表明，积极肯定性的政治文化对维护政治体系的稳定性有很大帮助。"积极肯定的同质的政治文化反映出大多数公民内心深处对现行政治体系的认同，感情上的依赖与积极的评价，他们愿意遵守该体系的政策、法律及法

规等硬性的制度，接受政府的领导，并积极维护现行政治体系的正常运作。这一政治文化意味着政治体系获得了较多的政治合法性、公信力及权威性资源，该体系输出的政策能够顺畅地执行，法律法规具有较高的效力。"[5] 这一点在当前互联网文化兴起的背景下尤其具有现实意义。一方面，互联网文化里的众声喧哗有积极的向上的力量，同样也会存在落后和腐朽的文化形态，甚至于否认民族精神、否认革命历史、调侃革命英雄的历史虚无主义大行其道，在这样的情况下，西山红色文化作为真实的历史沉淀的文化资源，可以成为抵制历史虚无主义的重要力量，并扮演中坚角色。另一方面，北京要树立全国政治中心、文化建设中心的形象，北京西山红色文化恰恰可以成为可资利用的资源发挥作用。一言以蔽之，西山红色文化作为一种积极的肯定性的政治文化对维护党的政治合法性、增强其权威性，对于维持政治体系的运转产生积极作用。

三、西山红色文化是国内外民众认同中国的载体之一

党的十九大报告提出，要牢牢掌握意识形态的领导权就必须"建设具有强大凝聚力和引导力的社会主义意识形态，使全体人民在理想信念、价值理念、道德观念上紧紧团结在一起"。[6] 很显然，党凝练提出的社会主义核心价值观是社会主流意识形态的重要构成部分。对于如何深入贯彻社会主义核心价值观，人们提出了很多策略和方法，其中关注挖掘中华传统文化的人文精神、道德规范、思想观念为这一目标服务，已经被写入了十九大报告。在现实的传播工作中，传播工作者也从这一方面做了探索和实践。西山红色文化同样可以担负这样的任务和功能，可以在引导国内民众认同社会主义核心价值观方面发挥作用。

政治体系要正常运转，政治统治要延续下去，有赖于合格的政治公民的培养。这需要有大量丰富的载体向民众输入与党的主流价值合拍的价值观念。西山地区所隐含的革命遗址遗物、抗敌故事、已故革命家的运筹决策、所流传的革命丰功伟绩，都是传播核心价值观的绝佳载体。陈独秀、李大钊传播马克思主义所彰显出来的理想情操，孙中山临终政治遗嘱所体现的家国情怀，平西抗日根据地的抗战故事所折射的艰苦奋斗精神，毛泽东香山运筹和平解放北平所体现的政治家的宽广胸襟，都能培养公民的政治情感、扩大政治社会化的效果。甚至有人认为即便今天的红色旅游都在起着同样的作用。"红色旅游这一方式将历史知识、革命传统和革命精神传输给大众，会收到绝佳的教育传承效果。"[7]

北京西山红色文化是引导国外民众从政治上理解认同北京的重要切口。习近平总书记在谈到中国的对外传播时，提出要"讲好中国故事，传播好中国声音"，这给传播者传播中国提出了战略要求。东方神韵的文化古国、现代开放的新兴大国是中国留给世界的重要印象，"红色政治中国"的传播相较于前两者是最难的。政治中国由于有了"红色政治"的历史认知和现实意识形态的羁绊有时很难获得国外民众的认同。有研究者将这种政治意识形态的束缚称之为"坚硬的外壳"。如何打碎这种坚硬的外壳，讲好中国的政治故事一直是摆在对外传播工作者面前的一道难题。

有人提出"讲好中国故事的关键是讲好中国共产党的故事"，[8]不否认这一观点所表达的中国共产党形象对国家形象的制约作用，但如何讲好"中国共产党的故事"的难题仍然没有得到破解。"实现抽象的政治理念的形象化传播是必由之路。……将高度政治性和意识形态性的理念转化为形象可感的具象化事物是政治理念实现有效传播的重要途径。"[9]这些形象可感的具象化的事物就存在于中国革命和建设的历史中。毫无疑问，西山红色文化所蕴含的丰富的革命斗争历史事实正是政治上传播北京的绝好素材。

当然，要讲好这些革命斗争的历史故事既需要传播者深度挖掘好这些历史故事，也要照顾到国外民众的意识形态倾向，更要熟练掌握传播技巧。应该承认，斯诺当年所写的《红星照耀中国》成功向世界传播中国共产党形象的案例，固然具有其所处历史阶段的特殊性，但其融通中外的话语方式和用鲜活事实讲故事的方式是值得学习和借鉴的，有鉴于此，有研究者认为其传播成功的原因在于"他通过中国的故事表达了关于人类共同命运的关切与思考，故事背后的意义唤起了西方普通读者的情感共鸣"。[10]因此，要让北京西山红色文化的故事实现创造性的转化，从表达人类命运、争取自由共通情感的角度表达西山的革命故事，处理好特殊性与普遍性、民族性与世界性、地域性与超越性的关系。

作者简介：李彦冰，男，1980 年生，河南濮阳人，传播学博士，北京联合大学应用文理学院新闻与传播系主任，副教授，主要研究政治传播。

注释：

[1] 岳升阳、侯兆年：《北京"西山文化带"的保护利用》，《北京文博文丛》，2016 年第 2 期。

[2] 习近平：《决胜全面建成小康社会 夺取新时代中国特色社会主义伟大胜利——在中国共产党第十九次全国代表大会上的报告》，人民出版社，2017，第 41 页。

[3] 中共北京市丰台区委党史资料征集办公室编：《丰台地区革命斗争史料选编》第 1 册，内部发行，

1994，第 63 页。

[4] 中共北京市委党史研究室、中共房山区委党史办公室：《房山革命史》，北京出版社，1994，第 40 页。

[5] 丁志刚、王树亮：《论政治文化与政治稳定之间的关系》，《江汉论坛》，2011 年第 9 期。

[6] 习近平：《决胜全面建成小康社会　夺取新时代中国特色社会主义伟大胜利——在中国共产党第十九次全国代表大会上的报告》，第 41 页。

[7] 李鑫：《北京红色文化内涵和价值初探》，福建省革命历史纪念馆：《"红色文化论坛"论文集》，中国博物馆协会纪念馆专业委员会 2012 年年会暨"红色文化论坛"，福建福州，2012 年 12 月，第 216—220 页。

[8] 沈传亮、吴胜涛：《文化心理学视野下党的形象塑造》，《对外传播》，2016 年第 6 期。

[9] 李彦冰：《中国共产党国际形象塑造的政治维度》，《对外传播》，2016 年第 6 期。

[10] 李杰琼：《斯诺的红色中国报道对新时期讲好中国故事的启发》，《对外传播》，2016 年第 6 期。

西山永定河文化带上一颗璀璨的明珠

——历史文献中的"石景山"

吕玮莎

　　"石景山"是北京西山中一座海拔仅 180 多米的小山，山顶"功勋阁"建筑的经纬度坐标为北纬 39°55′03.68″，东经 116°08′27.11″。其位于今石景山区中部，永定河东岸（图 1），且"石景山区"之名源于此山。

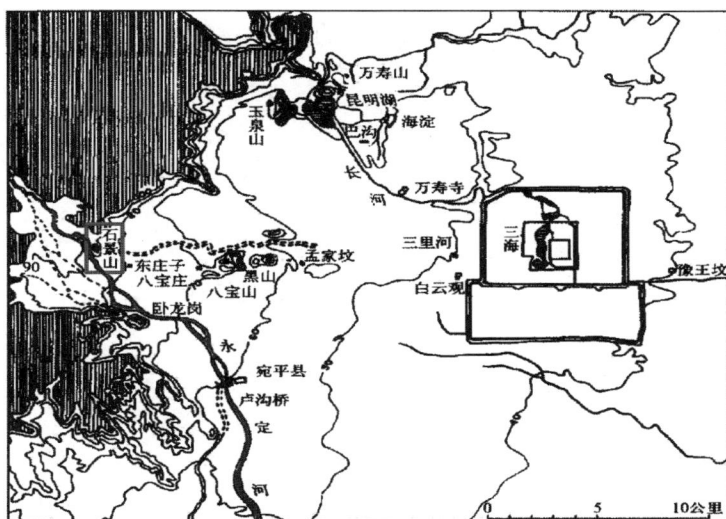

图 1　石景山山体的地理位置（底图来源：侯仁之《北京近郊地形》。作者注：方框处为石景山，其西为今永定河）

据清《光绪顺天府志》载："宛平县：山，城西三十里曰西山，总名也……石径山，一名石景山，又呼石经山……宛平县西三十七里。"[1] 可知石景山原属宛平县。今山顶所存明代"重建石景山天主宫碑"碑文载："惟山雄峙一方，高接云汉，钟灵秀之气，郁造物之英，真为燕都之第一仙山也……"[2] 看来该山自古以来风景秀丽，素有"燕都第一仙山"之称，因此明代时曾有"天主宫"等建筑物。

　　"石景山"也曾是京西古道（图2）上的一个地名，京西古道是北京西部地区人们出行的道路，多以运煤、运水、进香等为主，它是多条道路的总称，其范围广，几乎覆盖今门头沟区内。明万历年间《宛署杂记》载："（宛平）县之正西有二道：一出阜成门，一出西直门。"[3] 其中由阜成门而起，通往京西的道路中就有以"石景山"命名的地名："……（北西安）又四里曰石景山。近浑河（今永定河）有板桥，其旁曰庞村……石景山之左径八里曰曹哥庄……石景山之右径十里曰大峪村……"[4] 清末《天咫偶闻》曾将石景山描述成"骆驼"的形状："石景山，正临浑河由西来。侧面视之，形正如伏驼之负物。驼黄色，所负青色。所以西山之下，明驼络绎如贯珠也。"[5] 这可能与京西古道上用骆驼作为运输工具的历史有关。

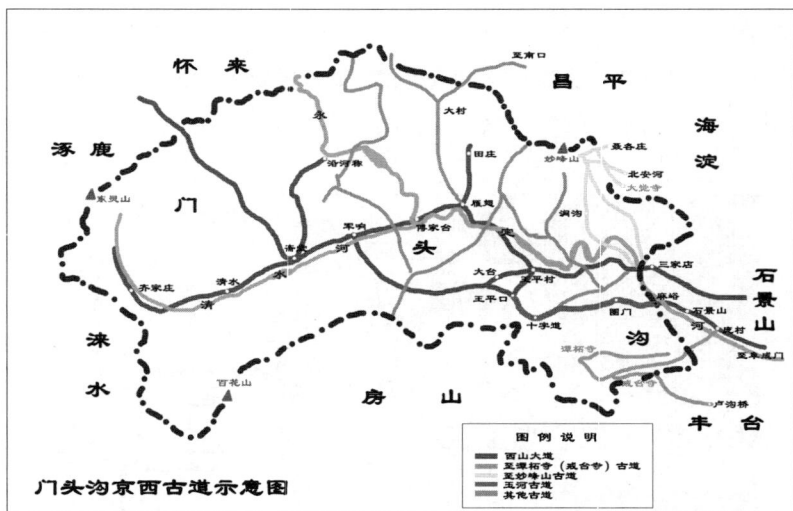

图2　门头沟京西古道示意图（图片来源：作者提供）

　　1919年，龙烟铁矿公司石景山炼厂（今中国首钢集团的前身，下文简称"首钢"）在该山山体周围建起华北地区最大的钢铁厂。由此，石景山山体及山上的古建筑群都因厂墙的阻隔而逐渐被人们遗忘。随着2005年首钢宣布停产并搬迁，"消失"了近百年的它又重回到人们的视野之中。

近年来，石景山山体周围开始了三项重要工程：北京地铁磁悬浮 S1 线、北京长安街西延长线、丰沙线铁路改线入地。因长安街西延线桥梁比丰沙线低，所以丰沙线要改线入地并需穿越石景山；磁悬浮 S1 线在跨过永定河后，也要在丰沙线上方横穿石景山体 270 多米，即在石景山山体内部将形成一个上下叠落的十字形隧道（图 3）。据悉，全部工程将于 2019 年完工；届时作为"燕都第一仙山"的石景山将再次成为重要地标，真正回到世人的眼中。依托山上的历史古迹，开放休闲旅游将充分发挥其独特价值。为更好地开发石景山，目前对该山文化研究的重点是进行了解"天主宫"为代表的山上诸多古迹的功用、性质及保存情况等内容为主的研究。

图 3　磁悬浮 S1 线轨道穿越石景山山体（图片来源：2017 年 9 月作者拍摄。作者注：框内是被打通的石景山山体隧道）

目前有关石景山上古迹、建筑等情况的资料以《石景山——燕都第一仙山》[6]一书最为全面。笔者认为虽然该书全面地介绍了石景山上的古迹历史及来源考证，但并未形成一个整体系统，且古迹的具体位置及现状也未加详细说明和绘图标记。是故，本文在对现存古迹进行实地考察和确认其位置及现状的基础上，[7]结合相关历史资料信息，对其中一些问题提出自己的观点。

一、石景山在历史上的曾用名

石景山在历史上的名称众多，在《石景山的山名源流考释》[8]中已介绍了梁山、孟家山、骆驼山等名称，及与"石景山"发音相近的湿经山、石经山、石径山、石井山等名称。有研究者认为石景山也叫碣石山。[9]以上内容本文不再赘述。此外，笔者查阅资料时新发现了两条有关山名的资料及部分对石景山曾用名研究的补充资料。这些均是《石景山的山名源流考释》未提到的。笔者也根据所掌握的资料发现这些发音相同或字形相近的名称，多见于元、明、清三个时期的资料中。

（一）关于曾用名的新资料

笔者新发现有关石景山山名的资料为"石山"和"十景山"。

1. 石山

明万历年间《宛署杂记·山川》中记有石景山和石山两个条目，其地点相近、特点相似。分别是："石景山，在（宛平）县西北三十里玉河乡，乱石嵯峨，高出众峰"；"石山，在（宛平）县西北三十余里玉河乡，呼石经山，以山多石，故云。山最高耸，东望神京，南望芦沟，西北望浑河"。[10]这两座山都位于宛平县玉河乡，且均有多石、山高等特点。

在石山条目中提到"芦沟与浑河"，据同为明万历年间的《长安客话·郊坰杂记》载："浑河即桑干河，从保安旧城过沿口通石港口，直抵卢沟河……盖桑干下流为浑河，浑河下流为卢沟，以其浊故呼浑河，以其黑故呼卢沟，本一水也。"[11]可知芦沟与浑河为同一河，即今永定河；石山也"呼石经山"，以多石得名，或许是对石经山之名的简称，而石经山又是石景山的曾用名。故笔者疑二者为同一座山，即"石山"也叫石景山。

2. 十景山

在出版于1935年的《北平旅行指南》中对石景山的介绍为："（石景山）山在平（即北平，笔者注）西三家店东南约七里，又名十景山，孤峰峙立，峭拔中天，山巅有寺。"[12]但并未说明得名的原因，笔者推测可能是因山上有十处景观而得名，或是为图方便用"石"的同音字代替。

（二）关于曾用名的补充资料

笔者对石景山曾用名研究的补充资料有"石经山"和"湿经山"。

1. 石经山

"石经山"一名的来历，可能与该山藏石经有关，也可能与该山石经台有关。其山上的一处崖壁上曾刻有"石经山"三个字，但今已不见，"进金阁寺山门正北的崖壁上，在一框内刻有'石经山'三字……据说镌于唐元和年间。由于年久风化，再加上前些年修人工瀑布时上面涂抹一层水泥，现只能隐约看到似有非有的'石经山'

三字"。[13]

（1）石经

一些资料里记载了该山藏石经的信息，如"……金阁寺自晋唐以来所藏石经，碎而言断，岩穴鲜有存焉"；[14]"石经文碑，在宛平县西南二十五里石经山洞内，石上刻经文者二十余处"；[15]清赵怀玉《游西山记》："……（石景山）西崖有残石经数版，嵌崖间。其可辨识者'《佛本行集经·卷第三十一》、幽州卢龙两节度使刘相公敬造、元和十四年四月八日建'数十字，余多漫漶……山名石景，一名石径，因有此经亦名石经，经版不知何年嵌壁。秀水朱氏所著《日下旧闻》素称赅博，竟不一载，何也？"[16]

有研究者[17]认为："石景山的刻经应与白带山刻经统一研究；刘总所刻《佛本行集经》应是全部（60卷），刻石在百方之数；孔雀洞所藏《佛本行集经》应在刘总在任时，而遗石刻经之卷三十一及题记的刻石石柱都可能是后人所为；石景山刻经藏经应始于隋而终于唐代，唐代以后房山白带山的刻经已与石景山无关。"近年来，石景山上确发现了一块刻有经文的石刻，经研究得知其内容是《佛本行集经》第三十二卷的片段："2010年11月1日，石景山新发现了一块石经，虽然只有经板一角（一块不规则三角状石刻），但其阴阳两面均刻有文字，将拓片与经文对照，文字与《佛本行集经》第三十二卷相符。"[18]这恰与文献中题记"第三十一卷"相差一卷，由此推断已发现的石经残片应与文献中的题记为一体。有关出土石经及其内容等，可见《石景山唐代石经残石》[19]中的介绍。

（2）石经台

笔者也找到一些记有"石经台"的资料，如清人铁保《石经台》一文，不仅提到石经，还有石经台："我登石经台，不见石经古，咄哉！何代建，废址圮雨，忽惊石壁残，断碣纵横补，金函半剥蚀，铁画未鱼鲁，大书元和年，刘公（刘总）镇兹土，幽州与卢龙，接壤苣部伍，乃检刘总传，雄据实趾扈，如何枭獍性，作此驺虞舞，奸雄入晚岁，往往庇佛宇，秽德掩俞彰，神奇化臭腐，石烂台已倾，遗文谁复睹。"[20]据清乾隆年间《日下旧闻考》载："（石景山）山有石经台……孔雀洞左右门上截题识曰'《佛本行集经》卷第三十一'……其地当石经台之阴，殆即藏经处也。"[21]这座石经台的位置不详，也未见更多文献记载，待考。

2. 湿经山

有关"湿经山"之名，补充解释有二：

一是现存山上明许用宾《重建石景山天主宫碑记》中所记"神京之西四十里许，山曰石经，又云湿经"，[22]而清《光绪顺天府志》载："云龙瀑水考：瀑水非湿水，亦非灢水，文讹谊舛，厥水滋溷。《水经·灢水》注：俗本灢讹湿，引者多沿厥讹。许用宾石经山碑云：山又称湿经，亦误以为湿水所经而名。"[23]

二是《金中都》所说："此山唐时已建有玉皇殿、孔雀洞等，并在孔雀洞内藏有'石经'，故称山为石经山。其称湿经，恐系由于卢沟河通过附近，水的泛滥造成湿经之故。"[24]

以上两种解释，一是误用别字，二是因河水泛滥打湿石经而得名，结合前述有关石经的发现，笔者较倾向于第二种说法。

二、石景山古迹在文献中的记述

《石景山——燕都第一仙山》一书虽然介绍了石景山上诸古迹的历史，但并未形成一个整体系统。笔者将山上诸古迹按其性质分为：与山上遗存有关的文献和登山观河的诗篇等文学作品两大类。其中前者是本文讨论的重点，其又可以细分为寺观与其他遗迹两部分。在寺观资料中，增加了对石经山寺的介绍；推测明代碧霞元君庙重建的时间；分析净土寺衰落的原因；叙述金阁寺历史及遗迹遗物，剖释金阁寺与净土寺之间的关系；阐述天空寺与碧霞元君庙的关系；最后，梳理出石经山寺、碧霞元君庙、金阁寺、净土寺等寺庙的建立及相关事件的先后顺序。在其他遗迹资料中主要对崖葬石窟、明神宗等大臣登石景山观浑河（今永定河）等遗迹进行说明。

（一）关于山上寺观的文献资料

石景山上曾有多座寺院宫观，有些寺观还存在更名或有不同俗称等情况。现从文献资料中予以确认的共有六座，分别是：石经山寺、碧霞元君庙、净土寺、金阁寺、天空寺、法明寺（仅存其名，暂未找到有关记载，笔者注）。

1. 石经山寺

明《国榷》载：正德十二年（1517）五月"癸未，上（明武宗）微行至石经山、汤峪、玉泉亭，数日乃还。石经山寺，朱宁建，穷极壮丽，邀上幸"。[25]可知，朱宁在1517年建造"石经山寺"，并邀请明武宗到此巡幸。

朱宁本叫钱宁，据《明史·佞幸传》："（钱宁）不知所出，或云镇安人。幼鬻太监钱能家为奴，能嬖之，冒钱姓，能死，推恩家人，得为锦衣百户。正德初，曲事刘瑾，得幸于帝……帝喜，赐国姓，为义子，传升锦衣千户。瑾败，以计免，历指挥使，掌南镇抚司。累迁左都督，掌锦衣卫事，典诏狱，言无不听，其名刺自称皇庶子……请于禁内建豹房、新寺，恣声伎为乐，复诱帝微行。帝在豹房，常醉枕宁卧。百官候朝，至晡莫得帝起居，密伺宁，宁来，则知驾将出矣。"[26] 可知，钱宁是明成化年间太监钱能的家奴，钱能死后，他继任锦衣百户，后又深得明武宗宠爱，不仅升官，还赐国姓"朱"，故也叫朱宁。

　　钱宁为取悦武宗修建的石经山寺，其供奉的神像应与武宗的信仰有关。据《泰山碧霞元君庙：从民间祭祀到国家祭祀——以清代"四月十八"祭祀为中心》："……正德一朝，更是明皇帝与泰山元君关系日趋密切时期，近年出土于灵应宫的正德二年（1507）正月告文碑（原立天书观），即是武宗遣使祭祀元君的实证。明武宗本人甚至还声称要诣泰山亲祀，虽遭大臣谏阻未能成行，却已足见对元君祭祀的高度重视。"[27] 又《明武宗宗教信仰之辨》："明武宗是一位博学多才的帝王，对各种宗教都十分喜爱，尤其对藏传佛教、伊斯兰教情有独钟。……至于明武宗喜爱伊斯兰教与藏传佛教，不过是其叛逆性格的一种表现，他不可能是一个伊斯兰教徒，也不可能是一个藏传佛教信徒，他充其量就是一个将伊斯兰教、藏传佛教等宗教当做儒教替代物的'叛逆'皇帝。"[28] 可知，武宗是一位有多种信仰的皇帝，因此，钱宁可能就针对武宗的这一性格特点，而投其所好地建造了石经山寺，寺内供奉的神像很可能也不是单一宗教，若结合当时社会上流行儒、释、道三家合流的风气来看，石经山寺内应至少是佛、道两家修行的场所。这种现象在明代很普遍，如创建于明末的北京门头沟妙峰山金顶娘娘庙建筑群。妙峰山娘娘庙也同为祭祀碧霞元君为主，其中不仅供奉佛教、道教等神灵，也供奉民间信仰神祇（如王三奶奶）等。

　　然而，钱宁仗着自己地位显贵，私下与宁王朱宸濠勾结。朱宸濠谋反后，武宗怀疑钱宁。不料，钱宁又中了佞臣江彬之计，被武宗逮捕抄家。明世宗即位后，被处以磔刑。[29] 随后，世宗又派人将钱宁所建庙宇拆毁，其原因除了他勾结藩王、诱帝出行外，还应与世宗整顿朝纲，毁私建寺院有关。因当时"武宗对佛教崇信登峰造极，朝政乌烟瘴气，饱受朝野批评。以藩王入继大统的世宗对此有较为清醒的认识"。[30] 正德十六年（1521）四月"世宗在即位大赦诏中宣布：'内府禁止之地，不许盖造离宫别殿……近年以来，（武宗）节被左右近幸之人献谄希恩，在内添盖新宅、佛寺……在外添盖镇国府、总督府……玄明宫……石经山祠庙……便着内官监、工部……科道官逐一查勘。但有不系旧规者，或拆毁改正，或存留别用，或变卖还官'"。[31] 嘉靖元年（1522）世宗又下旨："拆毁京师以私创佛教寺院为主的'淫祠'"。[32] 那么，钱宁所建"石经山寺"无论从哪个角度说都应在其拆毁范围内。

　　从前引文献"穷极壮丽"一词中可知，石经山寺应是一座规模较大的建筑群，其奢华程度很高，但具体包括哪些殿宇，及它们各在何位置等信息，由于文献缺失已无从考证。清乾隆年间《日下旧闻考》引《戴斗夜谈》载："正德中，钱宁建碧霞元君庙于石径山，穷极壮丽。都人岁以元日往祠，至四月士女又群集。世宗践祚之初，遣给事中御史主事三员往毁之。嘉靖元年二月，礳石于庙址之南，于是建宁李默为文以志毁庙本末。曾几何时，而中官董某复建焉。可谓无忌惮者矣。"[33] 这段记载中前面说钱宁建碧霞元君庙，后面说其被拆毁，结合前引《国榷》《明史·佞倖传》等资料的记载来看，明世宗下令拆毁的是石经山寺，故推测石经山寺内应包括碧霞元君庙。

2. 碧霞元君庙

碧霞元君庙，也称娘娘庙，主要供奉道教神灵的碧霞元君。碧霞元君又称"泰山玉女"，全称"东岳泰山天仙玉女碧霞元君"，民间俗称"泰山奶奶"，她是道教所供奉的女仙尊神之一。相传，碧霞元君是东岳大帝（泰山神）之女。在北京、天津及周边河北地区的民间信仰中是一尊主管生育，且能保佑众生，转祸为福的女性神祇。同时，碧霞元君祠（庙）也是古人攘灾、祛病、为父母祈寿的重要之处。因而对碧霞元君的信仰，在上述地区是十分普遍且昌盛的。北京地区仅著名的碧霞元君祠（庙）就有多座，如平原地区以方位命名的东顶、西顶、南顶、北顶、中顶五座娘娘庙，及最著名的门头沟妙峰山上的金顶娘娘庙等。

石景山上的碧霞元君庙始建于明代，先由钱宁所修，后被明世宗拆毁。明万历（1573—1620 年）时，"董常侍[34]建元君庙，栖羽士，而石景山以著"。[35] 因"常侍"有侍奉皇帝之职，且因明清时已不再设此官职，故推测此处应是对宦官的尊称或别称。董常侍，生平不详。推测其与上述《戴斗夜谈》中记载的"中官董某"为同一人。此外，山上现存的明万历年间《重修石景山天主宫碑记》与《重修净土寺添置田亩碑记》的碑记中都提到捐资者中有叫董实的宦官："乾清宫近侍内承运库署库事御马监太监董实"。疑其即为"董常侍"。

董常侍复建碧霞元君庙的时间应在明万历中期。钱宁在石经山寺内建碧霞元君庙，后来该寺被明世宗下令拆毁，朝中又"因修仁寿、清宁宫，费不继。（赵）璜因请与石景山诸房舍并斥卖以资用，可无累民，帝可之"。[36] 可知嘉靖初期时，此地已是一片废墟，尽管世宗信奉道教，但碧霞元君庙仍未幸免。直到明万历十六年（1588），明神宗到石景山观浑河，[37] 留下摩崖题记后，才使得董常侍复建碧霞元君庙"无忌惮者矣"。[38] 但是，成书于明万历二十一年（1593）的《宛署杂记》中并没有记载石景山上的碧霞元君庙，也就是说，此时董常侍可能还未复建该庙。由此推断，董常侍复建碧霞元君庙的时间应在明万历二十一年以后。

董常侍复建的元君庙建筑群受时代的影响并不以佛寺为主，而是主要供奉碧霞元君、玉皇大帝等道教神灵。随着元君庙的兴起，这里聚集了很多著名的道士，引来不少香客。从现存元君殿前《重修石景山大殿碑记》（也称《娘娘殿碑记》）的碑文[39]中得知，清乾隆三十一年（1766）曾对大殿进行修缮，捐资者多是住在附近村庄的商贾善人、善男信女等。可见这里已成为人们期盼富贵，求子求福的吉祥之所。

3. 净土寺

净土寺始建年代不详。据明万历年间《宛署杂记》载："净土禅寺，在石景山，古刹，无考。有元和四年（809）碑文，年久难辨。"[40] "元和"是唐宪宗（806—820）年号，说明净土寺至晚建成于唐元和四年，在明代时已是古刹。

民国时期周肇祥在登石景山时曾记："其（石景山）麓有石经山净土寺，开山宝光智禅师塔。正德十五年（1520），其徒僧录司右讲经兼大兴隆寺仍兼净土寺住持满祥造。"[41] 明代大兴隆寺是原长安街上的双塔庆寿寺，[42] "曾在明嘉靖十四年（1535）毁于火灾，因世宗崇信道教，不与修复，后来被改为讲武堂、演象所等"。[43] 另据一方刻于明嘉靖四年（1525）的《太（大）兴隆塔院历代住山题名碑》[44]记载："敕建大兴隆寺主持真鑑、满常、□宜……"再对照石景山上《重修净土寺添置田亩碑记》："……于万历丁酉岁（1597），兹山之寺僧名真福者……"及现存的一口铸于"万历二十二年（1594）净土寺铁钟"[45]的铭文："净土寺开山第三代住持真理、真纪、真寿、真福。"将这三处对比发现，大兴隆寺应与净土寺僧众法号同为满、真字辈，故推测其应属同一法脉。

石景山上净土寺的衰落很可能先因"石经山寺"的拆毁受到波及，后又因大兴隆寺的改作他用而逐渐衰败，乃至"寺中僧人都准备废掉寺院，云游四方去了"。[46]直到明万历时，净土寺在得到宫中嫔妃、皇太子、公主、诸信官等人的资助下重修寺院，铸造铁钟，添置田亩地产等。笔者认为：出资捐助者多为皇宫中人的原因，很可能与明万历十六年（1588）明神宗到石景山观浑河一事有关，正是因为神宗的到来，才使得石景山上又一次大兴土木、重修庙宇并添置寺产等。

另外，据《石景山石室》一文："（石景山）崖（壁）的右下方，有一残塔基，有石刻构件尚存。据此推测，这里原有一塔，可惜已难审其规模了。"[47] 这座塔是否就是周肇祥所看到的"石经山净土寺，开山宝光智禅师塔"呢，今亦不可考。

4. 金阁寺

（1）名称与历史

金阁寺始建年代无考。记载金阁寺一名的均为明末以来的文献，如明崇祯年间《帝京景物略》载："（石景）山最上，金阁寺。"[48] 又如清《宸垣识略》："金阁寺在石景山，有塔，宜远眺。明正德中，朱宁营建，邀上幸焉。"[49] 再如清《游西山记》："……（金阁）寺为正德间朱宁营建，穷极壮丽。今荒废殆尽，铜容剥蚀，露坐荆棘中，无一椽之庇矣……"[50] 但在明万历年间的《宛署杂记》中，只记载了石景山上的净土寺、法明寺，并未提及其他佛寺或道观，说明当时山上可能已没有金阁寺之名。所谓法明寺，同书记载为"法明寺，在石景山，古刹。"[51] 现已不可考。而清乾隆年间《日下旧闻考》也记载："……金阁寺今无其名，惟有玉皇殿及回香殿明碑各一……山巅有塔……盖即金阁寺塔。"[52]

《北京石景山区志》："金阁寺位于石景山上，始建年代不详……万历二十五年（1597）、三十七年（1609）再次重修，易名为净土寺。"[53] 笔者推测：金阁寺或许就是净土寺，但改名时间不应在明万历年间。原因如下：

首先，根据前述文献记载金阁寺的位置在山顶，且有金阁寺塔等这两项特征。

其次，目前所见的山顶遗迹中有道家的遗址（如天主宫）。明代嘉靖、万历以来，社会上佛、道二教合流的重要表现之一就是在佛寺中修建道教宫观或是相反，以佛教寺院殿堂中出现道教神灵造像或是相反。

第三，笔者在考察中发现山上现存一方明万历三十□[54]年的石碑，其碑额为"重修金阁寺添置碑记"，首题为"重修净土寺添置田亩碑记"，其碑文记载："且夫净土寺，古刘师堰石记云：金阁寺自晋唐以来所藏石经，碎而言断，岩穴鲜有存焉……（落款为）万历三十□年岁次（下缺）肃水后学观光许用宾顿首撰篆并书。"此碑的碑额和首题说明"金阁寺"与"净土寺"应是同一座寺庙。不仅如此，该碑文中还多次提到了此地是僧、道两家修炼之所，如"欲使丛林之攸久，必遗田亩于僧道"，"用价银三百五十两，实买以资僧道二家，供奉祝延香火之田也"，"迩来是境尊崇佛道，敬信教法，修斯山灵，营及殿阁"，"时□□谨诚，所以置田亩于兹，以为养赡二家焚修之术"等。这些内容都印证了明代佛、道二教合流的表现。

最后，明代《宛署杂记》成书于万历二十一年（1593），说明在1593年之前，净土寺已有其名。而前引周肇祥所记"开山宝光智禅师塔（1519）"，说明至晚在明正德（1506—1521）年间就有净土寺之名了。

笔者认为：金阁寺即是净土寺，且早于净土寺之名。其大致的历史或许是在山顶的寺院，唐宋时期曾名为金阁寺，明代经钱宁修缮、改建等工程后改名为净土寺。明代常有宦官对旧佛寺进行修缮之后请皇帝为寺院重新赐名的行为，或许净土寺之名亦是如此。但金阁寺之旧名仍在民间流传、使用，而净土寺之名流布不广，只见于文献之中。又因金阁寺建筑群受山体地势制约，建筑物并不集中在一起，而是分散在山顶多处，有些或许还自成院落。此外，还有研究者[55]认为：钱宁重修金阁寺后，改名为"石经山寺"。

（2）遗迹遗物

清乾隆年间《日下旧闻考》记载："……金阁寺今无其名，惟有玉皇殿及回香殿明碑各一，皆许用宾撰，勒万历、天启年月。山有石经台、普观洞、普安洞、还源洞、孔雀洞诸胜。孔雀洞左右门上截题识曰：《佛本行集经》卷第三十一，幽州卢龙两节度使刘相公敬造，元和十四年（819）四月八日建；下截刊佛经语。其地当石经台之阴，殆即藏经处也。山巅有塔……盖即金阁寺塔。"[56]其中提及了一些金阁寺的古迹，分别整理如下：

① 明代玉皇殿碑和明代回香殿碑

"明代玉皇殿碑"现存于山，明万历四十八年（1620）许用宾撰，碑文首题为《重建石景山天主宫碑记》。[57]据碑文内容可知：玉皇殿至晚建于唐武德年间，明万历年间重修后改名为"天主宫"。

"明代回香殿碑"今未见，或已无存。周肇祥记："明建回香殿、玉皇殿，今皆圮尽。天启元年，许用宾撰回香殿碑倒地，所述内监王忠建殿始末，于此便四方游客之燕息。"[58]据此可知，回香殿由明代宦官王忠修建，碑文内容不详，无考。

从两方明碑得知，金阁寺至晚在唐武德年间建成，明万历、天启年间时，重修过其中的玉皇殿（天主宫）与回香殿。

② 孔雀洞等诸洞

孔雀洞[59]现位于山体南侧，有上下两层洞室。清乾隆年间《日下旧闻考》所记"孔雀洞左右门上截题识曰《佛本行集经》卷第三十一，幽州卢龙两节度使刘相公敬造，元和十四年四月八日建"。[60]题记今无存。

题记中所记《佛本行集经》共六十卷，属《本缘部》经，由隋代天竺三藏阇那崛多所译，讲述佛祖释迦牟尼及其弟子前世今生的故事；"元和十四年"即819年，"元和"是唐宪宗李纯年号；农历"四月八日"是佛祖释迦牟尼诞辰之日；"幽州卢龙两节度使刘相公"由年份（819年）推定，应指刘总。"（刘）总，济之第二子也，性阴贼险谲。"[61]刘总的父亲是刘济，[62]唐元和五年（810），刘济患病，刘总为夺幽州节度使之位，毒死其父、杀害其兄，顺利继位。继位后，他总梦到父、兄前来索命，身心受到极大的摧残，虽然常做善事，但内心仍惶恐不安，甚至连睡觉都不能安稳，晚年则更加严重，于是他决定弃官为僧，在尚未得到朝廷批准的情况下，就擅自离开，不久暴病而亡。[63] 由此看来，刘总选在四月八日刻经，不是随意为之，而是精心挑选的日期。他或许认为自己和佛教中"护法明王"[64] 有相似的经历，这也可能与孔雀洞的名称来源有关。

此外，前引文献中所提及普观洞、普安洞今无考，还源洞的考察可见拙作《"石景山"古遗迹考察报告》。

③ 金阁寺塔

金阁寺塔始建年代不详，原位于石景山山顶，1959 年被拆除。20 世纪 90 年代时首钢在塔的旧址上修建功勋阁（图 4）。金阁寺塔历代文献记载其建筑样式等资料如下：

清乾隆年间《日下旧闻考》："（石景山）山巅有塔。塔下南北为城关，南门额曰舍利宝塔。高约四丈余，四正作方屋如阁，四隅作圆屋如亭，内皆塑护塔神像，盖即金阁寺塔。"[65] 据此描述，其建筑样式让人联想到位于河北正定的广慧寺花塔（图 5）的样式。正定广慧寺花塔的下部即是四正面为楼阁状、四角为多边形亭的样式，正与文献所载的金阁寺塔下部样式相似，可供参考。

图 4　石景山的功勋阁（图片来源：邢鹏拍摄）

图 5　河北正定广慧寺花塔（图片来源：同上）

周肇祥也对塔进行描述："盘旋登舍利宝塔，踞山椒塔，下为方城，重门四开。南有道可上塔，西番式，砖筑，青石基雕刻大力神王、梵花、梵宝……塔四隅有方龛、圆龛各四，旧供佛像，已失。塔前一碣嵌壁，疑是塔记，已磨泐。"[66]

《石景山金阁寺塔》一文记述了金阁寺塔的形制、拆塔过程及见闻等内容：1959年拆除时"首先拆掉的是塔顶宝瓶，其次是鎏金的华盖……（华盖）上面铸有'石景山'字样。再往下拆，就是相轮十三天，其下为塔身。塔身内有佛经一部，用皇绫书写。塔基有块一米见方的青石板，掀开青石板，有一砖坑，坑内有匣，打开木匣，又套一匣，当打开第三套木匣时，只见金光闪闪，里面藏有金砖、元宝各二……此塔应建于明代"。[67]

该塔自名为舍利宝塔，因金阁寺而得俗名。无论是路过抑或登临石景山，人们都能看到它，金阁寺塔早已成为石景山的显著标志。文人墨客留有大量的诗篇或游记可以为证。[68]

5. 天空寺

清代女词人顾太清，曾有《菩萨蛮·登石景山天空寺望浑河》："浑河东岸孤峰起，崔巍绝顶浮图峙。陡辟四天门，天空祇树园。登高同策马，陟彼寻兰若。竞渡俯长桥，霜华晓未消。"[69] 词中"浮图峙"应指山顶的金阁寺塔。周肇祥也曾记："登山者自东麓上，有寺曰天空，即旧金阁寺址。"[70] 同是民国时的《西山名胜记》也提到："石景山。在八大处之南。约十余里……为平地上一小孤山。有寺曰天空寺。庙貌湫隘。无可观者。惟山顶有塔。"[71] 从上述的资料中可知，山上有座名为天空寺的寺庙。

天空寺修建年代不详，周肇祥认为天空寺是旧金阁寺址，但并未说明原因。他可能认为天空寺建在金阁寺的旧址上，或是他先看到山上的"金阁寺塔"而误认为此地原是金阁寺，均难以考证。又从《西山名胜记》中得知天空寺规模不大。

天空寺之名疑与碧霞元君的来历有关："汉明帝时，西牛国孙宁奉符县善士石某妻金氏，于中元元年甲子四月十八日子时生，名玉叶。……十四岁感母教，入山得曹仙长指，入天空山黄花洞修道焉。天空盖泰山，洞即石室处也。三年丹就，元精发而光显，遂依于本山焉。……汉时仁圣帝前有石琢金童玉女，至五代，殿圮，石像仆。至唐泉（童）泐，玉女沦于地（池）。至宋真宗封泰山还，次御帐，涤于池内，一石人浮出水面。出而涤之，玉女也。命有司祀之，封天仙玉女碧霞元君。后祠日加广。"[72] 可知，天空山也即泰山，曾是碧霞元君的修炼之所。

此外，在天空寺外东北侧的崖壁下即石景山东侧，发现有五座石屋（洞）。[73] 笔者未在历史文献中找到相关记载。据第三次全国文物普查资料中介绍："此石屋建筑规模较大，石方量约840立方米，砌筑较规范，无文字史料记载，建筑年代不明。但从石料风化程度、建筑技术和发现的石磨残品看，疑为元代建筑，后被此地采石场工人用作生活居所。"[74] 石屋（洞）与天空寺的关系及其用途均待考。

6. 小结

目前，可知石景山上曾建有石经山寺、碧霞元君庙、净土寺、金阁寺、天空寺、法明寺等寺庙，除天空寺和法明寺建造年代无考外，其他寺庙的建造年代多为明代，但先后顺序与过程资料中并没有详细的记载，笔者经整理资料，将这些寺庙及相关事件的时间，按年代排序如下：

约唐武德年间（618—626），石景山上建金阁寺。

明正德十二年（1517），钱（朱）宁建石经山寺，其寺内应含碧霞元君庙建筑；

明正德十五年（1519），石景山净土寺建有"开山宝光智禅师塔"；

明嘉靖元年（1521），明世宗下令拆毁钱（朱）宁所建石经山寺；

明万历十六年（1588），明神宗观浑河（今永定河）登石景山；

明万历二十一年（1593）左右，石景山上净土寺存有"元和四年（809）碑文"，及古刹法明寺（仅存其名），被时任县令沈榜记于《宛署杂记》一书；

明万历二十一年（1593）以后，宦官董某复建石景山上的碧霞元君庙；

明万历二十二年（1594），在宫中嫔妃、皇太子、公主等人的资助下，净土寺铸铁钟；

明万历二十五年（1597），"内府苏其民捐金二十五两，以存房田于寺（净土寺）攸然"；

明万历三十七年（1609），太监甄进、张允中等人又为（净土寺）寺院购置田产、修葺殿宇等；

明万历三十七年至三十九年（1609—1611），许用宾勒碑《重修净土寺添置田亩碑》；

明万历四十二年至四十三年（1614—1615），内府官等捐赠重修玉皇殿，并改名天主宫；

明万历四十八年（1620），许用宾勒碑《重建石景山天主宫碑记》；

明崇祯八年（1635），刘侗、于奕正出版《帝京景物略》，其卷六《西山上》篇的石景山条目中，记有金阁寺，及宦官董某复建的元君庙，未记净土寺。

清乾隆三十一年（1766），在石景山附近村庄的商贾善人、善男信女等的捐资下，重修石景山碧霞元君庙，并勒碑《重修石景山大殿碑记》。

（二）关于山上其他遗迹的文献资料

除上述介绍的寺观外，其他遗迹主要包括摩崖题记与摩崖石窟等。

1. 摩崖题记

（1）"灵根古柏"题记

因临近永定河，自古以来石景山就是人们观赏永定河（卢沟河、浑河）的最佳地点。明万历十六年（1588），明神宗到石景山观浑河，先命河臣修河堤，又命随行大臣赋诗以纪。"上（明神宗）先登板桥，诸臣翼而趋。中流顾问辅臣：'水从何来？'申时行对曰：'从大漠，经居庸，下天津，则朝宗于海矣。'上曰：'观此水，则黄河可知。'因敕河臣，亟修堤岸，毋妨漕计。诸臣顿首谢。"[75] 随后，大臣申时行、许国、王锡爵、郭正城、李言恭等均以"驾幸浑河，召问黄河水势，因敕河臣提防，爰命赋以纪"赋诗作。[76] 后来，翰林院也以此为题，命翰林赋诗，"是秋馆课，阁臣即以驾幸石景山临观浑河水势，念黄河时有冲决，谕辅臣'经理须要得人'，命题，袁宗道诗第一"。[77] 神宗因看到山上的一株古柏而留下御书"灵根古柏"摩崖题记："石经山石壁古柏一，长尺有咫，根无寸土。万历初，上过之，御书'灵根古柏'。"[78] 这也为后人兴建石景山埋下伏笔。

（2）其他题记

此外，石景山上还有多处摩崖题记，[79] 如元代石匠题记、东天门内题记、古柏诗题记（与灵根古柏题记之间关系待考，笔者注）等。这些题记暂未在历史文献中找到相关记载，推测很可能是古人随手而书。

2. 崖葬石窟

在清人游记中曾提及石景山山体西侧有崖葬石窟（龛）（见图6），如清《石景山记》："余游石景山……其西有洞六，而洞之曲折层累亦如之。"[80] 又如清《游西山记》："……过此则石景山麓，余贾勇而登径，甚险仄，岩壁凿洞累累，如蜂房。"[81] 据《石景山石室》一文介绍："在石景山西侧偏北，距山顶约四五十米的地方，有一处20余米长、30来米高的悬崖峭壁……崖壁上有5个石室……石室多为扁方型，由北向南横向排列，明显是人工凿成……5个石室下部均为仿砖砌石刻，跨出室外，4层丁字砖，正中有台阶和垂带……开凿人是把石龛（窟）视同殿堂。石室上部的石刻纹饰极精美，宝塔状，上尖下圆，里面有上弦弯月的形象居中，月下有山石卷草图案，精雕细刻……（宝）塔顶上有似三星的花纹。"[82] 在五座石龛（窟）中的一座的龛眉上刻有一行藏文六字真言。将今日遗迹与古人所记相对比，应为同一处。古人只记录了石窟的形状，并未提及石窟上的雕刻及文字，很可能与石窟位置高，且不易到达有关。

图 6　石景山山体西侧崖葬石窟（龛）[83]

此外山上的洞窟内也有一些图案、文字等内容。如本来洞内图案、还源洞的残额等，其含义尚待研究，具体情况详见拙作《"石景山"古遗迹考察报告》。

（三）登山观河的诗篇等文学作品

除前述明万历皇帝观河之例，此外还有许多文人来此，并留有大量诗篇，[84] 如：清康熙帝《石景山望浑河》《石景山东望》等，清代王士禛《登石景山浮图诗》、赵怀玉《归途二十里渡浑河登石径山遇雨》与《游西山记》、周全然《石景山》、毛澂《石景山有感》、福存《秋日过石景山》、铁保《登石景山浮图》、吴锡麟《游西山记》、秋岳《晚渡浑河望石景山》、程可则《石景山》、顾太清《菩萨蛮·登石景山天空寺望浑河》等。至今，山上仍保存一方与登山有关的清代诗碑。[85]

三、总结

周肇祥曾对石景山这样描述道："出阜成门三十五里，翠微支脉穿田起嶂，石壁森森，苍然而悍者，石景山也。浑河自塞外经保安旧城入边，两山束之，至此地渐平，乃将肆。当冲排其势，使不得遽逞，则以有石景山，故永定河同知于此筑坝焉。山之高，于京西诸山儿孙耳，而西面乃绝壁百仞，不可扪。"[86] 他不仅记了石景山的地理位置、特点等，还描写了永定河的走势等。由此可见，石景山不仅是京西古道上重要的节点，加之山上诸多历史古迹与多种宗教活动场所，其更不失为西山永定河文化带上一颗璀璨的明珠。

综上所述，系统且完整地记载石景山上诸古迹的史料并不多，现有资料主要与修建寺、庙的某些历史人物相关，如唐代刘总、明代钱（朱）宁等等，其余则为清代或近代的文人诗篇、游记等资料，这些资料相对零散，内容也比较片面。本文增补了石景山的曾用名和一些新资料，仔细地从文献中梳理了山上诸古迹的记载、石景山所处位置及其重要性等三方面的内容，是后续推动西山永定河文化带遗产保护、研究和利用工作的基础。

作者简介：吕玮莎，女，北京奥运博物馆助理馆员。

注释：

[1] ［清］周家楣、缪荃孙等编纂：《光绪顺天府志》，北京古籍出版社，1987，第 612—614 页。

[2] 见《天主宫碑》，北京图书馆金石组编：《北京图书馆藏中国历代石刻拓本汇编》第 59 册，中州古籍出版社，1989，第 114 页。

[3] ［明］沈榜：《宛署杂记》，北京古籍出版社，1982，第 39 页。

[4] 同上，第 40—41 页。

[5] ［清］震钧：《天咫偶闻》，北京古籍出版社，1982，第 195 页。

[6] 北京市石景山区文化委员会《石景山》编委会：《石景山——燕都第一仙山》，内部资料，2015。

[7] 吕玮莎：《"石景山"古遗迹考察报告》，《北京文博文丛》，2017 年第 1 辑。

[8] 《石景山的山名源流考释》，《石景山——燕都第一仙山》，第 6—12 页。

[9] "石景山最早的山名，是四千多年前大禹治水所历经的碣石山……碣石山即石景山。""碣石山"名称见易克中的《禹迹碣石——石景山》，载政协北京市石景山区委员会：《石景山文史第十二集——永定河、石景山专辑》，内部资料，2005，第 21—34 页。此外，笔者认为碣石山的位置曾有多种论述与考证，说法不一，待考。

[10] ［明］沈榜：《宛署杂记》，第 27 页。

[11] ［明］蒋一葵：《长安客话》，北京古籍出版社，1982，第 75 页。

[12] 马芷庠著，张恨水审定：《老北京旅行指南》（《北平旅行指南》重排本），燕山出版社，1997，第 207 页。

[13] 高洪雁等编：《石景山文物（第五集）——普查编研资料专辑》，内部资料，2012，第 352 页。

[14] 见《净土寺置田碑》，北京图书馆金石组编：《北京图书馆藏中国历代石刻拓本汇编》第 59 册，第 31—32 页。

[15] ［元］孛兰盻等撰，赵万里校辑：《元一统志》，中华书局，1966，第 55 页。

[16] ［清］赵怀玉：《游西山记》，《清代诗文集汇编 419·亦有生斋集》卷 6，上海古籍出版社，2010，第 587—588 页。

[17] 陈康：《唐代石景山刘总刻经考》，《北京文博》，2008 年第 3 期，第 38—43 页

[18] 李新乐：《石景山惊现唐代石经》，北京文博网站 http://www.bjww.gov.cn/2011/8-30/1314689316421.html。

[19] 北京市石景山区文化委员会《石景山》编委会：《石景山——燕都第一仙山》，第 19—23 页。

[20] [清] 铁保《石经台》，《清代诗文集汇编 419·惟清斋全集》卷 19，第 499 页。

[21] [清] 于敏中等编纂：《日下旧闻考》，北京古籍出版社，1983，第 1726—1727 页。

[22] 见《天主宫碑》，北京图书馆金石组编：《北京图书馆藏中国历代石刻拓本汇编》第 59 册，第 114 页。

[23] [清] 周家楣、缪荃孙等编纂：《光绪顺天府志》，第 1232 页。

[24] 于杰、于光度：《金中都》，北京出版社，1989，第 132 页。

[25] [清] 谈迁：《国榷》，中华书局，1958，第 3126 页。

[26] [清] 张廷玉等撰：《明史》卷 307，中华书局，1974，第 7891 页。

[27] 周郢：《泰山碧霞元君庙：从民间祭祀到国家祭祀——以清代"四月十八"祭祀为中心》，《民俗研究》，2012 年第 5 期，第 42 页。

[28] 武沐、徐国英：《明武宗宗教信仰之辨》，《兰州大学学报（社会科学版）》，2014 年第 5 期，第 45—52 页。

[29] "(钱宁) 念富贵已极，帝（明武宗）无子，思结强藩自全。为宁王宸濠营复护卫，又遣人往宸濠所，有异谋……谋召其世子司香太庙，为入嗣……宸濠反，帝疑心宁。宁惧……然卒中江彬计……帝还京，裸缚宁，籍其家，得玉带二千五百束、黄金十余万两、白金三千箱、胡椒数千石。世宗即位，磔宁于市。"[清] 张廷玉等撰：《明史》卷 307，第 7891—7892 页。

[30] 何孝荣：《明代北京佛教寺院修建研究》，南开大学出版社，2007，第 267 页。

[31] 同上，第 268 页。

[32] 同上，第 274 页。

[33] [清] 于敏中等编纂：《日下旧闻考》，第 1727 页。

[34] "常侍"非官名，应属官名"中常侍"或"散骑常侍"的简称。中常侍，官名。西汉时仅虚衔，多为皇帝宠爱之宦官，开始称"常侍"或"常侍郎"，汉元帝时改成"中常侍"；散骑常侍，官名。汉有散骑，为皇帝侍从，又有中常侍，性质同。东汉省散骑，改以宦官任中常侍。魏文帝将散骑与中常侍合为一官，称"散骑常侍"，以士人任职。入则规谏过失，备皇帝顾问，出则骑马散从。

[35] [明] 刘侗、于奕正著：《帝京景物略》，北京古籍出版社，1983，第 280 页。

[36] [清] 张廷玉等撰：《明史》卷 194，第 5146 页。

[37] [清] 谈迁：《国榷》，第 4587 页。

[38] [清] 于敏中等编纂：《日下旧闻考》引《戴斗夜谈》，第 1727 页。

[39] 碑文拓片由国家图书馆收藏，名为《娘娘殿碑》，编号：京 10276，国家图书馆网址：http://mylib.nlc.gov.cn/web/guest/search/beitiejinghua/medaDataDisplay?metaData.id=607698&metaData.lId=612179&IdLib=40283415347ed8bd013483503a050012。

[40] [明] 沈榜：《宛署杂记》，第 226 页。

[41] 周肇祥著，赵珩、海波点校：《琉璃厂杂记》，燕山出版社，1995，第 221 页。

[42] 双塔庆寿寺原位于西长安街，始建金章宗年间，寺内有元代海云禅师塔和可庵禅师塔。明正统时重修，易名大兴隆寺，又名慈恩寺。清乾隆时又重修，改名双塔庆寿寺。1954 年双塔被拆除。

[43] [清] 于敏中等编纂：《日下旧闻考》，第 684—687 页。

[44] 见《太兴隆塔院历代住山题名碑》，北京图书馆金石组编：《北京图书馆藏中国历代石刻拓本汇编》第 54 册，第 121 页。

[45] "净土寺铁钟现存八大处六处，经对钟上铭文考证，确定该钟来源石景山。"高洪雁等编著：《石景山文物（第五集）——普查编研资料专辑》，第 385—390 页。

[46] 碑文内容见《净土寺置田碑》，北京图书馆金石组编：《北京图书馆藏中国历代石刻拓本汇编》第 59 册，第 31—32 页。

[47] 北京市石景山区文化委员会《石景山》编委会著：《石景山——燕都第一仙山》，第 63 页。

[48] ［明］刘侗、于奕正：《帝京景物略》，第 280 页。

[49] ［清］吴长元：《宸垣识略》，北京古籍出版社，1981，第 267 页。

[50] ［清］赵怀玉：《游西山记》，《清代诗文集汇编 419·亦有生斋集》卷 6，第 587—588 页。

[51] ［明］沈榜：《宛署杂记》，第 226 页。

[52] ［清］于敏中等编纂：《日下旧闻考》，第 1726—1727 页。

[53] 北京市石景山区地方志编纂委员会：《北京石景山区志》，北京出版社，2005，第 782 页。

[54] 原碑文缺失，但从碑文内容"……繇是己酉"来看，己酉是明万历三十七年（1609），故推断：碑文
缺失部分，应为明万历三十七年至三十九年之间。

[55] 陈康：《钱宁与石景山碧霞元君庙》，北京市石景山区地方志办公室编：《北京市石景山区志漫谈系列
丛书之三·古刹寻踪》，中央文献出版社，2008，第 119—121 页。

[56] ［清］于敏中等编纂：《日下旧闻考》，第 1726—1727 页。

[57] "自唐武德初，建有玉皇殿，岁久倾圮，嗟斯山灵，无复宏丽矣……适内府善贤交游兹址，观其古
迹，心想重建此殿宇……募化众公……各捐囊资，重建天主宫三间。"北京图书馆金石组编：《北京
图书馆藏中国历代石刻拓本汇编》第 59 册，第 114 页。

[58] 周肇祥著，赵珩、海波点校：《琉璃厂杂记》，第 134 页。

[59] 有关孔雀洞的考察情况，可见拙作《"石景山"古遗迹考察报告》。

[60] ［清］于敏中等编纂：《日下旧闻考》，第 1726—1727 页。

[61] ［后晋］刘昫：《旧唐书》，中华书局，1975，第 3902 页。

[62] 程利、刘乃涛：《北京房山唐幽州卢龙节度使刘济发掘成果学术意义重大》，《中国文物报》，2014
年 2 月 14 日，第五版。"2011 年，在配合房山区长沟镇北京文化硅谷建设过程中发现了唐幽州卢龙
节度使刘济墓。2012 年至 2013 年，经国家文物局批准，北京市文物研究所对该墓葬进行了抢救性
发掘工作，并开展了文物保护及科技考古研究工作。"

[63] "元和五年，济奉诏讨王承宗，使长子绲假为副使，领留务。时总为瀛洲刺史……总潜伺其隙，与判
官张玘、孔目官成国宝及帐内小将为谋……济朝至日昃不食，渴索饮，总因置毒而进之。济死，
绲行至涿州，总矫以父命杖杀之，总遂领军务。朝廷不知其事，因授以斧钺，累迁至检校司空……
初，总弑逆后，每见父兄为祟，甚惨惧，乃于官署后置数百僧，厚给衣食，令昼夜乞恩谢罪。每公
退，则憩于道场，若入他室，则悒怏不敢寐。晚年恐悸尤甚，故请落发为僧，冀以脱祸……总已落
发，上表归朝，穆宗授天平军节度使，既闻落发，乃赐紫，号大觉师。总行至易州界，暴卒。"［后
晋］刘昫撰：《旧唐书》，第 3902 页。

[64] 佛教中的"护法明王"，曾是古印度"孔雀王朝"的第三任国王阿育王，传说他早年好战杀戮，也曾
为争夺王位，谋杀其兄弟姐妹 99 人，最终成功继位。晚年他笃信佛教，放下屠刀，兴建佛教建筑，
还消除了佛教中不同教派的争议，为佛教在印度的发展做出贡献。

[65] ［清］于敏中等编纂：《日下旧闻考》，第 1727 页。

[66] 周肇祥著，赵珩、海波点校：《琉璃厂杂记》，第 134 页。

[67] 北京市石景山区文化委员会《石景山》编委会：《石景山——燕都第一仙山》，第 37—38 页。

[68] 诗文仅举 7 例：

(1)"渡浑河望石景山：卢沟流太驶，欲渡愁无梁……举首眺山麓，浮图接青苍。回飙起天半，吹落
替戾冈……至今金阁寺，龙象泣荒凉。"杨忠义撰集，刘承干参校：《雪桥诗画余集》，北京古籍出版
社，1992，第 218 页。

(2)"明晨别寺去，路由石景山。孤塔映朝阳，矫矫殊澄鲜。上有金阁寺，渔洋什流传。驱车过山
麓，竟未穷流连。"［清］震钧：《天咫偶闻》，第 198 页。

(3)"回头别群山，西望尽碧空……虚无想金阁，黯淡留铜容。"［清］赵怀玉：《归途二十里渡浑河

登石径山遇雨》，徐世昌编：《晚晴簃诗汇》，中华书局，1990，第 4317 页。

(4)"游西山记：……其上（石景山上）有石阙双峙，最高曰金阁寺，有舍利塔，可望浑河。"[清] 赵怀玉：《游西山记》，《清代诗文集汇编 419·亦有生斋集》卷 6，第 587—588 页。

(5)"望石经山，如雨后一峰绕脱烟素，巉巉峭碧时来献姿，其上为金阁寺，有浮图，可以远眺渔洋山。"[清] 吴锡麒：《游西山记》，《清代诗文集汇编 415·有正味斋骈体文》卷 16，上海古籍出版社，2010，第 344 页。

(6)"浮图兹山顶，峻嶒插孤标。"[清] 王士禛：《登石景山浮图诗》，[清] 吴长元：《宸垣识略》，第 267 页。

(7)"峨峨石景山，凌虚跨金阁。侧身登浮图。"[清] 铁保：《登石景山浮图》，《清代诗文集汇编 419·惟清斋全集》卷 1，第 499 页。

[69] 卢兴基编著：《顾太清词新释辑评》，中国书店，2005，第 335 页。

[70] 周肇祥著，赵珩、海波点校：《琉璃厂杂记》，第 134 页。

[71] 田树藩：《西山名胜记》（原刊行于 1935 年），北京市八大处公园管理处校刊，内部资料，2001，第 58 页。

[72] [清] 谈迁：《枣林杂俎》，第 505 页。文字据《帝京景物略·弘仁桥》改。

[73] 有关石景山东侧石洞考察情况，见拙作《"石景山"古遗迹考察报告》。

[74] 见第三次全国文物普查《石景山石屋》，北京文博网站 http://bjww.gov.cn/2009/4-28/1240906147734.html。

[75] [明] 刘侗、于奕正著：《帝京景物略》，第 280 页。

[76] 诗文见 [明] 刘侗、于奕正：《帝京景物略》，第 280—283 页。

[77] [明] 蒋一葵：《长安客话》，第 76 页。参见 [明] 袁宗道著，钱伯城标点：《白苏斋类集》卷 2《驾幸石景山临观浑河，见水势汹涌，因念黄河时有冲决，面谕辅臣，经理须要得人，复命作诗恭纪（阁试）》，上海古籍出版社，2007，第 18 页。

[78] [清] 谈迁：《枣林杂俎》，第 427 页。

[79] 有关石景山上的摩崖石刻介绍，见拙作《"石景山"古遗迹考察报告》。

[80] [清] 张永铨：《石景山记》，《清代诗文集汇编 152·闲存堂文集》卷 7，第 524 页。

[81] [清] 赵怀玉《游西山记》，《清代诗文集汇编 419·亦有生斋集》卷 6，第 587—588 页。

[82] 北京市石景山区文化委员会《石景山》编委会著：《石景山——燕都第一仙山》，第 63—67 页。

[83] 图片来自：张文大《石景山发现藏僧崖葬石龛》，北京文博网站 http://www.bjww.gov.cn/2010/9-14/1284451849671.html。

[84] (1) 康熙帝：《石景山望浑河》《石景山东望》，诗文可参阅《畿辅通志》。

(2) 王士禛：《登石景山浮图诗》，诗文可参阅 [清] 吴长元的《宸垣识略》。

(3) 赵怀玉：《归途二十里渡浑河登石径山遇雨》、周全然《石景山》、毛澂《石景山有感》、福存《秋日过石景山》，诗文可参阅徐世昌编：《晚晴簃诗汇》。

(4) 赵怀玉：《游西山记》，诗文可参阅《清代诗文集汇编 419·亦有生斋集》卷 6。

(5) 铁保：《登石景山浮图》，诗文可参阅《清代诗文集汇编 419·惟清斋全集》卷 1。

(6) 吴锡麒：《游西山记》，诗文可参阅《清代诗文集汇编 415·有正味斋骈体文》卷 16。

(7) 秋岳：《晚渡浑河望石景山》，诗文可参阅陈衍：《石遗室诗话续编》。

(8) 程可则：《石景山》，诗文可参阅 [清] 程可则：《海日堂集》。

(9) 顾太清：《菩萨蛮·登石景山天空寺望浑河》，诗文可参阅 [清] 顾太清：《东海渔歌》。

[85] 见《登石景山倡和诗》，北京图书馆金石组编：《北京图书馆藏中国历代石刻拓本汇编》第 87 册，第 28 页。

[86] 周肇祥著，赵珩、海波点校：《琉璃厂杂记》，第 134 页。

西山永定河文化带石景山段的细分与开发利用

任合和

一、综述

西山永定河文化带、北部长城文化带和东部运河文化带，并称为北京市三大文化带。从行政区划上来看，西山永定河文化带涵盖了海淀、石景山、丰台、门头沟、房山、昌平、大兴、延庆八个区，总占地约 6500 平方千米，约占全市总面积的 40%，其中石景山、丰台、门头沟、昌平、房山全境均属于西山永定河文化带内。

在西山永定河文化带内，拥有丰富的历史文化资源和自然资源。西山永定河文化带内独享"三山五园"，传统村落、近代革命历史遗址集中分布，同时还兼有首钢、二七机车厂为代表的中国近代工业遗产和永定河冲积扇的宝贵自然遗产。种类繁多、层次丰富的文化和自然遗产汇聚在一起，凸显了北京城的深厚历史文化底蕴，为北京市全国文化中心和国际一流宜居之都的建设提供了有利的支撑。

二、永定河西山文化带石景山段内部的细分

按照规划，石景山全区均属于西山永定河文化带的范围。石景山区共 86 平方千米，普查登记及以上的文物有 105 处，包括国家级文物 3 处，市级 6 处，区级 20 处，5 个地下埋藏区。文物密度约 1.2 处 / 平方千米。文物资源的时间跨度自宋代至近代

均有遗存，同时种类繁多，拥有许多近现代工业遗迹和红色革命遗址，见证了京城的历史和党带领人民追求美好生活的历程。[1]

为了更好地挖掘文物价值，配合北京市的大规划，建设西山永定河文化带，可以将石景山内部的西山永定河文化带分为"一轴三道六区"进行梳理。一轴指的是长安街西沿线，社会主义先进文化发展轴；三道指的是"古香道""古商道""古河道"；六区指的是八大处、模式口—法海寺、首钢、天泰山、八宝山—国雕—游乐园、永定河六个文化遗产展示片区。

（一）三道

古香道：是古人进香的道路。在北京一直有三山五顶的说法，三山指的是平谷的丫髻山、门头沟的妙峰山和石景山的天台山（天泰山），男女老少，为了能前往这些佛教圣地进香，不惜一路上翻山越岭，所走出的道路便是香道。香道因香客而生，而历代香客行走其中，由于香道人气很旺，便会有人在进香的路上搭建茶棚，供人休息，或者修建寺庙积累公德。同时，由于香会的发展，也留下了许多非物质文化遗产。在石景山区，存在着两条目的地不同的香道，一条通往天台山，另一条通往八大处。这两大宗教圣地的存在使得联通彼此的香道也十分鼎盛。在八大处的古香道上，留下东茶棚，在天泰山香道上留下满井茶棚等遗址。

古商道：在石景山区，最重要的古商道便是模式口古道。模式口原名磨石口，位于石景山区模式口大街，以盛产磨刀石而闻名，后在民国时期改名"模式口"取模范之意。在古代，此处是京西入京的重要商道，西山的石材木材、运煤驼队均从此处入京，同时这里也是通往内蒙古、山西的重要商旅通道。由于作为入京的最后一站，旧时的模式口十分繁华，被称为"京西重镇"，老舍笔下的骆驼祥子的故事，便是发生于此处。在对模式口地区修缮改造的前夕，笔者作为调研人员，深入模式口村每一个门牌号，对院落、产权、住户等信息调查。在调查中发现，此处由于过去商贾云集，保留有旧时大车店、骆驼店、木工作坊（修理打造大车）、煤铺、布店、中医诊所、旅店等可保留建筑。在整条大街上，建筑的年代分布很广，明清到近代，风格迥异的建筑共处一街。

模式口的繁荣，还体现在其丰富的历史遗迹之上：此处存在有普查登记及以上文物共计 18 处，其中全国重点文物保护单位 2 处，市级 2 处，文物密度极大。其中法海寺的壁画被称为明代壁画之最，承恩寺的壁画、田义墓的石雕也别具特色。这些文物保护单位星罗棋布在模式口地区，体现了这一京西古道上面皇家与商贾、佛教与世俗文化相互交融的独特景观。[2]

古河道：指的是永定河故道。永定河，古称灅水，隋代称桑干河，金代称卢沟，旧名无定河，海河流域七大水系之一，是河北系的最大河流。流域面积47016平方千米，其中山区面积45063平方千米，平原面积1953平方千米。永定河全长747千米，流经内蒙古、山西、河北三省区，北京、天津两个直辖市，共43个县市。全流域面积4.7万平方千米。北京城便是建在永定河冲积平原之上，因此永定河也被称为北京城的母亲河。

第一条由石景山、衙门口东流，沿八宝山北侧转向东北，沿海淀，循清河向东与温榆河相汇，最后流入潮白河。这条故道，洼地形态清楚，沉积层深厚，是永定河冲积扇上最古老的一条故道。

第二条在城南，从卢沟桥开始经看丹村、南苑到马驹桥。

第三条是通过北京城内诸海的故道，有人称它"三海大河"。它从石景山、衙门口一带东流，经田村、紫竹院，由德胜门一带进城，入城内诸海，再东南流，经石碑胡同、高碑胡同、人民大会堂西南，穿过正阳门、箭楼，沿鲜鱼口、长巷三条、芦草园、北桥湾、后池、红桥、跳伞塔，经龙潭湖西部，由贾家花园流出城外。

其中第一条、第三条故道均在石景山区有很大的流域面积，从古到今，永定河的安定与否从很大程度上能够决定北京城的安危，它的治理与利用一直都是重中之重。因此，在永定河及其故道上面，留下了丰富的水利设施遗迹，例如车箱渠、庆陵堰、庞村石堰等，也留下了很多民间传说。

（二）六区

八大处：指的目前八大处公园及其附近的地区，这里因有八个佛社而得名。现在所说的一至八处，仅仅是佛社的主寺，每个佛社都有上院、下院等寺庙以及塔院等附属建筑。在二处灵光寺供奉有释迦牟尼灵牙舍利，可谓佛教圣地。在近代，因为八大处风光秀丽且距离京城较近，成为社会名流的休憩之所，据史料记载，曾经在八大处修建有名人别墅一百多处，现存袁氏别墅等建筑。

模式口—法海寺：位于模式口大街，此处汇集了全区三分之二的国保文物单位，三分之一的市保单位。同时由于古商道在此经过，街道上留有大量商铺、旅店等可保留建筑。由于与古商道紧密结合，故不在此赘述。

首钢：首钢集团作为共和国工业发展的里程碑，是共和国工业发展的缩影，也是石景山区产业升级与转型的见证者。首钢园区内历史遗迹丰富，不仅仅有首钢工业遗产，还有石景山区的命名之山——石景山。在石景山上，共有金阁寺、碧霞元君庙两个古建群以及藏经洞、崖葬石窟等历史遗迹。此外，在首钢园区内还保留着见证永定河治水工程的北惠济庙及雍正御制碑。

天泰山：也称天台山，是北京三山五顶之一，以半山腰有一天然的平台而得名，在平台上建有明清时期的古刹慈善寺。旧时每年三月十八日开庙。寺内中路大悲殿正中原供金漆木雕观音像，两旁有碧霞元君等 8 尊塑像，这种佛、道共进一堂的现象，在京郊较为罕见。后殿供肉身坐化和尚，俗称魔王菩萨和尚，相传即清世祖顺治帝。1917 年、1924 年冯玉祥两次住在天泰山慈善寺，留下"勤俭为宝""真吃苦""耕读""淡泊"等宝贵石刻。

八宝山—国雕—游乐园：该片区位于长安街轴线上，与"一轴"的范围基本重合，八宝山一方面作为红色记忆的传承基地和爱国主义教育基地，拥有丰富的红色教育资源。另一方面，八宝山的历史文化资源十分丰富。八宝山革命公墓前身为明朝建立的护国寺，后改建为革命公墓。此外八宝山处还有娘娘庙一座，供奉碧霞元君，为清顺治年间建立，后破败。清同治年间重修，现仅存遗址。娘娘庙庙会是京西重要的庙会地点之一。每年农历四月十五举行庙会，为期三到五天。据《显圣宫香会勒名碑记》记载，庙会的发起和组织者是下庄的"显圣宫香会"，有鲁谷、下庄、龚村、田村、铁家坟、六道口、梁公庵 7 个村参与，后又增加上庄、黄庄、六道口、石槽、包家坟、甄家坟、枣林村、何家坟几个村子共同举办。

永定河：永定河在北京全长 170 余千米，其中 100 余千米位于门头沟山区。石景山区段位于出山口处，在永定河沿岸一方面分布着广泛的园林湿地资源，为北京市建设森林城市做出了有力的支持，另一方面，在永定河沿岸，也留下了许多古人治水的遗迹和关于永定河的传说故事。

（三）一轴三道六区之间的联系

三者之间相互影响但又存在独立性，如果将整个西山永定河文化带比作一个有机体，那么，三道便是肌体的血管，六区则是重要的脏器。

在西山，受到当时交通的影响以及地理环境的限制，人们往往会选择聚居于山下平原或者山谷地带，这便形成了山区中的村落。但是这些村落之间有大山相隔，独立性强，并且其本身也无法创造如此辉煌的文化。而正是由于"三道"的存在，让人们或是出于信仰，或是为了利益而走进西山，这些外来的人，带来了其他地区丰富的文化，促进了文化的交流，为在西山中的这些片区带来了文化的养分。这些西山中的片区在吸收了文化的养分之后，则继续成长壮大，扩大影响力，吸引更多的人，促进了古道的繁荣。最终形成了现今这六个既有特色，又相互连接的文化片区。

三道串起的是西山文化带"六区"中的历史文化和非物质文化遗产部分，一轴则串起的是石景山区的近代历史和红色基因。一轴贯穿八宝山、国际雕塑园、石景山游乐园、首钢等重要节点，是进行爱国主义教育，弘扬社会主义核心价值观的重要轴线。

三、西山永定河文化带石景山段的开发与利用

在开发和利用中，主要把握"三个好"原则，即：保护好，系统梳理西山永定河文化带文化遗产遗迹，提高保护等级，保护好西山山体绿色屏障及永定河水体和河道。传承好，深入挖掘西山永定河文化带历史文脉内涵和精神价值，讲好西山故事，唤醒城市记忆，让文化传承有序可循。利用好，以创新为引领、以重大项目为抓手，加快推进西山永定河重点项目实施，促进文化与生态、科技、旅游等的融合，提升城市文化软实力。

在具体的开发利用中，目前采取的方法是以区块为切入点，根据西山文化带建设总体要求，在保留原有历史和城市记忆的前提下，因地制宜地进行区域环境的修缮与整治和业态升级。

（一）古香道、古商道、古河道

推进历史文化遗产的串联保护，三条古道作为联通各个文化遗产区块的"血管"，保护血管畅通，对于其余区块的发展以及文化养料的输送都有很重要的意义。为此，一方面，通过做强做大源头，大力发展文化区块的方法，增强古道的影响力。另一方面，通过挖掘古道本身的历史遗迹和非遗传说，并通过打造文化线路、健身步道等方式让古道重现生机。

（二）六个片区

模式口地区：在修缮改造中，通过吸取前门、后海地区修缮改造的不足，模式口地区采取了"逐一设计"的原则，即根据建筑原本的年代、风格进行修缮，不追求统一的明清一条街，最大限度地保留每一座建筑的历史韵味，和整条街的原始感觉。原住民是历史的见证者，也是历史文化的载体。缺乏原住民的历史街区必然缺

乏灵魂。在模式口修缮改造中，为了保留原住民，采取了趸租的方式。即通过将沿街原住民出租房屋统一租下来，统一装修之后统一转租的方式，在不损害原住民利益的情况下，将沿街低端业态进行清除，实现业态升级。

首钢园区：可以利用自身工业遗产的优势，依托冬奥组委办公驻地的契机，将工业遗产与冰雪运动相结合，弘扬首钢精神，打造工业文化博物馆，推动老工业区的升级与转型。并且利用石景山"燕都第一仙山"的文化灵性与内涵，打造石景山文化景观园，增强首钢园区内的文化底蕴。

八大处：依托灵光寺佛牙舍利的影响力，加强与东南亚等"一带一路"国家的对接，宣传皇家园林文化以及禅林文化，争创5A级景区，提升我国文化的国际影响力。

天泰山：依托"三山五顶"的影响力，深入挖掘香会、香道的民俗资源，和冯玉祥在此居住的名人事迹，打造民俗文化和香道文化的精品。

八宝山—国雕—石景山游乐园：依托八宝山红色文化，打造八宝山红色文化基地，建成宣扬爱国主义和革命英雄主义的教育基地。国际雕塑园，建设中国美术馆国际雕塑精品艺术展区，弘扬中国当代工匠精神，使整个片区成为展示当代中国风貌和艰苦追求历程的爱国主义片区。

永定河：通过挖掘提升永定河水利遗址资源品牌价值，挖掘金口河、戾陵堰、车箱渠等重要古代水利遗址以及永定河不同时期周围村镇的民俗、传说等非遗资源，结合现代永定河河道的治理工程，建设依托永定河河道的动态历史文化休闲长廊。

（三）其他开发利用措施

通过对北辛安地区老区政府、供销社、工人俱乐部、新华书店、老药店进行整体迁移和保护，打造体现二十世纪五六十年代人民生活场景的城市记忆博物馆，挖掘衙门口骆驼会馆的历史，保护城市记忆。

通过建设建立文物数据平台，对全区文保单位和可移动文物进行统筹管理，增强工作的信息化程度，利用科技化手段，完善文化遗产的基因数据库。

作者简介：任和合，男，1992年生，河北景县人，北京市石景山区文物研究所科员。

注释：

[1]　石景山区文化委员会：《石景山文物》第5辑《普查编研资料专辑》，内部资料，2012。
[2]　石景山区重点建设中心：《模式口地区修缮与整治规划》，内部资料。

大觉寺契约文书的发现保护与研究

张蕴芬

北京城西，群山连绵，林木茂盛，溪泉淙淙，寺庙掩映，历代统治者在此建造了数以百计的寺庙行宫，园林陵寝，处处金碧辉煌，香烟缭绕，位于北京西北阳台山东麓的大觉寺是至今一座保存完整，规模宏大的古代巨刹。大觉寺千年的历史遗存下众多的文物古迹，蕴涵着丰富的文化内容。其中的古代建筑、金石碑刻、园林生态、绘画雕塑、佛教典籍等寺庙文化内容丰富多彩。其中，发现于二十世纪九十年代初的一批契约文书，则以其内容广泛、种类纷繁而最具科研价值。

一、大觉寺历史文化简述

大觉寺始建于辽代，时称"清水院"，是目前京城遗存不多的辽代古寺院之一。辽代统治者崇信佛教，优礼僧徒，恢复兴建了许多寺院。社会各阶层也崇佛信佛，对寺院资助施舍。"清水院"当时募得信士捐资修葺经舍和印刷《大藏经》，足见燕京崇佛风气之盛，清水院规模之大，香火之旺，在辽南京（今北京）地区众多佛寺中居于前列。寺依山而建，坐西朝东，建筑格局保持了辽代契丹人尊日东向的习俗。金统治者建立政权后，对佛教采取抑制及保护态度。金章宗时，广修离宫别院、名胜景点。在山势雄伟、风景秀丽的西山地区兴建了著名的八大水院，大觉寺即是金章宗所建西山八院之一的"清水院"。清水院泉流丰沛，景色秀丽，尤以杏花著称，是南京城外久负盛名的风景游览区。

自明成祖迁都后，北京逐渐成为北方的佛教中心。由于统治者的提倡和保护，佛教寺庙在元末残破的基础上得以恢复和发展。北京的西北郊为传统风景游览胜地，明统治者在西山一代大量修建佛寺，对西北郊风景进行开发。明代前期是大觉寺的鼎盛时期，据史料记载，有明一代，皇家对大觉寺进行了三次大规模的翻修扩建，奠定形成了现存寺院的规模。明宣德三年（1428），宣宗朱瞻基奉其母孝昭太后之命，出内帑翻修了凋敝已久的灵泉佛寺，更名为"大觉寺"。大觉寺从此成为皇家敕建寺院。英宗正统十一年（1446）和宪宗成化十四年（1478），又对大觉寺进行了两次修葺。明末清初，改朝换代，社会动荡不安，寺院也处于萧条之中。从成化十四年至明末，大觉寺再未重修，寺内建筑残破不堪，几成废墟。清康熙五十九年（1720），时在藩邸的皇四子胤禛对寺院进行了修缮，遣临济正宗三十四世嗣法传人迦陵（性音）主大觉寺方丈。并亲撰《送迦陵禅师安大觉方丈碑记》一文以示恩宠。乾隆十二年（1747），弘历出内帑重修大觉寺，乾隆帝多次驾临此寺，留下许多御制诗文和匾额。道光以后，清王朝由盛而衰，财源日渐枯竭，已无力顾及西山寺庙之修复。民国时期，军阀混战，日寇入侵，社会秩序混乱，国民经济衰敝。大觉寺虽然香火冷落，但作为京西名刹，尽管建筑残旧，园林凋敝，仍吸引达官贵人、民族志士及文人学者游览或栖止。距此不远的妙峰山庙会久负盛名，开庙期间，朝山进香的人络绎不绝。大觉寺是妙峰山进香的必经之处。1937年抗日战争爆发，北平沦陷，古都的传统文化氛围遭到破坏，昔日人流如潮的进香山道已无人烟，西山一带寺庙也惨遭厄运。

　　古代佛教寺庙，不仅是供奉佛教诸神、僧众修行的所在，也是人们朝圣膜拜、游览观赏的中心，有着丰富的历史文化内涵，其中作为主体的佛殿建筑融入中国传统建筑，既强调布局形式，又体现宗教功能，艺术表现丰富，极具中国特色。大觉寺建筑布局总体采用中国传统建筑中的院落式布局，整个建筑布列在自东向西的轴线之上，依次有山门、碑亭、钟鼓楼、天王殿、大雄宝殿、无量寿佛殿、大悲坛等，南北两侧有跨院，整座寺院布局精巧，错落有致，为典型的汉式寺院布局。作为皇家敕建寺院，其佛殿堂的装饰艺术亦十分出色。佛教是信奉偶像崇拜的宗教，佛教诸神是佛教徒信奉崇拜的偶像，佛教诸神包括佛、菩萨、罗汉、天神等，而寺院就是佛教诸神在人间的栖身之地。供奉在大觉寺殿堂之内的佛教塑像，造型生动，雕刻精美，具有极高的艺术价值，是珍贵的历史文物。

　　寺院的兴盛在于历代僧人的焚修和香火旺盛。宣德三年皇家重修大觉寺后，命高僧智光入寺主持。智光是明初著名高僧，以其政治上的功绩和传译经典方面的成就，备受明初帝王恩宠。成化十四年，明宪宗之母周太后出资重修大觉寺，周太后的弟弟周吉祥年少时在大觉寺剃度，圆寂后葬于大觉寺附近，周云端（即周吉祥）和尚塔至今保存完好。大觉寺清代著名主持是迦陵和尚，康熙五十九年大觉寺重修后，雍亲王胤禛遣名僧性音入寺主持，并亲赐碑文，雍正四年（1726）性音圆寂，在寺旁建塔一座。

大觉寺在其近千年的历史中作为皇家寺庙的历史长达六百年，如从金章宗清水院算起，与皇家的渊源已逾八百年，这为大觉寺的历史蒙上一层浓重的皇家色彩。金章宗、明宣宗、清世宗、清高宗都曾在此驻跸，降香礼佛之余留下许多匾额及诗文，给古朴庄严的古寺增添许多雅趣，它们与名胜交相辉映，是这座皇家寺院不可缺少的文化内容。大觉寺在明清两朝，多次重修扩建，得到皇室的巨大支持。据正德四年（1509）大觉寺庙产碑所记，宣德十年（1474）、成化十年（1435）、弘治十七年（1504），曾屡向大觉寺赐庄田佃户，使得寺院庄田丰实，僧弥众多，成为西山三百寺中有名的巨刹。寺内收藏的部分清代契约文书真实具体地记录了大觉寺清代至民国初年经济及其他活动，是研究清代大觉寺历史、寺院经济史及北京社会经济史的宝贵资料。近年在清理寺内文物时还发现了明代藏经残留卷页，以及清代高僧释经著作和印刷木板。刻经、藏经曾是大觉寺历史上重要的文化活动，历代高僧大德在此焚修主持，传经布道，留下了众多的语录著述及木刻经板，它们是寺内珍贵的历史文物，具有极高的保护价值。

新中国成立以后，大觉寺地区属河北宛平县辖区，当时寺院已是满目苍凉，院内荒草丛生，古建陈旧。1950 年，大觉寺成为林业部林干校校址，1952 年林业部将大觉寺作为北京林学院校址，1953—1978 年为林业部、农林部使用，1979 年又归林学院管理，同年成为北京市重点文物保护单位。1988 年 10 月，北京市文物局接收大觉寺，1989 年成立了大觉寺管理处。在北京市文物局的具体指导下，制定了文物抢修计划及大觉寺发展规划：明确了大觉寺今后的发展方向，保护历史文物，弘扬民族文化，凭借环境优势，开展文物旅游事业，为社会主义精神文明、物质文明服务，为广大群众提供多功能文化活动场所。大觉寺于 1992 年 4 月正式对外开放。

大觉寺是阳台山自然风景区内保存完整、规模弘大的古建筑群，周围林木旺盛，古迹众多，旅游资源丰富，极具开发价值。十几年来管理处文物工作者遵循抢救为主，保护第一，合理利用，加强管理的文物工作原则，取得了巨大的成绩。寺内古建文物得到全面修复和妥善保护。2001 年大觉寺被国家旅游局评为"国家 AA 级旅游景区"。2006 年成为国家重点文物保护单位。

二、大觉寺藏契约文书的发现保护和内容解读

历经一千多个寒暑交替和五个封建王朝的政权更迭，大觉寺在多变的沧桑世事中虽几衰几兴，却衣钵相传，既完整地保存了一处古代建筑群落，也保留了造像、碑刻、经板等许多珍贵的佛教文化遗存。大觉寺是一处典型的汉传佛教寺院，它的建筑设计、殿堂配置和园林布局，是中华民族光辉文化的凝结，具有比较高的研究价值与美学价值。除了这些古代建筑外，大觉寺还藏有各类文物千余件，其中重要的文物当为发现于二十世纪九十年代的契约文书。这批契约文书其时间上迄清代康熙初年，下至民国十三年（1924）。内容十分丰富，涉及土地制度、宗法制度、赋役制度、风俗人情等多方面，不仅直接反映了大觉寺二百多年来寺院经济的各个方面，也间接反映了北京地区整个社会的方方面面，具有研究寺院经济、社会风俗、土地制度等多方面的价值。

大觉寺寺藏的这批文书档案，其年代最早者迄今已历三百多个寒暑。其间在朝代更替的兵火、世事变迁的兴衰、岁月轮回的消磨中，能够有绪流传，完整保留，殊属不易。尤其是二十世纪三、四十年代北京沦陷日寇和六、七十年代"文革"破四旧之际，这些纸制文物得以度过劫难，幸存至今，更是难上加难。1991 年 3 月，北京市文物局西山大觉寺管理处在修缮大雄宝殿时发现了这批珍贵的文物，对其进行登记，整理入藏。北京市文物局在二十世纪九十年代开始了对大觉寺古建的修缮保护工作，为配合大觉寺于 1992 年 4 月对外开放的要求，1991 年上半年，对寺内中路主要殿堂内部进行全方位的除尘保护工作。工人师傅在大雄宝殿殿顶进行除尘时，发现了藏匿于天花板上的珍贵文物。据当时在现场参加清点工作的人员回忆：这批契约文书散乱地堆在天花板格栅之上，上面布满了灰尘和蛛网，部分契约原件残损破旧，褶皱、污渍现象严重。工作人员对其进行除尘清理，清点核对、编号登记后入藏品库保存。明史研究专家，原首都博物馆馆长赵其昌先生在看到这批契约文书资料后说："大觉寺所藏契约文书是北京地区极为少见的残存资料，内容涉及诸多方面，除对寺院经济有直接价值外，对清代北京社会经济之研究更有其独特价值。"原北京石刻艺术博物馆研究馆员吴梦麟先生说："大觉寺是北京市保存较完整的古代寺院，寺藏文物丰富，其中的契约文书又为劫后残存的珍贵文物，对研究大觉寺的历史较有价值，更可补充研究北京地区部分寺院及重要僧人的历史。"专家学者的评语充分肯定了大觉寺藏清代、民国时期契约文书的史料科研价值并建议将其申报为北

京市文物局科研课题。

　　人们在社会生活中发生的种种物权和价权行为用文字的形式记录下来，以保证当事人履行权利和义务所形成的文字，即是契约。这些泛黄的古老的契约文书资料，在今天的现代社会生活中也许已经没有太大的现实价值，但是它们却是大觉寺这座佛教寺院僧人与僧人之间，与世俗社会之间处理种种事务的详细记录，较为系统地反映了清代大觉寺寺院经济的发展状况。从契约文书的程式上看，大觉寺藏清代时期契约与同时期其他契约并无不同。有固定的立契格式和契约用语，契约的内容主要由立约时间、立约双方姓名以及立约的主要条款几部分构成。契约的开头部分一般都写明契名及立约人名称，如"立卖契文约人某某""立典契文约人某某"，契约的名称较多变，没有统一固定者，对于立约双方来说，一般要写全立约人的姓名，但也有少部分只写姓甚至不写姓名只称"某某"的。然而，契约的主要条款写得比较详尽准确，便于操作。契约尾部一般写有中人、证人及书契人的姓名，并注明立约的时间。从契约的主要内容看，买卖、典当土地契约是主要的内容。大觉寺藏契约文书，均用汉字订立，书写在长方形棉纸上，在契约格式，契约固定用语，和当事人权利义务设定上都与同一时期其他地区契约文书类似。为了说明的方便，将部分大觉寺契约移录如下：

　　1. 立卖契文约人祖洪因手乏无钱使用将自置地一段东西□东至沟西至郝姓南至郝姓北至赵姓四至分明计地叁拾亩此地产坐落在北安河村北今同中说合情愿卖与大觉寺常住永远为香火地言明清钱肆佰伍拾吊整其钱笔下交足并无欠少自立契之后倘有重租盗典等情具在卖主一面承管与买主无涉此系两家情愿各不返悔恐口无凭立此卖契为证雍正八年十二月初一日

　　立卖契人　祖洪严中保人　　宝均

　　永远执照

　　2. 立典契文约人孙连左因手乏无钱使用将周家坟地一段烦中说合情愿典与大觉寺常住以为耕种供众言明清钱贰拾吊整其钱笔下交足并无欠少其地土木相连两家情愿各不返悔三年以后钱到回赎恐后无凭立

　　此文约存照户

　　乾隆陆拾年二月初七日户地主　孙连左＋立严中人＋李喜

　　信行大吉

　　3. 立借钱文约人行义因手乏无钱使用被掌书赵明德逼迫赵明德作主欲将大殿前

果松一株伐卖后因常住知道拦挡不许伐卖行义同赵明德再三求常住说暂借钱叁吊此树永不许私动恐后无凭立此文字为证ナ

乾隆五十四年十二月二十四日ナ立字人行义押

立借钱字为证

4. 立公议合同旧业窑户马进山旧业山主张起龙因南安河村小南山地方旧有煤窑一座嘉庆九年□做过因工本短少未成今马进山会同新业开窑人大觉寺常住监院了尘与三官庙豁然报明做煤言明按壹佰贰拾股开做言明出煤得利之日先归新业工本后有余利照字所分旧业窑户马进山应得贰拾伍股山主张起龙应得拾伍股大觉寺常住应得四拾股三官庙豁然应得四拾股说过如有旧业人等争论有马进山一面承管三言议定批合同一样三张此系在字各人情愿并无返悔恐后无凭立合同文约永远存照ナ

道光十六年十一月二十二日ナ立合同人窑户人马进山＋ナ

山主人　张起龙＋ナ

新业□计　了尘＋豁然＋ナ

代字人　王成功ナ

5. 立施园契文约人张永连今有祖遗杂果园壹段土木相连此地坐落在常住大影壁下坎东至徐各庄西至大影壁南至道北至道四至分明计地叁拾贰亩因年老无子不能耕种今同中人说合情愿施与大觉寺耕种摘收常住因伊年老与伊养老银贰拾伍两整其银笔下交清并无欠少自立契之后如有亲族人等争夺俱在施舍人一面承管两家不需返悔恐后无凭立契永远存照ナ

嘉庆玖年伍月初二日立ナ施字人　张永连＋ナ

中见人　广智＋ナ

闵福荣＋ナ

郝尊武＋ナ

吕国洪

执照ナ

以上契约是大觉寺馆藏契约文书中比较典型的有关买卖、典当、借贷、合同及施舍等方面内容的具体实例。契约文字均用毛笔比较端正地书写在横长40—50厘米，纵宽50—60厘米左右的黄棉纸上，文字竖排。

现以第一例卖契为例做简要说明。契约右侧首行开始的"立卖契文约人祖洪……"等字表示该契的种类和立契人，"因手乏无钱……"是说明卖掉土地的理由，"今同中人说合情愿……"是麻烦别人做中保卖掉土地。契约中还写明了这块土地的来源，所处的位置及数量，写明了买卖中人三方共同议定的价格及立契日交付银两的事实，最后则是为了预防纠纷写下的约定内容，强调契约是根据当事者双方意愿而立，结尾部分是立契日期和立契者、中人的名字，名字下画押。以上所录契文无官印，可知为民间自行议定。

古代中国在民间，凡是买卖之后经过向官府呈报，备案，纳税后得到认可，且经官方加盖官印的契约俗称为"红契"，而未经纳税，没有加盖官府印章的契约则称为"白契"。清政府规定凡买卖土地房屋者必须购买政府统一印制的官版契纸，并缴纳地契税过割。因此可见白契是一种不合法的契约，但尽管如此，为了逃避赋税，民间交易多私下进行，白契在民间大量通行，不见绝迹。大觉寺所藏契约文书，无论土地交易、房宅买卖，大部分为白契。将这些契约与北京图书馆所藏清代契约相比较，其两者在格式上也大致相同，都是由立契约文书人姓名、立约原因、土地房屋来源、名称位置、四至地点、土地数量、卖方或租方姓名、价钱、银钱交付方式、立约保证、立约时间、立契人中保人姓名等构成。所不同的就是大觉寺所藏契约大多为白契，这足以证明清政府已不能按其意志控制土地田产的买卖活动。另外也从另一方面反映了大觉寺这座皇家敕建寺庙与清皇室及地方政府的关系极为密切。对土地田产买卖实行官契，是清政府试图对封建土地加强管理的一种手段，尽管三令五申严格要求各州府县具体实施，但事实上仍有大量白契通行，大觉寺内所藏契约就是典型的代表。

尽管大觉寺所藏契约白契居多，但却具有传统契约的凭证作用。具体表现以下两点：首先，签订契约的卖方必须说明交易物品的来历，以大觉寺藏土地买卖契约为例，出卖土地之人要言明该土地是由祖上所传还是自己先年所买，如是自己先年所买，则还需注明买自何人，有时还要将先年所买之契约一并付与现买受人，或将卖契写于先年的契约之后。其次，作为一种产权凭证，出卖之人需要申明由自己承担权利担保义务，并对日后可能发生的纠纷承担责任，契约订立之目的就是在于其有凭证的作用。为保证签订契约双方交易的安全和契约的凭证功能，为表明卖主的诚意，说明土地房产的来源清楚无误，并使买主放心，在契约文书的结尾，总有几句大体相同的话作为订立契约文书的保证。"如有来路不明、重复典卖及亲族人等争竞，俱有卖主及中保人等一面承管"，"自后如有同宗同派人等争竞等情，有作证人一面承管"，等等。这既是立契约文书的基本要求，也是卖方诚信的表示，还是立契约人和中保人给买方的一个无庸置疑的保证。同时，也说明无论是世俗的亲族人等，还是僧人的同宗同派人等，在房产土地等财产转移活动中，均具有优先权，即亲族或亲邻优先原则。大觉寺所藏契约文书反映了宗法血缘关系、僧侣宗派关系在土地房产等所有权的转移中起着一定的作用。

三、大觉寺契约文书的整理与研究过程

发现于二十世纪九十年代初的大觉寺藏契约文书，内容丰富，保存基本完整，具有很高的学术价值，是研究我国古代社会经济及大觉寺寺院经济、寺院历史极为宝贵的原始资料。大觉寺管理处关于大觉寺藏契约文书的整理研究工作一直在陆续进行，目前已有多篇论文发表，部分契约文书内容也以专项展览、图书出版等形式面世，得到学者、公众的关注。具体过程经历了三个阶段。1998—2000 年为第一阶段：经过近四年的古建修缮、环境整治等具体筹备工作，大觉寺于 1992 年正式对外开放。随着大觉寺的开放，管理处各项工作走入正轨，经文博界著名专家学者赵其昌、吴梦麟等先生的力荐，大觉寺契约文书获准为 1998 年度北京市文物局科研课题。由专家学者和管理处业务人员共同组成的课题组成员共同完成这一科研课题。这一阶段的主要工作：依原式对契约文字内容进行卡片抄录，在此基础上分类，编号，拍照，建档。对部分契约内容核对，勘误后进行计算机录入。对契约内容进行初步研究，编写完成《大觉寺》资料图书 和《大觉寺藏契约分类简表》。2000—2008 年为第二阶段。2000 年管理处聘请河北大学历史系秦进才教授来寺考察，就大觉寺藏契约文书的史料价值、研究方向、研究方法等具体内容与业务人员进行研讨，指导业务人员修改完善契约文书的编写计划。2002 年在首都图书馆的大力协助下完成搜集整理大觉寺历史资料工作，编写完成《大觉寺资料汇编》上下两册，为今后的深入研究打下坚实的基础。2004 年完成《大觉寺》图书初稿编写工作，经过反复修改，增补重要研究内容，于 2006 年初出版《大觉禅寺》图书，并将 40 余件契约文书书影及录文，契约文书相关研究成果，作为重要章节，并入该书内容出版。2006—2008 年在大觉寺展厅推出"大觉寺藏契约文书展"专项展览，首次对外展出寺藏契约文书 80 余件，展览获得游人好评和关注。2008 年，《中国新闻周刊》记者罗雪辉看到展览后，找到展览制作业务人员咨询，走访了相关人士后撰写《大觉寺：最后的契约》文章在专栏中发表，引起更多人士的关注，更有许多游客，其中不乏专家学者，在专项展览结束多年后，还专门来大觉寺要观看契约文书展览，抄录拍照契约文书资料及复制品。2012—2014 年为第三阶段。2012 年，大觉寺恰逢对外开放 20

周年，管理处举办了系列文化活动纪念。其中一项重要内容就是编辑出版《阳台集：大觉寺历史文化研究》文集，该文集收录了部分有关契约文书研究文章。2013 年管理处对大觉寺历史文化展进行改陈工作，并将陈列内容编制画册正式出版。展陈及画册内容都涉及了契约文书的相关内容，其中展厅除保留契约展板内容外，还精选 20 余件契约文书，按原大比例进行复制装裱，陈列于展柜之上，供游人观看。由于诸多原因，寺藏契约文书的全部档案还未得到整理并公之于世，未得到很好的开发和利用，有鉴于此，管理处将寺藏全部契约文书档案进行整理。《大觉寺藏契约文书整理及研究》经申报及局学术委员会审议批准为 2013 年度北京市文物局科研出版项目。《大觉寺藏契约文书整理及研究》一书，经过近两个寒暑的修改补充，不断完善，于 2014 年岁末，终于付梓。由北京燕山出版社出版的《大觉寺藏契约文书整理及研究》一书通过对这批契约文书分析排比，释疑考证并结合有关历史文献进行综合研究，探寻有清一代大觉寺经济发展脉络和大觉寺寺院历史兴衰情况，从而为北京地区寺院经济、社会经济的研究提供新的材料证明。

作者简介：张蕴芬，女，1965 年生，北京人，北京西山大觉寺管理处副研究员，主要研究方向为中国古代史及寺庙文化。

前门地区会馆现状分析及保护措施

——以湖北黄冈会馆为例

王旺先　齐冬月　李雅婧

　　会馆是中国明清时期，由同籍或同业中的士绅、商人等在商业城镇及移民地区集资筹建的社会组织，它一直延续到民国时期。会馆先以专门服务于科举的试馆出现在历史舞台上，之后便以迅猛的势头发展，商业性会馆、移民性会馆陆续建立，它最先出现在京师，及后扩展到全国各地。

　　此论文所研究的对象"前门地区"的范围是指北至西打磨厂街，南至珠市口东大街，西至前门大街，东至祈年大街的一个近矩形的空间范围，该区域南北长约 750 米，东西长约 2000 米，面积约 1.5 平方千米。文中主要讨论对象为该区域内纳入文物普查登记名录的 34 处会馆。

一、前门 34 处会馆概况

（一）前门地区会馆分析

　　前门地区纳入文物普查登记名录的会馆现存 34 处，其具体信息如表 1 所示：

表1 34处会馆信息

名称	地址	设立时间	类型	经济来源
韶州会馆	前门街道草厂二条胡同（巷）2号	清同治	同乡试馆	租赁
云间会馆	前门街道大江胡同（巷）112号	清	同乡试馆	房租
平镇会馆	前门街道原冰窖斜街15号	清	同乡试馆	房租
汀州会馆南馆	前门街道长巷头条62号、长巷二条43号	明（1587）	同乡试馆	房租
湖北会馆	前门街道原长巷头条13号	清（1875—1887）	同乡试馆	房租
安徽泾县会馆	前门街道长巷头条（巷）60号	明	同乡试馆	房租
贵州会馆	前门街道大江胡同（巷）83号	清（1788前）	同乡试馆	房租
颜料会馆	前门街道青云胡同（巷）22号	明中叶	商业会馆	捐资
晋翼会馆	前门街道小江胡同（巷）30号	清（1733）	商业会馆	租赁
粤东会馆旧馆	前门街道西打磨厂街90号	清	同乡试馆	房租
台湾会馆	前门街道大江胡同（巷）114号	清（1890前后）	同乡试馆	房租
太平县会馆	前门街道草厂三条（巷）19号	清	同乡试馆	房租
芜湖会馆	前门街道长巷五条7号	明（1403）	同乡试馆	捐资
宝庆会馆	前门街道草厂五条胡同（巷）27号	清（1794）	同乡试馆	房租
麻城会馆	前门街道草厂头条胡同（巷）24号	清乾隆	同乡试馆	房租
长沙会馆	前门街道草厂十条胡同（巷）19号	清	同乡试馆	租赁
辰沅会馆	前门街道草厂八条胡同（巷）27号	清	同乡试馆	租赁
吉安会馆	前门街道大江胡同（巷）85号	明	同乡试馆	房租
旌德会馆	前门街道大江胡同（巷）19号	明	同乡试馆	房租
德化会馆	前门街道大席胡同（巷）25号	清	同乡试馆	租赁
袁州会馆	前门街道草厂七条胡同（巷）6号	清	同乡试馆	房租
新建会馆	前门街道长巷头条35号	清	同乡试馆	无
惠州会馆	前门街道草厂七条胡同（巷）12号	清（1750）	同乡试馆	房租
南安会馆	前门街道草厂七条胡同（巷）6号	清	同乡试馆	租赁、捐资
黄安会馆	前门街道新革路（街）1号	明	同乡试馆	捐资
庐陵会馆	前门街道大江胡同（巷）29号	明	同乡试馆	租赁
黄冈会馆	前门街道草厂二条胡同（巷）5号	明	同乡试馆	捐资
石棣会馆	前门街道大席胡同（巷）20号	明（1624）	同乡试馆	房租
上湖南会馆	前门街道奋章胡同（巷）11号	明（1593）	同乡试馆	租赁
孝感会馆	前门街道草厂七条胡同（巷）19号	明	同乡试馆	房租、租赁
广西会馆	前门街道銮庆胡同（巷）9号	明（1517）	同乡试馆	租赁
临汾会馆	前门街道西打磨厂街105号	明	商业会馆	房租
丰城会馆	前门街道长巷头条53号	清	同乡试馆	租赁
汀州会馆北馆	前门街道长巷二条48号	明弘治	同乡试馆	房租

根据上表，按会馆建立时期与会馆性质进行分类，如图1、图2所示：

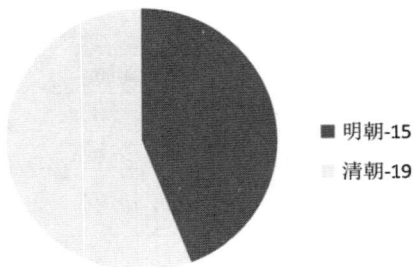

图 1　会馆建立时期分布图　　　　　　　图 2　会馆性质分布图

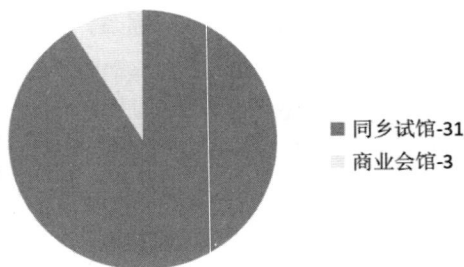

■ 明朝-15
□ 清朝-19

■ 同乡试馆-31
□ 商业会馆-3

综上所述，前门地区会馆主要为明、清建筑，且以清朝时期为主；会馆性质以同乡试馆为主，商业会馆为辅；会馆经济来源主要是房租。

（二）前门地区会馆聚集原因

前门地处北京城区的中心，紫禁城正南，属南中轴路北端，是明末清初才逐渐发展起来的。它的形成受到清初内外城分治的政治制度、外城繁荣的商业经济以及南城浓厚的文人文化氛围的影响。明清时期的进京路线有水路和陆路两条，一条是从江浙一带沿京杭运河北上进京的路线。运河的北端直达通州，然后在通州张家湾改乘马车，经南郊进崇文门以达京城。因此，从明代起，崇文门就是商旅和货物出入的地方，因此，崇文门外商业贸易活动逐渐地频繁起来。明成化二十一年（1458）颁布"京师九门，皆有课税，而统于崇文一司"，[1] "崇文门监督，为京师收税之总机关"。[2] 明弘治六年（1493）起，在崇文门外大街路东上三条与上四条之间设立京师税务衙门，对过往客商征收赋税，崇文门成为"税门"，由此，为就近纳税，各地的商人纷纷在崇文门附近兴建商业会馆。另一条是从西南和中原地区进京的路线，主要是陆运，经由卢沟桥到达宣武门外的南郊，从广安门进城，清代戏曲作家顾森所著《燕京记》写到"卢沟桥……为各省陆路进京之咽喉"，进京赶考的举子们多从卢沟桥一线进京，"崇文"是崇敬文化的意思，按阴阳的说法，东方为木，主生，所以进京赶考的举子们会从崇文门进入内城参加考试。清时实行满汉分居政策，内城不得开设大型私营店铺、戏园、会馆。前门位于紫禁城的正前方，是当时北京城最重要的商业区之一，无论是赶考的举子，还是办事的官员，住在前门一带比较方便，这便使得很多会馆都在前门地区"安家"。以上原因促使前门地区成为会馆的集中分布地。

二、湖北黄冈会馆历史概述

湖北黄冈会馆现坐落于前门街道草厂二条胡同 5 号，是明清时期湖北省黄冈籍旅京人士在京建立的同乡试馆，2013 年被东城区公布为未核定等级文物保护单位的不可移动文物。

黄冈会馆始建于明代。《宸垣识略》记载："东城会馆之著者……草厂头条胡同曰广州、麻城、金箔，二条胡同曰邵武、黄冈、应城。"[3] 明末清初时期，黄冈籍刘子壮来京应试时曾在黄冈会馆居住，并考取一甲进士，后在朝廷出任国史馆修撰。戴璐在《藤阴杂记》中记述刘子壮在黄冈会馆内的一件趣事："刘克猷（子壮）常梦为朱之弼门生，搢绅未见其名。庚午（1630），计偕入都，侨寓黄冈会馆。下第步邻塾，见垂髫童子，貌颇清秀，见书包有'朱之弼'三字，遂大惊愕，询其家世寒微，助以纸笔之资，久亦忘却。嗣久困公车，己丑（1649）谒选，强入礼闱。朱已弱冠，丙戌（1646）进士，授给事中，是科分校，遂出其房，占大魁，官终侍读。"[4]

顺治年间，湖北黄冈人曹本荣（后任秘书院编修）为官清廉，家境贫寒，虽在宫廷任"日讲官"三年，但是在北京并无宅第，"故赁居黄冈会馆，四壁颓坠，不避风雨，甘于穷困，怡然自得"。[5] 由此可见，此时的黄冈会馆已经破败不堪了。清末时期，黄冈会馆仍然发挥着乡试会馆的作用，据陶鼎来讲述："祖父来到北京投考进士，这科虽然没有及第，却入选八旗汉教习，留在北京负责教满族皇亲国戚子弟读书，从此不能轻易回乡，长期居住在北京的黄冈会馆。"[6]

民国年间，北京银行学堂教务长黄冈人张大昕曾筹资修复旅京黄冈会馆。[7] 民国四年（1915），陶希圣来京考北京大学预科就住在黄冈会馆。《民国大学：遥想大学当年》中记载："民国四年初春，我（陶希圣）随父亲由湖北黄冈乡间到汉口，搭京汉车晋北京。父亲带着我住宣武门外，草厂二条胡同黄冈会馆。"[8] 1947 年的《黄冈会馆总登记表》记载当时黄冈会馆的负责人是罗致波、卢紫垣。会馆的主要经济来源是同县职员捐款。黄冈会馆的北面是福建邵武会馆。两个会馆曾有争地界的一段往事。邵武会馆与黄冈会馆交界处是一大片空荒之地，其中有一部分空地被黄冈会馆围占后经邵武会馆与黄冈会馆交涉才将被占之地索回。现黄冈会馆以满足居民居住为主要职能，为居民生活服务。

三、湖北黄冈会馆现状及保护措施

湖北黄冈会馆朝向为坐西朝东，由前后两进院组成。北边院落现存大门一间及倒座房三间，厢房已拆除，新建一排四间的西房，原正房三间亦经翻新，失其原貌。南边院落四合院布局尚存，南北房各三间，东房三间西房四间，均为硬山顶合瓦屋面。

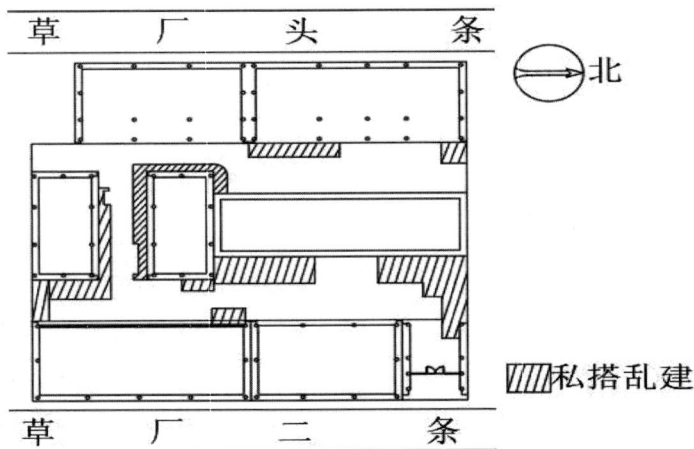

图3　湖北黄冈会馆平面示意图（图片来源：作者自绘）

（一）会馆山墙的砌法

在四合院建筑中，对于山墙的构造都有相应的方法，一般四合院在做墙的时候会选择"一顺一丁""三顺一丁"或"十字缝"的建筑方法（如图4—6所示），但是这一般适用于家境比较殷实的人家，普通百姓建造房屋时，一般会选择软心墙。软心墙指的是"墙体周边用砖石砌造，内部中空处以瓦砾土坯填塞的砌造方法"。[9]

由于黄冈会馆在新中国成立后进行过翻修，因此，在对黄冈会馆山墙砌法进行分析时，发现会馆山墙存在多种砌法，有三顺一丁、软心墙，也有空斗墙砌法（图7所示）。空斗墙主要在南方地区较为流行，因为黄冈位于湖北省，因此，黄冈会馆空斗墙的出现应该是受到南方砌墙方法的影响。

图4　一顺一丁（图片来源：网络）

图5　三顺一丁（湖北黄安会馆）

图6　十字缝（广东惠州会馆）

图7　空斗墙（湖北黄冈会馆）

（二）会馆存在的问题

黄冈会馆随着历史的变迁，历经多次重建、翻修，从明代一直保存至今，四合院目前存在私搭乱建、年久失修、生物病害等诸多现象。

1. 私搭乱建

从图1可以看出，黄冈会馆内部私搭乱建十分严重，据笔者统计，湖北黄冈会馆占地面积约为601.6平方米，其中院落房屋占地面积约为404.2平方米，空地面积约为197.4平方米，在空地面积中有61平方米为私搭乱建建筑，居民用于扩大自己的居住面积或存储物品，极大地破坏了四合院应有的面貌，会馆原貌早已面目全非。

2. 年久失修

在黄冈会馆，我们能够看见时间在建筑上留下的印记，由于常年遭受风雨侵蚀，黄冈会馆许多建筑墙体出现了不同程度的墙体酥碱、建筑材料中的木质材料的老化

图8 四合院内部私搭乱建

图9 房屋倒塌

图10 墙体加固

图11 瓦顶长草

及地面的损毁等，我们发现南侧院落南房有一间房屋倒塌，南院东房房屋墙体倾斜，因无资金进行修缮，为防止房屋倒塌，只能在房屋东侧山墙处修建几处墙墩来加固山墙。

3. 生物病害

在古代建筑的顶部，长年累月的降尘积土和瓦当下衬有的黄土为草木生长提供了适宜的生长环境。瓦顶生草，使草根深入苫背层，破坏瓦顶结构，从而形成漏雨通道；瓦顶长树，树根就会穿破屋顶顺墙伸入地内扎根，不仅危及瓦顶，甚至还会破坏墙体与地基。黄冈会馆建筑多处存在瓦顶长草的这种情况，在其大门瓦顶基本上全被草类植物覆盖了（如图11所示）。

4. 空洞化

四合院，可以说就是家庭文化，本质上就是人的文化。我们一说到四合院，都会浮现出一幅一家人或好几家人住在同一个屋檐下，生活其乐融融的画面。黄冈会馆占地面积达到601.6平方米，有着七间房屋，但是由于会馆年久失修、生活条件较差等原因，许多住户已搬离会馆，会馆现只有三个家庭在此居住，房屋将近一半为空置，院落氛围死气沉沉。

（三）保护措施

为使黄冈会馆焕发出新的活力，针对以上湖北黄冈会馆所存在部分的问题，笔者提出一些解决方案。

1. 整顿私搭乱建

为恢复四合院原貌，还原四合院格局，应当对黄冈会馆的私搭乱建进行拆除，并对房屋进行修缮。

2. 保护性修缮

（1）地面砖的保护修缮

首先，重新墁砖需要做好以下准备工作，准备工作可分为三步：第一，对地面情况做好原样记录，查清数量；第二，揭除地面，将地砖翘起，并按规格与残毁程度进行分类放置；第三，对旧砖上的灰迹和垫层进行清理，地面上重新用素土夯平。

其次，用准备好的砖块，按照原布局重新进行墁砖，在砖棱接缝处勾灰，逐个进行铺墁，在铺墁过程中，为挤严砖缝，并使砖面平整，需要随时用橡皮锤进行敲打。

最后，地面砖因自然和人为因素，很容易再次破损，因此需要对砖面进行加固。将砖面清洗干净后，泼洒墨汁；等墨汁干后，再用生桐油刷一遍，再涂一遍灰油，再刷一遍光油。这样可以使地面砖光亮且耐磨。

（2）墙壁的保护修缮

一般在处理墙面酥碱时，先用小铲子将酥碱部分剔除干净后，用原尺寸砖块按原位镶嵌，用水泥粘牢即可。但针对大范围墙面酥碱时，采用"剔补的方法进行处理，先将酥碱处剔除干净，然后用聚醋酸乙烯酯乳液掺砖灰面补抹平整"。[10] 因为聚醋酸乙烯酯黏合强度高，又能和填料、增塑剂、溶剂等很好融合，具有稳定性好、耐热老化等优点，用来补抹剔除酥碱的砖墙效果很好

（3）瓦顶的保护修缮

瓦顶除草可以分为人工除草和化学药剂除草两种方式。

在进行人工除草时，一定要连根拔起，如果只拔出茎或部分根部，反而刺激草类植物的快速生长。因为植物根部与瓦粘连在一起，因此拔草时应一手按住瓦片，一手拔草，防止拔草时将瓦片带起。在清理屋顶植物的时机上，一定要选择草类植

物种籽成熟之前进行拔除，连续两三年的清理，草类植物方可由多到少，逐渐消失。

在进行化学除草时，选择除草剂也十分重要，一定要选择对人畜无害，对环境没有污染，对古建没有伤害而且操作简单的品种。因此可以"选择 2.4–D 及 2.4–D 丁酯除草剂"。[11]2.4–D 丁酯除草剂性能较好，对鸭舌草、小三棱草、藜等一年生及多年生杂草均有着良好的效果。

3. 回迁住户

由于现在黄冈会馆居住条件较差，因此住户仅有三户，但如果对四合院进行整治及保护性修缮，可以使黄冈会馆重新焕发出新的活力。现在有的四合院修缮完毕后就是空置，因此希望黄冈会馆修缮完毕后，能重新将一些老住户回迁，因为四合院文化就是人的文化，没有人居住的四合院文化又如何能够活起来。

四、小结

北京从西周时期的蓟城、燕城算起距今已有 3000 多年的建城史，即使从金海陵王迁都算起也有 800 多年的建都史。伴随历史的发展，在北京地区有着大量的文化遗产，会馆作为北京历史文化的见证者之一，是了解明清时期社会生活的重要渠道，也是了解文人骚客情怀风骨的桥梁。作为重要的文化遗产，它们历经纷乱复杂的年代，以其独特的形式向我们展现了历史的变迁，佐证历史的发展脉络，对研究北京的历史文化有着重要的作用。

随着历史的变迁，会馆早在大半个世纪以前就慢慢地退出历史舞台。由于特定时期的历史因素，北京现存的大多数会馆已面目全非，或成为民居大杂院，或挪作他用，建筑大多有不同程度的变化与损伤。但沿着古旧的砖墙瓦楞，许多建筑的风貌和格局仍旧依稀可见。针对湖北黄冈会馆现今私搭乱建、年久失修、生物病害等诸多现象，我们建议对会馆进行整顿、保护性修缮，并回迁住户重新唤回会馆的生机。

历史的传承发展不仅需要我们熟知的史书纪年，更需要我们传承和保护这些历史中不可复制的文化遗产，它们是最好的历史见证者，是重要的历史证明。保护历史文化名片是我们每个当代人义不容辞的责任。

作者简介：王旺先，男，1994 年生，江西上饶人，北京联合大学应用文理学院专门史 2017 级研究生。齐冬月，女，1994 年生，北京密云人，北京联合大学应用文

理学院专门史 2016 级研究生。李雅婧，女，1994 年生，北京海淀人，北京联合大学
应用文理学院历史文博系 2013 级本科生。

注释：

[1] 史玄：《旧京遗事》，北京古籍出版社，1986，第 21 页。

[2] 崇彝：《道咸以来朝野杂记》，北京古籍出版社，1982，第 104 页。

[3] [清] 吴长元辑：《宸垣识略》，北京古籍出版，1981，第 181 页。

[4] [清] 戴璐：《藤阴杂记》，北京古籍出版，1982，第 59 页。

[5] 李森林编著：《问津人物》，中国文史出版社，2014，第 114 页。

[6] 陶鼎来口述，宋毅撰：《一生献给中国农业工程事业　中国农业工程事业奠基人之一陶鼎来口述回忆》，中国农业出版社，2013，第 8 页。

[7] 湖北省地方志编纂委员会：《湖北省志人物志稿》，光明日报出版社，1989，第 1081 页。

[8] 陈平原、谢泳等：《民国大学：遥想大学当年》，东方出版社，2013，第 183 页。

[9] 王效青主编：《中国古建筑术语辞典》，山西人民出版社，1996，第 225 页。

[10] 王慧贞：《文物保护学》，文物出版社，2009，第 385 页。

[11] 同上，第 364 页。

编后记

　　《三山五园区域文化认知与传播研究》一书，是 2017 年 12 月 17 日，由北京联合大学、中共海淀区委宣传部联合主办的"三山五园区域文化认知与传播"学术研讨会暨第四届北京联合大学三山五园研究院学术论坛的正式成果，也是"北京三山五园研究院学术研讨会论文集"系列丛书的第五册。

　　本次研讨会由北京联合大学三山五园研究院、北京联合大学应用文理学院和海淀区文化发展促进中心具体承办。会议一开始，中共海淀区委宣传部常务副部长黄英、北京联合大学副校长鲍泓教授先后致辞，对所有与会专家、学者表示热烈欢迎，相信研讨会的成功举办，将会对三山五园区域文化的认知及传播、对三山五园历史文化遗产与西山和永定河文化带的保护利用，并为落实《北京城市总体规划（2016—2035 年）》发挥积极的推进作用。

　　在主题发言阶段，法国巴黎拉维莱特高等建筑学院邱治平教授，北京联合大学应用文理学院院长张宝秀教授，北京联合大学三山五园研究院研究员、中国人民大学何瑜教授，加拿大哥伦比亚学院亚洲研究系程龙教授，奇想飞航有限公司总经理郭正雄先生分别就中西园林文化交流、三山五园在北京全国文化中心建设中的地位与作用、圆明园的历史价值认知、中西交流视野下的三山五园影像传播、三山五园文化传播与展示主题作了精彩的学术报告。在分组讨论阶段，发言主题更加多元、更具包容性，内容精彩纷呈，引发与会专家和研究生的热烈讨论。

会后，北京联合大学三山五园研究院在与会论文的基础上编辑了本书。在应用文理学院科研与研究生处处长黄宗英教授的大力协调之下，本书的出版受到北京联合大学应用文理学院学术著作出版基金的资助，特此致谢。

在本书编校过程中，北京联合大学应用文理学院专门史研究生张梨霞、王旺先等参与校对工作，对他们的辛勤劳动表示感谢。全书由张雨统校。